ZHEJIANG TONGZHI

浙江通志

第一百〇五卷

蚕桑丝绸专志

《浙江通志》编纂委员会　编

浙江出版联合集团
浙江人民出版社

图书在版编目（CIP）数据

浙江通志. 蚕桑丝绸专志 / 《浙江通志》编纂委员会编. —杭州 : 浙江人民出版社，2018.12

ISBN 978-7-213-08989-3

Ⅰ. ①浙… Ⅱ. ①浙… Ⅲ. ①浙江-地方志②蚕桑生产-概况-浙江③丝绸工业-概况-浙江 Ⅳ. ①K295.5②S88③F426.81

中国版本图书馆CIP数据核字(2018)第257081号

浙江通志·蚕桑丝绸专志

《浙江通志》编纂委员会 编

出版发行	浙江人民出版社（杭州市体育场路347号 邮编 310006） 市场部电话：(0571)85061682 85176516
集团网址	浙江出版联合集团 http://www.zjcb.com
责任编辑	汪 芳
责任校对	姚建国
封面设计	厉 琳
电脑制版	杭州天一图文制作有限公司
印 刷	浙江新华数码印务有限公司
开 本	889毫米×1194毫米 1/16
印 张	30.5
字 数	676千字
插 页	14
版 次	2018年12月第1版
印 次	2018年12月第1次印刷
书 号	ISBN 978-7-213-08989-3
定 价	152.00元

图版 105-001-1　河姆渡出土的蚕纹牙雕杖首（浙江省文物管理委员会、浙江省博物馆：《河姆渡遗址第一期发掘报告》，《考古学报》1978 年第 1 期）

绸片

图版 105-001-2　甲骨文中的丝绸文字（翁卫军主编：《杭州丝绸》，杭州出版社 2003 年版，第 2 页）

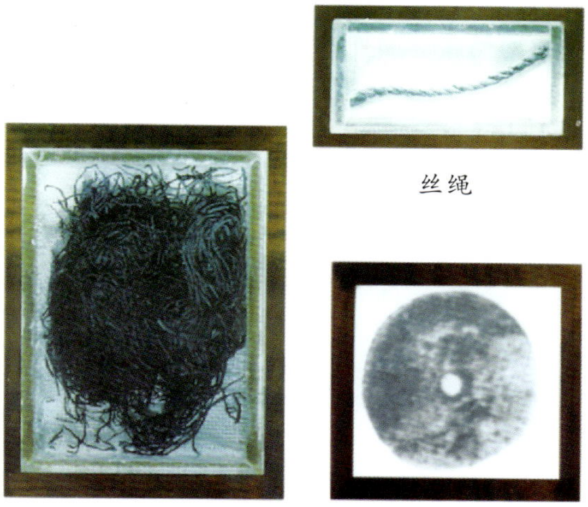

丝绳

丝线　纺轮

图版 105-001-3　湖州钱三漾出土的丝绸实物（汪济英、牟永抗：《关于吴兴钱三漾遗址的发掘》，《考古》1980 年第 4 期）

图版 105-001-4　北宋《蚕母》套色版画（《浙江省丝绸志》，方志出版社 1999 年版，图版第 5 页）

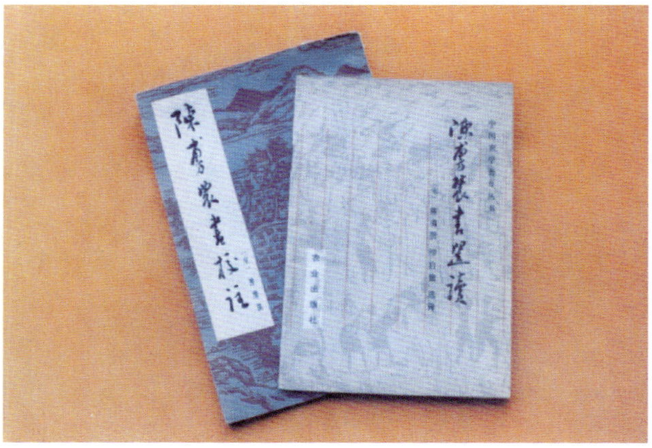

图版 105-001-5　南宋陈旉著《农书》卷下《蚕桑叙》是最早记载浙江蚕丝生产技术的资料文献（《浙江省丝绸志》，方志出版社 1999 年版，图版第 7 页）

图版 105-002-1 杭州官营织造局绸料样品(一)(《杭州丝绸志》,浙江科学技术出版社 1999 年版,图版第 17 页)

图版 105-002-2 杭州官营织造局绸料样品(二)(《杭州丝绸志》,浙江科学技术出版社 1999 年版,图版第 17 页)

图版 105-002-3 清代杭州织造的绸缎(《浙江省丝绸志》,方志出版社 1999 年版,图版第 8 页)

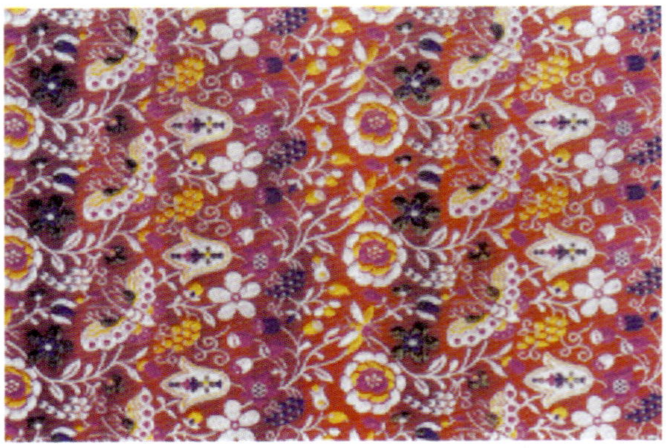

图版 105-002-4 清代杭州织造的红地五彩花蝶缎(《浙江省丝绸志》,方志出版社 1999 年版,图版第 8 页)

图版 105-002-5 清宣统三年(1911 年)辑里丝经在意大利工业品展览会上获奖证书(《湖州丝绸志》,海南出版社 1998 年版,图版第 27 页)

图版 105-002-6 民国 4 年(1915 年)辑里丝经在巴拿马太平洋国际博览会上获奖证书(《湖州丝绸志》,海南出版社 1998 年版,图版第 27 页)

图版 105-003-1　民国 16 年(1927 年)的国立第三中山大学(今浙江大学)农学院(《浙江省丝绸志》,方志出版社 1999 年版,图版第 11 页)

图版 105-003-2　民国 16 年(1927 年)的杭州拱宸桥昌纶鲜茧行(《浙江省蚕桑志》,浙江大学出版社 2004 年版,图版第 2 页)

图版 105-003-3　林启创立的浙江蚕学馆于民国 2 年(1913 年)12 月改名为浙江省立甲种蚕业学校(《浙江省蚕桑志》,浙江大学出版社 2004 年版,图版第 4 页)

图版 105-003-4　民国 18 年(1929 年)的余杭蚕桑研究社(《浙江省蚕桑志》,浙江大学出版社 2004 年版,图版第 2 页)

图版 105-003-5　民国 20 年(1931 年)浙江大学蚕桑系第一届毕业生(《浙江省蚕桑志》,浙江大学出版社 2004 年版,图版第 11 页)

图版 105-004-1　建于清同治四年(1865 年)的湖州南浔丝业会馆旧址（《湖州丝绸志》，海南出版社 1998 年版，图版第 28 页）

图版 105-004-2　民国时期的土法摇纡(《杭州丝绸志》，浙江科学技术出版社 1999 年版，图版第 8 页)

图版 105-004-3　民国时期浙江的绢织机（《浙江省丝绸志》，方志出版社 1999 年版，图版第 9 页）

图版 105-004-4　位于杭州玉皇山路 73 号的中国丝绸博物馆于 1992 年 2 月开馆（中国丝绸博物馆提供）

图版 105-005-1 浴蚕（〔清〕焦秉贞绘《康熙御制耕织诗图》，安徽人民出版社 2013 年版，第 61 页）

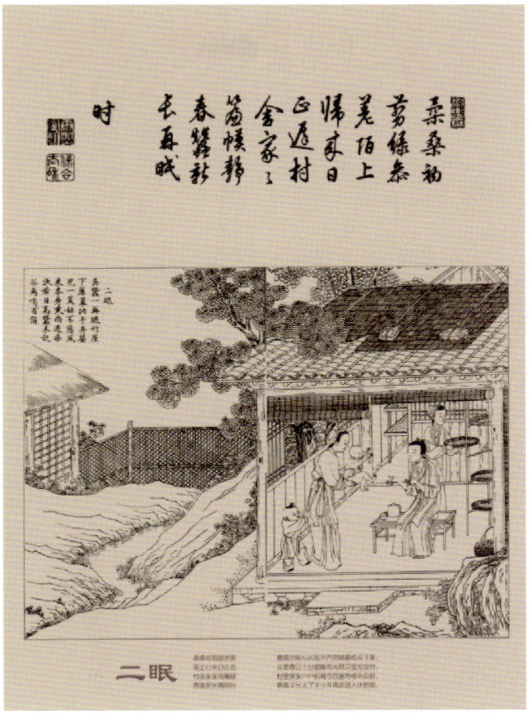

图版 105-005-2 二眠（〔清〕焦秉贞绘《康熙御制耕织诗图》，安徽人民出版社 2013 年版，第 63 页）

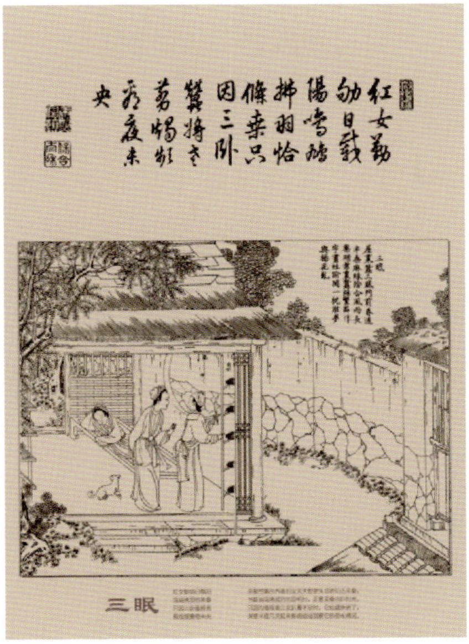

图版 105-005-3 三眠（〔清〕焦秉贞绘《康熙御制耕织诗图》，安徽人民出版社 2013 年版，第 65 页）

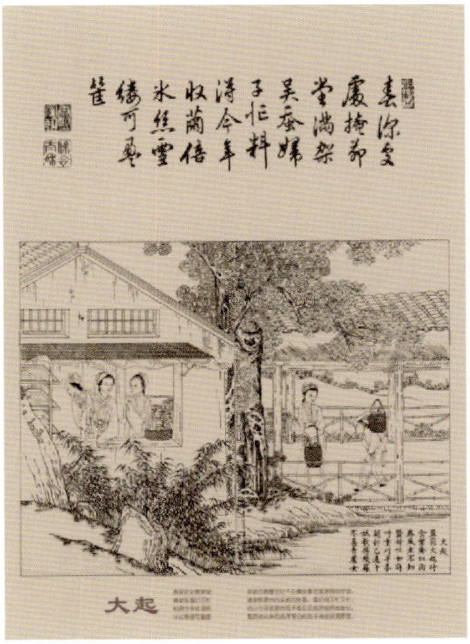

图版 105-005-4 大起（〔清〕焦秉贞绘《康熙御制耕织诗图》，安徽人民出版社 2013 年版，第 67 页）

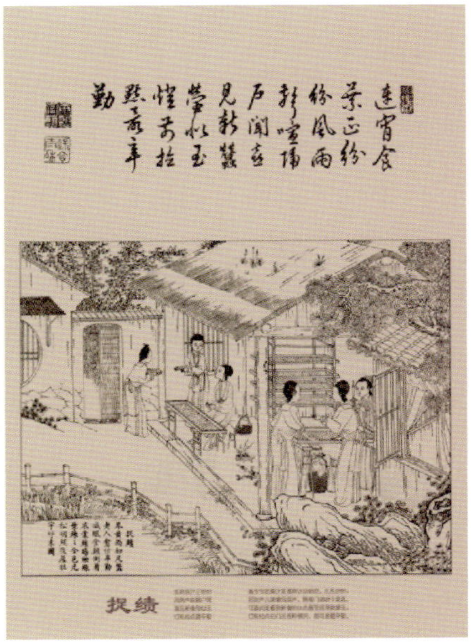

图版 105-005-5 捉绩（〔清〕焦秉贞绘《康熙御制耕织诗图》，安徽人民出版社 2013 年版，第 69 页）

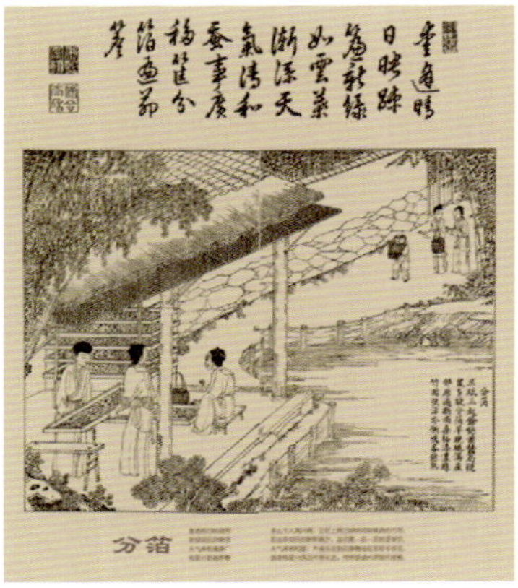

图版 105-006-1　分箔
（〔清〕焦秉贞绘《康熙御制耕织诗图》，安徽人民出版社2013年版，第71页）

图版 105-006-2　采桑
（〔清〕焦秉贞绘《康熙御制耕织诗图》，安徽人民出版社2013年版，第73页）

图版 105-006-3　上蔟
（〔清〕焦秉贞绘《康熙御制耕织诗图》，安徽人民出版社2013年版，第75页）

图版 105-006-4　炙箔
（〔清〕焦秉贞绘《康熙御制耕织诗图》，安徽人民出版社2013年版，第77页）

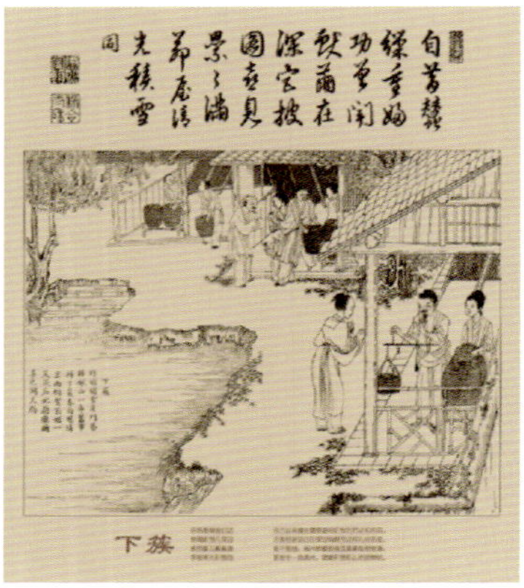

图版 105-006-5　下蔟
（〔清〕焦秉贞绘《康熙御制耕织诗图》，安徽人民出版社2013年版，第79页）

图版 105-006-6　择茧
（〔清〕焦秉贞绘《康熙御制耕织诗图》，安徽人民出版社2013年版，第81页）

图版 105-006-7　窖茧
（〔清〕焦秉贞绘《康熙御制耕织诗图》，安徽人民出版社2013年版，第83页）

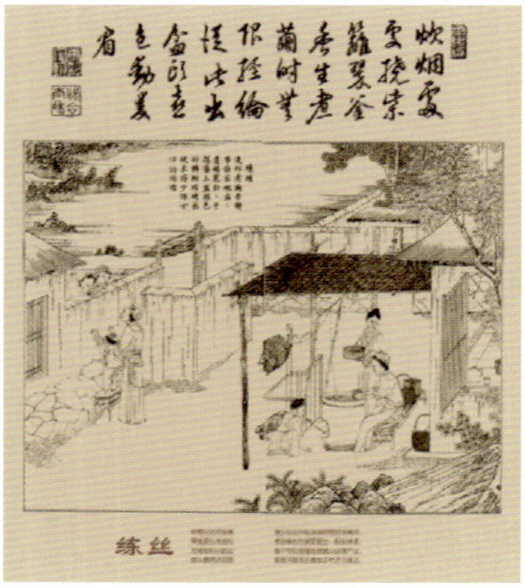

图版 105-006-8　练丝
（〔清〕焦秉贞绘《康熙御制耕织诗图》，安徽人民出版社2013年版，第85页）

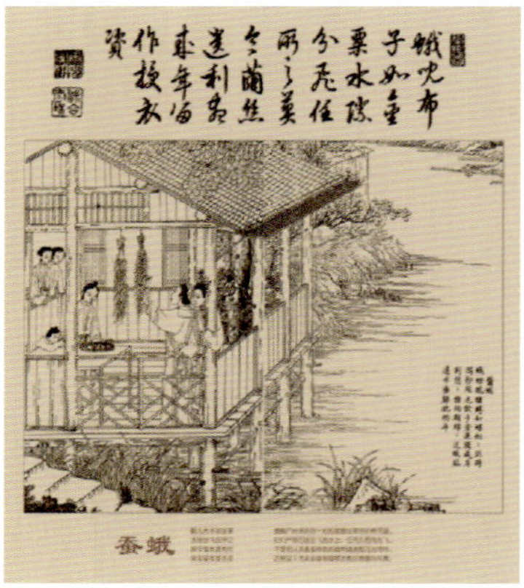

图版 105-006-9　蚕蛾
（〔清〕焦秉贞绘《康熙御制耕织诗图》，安徽人民出版社2013年版，第87页）

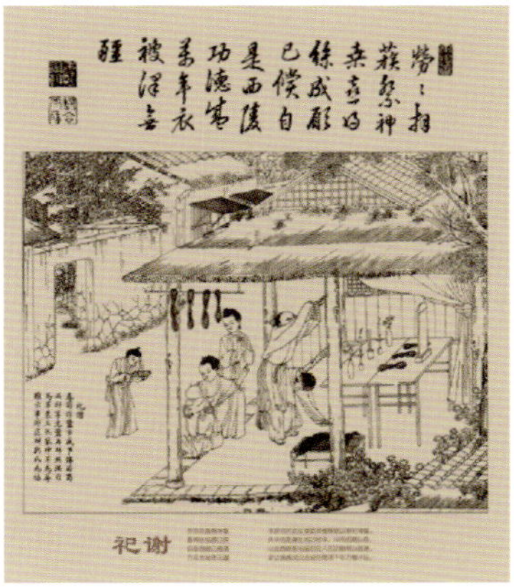

图版 105-007-1 祀谢（〔清〕焦秉贞绘《康熙御制耕织诗图》，安徽人民出版社 2013 年版，第 89 页）

图版 105-007-2 纬（〔清〕焦秉贞绘《康熙御制耕织诗图》，安徽人民出版社 2013 年版，第 91 页）

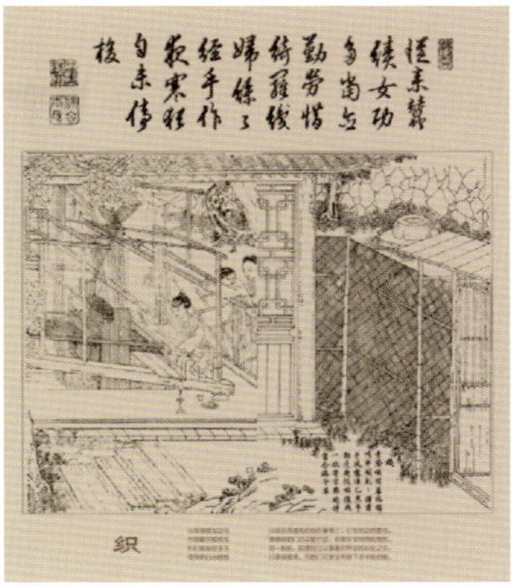

图版 105-007-3 织（〔清〕焦秉贞绘《康熙御制耕织诗图》，安徽人民出版社 2013 年版，第 93 页）

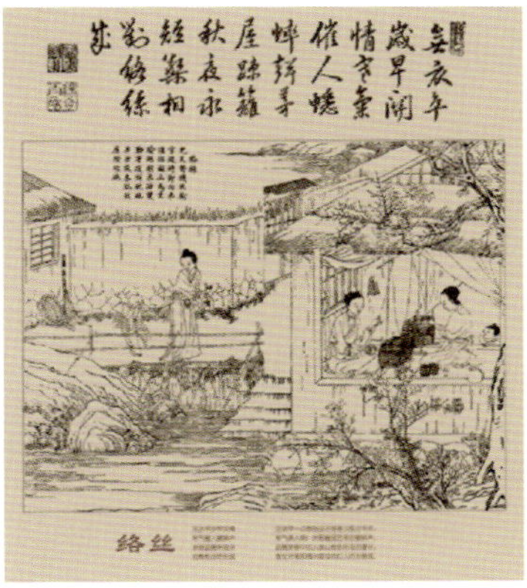

图版 105-007-4 络丝（〔清〕焦秉贞绘《康熙御制耕织诗图》，安徽人民出版社 2013 年版，第 95 页）

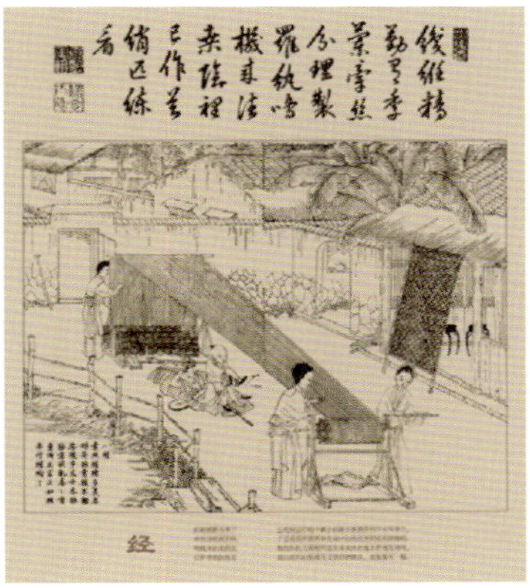

图版 105-007-5 经（〔清〕焦秉贞绘《康熙御制耕织诗图》，安徽人民出版社 2013 年版，第 97 页）

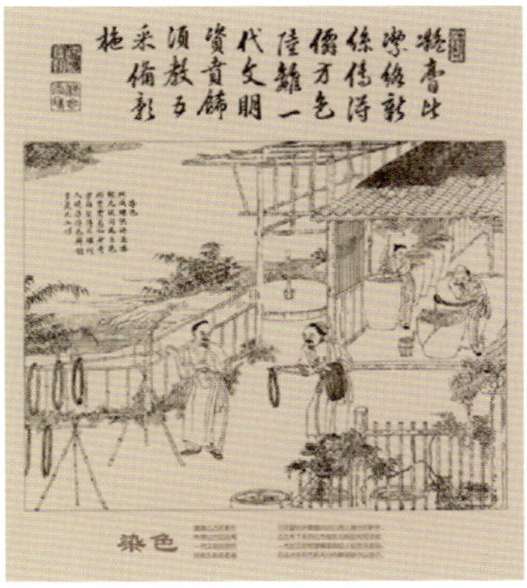

图版 105-007-6 染色（〔清〕焦秉贞绘《康熙御制耕织诗图》，安徽人民出版社 2013 年版，第 99 页）

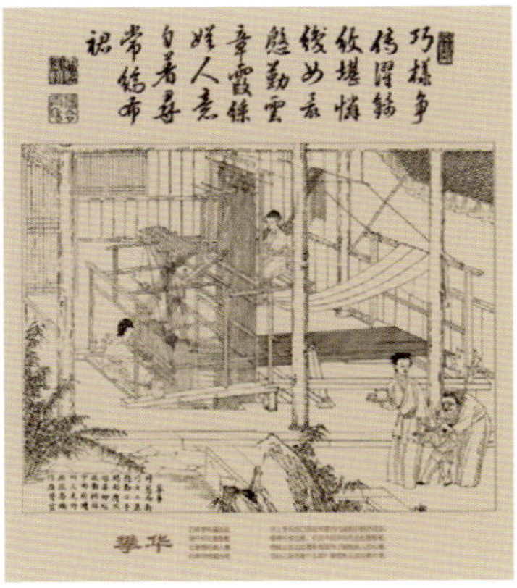

图版 105-007-7 攀华（〔清〕焦秉贞绘《康熙御制耕织诗图》，安徽人民出版社 2013 年版，第 101 页）

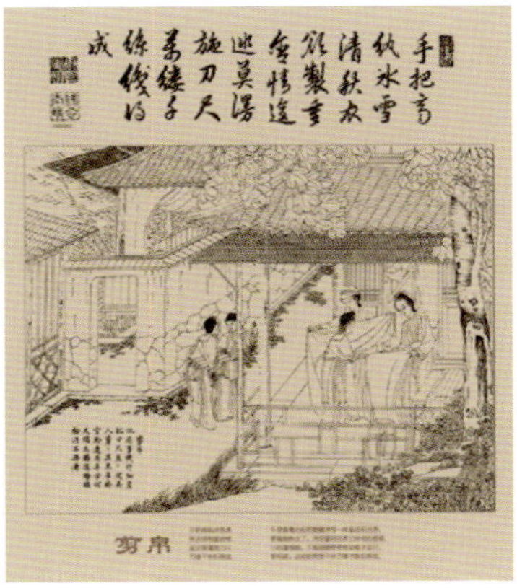

图版 105-007-8 剪帛（〔清〕焦秉贞绘《康熙御制耕织诗图》，安徽人民出版社 2013 年版，第 103 页）

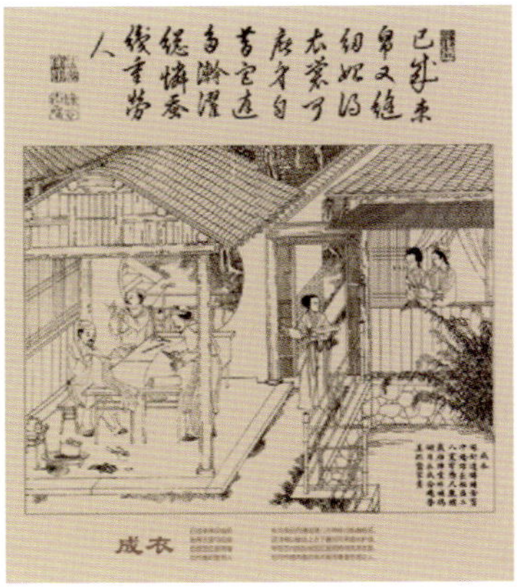

图版 105-007-9 成衣（〔清〕焦秉贞绘《康熙御制耕织诗图》，安徽人民出版社 2013 年版，第 105 页）

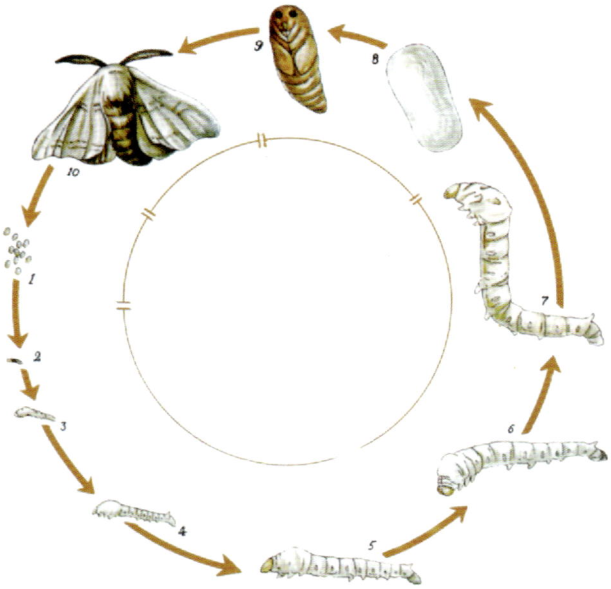

蚕的一生

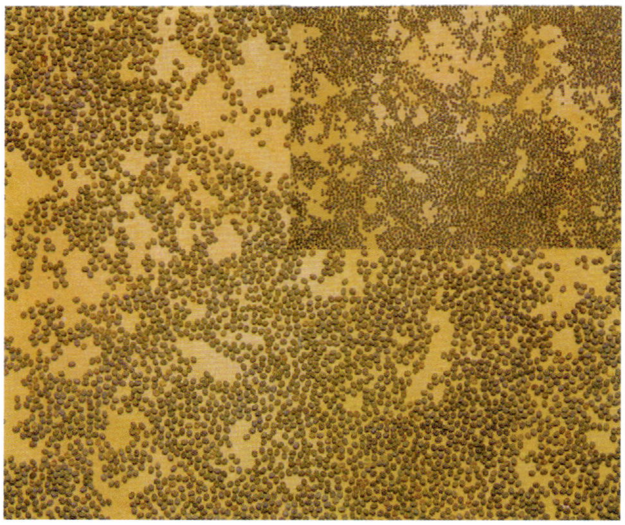

蚕卵

蚁蚕

蚕宝宝

图版 105–008–1 蚕的一生(一)(2008 年摄,浙江省农业厅、凯喜雅集团提供)

吐丝结茧

蚕茧

蚕蛹

产卵

制种

图版 105-009-1　蚕的一生(二)(2008 年摄,浙江省农业厅、凯喜雅集团提供)

成片桑园

高密度催青设施

小蚕高密度饲养

蚕的喂养

大蚕地面育

方格蔟（六连片）

图版 105-010-1　产业发展（一）（2009 年摄，浙江省农业厅提供）

选茧车间

真空渗透煮茧车间

绢丝精纺车间

自动缫丝机车间

喷水织机车间

剑杆织机车间

图版 105–011–1 产业发展（二）（2009 年摄，凯喜雅集团提供）

手工台板印花车间

丝绸印花车间

数码喷印车间

真丝针织大圆机车间

真丝针织一次成型服装车间

丝绸时装生产车间

图版 105-012-1　产业发展(三)(2009 年摄,凯喜雅集团提供)

凯喜雅大厦(2009 年摄)

2002 年 1 月 28 日，浙江凯喜雅国际股份有限公司成立大会

2009 年 10 月 20—22 日,2009 中国丝绸秋季交易会在凯喜雅大厦举办

凯喜雅公司品牌产品展示厅(2010 年摄)

国际品牌时装生产车间(2008 年摄)

凯喜雅工业园区(2009 年摄)

图版 105-013-1　凯喜雅集团掠影(凯喜雅集团提供)

万事利集团总部(2009 年摄)

2008 年北京奥运会期间,万事利“青花瓷”“粉红”系列礼服获评最受欢迎的奥运领奖礼服(2008 年摄)

图版 105-014-1　万事利集团掠影(万事利集团提供)

金富春集团捻丝车间(2010 年摄)

金富春集团“中华嫁衣”丝绸服装(2010 年摄)

图版 105-014-2　金富春集团掠影(金富春集团提供)

嘉欣丝绸集团品牌丝绸服装(2010 年摄)

2010 年 5 月 11 日,“嘉欣丝绸”股票在深圳证券交易所上市

图版 105-017-1　嘉欣丝绸集团掠影(嘉欣丝绸集团提供)

中维集团股东大会(2008 年摄)

进出口丝绸样品展厅(2010 年摄)

中维集团办公大楼(2007 年摄)

图版 105-015-2　中维集团掠影(中维集团提供)

丝绸之路集团办公楼(2004 年摄)

丝绸之路集团织造车间(2009 年摄)

丝绸之路集团制丝车间(2009 年摄)

图版 105-016-1　丝绸之路集团掠影(丝绸之路集团提供)

达利集团针织车间(2008 年摄)

达利集团丝绸艺术品(2010 年摄)

图版 105-016-2　达利集团掠影(达利集团提供)

浙江省地方志编纂委员会

主　　任：吕祖善（2004.3—2011.9）
　　　　　夏宝龙（2011.9—2013.1）
　　　　　李　强（2013.1—2016.6）
　　　　　车　俊（2016.7—2018.5）
　　　　　袁家军（2018.5—　　　）

副 主 任：茅临生（2010.2—2012.8）
　　　　　张　曦（2011.4—2012.9）
　　　　　葛慧君（2012.8—　　　）
　　　　　郑继伟（2010.2—2017.3）
　　　　　成岳冲（2017.3—　　　）

（以下委员名单略）

《浙江通志》编纂委员会

主　　任：李　强（2016.2—2016.7）　车　俊（2016.7—2018.5）
　　　　　袁家军（2018.5—　　　）

副 主 任：葛慧君　郑继伟（2016.2—2017.3）
　　　　　成岳冲（2017.3—　　　）

委　　员：陈　新　王　纲　宋建勋　鞠建林　蔡晓春　王喜法
　　　　　孙耀铜　张学伟　来颖杰　胡庆国　刘　芸　孟　刚
　　　　　徐宇宁　王　杰　张伟斌　潘捷军　盛世豪　徐立毅
　　　　　裘东耀　姚高员　钱三雄　毛宏芳　盛阅春　尹学群
　　　　　汤飞帆　何中伟　张晓强　吴晓东　俞文华　王良仟
　　　　　童芍素　郑志耿　郑明治　王卫东　李志廷

总　　编：俞文华

副 总 编：张伟斌（2012.9—　　　）　潘捷军（常务）　王良仟
　　　　　童芍素　郑志耿　郑明治　王卫东　李志廷（兼总纂）
　　　　　林吕建（2011.9—2012.3）

浙江省地方志编纂委员会办公室

主　　任：潘捷军
副 主 任：陈　野(2007.6—2011.3)　章其祥(2011.5—　　)
主任助理：韩　锴(2011.9—2016.4)
成　　员：汤敏华　董郁奎　颜越虎　周祝伟　张　勤　袁新国
吕克军　赵海良　段　愿　汤　敏　李迎春　林琼华
邴　波　王兆保　周修宇　赵鹏团　徐　鹏　杨云婷
王　林　汪　珏　阎乐民　葛立朝　葛旭鹏　翁友伦
徐由由　应秀敏　章　丽　葛　伟
吴玉权(2012.11—2017.12)　白效咏(2009.9—2015.9)

《浙江通志》总纂、副总纂

总　　纂：李志廷(兼)
副 总 纂：廖曰文　章其祥　董郁奎　颜越虎　周祝伟　王　林
吴铁卿(2018.4—　　)　倪集华(2018.5—　　)

《浙江通志》总编室(《浙江通志》编辑部)

主　　任：董郁奎(2011.9—2012.7)　颜越虎(2018.1—　　)
副 主 任：颜越虎(2011.9—2018.1)　袁新国(2018.1—　　)
王　林
责任编辑：颜越虎　袁新国　王　林　汤　敏　李迎春　林琼华
邴　波　王兆保　周修宇　吕克军　赵海良　段　愿
赵鹏团　徐　鹏　汪　珏　阎乐民　葛立朝　葛旭鹏
翁友伦　白效咏(2011.9—2015.9)
刘志勇(2011.9—2012.7)　李恒悦(2011.9—2012.1)
曹爱光(2011.9—2014.9)　戴智勇(2012.7—2014.9)

《浙江通志·蚕桑丝绸专志》编纂委员会名单

主　　任：李继林

副 主 任（按姓氏笔画为序）：陆　铁　陈文兴　吴金根　吴海平
张国强　赵　丰　翟小平

委　　员（按姓氏笔画为序）：马跃军　王　伟　王丕承　王海平
计东风　冯家新　朱良均　任东毛　孙觉民　许德尧
李振强　李琴生　余荣峰　林　平　周国建　周文峰
周金钱　经焕林　宣友木　费建明　俞志达　施慧萍
凌人才　凌兰芳　钱同源　钱国明　钱文春　屠红燕
梁大刚　傅雅琴　程长松　蔡玉根

《浙江通志·蚕桑丝绸专志》编辑部名单

主　　编：李琴生

常务副主编：许德尧　周金钱

副 主 编：王　伟　郭文登　傅雅琴　朱松英　曹爱娟　潘美良
朱俭勋　谷利群　董久鸣

特约编辑：谢丽芳　盛　琦　盛红梅　魏颖琪　裘雅婷　李嘉华
俞佳航　张祖琴　金　琳　张志华　陆定础　叶　晖
姚振清

编辑部主任：李琴生

序

浙江是一片风光优美、令人神往的大地，是一个历史悠久、文化璀璨的家园，是一块创业创新、活力迸发的热土……在浙江人民波澜壮阔、跌宕起伏的奋斗历程中，浙江大地上涌现出无数勇立潮头的先进人物、可歌可泣的历史事件。这一切都真实准确、全面系统地记录在皇皇巨构《浙江通志》之中。《浙江通志》编纂工作自2011年9月启动以来，历届省委、省政府十分重视，各有关单位尽职尽责。《浙江通志》的出版，是全体编纂人员呕心沥血、辛勤耕耘的珍贵结晶，也是浙江文化强省建设的丰硕成果。

编纂地方志是我国源远流长的文化传统。地方志不仅能记述、反映历史的发展与社会的变化，而且还具有独到的“存史、资政、育人”等功能，在传承文明、开创未来的宏伟大业中具有不可替代的作用。浙江有着悠久的修志传统。早在东汉初年，被称为“方志之祖”的《越绝书》诞生在浙江；宋代，“临安三志”作为中国古代方志的定型之作，登上历史舞台；清代，浙江学者章学诚则以创立方志学闻名于世。千百年来，浙江佳志迭现，名家辈出。这些名志大家既是浙江作为“方志之乡”的最好见证，也是浙江成为“文化之邦”的重要支撑。

从上山文化、跨湖桥文化、河姆渡文化、良渚文化等史前文明，到越王勾践卧薪尝胆、雪耻复国的春秋霸业，从唐宋钱塘的富庶繁华，到明清两浙的文化昌盛，浙江先人展示的画卷光辉灿烂，令人赞叹不已。“一部民国史，半部在浙江。”民国时期，政治、经济、文化、教育、科技等领域的代表性人物成就卓著、各领风骚，推动了时代的发展和社会的进步。中华人民共和国成立后，浙江发生了翻天覆地的变化。特别是改革开放以来，经济社会全面发展，城乡各业蒸蒸日上，之江大地日新月异，人民群众安居乐业。浙江人民勇做时代弄潮儿，积极实施“八八战略”，努力践行“绿水青山就是金山银山”的发展理念，探索出了一条符合浙江实际、富有浙江特色的发展路子，形成了与时俱进的浙江精神，为今后可持续发展提供了强大的精神力量与广阔的提升空间。“盛世修志，志载盛世。”《浙江通志》把浙江人民所创造的辉煌业绩和奋斗精神记载下来，既可以激发当代浙江人励精图治、团结奋斗，更能够广泛宣传浙江，让全国乃至世界更加充分地了解浙江、认识浙江，作用巨大，意义深远。

“修志问道，以启未来。”今天，浙江人民在习近平新时代中国特色社会主义思想的指引下，按照统筹推进“五位一体”总体布局、协调推进“四个全面”战略布局的要求和习近平总书记对浙江提出的“干在实处永无止境，走在前列要谋新篇，勇立潮头方显担当”的新期望，积极投身高水平全面建设小康社会和高水平推进社会主义现代化建设伟大实践。《浙江通志》的编纂出版，既为我们提供了丰富宝贵的现实经验，也为我们提供了可资借鉴的历史启示。我们要充分重视用志工作，加强宣传力度，拓宽用志途径，采用各种形式，不断扩大地方志的服务功能，既要让方志成为决策者的案头书，又要让志书成为广大群众喜闻乐见的精神产品，使地方志在“两个高水平”建设的新征程中发挥更大的作用。

是为序。

浙江省人民政府省长 袁家军

2018年10月8日

凡　例

一、宗旨

以马克思列宁主义、毛泽东思想、邓小平理论、“三个代表”重要思想、科学发展观、习近平新时代中国特色社会主义思想为指导，遵循辩证唯物主义和历史唯物主义原理，全面、客观、系统地记述浙江省自然、政治、经济、文化和社会的历史与现状。服务当代，垂鉴后世。

二、起讫时间

上溯事物发端，下限为 2010 年 12 月 31 日，必要时以注释等形式作适当下延。

三、地域范围

以下限时浙江省行政区域为界，原则上越境不书。

四、体裁

采用述、记、志、传、图、表、录等体裁，以志体为主。

五、结构

以卷章结构为主。

卷的设置以科学分类与现实社会分工（现行管理体制）相结合。凡具有特别重要地位、文化积淀深厚且体量较大者，设为专志，各置为卷。

卷下设章、节，节下根据需要设目、子目与细目等。凡时代特征、地方特色显著，又难以在正文中展开记述者，设为专记。

六、文体

使用规范的现代语体文。直接引用资料使用原文文体。

七、文字

以经中华人民共和国国务院批准、1986 年 10 月 10 日国家语言文字工作委员会重新发表的《简化字总表》，1955 年 12 月 22 日中华人民共和国文化部、中国文字改革委员会发布的《第一批异体字整理表》及 2013 年 6 月 5 日中华人民共和国国务院公布的《通用规范汉字表》为准，异形词以2001年12月19日中华人民共和国教育部、国家语言文字工作委员会发布的《第一批异形词整理表》为准。

人名、地名、书名、文章篇名及引录的原著文句，凡可能引起歧义、误解者，仍用原繁体字或异体字。

八、标点符号

以2011年12月30日中华人民共和国国家质量监督检验检疫总局、中国国家标准化管理委员会发布的《标点符号用法》为准。

九、称谓

中华人民共和国成立前的国家、民族、地名、组织、机构、职官等名称，除明显带有歧视、污蔑含义者加以适当处理外，原则上仍用文献记载的原名称。

志书下限时的地名使用各级政府审定的标准地名，必要时括注俗称地名。地名古今不同者，各章首次出现时在其后括注志书下限时的标准地名；隶属地域变化者，注明志书下限时所属地域。

外国的国名、地名、人名、民族名，以及政府机构、党派团体、报刊等名称，主要依照《辞海》（第六版）译名及新华通讯社译名室常用译名。各章首次出现时，根据需要括注外文原名。

生物名称使用学名，记述自然资源涉及有关生物名称的，各章首次出现时采用二名法，必要时加注当地俗名。

十、简称

各种较复杂的名称重复出现时，各章首次出现时使用全称并括注简称，其后出现直接使用简称；有关机构、单位2010年的简称均以《有关机构、单位全称与规范化简称对照表》为准；有关机构、单位2010年前的简称及其他简称采用社会上通行、不产生歧义者，且全卷保持一致。

十一、纪年

干支纪年、年号纪年及其他非公历纪年等，以汉字书写，括注公历纪年；非公历纪年后有月日的，同时括注经换算后公历纪年的月日。

民国纪年以阿拉伯数字书写，括注公历纪年。

同一自然段中同一纪年多次出现时，只在首次括注公历纪年，其后不再括注。

括注公历纪年于年份后加“年”字；括注某一时间段，则只在后一个公历纪年后加“年”字。

括注公元前年份，年份前冠“前”字；括注公元元年后年份直接书写年份，不冠“公元”。

自1949年10月1日起，采用公历纪年。

公历纪年及公历的世纪、年代、月、日和时分，均以阿拉伯数字书写。

十二、数字

按 2011 年 7 月 29 日中华人民共和国国家质量监督检验检疫总局、中国国家标准化管理委员会发布的《出版物上数字用法》表述。凡一个数字与“以上”“以下”“以内”等连用的，均含该数字。

十三 、数据

中华人民共和国成立前的数据按文献记载入志。

中华人民共和国成立后的统计数据以统计部门公布数据为准。统计部门缺失者则采用相关部门经过核实的数据，并以注释形式说明资料来源。同一内容数据有不同者，也以注释形式加以说明。重要地理信息数据采用测绘部门公布的法定数据。

十四、计量单位

按 1984 年 2 月 27 日中华人民共和国国务院发布的《中华人民共和国法定计量单位》规定表述。行文中使用单位名称或单位符号视具体情况而定。

中华人民共和国成立前的计量单位根据需要沿用旧制。

十五、货币

中华人民共和国成立前的货币币值均按文献记载入志。

中华人民共和国成立后货币币值均指人民币币值。1955 年 3 月 1 日前后人民币各按当时币值记载，不作换算。

外国货币按文献记载入志，币值不作换算。

十六、地图

按 2015 年 11 月 26 日中华人民共和国国务院公布的《地图管理条例》和浙江省人民政府 2014 年 11 月 11 日公布、2015 年 12 月 28 日修正的《浙江省地图管理办法》的规定，采用经浙江省测绘行政主管部门审核的地图。

十七、注释

直接引用(引文)、地图、图片、表格及有关重要内容，均注明资料来源。其他需要说明者，亦酌情加以注释。

引用清代及清代以前编纂的志书，注明朝代、纪年、志书名称及卷次(或卷次与篇名)；引用民国时期编纂的志书，注明“民国”两字和志书名称、卷次(或卷次与篇名)；引用 1949 年 10 月 1 日(含)以后编纂、出版的志书，注明志书名称、出版单位、出版时间及页码。志书名称与篇名均用书名号。引用私修志书，除上述各项内容外，于志书名称前注明作者姓名。

十八、资料

取之于档案、书籍、报刊、网络及社会调查等，均经考订、核实。凡记载不一者，正文采其一说，其余说法以注释形式记述。

十九、大事记述

以编年体为主，兼用纪事本末体，专设《大事记》记载全省大事；其余各有关卷设置《大事年表》记载相关大事。

二十、人物

以"生不立传"为原则，专设《人物传》予以记载；其余各有关卷所涉人物按"以事系人""人随事出"方法处理。

目　录

概 述

蚕桑，即种桑与养蚕；丝绸，即用天然蚕丝或人造丝织成的纺织品的总称。培桑采叶，桑叶喂蚕，蚕结成茧，茧缫成丝，丝织成绸，绸制作成服饰成品，形成了蚕桑丝绸产业体系。

一

浙江蚕桑丝绸生产的起源，可追溯到新石器时代。余姚河姆渡遗址出土的打纬骨机刀、骨梭、梭形器、木制绞纱棒、打纬刀、经轴（残片）和陶制纺轮，尤其是出土的一个盅形牙雕杖首，上面刻着 4 条类似蚕纹的图案，由此可知浙江先民 6700 年前已进入农耕生活，人们对蚕已有初步认识。湖州钱山漾遗址出土的丝线、丝绳、麻布、稻谷、细麻绳、棕丝刷子，以及盛有绸片、丝线、丝带、麻布片等物的竹筐，是迄今中国出土最早最完整的丝绸实物，标志着浙江先民早在 4700 年前已掌握了栽桑、养蚕、缫丝、织帛的技术，能广泛地应用蚕丝，其丝织技艺亦达较高水平。

春秋战国时期，诸侯争霸，均奖励耕织。越王勾践采纳计倪提出的“必先省赋敛，劝农桑”等建议，并“君自耕，夫人自织”①，茧丝绸生产得到提高和发展。从春秋战国、秦汉、三国到两晋、南北朝漫长的历史岁月里，历代朝廷都很重视浙江蚕桑丝绸业的生产和发展，上纳贡赋、下维生计，把蚕织作为重要本业。南北朝时期，嘉湖平原盛种桑树，所产桑苗，远销北方。而会稽（今绍兴）已是米、绢等物交易中心。隋代，浙江农民继续扩大蚕织生产，永嘉、新安（今淳安）、遂安（今属淳安）等地普遍推广“一年蚕四五熟”②的增产经验。隋大业六年（610 年），京杭大运河开通，浙江杭州逐渐发展成为繁华城市，蚕桑丝绸业的生产和贸易随之兴起。而越州进贡的耀光绫，更是绫纹突起，有光彩。

唐代，全国丝绸生产中心逐渐南移，浙江的蚕桑丝绸生产水平发展很快，浙江因此成为王朝征收粮帛等赋税的重要地区，越州盛产的缭绫和杭州生产的柿蒂绫征收与日俱增。缭绫、柿蒂绫等丝织物精美绝伦。唐代末年，中国出现五代十国混战的局面，浙江属吴越国。吴越王钱镠积极推行“闭关而修蚕织”③政策，在农村和城镇，甚至寺院推广栽桑养蚕织绸。钱镠

① 《越绝书》卷四《计倪内经第五》。

② 《隋书》卷三十一《地理志下》。

③ 〔清〕袁枚：《重修钱武肃王庙记》，《小仓山房外集》卷八。

在杭州西府设立丝绸手工作坊，大量生产绫、锦、缎等高档丝织品，开创了杭州官营织造先河。

宋元时期，明州港（今宁波）是中国境内“海上丝绸之路”的三大国际贸易港之一。北宋端拱二年（989年）始设市舶司，成为中国通往日本、高丽的特定港，同时也始通东南亚诸国。北宋统治者认为“国家根本，仰给东南”①，由此浙江“丝绸之府”的地位逐步形成。浙江除民间织造绢帛外，还有官办织绫务，有湖州织绫务和杭州织绫务两处。特别是南宋建炎三年（1129年）定都杭州后，杭州成为蚕桑丝绸生产和贸易中心。杭州的官营织造机构有绫锦院、染院、文思院等，规模宏大，仅绫锦院就有织机300余张。绍兴的蚕织业“俗务农桑，事机织，纱绫缯帛岁出不啻百万”②。嘉湖地区的濮院（今属桐乡）、崇德（今属桐乡）、安吉等地机杼声不绝。南宋朝廷重视蚕桑丝绸生产，栽桑养蚕、缫丝织造技术达到前所未有的水平。宋陈旉《农书》详细论述了栽桑、养蚕、上蔟和缫丝的技术。四明（今宁波）人楼钥任於潜（今属临安）县令时，“笃意民事，慨念农夫蚕妇之作苦，究访始末，为耕织二图。耕自浸种以至入仓，凡二十一事；织自浴蚕以至剪帛，凡二十四事”③。著名的楼璹《耕织图》，既是当时蚕桑丝织生产的真实记录，更是中国历史上难得的艺术珍品。元代，统治者对汉族人民采取高压政策，浙江蚕桑丝绸生产艰难。统治者在逐步放弃落后的游牧经济和杀掠方式后，制定了一系列发展农桑的政策，限令农民种桑纳丝，并在浙江发行司农司编的《农桑辑要》1万部，蚕丝业颓势稍止。至元代中叶，浙江各地丝织水平有一定提高。元代官办丝织业较多，除专设“纳石失”（织金锦）局外，在杭州等地设有文锦局和织染局。

明代，朱元璋即位之初即下令：“凡民田五亩至十亩者，栽桑、麻、木棉各半亩，十亩以上倍之。麻亩征八两，木棉亩四两。栽桑以四年起科，不种桑出绢一匹。”④洪武二十七年（1394年）又令“天下百姓，务要多栽桑”，且“栽种过数目，造册回奏，违者发云南、金齿（今云南保山）充军”⑤。据宋应星《天工开物・乃服篇》记载，浙江在栽桑方面，除利用嫁接法外，压条法也广泛使用；养蚕方面，对蚕种选留、保护以及新品种培养十分讲究；缫丝方面，广泛采用两人操作的足踏缫丝车；丝织方面，明代织机有三种类型：腰机、小机、花机。明代，浙江的官营、民营织造业十分发达，丝绸专业集镇兴旺，生丝、绸缎享誉海外，浙江“丝绸之府”地位更为稳固。浙江已成为全国丝绸基地，输出的丝织物，以浙产为多。丝绸输出，尤其是生丝，可以获得原本两倍或数倍利润。明代严禁私人与外国互市，设市舶司于广州、泉州、宁波等地控制海外贸易。

清代，浙江种桑、养蚕、缫丝等生产技术，在前代基础上逐步提高。桑树亩产春叶，好时达1250多公斤。浙江缫丝业对水质十分重视，辑里湖丝的质量为全国之冠，并畅销国内外。清代在江宁（今南京）、苏州、杭州设有官营织造局，杭州的丝织品产量位居“江南三织造”之首。清代浙江的丝织品名目繁多，如花纺绸、素绢、画绢、锦绫、花罗、湖绉、杭绸、包头绉等。外贸

---

① 《宋史》卷三百三十七《范祖禹传》。

② 〔宋〕孔延之：《会稽掇英总集》卷二十。

③ 〔宋〕楼钥：《攻媿集》卷七十六。

④ 《明史》卷七十八《食货二》。

⑤ 《大明会典》卷十七。

方面，浙江所产生丝、绸缎，尤其是湖丝，为外商所竞购，主要销往日本、英国等国。清代中后期，外国列强入侵、官僚资本掠夺，浙江蚕丝业在困境中生存。有识之士发起教育救国、实业救国运动，引进国外先进的技术设备，开办教育机构。光绪二十一年(1895年)，丁丙、庞元济在拱宸桥西创办世经缫丝厂，揭开了浙江缫丝业使用机器生产的序幕。光绪二十三年，杭州知府林启创办的蚕学馆，成为浙江兴办蚕丝教育的开始，也是中国最早的蚕丝教育机构。蚕学馆在“新昌圆”蚕种(原产于新昌县龙皇堂村)的基础上，培育出新蚕种“新圆”，这是中国近代蚕桑产业的一大发明。光绪二十九年，日本蚕丝专家小岛米三郎从中国的蚕学馆引进“新圆”及“新昌长”蚕种，经杂交繁育，分别命名为“国蚕种5号”和“国蚕种8号”，并在日本推广养殖。

民国时期，孙中山重视蚕丝生产，提出“按4.5亿人每人用绸2.5米，即需蚕茧85万吨，生丝7.1万吨，产绸缎11.25亿米”(孙中山《实业计划》第五计划第二部分)的远大设想。民国政府采取了设立蚕丝教育机构，制定蚕丝统制条例，筹办模范丝厂，采用新法缫丝，成立浙江蚕桑改良会等一系列改良蚕丝业的措施，对浙江蚕丝业生产发展起推动作用。民国12年(1923年)，全省桑园面积达265.82万亩，创历史新高；民国20年蚕茧产量136.33万担，创历史最高水平。民国时期，缫丝和丝织生产向半机械化、机械化过渡，绸缎花色品种有较大更新，蚕丝科教有一定发展。浙江的“蚕猫”牌生丝、“孔庙”牌绢丝、“七里湖丝”等名牌产品饮誉海外。抗日战争期间，浙江蚕桑丝绸业遭受严重摧残。至民国37年，全省桑园面积仅124万亩，产茧1.05万吨，缫丝厂仅存11家。

二

民国38年(1949年)5月3日，杭州解放。7日，杭州市军管会成立。杭州市军管会财经部派出接收小组接收了原省蚕业改进所、中国蚕丝公司杭州办事处等机构，以及省蚕桑试验场、五丰绸厂等蚕桑丝绸单位。中华人民共和国成立后，浙江省人民政府(以下简称省政府)十分重视浙江蚕桑丝绸的恢复和发展，建立与完善了蚕桑管理机构，贯彻执行了中央“大力发展蚕丝生产”的方针，加强了技术指导。1951年1月，浙江省工业厅(以下简称省工业厅)提出了“巩固和扩大原有收购基础，鼓励私人资本投入生产，用以丝易茧为主的办法，恢复浙江缫丝工业”的方针。1952年，推广杭州开源丝厂试验成功的烘茧煤灶。同年，还推广了立缫操作法，陆续改坐缫机为立缫机。

农村土地改革后，解放了生产力，发展新蚕区，加强蚕种产销管理，使蚕桑生产得到了较快恢复与发展。丝绸行业全面进入公私合营阶段，完成了对丝绸企业的社会主义改造。1954年成立浙江省蚕种公司，以加强蚕种产销管理。1956年，蚕桑生产县达48个，蚕种产量达到94.56万张，比1949年增长2.53倍；仅1956年冬至1957年春发展新桑园就达45.1万亩。到1956年，27家缫丝厂经过停、转、并，调整为16家，其中转为地方国营5家、公私合营11家。579家丝织企业调整为108家，其中地方国营3家、公私合营29家、小型私营76家。中国第一家规模最大的丝绸企业——杭州丝绸印染联合厂，于1956年正式动工兴建，引进日本多摩-10型自动缫丝机等先进设备(1958年5月开始，丝、绸、印染各车间先后投入生产)。1953—1957年，各丝绸厂对提高丝绸生产质量十分重视，经常开展操作训练，互相观摩、评比，总结先进经验，并加以推广。浙江蚕桑丝绸行业重视对历史上丝绸品种的挖掘与整理，推陈出新，创造了许多优良的新品种，扩大了销路。杭州胜利丝织试样厂等单位为纪念中华人民共和国成立10周年，特地为北京十大建筑设计、试制了一批高级装饰用绸。1957年，桑蚕茧收购量由1949年的4500吨提高到19270吨，桑蚕丝产量由339吨增加到2099吨，绢丝产量由94吨增加到241吨，丝织品产量由1212万米增加到3181万米，全省丝绸业得到稳步健康发展。

1958年以后，"大跃进"和"人民公社化"运动中，蚕桑丝绸生产受到很大影响。在经营体制上变动频繁，大办"万亩桑场、千亩桑场"，在工作上盲目冒进，高指标、压任务，挫伤了干部群众的积极性，导致全省蚕茧产量连续3年减产。由于国家政策的失误，加上三年自然灾害影响，全省蚕桑丝绸生产一度大幅度下降。1961年后，全省蚕桑丝绸业认真贯彻国家"调整、巩固、充实、提高"的八字方针和《农村人民公社工作条例》(即《六十条》)，落实国家鼓励农民发展蚕桑生产的有关政策和措施，认真落实稳定"三级所有，队为基础"所有制，对蚕桑生产实行重奖政策，建立专业桑园，稳定了蚕桑生产。工业上执行"三统一优"(统一计划、统一原料、统一检验和择优安排生产)的原则，确定全省缫丝企业保持常年生产6家，停止生产5家，实行季节生产8家，全省缫丝工业精减职工6723人。由于认真贯彻"八字方针"，企业管理得到加强，产品质量逐步提高，蚕茧生产回升，生丝货源增加，丝绸外贸出口供不应求。为适应外销、多创外汇，国家发放专用贷款，新增并提升印花、缫丝、织绸生产能力，对老设备进行技术改造，全省丝绸工业形势全面好转。1965年，全省饲养蚕种94.24万张，生产蚕茧4.81万吨；拥有丝绸企业64家，其中国营企业50家(丝厂18家、绸厂26家、印染厂3家、化纤厂1家、绢纺厂1家、纺机厂1家)；全省丝绸工业总产值3.77亿元，占全国丝绸工业25.76%；全省桑蚕丝产量1832吨，占全国35.23%；丝织品产量8153万米，占全国23.8%，均居全国首位。对外贸易不断扩大，1957年，全省白厂丝直接向苏联出口交货，至1964年，对西方国家出口白厂丝达1571吨，各种绸缎也通过上海或对苏直接交货而使出口量大幅提升。

"文化大革命"期间，蚕桑丝绸管理机构一度瘫痪，工厂停工，一大批大中型丝绸企业停工停产。至1976年，全省丝绸工业总产值只增长9%，人均创利仅25.02元，相当于1965年1212.12元的2%。但在蚕茧干燥理论的探索和设备改进、新型自动缫丝机和丝织机自动化研究试制等科研和生产方面仍取得一定进展。

三

1978年12月，国家开始实行改革开放政策，浙江蚕桑丝绸业步入了崭新的发展阶段。

1981年，浙江丝绸自开口岸、自营出口，从而进入了大步跨入国际市场的崭新时期。是年，省丝绸公司与41个国家和地区的455家客商建立了贸易关系，全年出口创汇1.08亿美元。为适应浙江丝绸内外贸所需，从1981年起省政府投入专项经费对丝绸企业进行技术改造。

1982 年起，全省桑园逐步推行家庭联产承包责任制，国家逐步提高蚕茧收购价格，政府大幅度增加蚕桑生产补贴，加大基础设施投入，大力推广优新品种，加强蚕业技术辅导，大大促进了蚕桑生产的发展。1984 年，全省 1.2 万个生产大队、4 万个生产队集体经营的桑园，全部由 94 万多户农户承包经营。当年，全省蚕茧产量达到 7.02 万吨，首次超过民国 20 年(1931 年)的最高水平。1981—1985 年，全省共投入经费 1.14 亿元，对 50 多家缫丝、丝织、印染、绢纺、针织、服装企业进行技术改造，研制和引进先进的缫丝、织造及印染后整理等生产技术设备。

1985 年 1 月 29 日，省政府印发《关于全省丝绸行业经济体制改革试行方案》的通知，决定成立省丝绸联合公司，将省属丝绸生产企业全部下放。从 1985 年春茧开始，蚕茧经营管理权限下放，丝绸生产和收购实行指导性计划。1985 年 10 月，浙江在深圳特区创办的第一家中外合资丝绸企业——深圳华丝企业股份有限公司正式投产。

1987—1991 年，是浙江蚕桑丝绸业的一个不平凡发展阶段。一是世界经济普遍繁荣，蚕丝天然纤维受到青睐，开发了丝绸砂洗工艺，出现了全球“丝绸热”；二是浙江乡镇企业(小丝厂、小绸厂)快速发展，丝绸加工能力迅速提升；三是由于国家经济体制处于转轨时期，汇率的“双轨制”、财政的“分灶吃饭”、出口的“水货”盛行等，造成蚕茧、厂丝原料供不应求，因而在省际、县际之间爆发了以抬价抢购蚕茧为特征的“蚕茧大战”，对蚕茧质量、收烘秩序造成了负面影响。1988 年，国务院为加快和深化外贸体制改革，确定了“自负盈亏、放开经营、工贸结合、推行代理制”的方针。浙江丝绸行业由省丝绸公司统一收购出口的专营丝绸出口体系开始打破。1988—1991 年，省政府对丝绸外贸实行了两轮承包，4 年累计完成出口创汇 14.76 亿美元。省丝绸公司共上缴外贸综合运筹基金 3.34 亿元，上缴风险基金 2004 万元，兑现盈利 6090 万元，合计 4.15 亿元，为全省外贸事业的发展做出了重要贡献。

1992 年 10 月，中共中央确定了社会主义市场经济体制的改革目标后，浙江蚕桑丝绸行业发生了深刻的变化。是年，蚕茧产量达到 14.07 万吨，创历史新高。1993 年 1 月 7 日，省政府办公厅转发《关于加强我省蚕种产销管理意见的通知》，实行蚕种生产经营许可证、质量检验合格证制度。2 月 24 日，省政府发出《关于做好蚕茧生产和经营工作的通知》，决定从 1993 年起，蚕茧收购价格由国家定价改为指导性价格。是年，全省生产一代杂交种 509.36 万张，创浙江蚕种生产历史最高水平。1994 年，桑园面积达到 152 万亩，蚕区遍及全省 11 个市 65 个县(市、区)。从 1988—1995 年，全省蚕茧产量连续 8 年保持在 10 万吨以上，该阶段为浙江蚕桑生产的鼎盛期。

1991—1995 年，浙江丝绸行业通过加快技术改造、调整产品结构，自动缫丝机占比从 1990 年的 7%提高到 1995 年的 16%，无梭织机从 2.7%提高到 16.9%，丝绸印染、服装企业深加工能力大大提高。浙江丝绸行业采用中外合资等方式建立丝绸服装合资企业，丝绸服装加工和出口迅速增加，丝绸服装生产进入了一个大发展时期。至 1995 年，全省有专业丝绸服装生产厂家 377 家，从事丝绸服装生产的企业数千家，年产量达 1 亿件以上，出口创汇 6.5 亿美元。浙江丝绸行业通过转换经营机制，提高了整体素质。全省有丝绸企业集团 23 家、股份公司 6 家、有限责任公司 20 多家，8 家企业列入全省百家现代企业制度试点单位。1996 年 7

月16日，杭州凯地丝绸股份有限公司在深圳证券交易所成功上市，成为“中国丝绸第一股”。是年，浙江丝绸行业与全球80多个国家和中国香港、澳门、台湾地区的1500多家客商建立了贸易合作关系，全省丝、绸、真丝服装等出口创汇达10亿美元以上。

1996年以后，浙江城镇化步伐加快，劳动力成本提高，土地资源趋紧，丝绸产业竞争加剧。受此影响，浙江蚕桑生产进入了调整下降期，丝绸生产和经营面临着更多的困难和挑战。国家加大了对丝绸行业宏观调控的力度，整顿缫丝加工行业，压缩产能，实施丝绸企业兼并重组。1996年3月12日，省政府印发《关于茧丝绸实行贸工农一体化经营管理的通知》，决定将在农业部门的蚕桑管理及蚕种场、供销系统的蚕茧收烘单位全部划归丝绸部门，组建贸工农一体化的丝绸公司。1999年12月1日，国家经济贸易委员会印发了《关于做好企业兼并破产工作确保社会稳定的紧急通知》，杭州、嘉兴、湖州等丝绸主产区城市被列入全国优化城市资本结构试点城市，按照国家统一部署，通过破产兼并、退城进郊、股权转让等方式，加快丝绸国有企业改革步伐。至2000年，全省14个市、县(市、区)成立了一体化丝绸公司，丝绸工业企业改制面达到83%，作为丝绸原料生产的181家缫丝企业、30家绢纺企业改制面超过90%。

四

进入21世纪，中国迎来了加入世界贸易组织(WTO)的战略机遇期，对浙江蚕桑丝绸行业来说，迎来了全面参与国际市场的重大机遇。国家逐步取消了一直以来实行的丝绸进出口经营权，实施了“东桑西移”战略，加上丝绸产业结构调整、人民币持续升值、国际金融危机影响等因素，使浙江蚕桑丝绸业进入了一个机遇与挑战并存的新的发展阶段。

2000年11月，浙江首个省级现代蚕业园区——德清县湖墩村现代蚕业园区通过浙江省农业厅(以下简称省农业厅)验收。自此，全省加快了蚕桑生产产业化、园区化、集约化改造的步伐。2001年起，全省蚕桑丝绸产业的体制改革不断深化。是年，蚕茧流通体制进行较大调整，其中蚕茧收购定价方式由中央指导下的省级政府定价，改为省级政府指导价，建立了主要由市场决定的蚕茧价格机制。8月2日，省政府印发《关于深化茧丝绸贸工农一体化改革的通知》，决定将省丝绸联合公司的行业管理职能划归省经济贸易委员会，已进入一体化丝绸公司的蚕桑站回归农业部门。11月12日，省政府印发《关于组建浙江省丝绸集团有限公司的通知》，决定通过改制和资产重组，设立浙江省丝绸集团有限公司。2003年，省农业厅实施了蚕桑西进和优化改造工程，陆续推进建德大同、海宁周王庙、桐乡石门等蚕桑产业示范区和精品园建设。2004年6月，浙江在全国率先进行蚕茧收购价格市场化改革试点，省、市、县政府不再下达收购价格，实行市场调节价。2006年2月10日，省属国有企业改革领导小组印发《关于对省丝绸集团有限公司总体改制方案的批复》。2008年1月25日，省丝绸集团公司100%国有股权在杭州市产权交易所挂牌转让，完成了省属企业产权制度改革。2009年7月，国家文物局正式将泉州、宁波、广州、扬州、蓬莱等五城市纳入“海上丝绸之路”捆绑“申遗”计划，从历史发展轨迹、对外贸易和丝绸文化等，多角度揭示了宁波作为古代“海上丝绸之路”

重要组成部分的历史地位。

21世纪以来的10年间，全省丝绸行业顺应新挑战、新机遇、新常态，通过多年的产业转移、结构调整、技术改造和研发创新，形成了从蚕茧、缫丝、绢纺、丝织、丝针织、印染、服装、服饰，到丝绸文化创意产品，门类齐全、产业链完整的全省蚕桑丝绸产业发展新格局。蚕桑生产集约化水平及丝绸生产自动化、智能化、高端化水平全国领先，电子提花、电子多臂、数码织造、数码印花、印染自动分色描稿等高新技术得到广泛应用，产品档次和品质得到进一步提升，成为融入国际丝绸市场、提升全球竞争力的强大支撑。各丝绸企业十分重视研发创新、技术进步和品牌培育，涌现出一大批丝绸骨干企业和名牌产品。凯喜雅、万事利、达利丝绸、金富春、丝绸之路、嘉欣丝绸、中维控股、浙江金鹰、浙江富润等重点骨干丝绸企业集团，通过建立产业园区、加快技术改造、培育自主品牌、拓展内外市场，综合实力大大增强。凯喜雅、万事利等丝绸企业还获得了2008年北京奥运会和2010年上海世博会特许商品生产商和经销商的资格，浙江金鹰、嘉欣丝绸、华鼎控股等丝绸企业分别在上海证交所、深圳证交所、香港联交所实现上市。

这一期间，沿海地区工业化、城镇化发展加快，土地资源紧缺，劳动力成本上升，上述因素推动蚕桑丝绸产业结构加快调整。全省蚕桑和茧丝等原料性产品生产能力有一定幅度下降，但丝绸服装制成品等深加工产品占比增加，尤其是蚕丝被、丝巾、真丝手袋等丝绸家纺产品和文化创意产品得到迅速发展，从而促进了丝绸附加值的增加，外贸出口优势的增强，丝绸内销实现快速增长，丝绸文化得到传承创新，促使浙江丝绸在国内外市场更具竞争力，更具发展前景。

2010年，全省桑园面积103.4万亩，蚕茧产量6.4万吨，蚕茧产量位居全国第4位。全省累计建成规模化蚕桑连片园区44万亩，占全省桑园面积的42.55%；建成连片1000亩以上的大型园区64个，合计桑园面积10.9万亩。2010年，全省国有及销售收入500万元以上的丝绸企业，完成丝产量14436吨，丝织品产量32918万米，丝绸服装（含针织服装）产量8752万件，丝绸家纺122万件，领带头巾5098万条，蚕丝被137万条；全省真丝绸商品出口总额13.17亿美元，占全国的40.43%，连续10年位居全国第一位。

五

蚕桑丝绸产业是历史悠久的传统产业，也是浙江的历史经典产业、重要特色产业。浙江蚕桑丝绸产业将抓住国家“一带一路”倡议的重要机遇，顺应丝绸个性化、消费时尚化和“互联网＋”的发展趋势，以传承保护和创新发展为主线，按照原料基地化、技术高新化、品牌国际化、人才梯队化、产业和文化一体化的发展思路，着力推进蚕桑产业基地建设、丝绸创新发展、名企名品培育、丝绸人才培养以及产业与文化的融合发展，进一步巩固和提高浙江蚕桑丝绸产业在全国的领先地位。浙江“丝绸之府”的地位一定会更加巩固，浙江蚕桑丝绸业的明天会更加美好。

第一章 蚕桑生产

浙江蚕桑最早兴起于新石器时代。春秋时期，绍兴的蚕桑生产已有一定基础。两汉三国时期，蚕桑生产开始从浙东向浙西、浙北发展。南宋以后，杭嘉湖成为东南最大的蚕桑基地。明代中叶，嘉湖蚕丝产量已居全国之首。20世纪初，浙江蚕业达到兴盛时期。民国12年(1923年)，全省桑园面积达到265.82万亩，为有史可查的最高纪录；民国20年，蚕茧产量达136.33万担，创历史最高水平。抗日战争期间，浙江的蚕桑生产遭受严重破坏。到1949年底，全省仅20个县有蚕桑生产，蚕茧产量21万担。

中华人民共和国成立后，各级政府采取了一系列鼓励政策和措施，蚕桑生产得到迅速恢复和发展。20世纪50年代初，桑园由农业生产合作社集体经营；1961年后，由生产队经营；1981年，开始推行家庭联产承包责任制。1984年，蚕茧产量首次超过民国20年(1931年)的历史最高水平；1992年，产茧14.07万吨，创历史新高。1994年，桑园面积达到151.2万亩，蚕区遍及全省11个市65个县(市、区)。1996年以后，由于浙江城镇化加快发展、土地等要素资源紧缺等原因，蚕桑生产进入了调整下降期。2001年，全省首个蚕桑专业合作经济组织成立。2010年，全省蚕茧产量6.4万吨，产区主要分布在嘉湖、浙西南两个产业带中的23个年产茧500吨以上的重点县，全省共有158家蚕桑专业合作经济组织。

第一节 蚕桑产区

汉代，浙江蚕桑从浙东绍兴一带向浙西、浙北发展。南宋以后，杭嘉湖成为东南最大的蚕桑基地。20世纪初，蚕区遍及全省11个府58个县。民国20年(1931年)，蚕茧产量创历史最高水平。抗日战争期间，蚕桑生产遭受严重破坏。中华人民共和国成立后，蚕桑生产得到迅速恢复和持续发展。2010年，桐乡、南浔、淳安、开化等23个年产茧500吨以上的县(市、区)，产茧量占全省总产量的97.2%。浙江蚕茧产量位居全国第4位。

一、生产发展

浙江蚕桑有文字记载始于春秋时期。越王勾践在复国图强的策略中，得计倪之谋，“省赋敛，劝农桑”，示民以农桑，并“君自耕，夫人自织”①，把发展蚕桑作为重要内容之一。

① 《越绝书》卷四《计倪内经第五》。

秦汉、三国时期，浙江蚕桑得到初步发展。东晋和南朝时，北方战乱，大量人口南迁，随之带来了黄河流域先进的蚕桑生产技术，使浙江蚕桑有了较快发展。由于浙江桑树品种优越，嘉湖地区桑苗开始供应辽宁平州等地。温州地区饲养多个蚕品种和一年多次养蚕，“永嘉有八辈蚕”①。

隋代，运河的开通，促进了浙江经济的发展，农民积极栽桑养蚕。永嘉、新安（今淳安）、遂安（今属淳安）等地推广“一年蚕四五熟”②的增产经验。唐代，浙江蚕桑生产有了大的发展，特别是在中唐以后，全国蚕桑重点区域逐渐南移，浙东已是“机杼耕稼，提封七州，其间茧税鱼盐，衣食半天下”③。五代吴越国定都临安（今杭州）后，国主钱镠实行“保境安民”的基本国策，重视发展蚕桑生产，“世方喋血以事干戈，我且闭关而修蚕织”④。在农村“桑麻蔽野”⑤，城镇也呈现“春巷摘桑喧姹女”⑥的盛况，许多寺院也种植了大面积的桑树。在十国割据势力中，吴越国的蚕桑生产发展最为迅速。

宋代，特别是宋室南渡，定都临安（今杭州）后，重视浙江蚕桑的发展，急需扩展丝绸生产。浙西提举颜师鲁提出，对地方官吏要以对蚕桑的重视与否进行赏罚。浙东提举朱熹指导栽桑技术，印发了《种桑法》榜谕民间。四明（今宁波）奉化人楼璹任於潜（今属临安）县令期间“笃意民事”⑦，绘制了《耕织图》。织图涵盖从浴种、养蚕到缫丝、绸布裁用共24个蚕事活动，每幅画配以五言诗一首，每首八句蚕桑事务，图文并茂，反映了宋代浙江蚕桑的繁盛和技术水平。南方蚕桑生产开始超过北方，浙江成为全国蚕业中心，蚕区几乎遍及全省。浙东绍兴一带蚕业仍相当发达，诗人陆游描述农村呈现“郁郁桑连村”“人间何地不耕桑”“村落家家煮茧忙”⑧的兴旺景象。宁波蚕业也较普遍，慈溪“田桑之美，有以自足”⑨。衢州则“新晴户户有欢颜，晒茧摊丝立地干，却遣缫车声独怨，今年不及去年闲”⑩。台州已“春蚕成丝复成绢，养得夏蚕重剥茧”⑪。温州虽蚕桑很少，但丝织发达。南宋后，全省蚕业重点从浙东移到浙西、浙北，杭嘉湖地区蚕业迅速崛起。杭州富阳农民由于蚕桑效益远高于农业，因而重视蚕桑，轻视农业，以致冬季农田不管，而每株桑树都要精心护理。南宋《咸淳临安志》载，钱塘（今属杭州市西湖区、江干区）、仁和（今属杭州市西湖区、江干区）、余杭、富阳、临安、於潜（今属临安）、昌化（今属临安）、盐官（今属海宁）、新城（今属富阳）都盛产蚕桑。湖州则“以蚕桑为岁计，富室育蚕有至数百箔”⑫，并已掌握了桑树嫁接技术，培育了后来闻名全国的“湖桑”。崇德（今属

---

① 〔北魏〕贾思勰：《齐民要术》卷五《种桑柘》。
② 《隋书》卷三十一《地理志下》。
③ 〔唐〕杜牧：《李纳除浙东观察使兼御史大夫制》，《全唐文》卷七百四十八。
④ 〔清〕袁枚：《重修钱武肃王庙记》，《小仓山房外集》卷八。
⑤ 《宋书》卷六十七《谢灵运传》。
⑥ 〔唐〕罗邺：《自遣》，《全唐诗》卷六百五十四。
⑦ 〔宋〕马端临：《文献通考》卷三百一《特异考七》。
⑧ 〔宋〕陆游：《春晚书斋壁》《春夏雨旸调适颇有丰岁之望喜而有作》，《陆游诗选》卷四一、卷六六。
⑨ 〔宋〕王安石：《慈溪县学记》，《临川集》卷八十三。
⑩ 〔宋〕杨万里：《江山道中蚕麦大熟三首》，《全宋诗》卷四百四十八。
⑪ 〔宋〕戴复古：《织妇叹》，《全宋诗》卷六十五。
⑫ 宋嘉泰《吴兴志》卷二十《物产》。

桐乡)"语溪无闲塘，上下地必植桑"①。桐乡濮院原是平衍千里的草荡，宋高宗的驸马濮凤定居后，经营蚕业，该地遂发展为全省的主要蚕区。元代，统治者推行游牧经济和杀掠政策，使蚕桑生产受到破坏。

明代，朱元璋即位之初即下令，"凡民田五亩至十亩者，栽桑、麻、木棉各半亩，十亩以上倍之……栽桑以四年起科。不种桑，出绢一匹"②。"明初以后，杭嘉湖地区已开始形成'以桑为业'，'以蚕代耕'的局面，这里'桑麻万顷'，'阡陌间强半植桑'，'比户以养蚕为急务'，'公私仰给惟蚕息是赖'，蚕桑业空前发达。"③明末清初，浙江蚕桑生产已达到较高水平，每亩桑地的收入为种田收入的4倍。因蚕桑得利丰厚，许多地方出现重蚕桑轻粮食现象。随着丝织商品经济的发展，杭嘉湖境内的双林、菱湖、南浔、新塍、王店、石门、塘栖等原来的小村、小镇，都发展成为以丝绸为主的大集镇。

明代至清代前期，全国蚕业许多地区因战事呈现"衰废不举"的现象，而浙江特别是杭嘉湖蚕区愈益兴盛，尤其繁荣。首先是种桑养蚕普遍。湖州府所辖各县都发展蚕桑，归安(今属湖州)、乌程(今属湖州)"无不桑之地，无不蚕之家"④。嘉兴府所辖7个县中，崇德、桐乡蚕桑最盛，"地无闲旷，上下地必植桑，富者等封侯，培壅茂美，不必以亩计；贫者数弓之宅地，小隙必栽，沃若连属，蚕月无不育之家"⑤；海盐、嘉兴(今嘉兴市秀洲区、南湖区)、秀水(今嘉兴市南湖区)、嘉善和平湖次之。其次是桑地面积扩大。在杭嘉湖地区一般田用来种粮，地用来种桑，自明代后期至清康熙二十年(1681年)前后，杭嘉湖三府改田种桑共26580亩。明万历九年(1581年)，崇德的桑地面积占总面积的12.5%，到康熙年间(1662—1722年)增至41.4%。据清代张履祥《补农书校释》记载，明末清初，1亩上等桑地可产桑叶2000斤～2800斤，中等桑地1000斤～1300斤，下等花白地400斤～600斤，还可间作豆二熟，生产技术达到较高水平。

鸦片战争时期，《南京条约》签订后，为平衡贸易，生丝成为中国第一位的出口物资，浙江是外商竞购丝、绸的重要地区。加上民族资本缫丝工业的发展，茧丝需求量急增，价格上升，从而提高了农民种桑养蚕的积极性。杭嘉湖原来蚕桑发达的县更趋繁荣，蚕桑不甚发达的长兴、嘉善、平湖、安吉等县也积极扩大桑园面积，其他地区也得到进一步发展。20世纪初，浙江蚕业达到兴盛期。清光绪年间(1875—1908年)，浙江蚕桑已遍及全省11个府58个县。光绪六年(1880年)，全省产茧94.5万担，占全国产茧量的38.8%。

第一次世界大战后，由于美国生丝进口量剧增，促进了中国民族丝绸工业迅速发展，对原料茧需求大量增加，蚕茧价格昂贵，农民积极从事蚕桑生产。民国12年(1923年)，浙江桑园面积达到265.82万亩，是浙江蚕桑史上有记载的最大桑园面积，其中吴兴县(今属湖州市南浔区、吴兴区)为54.55万亩，杭县(今属杭州市西湖区、余杭区)、嘉兴和海宁都在35万亩以

① 明万历《崇德县志·纪疆》。
② 《明史》卷七十八《食货二》。
③ 梁家勉主编：《中国农业科学技术史稿》，农业出版社1989年版，第543页。
④ 段本洛：《中国资本主义的产生和早期资产阶级》，苏州大学出版社1996年版，第190页。
⑤ 明万历《崇德县志·纪疆》。

上。民国20年，蚕茧产量达到136.33万担，创历史最高。民国21年，全省52个县有蚕桑生产，其中年产茧1万担以上的有吴兴、杭县、嘉兴、萧山、海宁、嵊县（今嵊州市）、桐乡、诸暨、海盐、余杭、平湖、崇德（今属桐乡）、长兴、德清、临安和新昌等16个县。

抗日战争全面爆发后，浙江蚕业遭到空前浩劫，蚕区缩小。杭嘉湖主要蚕区为日军占领，蚕桑生产受到严重破坏。民国28—32年（1939—1943年），嘉湖蚕区桑园面积损失92.31万亩，养蚕户数减少11.16万户，蚕茧产量减少55万余担。抗日战争胜利后，百废待举，家园重振，国民政府采取了一些措施恢复生产。但由于抗日战争期间蚕业基础和设施破坏严重，加上通货膨胀，农民养蚕亏本，无心经营桑园，蚕桑生产恢复缓慢，3年中蚕茧产量仅增加10%。到民国37年，全省蚕桑产区仅有杭县等20个县（区），桑园面积为127.72万亩，蚕茧产量34.45万担，分别为全面抗日战争前最高年份的48.05%和25.27%。1949年底，桑园面积124万亩，蚕茧产量21万担。

民国38年（1949年）5月7日，杭州市军管会成立。8月，杭州市军管会财经部决定，蚕种实行计划配销，废除自由买卖。省政府批准成立省蚕业改进所（为省实业厅下属单位）。省实业厅向全省48个私营蚕种场发放贷款1亿元。1950—1951年，又向各蚕种场贷款8.83亿元和大米300吨。1951年，开始在昌化、於潜、临安、余杭、新登（今属富阳）、诸暨、新昌等县山区，发动群众培育桑苗，发展新桑园。1952年，每50千克鲜茧收购中准价，从1950年的72.1万元提高到83万元。为了加强蚕种产销管理，1952年7月，省蚕业改进所与省棉麻、茶叶、土产改进所合并组建为浙江省农林厅（以下简称省农林厅）特产局。特产局取消了所有蚕种牌号。1954年6月，省政府批准成立省蚕种公司，加强对蚕种产销和质量监督管理工作。1954年11月，全国蚕丝会议提出“有计划地向山区丘陵地带开拓新蚕区”后，浙江进一步掀起了桑树上山、发展新蚕区的热潮。至1956年，蚕区县从1950年的15个扩大到48个；桑园面积从1949年的124万亩扩大到140.2万亩，增加13.1%，仅1956年冬至1957年春就发展新桑园45.1万亩；蚕茧产量从1949年的1.05万吨增加到2.72万吨，增长1.59倍；蚕种产量从1949年的26.82万张增加到94.58万张，增长约2.53倍，质量也有显著提高。

1958年，将原来各个农业社的一切公共财产、公共积累都交给公社，社员的自留地、大片林木归公社；生产队的桑园一律归生产大队、公社所有，生产的桑叶由生产大队、公社无偿调拨；使用社员的蚕室、蚕具，不给付租金。上述举措挫伤了生产队和社员的生产积极性。1958年3月，全省蚕桑会议提出了高指标蚕茧产量，1962年达到20万吨，1967年达到50万吨，新辟桑园350万亩；全省亩桑产茧，1960年达到100千克，人均产茧5千克。1959年，提出蚕茧产量“翻一番”，开展亩产“双千斤桑，双百斤茧”“万斤桑，千斤茧”等大面积高额丰产运动；推行建立蚕桑场和专业队，逐步实现养蚕工厂化；同时提出“桑叶跟着蚕种跑”“无叶保丰收”等口号。桑园间作严重，肥培水平下降，不少地方桑园出现“三多一少”（间作多、病虫多、缺株多、施肥少）；盲目推广多次养蚕，有的地方一年养蚕17次，出现严重缺叶，却不准“倒蚕”，大搞代用品营养添食。全年全省配发蚕种274.2万张，比1956年增加1.2倍；但平均每张蚕种产茧量仅为13.2千克，蚕茧总产量减少3800吨。各地还办了500多个社队蚕种场，蚕种粗制滥造。1960年，又推出了建立一批千亩、万亩蚕桑场，至4月底全省共创办了5118个蚕桑场。1958—1960年，全省生产蚕种93.94万张、预备蚕种106.82万张，农民饲养后，蚕病多，产量低。蚕茧连续减产，至1960年下降到2.1万吨。

1960年10月和1961年6月，省农业厅分别组织调查组到蚕区进行专题调研。通过调研，省农业厅制定了如下政策：集体桑园归生产队所有，由生产队经营；社员个人种桑，谁种谁有；集体使用社员的蚕室、蚕具，给付合理租金等。同时，恢复建立蚕桑生产责任制。1961年1月起，国家对蚕茧收购实施奖励，奖售粮食、化肥、棉布、煤油；并按定价茧款的15%～20%发放蚕茧预购定金。1962年，再提高奖售化肥，蚕茧价格也比上年再提高10%。省农业厅等安排蚕桑专用木材、毛竹、钢材、水泥、玻璃、化肥等物资和长期低息贷款。1962年12月，省政府核减11个蚕桑重点县1963—1964年粮食统购任务3090万千克，以促进专业桑园的建立。1963年，全省建立专业桑园面积17.7万亩。1964年，对桑苗生产采取商品苗生产与社队自培自栽"两条腿"走路，建立商品桑苗基地1.1万亩。1965年，全省发展专业桑园86.41万亩。1974年，建立专业桑园96.2万亩；全年亩桑产茧量达49.6千克，张种产茧量达30.8千克；全省生产蚕种204.92万张，蚕品种全部更新为苏16×苏17等新品种。1975年，全省因缺叶倒蚕7.4万张。1977年，受十年"文化大革命"对生产企业的严重破坏影响，蚕区缺肥少药，养蚕物资严重不足，全年蚕种饲养量比上年减少5万张。

1978年，浙江遭遇严重秋旱的自然灾害，全省秋蚕饲养量比1977年减少6.25万张，秋茧产量减产28.7%，全省原料茧出现严重短缺。1979年3月和11月，省政府召开了两次全省蚕桑工作会议，积极鼓励社员种桑，谁种谁有，长期不变。1979年，提高蚕茧收购价格，每50千克鲜茧基准价，由1978年的111元提高到140元，提高了26.1%。从1980年开始，集体桑园与集体养蚕都建立和健全了专业承包、联产计酬的责任制。1980年10月，省农业厅总结推广建德等县"人种百株桑，户产百斤茧"的经验。

1979—1983年，农业部、省政府出台了一系列扶持蚕桑生产的政策。一是蚕茧收购奖励。从1980年起，省政府实行定蚕茧收购基数、超基数加价收购的奖励政策，全省定蚕茧收购基数为5万吨，超基数加价15%。1983年起，改为按固定比例加价收购；按"斤茧斤肥"（收购蚕茧奖励化肥）的标准实行蚕茧奖售。二是资金扶持。省财政共拨出2600万元，省农业银行共发放贴息贷款595万元，重点用于扶持老桑园改造、新桑园发展和改善蚕种生产设施。对外贸易部分配给浙江蚕桑专用外汇200万美元、蚕桑生产周转金500万元，用于进口钢材12578吨（含分配给浙江的数量）等物资，支持农村养蚕室建设。农业部、省计划委员会下达蚕种场基建、技改费644万元，增建蚕种场用房4.42万平方米。三是增加基本建设投入。国家、省政府拨款和各地自筹蚕桑基建投资达2901万元。四是专用化肥。农业部、对外贸易部、全国供销合作总社，分配给浙江桑苗和幼龄桑园化肥超过10万吨。一系列的扶持政策促进了蚕桑生产基础的建设与改善。1979—1983年，全省年均种桑1.61亿株，建成了一批桑树品种优良、桑园群体结构合理、肥培水平较高的高产桑园。全省建造农村养蚕室40多万平方米，改造和新建蚕种生产用房7.32万平方米，并普遍增添了空调器等设备，使蚕种生产条件得到了改善。1979—1983年，每年蚕茧产量基本保持在6万吨左右；1983年产茧6.2万吨，比1978年增32.7%；1978—1983年，蚕茧产量年均递增5.8%。

1984年，全面实行了家庭联产承包责任制，全省1.2万个生产大队、4万多个生产队集体经营的桑园，全部落实到94万多个农户承包经营。改革开放以来，建设的高产桑园、添置的养蚕设施逐年发挥作用，加上提高蚕茧收购价格和奖励政策的效应，1984年蚕茧产量达到7.02万吨，首次超过了民国20年（1931年）的历史最高水平。1984年以来，全省还投入了5413.22万元，用于蚕桑生产基础设施和技术改进。1987年，全省年产蚕茧9.7万吨，比1983年增长56.5%；1984—1987年，蚕茧产量年均递增12%。

1988年和1989年，国家连续大幅提高蚕茧收购价格，每50千克鲜茧中准价，1988年由140元提高到175元，1989年再提高到480元。1989年，还试行农工商茧丝利润分享办法。1988—1989年，全省改造和新建了20多座蚕种催青室。1990年起，对蚕用物资实行补贴的奖励。20世纪80年代末90年代初，各地普遍开展"蚕茧丰收活动"，全省累计有44个县321个乡1733个村开展了丰收活动，桑园面积达56万亩，占全省桑园总面积的42.7%。全省有335名蚕桑技术干部和477名蚕桑辅导员蹲点，开展蚕桑技术培训11.9万人次，印发各种资料27.3万份，使蚕桑适用技术得到普及推广。1993年，全省新建小蚕加温设施17.07万个，暗火加温的春蚕种占总饲养量的68.4%。蚕桑生产基础的增强，先进适用技术的普及推广，使浙江蚕桑达到了鼎盛期。1988年，蚕茧产量首次超10万吨，1992年达到14.07万吨，创历史新高。虽然在连续9年增产后1993年首次出现了减产，但1994年仍达13.4万吨。1995年产茧12.2万吨，比1987年增25.8%。

1995年下半年起，尤其是1996年后，国际茧丝市场行情涨跌不定，出现了蚕茧产量随茧价起伏波动。1996年，每50千克鲜茧收购价仅586.1元，比1994年降低了28.3%；是年，蚕茧产量降到8.37万吨，比1995年减少31.4%，为改革开放以来减产幅度最大的年份。1997—2001年，蚕茧收购价基本稳定在每50千克700元～800元，蚕茧产量基本保持在10万吨～11万吨。2002年，蚕茧收购价又降到每50千克580元；2003年，蚕茧产量再降到7.91万吨。2006年，每50千克鲜茧收购价回升至1346元；2007年，蚕茧产量回到9.63万吨。

尽管2008年以后，蚕茧价格连年提高，至2010年达到了每50千克1640元的历史高位，但蚕茧产量仍呈连续下降态势。2008年比2007年下降了14.5%，2009年又比2008年下降了17.1%，2010年再比2009年下降6.6%，3年累计下降33.5%，年均递减12.7%。蚕桑生产的持续下降，原因是多方面的。一是农村经济发展，蚕桑比较效益低；农民就业门路增加，劳动力资源趋紧，从业人员减少。二是国家实施"东桑西移"战略，西部地区蚕桑快速发展，全国蚕茧总量持续增产，东部蚕桑产区受到冲击；加上缫丝等初加工企业西移，省内蚕茧加工能力大幅度下降，原料需求减少。三是生产方式传统，集约化程度低，作业方式落后，蚕桑机械设施开发应用难度大，仍以手工劳作为主；省力化种养技术没有根本性突破，劳动生产率、土地产出率不高。四是产业链长，环节多；茧丝绸产品外向度高，受国际市场影响明显；茧丝行情波动大，农民生产鲜茧无法直面市场，除承受生产风险外，还要承受市场风险。

浙江历来是全国蚕茧的主产省，长期位居全国首位。20世纪80年代末至2010年，位次逐步下降。

表 105-1-1-1　　浙江省蚕茧生产量在全国排序一览表

年　份	位次	全国产茧量前四位省(区)排序
1977 年前	1	浙江、四川(1957 年起超过江苏省)、江苏、广东
1978—1990	2	四川、浙江、江苏、广东
1991—1996	3	四川、江苏、浙江、广东
1997—1999	1	浙江、江苏、四川、广西
2000—2002	2	江苏、浙江、四川、广西
2003—2004	3	江苏、广西、浙江、四川
2005—2009	3	广西、江苏、浙江、四川
2010	4	广西、江苏、四川、浙江

资料来源:农业部种植业管理司编《新中国 60 年蚕桑生产情况资料汇编》,中国农业出版社 2014 年版,第 59—64 页。

二、产区分布

蚕桑产区随区域经济发展,有较大变化。春秋时期,绍兴一带蚕桑生产已经较为普遍。汉代三国时期,开始从浙东绍兴向浙西、浙北发展。唐代,蚕桑生产有较大发展,至宋代已相当发达。宋代特别是南宋以后,嘉兴、湖州地区成为东南最大的蚕桑基地。明代中叶,嘉湖蚕丝居全国之首。民国时期,桑园面积最多的年份是民国 12 年(1923 年),全省为 265.82 万亩,其中嘉兴市(今行政区域)占 42.1%,湖州市占 28.3%,杭州市占 21.2%,绍兴市占 8.1%,宁波市占 0.2%。民国 38 年,全省蚕桑产区缩减到 20 个县,包括杭县、余杭、富阳、临安、吴兴、德清、长兴、嘉兴、嘉善,海盐、海宁、桐乡、嵊县、新昌、诸暨等主要产区。

中华人民共和国成立后,在巩固提高老蚕区的同时,逐步发展新蚕区。杭州、金华、衢州、台州、宁波、温州、丽水等地开发荒地、溪滩、海涂栽桑养蚕,蚕区不断扩大。有蚕桑的县(市、区),1950 年 15 个,1953 年 24 个,1957 年 60 个,1960 年后一度缩小到 48 个,1978 年又恢复到 61 个。1993 年,蚕区遍及 11 个市 66 个县(市、区)1109 个乡(镇)14365 个村,养蚕农户 113.56 万户。20 世纪末,温州市蚕桑基本消亡。2010 年,全省 10 个市 53 个县 47.2 万个农户有蚕桑生产。

蚕桑产区及蚕桑重点县在不同时期有不同的划分。1963 年 10 月,省农业厅发布的《关于恢复和发展蚕桑生产规划意见》,将吴兴、桐乡、德清、海宁、嘉兴、海盐、长兴、余杭、诸暨、嵊县、临安等 11 个重点县列为老蚕区;富阳、桐庐、上虞、金华(今金华市婺城区、金东区)、兰溪、衢县(今衢州市衢江区、柯城区)、江山、武义、临海等 16 个县(区)列为新蚕区县。

1973 年 9 月,中国共产党浙江省委员会(以下简称省委)农业工作会议印发了浙江省农林局(以下简称省农林局)起草的《浙江省发展蚕桑生产规划(1973—1980 年)》中,嘉兴地区列为老蚕桑基地,杭州、绍兴、金华地区列为新蚕桑基地。

1986 年,省农业厅发布《浙江省蚕桑生产区划》,将全省 69 个县分为 5 个蚕区:杭嘉湖蚕区,包括湖州市区(今湖州市南浔区、吴兴区)、德清、长兴、嘉兴、嘉善、平湖、海盐、海宁、桐乡、余杭及杭州市西湖、江干等12个县(市、区);萧绍蚕区,包括萧山、绍兴市越城区、绍兴、上虞、诸暨、嵊县和新昌等7个县(市、区);浙西蚕区,包括安吉、临安、桐庐、建德、富阳、淳安、兰溪和浦江等8个县(市);浙南蚕区,包括金华、武义、永康、东阳、磐安、义乌、衢县、龙游、江山、常山、开化、丽水、青田、云和、庆元、龙泉、缙云、遂昌、松阳、景宁、仙居、天台、永嘉、泰顺和文成等25个县(市、区);东南沿海蚕区,包括宁波市镇海(今宁波市镇海区、北仑区)、慈溪、余姚、鄞县(今宁波市鄞州区)、奉化、宁海、象山、临海、三门、玉环、黄岩、温岭、乐清、瓯海、瑞安、平阳和苍南等17个县(市、区)。

2003年8月21日,省农业厅发布《浙江省特色优势农产品区域布局规划(2003—2007年)》,明确以嘉湖为核心、杭绍为辅的蚕桑生产区域,包括桐乡、嘉兴市秀洲、嘉兴市秀城(今嘉兴市南湖区)、海宁、海盐、湖州市南浔、湖州市吴兴、德清等8个主产县(市、区),以及淳安、临安、嵊州、新昌等4个重点县(市)。同年,省农业厅发布《浙江省"十一五"蚕桑生产发展规划》,规定重点发展区域为:嘉湖蚕区,包括嘉兴市的桐乡、海宁、海盐、秀洲、秀城和湖州市的南浔、吴兴、德清、长兴、安吉等10个主产县(市、区);浙西南蚕区,包括淳安、临安、桐庐、建德、缙云、开化、兰溪、武义、磐安等9个主产县(市、区)。2003年10月17日,省农业厅发布《浙江省蚕桑优化改造规划(2003—2007年)》,规定桐乡、嘉兴市秀洲、海宁、海盐、湖州市南浔、德清等6个县(市、区)为优化改造的重点县;《浙江省蚕桑西进发展规划(2003—2007年)》明确淳安、临安、建德、桐庐、兰溪、武义、缙云和开化等8个县(市)为蚕桑西进的重点县。

2008年,省农业厅发布《浙江省蚕桑产业发展规划(2008—2015年)》,明确优势区域布局分为:嘉湖蚕区,包括嘉兴市的桐乡、海宁、海盐、秀洲、秀城和湖州市的南浔、吴兴、德清和安吉等9个主产县(市、区);浙西蚕区,包括淳安、临安、桐庐、建德、开化、缙云、武义、兰溪等8个县(市);浙中蚕区,包括绍兴市的诸暨、嵊州、新昌、上虞和杭州市的余杭、富阳等6个县(市、区)。

至2010年,全省形成了嘉湖、浙西南两个蚕桑产业带,其桑园面积、蚕茧产量分别占全省桑园总面积和产茧总量的95%以上。

(一)浙北蚕区

浙北蚕区,即传统的杭嘉湖蚕区。该区地处太湖之南,钱塘江以北,包括湖州市南浔、湖州市吴兴、德清、长兴、安吉、嘉兴市秀洲、嘉兴市南湖、嘉善、平湖、海盐、海宁、桐乡、杭州市余杭等13个县(市、区)。

该区气候、土质适宜种桑养蚕,蚕桑生产历史悠久,经验丰富,基础扎实,技术先进,分布集中。宋代以后,该区历来为全省最主要的蚕茧生产区域,素有"鱼米之乡,丝绸之府"之称,也是全省最大的蚕茧基地和蚕桑高产区。

浙北蚕区还是全省乃至全国最大的商品桑苗生产基地,20世纪90年代,年产嫁接桑苗10亿多株,主要集中在桐乡、海宁。其中桐乡嫁接苗占全省的55%以上,实生苗占全省的90%;海宁嫁接苗占全省的35%左右,实生苗占全省的8%左右。浙江桑苗除自用外,大部分销售至全国。区域内建有中国茧丝绸交易市场和全国首家桑苗交易市场,信息发达,成为全国茧丝绸信息中心之一。到21世纪初,该区已成为长三角经济圈的先进制造业基地。随着城镇化和工业化进程的加快，蚕桑生产逐渐萎缩，但仍然是浙江蚕桑的重点区域。

2010年，该区有桑园61.89万亩，饲养蚕种87.84万张，生产蚕茧40708吨，13个蚕种生产单位生产蚕种68.68万张，分别占全省总量的59.8%、62.4%、63.7%、61.7%。产茧500吨以上的县(市、区)有，桐乡(12856吨)、海宁(8060吨)、湖州市南浔(6037吨)、德清(3260吨)、海盐(3153吨)、安吉(1996吨)、嘉兴市秀洲(1955吨)、湖州市吴兴(1228吨)、长兴(1197吨)、嘉兴市南湖(503吨)等10个，蚕茧产量40245吨，占全省总产茧量的63%。

(二)浙西南蚕区

浙西南蚕区地处浙江西部山区、金衢盆地和浙南山区，包括杭州市的临安、桐庐、建德、富阳、淳安及温州、金华、衢州、丽水4市所属各县共计40个县(市、区)，是全省植被覆盖较高的山区或是以红黄壤丘陵著称的盆地，土地资源丰富，历来是浙江蚕桑新区发展的重点区域，也是蚕桑兴衰变化最大的区域。

东晋南北朝时期，建德令沈瑀“教人一丁种十五株桑、四株柿及梨、栗，女丁半之。人咸欢悦，顷之成林”①。隋代永嘉、新安和遂昌等地普遍推行“一年蚕四五熟”②。唐代，睦州(新安郡，今淳安)、处州(缙云郡，今丽水市)等，蚕业也有一定基础。宋代，金华“山谷之民，织罗为主”③；衢州则“新晴户户有欢颜，晒茧摊丝立地干，却遣缫车声独怨，今年不及去年闲”④。南宋后，全省蚕业重点从浙东移到浙西，富阳、临安、於潜、昌化、新城都盛产蚕桑。从清同治后期到光绪年间，金华、衢州、严州(今建德)、温州和处州蚕桑发展较快。民国12年(1923年)，该区桑园面积达到10.89万亩。民国21年，临安产茧达24300担。民国37年，蚕桑产地缩减到富阳、临安2个县。

中华人民共和国成立后，浙江蚕桑业生产得到迅速恢复和持续发展。1951年，昌化、於潜、临安、富阳、新登等山区县，发动群众培育桑苗，发展新桑园。1954年11月，全国蚕桑会议提出“有计划地向山区丘陵地带开拓蚕区”方针后，浙江进一步掀起了桑树上山、发展新蚕区的热潮。1963年12月，省农业厅召开会议推进富阳、桐庐、金华、兰溪、衢县、江山、武义等16个新蚕区县，建立专业桑园，建设蚕桑基地。1973年9月，省农林局报送省委的《浙江省发展蚕桑生产规划(1973—1980年)》提出，杭州、绍兴、金华地区建成年产茧5000吨～10000吨的新蚕桑基地，1974年出现了新一轮新蚕区发展。

1978年以后，在沿江、沿溪两岸利用河滩地以及低丘缓坡地，建设新桑园，蚕桑生产很快发展。1994年达到顶峰，蚕桑生产发展到33个县，桑园面积38.55万亩，饲养蚕种72.6万张，生产蚕茧27274吨；有14个县产茧量超500吨，其中9个县超1000吨。

2003年9月，省农业厅在淳安召开全省蚕桑西进与优化改造现场会，部署实施蚕桑西进工程，淳安、临安、建德、桐庐、兰溪、武义、缙云、开化等8个县为实施范围(2002年8个县共有桑园23.2万亩，饲养蚕种38.4万张，生产蚕茧15241吨，分别占全省总量的19.1%、15.4%、

---

① 《南史》卷七十《沈瑀传》。

② 《隋书》卷三十一《地理志下》。

③ 《宋会要辑稿·食货》。

④ 〔宋〕杨万里：《江山道中蚕麦大熟三首》，《全宋诗》卷四百四十八。

15.4%)。2005年9月14—15日,省农业厅在建德召开全省蚕桑西进总结表彰会,表彰了淳安、临安、建德、缙云等4个蚕桑西进工程实施先进县。2008年,8个县桑园面积达到31.0万亩,占全省总面积的27.5%,比实施前的2002年提高了8.4个百分点;蚕茧产量22410吨,占全省总产量的27.3%,比实施前的2002年提高了11.9个百分点。浙西南蚕区通过西进工程的实施,促进了蚕桑生产向优势产区集聚,形成了一批蚕桑专业村、专业镇、重点县,拥有连片桑园千亩以上的蚕桑专业村13个,万亩以上专业镇3个。临安市乐平乡乐平村有养蚕农户430户,占总农户数的91%;桑园1365亩,占耕地面积70%以上;蚕桑产值达到574万元,占该村农业总产值的52%。桐庐县分水镇养蚕农户8700户,占农户总数的57%;有桑园15000亩,蚕桑产值5395万元,占全镇农业总产值的51%。淳安县,1978年产茧仅196吨,2000年2647吨,位居全省第9位,到2008年达到8781吨,升至全省第3位,9年蚕茧产量增加了2.3倍。缙云县,1978年产茧仅4吨,2000年1377吨,位居全省第15位,到2008年达到2357吨,升至全省第10位。

2010年,浙西南蚕区有蚕桑生产的县(市、区)23个,桑园面积22.5万亩,占全省总面积的21.8%;饲养蚕种45.13万张,占全省总饲养量的32.0%;生产蚕茧19618吨,占全省总产茧量的30.7%。产茧500吨以上的县(市)有淳安(6151吨)、桐庐(3606吨)、临安(2597吨)、富阳(1967吨)、缙云(1484吨)、开化(1069吨)、建德(840吨)、兰溪(578吨)、武义(513吨)等9个,蚕茧产量18805吨,占全省总产量的29.4%。

(三)其他蚕区

其他蚕区主要分布于浙江东部的宁绍平原,包括杭州市萧山及绍兴、宁波、舟山、台州等4市所属县共计14个县(市、区),自然条件优越,以冲积海涂为主,栽桑养蚕较适宜,经济作物种类众多,蚕区分散、稳定性差。蚕种生产历史悠久,且产量高、质量优,历来为全省蚕种生产的重要基地。

宁绍平原是浙江蚕桑的始盛地,到唐代越州为浙江蚕业的重心。南宋定都临安后,浙东绍兴一带蚕业仍相当发达。宁波蚕业也较普遍,台州已饲养夏蚕。南宋后,全省蚕业重点从浙东移到浙西、浙北。

明代至清代前期,全国蚕业许多地区呈现“衰废不举”的现象,而浙江蚕桑在杭州、嘉兴、湖州愈益兴盛,尤其繁荣。从清同治后期到清光绪年间,浙江蚕桑发展较快,尤其是光绪年间(1875—1908年)绍兴、宁波、台州、温州等府的各县大都也有发展。光绪中期前后,各府鲜茧年产量为:绍兴72000担,宁波13000担,台州1700担,温州3000担。光绪二十三年(1897年)以后,在蚕学馆的推动下,全省掀起蚕业技术改良热潮,加上茧丝价格上升,农民积极从事蚕桑生产。新昌西乡利用上等粮田改种桑树就有四五千亩,温州从嘉湖买入良种桑苗在当地推广,鄞县、诸暨种桑普遍,奉化、临海等县也发展蚕桑。

20世纪初叶,浙江蚕业达到兴盛时期。民国21年(1932年),萧山、嵊县、诸暨、新昌等4个县产茧均在1万担以上。抗日战争期间,杭嘉湖蚕区为日军占领,蚕桑生产受到严重破坏。国民政府在其他蚕区设立了蚕业管理机构,民国27年,萧山、绍兴(今绍兴市越城区、柯桥区)、上虞、诸暨、新昌、嵊县均设有蚕业改进区。抗日战争胜利后,蚕桑生产恢复缓慢,民国

37 年，仅嵊县、新昌和诸暨 3 个县有蚕桑生产。

中华人民共和国成立后，经历了 20 世纪 50—90 年代 3 个蚕桑新区的发展期。1990 年，舟山市也开始栽桑养蚕，使全省 11 个市(地)都有了蚕桑生产。1994 年，其他蚕区的蚕桑生产发展到 20 个县，桑园面积 21.46 万亩，饲养蚕种 48.2 万张，产蚕茧 17388 吨，有 7 个县年产茧超 500 吨。其中绍兴市的嵊县 5069 吨，台州市的仙居县 1217 吨，宁波市的宁海县 605 吨，为 20 世纪 50 年代后各县的最高峰。

2010 年，该区有蚕桑生产的县(市、区)14 个，桑园面积 7.62 万亩，占全省总面积的 7.4%；饲养蚕种 7.76 万张，占全省总饲养量的 5.5%；生产蚕茧 3467 吨，占全省总产茧量的 5.4%。产茧 500 吨以上的县(市)有：上虞(911 吨)、嵊州(836 吨)、新昌(769 吨)、诸暨(501 吨)。蚕种生产单位有：嵊州市蚕种场、绍兴市大禹蚕种制造有限责任公司、诸暨市金阳蚕业有限公司 3 家。是年饲养蚁量 7855 克，生产蚕种 17.23 万张，占全省蚕种生产总量的 15.5%，其中 10 万多张蚕种供应给省内其他市县。

第二节　经营方式

中华人民共和国成立以前，蚕桑一直由农户经营。20 世纪 50 年代初，成立农业生产合作社，桑园入社，由合作社经营。1961 年后，桑园归生产队所有，由生产队经营。1982 年，开始推行家庭联产承包责任制。1984 年，全省所有桑园由 94 万多个农户经营。2001 年，全省首个蚕桑专业合作经济组织成立。至 2010 年，全省共有 158 个蚕桑专业合作经济组织。

一、农户经营

栽桑养蚕初始，蚕桑由农户经营。隋唐时期，政府对农村实施计口授田、限种桑树、缴纳丝绸的制度。“织绢未成匹，缫丝未盈斤。里胥迫我纳，不许暂逡巡”①，农民不是自觉精心经营桑园，只是一项苛重的负担，“蚕老茧成不庇身”②。白居易记叙了桑园经营不善的原因：“今之人，舍本业趋末作者，非恶本而爱末，盖去无利而就有利也。夫人之趋利者甚矣。苛利之所在，虽水火蹈焉，虽白刃冒焉。故农桑苟有利也，虽日禁之，人亦归矣，而况于劝之乎？”③明代，朝廷对农民种桑也采取硬性规定。明御史中丞刘基记述，“县官要备六事忙，村村巷巷催畦桑。桑畦有增不可减，准备上司来计点”④。清代、民国时期，都维持了农户经营状态。至民国后期，栽桑虽已遍及全省，杭嘉湖蚕区几乎“无家不桑，无户不蚕”，但成片桑园仍仅为少数大户所有。

二、集体经营

20 世纪 50 年代初期，全省掀起农业合作化高潮，各地普遍成立农业生产合作社，取消农

---

① 〔唐〕白居易：《重赋》，《白居易全集》卷二。

② 〔唐〕白居易：《禽虫十二章第四》，《白居易全集》卷三十七。

③ 〔唐〕白居易：《策林二》，《全唐文》卷六百七十。

④ 〔明〕刘基：《畦桑词》，《列朝诗集》甲集前编第一。

户个体经营，桑园入社，由农业社集体经营。桑园入社办法，有的按土地、桑叶结合评产定租；有的按土地、桑叶分开评产定租。桑园入社后，由农业社统一经营，统一分配。土劳分配比例，一般劳力略高于土地，如劳六土四等。

1955年以后，初级农业社升为高级农业社，取消土地定租分配，桑园固定到生产队，由生产队经营，建立"三包一奖"(包工、包产、包成本、超产奖励)生产责任制。如德清县幸福农业社，将565亩桑园，根据劳动底分固定到生产队，建立桑蚕结合、"三包"到队、责任到户、超产奖励生产责任制。杭县瓶窑区(今属杭州市余杭区)良渚乡吴家埭农业社，1955年春规定，男养蚕工每日工分为7.5分～8.5分，比田间劳动高0.5分～1.5分；妇女养蚕工每日工分为4.5分～5.5分，比田间劳动高1.5分。

1958—1960年，人民公社化，大办蚕桑场，将生产队经营的桑园收归公社、大队，打乱了生产队经营的基础，桑叶"一平二调"。杭州市庆丰大队的桑叶，1958年由全大队统一使用，1959年由全公社统一使用，1960年由全市统一使用，侵犯了生产队和社员利益，蚕桑生产受到破坏。在1959年4月，确定原高级社为基本核算单位，包产、包工、包成本，经济收入分配给社员的部分占总收入的50%～60%。分配制度，采取工资制和供给制相结合的办法，劳动计酬实行定额管理、评工计分，按劳动日或定级评分的办法。1961年，贯彻人民公社《六十条》，桑园归生产队所有，由生产队经营，从而建立健全了生产责任制，促进了生产的恢复和发展。

三、承包经营

20世纪80年代初，农村改革取消人民公社管理体制，调整了农村生产关系，尊重生产队的自主权，积极探索各种方式的生产责任制，提高了广大农民的生产积极性。1981年，省农业厅在临安召开蚕桑生产责任制座谈会，交流建立和完善蚕桑生产责任制，推广实行"三包一奖"(包产量、包产值、包成本、超产奖励)或"四定一奖"(定人员、定产值、定成本、定报酬、超产奖励)的经验。1982年开始，推行家庭联产承包责任制，桑地逐步承包到户，由农户自主经营，只要保证国家任务，其余收益全归自己。在承包时，将桑地分类，丈量面积，清点桑树，桑叶估产，或按劳、需各半分配，或按人口、口粮、劳动底分3项，以2∶2∶6或3∶3∶4不同比例分配。对零星四边零散地，统一安排，划分地段，分户包干。发展新桑，谁种谁有，长期不变。并规定所承包的桑地，只有使用管理权，无所有权，不准买卖、出租、建房和挖土等。养蚕承包，按桑地桑叶估产折算蚕茧任务，队员凭证售茧，分期记账，年终结算，超产部分加价，欠产部分按加价率赔偿。此外，按桑地每亩提交公共积累20元～30元。承包年限，一般为3年～9年，由生产队与各承包户签订合同，互相监督，严格执行。

1984年2月18日，省农村政策研究室印发了《完善桑、茶生产责任制的通知》，针对蚕桑生产在联产承包责任制后，部分地区分包过散、承包指标不够合理、年限太短、集体设施没有充分利用、该统的没有统(如小蚕共育)等问题进行完善，适当调整承包面积，承包年限统一调整至15年以上，合理调整承包指标，把该统的统起来。到1984年底，全省1.2万个生产大队、4万多个生产队集体经营的蚕桑生产，全部承包到94万多个农户经营。

1998年开始，实行桑地第二轮承包，一定30年不变，稳定完善承包责任制，建立土地流转机制。从此桑地可以流转，促进了高产稳产的现代蚕业园区建设和扩大经营规模，提高栽桑养蚕的经济效益。1998年后，随着土地流转机制的建立和实施，部分桑地开始向养蚕能手、科技示范户转移，栽桑养蚕规模扩大的倾向明显，出现了一批承包经营几十亩乃至上百亩桑园的养蚕大户。上虞市沥海镇农民周连荣，从1999年开始承包海涂300亩种桑养蚕。德清县根据“明确所有权，稳定承包权，搞活经营权”和“依法、自愿、有偿”的原则，选择洛舍乡砂村村和勾里镇城头村进行桑地二轮承包试点工作。通过试点，延长了桑地承包期，落实了桑地承包权，核发了土地承包权证，给农民吃了“定心丸”；重点解决了农民承包的桑地小块化带来的诸多问题，调整后一般每户集中成2块～3块，便于管理，提高经济效益。德清县试点2年后，2000年，省农业厅组织推广。根据家庭联产承包责任制“大稳定小调整”等有关政策规定，至2010年，桑地承包经营基本稳定，零星桑园有所调整，由村或村民小组组织的流转有所增加。

四、合作组织

20世纪90年代以来，随着农村市场经济的发展，农业产业化经营步伐的加快，农民小规模生产与大市场矛盾的加剧，农民专业合作经济组织成为农业和农村经营体制的重要制度创新。2001年4月，全省第一家由蚕农自己组建的蚕桑专业合作社——建德市大同蚕桑专业合作社成立；2003年10月，全省第一个桑苗专业合作社——海宁市星火桑苗生产专业合作社成立。

2003—2004年，是全省蚕桑专业合作社发展较快时期。许多地方结合本地实际，制定了一系列扶持措施和优惠政策，坚持政府引导，加强典型示范，促进蚕桑专业合作社发展和提高。临安从2003年开始，专门出台了加快蚕桑产业化发展意见，一定3年，每年安排50万元蚕桑产业化专项扶持资金，对试行产业化运作的蚕桑专业合作社实施重点扶持。蚕桑专业合作社从2003年的1家发展到2004年的11家，入社农户达到1377户，占11个村总养蚕户数的56.3%。建德在重点建设和规范省级示范性合作社——大同蚕桑专业合作社的同时，以点带面，引导发展。2003—2004年，新组建了蚕桑专业合作社9家，入社农户达到1933户，带动农户4900户，占全市养蚕总农户数的72%，基本实现了以合作社为主体的产供销一体化经营格局。

2007年3月，国内第一家以从事原蚕生产、种茧销售的生产经营者为主组成的专业合作社——桐乡市丝源种茧合作社成立。丝源种茧合作社是以“丝源”蚕种品牌为纽带，由桐乡市蚕业有限公司牵头，联合龙南、湘庄、海华3个经济合作社和220户原蚕生产户，依据“加入自愿、退出自由、民主管理、盈余返还”的原则，进行共同生产、经营、服务活动的互助性经济组织。2007年4月，第一家以工商企业反哺农业的方式建立的专业合作社——新昌县华盛矿产有限公司组建的新昌县华兴桑业专业合作社成立，企业在3年时间内投资500余万元，转租农民1000余亩土地发展桑园，常年雇用40多个村民，一年养蚕8次～10次，自烘鲜茧，出售干茧。

蚕桑专业合作社坚持“民办、民管、民受益”，实行企业化运作。在专业合作社建设中，突出了蚕农社员的主体地位。2009年，据省农业厅经济作物管理局对全省45家专业合作社的调查，总股本1534.8万元，其中蚕农社员股本783.1万元，占51.0%，供销社或茧丝绸公司占40.6%，其他经济成分占8.4%左右。在理事会成员中，蚕农社员占76.9%，供销社或茧丝绸公司代表占19.3%，其他经济成分代表占3.8%左右。在监事会成员中，农民社员占74.0%，供销社或茧丝绸公司代表占19.5%，其他经济成分代表占6.5%。大部分专业合作社每年都召开一两次社员大会或社员代表大会，对专业合作社的基地发展和产销计划、资本投入、利益分配等进行民主决策。部分专业合作社坚持实行二次分配。同时，合作社对内开展技术培训、统一供种、实施标准化生产，不以营利为目的；对外则按照市场经济规则，积极参与市场竞争，以获取最大利润为目标，不断壮大自身实力，实行自主经营、自负盈亏、自我积累、自我发展的企业化运作。专业合作社主要由从事蚕桑生产经营的农民和组织组成，经营内容上具有较强的专业性，或以生产技术服务为主，或以蚕茧产品收购销售服务为主，或实行产供销一体化服务。部分地区以蚕农为主体的蚕桑专业合作社参与了蚕茧流通。

2010年，全省蚕桑专业合作社共有158个（其中规范化专业合作社有43个），社员4.5万户，带动农户12.1万户，共有86个合作社参与蚕茧收购经营，收购鲜茧1.1万吨，占全省总产茧量的19.3%。其中，富阳市宝鑫蚕桑专业合作社、临安燕村蚕桑专业合作社、临安市柳溪江蚕桑合作社、建德市大慈岩蚕桑专业合作社、建德市大同蚕桑专业合作社、桐庐分江蚕业专业合作社、桐庐县蚕桑专业合作社、海宁市周王庙镇星富桑苗专业合作社、海宁市周王庙桑苗专业合作社、安吉县梅溪马村蚕桑专业合作社、安吉县红桑果果桑专业合作社、兰溪市梅江蚕茧专业合作社、东阳市方圆蚕桑专业合作社、永康市联农蚕桑专业合作社、磐安县蚕桑专业合作社、开化县池淮蚕桑专业合作社、开化县桑龙蚕茧专业合作社等17家蚕桑专业合作社，为省级示范性农民专业合作社。

第三节　桑园面积、蚕种量及蚕茧量

全省桑园面积，最早有统计记录的，为民国4年（1915年）。有统计记录以来，面积最大的年份为民国12年，共265.82万亩。中华人民共和国成立后，桑园面积最大的年份为1959年，共177.3万亩。1992年，全省饲养蚕种415.67万张，产茧14.07万吨，均创历史新高。全省蚕种生产量，最大的年份为1993年，共饲养蚁量27.5万克，生产蚕种509.36万张。2010年，全省桑园面积103.4万亩，生产蚕种111.34万张，蚕茧产量6.4万吨。

一、桑园面积

浙江的桑园，在宋代已相当普遍。宋陆游诗“郁郁桑连村”“夹路桑麻行不尽”①等，记载了桑园繁盛景象。明代以后，杭嘉湖蚕区粮桑并重，“桐乡田地相匹，蚕桑利厚……多种田不如多治地”②，倡导发展桑园，大兴蚕桑。

民国4年（1915年），全省有成片桑园136.92万亩，零星折算21.71万亩，合计158.63万亩，为最早见于记载的桑园面积。民国12年，全省桑园面积265.82万亩，占耕地面积的8.47%，为浙江有史可查最大的桑园面积。其中吴兴、杭县、海宁和嘉兴4个县桑园面积都在

① 〔宋〕陆游：《春晚书斋壁》《初夏绝句》，载《陆游诗选》卷四一。
② 〔明〕张履祥：《补农书》上卷引《沈氏农书·蚕务》。

30万亩以上，桐乡18.29万亩，这5个县合计为178.45万亩，占全省桑园面积的67.13%。桑园面积在5万亩～10万亩的有诸暨、德清等9个县，合计68.46万亩，占全省桑园面积的25.75%。面积在1万亩～5万亩的有临安、新昌等5个县，合计11.47万亩，占4.31%。面积在1万亩以下的有嘉善、於潜等11个县，合计7.44万亩，占2.80%。

表105-1-3-1　　民国12年(1923年)浙江省桑园面积一览表

单位：亩

县别	桑园面积	县别	桑园面积	县别	桑园面积
杭县	355596	德清	76654	崇德	53000
余杭	58200	武康	18309	嵊县	74660
萧山	57280	长兴	97000	新昌	28500
临安	36600	安吉	7500	绍兴	9400
昌化	3800	孝丰	7500	上虞	8400
於潜	9900	嘉兴	350450	诸暨	94000
富阳	18000	嘉善	9000	余姚	3400
新登	13250	平湖	76080	奉化	3200
桐庐	5300	海盐	97700		
分水	7000	海宁	350000		
吴兴	545509	桐乡	182945	合计	2658193

资料来源：蒋猷龙、钱竹亭：《浙江蚕业史》，浙江省农科院蚕桑研究所、浙江省农业厅经济作物管理局1987年印，第161页。

至民国35年(1946年)，全省仅有桑园99.54万亩，以后略有恢复；至民国37年，为127.72万亩，为民国12年最大面积的48.0%。

表105-1-3-2　　民国37年(1948年)浙江省各县桑园面积一览表

单位：亩

区域	桑园面积	区域	桑园面积	区域	桑园面积
浙江省合计	1277215	长兴	20150	绍兴	2200
杭州市郊	16900	安吉	1000	上虞	750
余杭	48200	嘉兴	113000	新昌	8700
萧山	1100	嘉善	8200	嵊县	58000
临安	15400	平湖	3500	诸暨	37685
富阳	12430	海宁	150000	其他县	10500
吴兴	547200	海盐	15000		
德清	94300	桐乡	113000		

资料来源：《浙江省蚕桑志》，浙江大学出版社2004年版，第63页。

中华人民共和国成立后，全省桑园面积从1950年的124万亩，发展到1959年的177.4万亩。以后，因受“一平二调”和粮食问题的影响，不少地方开始毁桑种粮或种植其他作物，桑园面积逐年减少。至1963年，全省桑园面积减少到115.3万亩。20世纪70—80年代，桑园面积基本稳定在120万亩～130万亩，90年代初开始逐年有所增加，1994年，恢复到151.98万亩。

表105-1-3-3　　1994年浙江省各地桑园面积一览表

单位：亩

区域	桑园面积	区域	桑园面积	区域	桑园面积
浙江省合计	1519800	平湖市	27540	柯城区	1140
杭州市小计	207225	嘉善县	21120	江山市	8250
杭州市区（西湖区、江干区）	930	海盐县	55290	衢县	9090
萧山市	15630	桐乡市	179415	常山县	11565
建德市	21135	湖州市小计	367980	开化县	27270
桐庐县	18795	湖州市区	213030	龙游县	7650
富阳市	15810	德清县	74880	舟山市小计	2760
临安县	35475	长兴县	43860	定海区	930
余杭市	46515	安吉县	36210	普陀区	855
淳安县	52935	绍兴市小计	156975	岱山县	975
宁波市小计	13785	诸暨市	48495	丽水地区小计	71625
余姚市	2415	上虞市	27240	丽水县	2280
奉化市	2175	绍兴县	8550	龙泉市	2745
象山县	1455	嵊县	46755	青田县	90
宁海县	7080	新昌县	25935	云和县	855
鄞县	660	金华市小计	103050	缙云县	50940
温州市小计	1935	婺城区	2940	遂昌县	135
瑞安市	675	兰溪市	45150	松阳县	9465
乐清市	45	东阳市	3915	景宁县	5115
永嘉县	300	义乌市	9150	台州市小计	25470
文成县	750	永康市	3300	黄岩区	660
泰顺县	165	金华县	5820	路桥区	45
嘉兴市小计	504030	武义县	14265	临海市	4080
嘉兴城区	12960	浦江县	12645	温岭市	795
嘉兴郊区	92700	磐安县	5865	仙居县	11820
海宁市	114615	衢州市小计	64965	天台县	8070

资料来源：浙江省农业厅经济作物管理局：《浙江省桑茶果生产工作年报(1994年度)》，第156—161页。

1996年以后，受茧丝绸行情波动、城镇化等因素影响，全省蚕桑生产开始逐步回落。2003年，启动实施蚕桑西进和优化改造两项工程，浙西南新的优质茧生产基地得到发展，弥补了嘉湖蚕区桑园面积的减少，减缓了全省桑园面积下滑速度。至2006年，桑园面积还有所回升，但总体上仍呈现缓慢下降的趋势。2010年，全省桑园面积为103.4万亩。

表105-1-3-4　　1949—2010年浙江省桑园面积一览表

单位：亩

年份	桑园面积	年份	桑园面积	年份	桑园面积
1949	1240000	1970	1206560	1991	1400548
1950	1240000	1971	1217251	1992	1477560
1951	1240000	1972	1215257	1993	1492140
1952	1268000	1973	1263136	1994	1519800
1953	1298000	1974	1281037	1995	1488225
1954	1322000	1975	1314410	1996	1323210
1955	1377113	1976	1338126	1997	1220760
1956	1312621	1977	1291510	1998	1193640
1957	1731490	1978	1272624	1999	1162245
1958	1634826	1979	1253263	2000	1145565
1959	1773577	1980	1257356	2001	1163430
1960	1773256	1981	1267887	2002	1214400
1961	1000500	1982	1282543	2003	1125510
1962	1232000	1983	1281033	2004	1120950
1963	1152751	1984	1283216	2005	1129560
1964	1162208	1985	1311739	2006	1161870
1965	1163000	1986	1281630	2007	1162800
1966	1163000	1987	1243089	2008	1126605
1967	1163000	1988	1235077	2009	1078770
1968	1163000	1989	1249166	2010	1034250
1969	1163000	1990	1308524		

资料来源：1949—2001年数据来自浙江省农业厅经济作物管理局：《浙江省蚕桑生产资料统计汇编》(第一辑至第五辑)，其中1961年、1962年、1965年数据来自浙江省丝绸协会：《浙江省丝绸行业统计资料汇编》；2002—2010年数据来自历年浙江省农业厅经济作物管理局：《浙江省桑茶果生产工作年报》。

二、蚕种生产量

明清时期，余杭土种大致用种茧10斤可制种5张～6张(1.6尺×1.5尺)；嵊县土种用种茧1斤可制种合连纸(1.18尺×1.13尺)约重1两，约6.5万粒蚕卵；湖州土种用茧2.5斤可制连纸一幅(据记载，连纸约一尺见方为一幅)，纸大的需茧3斤。改良种以每克蚁量的制种量为计算单位。

民国时期，对一代杂交种的单位生产量，最低、最高都有规定，低则说明原蚕生长发育不良，高则说明选茧不严。民国26年(1937年)6月实施的《蚕种制造条例》规定，10克蚁量的平均收茧量，一化性不满48斤，二化性不满38斤，其收蚁批的种茧为不合格。原蚕蚁量每克的最大制种量，框制：中国系统、日本系统为毛种32张，欧洲系统为毛种28张；平附：中国系统、日本系统为净种27张，欧洲系统为净种23张。

20世纪50年代，浙江蚕种生产基础薄弱，缺种量大。60年代初，达到基本自给。1973年，生产蚕种144.24万张①。1993年，生产蚕种509.36万张，创历史最高水平。2010年，全省饲养蚁量5.61万克，生产蚕种111.34万张，其中春期生产87.07万张，占全年的78.2%；秋期生产24.27万张，占全年的21.8%。

表105-1-3-5　　1993年浙江省各市、场蚕种生产情况一览表

区域	全年		春期		秋期	
	蚁量(克)	蚕种(张)	蚁量(克)	蚕种(张)	蚁量(克)	蚕种(张)
浙江省合计	268889	5093580	225557	4528154	43332	565426
杭州市小计	24985	448493	20593	401674	4392	46819
杭州场	7411	123692	6179	108910	1232	14782
余杭场	3865	77868	2985	62193	880	15675
留下场	4620	74384	3810	73475	810	909
丁河场	1150	23953	1000	22875	150	1078
临安场	19819	148595	6619	134220	13200	14375
嘉兴市小计	88722	1933804	80476	1805644	8246	128160
嘉兴场	11092	247479	9466	217514	1626	29965
王店场	8700	146312	6700	130189	2000	16123
海宁场	9420	199635	7800	175255	1620	24380
盐官场	6500	147553	6500	147553	0	0

① 未见有1949—1973年可查的历年蚕种生产统计资料。

续表 1

区域	全年		春期		秋期	
	蚁量(克)	蚕种(张)	蚁量(克)	蚕种(张)	蚁量(克)	蚕种(张)
钱塘江场	9500	179011	9500	179011	0	0
海盐场	8498	190826	7448	171308	1050	19518
大麻场	9550	249461	8695	230242	855	19219
石门场	9936	204201	8841	185246	1095	18955
崇福场	15798	369327	15798	369327	0	0
湖州市小计	78875	1458747	70729	1364273	8146	94474
市蚕研所	1613	29740	1613	29740	0	0
吴兴场	11291	174406	8391	147067	2900	27339
塔山场	9141	132802	7035	117224	2106	15578
新农场	6000	132774	6000	132774	0	0
新华场	3002	59587	3002	59587	0	0
向阳场	6036	121376	6036	121376	0	0
泉心场	4885	99964	4885	99964	0	0
德清场	9793	215711	9793	215711	0	0
庆丰场	4422	99600	4422	99600	0	0
莫干场	3507	79297	2667	63936	840	15361
东衡场	3425	70495	3425	70495	0	0
长兴场	6075	91280	4675	74360	1400	16920
龙华场	5870	67470	4970	48200	900	19270
安吉场	3735	84239	3735	84239	0	0
绍兴市小计	54661	910325	36265	671068	18396	239257
绍兴农校	1925	31982	1175	22682	750	9300
绍兴场	4266	73533	2596	50596	1670	22937
嵊县一场	17041	312062	8710	197716	8331	114346
嵊县二场	8012	149424	6406	129994	1606	19430
枫桥场	6500	109666	6500	109666	0	0

续表 2

区域	全　年		春　期		秋　期	
	蚁量(克)	蚕种(张)	蚁量(克)	蚕种(张)	蚁量(克)	蚕种(张)
璜山场	9015	115306	5015	62838	4000	52468
安华场	7902	118352	5863	97576	2039	20776
金华市小计	9658	139454	8006	116623	1652	22831
金华场	9658	139454	8006	116623	1652	22831
衢州市小计	5045	85164	4045	71678	1000	13486
龙游场	5045	85164	4045	71678	1000	13486
台州市小计	6943	117593	5443	97194	1500	20399
临海场	6943	117593	5443	97194	1500	20399

资料来源:浙江省农业厅经济作物管理局:《浙江省蚕桑生产统计资料汇编》(第四辑),第 272—284 页。

表 105-1-3-6　　1973—2010 年浙江省蚕种生产情况一览表

年份	全　年			春　期				秋　期			
	蚁量(克)	单产(张/克)	蚕种(张)	蚁量(克)	品种数	单产(张/克)	蚕种(张)	蚁量(克)	品种数	单产(张/克)	蚕种(张)
1973	89224	16.2	1442430	66242	13	17.0	1123477	22982	8	13.9	318953
1974	136375	15.0	2049101	111275	9	15.4	1715402	25100	8	13.3	333699
1975	132990	16.0	2134480	113864	9	17.2	1963954	19126	5	8.9	170526
1976	169557	9.8	1662051	150240	11	9.3	1390424	19317	6	14.1	271627
1977	118229	16.2	1911013	101031	13	16.9	1710663	17198	5	11.6	200350
1978	115143	13.4	1547519	97134	7	14.6	1419271	18009	5	7.1	128248
1979	114280	16.8	1921629	95098	7	18.1	1724584	19182	3	10.3	197045
1980	128864	16.9	2180072	103257	5	18.2	1880214	25607	3	11.7	299858
1981	127239	16.8	2131634	104180	5	17.7	1847706	23059	3	12.3	283928
1982	142905	14.5	2073169	105651	6	15.6	1650847	37254	8	11.3	422322
1983	138491	16.2	2242101	114312	7	17.4	1984495	24179	5	10.7	257606
1984	126002	17.5	2199355	106259	7	18.1	1918882	19743	5	14.2	280473

续表 1

年份	全年			春期				秋期			
	蚁量（克）	单产（张/克）	蚕种（张）	蚁量（克）	品种数	单产（张/克）	蚕种（张）	蚁量（克）	品种数	单产（张/克）	蚕种（张）
1985	140138	15.4	2151669	106340	8	17.7	1881942	33798	7	8.0	269727
1986	167110	17.2	2871925	125944	9	18.3	2310228	41166	8	13.6	561697
1987	166501	16.1	2686153	129023	8	16.4	2116156	37478	9	15.2	569997
1988	163424	17.0	2782186	130574	10	18.1	2365640	32850	10	12.7	416546
1989	218245	15.3	3335890	156431	12	16.6	2598208	61814	13	11.9	737682
1990	242671	17.9	4334667	198458	14	19.0	3773143	44213	13	12.7	561524
1991	269307	14.6	3942894	198136	14	15.2	3010130	71171	12	13.1	932764
1992	247777	14.7	3641142	227276	12	14.9	3391741	20501	4	12.2	249401
1993	268737	18.9	5088542	225555	14	20.1	4528194	43182	9	13.0	560348
1994	259146	18.1	4701762	212146	11	18.9	4005501	47000	10	14.8	696261
1995	279086	18.1	5059334	232023	12	19.2	4449858	47063	11	13.0	609476
1996	197899	16.2	3205764	193796	13	16.3	3157305	4103	6	11.8	48459
1997	177310	16.7	2957365	155488	13	17.2	2681157	21822	9	12.7	276208
1998	179465	15.7	2825960	141200	9	15.9	2241525	38265	9	15.3	584435
1999	177937	17.6	3127339	150308	10	18.7	2803683	27629	8	11.7	323656
2000	161905	18.1	2934731	127737	10	18.7	2394303	34168	9	15.8	540428
2001	173467	18.7	3241385	113146	10	19.5	2208346	60321	7	17.1	1033039
2002	162943	16.7	2720456	107370	12	18.3	1962899	55573	4	13.6	757557
2003	113774	20.2	2294893	85268	11	21.4	1823024	28506	7	16.6	471869
2004	115249	18.3	2113965	70599	11	20.6	1455886	44650	11	14.7	658079
2005	109514	17.2	1878179	70191	11	20.4	1430264	39323	11	11.4	447915
2006	115729	20.2	2341792	75881	10	21.3	1617990	39848	10	18.2	723802
2007	124074	19.3	2390592	86971	10	20.8	1807346	37103	10	15.7	583246
2008	105603	18.7	1977165	81095	10	20.4	1657616	24508	10	13.0	319549

续表 2

年份	全　年			春　期				秋　期			
	蚁量（克）	单产（张/克）	蚕种（张）	蚁量（克）	品种数	单产（张/克）	蚕种（张）	蚁量（克）	品种数	单产（张/克）	蚕种（张）
2009	67304	21.1	1417661	52952	10	22.3	1178978	14352	10	16.6	238683
2010	56140	19.8	1113420	40631	14	21.4	870754	15509	14	15.6	242666

资料来源：浙江省农业厅经济作物管理局：《浙江省蚕桑生产统计资料汇编》（第一辑至第五辑）；浙江省蚕种公司：《全省蚕种业务统计资料汇编》（2001—2010 年）。

说明：每张蚕种卵量：1989 年前以重量为单位，1955—1967 年，为 10.5 克；1968—1988 年，根据品种为 12.0 克～14.5 克。1989 年起，改为以良卵数为单位，1989—1992 年，春用（多丝量）品种 24000 粒，夏秋用（中丝量）品种 23400 粒；1993—2006 年，不分品种均为 25000 粒，2007—2010 年，为 28500±500 粒。

表 105-1-3-7　　2010 年浙江省各市、县、场蚕种生产情况一览表

类别	全　年		春期实绩		秋期实绩	
	蚁量（克）	蚕种（张）	蚁量（克）	蚕种（张）	蚁量（克）	蚕种（张）
浙江省合计	56140	1113420	40631	870754	15509	242666
杭州市小计	14519	254294	9204	175689	5315	78605
杭州蚕种场	2320	42322	1670	34955	650	7367
临安市（市春秋蚕业公司）	3404	61229	2214	42246	1190	18983
余杭区（杭州天宝蚕业公司）	6055	103133	3500	60814	2555	42319
杭州千岛湖蚕种公司	2740	47610	1820	37674	920	9936
嘉兴市小计	16504	362273	12103	290733	4401	71540
秀洲区（嘉兴市王店蚕种场）	1736	29863	736	9835	1000	20028
桐乡市（市蚕业公司）	7128	167889	4751	127977	2377	39912
海宁市（市新兴蚕种公司）	5528	145624	4504	134024	1024	11600
海盐县（县蚕种场）	2112	18897	2112	18897	0	0
湖州市小计	17262	324499	15001	305330	2261	19169
市本级小计	5465	116785	4689	107535	776	9250

续表

类别	全　　年		春期实绩		秋期实绩	
	蚁量(克)	蚕种(张)	蚁量(克)	蚕种(张)	蚁量(克)	蚕种(张)
湖州塔山蚕种公司	4373	99463	3793	92182	580	7281
湖州市蚕研所	1092	17322	896	15353	196	1969
德清县小计	8110	128308	6625	118389	1485	9919
德清县东庆蚕种公司	4020	69183	3755	67205	265	1978
德清县莫干天竺蚕种公司	4090	59125	2870	51184	1220	7941
长兴县小计	1635	36595	1635	36595	0	0
长兴县龙华蚕业公司	440	9863	440	9863	0	0
长兴县通宝蚕业公司	1195	26732	1195	26732	0	0
安吉县(县超龙蚕业公司)	2052	42811	2052	42811	0	0
绍兴市小计	7855	172354	4323	99002	3532	73352
市本级(市大禹蚕种公司)	1530	33800	830	22733	700	11067
嵊州市(市蚕种场)	3850	96187	2048	48127	1802	48060
诸暨市(市金阳蚕业公司)	2475	42367	1445	28142	1030	14225

资料来源:浙江省蚕种公司:《全省蚕种业务统计资料汇编》(2010 年)。

说明:县(市、区)后加括号表示该县区仅此一个蚕种生产单位。

三、蚕种饲养量

20 世纪 20—30 年代,每户饲养量,春期一户最多蚁量有达 10 两以上,通常在 1 两～2 两之间,视茧价而增减;夏秋蚕饲养量极少。30—40 年代,以民国 26 年(1937 年)为最高,全省饲养土种 26.5 万张,改良种 289.4 万张。到民国 36 年,全省饲养改良种 76.3 万张。

中华人民共和国成立后,1950—1951 年,全省仅养春、夏二期。1952 年,饲养夏蚕 4 万张,全年总饲养量超过 100 万张。1959 年,饲养秋蚕 144.9 万张,全年饲养量高达 274 万张。各期蚕种饲养比例,20 世纪 50—60 年代,春蚕多于秋蚕;70 年代,春蚕与秋蚕基本相近;80 年代后,秋蚕超过春蚕,从 80 年代中期到 90 年代中期,秋蚕为春蚕的 1.5 倍～1.6 倍。1992 年,全省饲养蚕种 415.7 万张,为历史最高纪录。1996—2007 年,秋蚕略多于春蚕。2008 年后,春蚕又多于秋蚕。2010 年,全省蚕种饲养量 140.81 万张。

表 105-1-3-8　　　　1992 年浙江省各地蚕种饲养量一览表

单位:张

区域	蚕种饲养量				区域	蚕种饲养量			
	全年	春蚕	夏蚕	秋蚕		全年	春蚕	夏蚕	秋蚕
浙江省合计	4156771	1423591	348036	2385144	嘉兴城区	25310	8442	1066	15802
杭州市小计	415903	156952	29994	228957	嘉兴郊区	229916	82652	9399	137865
杭州市区	103	45	58	0	海宁市	530526	161411	31639	337476
萧山市	36238	13480	1664	21094	平湖县	34799	10012	2168	22619
建德市	45053	18525	3633	22895	嘉善县	30963	10932	1524	18507
桐庐县	49359	19870	1788	27701	海盐县	148240	53520	6877	87843
富阳县	34671	13034	2214	19423	桐乡县	780338	246819	59212	474307
临安县	71530	25868	2716	42946	湖州市小计	1103151	397239	99212	606700
余杭县	61686	24922	4576	32188	湖州市区	701590	257077	61847	382666
淳安县	117263	41208	13345	63710	德清县	307951	105090	34205	168656
宁波市小计	30857	12263	3830	14764	长兴县	53093	21172	1533	30388
余姚市	5203	2519	848	1836	安吉县	40517	13900	1627	24990
奉化市	4434	1642	514	2278	绍兴市小计	344389	128223	31677	184489
象山县	3404	1040	283	2081	诸暨市	82508	37753	11143	36612
宁海县	16754	6584	1971	8199	上虞市	72147	27229	5710	39208
鄞县	1062	478	214	370	绍兴县	7077	2748	353	3976
温州市小计	3373	1523	546	1304	嵊县	121626	41108	9197	71021
瑞安市	1533	496	160	877	新昌县	61031	19385	4974	36672
瓯海县	45	20	15	10	金华市小计	216380	67009	34248	115123
乐清市	28	9	6	13	金华市区	5570	1914	1117	2539
永嘉县	844	479	125	240	兰溪市	92529	24444	19603	48482
文成县	766	459	178	129	东阳市	10589	4034	1458	5097
泰顺县	157	60	62	35	义乌市	12843	4387	1677	6785
嘉兴市小计	1780092	573788	111885	1094419	金华县	18682	6170	2238	10274

续表

区域	蚕种饲养量				区域	蚕种饲养量			
	全年	春蚕	夏蚕	秋蚕		全年	春蚕	夏蚕	秋蚕
永康县	10672	2912	1930	5830	丽水市	6291	2287	867	3137
武义县	25901	9272	2692	13937	龙泉县	780	233	176	371
浦江县	29591	10510	2710	16362	青田县	921	290	128	503
磐安县	9997	3366	814	5817	云和县	550	164	116	270
衢州市小计	126934	47772	18542	60620	庆元县	2030	15	5	2010
柯城区	2128	854	279	995	缙云县	37898	9187	3594	25117
江山市	22803	6780	4785	11238	遂昌县	230	74	46	110
衢县	31561	11398	5325	14838	松阳县	18508	5225	2185	11098
常山县	18502	6211	3228	9063	景宁县	2543	898	645	1000
开化县	33460	13109	1897	18454	台州地区小计	65222	20356	10256	34610
龙游县	18480	9420	3028	6032	黄岩市	612	251	98	263
舟山市小计	719	93	84	542	临海市	12474	4025	1708	6741
定海区	349	64	46	239	温岭县	820	444	138	238
普陀区	260	17	12	231	仙居县	32055	9338	4996	17721
岱山县	110	12	26	72	天台县	19261	6298	3316	9647
丽水地区小计	69751	18373	7762	43616					

资料来源：浙江省农业厅经济作物管理局：《浙江省桑茶果生产工作年报(1992 年度)》，第 183—186 页。

表 105-1-3-9　　1950—2010 年浙江省蚕种饲养量一览表

单位：张

年份	蚕种饲养量				年份	蚕种饲养量(张)			
	全年	春蚕	夏蚕	秋蚕		全年	春蚕	夏蚕	秋蚕
1950	766966	566841	0	200125	1956	1253302	831047	101742	320513
1951	981871	768349	0	213522	1957	1242326	794506	117396	330421
1952	1172934	876784	40410	255740	1958	1775365	769872	220319	785174
1953	1088418	872065	10970	205383	1959	2741675	955236	337175	1449264
1954	1223413	892083	67830	263500	1960	2627772	1305986	321579	100207
1955	1167257	788139	69283	309834	1961	1154419	737099	147434	269886

续表

年份	蚕种饲养量				年份	蚕种饲养量(张)			
	全年	春蚕	夏蚕	秋蚕		全年	春蚕	夏蚕	秋蚕
1962	780441	475821	107648	196972	1987	2688065	952514	274771	1460780
1963	746199	424782	117576	203841	1988	2967644	1065714	255394	1646536
1964	778627	450993	90832	236802	1989	3438061	1200762	278304	1958975
1965	942415	472234	113821	356360	1990	3720622	1344155	274730	2101737
1966	1084000	527000	138074	418926	1991	3857674	1384824	306706	2166144
1967	1139000	531000	163973	444027	1992	4156771	1423591	348036	2385144
1968	1302000	569000	190046	542954	1993	4053285	1526551	331681	1295053
1969	1463000	647000	227097	588903	1994	3897450	1509852	300273	2087325
1970	1586746	685962	204985	695799	1995	3831320	1500579	306253	2024488
1971	1633811	699448	230956	703407	1996	2489944	1175238	150658	1164048
1972	1675280	719171	219033	737076	1997	2460999	1019626	158199	1283174
1973	1814196	782416	214696	817084	1998	2738371	1123270	191096	1424005
1974	1850582	772661	229131	848790	1999	2558655	1150462	154781	1253412
1975	1856240	767024	210201	879015	2000	2476016	1058380	146449	1271187
1976	1723463	749599	216735	757129	2001	2705530	1096842	211257	1397431
1977	1673822	703598	190107	780117	2002	2491642	1127331	140267	1224044
1978	1609262	704174	187518	717570	2003	1909702	893539	125257	890906
1979	1733642	670174	182334	881134	2004	1958133	863599	139702	954832
1980	1874876	732434	233509	908935	2005	2036281	904360	128934	1002987
1981	1906896	724602	196963	985331	2006	2264463	1002223	145569	1116671
1982	2032675	772300	248844	1011531	2007	2305873	1064148	137044	1104681
1983	1815242	822458	216874	775910	2008	1918866	959869	102885	856112
1984	1949489	735913	160471	1053105	2009	1485171	752798	69845	662528
1985	2320626	727509	262215	1330902	2010	1408146	660186	87685	660275
1986	2688222	908824	305800	1473598					

资料来源:浙江省农业厅经济作物管理局:《浙江省蚕桑生产统计资料汇编》(第一辑至第五辑)、《浙江省桑茶果生产工作年报》(2001—2010 年度)。

说明:1966—1969 年夏蚕、秋蚕饲养量原数据为夏秋合计饲养量,根据《浙江省蚕桑志》(浙江大学出版社 2004 年版)第 402 页附表 23 整理。

四、蚕茧产量

清光绪六年(1880年),法国人龙多(Rondot)按全省产丝量(6.3万担),推算全省产茧量为94.5万担。光绪二十四年,德国人吉尔贝洛囊(Gilberonann)调查,全省产茧量为101.7万担。

民国3年(1914年),浙江蚕茧产量120万担,民国4年80万担,民国5年38万担,民国6年93万担,民国7年98万担,民国14年119万担,民国16年114万担,民国20年136万担,民国23年114万担,民国25年65万担,民国37年34万担。

表105-1-3-10　　民国37年(1948年)浙江省各县蚕茧产量一览表

单位:担

区域	蚕茧产量	区域	蚕茧产量	区域	蚕茧产量
浙江省合计	344539	德清	33937	海盐	13525
杭州市郊区	10066	长兴	6930	桐乡	44433
余杭	18612	安吉	237	绍兴	725
萧山	281	嘉兴	37420	上虞	325
临安	2997	嘉善	1772	新昌	4280
富阳	2771	平湖	1125	嵊县	4901
吴兴	104386	海宁	34357	诸暨	21459

资料来源:《浙江省蚕桑志》,浙江大学出版社2004年版,第63页。

中华人民共和国成立后,全省蚕茧产量:20世纪50年代,年均2.28万吨;70年代年均5.08万吨,比50年代增加1.2倍,其中1972年,首次超5万吨;80年代年均产茧量8.21万吨,比70年代增加61.6%,其中1984年,产茧7.02万吨,超过民国20年(1931年)最高年产量;1992年,产茧量达到14.07万吨,比1950年的1.64万吨增加7.6倍,创历史新高。1993年以后,产茧量有所减少,但整个90年代,年均产茧量仍达11.19万吨,比80年代增加36.3%。进入21世纪后,逐年下降。

表105-1-3-11　　1992年浙江省各地蚕茧产量一览表

单位:吨

区域	全年	春茧	夏茧	秋茧	区域	全年	春茧	夏茧	秋茧
浙江省合计	140747	59660	11403	69684	萧山市	1124	443	162	519
杭州市小计	14779	6605	1150	7024	建德市	1731	809	113	809
杭州市区(西湖区、江干区)	16	56	2	0	桐庐县	1848	869	65	914

续表 1

区域	全年	春茧	夏茧	秋茧	区域	全年	春茧	夏茧	秋茧
富阳县	1482	675	118	689	德清县	11108	4617	1099	5392
临安县	2815	1113	110	1532	长兴县	1923	969	50	904
余杭县	1701	887	143	671	安吉县	1505	605	55	845
淳安县	4017	1750	437	1830	绍兴市小计	11758	5184	1062	5512
宁波市小计	1090	500	123	467	诸暨市	2825	1393	396	1036
余姚市	162	92	14	56	上虞市	2299	1117	176	1006
奉化市	180	87	23	70	绍兴县	258	106	12	140
象山县	107	44	9	54	嵊县	4196	1712	316	2168
宁海县	603	259	71	273	新昌县	2180	856	162	1162
鄞县	38	18	6	14	金华市小计	6908	2725	1120	3063
温州市小计	89	43	13	33	婺城区	192	73	34	85
瑞安市	51	21	5	25	兰溪市	2894	976	655	1263
瓯海县	1	1	0	0	东阳市	369	168	47	154
乐清市	1	1	0	0	义乌市	462	182	52	228
永嘉县	18	9	3	6	金华县	618	286	72	260
文成县	15	10	4	1	永康县	329	116	62	151
泰顺县	3	1	1	1	武义县	938	382	90	466
嘉兴市小计	56524	23394	3516	29614	浦江县	800	411	84	305
嘉兴城区	900	387	35	478	磐安县	306	131	24	151
嘉兴郊区	7938	3519	313	4106	衢州市小计	3870	1683	521	1666
海宁市	16082	6543	969	8570	柯城区	67	34	7	26
平湖县	1043	363	64	616	江山市	679	273	153	253
嘉善县	1085	430	10	615	衢县	900	387	133	380
海盐县	4614	2012	183	2419	常山县	528	234	72	222
桐乡县	24862	10140	1912	12810	开化县	1188	522	58	608
湖州市小计	40981	17732	3720	19979	龙游县	508	233	98	177
湖州市区	26445	11541	2066	12838	舟山市小计	24	5	4	15

续表 2

区域	全年	春茧	夏茧	秋茧	区域	全年	春茧	夏茧	秋茧
定海区	11	3	2	6	遂昌县	7	4	1	2
普陀区	9	1	1	7	松阳县	587	213	65	309
岱山县	4	1	1	2	景宁县	75	26	19	30
丽水地区小计	2369	818	261	1290	台州地区小计	2355	971	363	1021
丽水市	239	96	35	108	黄岩市	37	17	5	15
龙泉县	24	9	6	9	临海市	490	191	66	233
青田县	23	12	3	8	温岭县	23	14	4	5
云和县	18	7	3	8	仙居县	1086	380	168	538
庆元县	2	0	0	2	天台县	719	369	120	230
缙云县	1394	451	129	814					

资料来源：浙江省农业厅经济作物管理局：《浙江省桑茶果生产工作年报(1992 年度)》，第 183—186 页。

1949—2010 年，全省累计生产蚕茧 389.73 万吨，年均 6.29 万吨。20 世纪 50—90 年代，蚕茧产量逐年增长。2010 年，全省蚕茧产量 6.39 万吨。

表 105-1-3-12　　1950—2010 年浙江省蚕茧产量一览表

单位：吨

年份	蚕茧产量				年份	蚕茧产量			
	全年	春茧	夏茧	秋茧		全年	春茧	夏茧	秋茧
1950	11622	9362	0	2260	1959	23551	16724	1375	5452
1951	16563	14230	0	2333	1960	21332	15469	2194	3668
1954	25069	21137	449	3483	1961	11018	8407	762	1849
1952	22721	19179	323	3219	1962	13023	9835	871	2317
1953	23362	20930	110	2322	1963	13583	9583	1537	2463
1955	24468	20518	756	3194	1964	16613	11902	1377	3333
1956	27200	21597	1201	4401	1965	24077	14442	2297	7338
1957	24348	18502	1090	4756	1966	29100	-	17550	-
1958	23855	17299	1598	4958	1967	26800	-	-	-

续表

年份	蚕茧产量				年份	蚕茧产量			
	全年	春茧	夏茧	秋茧		全年	春茧	夏茧	秋茧
1968	37900	-	-	-	1990	117975	53857	8049	56069
1969	40700	-	-	-	1991	119432	50576	8464	60392
1970	41226	-	-	-	1992	140747	59660	11403	69684
1971	43042	-	-	-	1993	131872	61792	10049	60031
1972	50964	29915	5653	15396	1994	133803	59719	8761	65323
1973	53786	29563	5923	18300	1995	122285	59385	9437	53463
1974	57040	29454	7548	20038	1996	83700	47963	4631	31106
1975	51564	27325	5711	18528	1997	94810	45284	5683	43843
1976	53119	29291	6501	17327	1998	104204	48272	5836	50093
1977	52533	27686	5221	19626	1999	93563	50666	5428	37469
1978	46831	28253	4583	13994	2000	95123	45023	5876	44224
1979	57729	28367	5934	23428	2001	110297	50218	7361	52718
1980	65005	32296	7747	2496	2002	98796	49564	5597	43635
1981	65309	29764	6456	29089	2003	79110	42799	4750	31561
1982	67084	29308	8240	29536	2004	84112	40968	5795	37349
1983	62098	32704	6090	23304	2005	85364	44313	4742	36309
1984	70161	29571	5545	35046	2006	96416	47798	5778	42840
1985	84573	34398	8072	42103	2007	96262	48458	5081	42723
1986	88945	34974	10163	43808	2008	82159	45257	4002	32900
1987	97614	40048	9501	48065	2009	68296	38176	3048	27072
1988	105636	45724	7198	52714	2010	63864	33293	3606	26965
1989	114169	48321	8136	57712					

资料来源：浙江省农业厅经济作物管理局：《浙江省蚕桑生产统计资料汇编》(第一辑至第五辑)、《浙江省桑茶果生产工作年报》(2001—2010 年度)。

说明：1966—1969 年全年蚕茧产量来自《浙江省蚕桑志》(浙江大学出版社 2004 年版)第 375 页附表 3。

表 105-1-3-13　　2010 年浙江省各地桑园面积、蚕种饲养量、蚕茧产量一览表

区域	桑园面积（亩）	饲养蚕种（张）	蚕茧产量（吨）	区域	桑园面积（亩）	饲养蚕种（张）	蚕茧产量（吨）
浙江省合计	1034250	1408146	63864	吴兴区	43245	25924	1228
杭州市小计	249765	361226	15637	南浔区	123285	136196	6037
西湖区	15	3	0	德清县	64515	70644	3260
江干区	15	232	11	长兴县	23805	24027	1197
萧山区	1470	163	6	安吉县	29385	41820	1996
余杭区	24510	8348	459	绍兴市小计	68535	68791	3048
建德市	20565	18701	840	诸暨市	11010	9407	501
桐庐县	29460	85956	3606	上虞市	13815	22029	911
富阳市	16530	37447	1967	嵊州市	24810	18663	836
临安市	31860	58540	2597	绍兴县	2625	769	31
淳安县	12340	151836	6151	新昌县	16275	17923	769
宁波市小计	1200	227	8	金华市小计	55110	38932	1797
余姚市	1005	0	0	婺城区	120	172	9
象山县	135	150	5	金东区	255	299	9
宁海县	60	77	3	兰溪市	20055	12312	578
温州市小计	195	0	0	东阳市	7425	4438	203
乐清市	195	0	0	义乌市	2040	953	42
嘉兴市小计	310245	571441	26531	永康市	5445	2798	84
南湖区	12390	11720	503	武义县	12255	9612	513
秀洲区	40470	43860	1955	浦江县	3030	1516	64
海宁市	88710	177532	8060	磐安县	4485	6832	295
平湖市	60	54	2	衢州市小计	23955	21938	1166
嘉善县	15	43	2	衢江区	1605	1080	46
海盐县	40320	68712	3153	江山市	750	388	13
桐乡市	128280	269520	12856	常山县	870	924	37
湖州市小计	284235	298611	13718	开化县	20715	19532	1069

续表

区域	桑园面积（亩）	饲养蚕种（张）	蚕茧产量（吨）	区域	桑园面积（亩）	饲养蚕种（张）	蚕茧产量（吨）
龙游县	15	14	1	仙居县	1845	2951	132
舟山市小计	15	0	0	临海市	1350	3875	203
普陀区	15	0	0	丽水市小计	36225	38524	1554
台州市小计	4965	8456	405	莲都区	30	20	1
黄岩区	150	16	1	缙云县	35535	37095	1484
天台县	1620	1614	69	松阳县	660	1409	69

资料来源：浙江省农业厅经济作物管理局：《浙江省桑茶果生产工作年报（2010 年度）》，第 173—177 页。

第二章 栽 桑

南北朝时期，有人工栽培桑树的书面记载。宋代，开始桑苗嫁接。明代，开始桑树品种分类。明清时期，大面积应用袋接法育苗。民国时期，已查明有210个地方品种。

中华人民共和国成立后，实行“社队育苗与国营农场育苗相结合”的培苗方针，1956年，产苗县达63个。20世纪50年代桑园发展重点为山地，60年代重点为溪滩，70年代重点为海涂与老桑园改造。1975年，省农业局确定了荷叶白等四大良种，1979年，开始进行桑树新品种区域试验。从1979年开始，建立桑树病虫测报体系，桑保工作达全国领先水平。20世纪80年代，嘉湖老桑园改造与新蚕区桑园发展中的树型以低干或中干偏低养成为主，主要病虫害为萎缩病、桑疫病、桑根结线虫病及桑瘿蚊。1992年，全省桑苗生产量创历史最高水平。1985—2010年，审(认)定了一批桑树新品种。至2010年，全省建成土地平整、集中连片、旱涝保收、稳产高产的蚕桑规模园区，占全省桑园总面积的42%。

第一节 品种与桑苗

宋代有桑树品种记载。明代将地方品种进行分类，到清代分为家桑种和野生种。民国时期，210个地方品种分为湖桑、火桑、望海桑和山桑四类。1975年，确定荷叶白、团头荷叶白、桐乡青和湖桑197号为四大优良品种。1979年，开展桑树品种鉴定；1985年，列入省农作物品种审定。20世纪90年代，开始推广农桑8号等系列品种。至2010年，全省共审(认)定桑树新品种13个；农桑系列品种省内覆盖率达75%，繁育的桑苗大部分销往江苏等20个省、自治区、直辖市。

一、桑树品种

(一)品种概况

南宋时，浙江已有不少桑树品种，其中杭州有青桑、白桑、拳桑、大小梅、红鸡爪、睦州青等，吴兴(今湖州市南浔区、吴兴区)有青桑、白桑、黄藤桑、鸡桑，台州有黄桑、青桑、花桑、水桑、过海桑，绍兴有鸡桑、临安桑等品种。

明代，崇德(今属桐乡)、吴兴等地选育出来的有荷叶桑、扯皮桑、尖叶桑、火桑、山桑、红头桑、槐头桑、鸡窝桑、木竹青、乌桑等。除以上品种外，还有密眼青、紫藤桑、望海桑等。吴兴当地桑树品种的优劣："种桑以荷叶桑、黄头桑、木竹青为上，取其枝干坚实，不易朽，眼眼发头，有斤两，其五头桑、大叶密眼次之，细叶密眼最下。"①明代黄省曾的《蚕经》也有记述："凡择桑之本也，皱皮者，其叶必小而薄；白皮而节疏芽大者，为柿叶之桑，其叶必大而厚，是坚茧而多丝。……鸡脚之桑，其叶薄，是薄茧而少丝。"

清初，萧山有 3 种糯桑：芽红色而多者称红头百脑种，青芽者称木头青，叶团者叫胡桃糯。嘉兴、湖州府志及所属各县县志载，嘉湖地区在明清时期的桑树品种有 22 种，常见的有 19 种，其中家桑 15 种，野生桑有 4 种。属上等桑 5 种，即富阳桑、荷叶桑、木竹青、黄头桑及望海桑；属中等桑 11 种，即密眼青、五头桑、大叶密眼、白皮桑、扯皮桑、尖叶桑、山桑、晚青桑、槐头桑、火桑及麻桑；属下等桑 3 种，即金桑、细叶密眼及鸡脚桑。其中以富阳桑为最上品。乾隆《湖州府志》卷三十载："更宜觅富阳桑种植之，其大者可得叶数石。倘不令虫蛀及水灌，其根愈老愈茂，年远不败。按富阳桑皮坚，虫不能啮，最为佳种。但彼地专擅贩叶之利，其种不许外出，故求之不易得也。"

民国《中国实业志(浙江省)》载，浙江桑树品种因不同地区而称的有 210 个，可分为湖桑、火桑、望海桑和山桑四类，湖桑中又分红皮、白皮和青皮三类。民国 24 年(1935 年)，国立浙江大学农学院对浙江桑树品种进行了调查，征集到浙早生 1 号(火桑)、浙早生 2 号(木斗青)、湖桑 11 号、湖桑 12 号、湖桑 13 号、湖桑 14 号、湖桑 15 号、湖桑 16 号和湖桑 21 号等 9 个品种。之后，省蚕桑改良场又进行了桑品种的调查研究，提出了浙场第 1 号至第 40 号共 40 个湖桑品种、16 个火桑品种和 22 个野生桑品种。

中华人民共和国成立后，省农业厅特产局桑苗培育所与华东蚕业研究所(1955 年华东区撤销后，改名为镇江蚕业研究所，今中国农科院蚕业研究所)合作，于 1954—1955 年对 13 个县的桑树地方品种进行了调查，征集到浙东山区红顶桑等品种 8 个，浙西、杭嘉湖平原区桐乡青等品种 18 个，全省栽培的火桑品种 3 个。1956 年后，应用育种技术选育新品种 21 个。1959 年后，省农科院蚕桑研究所继续对温州、台州、金华、丽水、衢州、绍兴及杭州地区的部分县进行调查，新征集到平阳乌桑、荷叶大桑和嵊县青等品种 36 个。20 世纪 50 年代，共征集到浙江桑树品种 207 个。此外，省农科院蚕桑研究所和浙江农业大学蚕学系(今浙江大学动物科学学院特种经济动物科学系)保存国内、国外引进桑树品种 183 个。

从 1961 年开始，省农科院蚕桑研究所与省农业厅特产局对全省桑树品种进行了系统整理和鉴定，开展区试示范，并组织繁育推广。《浙江省种植业区划》(1986 年)记载，全省占有一定桑园面积的栽培品种共有 30 个，其中火桑、早青桑、白皮火桑、裂叶火桑、乌皮桑、海桑、火桑 87 号、真桑、育 2 号和农桑 8 号等早生桑品种 10 个，桐乡青、睦州青、嵊县青、红顶桑、荷叶桑、红沧桑和湖桑 199 号等中生桑品种 7 个，湖桑 197 号、红皮大种、剪刀桑、望海桑、大种桑、白条桑、湖桑 2 号、大墨斗、双头桑和璜桑 14 号等中晚生桑品种 10 个，团头荷叶白、荷叶白和新一之濑等晚生桑品种 3 个。其中荷叶白、团头荷叶白、桐乡青和湖桑 197 号这 4 个品种，经 1975 年 9 月全省鉴定评比，确定为全省优良当家品种，在全省加速繁育推

① 〔明〕张履祥：《补农书》上卷引《沈氏农书·运田地法》。

广，4个良种于1990年的栽培面积占全省桑园总面积的70%，并被推广到长江中下游和黄河流域。璜桑14号，于1970年由诸暨县璜山区农技站从实生桑中选育而成；农桑8号，于1979年由省农科院蚕桑研究所从一之濑×伦教109号的杂交组合单株选育而成。1996—2000年，浙江农业大学蚕学系育成了盛东1号，省农科院蚕桑所育成了农桑10号、大中华、农桑12号和农桑14号。到2010年，全省累计繁育农桑系列等新品种桑苗达6.1亿株，覆盖率达62%。

（二）品种审（认）定

1979年12月18日，浙江省农业局（以下简称省农业局）在杭州召开桑树品种区域性鉴定座谈会。确定了鉴定小组组成成员，讨论制定了鉴定办法，同时决定设立平原、丘陵、溪滩、盐碱4种不同土质条件的8个鉴定点。

1982年10月18日，农牧渔业部印发《全国桑树品种审定条例》，从1982年起正式开展全国桑树品种审定工作。

1985年5月13日，省农业厅公布《浙江省桑树品种区域性鉴定办法》。9月28日，团头荷叶白、湖桑197号、荷叶白、桐乡青4个桑树品种通过认定①。1986年5月23日，浙江选育的首个桑树新品种——璜桑14号通过审定②。

1986年6月18日，省农作物品种审定委员会印发《〈浙江省农作物品种审定委员会扩大会议纪要〉和〈浙江省农作物品种区域试验和生产试验实施细则〉的通知》，调整、充实品种审定组织，蚕桑正式列入省农作物品种审定范围，并设蚕桑专业组。

1987年2月20日，省农作物品种审定委员会《关于印发〈浙江省农作物品种区域试验和生产试验实施细则〉棉麻、蔬菜、果树、桑树、桑蚕补充办法（试行稿）的通知》，公布了《〈浙江省农作物品种区域试验和生产试验实施细则〉补充办法（桑树）》。

2000年8月11日，省农作物品种审定委员会《关于印发〈浙江省农作物品种审定办法〉补充办法（桑树）的通知》，确定从2000年开始对桑树新品种开展认定工作。

2004年7月16日，省农业厅公布《浙江省非主要农作物品种认定暂行办法》，将桑树品种列为非主要农作物品种认定。2009年2月9日，省农业厅公布《浙江省非主要农作物品种审定办法》，将桑树品种改为非主要农作物品种审定。

从1985年桑树新品种认定开始至2010年，全省共审（认）定桑树新品种13个。

---

① 浙江省农业厅：《关于颁发农作物品种审定认定结果（第五次）的通知》。

② 浙江省农业厅：《关于颁发农作物及蚕品种（组合）审定、认定结果的通知》。

表 105-2-1-1　　1985—2010 年浙江省审(认)定桑树品种一览表

序号	品种名称	品种来源	审(认)定时间	证书编号
1	团头荷叶白	海宁县长安地方品种	1985	浙品认字第 047 号
2	湖桑 197 号	浙江省农科院	1985	浙品认字第 048 号
3	荷叶白	海宁县长安地方品种	1985	浙品认字第 049 号
4	桐乡青	桐乡徐家庙地方品种	1985	浙品认字第 050 号
5	璜桑 14 号	实生桑中选出	1986	浙品审字第 031 号
6	农桑 8 号	一之濑×伦教 109 号	1991	浙品审字第 075 号
7	大中华	大种桑×R81-1	1996	浙品审字第 147 号
8	农桑 10 号	桐乡青×伦教 109 号	1996	浙品审字第 148 号
9	盛东 1 号	湖桑 201×花桑	1997	浙品审字第 164 号
10	农桑 12 号	北区 1 号×桐乡青	2000	浙品审字第 218 号
11	农桑 14 号	北区 1 号×实生桑 1 号	2000	浙品审字第 219 号
12	丰田 2 号	桐乡青×伦教 109 号 (人工三倍体)	2006	浙认桑 2006001
13	强桑 1 号	大种桑×桐乡青	2009	浙(非)审桑 2009001

资料来源:浙江省农作物品种审定委员会办公室:《浙江省农作物审(认)定品种汇编(1983—2009)》。

审(认)定桑树品种主要性状为:

(1)团头荷叶白(别名湖桑 7 号、双头荷叶白)。晚生桑品种。树形开展,发芽迟,叶片成熟、硬化迟。长势较旺,发条数中等。全年产叶量高,叶质中等。抗桑萎缩型、桑黄化型萎缩病、桑褐斑病、桑污叶病力强,抗桑疫病力较弱,受大气氟污染时,桑叶的含氟量比其他品种低。

(2)湖桑 197 号。中晚生桑品种。树形开展,发芽、成熟、硬化稍迟。长势较旺,产叶量较高,叶质较优。抗桑萎缩病、桑褐斑病力较强,抗桑疫病力较弱,抗旱、耐瘠,适应性广。

(3)荷叶白(别名湖桑 32 号、尖头荷叶白)。晚生桑品种。树形高大开展,发芽、成熟、硬化迟。生长势旺,发条数多。全年产叶量高,叶质较优。抗桑疫病、桑褐斑病、桑花叶型萎缩病力较强,抗桑黄化型萎缩病力弱;耐瘠、抗寒力较强,适应性广。尤其适宜土壤肥力较差的土地种植。

(4)桐乡青(别名湖桑 35 号)。中生桑品种。树形挺直,春期发芽、成熟和秋叶硬化比较早。长势较旺,发条数中等,春发芽率较低。全年产叶量高,叶质极优,制种成绩好。抗桑萎缩病、桑褐斑病力较强,抗桑疫病力弱,抗旱、耐瘠力稍差。适宜于建立小蚕专用桑园。

(5)璜桑14号。中生桑品种。树形稍开展,发芽、成熟与秋叶硬化稍早,与桐乡青相仿。春发芽率约55%,桑叶产量与荷叶白近似,其中秋叶产量较高,叶质中等。抗桑萎缩病、桑褐斑病力较强,抗桑疫病力弱,抗旱、耐瘠是其最明显的特点。

(6)农桑8号。早生桑品种。树形直立,发芽早,成熟早,秋叶硬化比荷叶白稍迟,春期发芽比荷叶白早10天左右,发芽率一般为75%左右。生长势旺,发条数多,叶产量高,叶质中等。抗桑疫病力强,抗萎缩病力较强。花果较多,因发芽早,早春易受晚霜冻害。较适宜于原蚕饲养用桑。

(7)大中华。晚生晚熟桑品种。辐射诱变选育而成。树形高大、稍开展,发条数中等,枝条粗长较直,稍有卧伏枝。发芽期(杭州调查)在3月28日至4月2日,叶片成熟期在5月8—12日,秋叶硬化期在10月15—23日,产叶量显著超过荷叶白。抗桑黄化型萎缩病力强,抗桑疫病力弱。

(8)农桑10号。早生早熟桑品种。经单株和系统选育而成。树形直立,树冠紧凑,生长势旺,发条数多,枝条长而直,侧枝少。发芽期(杭州调查)在3月14—18日,叶片成熟期在4月15—20日,秋期封顶和叶片硬化均较迟,产叶量显著超过荷叶白。抗桑疫病力强,抗桑黄化型萎缩病力强。

(9)盛东1号。早生中熟桑品种。经单株和系统选育而成。树形直立,发条数多,枝条长而直,侧枝少。发芽期(杭州调查)在3月15—20日,叶片成熟期在4月15—25日,秋期封顶迟、叶片硬化迟。产叶量显著超过荷叶白。抗桑疫病、桑黄化型萎缩病能力与荷叶白相仿。

(10)农桑12号。早生中熟桑品种。经单株和系统选育而成。树形直立,树冠紧凑,发条数多,枝条长而直,无侧枝。发芽期(杭州调查)在3月19—20日,叶片成熟期在4月28日至5月4日,秋期封顶、硬化迟,下部叶片容易落黄。产叶量显著高于荷叶白,万蚕产茧层量极显著高于荷叶白。抗桑黄化型萎缩病、桑疫病强于荷叶白,桑蓟马、红蜘蛛、桑粉虱危害明显轻于荷叶白。

(11)农桑14号。早生中熟桑品种。经单株和系统选育而成。树形直立,树冠紧凑,发条数多,枝条粗直而长,无侧枝。发芽期(杭州调查)在3月19—20日,叶片成熟期在4月25日至5月3日,秋期封顶和硬化均较迟,下部叶容易黄落。产叶量极显著高于荷叶白,万蚕产茧层量显著高于荷叶白。抗桑黄化型萎缩病、桑疫病强于荷叶白,桑蓟马、红蜘蛛、桑粉虱的危害明显轻于荷叶白。

(12)丰田2号。早生中熟桑品种。三倍体品种。树形高大稍开展,枝条粗长直立。叶形大,叶肉厚,叶柄粗长。春期发芽比荷叶白早6天~8天,秋叶硬化比荷叶白迟。产叶量高,叶质优良。桑叶易采,适应性较强。抗桑疫病、桑蓟马、桑红蜘蛛、桑粉虱害虫比农桑14号弱。

(13)强桑1号。中生中熟桑品种。经单株和系统选育而成。树形直立,树冠紧凑,枝条粗长,侧枝少,发条数中等,长势旺盛。叶形大,叶肉厚,叶面平滑,光泽强,叶片着叶稍下垂,叶柄长。发芽期(杭州调查)在3月20—22日,成熟期在4月28日至5月2日。秋期封顶迟,利用率高,下部黄落叶少,秋叶硬化迟,产叶量高。耐瘠力一般,耐寒、耐旱力强,抗桑疫病(黑枯型)力弱,适应性较强。

(三)品种外传

浙江桑树品种,早在晋代已通过海路传至辽东地区,"先是辽川无桑,及(慕容)廆通于晋,求种江南,平州之桑,悉由吴来"①。

浙江湖桑载誉全国,江苏、四川、湖北、湖南、山东、安徽、新疆等地都纷纷来浙采购。《江苏省蚕桑丝绸志》(2000年)载,南宋时江淮地区栽桑所用桑苗,都是从浙江购进的;19世纪,丹徒、江阴、丹阳、高邮等县也从浙江采购桑苗。清光绪二十三年(1897年)《农学报》第10期载,江西省广兴各地赴浙购桑者踵相接,因湖桑之叶厚多液,广种利必厚。湖南省也从浙江引进大量湖桑发展蚕业,据光绪三十一年五月《东方杂志·实业》第五期载,湖南省农务局购办湖桑,广为种植,已运到70余万株,定价每万株缴洋101圆,零售百株、千株均可,劝农民购买。四川《南充蚕丝志》(1991年)载,清末民初,四川省从浙江引进紫皮湖桑、火桑等品种105个;在民国25年(1936年)又从浙江购进湖桑苗20万株,在南充等县推广并建立品种苗圃进行繁育。江苏省在民国24—25年(1935—1936年),和民国35—37年(1946—1948年),共向浙江采购桑苗达363.55万株。

桐乡和海宁外销的嫁接苗,1950—1954年,共计4528万株;1985—1989年,荷叶白等四大良种桑苗共15.31亿株,1990—1994年,良种桑苗共49.17亿株。20世纪90年代中后期起至2010年,以农桑系列品种为主的新一代品种桑苗平均每年繁育5亿株以上,其中80%以上销往省外。品种桑苗销售的区域有江苏、安徽、福建、山东、上海、北京、天津、河南、河北、江西、山西、湖南、湖北、陕西、四川、云南、贵州、广西、甘肃和吉林等20个省、自治区、直辖市。

二、桑苗生产

(一)苗区分布

宋代,浙江苗农已掌握桑树嫁接技术,明清以后商品苗生产日趋繁荣,特别是应用袋接法大量繁育嫁接苗。海宁、崇德(今属桐乡)、桐乡及杭县(今属杭州市西湖区、余杭区)等苗区,桑苗生产成为一种专业。《蚕丝》杂志(1948年第2卷)载,自清光绪元年至光绪二十年(1875—1894年)的20年间,年产嫁接苗2000万株以上。民国11年(1922年),为桑苗产量最高年,达到5000万株。此后,桑苗生产随着政局的动荡和世界丝市的波动而兴衰。抗日战争期间,所有苗区的桑苗生产,几乎毁损殆尽。抗日战争胜利后,桑苗生产逐步恢复。民国35年,省政府在杭州、嘉兴和海宁长安设立专业苗圃,并在长安设培苗指导所,辅导苗农培苗;同时,采取奖励办法,促使年产嫁接苗从民国35年的100万株增至民国36年的2100万株。

浙江近代桑苗产区,以海宁、崇德和桐乡三县为主,其次是杭县、嵊县(今嵊州市),其他余

① 《太平御览》卷九百五十五《术部四》。

杭、临安、吴兴(今湖州市南浔区、吴兴区)、德清、嘉兴(今嘉兴市秀洲区、南湖区)、长兴和诸暨等地也产桑苗,但数量不多,大都为实生苗。

海宁苗区:包括长安、周王庙、郭店、博行、修南、兴福、沈墅、袁家坝和许巷等十几个乡镇,以周王庙为中心,俗称“南区”。民国23年(1934年)有苗圃5000亩,桑苗嫁接方法以普通接为主,其次是火焙接,极少广接。最多年生产桑苗达2000万株以上。

崇德、桐乡苗区:包括崇德的同福、崇福、上墅、留良、灵安、虎啸、芝村、永秀、青石、中塔和景云等,桐乡的亭桥、南日、屠甸、北日、晏城、携李、宜桥和史桥等,以同福、灵安和亭桥三乡的天花荡为中心,俗称“北区”。民国23年(1934年)有苗圃3200亩,桑苗嫁接方法,一半以上为广接。最多年生产桑苗在2000万株以上。

杭县苗区:包括三墩、严庄和塘河等,苗圃面积约700余亩,仅产实生苗,无嫁接苗,最高年生产实生苗3500万株。

嵊县苗区:包括崇仁、富仁和天源等,有苗圃1200亩,年产苗约30万株。

中华人民共和国成立以后,为了缓解原有苗区过于集中、不适应新区大力发展蚕桑生产的状况,于1955年采取了“就地培苗,就地推广”的方针,桑苗地一律不定粮食任务、免除农业税,每亩供应化肥15千克,资金有困难的给予贷款支持。为了壮大各地培苗技术力量,1956年2月,省农业厅特产局举办了有46个县90人参加的桑苗技术师资培训班,并委托嘉兴农校举办了3期培苗技术训练班。1956年3月,省农业厅从海宁等老苗区选拔有培苗经验的农民120人,分配到其他县作培苗辅导员。从1956年起,全省基本上实现县县培苗,有的地区实现了社社培苗。三年困难时期(1959—1961年),桑苗生产大大减少,1961年降到最低。1963年2月,省农业厅提出培育桑苗贯彻商品苗生产和社队自培自栽两条腿走路的方针,核减苗区粮食任务526.5万千克,建立商品苗1.54万亩,每培育一亩桑苗供应专用化肥25千克;各地也采取了粮苗挂钩、以粮换苗等措施,促进了桑苗生产迅速发展。省农林局于1973年10月召开国营农林场培育桑苗工作座谈会,总结推广临海良种场、杭州市在部分国营农林场圃建立专门的接穗桑园、繁育优良品种的经验,并在发动社队培苗的同时,安排在国营农林场圃培苗,采取“社队育苗与国营农林场育苗相结合”的方针。1973年11月27日,省农林局、省财政金融局联合发出《关于国营农林场建立桑苗基地的通知》,从1974年起,在杭州、嘉兴、湖州、绍兴、金华、丽水、温州、台州和宁波(今行政区域)8个地区的61个农林场培育桑苗。经省计划委员会批准,定点建立建德县和嘉善县桑苗良种场,落实扶持周转金每亩嫁接苗150元、实生苗100元,供应化肥30千克;每100亩桑苗,配备一名专职辅导员。每年由省农林局、省财政金融局安排一次计划,下达经费及化肥。1974—1977年,全省国营农林场共有培苗面积21729亩,生产嫁接苗6741万株、实生苗8286万株,所生产的嫁接苗大部分为优良品种;建立良种接穗桑园2833亩,其中荷叶白679亩、桐乡青278亩、湖桑197号为371亩、团头荷叶白453亩,提供各地较为纯正的优良品种接穗,全省基本实现了桑树良种化。

20世纪80年代后,随着全国蚕桑生产迅速发展,桑苗生产进入了新的发展时期。80年代年均生产嫁接苗3.47亿株,90年代年均生产嫁接苗9.1亿株。1992年,全省培苗面积9.25万亩,共生产桑苗21.60亿株;其中嫁接苗13.46亿株,实生苗8.14亿株,均创历史最高水平。传统苗区的海宁、桐乡有18个乡(镇)4万户苗农培苗,共生产桑苗19.46亿株,其中嫁接苗12.69亿株。萧山(今杭州市萧山区)成为以实生苗为主的新兴产苗区,生产嫁接苗378万株,实生苗5023万株。其余新苗区的51个培苗县(市、区),共生产桑苗1.61亿株,其中产苗1000万株～3000万株的有淳安、嘉兴郊区(今嘉兴市秀洲区、南湖区)、长兴和开化4个县(市、区);产苗500万株～1000万株的有绍兴、武义、龙游和仙居4个县;产苗100万株～500万株的有桐庐、临安、余杭、建德、嘉善、湖州市区(今湖州市南浔区、吴兴区)、德清、安吉、上虞、嵊县、新昌、诸暨、兰溪、衢县(今衢州市衢江区、柯城区)、常山、缙云、永康和景宁18个县(市、区);产苗10万～100万株的有杭州市西湖区、杭州市江干区、余姚、奉化、文成、海盐、金华市婺城区、东阳、义乌、浦江、磐安、柯城、江山、丽水、龙泉、遂昌、松阳和临海共18个县(市、区);产苗10万株以下的有云和等8个县。1993年以后,受丝绸市场疲软和蚕桑生产波动影响,桑苗生产量减少。同时,随着计划经济向市场经济的转变,不少新区县不再自培苗,使桑苗产区越来越向海宁和桐乡集中。1999年,全省培苗县20个,比1992年减少34个。海宁和桐乡两市培苗面积3.57万亩,占全省培苗面积的93.3%;生产桑苗10.51亿株,占全省桑苗生产量的94.9%,其中嫁接苗7.78亿株,占全省97.5%。至2010年,桐乡、海宁仍保持为嫁接苗生产基地,其他淳安、湖州有少量繁育;实生苗基本集中到杭州市萧山海涂苗区。

(二)培苗方法

1.有性繁殖

用桑子播种育苗的培苗方法,是一种古老传统的方法。宋陈旉《农书》就有较为详细叙述。

(1)桑子采收

古代播种用的桑子,大都就地采集桑葚,用水淘洗。陈旉《农书》载:“若欲种椹子,则择美桑种椹。每一枚剪去两头,两头者不用,为其子差细,以种即成鸡桑、花桑,故去之。唯取中间一截,以其子坚栗特大,以种即其干强实,其叶肥厚,故存之。……以水淘去轻秕不实者。”①《广蚕桑说》载:“种椹之法,于四五月间,以纯黑桑椹搓碎置水中,去其浮者,而取其沉者,阴干之。”②

浙江桑树,历史上一般为中高干养成,实生桑又多,因而桑子产量多,种源丰富。中华人民共和国成立后,为适应市场对桑苗的需要,全省曾多次组织大量收购桑子。1956年3月,根据省委5年内发展新桑园500万亩的任务,需要苗地6万亩,桑子30吨,因而发动全省蚕区儿童、学生和妇女采集桑葚,以较高的价格由各地供销社收购,农业部门技术指导进行加工淘制。各地在桑子采制过程中,嘉兴、海宁、吴兴、德清、杭县和永嘉等县和省特产局桑苗培育所,对桑子加工工效和品质情况进行了调查和测试。每人每日可采集桑葚,一般男劳力35千克、妇女23千克、儿童18千克;一个劳动力一天可淘洗干桑子5千克以上。桑葚出子率,平

① 〔宋〕陈旉:《农书》卷下《种桑之法篇第一》。

② 〔清〕沈练:《广蚕桑说》。

均为2.47%;桑子发芽率,因桑葚成熟度和桑子饱满度而异,一般紫黑色桑葚发芽率96%,紫红色桑葚91%,红色桑葚84.5%;沉桑子发芽率95.5%,浮子为10.5%。桑子的品质检验标准和价格分为3级,甲级:桑子干燥,纯度95%以上,饱满桑子占95%以上,发芽率80%以上,每千克4.4元;乙级:桑子干燥,纯度85%～90%,饱满桑子占85%～95%,发芽率65%～80%,每千克4元;丙级:桑子干燥,纯度75%～85%,饱满桑子占75%～85%,发芽率50%～65%,每千克3.6元。当年全省27个县(区)共收购桑子81.76吨。1956年7月16日,为解决剩余的6.33吨桑子,省农业厅、省供销社联合通知,凡桑子纯度95%以上、发芽率70%以上的,委托当地供销社用石灰坛进行干燥贮藏,费用由省农业厅特产局负责。根据培育桑苗对桑子的需要,1958年、1959年和1966年,全省又分别收购桑子150.45吨、290.83吨和53.7吨。这三年收购的桑子,除省内自用外,还分别供应给福建、贵州、江西、湖南、北京、河北、甘肃、云南、湖北、安徽、山东、上海、陕西、江苏、广西和吉林等16个省、市、自治区,分别为68.13吨、94.74吨和48.11吨。

浙江采制的桑子,因桑葚成熟较迟,一般只能作夏播用。为解决春播用桑子的需求,20世纪50年代以来,主要推广以生石灰为干燥材料的干燥贮藏法。由于处理不同,发芽率高低差异较大,且只适宜于小量贮藏。70年代后,推广无干(矮干)密植栽培,省内桑葚数量减少。1970年开始,逐步向桑葚成熟较早的广东和广西采购桑子。1974年采购广东桑子达19.25吨,但广东桑子发芽率没有保证,价格高,且用广东荆桑做嫁接砧木,成活率低,适应性差。1974年,吴兴县东风蚕种场(今湖州塔山蚕种制造有限责任公司)进行了桑子冷藏试验;1975年扩大试验,把充分干燥的桑子,用塑料袋包装,每袋1千克～2千克,袋口密封留四分之一空间,置蚕种冷库低温贮藏。当年采制的桑子冷藏到次年春播,发芽率和发芽势都很好,效果优于石灰坛干燥贮藏。1976年,省农林局推广桑子冷藏贮藏法,由东风蚕种场为3个地区10个县冷藏桑子450余吨。1980年,省农业厅首次到江苏泗阳采购桑子10多吨。80年代,省农业厅每年到江苏宿迁、淮阴、海安等地统一采购桑子5吨～10吨,除少量用于当年夏播外,大部分贮藏在省原蚕种场冷库或杭州蚕种冷库,作次年春播之用,发芽率一般在90%以上。1990年后,省农业厅不再统一采购,由苗农自行解决。

(2)桑子播种

①播种时间。历史上,桑子都是夏播(小满到芒种),春播极少。夏播的桑苗,在较好的环境条件和培育管理下,当年也可育成壮苗。但夏播易遇高温干旱,生长期又短,容易造成损失。1956年,省特产局桑苗培育所等,采取桑子越年干燥贮藏,进行春播的试验,结果当年育成大号草桑。20世纪70年代,广东桑子的引进和桑子低温贮藏法的推广,解决了春播桑子的困难,使春播面积迅速扩大,1972—1977年,全省春播面积累计达到13.61万亩,占总播种面积的64.23%。90年代,桐乡、萧山和海宁等地,为了经济利用土地,又推广了秋播,以生产广秧作砧木,即在7月底8月初,早稻收割后,立即整理苗地,在立秋前播种。

②播种方式。古代有撒播、条播和点播,以撒播和条播居多,还有桑葚直播法。据清代费南辉《西吴蚕略》(1890年)记载,把草绳先在人粪尿中浸渍一段时间,取出晒干,抹上紫桑葚,横埋浅土中,这样桑子萌发后就能从草绳上摄取养分,桑苗生长好。此外,个别地方还有把肥

大成熟的桑葚喂猪,然后取其粪和匀种子,名曰"豚桑"。20 世纪 50 年代后,普遍推广宽幅条播法,既便利了苗床管理,又提高了桑苗出圃率,并可使用木制条播器,使开沟和播种等工序实现了半机械化。1990 年,萧山、桐乡等地苗农为提高单位面积产苗量,改用撒播法,亩产桑苗达 10 万株以上。

③苗地选择。苗圃地一般选土质肥沃、日光充足、通风良好和灌溉方便的砂质壤土。1971 年开始,萧山利用含盐量在 0.2%以下的海涂地培育桑苗;1973 年,产苗 2000 万株,后逐渐发展成全省实生苗产区;至 2010 年,成为全省实生苗最集中产区。

2.无性繁殖

(1)嫁接

①桑树嫁接。宋陈旉《农书》卷下《种桑之法篇第一》载:"若欲接缚,即别取好桑直上生条,不用横垂生者,三四寸长,截如接果子样接之。其叶倍好,然亦易衰,不可不知也。湖中安吉人皆能之。"元明时期,嫁接方法有冠接、插接、抱娘接和判官接等多种,不过都是用在成林桑树上,以改善壮龄桑的性状。清代江毓昌《蚕桑说》载:"交春分节,将指头粗野桑根下土刨开,深约一二寸。在乎土面略下处,将野桑上截剪去不要,只留桑根。却将接头削成马耳形,上留二寸多长。……再将野桑根尖上用两指捏住,向一边微推,使皮稍离骨,即将接头朝外插入三四分深,用土四周按紧,须要仔细,不可稍有错动,再用松土盖平接头,十接十活。"这"接桑简便法"是从平头接改进而来的,是"湖州匠人"在瑞州(今江西省高安)传授的方法,此法即为今"袋接法"①。浙江农民广泛使用袋接法繁育桑苗,沿用至 2010 年已 100 多年。近数十年,嫁接技术和管理水平不断改进与完善。袋接法,对全国繁殖桑苗起了很大的作用。

②嫁接方法。浙江用袋接法嫁接桑苗,因所用砧木不同,有广接、火焙接和普通接。广接,是用播种一年的实生苗作砧木,就地嫁接;火焙接,是把播种一年可作砧木的实生苗,在冬季掘起移植后嫁接;普通接,是用播种一年的实生苗,再移植一年后,就地嫁接。历史上生产的嫁接苗,以普通接为主,要三年成苗。1956 年后,发展以广接和火焙接为主,缩短了成苗时间。吴兴、衢县、安吉等地还探索出冬接、倒袋接、室内袋接、一苗多用和一步成园等多种方法。

③苗地选择。苗圃用地,历史上除海宁苗区用水田育苗外,其他(桐乡等)苗区,一般都用旱地育苗。随着水利条件的改善和粮食状况的好转,逐步改旱地育苗为水旱轮作。水旱轮作的稻田,实行一年种水稻,一年种桑苗。水旱轮作排灌方便,易抗旱排涝,改良土壤,减少病虫害,明显提高嫁接成活率,促进桑苗生长。

④地膜覆盖。1982 年,临安县泉口苗圃嫁接桑苗试用地膜全程覆盖。与不覆盖比,嫁接成活率提高 21.5%,桑苗亩产量增加 42%,亩产值增加 73%,除去成本每亩净收益增加 218.6 元。1992 年,桐乡县 10 个重点产苗乡镇桑苗地膜覆盖面积占 50.8%,1993 年提高到 84.8%。其方法是:桑苗嫁接后即盖上地膜,四周压紧,防止风吹;揭膜时间分两个,一般清明前嫁接的,接后 15 天左右,清明后嫁接的接后 7 天左右;当接穗芽脱苞破土时揭去地膜,以防高温灼苗。

⑤优化施肥。采取有机肥与化肥相结合,氮、磷、钾配方施肥,掌握多次少施、深施与面施

① 中国农业遗产研究室太湖地区农业史研究课题组:《太湖地区农业史稿》,农业出版社 1990 年版,第 195 页。

相结合的原则。桐乡等地一般要施数次肥料：基肥，亩施猪羊肥 1 吨，结合冬耕把肥料翻入土内；起身肥，嫁接成活后，芽成鹊口期，亩施碳铵 80 千克、磷肥 50 千克，拌匀后施于苗的行间，同时结合撬沟，及时用沟泥覆盖；夏秋肥，分别于 5 月下旬、7 月中旬和 8 月下旬，每次施尿素或复合肥 25 千克。

(2)扦插

民国时期，永嘉和文成等地农民，用当地桑品种枝条扦插繁育桑苗；海宁等地，把嫁接时砧木稍带黄色根部的枝条进行扦插。1953 年，於潜县(今属临安)紫水乡胜利农业社洪德贵，将嫁接时砧木上剪下苗条，直接在桑园扦插定植，次年用袋接法进行嫁接，第三年每株桑苗平均条长 70 厘米，可采桑叶 2.5 千克。於潜县农林水利局、省农林厅蚕桑管理局总结推广了其扦插育苗经验。1956 年 2 月 10 日，农业部经济作物生产总局转发了於潜县农林局《利用嫁接时剪除的苗条扦插成功的经验》。"大跃进"期间，育苗工作受到"瞎指挥"的干扰，一度不顾环境条件，不管桑树品种发根力强弱，全面推广陕西省安康地区埋条(即把夏伐枝条横向埋入土中)育苗经验，全省湖桑埋条基本没有成苗。

20 世纪 80 年代，部分蚕区掀起了湖桑硬枝、绿枝扦插育苗的热潮。嘉善县桑苗良种场，从 1983 年开始，在冬季采用薄膜砂床、塑料袋倒插促进生根、再带袋移栽苗田的方法，进行扦插育苗，克服了湖桑硬枝扦插中先发芽、后生根的难题，使桐乡青等湖桑品种发根率达到 90%，成活率达到 80%。1982 年，省农科院蚕桑研究所开展了桑树扦插发根剂与桑简易硬枝扦插育苗技术研究，1987 年取得成果，用荷叶白和团头荷叶白等品种的桑树硬枝，在大田适时春插，用复方发根剂处理，农用地膜覆盖等综合技术措施，使湖桑大田植土扦插的成苗率达到 70%，亩产苗约 1 万株，每年推广 100 亩～200 亩。富阳县农业局，1988 年引进省农科院蚕桑所湖桑硬枝简易扦插育苗技术；1991 年引进了苏州蚕桑专科学校湖桑硬枝温床扦插、硬枝土钵扦插和绿枝就地扦插技术，并开展太阳能温床倒插预措等，经多年试验推广，1992 年，全县 5 种扦插育苗面积达到 46.9 亩，共产桑苗 51.17 万株，平均成活率 54.18%，亩产桑苗 1.1 万株。其中简易硬枝扦插经选用适插品种、叶面宝浸渍处理和适期扦插等措施，成活率达到 73.4%，亩产苗 1.39 万株；绿枝土钵扦插，春插成活率 69%，秋插成活率 60%，并取得土钵育苗一步成园的经验。各种扦插育苗方法，都不及嫁接培苗效率高、效益好，至 2000 年，几乎已没有在生产上应用。

(三)桑苗分级

海宁、桐乡和崇德等苗区，桑苗分类为：广禾，即一年生实生苗，出圃时条长 33 厘米～50 厘米；乌桑，为春季广禾改植的实生苗，预备次春作嫁接用的，枝条长约 66 厘米；毛桑，为两年生的实生苗，有摘头和统梢两种，摘头系于八九月时将梢摘去，此种苗木不再嫁接，直接出售，统梢亦名尖梢，为乌桑在春季嫁接而不去梢的一种；独条，与统梢同，仅在八九月间摘梢，不使向上生长，枝条短的有 70 厘米～100 厘米，长的有 133 厘米～170 厘米；双枪，在独条第二年剪去上端，留二芽生长而成；洋货双枪，双枪中之劣者，在广禾移植时嫁接(俗称"火焙接")养成独条，第二年春季剪除上端留养二枝。

中华人民共和国成立后，省农业（林）厅（局）对桑苗分级规格经过多次修订。1953—1980年的5次制（修）订，都以桑苗根基围度和苗条长度为分级依据。1953年，嫁接苗分为甲、乙、丙、丁4等，每等又分大号、中号、小号，加上等外苗，共13个等级；草桑分大号、中号、小号和等外苗，共4个等级。1956年修订时，做了简化，嫁接苗分为甲、乙、丙、丁4个等级，取消了二次分级，草桑仍分为大号、中号、小号。1963年修订时，嫁接苗增加了特级（围度7.3厘米，长度106.7厘米），草桑增加了特号（围度5厘米，长度116.7厘米）。1974年修订时，取消了嫁接苗特级和草桑特号，重新修订了分级规格。1980年，省农业局再次修订了分级标准。

表105-2-1-2　　1980年浙江省桑苗分级标准一览表

单位：厘米

等级		根基围度	苗干长度
嫁接苗	甲级	≥6.0	≥93.3
	乙级	5.0～5.9	80～92.9
	丙级	4.0～4.9	66.7～79.7
	丁级	2.7～3.9	53.3～66.3
草桑	大号	≥4.3	≥100
	中号	3.7～4.2	86.7～99.7
	小号	3.0～3.6	76.7～86.3

资料来源：浙江省农业局：《关于调整各类桑苗参考价格的通知》。

1997年12月1日，省技术监督局发布了全国首个桑苗省级地方标准DB 33/209－1997《桑苗分级与检验标准》，规定桑苗分级以苗干根基直径作为分级依据。出圃嫁接苗分为大苗、中苗和小苗3个等级，根基直径大于等于10毫米的为大苗，7.0毫米～9.9毫米的为中苗，5.0毫米～6.9毫米的为小苗，5毫米以下为等外苗；出圃实生苗分大苗、小苗两个等级，根基直径大于4毫米的为大苗，2.5毫米～3.9毫米的为小苗，2.5毫米以下的为等外苗。2003年6月4日，国家标准GB 19173－2003《桑树种子和苗木》发布，明确规定桑苗分级以苗径为主要分级指标，实生苗分为一级、二级，嫁接苗和扦插苗分为一级、二级、三级和四级。国家标准实施后，省地方标准即行废止。

表105-2-1-3　　2003年实生苗质量指标国家标准一览表

级别	苗径Φ（毫米）	根系	危险性病虫害
一级	Φ≥5.0	主根完整，根长≥100毫米	未检出法定检疫对象
二级	5.0＞Φ≥3.5		

资料来源：中华人民共和国国家质量监督检验检疫总局等：《桑树种子和苗木》（GB 19173－2003）。

表 105-2-1-4　　2003 年嫁接苗、扦插苗质量指标国家标准一览表

级别	苗径 Φ(毫米)	品种纯度(%)	根系	危险性病虫害
一级	Φ≥12.0	≥98.0	较完整,根长≥150 毫米	未检出法定检疫对象
二级	12.0>Φ≥9.0			
三级	9.0>Φ≥7.0			
四级	7.0>Φ≥5.0			

资料来源:中华人民共和国国家质量监督检验检疫总局等:《桑树种子和苗木》(GB 19173－2003)。

(四)桑苗价格

民国时期,桑苗价格随市场行情,暴涨暴落,起伏不定。民国 10—15 年(1921—1926 年),桑苗价格较高。民国 10 年,海宁长安一带,广接苗每株售价 8 厘～9 厘。《中国实业志(浙江省)》(1933 年)载,浙江"桑苗价格:双枪优良者每株约 1.2 角,中等者 0.8 角,劣货(洋货双枪)0.4 分～0.5 分;独条长 5 尺者 3 分,4 尺者 2.5 分,3 尺者 2 分,2 尺者 1.3 分;毛桑 7 厘～8 厘,广禾每担 10 元左右"。民国 35 年,桑苗一度供不应求,苗价上涨。据《蚕丝杂志》(1948 年第 2 卷)记载,普通接嫁接苗每株成本折米 1.28 合(1 合＝100 毫升,下同),市场售价折米 2 合～7 合;火焙接嫁接苗每株成本折米 0.9 合,售价折米 1 合～3 合;广接嫁接苗每株成本折米 0.4 合,售价折米 1.5 合,苗农有利可图。

中华人民共和国成立后,省农林厅根据桑苗生产成本和供求情况,提出桑苗参考价格,经省物价局审核同意,通知各县(市)参照执行。1950 年,每株苗折米,嫁接苗,甲级成本 1.81 合,定价 3 合;乙级成本 1.29 合,定价 2 合;丙级成本 0.699 合,定价 1 合。二年生实生苗(草桑),每株成本折米 0.83 合,定价 1 合;一年生实生苗(广秧)每 50 千克成本折米 88.56 合,定价 150 合。由于桑苗供过于求,实际售价比定价略低,苗价比较平稳。1953 年,省农林厅重订各类桑苗价格,每株嫁接苗,甲级 0.05 元、乙级 0.038 元、丙级 0.017 元、丁级 0.013 元,草桑每株 0.017 元,广秧每 50 千克 16 元。1954—1980 年,省农业(林)厅(局)先后多次修订公布过桑苗价格。1954 年,桑苗供过于求,各类桑苗定价分别比 1953 年调低 20%～40%。1963 年,桑苗生产量减少,供不应求,加上生产成本提高,因而各类苗价适当调高。此后,连续 16 年苗价没有调整,由于生产成本不断提高,苗农不愿培苗。1980 年 5 月 2 日,省农业局发出《关于调整各类桑苗参考价格的通知》,苗价平均比 1963 年提高 25%左右。从 1950 年到 1980 年的 30 年间,虽受市场的影响,实际苗价比规定价格略有高低,但总体上接近规定价格水平,苗价长期比较平稳。

随着计划经济向市场经济转变,桑苗价格逐步放开。1981 年后,省农业厅不再下达统一的桑苗参考价格,由市场调节,随行就市。20 世纪 80 年代前期,苗价一度偏低,桑苗供过于求,丙级嫁接苗最低每株跌至 0.02 元;80 年代后期,苗价大幅度提高,外省纷纷来浙大量购苗,桑苗供不应求,每株嫁接苗从 0.1 元升至 0.15 元～0.2 元,1990 年,从 0.25 元再升至 0.3

元。桑苗价格的提高，刺激了苗农生产积极性，1992 年，全省培苗面积和嫁接苗产量均创历史最高水平。20 世纪 90 年代中期农桑系列品种推广后，由于产叶量显著高于荷叶白等四大良种，农桑系列品种迅速推广到全国蚕茧主要产区。在各地大力发展蚕桑生产的形势下，桑苗价格最高时达到每株 1.5 元。直到 2010 年，均为农桑系列品种推广的兴盛时期，桑苗价格随市场供求变化有涨有落。

第二节 桑树栽植

浙江人工栽植桑树的书面记载，始见于南北朝。古代至民国时期，桑园的基本形式为山地桑园、塘边堤岸桑园、房前屋后桑园。中华人民共和国成立后，在山区、丘陵地带发展新桑园，20 世纪 60 年代推广溪滩栽桑，70 年代发展海涂栽桑，并在老蚕区更新改造老桑园。1978 年后，逐步由山地转向溪滩地和低丘缓坡地种桑；由广种薄收型转变为高产效益型，改变低产桑园的面貌。1979 年后，逐步建成一批连片成带、旱涝保收、高产稳产的桑园，同时利用海涂、丘陵、山区、溪滩、缓坡发展桑园。20 世纪 90 年代后期，开始现代农业园区建设。2003—2008 年，省财政投入 2520 万元，实施蚕桑西进和优化改造工程，发展与改造桑园，要求土地平整、集中连片、旱涝保收、品种优良、稳产高产，建设桑园基地。至 2010 年，累计建成集中连片、稳产高产的生产基地 11.16 万亩。

一、桑园建设

南朝时已有浙江人工栽桑的记载。建德在齐时(479—502 年)，规定：“教民一丁种十五株桑……女丁半之……顷之成林。”[①]永嘉、东阳、金华等山区盛植桑树。吴兴等平原地区，田边塘岸普遍植桑，梁代吴均的诗歌《陌上桑》有言：“荫陌复垂塘。”乌程县(今属湖州市吴兴区)东南 30 里，出现大面积的成片桑林。

隋唐年间，推行永业田制度。按每对夫妻或每个成年男子授田 20 亩，规定种植桑或麻，然后将一部分织品上缴，永业田还可以终身继承，从而推动了浙江全面种植桑树。五代十国时期，吴越国，设置“撩浅军”，疏浚河道，挖取沃土，填成高地，劝民种桑。

宋代，永业田制度取消，浙江蚕业已有了坚实的基础，农民自觉种桑养蚕。重点蚕区从浙东向杭嘉湖平原转移，养蚕有较好的经济收入。

《大明会典》卷十七载，洪武二十七年(1394 年)对种桑提出要求：“挑运柴草烧地，耕过再烧，耕烧三遍，下种。待秧高三尺，然后分栽。每五尺阔一垅。”

宋、元、明、清以至民国，桑园的基本形式为：

山地桑园。低坡山地种桑。宋嘉泰《吴兴志》卷二十《物产》载：“本郡(吴兴)山乡，以蚕桑为岁计，富室育蚕有至数百箔。”

---

① 《梁书》卷五十三《沈瑀列传》。

塘边堤岸桑园。宋陈旉《农书》卷上《地势之宜篇第二》载："堤之上，疏植桑柘，可以系牛。牛得凉荫而遂性，堤得牛践而坚实，桑得肥水而沃美，旱得决水以灌溉。"万历《崇德县志》卷二记载："语溪（崇德）无闲塘，上下地必植桑……贫者数弓之地，小隙必栽。"

房前屋后桑园。宋代姚寅《养蚕行》："南村老婆头欲雪，晓傍墙阴采桑叶。"王安石《慈溪县学记》："（慈溪）田桑之美，有以自给。"陆游《初夏绝句》："夹路桑麻行不尽，始知身是太平人。"

20 世纪 30 年代，浙江桑园"培植地点，多为屋旁隙地、田塍地角。吴兴等繁盛蚕区，纯桑园满坂尽是。分水等较逊之区，则仅见于溪旁河沿"①。

历经几千年的演变，嘉湖平原形成了独特的"田埂种桑—池塘养鱼—采叶养蚕—蚕沙喂鱼—塘泥肥桑—鱼肥蚕壮"的人工生态系统与传统农耕文化，被称为"桑基鱼塘"。

从 1952 年开始，根据发展蚕桑生产不与粮、棉争地的原则，着手向山区、丘陵地带发展新桑园。1953—1955 年，昌化（今属临安）、於潜、诸暨等县在山区开辟新桑园 9.85 万亩。1956 年 1 月，省委提出，5 年内在永嘉、温岭、金华、衢县（今衢州市衢江区、柯城区）、遂昌、绍兴、余姚和临安等 53 个县发展新桑园 500 万亩。省农业厅从嘉湖等蚕区抽调技术干部，安排桑子、苗木，发展新蚕区，并组织工作组到山区蹲点。1956 年 12 月，省委进一步落实发展新桑园的任务和有关政策，从而掀起了桑树上山热潮。1956 年冬至 1957 年春，全省发展新桑园 45.1 万亩，栽桑 1.1 亿株，出现了新登县（今属富阳）万市乡、於潜县七坑农业社、诸暨县保安乡和兰溪县国庆农业生产合作社等桑树上山的先进典型。新登县万市乡在 1951—1958 年栽桑 77 万株，发展新桑园 7000 余亩，1960 年蚕茧产量从 1951 年的 8.5 吨，增加到 34.5 吨。该乡大规模桑树上山，绿化荒山 16 座，在省内外产生很大的影响。受国务院嘉奖的兰溪县国庆农业生产合作社，从 1955 年开始，先后利用山地栽桑 62 万株，开辟新桑园 530 亩，他们根据山地桑园的特点，采取梯坎保土、塘泥上山、种植绿肥、增施猪羊肥和修作山塘水库等措施，改善桑园土、肥、水条件，促使桑园稳产高产。

20 世纪 60 年代，浙江推广溪滩栽桑。金华县丁新大队是全省溪滩栽桑较早的地方之一，采取先定植草桑后改接品种桑的方法，1958—1960 年发展溪滩桑园 2987 亩。临安县杨岭公社，1963 年冬在易洪易旱的杨家溪滩，搬掉 12 万立方米石头，施入 5000 多吨肥泥，投入 14 万个劳动日，栽种 84 万株桑树，新造桑园 2815 亩，平均每户栽桑 2.2 亩。全社产茧量，从 1964 年 2.96 吨增加到 1965 年的 15.1 吨，1968 年达到 43.7 吨，因此受到农业部通报表扬，推动了全国的溪滩栽桑的进展。至 1982 年，金华、衢州、丽水和温州等地（市），溪滩栽桑的面积达到 12.1 万亩，占这些地区桑园总面积的 67%。

20 世纪 70 年代，浙江重点发展海涂栽桑。萧山（今杭州市萧山区）、上虞、绍兴、宁海、温岭和余姚等县（市）大面积利用海涂建设桑园。萧山县从 1973 年开始，利用围垦海涂培育桑苗 3000 亩，1976 年，发展海涂桑园 1.5 万亩。在海涂栽桑中，选择含盐量在 0.2%以下的埂地和靠近河道的地段，采取就地培苗，选用良种，亩栽 750 株，中干养成，一年套种两季绿肥，

---

① 〔民国〕实业部国际贸易局：《中国实业志（浙江省）》，1933 年。

增施有机肥，采养结合，合理收获等技术措施，使桑树生长茂盛，投产桑园平均亩产蚕茧 75 千克。

1973 年 12 月，省农林局总结了桐乡县长新、坝乔，海宁县云龙、吴兴县朝阳、嘉兴县跃进、余杭县九堡、诸暨县四村和嵊县孔村等 8 个大队抓桑园基础建设，更新改造老桑园的经验，提出了集中成片、沿河靠村、土地平整、能灌能排、良种密植、旱涝保收、稳产高产，建设亩产茧 100 千克以上专业桑园基地的老桑园改造路子。① 各地根据这一经验，积极开展平整土地，改造老桑园，到 1979 年底，全省共改造老桑园 41.55 万亩，年均改造更新桑园 5.9 万亩。

1979 年 3 月 1 日，浙江省革命委员会(以下简称省革委会)在杭州召开全省蚕桑生产工作会议，规划在 21 个县建立蚕茧生产商品基地，并逐步建设一批成片成带、旱涝保收、高产稳产的桑园；同时利用海涂、丘陵、山区、溪滩、缓坡，力争到 1985 年全省发展新桑园 50 万亩。为实现目标，省革委会决定对蚕桑生产实行"两定一奖"(定桑园面积、定蚕茧产量，超产加价奖励)政策。8 月 8 日，省革委会从省机动财力农业投资中拨出 100 万元资金，扶持发展新桑园，凡土地平整、成片集中发展的新桑园给以每亩 10 元～12 元的补助。10 月 27 日，经省委领导批准，从省丝绸公司 1979 年贸易利润中拨出 300 万元，支持蚕桑生产，其中 220 万元作冬季新桑园发展、老桑园改造的扶持经费，50 万元补助购置桑园喷灌机。此后，省财政连续 3 年都拨专款对新桑园发展、老桑园改造进行补助。仅在 1986—1990 年，全省就种桑 6 亿株，年均种桑 1.2 亿株，新种桑园 51.1 万亩，占桑园总面积的 40%；改造老桑园 10 万亩左右，占全省桑园面积的 7%～8%，达到了树龄 10 年～15 年更新一次的要求。全省桑树树龄在 10 年以下的青壮桑园，约占桑园总面积的 65%以上，基本实现了桑树年轻化。

20 世纪 90 年代后期，全省开始现代农业园区建设。1997 年 10 月 5 日，省现代农业示范园区建设领导小组印发《浙江省现代农业示范园区建设考核验收暂行办法》，规定了蚕桑园区量化考核 8 个方面 14 个评价指标，促进了连片桑园的改造与发展。全省最早开展蚕业园区建设的湖州市重兆镇双市港村、德清县高桥镇湖墩村和桐乡市灵安镇屠家桥村，经过几年努力，生产基础得到改善，土地产出率和经济效益得到明显提高。

2003 年，省农业厅组织实施蚕桑西进和优化改造两个工程。2003 年 9 月 26 日，省农业厅在淳安县召开了全省蚕桑西进与优化改造现场会，确定通过大力实施蚕桑西进与优化改造工程，开辟西部优质茧生产基地，促进全省蚕桑产业的稳定发展。10 月 17 日，省农业厅印发《浙江省蚕桑西进发展规划(2003—2007 年)》《浙江省蚕桑优化改造规划(2003—2007 年)》，确定淳安、临安、建德、桐庐、兰溪、武义、缙云、开化等 8 个县(市)和桐乡、嘉兴市秀洲、海宁、海盐、湖州市南浔、德清等 6 个县(市、区)分别为蚕桑西进与优化改造工程的实施重点范围。2005 年 9 月 14—15 日，省农业厅在建德市召开了全省蚕桑西进总结表彰会，总结蚕桑西进实施结果，8 个县发展改造桑园 8 万亩，完成计划任务的 120%；实施各县桑园面积共 27 万亩，占全省的 25%，比工程实施前的 2002 年提高 8 个百分点。会议还表彰了淳安、临安、建德、缙云 4 个蚕桑西进工程实施先进县。

① 浙江省农林局:《老蚕区八个大队的调查》，1973 年。

2003年起，省级财政把蚕桑产业纳入省特色优势农产品生产基地建设扶持范围，以推进蚕桑西进工程和优化改造工程。2003—2008年，省级特色优势农产品蚕桑生产基地项目共立项34个，其中嘉湖重点产区立项19个，蚕桑西进实施县立项14个，其他产区立项1个，项目总投资6665万元，其中省财政补助资金累计2520万元，带动地方财政配套及建设单位自筹投入4145万元，省级财政资金带动率为164.48%。至2010年，建成集中连片、品种优良、能排能灌、稳产高产的生产基地共11.16万亩，其中新建设施完善、综合生产能力高的核心示范基地3.99万亩；修建或新建道路86.9千米、排灌沟渠96.6千米；建立桑树新品种示范园2个，新发展的核心基地新一代优良桑品种和优质强健蚕品种覆盖率达100%。

二、栽种与养成形式

（一）栽植密度

清代以前，桑树栽植较稀。朱熹曾记载："冬月往外路买置桑栽。相地之宜，逐根相去一二丈间，深开窠窟，多用粪壤。"①明代，"种法以稀为贵，纵横各七尺，每亩约二百株，株株茂盛，叶必满百"②。清代，栽植密度略有提高，"各处栽桑有疏有密，密者仅离四尺许，疏者相离六七尺"③。"种桑之法，不宜太密，须隔五六尺而栽一株。行行参错，如品字样。"④

民国时期，各地栽桑密度颇不一致。吴兴、德清县的行株距一般为4尺×3尺，亩栽400多株，中干拳式养成，所谓"三腰六拳"；海宁、桐乡县以5尺×4尺居多，亩栽300多株；长兴、嵊县、余杭等县栽植间距差异较大，密的4尺×3尺，中等的6尺×4尺，稀的9尺×8尺，亩栽近百株，也有亩栽仅50株～60株的高干养成⑤。温州、台州地区均为乔木混栽桑园，亩栽40株～100株。

中华人民共和国成立以后，桑树栽植逐步形成了以矮化密植为主的桑园栽培技术体系。20世纪50年代，总结推广德清县幸福农业生产合作社桑园"三增"（增株、增拳、增条），亩产"千斤桑，百斤茧"（即亩产春叶500千克，全年产茧50千克）的经验。1956年，德清县幸福农业社430亩桑园，亩产春叶772.7千克，全年产茧80千克，是全省第一个实现亩产"千斤桑，百斤茧"的单位。他们通过"三增"和加强肥培管理，使每亩桑园有桑树600株～650株，平均每株留拳5个～6个，每拳留条3根～4根，形成中干拳式丰产树形。全省各地学习幸福社经验，积极补植缺株，稀桑加密，增拳增条，提高桑园密度。1950—1959年的10年间全省共种桑5261.4万株，其中用于缺株补植的占54%，平均每亩补植加密127株。

20世纪60年代，推广海宁县云龙大队桑园"四改"（改低产桑为高产桑、改稀植桑为密植桑、改靠天桑为能灌能排桑、改劣种桑为良种桑）经验。通过"四改"，海宁县云龙大队达到亩

---

① 〔宋〕朱熹：《劝农文》，《晦庵集》卷一百。
② 〔明〕张履祥：《补农书》上卷引《沈氏农书·运田地法》。
③ 〔清〕吴烜：《蚕桑捷效书》。
④ 〔清〕沈练：《广蚕桑说》。
⑤ 浙江省农业厅特产局桑苗培育所等：《浙江省桑树栽培及地方品种调查资料（1954年）》。

栽桑树709株，留拳2549个、有效条6539条，总条长8631米。云龙大队640亩桑园，1964年亩产春叶443千克，亩桑产茧52.7千克；1968年亩产春叶736.5千克，亩桑产茧109.3千克；1972年亩产春叶达到1027千克，亩桑产茧达到154.1千克。推广云龙经验，有力推动了全省桑园建设，20世纪60年代全省共种桑7.36亿株，使全省桑园平均密度从原来的每亩200株～300株增加到400株～500株。

20世纪70年代，全省推广余杭县章岭大队无干密植的经验。1968年1月，章岭大队在全省首次试种0.9亩无干密植桑，行株距1.0米×0.33米，亩栽2000株，配合肥培管理，获得速生高产，当年亩产秋叶641.5千克，种后第三年达到亩产桑叶2667.5千克，亩桑产茧151.5千克。1970年开始，全省各地积极试种无干密植桑。余杭县立新、桐乡县长新、海宁县卫国、浦江县四村、临海县山岙、嵊县孔村、桐庐县东溪、临安县城后和温岭县天皇等大队，以及省农科院蚕桑所试种，都获得速生高产。实现当年栽桑当年养蚕，第三年平均亩产桑叶2600千克。1972年，全省50多个县种植无干密植桑4.1万亩，并在实践中对亩栽株数和剪定高度做了改进。到1975年，全省共发展无干(矮干)密植桑26.74万亩。大面积生产实践，采取行株距1米×(0.33米～0.5米)，亩栽1500株～2000株，无干或低干养成，配合肥培管理，一般可达到当年亩产桑叶500千克，第二年1500千克，第三年2000千克左右。

1979年，省蚕桑学会召开了“实现亩桑产茧100千克”学术研讨会。省农业局在调查研究的基础上，提出了《亩产100千克茧桑园建设的技术意见》。1981年，省农业厅全面推广以亩产桑叶1500千克、蚕茧100千克为目标的高产稳产桑园建设的技术措施。一般桑园亩栽700株～1000株，低干或中干偏低养成；因地制宜栽种亩栽1000株～2000株的密植速生桑；每亩保持有效条6000条～7000条，平均条长1米以上，每亩总条长7000米以上的群体结构。各地推广后取得成效，全省平均亩产茧量，从1979年的51.15千克提高到1990年的100.5千克。

20世纪80年代末90年代初，全省普遍开展蚕茧丰收活动，1988—1990年，省农业厅经济作物管理局携手桐乡、湖州、海宁和德清四县(区)农业局，在27个乡镇进行亩桑产茧150千克技术模式的试验、示范和推广。经过3年努力，15.3万亩桑园平均亩桑产茧达到170.75千克，并研制了亩桑产茧150千克技术模式。其桑园的群体结构为：每亩栽桑800株～1000株，低干拳式养成，留拳2500个～3200个，有效条7000条～8000条，总条长10000米～12000米。仙居县林业特产局根据新蚕区特点，在开展丰收计划活动中，通过试验研究，于1990年10月制定“溪滩桑园亩产茧100千克、150千克、200千克栽培模式”。亩产茧150千克的桑园群体结构为：每亩栽桑1200株～1500株，树干高33厘米～60厘米，留拳2500个～3000个，有效条6000条～7000条，总条长9900米～11600米。

至2010年，全省新发展桑园基本上具有土壤肥沃、排灌方便的土地条件，种植密度趋向偏密，群体结构合理。

（二）养成形式

浙江的桑树树形养成记载，最早见于南朝。有高干乔木，“深篮各自携，层梯高倍寻”①；也有矮干桑，“苕溪矮桑丝更好，岁岁输官供织造”②。

明代后，养成形式逐趋多样化，有中干、高干，有拳式、无拳式。“其剪法：纵不能如西乡楼子样，亦断不可如东乡拳头样。”③所说的“楼子样”，即无拳养成，或称“步步高”；“拳头样”，就是拳式养成。拳式养成操作技术简便，易为群众掌握，且采叶方便、省工，后来成为浙江桑树的主要养成形式。

清代，沈秉成《蚕桑辑要》对桑树的拳式养成有详细记述：“待次年正月，天气清和，离地二尺，剪去上条，候芽出时，只留二芽，秋后条成，又五六尺许。待次年正月，离丫尺许，复剪去如叉样式，再留顶上各两芽，余芽抹去，来年又剪新枝，总留尺许。仿前法再剪、再留，约五六年，至立夏后开剪，连枝叶尽行剪下饲蚕。剪至数年，桑成拳式。八九十拳不等。”即每株养拳多少、树干高低，视土壤肥力、栽植稀密、树势强弱，因地制宜，灵活掌握。

民国时期，桑树养成有高干、中干、低干拳式养成、中干无拳养成、步步高养成、搭龙头压条等，及不加养成，任其自然生长的乔木桑。萧山、临安、嘉兴、崇德、余杭、绍兴、桐乡、海盐、杭县、武康（今属德清）、吴兴、长兴、海宁等地，除屋傍地角、零星栽培之桑外，多高干拳式，火桑多高干而不修枝，野桑多不加养成或步步高养成外，一般纯桑园尽属中干养成。嵊县、新昌、诸暨等地，高干多于中干。桐庐、分水（今属桐庐）、安吉、孝丰（今属安吉）、於潜、昌化、新登、富阳等地几乎全为高干，间有乔木桑。中干无拳养成，仅见于杭县。搭龙头养成则以余杭、杭县较多，临安亦有。步步高养成见于杭县、诸暨的野桑，压条则仅在上虞的百官、梁湖有。

中华人民共和国成立后，对桑树养成形式，进行了不断探索和改进。1953年春，杭县荀山乡农民周金玉采用“低干无拳栽桑法”，收获快、产量高，栽桑第三年亩产春叶656.5千克，比当地同一时期栽种的提早采叶2年～3年。1956年1月，海宁县新民农业社学习苏联经验，栽种高低干综合速成桑园6.75亩，亩栽高干桑55株，低干桑723株，分别按高干、低干养成收获，有利于长短兼顾，栽种第二年亩产春叶256千克，第三年550千克，第四年750千克。但上述3种栽种养成形式，全省推广面积不多。

1968年1月，余杭县中乔公社章岭大队试种无干密植桑，其方法是：亩栽2000株，栽种当年离地10厘米左右剪去苗梢，留养2根～3根枝条；第二年以上面一根枝条为标准，提高3厘米夏伐，其余水平剪伐，养成拳桑；第三年以后，每年在定拳部位夏伐。通过大面积生产实践，无干密植桑养成快速、产量高，但因枝干低，泥叶多，树龄短，对土、肥、水要求高，易衰败，在20世纪70年代中后期即被逐步淘汰。

---

① 〔宋〕楼璹：《耕织图·采桑诗》。

② 〔元〕唐棣：《上复斋郎中》，载〔元〕顾瑛编《草堂雅集》卷八。

③ 〔明〕张履祥：《补农书》上卷引《沈氏农书·运田地法》。

20世纪80年代后，各地在总结经验的基础上，对树形养成做了适当改进。90年代，嘉湖老区基本定型为，亩栽800株～1000株，低干拳式养成或中干偏低养成：栽种第一年离地25厘米左右剪定，当年养成2根～3根枝条；第二年春伐，离地50厘米剪定，养成2层～3层支干，发芽后每支干留2个～3个生长芽，当年成条6根～8根；第三年离地60厘米夏伐，养成第二支干拳式，或在枝条基部夏伐，养成一级支干。其他蚕区根据条件，以亩栽1000株～2000株的低干或无干桑园。在品种发芽势好，苗木粗壮，土、肥、水条件好的情况下，也有采取一年剪伐2次或提早夏伐的快速养成方式。

自1997年开展现代蚕业园区建设以来至2010年，园区桑园的群体结构基本为：每亩栽800株～1000株；低干拳式树形，定拳高度60厘米～80厘米，养成1层～2层支干；单株拳数2个～4个，每亩留拳2500个～3200个；每亩留条数量，夏伐疏芽后留8000条～9500条，冬季留7000根～8000根；保持单条长平均140厘米以上，每亩总条长10000米～12000米。

第三节 桑园管理

桑园管理历史悠久。东汉，有桑天牛记载；吴越国（907—978年），有河塘泥培壅桑树的应用。宋代，记述有桑赤锈病。明代，桑园施稻干泥，有桑蟥、桑天牛和桑萎缩病。清代，一年施肥4次，除河塘泥外，有堆厩肥、人粪尿和油饼，种植绿肥。民国时期，桑园肥料有人粪尿、牛猪羊肥、菜豆饼及紫云英等绿肥。20世纪40年代，用石灰硫黄合剂或波尔多液防治桑病。50年代初期，全省桑蟥为害严重；50年代中期，桑褐斑病为害约损失春叶30%；60年代，开展桑树萎缩病防治专项研究。在合作社和人民公社时期，桑园由集体经营，桑叶买卖由集体进行，肥源除农家肥料外，扩大化肥的使用。1979年，海宁县创建了全国首个桑树病虫测报站；至2000年，全省建立了较为完善的桑树病虫测报防治网络。2010年，桑园施肥，基本上以化肥为主；桑叶买卖，由农户自行解决。

一、桑园施肥

吴越国（907—978年），很重视水利，设有“撩浅军”，专司疏浚河道，从河里撩起的大量河泥堆壅在靠近两岸的水田里和桑园中。这是河泥作为桑园肥料的最早应用①。

明代，强调捻河泥培桑，“家不兴，少齐心；桑不兴，少河泥”；“捻泥之地，土坚而又松，雨过便干，桑性喜燥，易于茂旺。若不捻泥之地，经雨则土烂如腐，嫩根不行，老根必露，纵有肥壅，亦不全盛”②。也有施用稻干泥的，稻干泥是稻田的表土，含有较多养分。

清代，桑树要“二、五、八与冬月上肥”，即一年施4次肥。在冬季施肥称“冬肥”；在农历二月中旬或春分至清明前后施肥，称“春肥”，也称“撮桑”；夏伐后施肥，称“夏肥”，又叫“产母肥”

① 章楷：《中国古代栽桑技术史料研究》，农业出版社1982年版，第107页。

② 〔明〕张履祥：《补农书》上卷引《沈氏农书·运田地法》。

"谢桑肥";八、九月施肥,称"秋肥"。所用肥料种类,主要有河塘泥、堆厩肥、人粪尿和油饼等。厩肥和堆肥也是当时的主要肥料:"畜粪力长,垃圾最松地。猪羊之粪甚好。"①"按近时农贫,畜猪则少。富家猪羊栏中垃圾及蚕沙,俱壅于地,不及下田地。"②宋元以后,杭嘉湖地区已普遍饲养湖羊,秋后枯桑叶喂羊,羊肥施用于桑园。人粪尿为桑园的常用肥料,采取穴施,施后立即用土覆盖。施饼肥也较普遍。清光绪二十年(1894 年)前后开始种植绿肥,"近年新昌更有简便方法,于八九月间,将桑地开转,遍撒奉化之大桥、绍兴之萧山两处草子(紫云英),次年待草子长足,用力割断,将土翻转,盖在草子之上,使朽烂,即可不壅别物。若再壅更有力,下年叶益茂"③。

20 世纪 30 年代初期,浙江桑园施肥有较好水平,所用肥料有人粪尿、牛粪、猪粪、羊粪、河泥、菜饼、豆饼、桐饼、蚕粪、化肥、草木灰、黄豆、泔水及水藻、草子(紫云英)等绿肥。各地施肥频率不同:一年施 3 次肥,即发芽前、采摘后和冬肥各一次的,有德清、吴兴、长兴、海宁、崇德、杭县和奉化等 7 个县;一年施肥 2 次,即采摘后、冬肥各一次,或发芽前、冬肥各一次的,有萧山、嵊县、余杭、诸暨、绍兴、海盐、平湖、嘉善、桐庐、临安、嘉兴和桐乡等 12 个县;全年仅施 1 次冬肥的,有富阳、武康、孝丰、新登、於潜、昌化、安吉、新昌、上虞、余姚和分水等 11 个县;有的不是为桑树而是为间作物施肥。在蚕桑生产衰落时,特别是经过抗日战争的战火摧残,许多桑园荒芜,桑树普遍缺肥。

中华人民共和国成立以后,随着蚕桑生产的发展,桑园施肥水平逐步提高,肥源除农家肥料外,扩大化肥的使用。20 世纪 50 年代,施肥水平较低。1954 年,全省施春肥 33.1 万亩,占桑园总面积的 25%;施夏秋肥 11.7 万亩,占桑园总面积的 8.9%;施冬肥 48.3 万亩,占桑园总面积的 36.5%;全年累计施肥面积 93.1 万亩,占桑园总面积的 70.4%,平均每亩施肥不到一次。其中施冬肥面积占桑园总面积的比例,吴兴、德清、武康等地为 56.8%,诸暨、嵊县、新昌、鄞县、浦江、新登、奉化、临安、昌化、富阳、於潜、上虞等地为 26.5%,嘉兴、嘉善、海盐、平湖、桐乡等地为 12.1%;安吉、孝丰、分水、桐庐、东阳、兰溪、义乌、绍兴、临海、温岭和萧山等新蚕区为 6.7%。1956 年,省农业厅特产局总结了嵊县浦口、嘉兴胜利农业生产合作社和省特产局桑苗培育所等 8 个单位的丰产经验:桑园冬播紫云英、苜蓿,亩产鲜草 1847 千克~3327 千克;夏播马料豆,亩产鲜草 750 千克。同时,大力推行桑园间作绿肥。

20 世纪 60—70 年代,由于国家奖售肥料政策的实施,桑园施肥水平略有提高,主要是施冬肥和春肥,施夏秋肥的仍不到桑园总面积的三分之一。1961 年开始,国家对蚕茧实行奖售政策,即每收购 50 千克鲜茧,奖售化肥 100 千克。自此,全省每年奖售化肥 4 万吨~5 万吨。同时,农业部、对外贸易部每年还拨给桑苗和幼龄桑园专用化肥,1961—1966 年,共计下拨 3.49 万吨,年均 5816.7 吨,促进了桑园的化肥使用量的增加。1962 年以后,全省又大力推广桑园"一退二进"(退出间作、种进桑苗、种进绿肥)的经验,促使桑园绿肥面积逐

① 〔清〕沈练:《广蚕桑说》。
② 〔清〕《双林镇志》。
③ 〔清〕吕广文:《蚕桑要言》。

渐扩大。德清县幸福大队太堡塘生产队30.57亩桑园，1964年，亩产春叶745.5千克、蚕茧95.4千克。该队以有机自给肥为主、无机化肥为辅，平均亩施水河泥120吨、厩肥1.15吨、蚕沙0.39吨、饼肥25千克、硫酸铵26.5千克。海宁县云龙大队，1965年640亩桑园，亩产春叶522.4千克，蚕茧73.1千克，全年平均每亩施肥量：人畜粪1.23吨，绿肥0.58吨，河塘稻干泥18.25吨，厩肥0.17吨，氯化铵24.9千克，氨水8.1千克。1965—1967年，全省种植紫云英、苜蓿和蚕豆等冬播绿肥63.4万亩，大叶猪尿豆、绿豆、豇豆和田菁等夏季绿肥17.8万亩。70年代，全省共种植桑园绿肥481.1万亩，年均48.11万亩，有效地提升了对有机肥资源的应用。

20世纪80年代，施肥水平进一步提高。各地积极推广优化施肥，着重进行了"三改"，即改重施冬肥春肥为重施夏肥秋肥，改偏施氮肥为氮磷钾配合施，改春肥夏肥一次施为分次施肥，普遍做到"普施冬肥，适施春肥，重施夏肥，增施秋肥，多施有机肥"，提高了施肥质量和水平。1988年开始引进国外复合肥，研制开发桑树专用复合肥。1990年，全省桑园施肥面积达到394万亩次，平均每亩全年施肥3次。据湖州、桐乡、海宁和德清4个县(区)实施丰收计划的15.34万亩桑园统计，1990年亩施纯氮87.5千克，纯磷17.6千克，纯钾22.9千克，优化了施肥结构，提高了桑园产出率，实现了亩桑产叶2300千克，亩产茧170.75千克的高产丰产水平。

20世纪90年代后，由于桑园偏施酸性化肥和有机肥用量的减少，嘉湖平原桑园土壤酸化日益严重。1996—1997年，嘉兴市对秀洲区、秀城区与桐乡市重点乡(镇)和蚕种场的土壤进行化验，137个样本中，平均pH在4.0～5.0的占48.43%，pH在5.1～6.0的占33.56%，pH在6.1～7.0的占14.61%，pH在7.1～8.0的占3.40%。为了推进土壤酸化的矫正进程，在桑园施肥时添加石灰及碱性肥料，对pH在4.5～5.5的桑园土壤，提倡施石灰每亩50千克～75千克，在冬、春桑园翻耕时结合进行，以中和酸性，改良土壤。

截至2010年，现代蚕业园区建设，一般按年产桑叶2250千克、枝条750千克，从土壤中带走纯氮31千克、磷5.6千克、钾16千克测算，推行各期施肥。

春肥：一般在桑树用叶前15天～30天施用，分2次施入，以施用速效性肥料为主。施肥时间，第一次春肥在3月下旬施入，第二次春肥在4月下旬施入。肥料与施肥量(每亩)，尿素25千克～30千克(或碳酸氢铵65千克～90千克)，磷肥(过磷酸钙或钙镁磷肥)30千克～40千克。施肥比例，春肥施肥量占全年的25%～30%，第一次春肥占春肥总量的70%左右。

夏肥：在桑树夏伐到早秋饲育前施用，一般分2次施入。施肥时间，第一次在夏伐后7天内施入，第二次在夏蚕用叶后施入。第一次夏肥可用厩肥、堆肥等有机肥料与化肥一起施入，第二次夏肥则以速效性氮肥为主。肥料与施肥量(每亩)，人粪尿或畜厩肥1500千克～2000千克，尿素20千克～25千克，磷肥25千克～35千克，钾肥(氯化钾)15千克。施肥比例，夏肥的施用量占全年的40%～50%。

秋肥：在早秋收获后即施入，以速效性化肥为主。施肥时间，最迟不超过8月底。肥料与施肥量(每亩)，尿素20千克～25千克(或碳酸氢铵50千克～60千克)。施肥比例，秋肥占全年的10%～20%。

冬肥：在桑树落叶后到土壤封冻前施入。肥料与施肥量，亩施畜厩肥2000千克～2500千克，一般施用厩肥、堆肥、河塘泥、垃圾等迟效性有机肥，结合冬耕翻入。施肥比例，冬肥占全年的20%左右。

二、病虫防控

东汉时期，王充《论衡》有“桑有蝎”记载，说明东汉已有桑天牛危害桑树。宋代出现了“桑叶生黄衣而皱者，号曰金桑”①，即桑树赤锈病。

明清时期，桑蟥、桑天牛和桑萎缩病的危害都很严重。桑蟥一年发生三代，“其刮蟥也须三番：冬、春看头蟥，清明前看二蟥，剪桑毕看三蟥，一株上百颗尽刮，若遗剩一颗，亦足蟥尽。必如此三番四复，亦料不能净尽。又要六月内捏头蟥，七月内捏二蟥”②。萎缩病（俗称癃桑）会传染，应采取果断的措施，“有癃桑，即翻去之，不可爱惜，使其缠染，皆缘剪时刀上传过。凡桑一癃，再无医法，断不可留者”。防治桑天牛，需细看细捉，随时捕杀，“桑虫捉不尽，恐因捉损桑，则用爆杖药线入蛀穴，以火烧之，虫闻即死，亦是一法”③。清代以后，桑树病虫种类增加，防治方法除人工、农业防治外，也开始采用百部、烟筋、巴豆等药物防治。

民国时期，桑蟥危害严重，也无好的防治方法，仅用铅丝钩除桑虫。20世纪40年代，曾用石灰硫黄合剂或波尔多液防治桑病，培养寄生蜂杀死蟥卵。

中华人民共和国成立之初，1954年春，由于洪涝多湿，桑褐斑病严重，全省为害面积达44.26万亩，占桑园总面积的38%，各地虽采取桑园排水、松土施肥、摘除病叶等措施，减轻了危害，但春叶仍损失一成左右。1954—1955年，发生危害的桑虫有桑蟥、桑天牛、野蚕、桑尺蠖、桑螟、桑毛虫、桑叶虫和金龟子等，桑病有桑萎缩病、桑褐斑病、桑细菌病（桑疫病）、桑赤锈病和桑膏药病等。其中，桑蟥危害最为严重，为害面积达46万亩，杭嘉湖重点蚕区几乎年年为害成灾，每年约损失蚕茧2500吨。故农谚有“头年蟥，二年荒”“头二蟥蟥光，桑树蒲头翻光”之说。为了取得防治桑蟥的经验，1955年7月，省农业厅特产局组织工作组，在吴兴县练市乡开展大面积药剂治蟥试点。1956年4月，浙江省人民委员会（以下简称省人委）批转省农业厅、省供销合作总社《关于三年内基本消灭桑蟥的方案的报告》，在全省开展“人工刮卵、药剂喷射、保护寄生蜂相结合”的群众性治蟥运动，并采取增养早秋蚕、虫口夺叶等措施，从而控制了桑蟥危害直至基本消灭。1958—1959年，德清等主要蚕区又大量发生褐斑病，严重的县春叶损失达30%。

20世纪60年代，桑萎缩病蔓延很快。嵊县从1961年的3株病株到1968年蔓延到1.2万亩桑园，为害面积占全县桑园面积的三分之一。在吴兴、德清、海宁、嘉兴和桐乡等重点县，桑萎缩病发病严重的社队，发病率也在27.5%～83.4%。1964年，中国农科院蚕业研究所与嵊县林特局合作在嵊县开展桑萎缩病综合防治试验，通过采取栽种抗病桑品种、防治传毒昆

① 〔宋〕温革：《琐碎录》。

②③ 〔明〕张履祥：《补农书》上卷引《沈氏农书·运田地法》。

虫、春伐恢复树势以及掘除病株和开展检疫等综合措施，取得了较好效果。上述措施推广至全省病区后，该病得到了有效控制。

1979年，省农业局开始重视桑树病虫测报站工作。1980年起，连续8年从省蚕桑改进费中安排桑保专项经费，用于病虫测报站基础建设、仪器设备购置等。浙江成为全国最早开展桑树病虫测报防治工作的省份。

1980年，海宁县农林局桑树病虫测报站首先对桑蓟马的预测预报开展研究，根据桑蓟马的成灾特点，首次提出了“最大虫量日”的概念，解决了桑蓟马发生后期世代重叠调查难、桑蓟马成灾过程定位难等问题；提出的初步测报方法，较准确地预报了桑蓟马的发生期和防治适期，在控制桑蓟马暴发成灾的过程中发挥了重要作用。自1982年起，省植物保护总站组织全省各桑树病虫测报站，对桑树主要害虫的发生规律进行了系统的研究，到1990年完成了野蚕、桑螟、桑尺蠖、桑毛虫、桑蟥、桑蓟马、叶虫、桑天牛、桑介壳虫以及桑瘿蚊等10种主要桑树害虫的预测预报方法，于1990年获省科技进步奖二等奖和省农业科技成果奖一等奖，并于1992年编著出版了全国首部系统介绍桑树害虫预测预报方法的书籍——《桑树害虫的系统预测及其方法》。桑树主要害虫测报办法实施及应用后，各市、县桑树病虫测报站的日常工作逐步走上正轨，分布于全省主要蚕区的6个桑树病虫系统调查点，实时提供全省桑病虫发生动态，近50个乡级基层病虫观察点定时报告桑病虫发生情况，19个桑树病虫测报站每年发布病虫情报6期～10期，计10万余份。桑树病虫测报防治覆盖面达全省桑园总面积的80%以上，居全国领先地位。同时，还与江苏、四川、安徽、山东、陕西等主要蚕区建立了桑树病虫情报交流。

1981年底，根据省农业厅事业单位职能分工，桑树植保业务工作由省植物保护总站承担，省农业厅经济作物管理局配合做好有关工作。

从1979年海宁县创建全省第一个桑树病虫测报站至1988年，省农业厅共下拨给海宁、桐乡、海盐、嘉兴郊区（今秀洲区、南湖区）、嘉善、湖州市区、德清、长兴、安吉、余杭、萧山、淳安、富阳、诸暨、嵊县、兰溪、衢县、临海蚕种场及金华蚕种场（今金华天宝蚕种制造有限公司）等县、市、场专项经费45.5万元，有关市、县自筹22.1万元，先后建立了桑树病虫测报站19个，建造专用房53间，建筑面积1927.8平方米，设立桑病虫观测点54个，建立病虫观察圃1.15万平方米；并添置了生物显微镜、净化工作台等仪器设备。在加强“硬件”建设的同时，还加强植保专业技术培训，提高桑保人员的业务素质，共提拔全省市（地）、县级桑保专职干部31人。

1988年，省植物保护总站主持建立“桑园治虫规范及建立农药谱的研究”课题组，经过5年研究，制定了《浙江省桑园害虫防治规范》，获1988年省科技进步奖三等奖和省农业科技成果奖二等奖。为充分发挥治虫效益，省农业厅经济作物管理局组织对《浙江省桑园害虫防治规范》进行了修改审定，并印发10000份至各蚕区，要求照此实施（至1993年全省规范治虫桑园推广面积达70.5万亩）。1989年首次进行桑园杂草系统调查，明确了桑园杂草种群结构，制定了全年杂草防控规范技术，该项目获得了1990年省农业科技成果奖三等奖。

1988—1990年，省农业厅组织进行了全省首次桑树病虫害调查。查到桑树病害33种，其中全省性发生的有桑疫病、桑芽枯病、桑白粉病、桑紫纹羽病和桑根结线虫病等5种；查到桑树害虫有53种，其中为害严重的有桑瘿蚊、桑尺蠖、野蚕、桑天牛、桑蓟马、桑象虫、桑红蜘蛛、桑螟、桑叶虫和桑粉虱等。

1991—2000年，浙江的蚕桑生产进入高峰时期，从省到市、县各级领导均高度重视桑树植保工作，普及桑树病虫害测报技术和防治技术，加强抵御暴发性桑病虫灾害的能力，保证桑叶产量优质高产。同时，开展桑树专用农药品种的筛选以及优化桑病虫草害防治技术，又加快了桑园安全用药技术的推广应用，桑树专用农药的推广效益又支持了桑树植保工作的正常进行，由此，全省桑树植保工作实现了国家事业经费“零投入”的良性运转。

2001年后，随着浙江蚕桑生产的萎缩，产业地位的下降，原有的19个桑树病虫测报站（点），除秀洲、桐乡、海宁、德清、诸暨等地仍在经常性地开展工作外，其他桑保站（点）有的仅有兼职人员，有的已基本停顿。

2000—2004年，江苏、浙江两省推广安全用药技术，共节省防治桑病虫成本6338万元，新增纯收益19909万元，总经济效益26247万元；少用农药千余吨，挽回蚕种损失30余万张。“桑树专用农药筛选与安全用药技术研究”项目，于2005年获得了省农业丰收奖一等奖。

2005—2010年，由于机构、体制变化等原因，省里几乎不统一组织开展桑保活动，但海宁、桐乡、秀洲、吴兴等重点县（市、区），仍坚持虫情调查、发布病虫情报、筛选新农药等，形成了以坚持病虫测报市县为核心、其他有关市县自愿参照进行的桑树病虫防治新方式。

三、桑叶调剂

古代桑叶除自用外，余则卖，缺则买。少数通过买卖双方直接交易，大多数通过桑叶商行进行。桑叶买卖方式有三种：一是现买，蚕农在养蚕后期发现桑叶不够，向其他农户现买桑叶；二是预购，由桑叶商行居间和买卖双方议定桑叶数量与价格，买户预付定金，买户需要桑叶时由桑叶商行通知卖户，卖户伐条采叶，买户装运桑叶，在蚕事结束后结账，或由桑叶商行替买户垫付资金，买户在卖茧后归还；三是“稍叶”，即农民因急需用钱，而又无处借贷，不得不将桑叶预售，因这种情况常发生在冬季，所以“稍叶”又叫“寒叶”，其价格按订“稍叶”当年春叶价的一半或三分之一。卖“稍叶”的农民，如自己养蚕桑叶不够，又须按市价向桑叶商行购买，若没有现款又要借贷或赊买。“嘉湖风俗，以立夏日桑则开剪，叶则开秤，行则开市。卖叶者投行报数，买叶者赴行定价。有囤户，有贩户。南乡贱则买之，北乡贵则卖之，谓之贩鲜。赊甲之叶，卖乙之现价，谓之跳青。卖者望叶贵，买者冀叶贱，皇皇然废寝忘餐。”①

陈恒力《补农书研究》（1958年）考证，明末清初，每担桑叶价格，平常年值银5钱，贱年为2钱，贵年为15钱。桑叶价格的波动，直接受当时供求状况的影响，因此，年份之间、地区之间甚至早晚之间，都有很大开差，故有“仙人难断叶价”②之说。

---

① 〔清〕俞墉：《蚕桑述要》。

② 陈庆延等编著：《古今俗语集成》卷二。

民国初期，“每亩收获量，最优者能达三四十担……竟有亩产不及担者”①，全省平均亩产桑叶 692 斤。民国 10 年（1921 年）平均每担桑叶售银 3 元；民国 18 年每担叶价为 2.5 元。按市场的叶价，不养蚕而卖叶，其桑叶收入也优于种田。民国 22 年，桑园的收入与支出相抵，每亩平均亏本 1.5 元，几乎县县亏本，其中每亩亏本 5 元以上的有 4 个县，亏 4 元～5 元的有 5 个县，亏 2 元～4 元的有 5 个县，亏 1 元～2 元的有 10 个县，亏 1 元以下的有 4 个县。民国 23 年，全省养蚕数量减少一半，蚕少叶多，叶价大跌，每担叶价平均仅 4 角，且无处兑售，有的只作牛羊饲料。民国 37 年，全省亩产叶量下降到 406 斤。

中华人民共和国成立后，在合作化和人民公社时期，桑园由集体经营，桑叶买卖由集体进行。每当出现缺叶较严重时，省农业厅、省供销合作总社即组织桑叶余缺调剂工作。1956 年，蚕讯好，缺叶多，省人委发出《关于迅速做好桑叶余缺调剂工作的紧急通知》，要求各蚕区把做好桑叶调剂作为农村突出的中心工作。桑叶调剂根据等价交换、自愿互利的原则，由余缺社队间直接进行，严禁互相封锁，在桑叶买卖、运输过程中，任何人不得阻止和扣留。各级农业部门做好桑叶余缺情况的调查了解及信息提供。供销部门协助做好采购、运输。桑叶价格由双方自行商定，虽也有波动，但总体比较平稳。

20 世纪 80 年代，农村实行家庭联产承包责任制后，桑园由农户经营，各级政府部门不再统一组织桑叶余缺调剂。农民一般根据历年桑叶产量及桑园面积变化确定蚕种饲养量，较少出现大面积严重缺叶的情况。至 2010 年，全省桑叶余缺由市场或农户自行调剂。

第四节 现代蚕桑园区

从 20 世纪 90 年代开始，全省开展了现代农业园区建设。1997 年，首个省级现代蚕业建设标准发布并实施。2000 年 11 月，首个省级现代蚕业园区通过省农业厅验收。2001 年后逐步演变为规模小区、主导产业示范区建设，至 2010 年，全省蚕桑示范园区面积 44 万亩，占全省桑园总面积的 42%。

一、园区建设标准

1996 年，省委、省政府制订了“九五”期间全省建设 100 个省级现代农业示范园区的计划。1997 年 10 月 5 日，省现代农业示范园区建设领导小组印发《浙江省现代农业示范园区建设考核验收量化指标（蚕桑）（试行）》，提出了 8 个项目 14 个子项的考核办法，自此，现代蚕业示范园区建设有了标准规范。

① 〔民国〕实业部国际贸易局：《中国实业志（浙江省）》，1933 年。

表 105-2-4-1　1997 年浙江省现代农业示范园区建设考核验收量化指标(蚕桑)(试行)

满分:100 分:　　得分:

项目指标及赋分		序号	标　　准	满分	自评分	得分	备　注
一 综合 (15 分)		1	农民人均收入 5000 元以上,其中蚕桑收入占 20%以上(以园区所在村或几个村为计算单位)	2			4000 元～5000 元,蚕桑占 15%～20%得 1 分,不到 15%不得分
		2	投产桑园平均亩产茧超过 150 千克	4			必备指标,有统计部门证明
		3	鲜茧出丝率比面上提高 2 个百分点	2			
		4	农业生态环境优良,无水、土、气、氟、药等污染源	2			必备指标
		5	社会效益明显,能起示范作用。当年召开县以上现场会 1 次以上	2			
		6	经济效益明显,比建设前亩增效节本 500 元以上。农业劳动力 30%以下	3			有农经管理部门效益计算证明材料
二 建设目标 (85 分)	(一)农田园林化(25 分)	7	有明显的标志	1			有标牌必备条件
			桑园连片 100 亩以上	3			
			田块平整,统一品种植距,土壤有机质含量 2%以上	6			每项得 2 分
			主干路面坚实,采用砂石或水泥路面	5			
			主干渠(排、灌)建成三面光,排灌应用保证率 100%,旱涝保收率 95%,建有固定机埠	10			
	(二)农业机械化(5 分)	8	配有共育室消毒机械	2			
			机械排灌率 100%	3			
	(三)布局区域化(7 分)	9	园区交通便捷,示范辐射效果好	2			
			园区定点由镇、村统一规划	2			
			远离排氟工厂	3			

续表

<table>
<tr><th colspan="2">项目指标及赋分</th><th>序号</th><th>标准</th><th>满分</th><th>自评分</th><th>得分</th><th>备注</th></tr>
<tr><td rowspan="16">二 建设目标（85分）</td><td rowspan="7">（四）农艺规范化（20分）</td><td rowspan="7">10</td><td>桑、蚕优良品种覆盖率100%</td><td>3</td><td></td><td></td><td>当地农业部门确认</td></tr>
<tr><td>小蚕暗火加温率95%以上</td><td>3</td><td></td><td></td><td></td></tr>
<tr><td>小蚕一日两回育技术应用面90%以上</td><td>4</td><td></td><td></td><td></td></tr>
<tr><td>大蚕省力化技术应用面70%以上</td><td>3</td><td></td><td></td><td></td></tr>
<tr><td>方格蔟上蔟80%以上</td><td>3</td><td></td><td></td><td></td></tr>
<tr><td>科学治虫、中毒损失率5%以下</td><td>3</td><td></td><td></td><td></td></tr>
<tr><td>实行用地、养地相结合，冬夏季施用有机肥</td><td>2</td><td></td><td></td><td></td></tr>
<tr><td rowspan="4">（五）服务社会化（12分）</td><td rowspan="4">11</td><td>园区配有专兼职干部和技术辅导员</td><td>3</td><td></td><td></td><td>有文件</td></tr>
<tr><td>有小蚕规模服务组织</td><td>5</td><td></td><td></td><td></td></tr>
<tr><td>有统一消毒服务组织</td><td>2</td><td></td><td></td><td></td></tr>
<tr><td>有桑园治虫服务组织</td><td>2</td><td></td><td></td><td></td></tr>
<tr><td rowspan="3">（六）管理科学化（6分）</td><td rowspan="3">12</td><td>所在市县镇村建立园区建设领导小组</td><td>2</td><td></td><td></td><td>有文件</td></tr>
<tr><td>生产档案资料完备</td><td>2</td><td></td><td></td><td></td></tr>
<tr><td>有一套考核、奖惩措施或管理办法</td><td>2</td><td></td><td></td><td>有文件</td></tr>
<tr><td>（七）经营规模化（5分）</td><td>13</td><td>规模经营面积占35%以上</td><td>5</td><td></td><td></td><td>户有桑园2亩以上</td></tr>
<tr><td>（八）农民知识化（5分）</td><td>14</td><td>初中文化劳动力比重占70%以上或农户户均“绿色证书”持证1个以上</td><td>5</td><td></td><td></td><td>有证书复印件</td></tr>
</table>

资料来源：浙江省农业厅经济作物管理局：《浙江省桑茶果工作年报（1997年度）》，第64—67页。

2001年开始，全省在园区建设的基础上，开展了优质高效农业示范基地建设，所建园区集中连片，基础条件较为完备，核心示范基地面积达到500亩以上，沟、渠、路配套，具备相应的设施条件。

2002年，省农业厅《浙江省优质高效种植业生产基地项目立项指南·规模化优质高产桑蚕茧生产基地》，明确蚕业规模小区建设标准，即桑园平整连片（200亩以上）、规模经营、沟渠配套、品种优良，具有亩桑产茧150千克以上的生产能力，形成1个～2个企业带农户的示范基地。

2003年，省农业厅制定《浙江省蚕桑西进发展规划》《浙江省蚕桑优化改造规划》，根据浙西南和浙北不同产区的土地条件、发展潜力、规模现状等，在淳安等8个西进县，开展连片30亩以上的规模小区建设；在桐乡等6个市县开展土地平整、集中连片、旱涝保收、品种优良、具备亩产150千克蚕茧的稳产高产性能的蚕桑规模小区建设。

2004年9月29日，省农业厅制定《浙江省现代农业园区建设意见》，各地围绕5个方面的建设重点与建设内容开展蚕业园区建设。

表105-2-4-2　　2004年浙江省现代农业园区建设(分类)标准一览表

类别	建设标准
园区规划	1.选址科学、合理，主导产业的区域优势与特色明显，符合产业发展方向。 2.总体规划科学，内容符合产业发展要求，可操作性强。 3.总体投资估算合理，资金筹措方式可行。
基础设施	4.沟、渠、路配套或园区内建有蓄水池或固定机埠，能排能灌，旱涝保收。 5.核心区面积一般连片集中500亩以上，良种覆盖率在95%以上，无污水、土壤重金属、废气、氟化物、农药等污染源。 6.栽桑地块平整，土壤有机质含量较高，桑树种植管理标准统一，科学合理施用肥料，桑树长势旺盛。 7.饲养蚕品种优良，小蚕一日两回育、大蚕省力化等先进实用技术应用面达80%以上，小蚕暗火加温设施配套，方格蔟等优良蔟具使用率达80%以上。
机制与管理	8.当地政府重视，并列入当地政府部门的重点工作。 9.组织实施主体明确，生产经营实行企业化运作。 10.管理制度健全，岗位责任明确，有一套较为完备的管理办法和考核、奖惩措施。 11.园区与科研院所、工商企业等单位的合作机制健全，管理科学、规范。 12.有产前、产中、产后自我服务组织。 13.带动作用强，能指导和带动周边地区农民的生产水平。 14.组织化程度高，并在产业化经营中发挥积极作用。
科技水平	15.有蚕茧注册商标，有生产技术标准和操作规程，茧质优良。 16.科技成果应用与转化能力强，积极推广应用桑、蚕良种，及小蚕一日两回育、大蚕省力化等先进养蚕技术。 17.主要从业人员持有绿色证书，接受过专业技术培训，或具有相当高中文化程度以上劳动力达60%以上。
园区效益	18.园区经济效益好，单位面积产量与产值比周边地区高15%以上。 19.社会效益好，推动区域产业结构优化和产业升级。资源优势转化为经济优势，对区域未来发展具有潜在的发展优势。 20.园区建设促进当地生态环境的改善。

资料来源：浙江省农业厅经济作物管理局：《浙江省桑茶果生产工作年报(2004年度)》，第10—11页。

2007年4月17日，省政府印发《关于加快发展农业主导产业　推进现代农业建设的若干意见》，确定蚕桑为农业十大主导产业(蔬菜、茶叶、果品、畜牧、水产养殖、竹木、花卉苗木、蚕桑、食用菌、中药材)之一。7月19日，省农业厅、省财政厅《关于印发蔬菜、茶叶、畜牧、蚕桑、食用菌、中药材等六大农业主导产业实施意见的通知》，明确开展规模化蚕桑园区建设，在浙西蚕区发展连片30亩以上的规模化桑园，配套建设小蚕共育设施和规模化养蚕设施，基本普及标准化优质蚕茧生产技术，培育蚕农合作社和茧丝龙头企业。在嘉湖蚕区建设连片50亩以上设施配套的高产园区，完善社会化服务体系，开展小蚕共育、配方施肥和病虫害统一防控，培育蚕农合作社和茧丝龙头企业，带动标准化优质蚕茧生产技术的推广应用。

2010年，根据省政府办公厅《关于开展现代农业园区建设工作的意见》精神，省农业厅组织开展了省级现代农业综合区、主导产业示范区和特色农业精品园建设。建德市大同、桐庐县分水、海盐县长山河、海宁市周王庙、嵊州市、兰溪市香溪、永康市舟山、武义县桃溪等8个蚕桑产业示范区，被列为首批省级现代农业主导产业示范区创建点，桐乡市石门、嵊州市剡湖（蚕种）、新昌县梅渚、磐安县冷水等4个蚕桑（种）精品园，被列为首批省级特色农业精品园创建点。

二、园区建设成效

1996—2000年，各地积极开展桑园连片改造和现代化蚕业园区建设。湖州市重兆镇双市港村、德清县高桥镇湖墩村和桐乡市灵安镇屠家桥村率先开展蚕业园区建设。2000年，全省建成了桑园面积在50亩以上的现代蚕业园区389个，桑园面积达3.7万亩。同年11月，全省首个现代蚕业示范园区——德清县湖墩村现代蚕业示范园区通过省农业厅验收。

2002年，湖州市区、海宁、桐乡和淳安等县开展了蚕桑优化改造项目，推进了桑园基础建设。是年底，建成了湖州市重兆镇双市港村和环桥村、湖州市朱家兜村、德清县高桥镇湖墩村和桐乡市留良乡大家桥村等大面积亩产茧超170千克、亩桑效益超2500元的高效示范园。湖州市双林镇建成了省内首个连片1000亩的现代蚕业园区。2003年，实施蚕桑西进和优化改造两项工程以后，在蚕桑规模化发展桑园的政策扶持下，以年均新增桑园10万亩的速度发展，至2007年，全省连片50亩以上的规模小区的桑园面积达到43万亩，占全省桑园总面积的37%。

2010年，全省累计建成蚕桑规模小区的桑园面积44万亩，占全省桑园总面积的42%，其中连片1000亩以上大型园区64个，桑园面积10.9万亩。

表105-2-4-3　　2000—2010年浙江省蚕桑园区建设情况一览表

类别	2000年	2001年	2002年	2003年	2004年	2005年	2006年	2007年	2008年	2009年	2010年
块数（块）	389	737	812	2538	2927	3505	3423	4052	4287	3493	3840
面积（亩）	37000	74727	131632	305388	225662	374505	388175	541534	479241	415995	440431

资料来源：浙江省农业厅经济作物管理局：《浙江省蚕桑生产情况业务统计（2000—2010年）》。

第三章 蚕 种

19 世纪以前,蚕种生产以农户为单位生产土种。清光绪二十四年(1898 年),首次制造并销售改良种。光绪三十二年,首现私人制种企业。民国初,建立公立制种机构。民国 14 年(1925 年),引进日本诸桂、赤熟等品种。民国 15 年,开始大量推广一代杂交种。民国 18 年起,蚕种价格由政府和商界组织评价委员会讨论决定。民国 20 年,确立了蚕种原原种、原种、一代杂交种的三级制种制度。民国 38 年 5 月前,蚕种经营主要有经营者自行养蚕制种和委托他人制种两种生产方式。同年 5 月,杭州解放。8 月,实行全省统购统销。

20 世纪 50 年代初,蚕种全部为专业蚕种场生产。1951 年,浙江在全国首创国营原蚕区蚕种场。1952 年,全部淘汰土种。1956 年,实行公私合营。1959 年 8 月,统一命名为国营蚕种场。1969 年,创办村办(集体)蚕种场。1985 年,一代杂交种取消省统一经营,实行以县为单位划区供种,合同订购。1993 年,首次实行蚕种生产经营许可证制度。是年,蚕种价格由政府定价改为国家指导价,并逐步过渡到市场调节价。90 年代中期,是有记录以来浙江微粒子病发生最为严重的时期。1999 年,省农业厅提出"三控一严"的微粒子病防治方针,并逐步形成了相应的微粒子病防控技术体系,控制了微粒子病的发生。2000 年,开始国有蚕种场改制。2006 年,《浙江省蚕种管理条例》发布并实施,建立了蚕种生产经营许可、蚕品种审定、蚕种储备、疫病检疫制度。2007 年,浙江在全国率先建立蚕种储备制度。2010 年,全省持有蚕种生产许可证单位 24 家,经营许可证单位 40 家,蚕种以原蚕区生产为主。

1980—2010 年,浙江蚕品种审定制度逐步创立与完善,为全国从未间断蚕品种审定的个别省份之一,30 余年共审定、认定新蚕品种 26 对。1990—2010 年,浙江向 11 个国家和地区累计出口蚕种 170 余万张。

第一节 蚕种生产单位与生产方式

清光绪二十四年(1898 年)以前,蚕种多为农家自制自用。光绪二十四年,蚕学馆开始生产改良种。光绪三十二年,杭州始有首家私人制种企业。民国初,建立了公立制种机构,至民国 38 年(1949 年)5 月共有公、私蚕种企业 44 家。20 世纪 50 年代初期,全部改为专业蚕种场生产。1951 年,试办国营原蚕区蚕种场。1956 年,全省蚕种企业实行公私合营。1959 年 8 月,统一命名为国营蚕种场。1969 年,湖州市创办了 2 个村办(集体所有)蚕种场。1984 年,专业蚕种场数量占全省的 65%,原蚕区蚕种场,占全省的 35%。1984 年后,大量以(专业)场带(原蚕)队的形式发展和扩大原蚕区。到1999年的改制前,全省蚕种生产单位共有42家。2000年,蚕种场开始改制。至2010年,全省持有蚕种生产许可证单位24家,其中民营的有15家。原蚕区生产的蚕种,占全省蚕种生产总量的80%以上。

一、蚕种生产单位

农家饲养蚕种,古代多为自制自用。“凡育蚕之法,须自摘种;若买种,鲜有得者”①,原因是制种者将不同时间羽化蛾所产的卵直接出售,蚕种孵化参差不齐。

清代,生产土种的均为个人。蚕学馆开创了改良种生产推广的先河,之后各地陆续集资创办蚕业学堂、蚕种制造场。据吴峻考证,近代杭嘉湖地区的专业化蚕场有桐乡蚕场(1900—1903年)、崇德蚕场(1900—1903年)、乌镇蚕场(1900—1905年)。② 蚕学馆毕业生创办私人制种机构,其中光绪三十二年(1906年)在杭州武林门创办的种场历经15年,光绪三十三年在杭州湖墅创办的种场历经10年。除以上蚕种场外,还有杭州蚕桑女子学堂(1907—1911年)、钱塘县蚕桑初级师范(杭州三墩,1908—1910年)、蚕桑学堂(杭州西湖,1909—1914年)均生产蚕种。

民国初建立的公立制种机构,有省立蚕桑学校(杭州,1911年)、钱塘县蚕种制造场(杭州三墩,1911年)、省立农事试验场(杭州笕桥,1912年)、省立原种制造场(杭州艮山门外,1915年)、省立女子蚕业讲习所(杭州横河桥,1916年)、衢县蚕业传习所(衢县城内,1918年)、临海蚕业传习所(临海东湖,1919年)、宁波锦堂职业学校(慈溪,1920年)、海宁乙种职业学校(海宁,1921年)、乐清乙种蚕校(乐清,1922年)和兰溪蚕种场(兰溪北门外,1923年),但生产时间大多仅3～6年。至民国18年(1929年),公立制种场仅留省属几家。私营制种机构,有鼎新(杭州百井坊巷,1921年)、蚕桑公益社(杭州坛仙巷,1923年)、大有三场(嘉兴王店,1926年)。

民国以后,私营制种机构需向省蚕业取缔所申报场名和商牌,并经审核后才能开办。民国18年(1929年)后,私营制种企业迅速发展,成为全省蚕种的主要生产单位。民国18年核准开办的有希成(杭州拱宸桥,1929年)、西湖(杭州下河严家桥,1929年)、萃盛(杭州艮山门外焦家桥,1929年)、益大(桐乡乌镇,1929年)和民生(杭州胭脂桥,1929年)。民国19年开办的有萃盛(分场)、益昌、长安、合兴、利民、公利、海宁、天生、益利、新民、赞化、开元、五云、嘉善等14个蚕种场和萧山合作社。民国20年春,种场增至75家,其中规模较大的为西湖、萃盛、普利和永利,它们都设有分场,采取统一管理形式。但大有三场、大有八场、大有十场,则受江苏大有总场(场址:江苏吴县浒墅关)的统一管理。

民国21年(1932年),蚕丝业不景气,春期停办公、私种场20家,仅存的55家也缩小规模;到秋期种场留25家。民国22年春,种场开业22家,秋增至27家。民国25年,公、私种场增至45家。民国26年春,种场达到83家,又呈现兴旺景象。

---

① 〔宋〕陈旉:《农书》卷下《育蚕之法篇第三》。

② 吴峻:《近代杭嘉湖地区的农业专业化生产》,《中国农史》1998年第1期。

抗日战争期间，制种业又遭劫难，生产种场陆续降至12家，继而减至2家，至民国34年(1945年)，仅存萃盛种场一家。抗日战争胜利后，各种场都经中国蚕丝公司担保向中国农民银行贷款经营，复业的38家，新立案的8家。民国35年11月，省蚕业监管所对尚存种场进行调查审定，列入超(甲)等的3家、乙等23家、丙等12家、丁等7家，应改进及停业者7家。民国36年春，开业种场40家，民国37年48家，民国38年5月前44家。

表105-3-1-1　　1949年浙江省蚕种场一览表

性质	场名	地址	商标	负责人	技术主任
公营	省立杭州蚕校	杭州古荡	三角	缪祖同	宋志刚
	国立湖州蚕校	湖州横塘	校印	许承诗	赵婉莘
	浙江大学蚕桑系	杭州华家池	校徽	吴载德	郑蘅
	嘉兴	嘉兴精严寺街	福寿	胡笃平	陆宗玮
私营	新华	杭州	念分法币	姚士英	姚士英
	民利	杭州艮山门外	三仙	王珏生	常容
	光华	杭州拱宸桥	国华	瞿乃松	卞永正
	复利	杭州新塘镇	白猫	徐文锦	徐文锦
	普利	杭州华渡荡	福星	朱文园	张兆钺
	玉峰	杭州拱宸桥	观音	程绮兰	程绮兰
	三五馆分场	杭州七堡	二胡户	陆子容	蒋和君
	富阳	富阳场口	富家	李宝濂	寿慕莲
	梅园	硖石镇塘北	双喜	吴志远	吴云间
	大有三场	嘉兴王店	虎	陈大炬	许心仁
	大有八场	嘉兴枫堰桥	虎	陈象超	殷仁贞
	大有十场	德清西门外	虎	陈师颢	蒋志俊
	新兴	嘉兴盐仓街	仙鹤	陈蕴玉	陈蕴玉
	志农	嘉兴抱月村	金豹	朱道三	胡云深
	宙华	嘉兴顾家浜	虎头	顾蕴玉	王容义
	顺兴二	嘉兴南门	宝马	陈新谷	陈新谷
	宙丰	嘉兴梧桐树街	猫	张蕙	张蕙
	新发	嘉兴新社市	“发”字	沈之善	谢子元

续表

性质	场名	地址	商标	负责人	技术主任
私营	兴农	嘉兴新塍镇	狮	周浒珍	周浒珍
	新善	嘉善南门	仙女	张天方	李合璧
	武塘	嘉善牛场弄	鲤鱼	徐正方	徐宝采
	西湖四场	临安	五福	俞奇章	吴宗山
	东南	临安西墅街	象	诸壮嵩	杨怡
	复生	临安马溪	香炉	王佐乾	王佐乾
	锦南	临安墅乌村	宝塔	方汝标	章益堂
	普利一场	临安玲珑	福星	陈凤发	陈凤发
	友谊	临安化龙乡	鹰斧	顾瑞邦	顾邦如
	友谊一场	临安上山头	鹰斧	俞钦朝	王秀文
	南风	临安化龙乡	玉兔	商诒元	杨曙东
	萃盛二场	临安化龙乡	天官	葛慎初	贺良
	萃盛四场	临安石堰头	天官	葛慎初	沈克勤
	萃盛五场	新登洪家	天官	葛慎初	-
	萃盛六场	於潜亭口	天官	葛慎初	-
	新成	临安店基头	龙虎	周惠选	黄裳
	晨光	湖州南门外	晨光	王福山	朱莔君
	德清	德清白虎圩	狮球	卢竞甦	姚藻生
	石门	崇德福岩寺	和合	周仙美	周仙美
	莫干	莫干山庚村	天仙	王大纲	吕秀梅
	南阳	诸暨江东	五路财神	斯绥远	斯绥远
	同昌	诸暨刀鞘坞	幸福	吕涵修	徐锡勤
	鸿运	诸暨刀鞘坞	红云	徐豪放	徐豪放
	新民	诸暨墨城湖	丹凤朝阳	何伯幽	何伯幽
	永定	诸暨涅浦	双鱼	蒋丽杏	蒋丽杏
	华堂	嵊县华堂	黑虎	周峻	黄莲存
	恒兴	嵊县黄泽	春猫	魏伯煊	竹坤枢

资料来源:《浙江省蚕桑志》,浙江大学出版社 2004 年版,第 398 页。

1950 年,生产普通种的公营机构为嘉兴第一实验蚕桑场、省蚕业学校和浙江大学蚕桑系

3家，私营种场43家，生产原种的只有省原蚕种场1家。为了自力更生解决全省蚕种不足，1951年春，省蚕桑改进所在德清县士林乡水北村、吴兴县(今湖州市南浔区)练市乡朱家兜村试验生产蚕种，并在水北村创办了全国首家国营原蚕区蚕种场。原蚕区蚕种场，即利用农民的房屋、桑叶、劳力，集体饲养原蚕，蚕种场派技术员指导，并对产品在质量上进行监督，蚕种场收购种茧制种。1952年3月，在德清县士林乡水北村、嵊县广利乡石头堆原蚕区正式开始生产。后在嵊县、余杭、诸暨、海宁、桐乡等县又建了8个原蚕区蚕种场。1956年3月21日，省委批准省农业厅《关于本省私营蚕种场实行社会主义改造的报告》，同意将26个私营蚕种场实行公私合营。1959年8月，省农业厅发出统一蚕种场命名的通知，国营蚕种场(包括地方国营、公私合营)由原来的18家增加到36家。1969年春，吴兴县在全省首创了村办(集体所有)蚕种场：莫蓉乡隆桥村新农蚕种场、锦山乡泉心村泉心蚕种场。1970年，在莫蓉乡西汤坪村创办了向阳蚕种场；1971年，在双林镇三田洋村创办了新华蚕种场。至1979年，全省共有37家蚕种场，其中国营专业蚕种场23家，国营原蚕区蚕种场9家，集体所有制蚕种场5家。1999年，全省蚕种生产单位共有42家，其中国有38家，村办4家。

2000年，绍兴县蚕种场(2001年7月，绍兴市行政管理体制调整，由县农业局所属改为市农业局所属)改制，实行了资产和职工身份双置换。由省蚕种公司、桐乡市蚕业公司，以及场内职工共同出资，成立了股份制的“绍兴市大禹蚕种制造有限责任公司”，为全省第一个真正的股份制蚕种生产企业。2001年后，龙游县团石蚕种场被拍卖，成立龙游县天龙蚕种场，为全省第一个完全个私经济的蚕种场。2005年，金华市天宝蚕种有限公司跨区域与龙游县天龙蚕种场重组成立龙游县金龙宝蚕业有限公司，为全省首家按市场运作重组成功的蚕种生产企业。经过改革，至2010年，全省持有蚕种生产许可证单位24家：按单位性质分，国有9家，民营15家，民营占蚕种单位总数的62.5%；按生产蚕种类别分，一代杂交种生产单位21家，专业生产原种单位2家，一代杂交种兼原种生产单位3家，专业冷藏浸酸单位1家。

表105-3-1-2　　2010年浙江省蚕种生产单位一览表

序号	单位名称	住所	法定代表人	申请注册资本(万元)	生产类别	生产地点	许可证编号
1	浙江湖州塔山蚕种制造有限公司	浙江湖州市南郊塔山	闵鑫芳	300	一代杂交蚕种生产	公司本部、安吉洛四、安吉黄金村、湖州三官堂、湖州朱群、南浔灯塔、和孚云北	浙蚕种生证字(2010)第001号
2	嘉兴市大有蚕业科技有限公司	嘉兴市秀洲区王店镇广平路2号	袁伯安	500	一代杂交蚕种生产	嘉兴市秀洲区王店镇广平路2号、王店镇宝华村(原蚕区)	浙蚕种生证字(2010)第002号

续表 1

序号	单位名称	住所	法定代表人	申请注册资本(万元)	生产类别	生产地点	许可证编号
3	海宁市新兴蚕种制造有限责任公司	海宁市马桥街道新场村南章家埭57号	葛小兴	280	一代杂交蚕种生产	海宁市马桥街道新场村、正阳村，丁桥镇渚桥村，尖山新区(黄湾镇)大临村、黄山村，周王庙镇博儒桥村	浙蚕种生证字(2010)第003号
4	桐乡市蚕业有限公司	桐乡市梧桐街道振兴中路67号	赵新华	972	原原母种、原原种、原种及一代杂交蚕种生产	桐乡市凤鸣街道合星村、联庄村，高桥镇龙南村、湘庄村，大麻镇海华村	浙蚕种生证字(2010)第004号
5	金华市天宝蚕种有限公司	金华市婺城区乾西乡石柱头杨梅溪滩	贺宝顺	100	一代杂交蚕种生产	金华市婺城区长山乡东屏村，武义县泉溪镇岭下村、夏加坂村	浙蚕种生证字(2010)第006号
6	海盐县蚕种场	海盐县沈荡镇千亩荡	陈志英	446	一代杂交蚕种生产	海盐县沈荡镇千亩荡、横泾村、董司村，于城镇吕家村，百步镇超同村	浙蚕种生证字(2010)第007号
7	浙江省农科生物技术有限公司	杭州市石桥路198号	曹锦如	200	原原母种、原原种、原种生产	杭州市石桥路198号，嵊州市三塘街道马鞍桥村	浙蚕种生证字(2010)第008号
8	浙江省诸暨市金阳蚕业有限公司	诸暨市暨阳街道人民南路116号	吴火明	100	一代杂交蚕种生产	诸暨市璜山镇、街亭镇、赵家镇	浙蚕种生证字(2010)第009号
9	浙江省农业厅蚕种科技服务中心	杭州市江干区九环路56号	陈灵方	200	原原母种、原原种、原种、一代杂交蚕种冷藏和浸酸	杭州市江干区九环路56号	浙蚕种生证字(2010)第010号
10	嘉兴市蚕种场	嘉兴市勤俭路237号	蔡玉根	2077.02	一代杂交蚕种生产、冷藏、浸酸	嘉兴市勤俭路237号、东栅街道、凤桥镇、余新镇	浙蚕种生证字(2010)第011号
11	杭州市蚕种场	杭州市江干区彭埠镇七堡	戚志良	3300.71	一代杂交蚕种生产	富阳市高桥镇坑西村，洞桥镇菖蒲村、何村坞村，淳安县临岐镇熟坑村	浙蚕种生证字(2010)第012号

续表 2

序号	单位名称	住所	法定代表人	申请注册资本(万元)	生产类别	生产地点	许可证编号
12	安吉县超龙蚕业发展有限公司	安吉县天荒坪镇白水湾村1号	杨逸文	100	一代杂交蚕种生产	安吉县梅溪镇马村村、天荒坪镇白水湾村、皈山乡洛四村、良朋镇溪港村、递铺镇古城村、高禹镇余石村	浙蚕种生证字(2010)第013号
13	绍兴市大禹蚕种制造有限责任公司	绍兴市城南九里	吴海平	190	原原母种、原原种、原种、一代杂交蚕种生产	绍兴市城南九里,绍兴县稽东镇、平水镇	浙蚕种生证字(2010)第014号
14	嵊州市蚕种场	嵊州市剡湖街道沙园村	章孟贤	1154	一代杂交蚕种生产	嵊州市湖村桥、宋家墩、床江、石楼对、坎头、后璋等10个生产点	浙蚕种生证字(2010)第015号
15	浙江临安春秋蚕业有限公司	临安市玲珑街道玲珑村	付春红	390	原原母种、原原种、原种、一代杂交蚕种生产	临安市横畈镇泉口村,於潜镇南山村	浙蚕种生证字(2010)第016号
16	德清县莫干天竺蚕种有限责任公司	德清县莫干山镇庾村	蔡永良	198	一代杂交蚕种生产	德清县莫干山镇、武康镇五四村、新安镇安全村、钟管镇戈亭村	浙蚕种生证字(2010)第017号
17	德清县东庆蚕种有限公司	德清县乾元镇西郊路54号	陈法荣	30	一代杂交蚕种生产	德清县新市镇水北村,钟管镇下塘村,乾元镇城北村、幸福村,新安镇城头村,洛舍镇章家桥村	浙蚕种生证字(2010)第018号
18	杭州天宝蚕种有限公司	杭州市余杭区余杭镇义桥村	吴天林	100	一代杂交蚕种生产	杭州市余杭区余杭镇义桥村	浙蚕种生证字(2010)第019号
19	杭州千岛湖蚕种有限公司	淳安县千岛湖镇新安东路601号201室	余荣峰	400	一代杂交蚕种生产	淳安县临歧镇梅口村、叶家村、鸟坑村,界首乡竹里村,梓桐镇钱家村、慈溪村	浙蚕种生证字(2010)第020号

续表 3

序号	单位名称	住所	法定代表人	申请注册资本(万元)	生产类别	生产地点	许可证编号
20	浙江省原蚕种场	杭州市留下镇小和山	成灿土	520	原原母种、原原种、原蚕种生产	杭州市留下镇小和山	浙蚕种生证字(2010)第021号
21	长兴龙华蚕业有限公司	长兴县李家巷镇李家巷村龙华路30号	丁勇	134	原原母种、原原种、原种、一代杂交蚕种生产	长兴县李家巷镇龙华路30号	浙蚕种生证字(2010)第022号
22	长兴通宝蚕业有限公司	长兴县二界岭乡初康村初康自然村	沈鑫星	163	一代杂交蚕种生产	长兴县二界岭乡初康村初康自然村	浙蚕种生证字(2010)第023号
23	湖州市农业科学研究院	湖州市东门外毗山	方公平	100	一代杂交蚕种生产	湖州市南门外蚕桑科研生产基地、吴兴区道场乡、安吉县良朋镇	浙蚕种生证字(2010)第027号
24	浙江省蚕种公司	杭州市凤起东路29号	毛祖法	488	原原母种、原原种、原种、一代杂交种生产	绍兴大禹蚕种公司、桐乡蚕业公司、长兴龙华蚕业公司、临安蚕业公司、省原蚕种场、省农科院、嵊州市、诸暨市、龙游县、金华市	浙蚕种生证字(2010)第028号

资料来源：浙江省蚕种管理站：《2010年浙江省蚕种生产许可单位》。

二、蚕种生产方式

民国以前，蚕种生产方式主要有两种：蚕种经营者自行养蚕制种、委托他人制种。所谓委托他人制种，是经营者将自有牌号的空白连纸发给附近养蚕农户，卵产在连纸上后收种再出售，也称定种。还有一种方式是，蚕种经营者在收种数量不足时，选择邻近或他乡上蔟早的养蚕农户买茧自行制种。民国时期，专业种场成立后，基本由种场组织生产。

中华人民共和国成立后，蚕种全部由专业蚕种场生产。1951年，全省第一个国营原蚕区蚕种场建立，利用农民的劳力、房屋和桑园生产蚕种。1969年春，吴兴县首创了村办(集体所有制)蚕种场，一般选择气候适宜的春期繁育一次强健、好养的夏秋用种(中丝量)，制好种即送蚕种冷库，不进行蚕种保护，当年秋期销售，由村自负盈亏，当地农业局或蚕种场只派少数技术干部进行技术指导。

至1984年，全省共有专业蚕种场24家，占全省蚕种场数的65%，原蚕区蚕种场13家，占全省蚕种场数的35%。1985年后，由于蚕桑生产迅猛发展，为了解决快速增长的蚕种需求，也因为原蚕区的生产成本明显低于专业场，各地纷纷以（专业）场带（原蚕）队的形式发展和扩大原蚕区。至2010年，全省只有省原蚕种场一家仍为专业蚕种场，生产一代杂交种的21家蚕种场（公司）全部或部分采用原蚕区的方式生产蚕种。原蚕区生产的蚕种，占全省蚕种生产总量的80%以上。

第二节　蚕品种

19世纪以前，农民需要的蚕种均为自留自用的土种。清光绪二十四年（1898年），浙江蚕学馆引进欧洲、日本蚕种，首次制造销售改良蚕种。余杭、新昌、嵊县是浙江土种生产量最多的县。民国14年（1925年），省立蚕桑科职业学校向日本购进原种，生产诸桂×赤熟一代杂交种1万余张。民国时期，土种、改良种并存。

1952年起，全省全部应用一代杂交种。蚕品种主要引进国外或省外。1974年，开始蚕新品种比较及鉴定。1980年后，逐步建立与完善蚕新品种审定制度。2005年，全国首个雄蚕品种通过审定。1980—2010年，全省共审定通过蚕新品种23对，认定蚕品种3对。1949—2010年，浙江共推广原种品种90个，一代杂交种组合53对。其中菁松×皓月累计推广1500万张，秋丰×白玉累计推广1400万张。

一、土种

古代，农民养蚕所需的蚕种为自留自用，即在大蚕期选择强壮的蚕用优良桑叶喂饲，熟蚕时另行上蔟，采茧后选择茧形整齐、茧层结实的茧让其发蛾。蛾期又选择良蛾交配，产种后以淘汰不良卵。经过多个阶段的选择，维持和提高其生物学性状与经济学性状（即农家自留的纯种）。如有多余或不足，则在邻里间调剂。但在蚕种不足、种性退化或没有制种经验的地区，向附近蚕户买种调剂。以后发展到某一户或某一地区的养蚕成绩特别好的，附近农民慕名而往购种，这些地区也因出售蚕种收入高于售茧售丝收入，便以制种为业，形成制种区，各制种区的蚕品种性状有所不同。

北魏，就有一年多期蚕的记载："永嘉有八辈蚕：蚖珍蚕、柘蚕、蚖蚕、爱珍、爱蚕、寒珍、四出蚕、寒蚕。"①还记载不同眠性蚕和各种蚕："今世有三卧一生蚕，四卧再生蚕，白头蚕，颉石蚕，楚蚕，黑蚕，儿蚕，有一生、再生之异，灰儿蚕，秋母蚕，秋中蚕，老秋儿蚕（秋末老），獬儿蚕、绵儿蚕、同茧蚕。或二蚕三蚕，共为一茧。凡三卧、四卧，皆有丝绵之别。"②

明代，有不同种类蚕记载："凡蚕有早、晚二种……凡茧色唯黄、白二种……嘉湖有白无黄……凡茧形亦有数种，晚蚕结成亚腰葫芦样，天露茧尖长如榧子形，又或圆扁如核桃形；又

①② 〔北魏〕贾思勰：《齐民要术》卷五《种桑、柘第四十五》。

一种不忌泥涂叶者，名为贱蚕，得丝偏多；凡蚕形亦有纯白、虎斑、纯黑、花纹数种。”①杭州还有柞蚕等记载：“今吾乡（杭州）亦有三蚕：曰头蚕、曰二蚕、曰三蚕；又有曰柘蚕，食柘叶而生者；有曰红蚕，三九二十七日而熟者。”②

清代，湖州饲养多个品种，“种有二：一曰盐种，茧细而坚；一曰灰种，茧大而松”③。又载：“蚕之种不一，所出之地亦不一。丹杵种出南浔、太湖诸处，白皮种、三眠种、泥种出千金、新市诸处，余杭亦出白皮及石小罐种。”④宁波有多种化性蚕种，“在宁波税务司养蚕小院内，清光绪二十三年将上年所留之子并他处送来之子试养，计有头蚕子（一化性）18 种，二蚕子（二化性）10 种，三蚕子（三化性）6 种，三蚕以上各蚕子（多化性）8 种”⑤。19 世纪末，蚕学馆饲养的农家土种有绯红、泥蚕、金蚕、姚种、桂圆、下木村、四化等。20 世纪初饲养的农村土种主要有新昌种、小水团、大水团、小石罐、桂圆、玉蚕、中絮团、栖枭、鄞种、龙角、七里、余杭、葑白和葑黄等。

浙江最初的改良品种，仅是农家土种的母蛾，经显微镜检查证实没有感染微粒子的蚕种。19 世纪末，推广的一化性品种有诸桂、大圆、新圆、新长、龙角和余杭等，二化性有诸夏、桂夏、笕夏和余夏等，其他尚有五化、余杭和玉稀等。

民国 19 年（1930 年），行政院颁布《挽救江浙蚕丝业根本办法》，要求分年及分区“取缔农民不良用种”。由于土种品质杂乱阻碍了蚕桑生产的发展，为彻底淘汰土种，责令江浙两省建设厅督促各县，设法禁止农民购入土种饲养，用改良种；或由省建设厅无偿供应蚕种。同时，对土种生产者，提供指导，使其掌握生产改良种技术。但由于土种价格低廉，改良种茧也未体现优质优价，所以土种仍有广阔的销售市场。政府限令禁止生产土种，从而损害了土种专业生产户的利益。民国 21 年，萧山、余杭和临安等地生产土种的农民因此出现了捣毁当地学校、农会、蚕业指导所、乡镇公所和与警察搏斗的恶性事件。

民国 23 年（1934 年），求良儒等对浙江农家蚕种生产区余杭、新昌、嵊县、诸暨、富阳、吴兴（今湖州市南浔区、吴兴区）、分水（今属桐庐县）和德清等地做了调查，发掘当时在民间尚保育的农家品种：一化性有榧茧、桂圆、磉磴、乌龙、玉龙、白皮、糙皮、糙白皮、大圆头、小圆头、中茧、小石罐、龙王堂、琏市、富圆、榧子、拗子、车梢、蚕豆、太湖、分水、余姚和塘栖三眠等 23 种；二化性有余杭二化；多化种各地都有，较著名的是余杭多化。

民国 35 年（1946 年），省农业改进所蚕丝系向中央农业实验所动物生产科蚕桑系征得余杭土种 4 种，在杭州拱宸桥附近农家征得土种 1 种，原保育的有白皮、青皮、熟火、柘圆、花蚕、石灰、绉纱、余杭、临海（白、黄）、小丝圆头、中丝圆头、榧子、小石罐、松阳（白龙、黑龙）等。其余农家土种均遭淘汰。

中华人民共和国建立之初，余杭和临海等还有土种饲养，从 1952 年开始全省彻底淘汰了

① 〔明〕宋应星：《天工开物》卷上《乃服第二》。

② 〔明〕田艺蘅：《留青日札摘抄》三。

③ 〔清〕汪曰桢：《湖蚕述》卷二。

④ 〔清〕汪曰桢：《湖蚕述》卷四。

⑤ ［英］康发达：《蚕务条陈》。

土种，全部应用一代杂交种。

二、一代杂交种

（一）引进品种推广

民国12年（1923年），浙江蚕学馆第一次从日本引进诸桂、赤熟，制成诸桂×赤熟一代杂交种，试养良好；民国13年开始推广，为全国较早推广一代杂交种的省份之一。民国14年，省立蚕桑科职业学校（省立蚕校）生产诸桂×赤熟杂交种1万余张，为浙江省大量推广一代杂交种的开始。各年代推广品种：20世纪20年代，诸桂×赤熟，中4×中5，中9×中101，中103×新白，中7×欧7等；30年代，诸桂×新桂，诸桂×华3，诸桂×华5，华6×诸桂，新白×诸桂，华5×新桂，华3×新桂，喜圆×魁白，晶圆×元白（华1），华6×欧17，化桂1号（原为分离白1号）×华6，化桂2号（原为分离白2号）×华6，翰桂×华5(6)，西洽×华5(6)，西巧×华5(6)和广麻×华6；至民国26年，仅为西皓×洽桂，洽桂×华6，东庚×洽桂和瀛真×华7等；民国27年，简化为洽桂×华6和洽桂×华7等。

抗日战争期间，在政府管制区饲养的为洽桂、诸桂、华5、华6和华7等；被日本侵占区为华中蚕丝股份有限公司引进的华蚕1号、华蚕104号、华蚕2号、华蚕102号、日115和中108少量原种，以及从日本和朝鲜直接输入的华8（中108）×瀛翰（日115）、华9（中109）×瀛翰和华10（中110）×瀛文（日112）等一代杂交种。这些品种由于体质强健、丝量多，颇受农民的欢迎。江苏大有蚕种场等从日本获得以上诸品种的原种，经几次繁殖，亦能生产同样的杂交种，由此浙江也引进原种制杂交种推广。抗日战争胜利后，中国蚕丝公司等通过正式渠道，从日本引进华8（满月）、华9（改良新白）、华10、瀛文和瀛翰（荣光）。这些品种由于来源和引入的时间不同，性状有所差异，故又分成若干品系，并在全省大面积推广，直至20世纪60年代。

中华人民共和国成立后，浙江生产上大面积使用的一代杂交种，主要是引进推广国外或省外的蚕品种。1958年开始，全省大面积推广由中国农科院蚕业研究所育成的“镇”字号品种。20世纪80—90年代，夏秋用蚕品种（中丝量品种）完全为浙江育成的品种。到21世纪，浙江的主要应用蚕品种，仍以中国农科院蚕业研究所引进的菁松×皓月、秋丰×白玉为主。春用品种（多丝量）蚕品种菁松×皓月，从1981年开始推广，至2008年饲养蚁量仍有26912克，生产蚕种38.17万张，占全省蚕种生产总量的19.4%。中丝量蚕品种秋丰×白玉，因耐氟性强，适应嘉湖蚕区春期饲养，从1988年开始推广并逐渐成为嘉湖唯一的品种。至2008年，饲养蚁量仍达59659克，生产蚕种133.2万张，占全省蚕种生产总量的67.6%。至2010年，虽然菁松×皓月、秋丰×白玉在浙江推广时间已分别长达27年和20年，但在全省应用的品种中仍占绝对优势，两者相加占全省总生产量的87%。

（二）地方品种资源开发应用

1950—2010年，在地方品种资源开发应用上经历了起步、兴盛、创新三个阶段。

（1）起步阶段（20世纪50年代后期到60年代）。主要通过地方品种的收集、选拔、改良和杂交育种。被选拔改良并得到推广的第一个浙江地方蚕品种是兰5(中国农科院蚕业研究所育成),其次是浙2;通过杂交育种并得到推广的第一个蚕品种是603。浙2和603都是省农科院蚕桑研究所于20世纪60年代育成,并分别与东34组配成杂交种,于1973年开始在生产上推广应用。1974年,全省饲养浙2、东34蚁量800克,生产一代杂交种1.61万张,为该品种最大的推广量;603×东34应用于生产的时间较长,从1973年到1979年,累计饲养蚁量184774克,生产一代杂交种达333.85万张,最多的1974年达到89.8万张。

(2)兴盛阶段(20世纪70年代后期到80年代)。20世纪70年代后期,先后开展育种的单位有:省农科院蚕桑研究所、浙江农业大学蚕学系(今浙江大学动物科学学院)、绍兴地区农业学校(今绍兴市农业学校)、嘉兴地区蚕研所(今湖州市农科院蚕桑研究所)、省农业局原蚕种场(今省原蚕种场)等单位。到20世纪80年代,选育出了一批性状优良的新品种,如浙农1号×苏12、浙蕾×春晓、薪杭×科明、芳山×星明、蓝天×白云等,并先后在80年代后期至90年代成为全省的主要推广品种,为浙江省蚕桑产业的发展做出了重大的贡献。如由浙江农业大学育成的浙农1号×苏12,从1975年开始在全省大面积推广,至1992年,累计推广1228万张(最多的1986年饲养量达到150万张,占全省总饲养量的55.7%)。与推广量较大的品种东34×苏12比,张种增效22元,蚕农累计增收3300余万元。该品种的选育与推广,1980年获省人民政府科技成果推广奖一等奖,1981年获国家农委、国家科委重大成果推广奖。由省农科院蚕桑研究所育成的浙蕾×春晓,从1985年到2002年,累计推广780万张,还先后推广到湖北、安徽、云南、四川、陕西等省。该品种的选育与推广获1991年度省科技进步奖二等奖。芳山×星·明的选育与推广,获省科技进步奖一等奖;薪杭×科明、蓝天×白云等品种的选育与推广,先后获省科技进步奖三等奖。薪杭×科明等品种至2008年,繁育数量仍占全省蚕种生产总量的4.3%。

(3)创新阶段(2000—2010年)。20世纪90年代,由于科研推广体制改革、科技人员新老交替等原因,基础性科研发展缓慢。21世纪后,新品种选育首先得到重视,至2010年,全省先后育成并获省级审定通过的常规品种有8对(其中多丝量品种4对,中丝量品种4对)。

雄蚕新品种大面积推广,浙江在全国为唯一省份。1996年,省农科院从俄罗斯引进家蚕性连锁平衡致死系基因,在全国开创了一个应用性别控制技术育种的新阶段。2008年,雄蚕生产量达到10万张;2009年,在蚕种繁育上取得了新的突破。至2010年,已有3对雄蚕品种通过审定,并逐步开始在生产上应用。经过几年的努力,全省有8个蚕种生产企业生产,省内自繁的蚕种量占推广量的70%左右,基本实现了省内自繁的目标,彻底改变了依靠省外繁育雄蚕种的局面,对加快雄蚕种的推广具有重要意义。

表 105-3-2-1　　1949—2010 年浙江省在生产上应用的蚕品种(原种)一览表

时　期	类别	系统	品　种　名
1949—1959	多丝量品种(11)	中系(6)	华 8、华 9、镇 2、镇 8、镇 12、苏 17
		日系(5)	瀛翰、镇 1、镇 5、镇 11、苏 16
	中丝量品种(4)	中系(3)	华 10、兰 5、镇 10
		日系(1)	瀛文
1960—1969	多丝量品种(13)	中系(7)	华 8、华 9、镇 8、镇 12、苏 17、华合、镇 8・苏 13
		日系(6)	瀛翰、镇 5、镇 11、苏 16、东肥、镇 5・苏 12
	中丝量品种(8)	中系(6)	华 10、兰 5、306、镇 22、141、苏 13
		日系(2)	瀛文、苏 12
1970—1979	多丝量品种(14)	中系(7)	华合、苏 17、杭 7、春 3、中华、镇 12、苏 1
		日系(7)	东肥、苏 16、杭 8、春 4、浙原、镇 11、东肥・671
	中丝量品种(10)	中系(7)	东 34、306、华 10、141、浙 2、浙农 1 号、苏 3
		日系(3)	603、苏 12、苏 4
1980—1989	多丝量品种(10)	中系(5)	杭 7、菁松、华合、浙蕾、苏春
		日系(5)	杭 8、皓月、东肥、春晓、镇丰
	中丝量品种(13)	中系(7)	浙农 1 号、薪杭、东 34、蓝天、诸花、芳山、芙蓉
		日系(6)	苏 12、科明、白云、朝霞、星・明、湘晖
1990—2000	多丝量品种(14)	中系(7)	菁松、浙蕾、春・蕾、华峰、杭 7、繁花、苏・镇
		日系(7)	皓月、春晓、镇・珠、雪松、杭 8、春梅、春・光
	中丝量品种(25)	中系(12)	芳山、薪杭、丰 1、秋丰、芙蓉、浙农 1 号、蓝天、芳草、浒花、夏 7、黄鹤、龙限
		日系(13)	星・明、科明、白云、54A、白玉、湘晖、苏 12、晨・星、秋星、富日、夏 6、朝霞、旭日
2001—2010	多丝量品种(8)	中系(4)	菁松、春・蕾、浙蕾、群丰
		日系(4)	皓月、镇・珠、春晓、富・春
	中丝量品种(28)	中系(14)	秋丰、丰 1、薪杭、夏 7、明・丰、华・秋、春华、苏・菊、秋华、9・芙、芳草。雄蚕品种:秋・华、秋丰、限 7
		日系(14)	白玉、54A、白云、夏 6、春・玉、松・白、秋实、明・虎、富日、7・湘、晨・星。雄蚕品种:平 30、平 28、平 48

资料来源:冯家新:《浙江省 1949—2010 年蚕品种推广情况与分析》,《蚕桑通报》2011 年第 4 期,第 2 页。

说明:1. 括号内数字为品种数量。2. 对 2001—2010 年中丝量品种数作了修订。

表 105-3-2-2　　1949—2010 年浙江省在生产上应用的杂交组合一览表

时期	类别	蚕品种名
1949—1959	多丝量品种(6)	华 8×瀛翰、华 9×瀛翰、镇 1×镇 2、镇 5×镇 8、镇 11×镇 12、苏 17×苏 16
	中丝量品种(3)	华 10×瀛文、兰 5×华 10、镇 5×镇 10
1960—1969	多丝量品种(7)	华 9×瀛翰、苏 17×苏 16、华 8×瀛翰、镇 5×镇 8、镇 11×镇 12、华合×东肥、镇 8・苏 13×镇 5・苏 12
	中丝量品种(5)	306×华 10、华 10×瀛文、兰 5×华 10、306×镇 22、141×苏 12
1970—1979	多丝量品种(8)	华合×东肥、苏 17×苏 16、杭 7×杭 8、春 3×春 4、中华×浙原、苏 1×春 4、镇 11×镇 12、华合×东肥・671
	中丝量品种(8)	东 34×603、东 34×苏 12、306×华 10、浙农 1 号×苏 12、141×苏 12、东 34×浙 2、306×苏 17、苏 3×苏 4
1980—1989	多丝量品种(5)	杭 7×杭 8、菁松×皓月、华合×东肥、浙蕾×春晓、苏春×镇丰
	中丝量品种(7)	浙农 1 号×苏 12、薪杭×科明、东 34×苏 12、蓝天×白云、诸花×朝霞、芳山×星・明、芙蓉×湘晖
1990—2000	多丝量品种(7)	菁松×皓月、浙蕾×春晓、春・蕾×镇・珠、华峰×雪松、杭 7×杭 8、繁花×春梅、苏・镇×春・光
	中丝量品种(14)	芳山×星・明、薪杭×科明、薪杭×白云、丰 1×54A、秋丰×白玉、芙蓉×湘晖、浙农 1 号×苏 12、蓝天×白云、芳草×晨・星、浒花×秋星、丰 1×富日、夏 7×夏 6、黄鹤×朝霞、龙限×旭日
2001—2010	多丝量品种(4)	菁松×皓月、春・蕾×镇・珠、浙蕾×春晓、群丰×富・春
	中丝量品种(13)	秋丰×白玉、丰 1×54A、薪杭×白云、夏 7×夏 6、明・丰×春・玉、华・秋×松・白、春华×秋实、秋丰×平 28、苏・菊×明・虎、秋华×平 30、丰 1×富日、9・芙×7・湘、芳草×晨・星

资料来源:冯家新:《浙江省 1949—2010 年蚕品种推广情况与分析》,《蚕桑通报》2011 年第 4 期,第 2 页。

说明:括号内数字为品种数量。

表 105-3-2-3　1949—2010 年浙江省原种和杂交组合数及主推蚕品种制种量的比例一览表

项目			1949—1959 年	1960—1969 年	1970—1979 年	1980—1989 年	1990—2000 年	2001—2010 年	除去重复的蚕品种数
原种（个）	多丝量品种	中系	6	7	7	5	7	4	20
原种（个）	多丝量品种	日系	5	6	7	5	7	4	19
原种（个）	多丝量品种	小计	11	13	14	10	14	8	39
原种（个）	中丝量品种	中系	3	6	7	7	12	14	28
原种（个）	中丝量品种	日系	1	2	3	6	13	14	23
原种（个）	中丝量品种	小计	4	8	10	13	25	28	51
原种（个）	合计		15	21	24	23	39	36	90
杂交组合（对）	多丝量品种		6	7	8	5	7	4	21
杂交组合（对）	中丝量品种		3	5	8	7	14	13	32
杂交组合（对）	合计		9	12	16	12	21	17	53
主推蚕品种占同类品种生产量的比例(%)	多丝量品种		华 8×瀛翰（43.43）	华 9×瀛翰（39.55）	华合×东肥（60.50）	杭 7×杭 8（47.70）	菁松×皓月（49.33）	菁松×皓月（87.16）	–
主推蚕品种占同类品种生产量的比例(%)	多丝量品种		–	苏 17×苏 16（24.41）	–	菁松×皓月（28.37）	浙蕾×春晓（35.52）	–	–
主推蚕品种占同类品种生产量的比例(%)	中丝量品种		华 10×瀛文（93.15）	306×华 10（87.33）	东 34×603（34.16）	浙农 1 号×苏 12（78.96）	芳山×星・明（22.90）	秋丰×白玉（71.63）	–
主推蚕品种占同类品种生产量的比例(%)	中丝量品种		–	–	东 34×苏 12（32.88）	–	薪杭×科明（17.30）	–	– –

资料来源：冯家新：《浙江省 1949—2010 年蚕品种推广情况与分析》，《蚕桑通报》2011 年第 4 期，第 3 页。

说明：对 2001—2010 年中丝量原种数量作了修订。

表 105-3-2-4 1960—2010 年浙江省主要推广蚕品种发种量一览表

类别	蚕品种	发种量(张)	排序	起讫年份
多丝量品种	菁松×皓月	15144433	1	1982—2010
	华合×东肥	6839238	2	1968—1989
	浙蕾×春晓	6575259	3	1985—2003
	杭 7×杭 8	5735247	4	1976—1993
中丝量品种	秋丰×白玉	14270832	1	1986—2010
	浙农 1 号×苏 12	12231978	2	1975—1993
	306×华 10	5566209	3	1960—1975
	芳山×星·明	4769894	4	1988—1997
	丰 1×54A	4678623	5	1989—2010
	薪杭×科明	4260451	6	1985—1999
	薪杭×白云	3897515	7	1991—2010
	东 34×苏 12	3889199	8	1972—1985
	东 34×603	3373384	9	1972—1981

资料来源：冯家新：《浙江省 1949—2010 年蚕品种推广情况与分析》,《蚕桑通报》2011 年第 4 期，第 3 页。

三、蚕品种审定

1974 年 4 月 28 日，省农林局、省一轻局、省商业局、省农科院发出《关于认真做好桑蚕新品种试验鉴定工作的意见》，组成由省农林局等四单位有关专家参加的省桑蚕新品种试验鉴定工作小组，统一领导新品种生产鉴定工作。在院、校、场开展实验室鉴定，鉴定点为省农科院蚕桑研究所、浙江农业大学蚕桑系、诸暨五七农校(后改为绍兴市农业学校)、省农业厅原蚕种场，参鉴品种有华合×东肥、东 34×苏 12；农村鉴定的鉴定点为海宁县石路公社联和大队、长兴县后洋公社霞城大队、嘉兴县(今嘉兴市秀洲区、南湖区)马桥公社国庆大队、嵊县富润公社范二大队、吴兴县(今湖州市吴兴区、南浔区)织里公社王母斗大队、嘉善县惠民公社小乔大队、临安县昌化公社高黎大队、衢县(今衢州市衢江区)高家公社高家大队，参鉴品种有中华×浙原 2 号、杭 7×杭 8 等 9 对品种。浙江为全国最早建立蚕品种鉴定组织并开展新品种鉴定工作的省份之一。

1980 年，农业部发布了《桑蚕品种国家审定条例》，并组织成立全国桑蚕品种审定委员会和全国蚕品种鉴定试验网点，促进了浙江蚕品种鉴定和审定工作走上规范化的新阶段。浙江蚕品种审定工作由省农作物品种审定委员会负责，下设桑蚕专业小组；日常工作由省农作物品种审定委员会办公室负责，新品种试验工作由省农业厅经济作物管理局承担。

2000年7月8日,《中华人民共和国种子法》审议通过,蚕种未被列为主要农作物,国家蚕品种审定因而中止。但浙江考虑到蚕桑的悠久历史、在全国的影响以及在国民经济中的地位与作用,仍将蚕作为特殊农作物,并坚持了审定制度,从而成为全国蚕品种审定工作从未间断的个别省份。

根据《中华人民共和国畜牧法》,2006年6月15日,农业部第十四次常务会议审议通过了《蚕种管理办法》,规定:“新选育的蚕品种在推广应用前应当通过国家级或者省级审定。”① 2006年7月28日,省第十届人民代表大会常务委员会第二十六次会议通过了《浙江省蚕种管理条例》。随着《蚕种管理办法》《浙江省蚕种管理条例》的实施,蚕品种审定的法律地位得到进一步确立。

2007年,根据《浙江省蚕种管理条例》,制定了《浙江省蚕品种审定细则》,进一步规范了新品种审定工作。按照《浙江省蚕品种审定细则》规定,蚕品种审定必须先经多点多年品种试验。品种试验包括实验室共同试验和农村生产试验。实验室共同试验由省蚕种管理部门统一组织实施,在4个以上实验室同时进行。农村生产试验由品种选育单位组织实施,选2个市4个年产茧500吨以上的县进行,每个县一期饲养25张以上蚕种。试验时间均应达到各2个年度,即一个新品种的试验时间一般要4年。一般多丝量品种(茧丝长在1200米以上)在春蚕期试验,中丝量品种(茧丝长在900米～1200米)在秋蚕期试验,以同类型品种作对照,各重复1次。实验室共同试验2年平均成绩,主要项目全部达到,且至少3项辅助项目达到要求的,可通过实验室试验。通过实验室试验的蚕品种,可以参加农村生产试验。

表105-3-2-5　　2007年浙江省蚕品种实验室共同试验的项目与指标一览表

类别	项　目	指　　标
主要项目	万头产茧层量	高于对照种
	解舒丝长	多丝量品种1000米以上,中丝量品种700米以上;或超过对照种
	净度	93分以上,或超过对照种并在90分以上
	四龄起蚕虫蛹率	多丝量品种不得低于对照种1个百分点,中丝量品种不得低于对照种2个百分点
	雄蚕率(适用于雄蚕品种)	98%以上
辅助项目	实用孵化率	95%以上
	万头产茧量	不低于对照种2个百分点
	五龄一日万头茧层量	不低于对照种2个百分点
	鲜毛茧出丝率	高于对照种
	纤度	2.2D～3.2D

资料来源:浙江省农作物品种审定委员会:《浙江省蚕品种审定细则》。

① 2011年,农业部决定恢复全国蚕品种审定工作,重新组建了国家蚕品种审定专业委员会,并于2011年2月在北京召开了第一次专业委员会会议。

农村生产试验2年平均成绩，3项全部达到要求的，可通过农村生产试验。在农村生产试验期间，省农作物品种审定委员会桑蚕专业组组织一次对参试品种的实地考察，并对是否推荐参加品种审定做出结论。

表105-3-2-6　　2007年浙江省蚕品种农村生产试验项目与指标一览表

项　目	指　　标
解舒丝长	多丝量品种850米以上，中丝量品种650米以上；或超过对照种
净度	92分以上，或超过对照种并在90分以上
张种产茧量	不低于对照种2个百分点

资料来源：浙江省农作物品种审定委员会：《浙江省蚕品种审定细则》。

在上述审定指标中，万头产茧层量、五龄一日万头茧层量、万头产茧量、张种产茧量为产量要求，产量要求主要考察新品种的稳产高产性能；四龄起蚕虫蛹率、实用孵化率为健康度要求，健康度要求主要考察新品种对环境的适应性；解舒丝长、净度、鲜毛茧出丝率、纤度为茧质要求，茧质要求作为新品种最主要的性状，其主要项目只要有一项不达标，就不能通过审定。

通过实验室试验、农村生产试验的新品种，可以申请参加省农作物品种审定委员会审定。经省农作物品种审定委员会审议通过，取得品种审定证书的新品种，可大面积繁育推广。经国家或其他省省级审定通过的蚕新品种，须经引进地适应性试养后才可在浙江推广。

1985—2010年，全省共审定通过蚕新品种23对，其中多丝量品种7对，中丝量品种16对(含雄蚕品种3对)；在品种审定工作开始前，已在生产上大面积应用的认定蚕品种3对，其中多丝量品种2对，中丝量品种1对。这些品种许多都在不同阶段对浙江蚕茧产量与质量的提高发挥了重要作用，如华合×东肥、杭7×杭8、浙蕾×春晓、浙农1号×苏12、薪杭×科明等；有的从推广起就为主要品种，如菁松×皓月、秋丰×白玉等。

表105-3-2-7　　1985—2010年浙江省审定合格蚕新品种一览表

品种类别	品种名	原始亲本	育成单位、育成和审定时间及证书号
多丝量	菁松×皓月	菁松：781(杭15)×757(杭11) 皓月：782(杭16)×758(杭12)	中国农科院蚕业研究所(育成1978年，审定1985年，浙品审字第025号)
	浙蕾×春晓	浙蕾：753×757 春晓：春4×758	浙江省农科院蚕桑研究所(育成1979年，审定1986年，浙品审字第030号)
	繁花×春梅	繁花：学9×793 春梅：春晓×792	浙江省农科院蚕桑研究所(育成1987年，审定1992年，浙品审字第084号)

续表 1

品种类别	品种名	原始亲本	育成单位、育成和审定时间及证书号
多丝量	华·秋×松·白	华:华峰 秋:秋丰 松:雪松 白:白玉	湖州市蚕桑研究所(育成 1997 年,审定 2001 年,浙品审字第 239 号)
	春·华×秋·实	春·华:秋丰×芳华 秋·实:新日×416	浙江省农科院蚕桑研究所(育成 2000 年,审定 2004 年,浙审蚕 2004001)
	明·丰×春·玉	明(华明):学 11×C8405 丰:秋丰 春(春日):832×科 2 玉:白玉	浙江省农科院蚕桑研究所(育成 2002 年,审定 2007 年,浙审蚕 2007002)
	华·东×春·晨	[华峰 A×(菁松 A×571)]×[(雪松×苏 8)×(皓月 A×96)]	湖州市农业科学研究院(育成 2005 年,审定 2010 年,浙审蚕 2010001)
中丝量	薪杭×科明	薪杭:新 9×731(杭 8) 科明:764×东肥	浙江省农科院蚕桑研究所(育成 1980 年,审定 1985 年,浙品审字第 026 号)
	诸花×朝霞	诸花:新 9×杭 15(781) 朝霞:[(苏 16×658)×东肥]×782	绍兴市农校(育成 1981 年,审定 1986 年,浙品审字第 029 号)
	蓝天×白云(科 7 康 2)	蓝天:37 中×杭 11(757) 白云:764×皓月	浙江省农科院蚕桑研究所(育成 1982 年,审定 1986 年,浙品审字第 028 号)
	芳山×星·明	芳山:539×763 星(星光):科 2×朝霞 明(科明):764×东肥	浙江省农科院蚕桑研究所(育成 1984 年,审定 1989 年,浙品审字第 057 号)
	秋丰×白玉	秋丰:(755×37 中)×丰秋 白玉:532×[(镇 3 改×403)×532]	中国农科院蚕业研究所(育成 1983 年,审定 1990 年,浙品审字第 063 号)
	芳华×星宝	芳华:科 7×诸 1 星宝:7532×2 秋	浙江省农科院蚕桑研究所(育成 1985 年,审定 1991 年,浙品审字第 076 号)
	薪杭×白云	薪杭:新 9×731 白云:764×皓月	浙江省蚕种公司(育成 1990 年,审定 1994 年,浙品审字第 115 号)

续表 2

品种类别	品种名	原始亲本	育成单位、育成和审定时间及证书号
中丝量	芳草×晨·星	芳草:秋丰×957 晨(晨光):794×湘辉 星(星光):白玉×532	浙江农业大学蚕学系(育成 1992 年,审定 1996 年,浙品审字第 145 号)
	丰 1×富日	丰 1:东丰×792 富日:54A×白玉	湖州市蚕桑研究所(育成 1991 年,审定 1996 年,浙品审字第 146 号)
	秋菊×新 6	秋菊:学 9×康 1 新 6:(白玉×白云)×白云	浙江省农科院蚕桑研究所(育成 1997 年,审定 2002 年,浙品审字第 381 号)
	同·丰×新玉	同:(871×秋丰 B 系)×秋丰 B 系 丰:秋丰 A 系 新玉:白玉的异品系(B×C)	桐乡市蚕业有限公司(育成 2003 年,审定 2007 年,浙审蚕 2007003)
	钱塘×新潮	钱塘:丰 1×芳山 新潮:氟 2×54A	浙江省农科院蚕桑研究所(育成 2003 年,审定 2008 年,浙审蚕 2008001)
	恒丰×富玉	[(755×浙蕾)×(丰 1×秋丰)]×白玉	浙江省农科院蚕桑研究所(育成 2005 年,审定 2010 年,浙审蚕 2010002)
雄蚕	秋·华×平 30	秋:秋丰 华:华光 平 30:S-14×白云	浙江省农科院蚕桑研究所(育成 2001 年,审定 2005 年,浙审蚕 2005001)
	秋丰×平 28	秋丰:(755×37 中)×丰秋 平 28:S-14×白玉	浙江省农科院蚕桑研究所(育成 2002 年,审定 2007 年,浙审蚕 2007001)
	限 7×平 48	限 7:夏 7×薪杭 平 48:S-14×夏 6	浙江省农科院蚕桑研究所(育成 2004 年,审定 2009 年,浙审蚕 2009001)

资料来源:浙江省农作物品种审定委员会办公室:《浙江省农作物品种审(认)定品种汇编(1983—2009)》;浙江省农业厅公告(2010 年第 2 号)。

表 105-3-2-8　　1985—2010 年浙江省认定蚕品种一览表

品种名	品种类别	育成单位及证书号
浙农 1 号×苏 12	中丝量	浙江农业大学,1985 年浙品认字第 044 号
杭 7×杭 8	多丝量	浙江省蚕种公司引进,1985 年浙品认字第 045 号
华合×东肥	多丝量	浙江省蚕种公司引进,1985 年浙品认字第 046 号

资料来源:浙江省农作物品种审定委员会办公室:《浙江省农作物审(认)定品种汇编(1983—2009)》;浙江省农业厅公告(2010 年第 2 号)。

2000—2010年，全省主要推广品种仍以菁松×皓月、秋丰×白玉为主。

表105-3-2-9　1949—1999年浙江省主要推广蚕品种(多丝量一代杂交种)性状一览表

项目	华8×瀛翰	华9×瀛翰	苏17×苏16	华合×东肥	杭7×杭8	浙蕾×春晓	菁松×皓月
系统	中×日	中×日	中×日	中×日	中×日	中×日	中×日
化性	2	2	2	1	2	2	2
眠性	4	4	4	4	4	4	4
克蚁头数	2040	2119	2374	2150	2048	1930	1956
五龄经过(日:时)	-	-	8:00	7:18	7:01	7:06	7:10
幼虫经过(日:时)	27:12	27:14	24:08	24:11	22:03	22:01	22:12
万蚕产茧量(千克)	-	-	-	-	23.56	25.32	23.61
万蚕产茧层量(千克)	-	-	-	-	5.729	6.358	5.869
千克茧颗数(粒)	463	476	477	400	420	394	431
茧形	浅束腰	浅束腰	浅束腰	长椭圆、浅束腰	长椭圆、浅束腰	长椭圆、浅束腰	长椭圆、浅束腰
茧色	白	白	白	白	白	白	白
缩皱	中等	中等	细	中细	中等	中等	中等
全茧量(克)	2.16	2.16	2.09	2.56	2.38	2.54	2.38
茧层量(克)	0.422	0.412	0.457	0.548	0.579	0.626	0.589
茧层率(%)	19.54	19.61	21.81	21.92	24.33	24.65	25.39
茧丝量(克/粒)	-	-	-	0.4358	0.4415	0.4150	0.4463
茧丝长(米)	1086.0	1085.0	1253.4	1269.2	1387.2	1418.8	1447.3
解舒丝长(米)	-	-	1019.0	1015.7	796.3	868.5	958.6
解舒率(%)	-	-	81.13	80.30	57.42	61.21	66.23
茧丝纤度(D)	3.17	3.86	2.80	3.04	3.00	3.07	2.87
净度(分)	-	-	-	93.88	99.10	99.50	91.40
干毛茧出丝率(%)	-	-	-	41.64	43.05	42.33	43.62
调查时间	1955年春	1955年春	1972年春	1978年秋	1988年春	1988年春	1988年春
调查单位	江苏省蚕丝学校		浙江农业大学蚕种组				

资料来源：冯家新：《蚕种研究文集》，浙江大学出版社2000年版，第41—47页。

表 105-3-2-10　1949—2010 年浙江省主要推广蚕品种(中丝量一代杂交种)性状一览表

项目	华 10×瀛文	306×华 10	东 34×603	东 34×苏 12	浙农 1 号×苏 12	芳山×星·明	薪杭×科明	秋丰×白玉
系统	中×日	中×中	中×日	中×日	中×日	中×日	中×日	中×日
化性	2	2	2	1	2	2	2×1	2
眠性	4	4	4	4	4	4	4	4
克蚁头数(头)	2353	2341	2230	2250	2161	2300	2059	2170
五龄经过(日:时)	-	7:13	6:12	6:20	6:18	5:16	6:23	6:05
幼虫经过(日:时)	26:05	22:06	20:09	20:17	21:02	19:05	21:20	20:16
万蚕产茧量(千克)	-	-	-	-	-	15.94	20.47	17.10
万蚕产茧层量(千克)	-	-	-	-	-	3.705	4.751	3.752
千克茧颗数(粒)	510	637	562	592	521	645	495	553
茧形	浅束腰	长椭圆	浅束腰	浅束腰	长椭圆、浅束腰	长椭圆	长椭圆、浅束腰	长椭圆、微束腰
茧色	白	白	滞白	白	白	白	白	白
缩皱	中等	中等	中等	中等	偏粗	中等	中细	中等
全茧量(克)	1.96	1.57	1.78	1.69	1.92	1.69	2.02	1.79
茧层量(克)	0.335	0.275	0.361	0.334	0.385	0.392	0.470	0.392
茧层率(%)	17.08	17.52	20.28	19.76	20.05	23.05	23.27	21.90
茧丝量			0.2811	0.2627	0.3125	0.3134	0.3857	0.3200
茧丝长(米)	1070.0	786.8	1064.9	974.8	1092.4	1135.0	1144.7	1148.0
解舒丝长(米)	-	615.5	703.1	746.2	937.9	741.0	907.8	830.0
解舒率(%)	-	80.77	66.02	79.23	85.86	65.58	19.30	72.28
茧丝纤度(D)	2.62	2.21	2.38	2.48	2.55	2.48	2.98	2.50
净度(分)	-	-	84.75	91.25	99.50	93.36	99.60	93.16

续表

品种名	华10×瀛文	306×华10	东34×603	东34×苏12	浙农1号×苏12	芳山×星·明	薪杭×科明	秋丰×白玉
干毛茧出丝率(%)	-	-	38.75	38.16	40.99	16.38*	44.90	14.48*
调查时间	1955年春	1972年秋	1978年秋	1978年秋	1988年秋	1986年秋	1988年秋	1987年秋
调查单位	江苏省蚕丝学校	浙江农业大学蚕种组						中国农科院蚕业研究所

资料来源:冯家新:《蚕种研究文集》,浙江大学出版社2000年版,第41—47页。

说明:标"*"的为鲜茧出丝率。

第三节　蚕种繁育与质量检验

古代蚕种的繁育,由制种者自留或收购种茧制种。民国20年(1931年),确定了原原种、原种、一代杂交种的繁育制度;1955年,规定了四级繁育;1959年,改为三级繁育四级制种。20世纪50年代,制定蚕种质量标准与监管要求。80年代,国家、省政府投入专项资金对蚕种场设施进行改造,添置空调等设备。90年代中期,是中华人民共和国成立后浙江蚕种微粒子病暴发最为严重的时期。1998年,全省淘汰超过合格标准(以检验蚕种生产批为单位,检出带有微粒子孢子的蚕种占全部蚕种量≤0.2%为合格)蚕种90.3万张,在省农业厅全面总结推广"三控一严"的微粒子病防治措施后,病情得到基本控制。1998年,制定了首个桑蚕种省级地方标准。2006年,《浙江省蚕种管理条例》将蚕种微粒子病列为检疫对象。

一、生产设施

(一)蚕种场设施

在蚕种场创建前,对蚕种生产设施没有统一规定与要求。

民国25年(1936年)2月,省蚕丝统制委员会公布《蚕种制造条例》,对蚕种场的开设、设备的添置、主任技术员的资历等都做了规定。民国26年1月,省蚕桑改良场下达养蚕设施指令,各蚕种场设备基本为:蚕室,以南北向为多,上有天花板,下有地板,两侧窗户均有玻璃及铁纱的二重装置,且上下有换气洞,蚕室大小依蚕匾高度计算,每排为10档或11档。贮桑室,能密闭保湿,面积为蚕室四分之一左右。上蔟室,芦帘按每41.5平方尺大小计10张(每张长1丈),有补排湿、调光等装置,蔟室面积是蚕室面积的一倍。蚕具,按蚁量37.3克计,蚕匾80只~100只,铅圈250只~300只,制种板50块~60块,隔离器200副(每副可容茧300

颗左右)，小蚕网 40 只，大蚕网 160 只。桑园，至少有能满足饲养蚁量四分之一以上蚕用桑的自有桑园，其余不足部分桑叶应有固定来源，桑园与场址距离 5 里以内。

1951 年，省蚕业改进所《浙江省蚕种监管施行细则》实施后，蚕种场设施基本确定为：蚕室，向南，高度 3.35 米，宽度 4.27 米，前后门窗 3.25 平方米，有走廊，南北窗外有一定距离的空地，有天花板、地板或水泥地，具有防病、换气、排湿、采光等装置。蚕室、上蔟室、贮桑室、附属室的比例为 10∶5∶5∶4；蚕室，每立方米饲养蚁量 0.6 克；每名技术员担任饲育蚁量 240 克。

1958 年，省农业厅颁布的《浙江省蚕种生产检验办法》实施后，蚕种场的蚕室、上蔟室、贮桑室、低温室、蚕种保护室、其他附属室和养蚕、制种、消毒、病毒检验、种茧品质调查等仪器设备有合理而相称的配备。原蚕区种场的设施设备，也基本达到专业蚕种场的相同条件。蚕种场的桑园配备，按饲养蚁量 100 克，用桑叶 8500 千克计算，且有适当的早生、晚生桑。原种以上各级蚕种的桑园，配备一定比例的早生、中生、晚生桑品种。

1962 年，省农业厅《浙江省蚕种生产检验办法》修订实施后，一代杂交种场的生产规模，以春期饲养原蚕蚁量 1000 克～2500 克为原则。新建或扩建蚕种场经实地调查勘测，具备以下条件：自然条件好，气候高爽，温度低；水源充足；土壤适宜栽桑；交通便利；非工矿区，无煤烟等为害叶质；无微粒子病毒等。新建蚕室等，以正南向为主，生产用房前后间隔距离，平房 15 米以上、楼房 20 米以上；生产用房，高 3.5 米，宽度 4.5 米，进深能并列 8 只蚕匾，至少有 2 米的内走廊；南北各有 4 平方米以上对流窗；蚕室、上蔟室和蚕种保护室有灰幔或天花板、地板或水泥地。低温室，能保持 10℃以下温度。蒸气消毒灶，能达到 100℃的性能。原蚕区，利用民房改造蚕室，净高度不低于 2.7 米，净进深不少于 6 米，上有灰幔，南北有对流窗。生产一代杂交种的蚕种场，蚕室 1 立方米容积的最大饲养蚁量为 0.4 克。生产原种的蚕种场，原原种每蛾有 1 平方米的蚕匾面积，原种每克蚁量有 4 平方米的蚕匾面积。蚕室、上蔟室、贮桑室、附属室的比例，原种场为 10∶10∶5∶10，一代杂交种为 10∶7∶5∶7。

20 世纪 70 年代末至 80 年代初，国家对蚕种场加大投资力度，以改善蚕种场生产条件。全省累计新建了蚕室等生产用房 2.8 万平方米，附属室和生活用房 1.62 万平方米，添置空调机 491 台，冷风机 57 台。

1998 年 2 月 19 日，省技术监督局发布了浙江首个省级蚕种地方标准 DB 33/T 217.3—1998《桑蚕种生产技术规程》，规范了生产用房的配备。

表 105-3-3-1　　1998 年蚕种场生产用房配备一览表

单位：平方米

蚕种类别	蚕室	蔟室	贮桑室	附属室
一代杂交种	100	70	50	70
原种	100	100	50	100
原原种、母种	按每 4 蛾区折合 1 克原种计算			

资料来源：浙江省技术监督局：《桑蚕种生产技术规程》(DB 33/T 217.3—1998)。

2007年6月18日，省农业厅印发《关于做好新建蚕种生产企业生产条件评估工作的通知》，规定蚕种生产设施设备的配备：桑园面积，每期生产1万张原种配120亩以上，其中小蚕专用桑园占20%以上；每期生产1万张一代杂交种配100亩以上；生产用房，符合省地方标准配备要求，辅助设备及仪器与生产规模相匹配。

(二)蚕种冷藏设施和蚕种冷库

20世纪20年代前，农家自留土种，一般在自然状态下越冬。民国13年(1924年)，推广一代杂交种后，因早期制造的蚕种都为越年种，即当年6月制的蚕种到次年4月发放饲养，须经长达10个月的保护。其中当年12月至次年4月须将蚕种保护在5℃左右的环境下。最初冷藏蚕种采用冰库，即冬天在河塘取冰，装入铁皮制槽中，置于可密闭的小间上方，降低室内温度。当蚕种整理挖补后，即放入保护，每日记载温湿度，直至发种时出库，各大、小种场都有冷库。

饲养夏蚕、秋蚕后，春制越年种须经冷藏、浸酸等活化处理方可使用。冷藏、浸酸在产卵后就须在一定时间内施行，并严格控制温度。民国17年(1928年)，省蚕业试验场(杭州留下小和山)建了氨压缩机蚕种专用冷库。民国29年3月，在杭州虎林茧行内设立了杭州冷藏库，采用氨压缩机，日制冰能力3吨，冷藏蚕种能力25万张～30万张。在嵊县也曾建蚕种冷库1座。与此同时，在嘉兴蚕种场内设立大型冰库，冷藏蚕种能力10万张。

随着夏秋种生产量的增多，冷库的数量也随之增加，形式有三种：专为冷藏蚕种的独立冷库或冰库，部分时段用于冷藏蚕种的独立冷库或冰库，附设于蚕种制造场的冷库或冰库。为确保贮藏蚕种的安全，民国21年(1932年)3月，中央实业部发布了《实业部蚕种制造取缔规则浙江省施行细则》，规定新建冷库或冰库都须经所在地商品检验局转呈实业部核发蚕种冷藏许可证，标明冷库或冰库，独立或附设，容积、贮种数额和浸酸设备等。

1951年，省农林厅《浙江省蚕种监管施行细则》规定，蚕种冷藏库在未建前，先办理许可，批准后再行建造。1958年，按《浙江省蚕种生产检验办法》要求，各蚕种场冷藏库，确保温度－2℃～0℃的性能，并有相应蚕种量的浸酸、晾种、保护和整理等设备。1962年，冷库机械设备配备双套动力机和氨压缩机。

到20世纪80年代，全省共建有6座蚕种冷库。2007年，蚕种冷藏浸酸按蚕种生产申领“蚕种生产许可证”。由于蚕种生产数量减少，从2008年起，先后有5家蚕种冷库停用或转产。至2010年，全省仅留省蚕种质量检验检疫站1家。

1. 省蚕种质量检验检疫站

民国35年(1946年)，中国蚕丝公司在杭州市叶家弄设立杭州蚕种冷库。建有蚕种库房3间，低温室2间，以及相应的浸酸棚、机房、附属室等，库容30万张蚕种。中华人民共和国成立后，省农业厅于1958年在杭州市庆春门外新建蚕种冷库，1960年竣工启用。有库房9间，实用面积428.91平方米，其中外库173.75平方米，以及相应的浸酸棚、晾种室等。配有7.5万大卡压缩机3台，采用蒸汽加温浸酸，库容为140万张蚕种。1983年，研制并应用蚕卵快速风干设备。1984年，试制并应用电热油浴自动浸酸槽浸酸，并推广到江苏、四川、山东等蚕茧主产省。1990—1991 年，先后扩建改造，增加了库房 5 间，库房总面积 624 平方米，其中内库 403.7 平方米，外库 220.3 平方米，以及相应的浸酸棚、晾种室和附属室；配有 10.5 万大卡压缩机 2 台，100 千瓦发电机组 1 套，库容增为 200 余万张蚕种。

1999 年，利用杭州旧城改造的契机，与杭州滨江房地产开发公司实施土地置换异地改造，整体搬迁至杭州市九堡镇江干科技园区。根据科技园区的要求，单位名称更名为省农业厅蚕种科技服务中心。异地改造工程于 2004 年 3 月正式启动，项目占地 15 亩，包括冷藏库、检验楼、综合楼，总建筑面积 6700 平方米，其中库房面积 1000 平方米，具有冷藏和浸酸蚕种 200 万张、检验 80 万只蛾盒的生产能力，到 2005 年 5 月土建基本完工，总投资 1500 万元。冷藏库在全国率先采用了先进的钢框架结构，聚氨酯彩钢板隔墙的组合式构造（先后推广到广西、四川等地）；安装了新型的乙二醇螺杆式压缩机组，配有 56 千瓦制冷机 2 台、103 千瓦制冷机 1 台，采用全自动温湿度控制系统，在国内同行业中处领先地位。2005 年 11 月，正式投入使用，成为全省最主要的蚕种冷藏浸酸单位。2010 年起，承担全省所有蚕种冷藏浸酸任务。同年 4 月，更名为省蚕种质量检验检疫站。

2. 嘉兴蚕种场蚕种冷库

位于嘉兴市区，始建于 20 世纪 40 年代初，有库房 3 间，配有 3 万大卡压缩机 2 台，10 万大卡压缩机 1 台，用蒸汽加温浸酸，库容 15 万张～20 万张蚕种。1987 年，开始逐年扩建改造，1990 年竣工。新建蚕种库房 6 间，以及相应配套用房近 500 平方米，配有 10 万大卡压缩机 2 台，由蒸汽加温改为电热加温浸酸，扩建后可库容 45 万张蚕种左右，主要承担嘉兴市本级及嘉善、平湖等地蚕种冷藏浸酸任务。至 2010 年已停用。

3. 湖州塔山蚕种场蚕种冷库

1958 年冬，吴兴县农林局在湖州北门外计家桥筹建湖州蚕种场，1959 年 6 月建成，库容 30 万张蚕种。1969 年，湖州塔山蚕种场迁移重建，1973 年夏，开始投入使用，库容 40 万张蚕种。1990 年 9 月扩建，1991 年 6 月竣工并投入使用，内库面积 280 平方米，外库 140 平方米，低温室 340 平方米，以及相应的浸酸棚、晾种室和附属室。配有 11.6 万大卡、12.2 万大卡、18.4 万大卡压缩机各 1 台，备有 120 千瓦发电机组 1 套，库容 100 万张蚕种，主要承担湖州市本级及长兴等地蚕种冷藏浸酸任务。至 2010 年停用。

4. 桐乡市蚕种场蚕种冷库

位于桐乡市梧桐镇，于 1980 年筹建，1982 年冬投入使用。占地面积近 8 亩，库房建筑面积 532.8 平方米，其中蚕种库 251.2 平方米，机房、冰库 281.6 平方米，配有相应的晾种室 360 平方米，浸酸棚 200 平方米和生活附属用房。配有 10 万大卡压缩机 1 台，采用蒸汽加温浸酸，库容 25 万余张蚕种。1984 年，采用电热油浴自动控温浸酸槽浸酸。1989 年 10 月扩建，1990 年 5 月竣工投产。新建库房 531 平方米，冰库 240 平方米，生产配套用房 643.2 平方米，浸酸棚 200 平方米，增添 10.5 万大卡压缩机 1 台及其配套设备。扩建后库容 100 余万张蚕种，主要承担桐乡市三级原种、蚕种质资源、一代杂交种冷藏浸酸。至 2010 年已停用。

5. 德清县蚕种场蚕种冷库

位于德清县城关镇，1957 年，建天然冰库 3 间，库容 6 万余张蚕种。1959 年，新建蚕种冷库,占地近3亩,库房建筑面积共426平方米。其中蚕种库房36平方米,机房64平方米以及相应的晾种室和浸酸棚等用房326平方米,配有3万大卡、1.5万大卡压缩机各1台,库容30万张蚕种,主要承担德清县蚕种冷藏浸酸任务。至2008年已停用。

6. **临海蚕种场蚕种冷库**

位于临海市城西半坑临海蚕种场内,1974年建成投产,库容20万张蚕种,主要承担台州地区各县蚕种冷藏浸酸任务。至1998年已停用。

二、繁育制度

古代,养蚕农民对选择种茧积累了"收取种茧,必取居蔟中者"①的经验,俗称为"抽龙筋"。宋代,已有种茧采摘时间与发蛾整齐度的经验,"若自摘种,必择茧之早晚齐者,则蛾出亦齐矣"②。清代,强调选蚕、选蛾制种,"留种之要,在先择蚕。种蚕无病,子方无病。大眠后当拣取整齐、强健之蚕,日以蘖头叶饲之……老则另棚上之……若前此未及择蚕,则于蔟之上半截、择茧之坚硬洁白者留之""蛾须一一拣择,凡拳翅、秃眉、焦尾、赤肚等,概弃不用""蛾交须气足,以六时为期"③。选留制种都是年复一年优中选优的纯种,若养蚕成绩不好,则到外地购种。改良种推广之初,也仅是将从各地采集来的土种经分离和微粒子检查后的纯种。光绪二十六年(1900年),蚕学馆派毕业生分赴桐乡、吴兴和崇德(今属桐乡)等处筹办公立蚕种场,制造改良种,并帮助农家所制的土种进行蚕种微粒子病检查。

民国20年(1931年)冬,中央实业部核准《实业部蚕种制造取缔细则浙江省施行细则》,明确对蚕种繁育采取原原种、原种、普通种三级繁育制度,原原种和原种先在省蚕桑改良场制种。民国26年,中央实业部颁布《蚕种制造条例施行细则》,明确蚕种场所用原蚕种及其杂交方式,通过商品检验局或各省市主管机关报实业部指定,其中原蚕由中央直辖蚕业机关或省市立蚕业机关制造。但个别蚕种场经商品检验局或各省市主管机关审查条件符合生产原种的,报实业部核准后也可生产。浙江所需原种,大多由江苏大有蚕种场总场供应,因质量有保证,深得各蚕种场的信赖。民国35年,成立省蚕桑试验场筹备处(杭州留下小和山),后发展为省原蚕种场,供应一部分原种。

中华人民共和国成立之初,浙江每年从镇江蚕业研究所(1955年改为华东蚕业研究所,今中国农科院蚕业研究所)购买原原母种,用单蛾育繁育原原种,再从原原种用蚁量育繁育原种,供应各蚕种场饲养,制成一代杂交种。1955年,全国桑、蚕选种及良种繁育会议上,规定了蚕种四级繁育制度,即原原母种级、原原种级、原种级和普通种(又称一代杂交种)。鉴于购买的原原母种的各项性状往往不及原原种,因此,从1958年起中断了从华东蚕业研究所购买原原母种,采用从自培的原原种中选择优良蛾区留作母种。

1959年开始,全国原原母种的生产不再单独列为一级,将蚕种四级繁育制度改为三级繁

① 〔北魏〕贾思勰:《齐民要术》卷五《种桑、柘第四十五》。
② 〔宋〕陈旉:《农书》卷下《育蚕之法篇第三》。
③ 〔清〕汪曰桢:《湖蚕述》卷四。

育、四级制种的繁育制度，即饲养原原母种制原原种并择优选制原原母种，饲养原原种制原种，饲养原种制一代杂交种。这一繁育制度至2010年仍在使用。

三、繁育技术

（一）饲养形式

从1958年到20世纪60年代，繁育原原母种、原原种采用单蛾区育，繁育原种以蛾区1克蚁量育，繁育一代杂交种以4克或5克蚁量育。一代杂交种的原蚕饲育，以同一品种（品系）、同一来源、同日催青的为一催青批。收蚁时，将蚁量分为若干饲育批。如因蚕室条件关系，为便于技术处理，将两天所收的蚁量并为一个饲育批。经过种茧检查和选茧后，将几个饲育批合并为一个制种批。一代杂交种对交批的蚁量，以相等为原则，最多以100∶120的比例；对交批一方不合标准淘汰后，另一方虽调查合格，亦应淘汰。如在本场范围内，有其他批次适合对交，其调度的种茧（以粒数计算）最大以100∶140的比例为限。如发蛾调节处理不妥，而缺少雄蛾，亦不得向其他场调供制种。

从20世纪70年代至90年代，繁育原原种，一般采用单蛾区育，以同品种、同品系异蛾区交配。母种、原原种各品系的饲养蛾数不得少于16蛾，留种蛾数不得少于6蛾。繁育原种，采用蛾区蚁量育，每饲育区蚁量为1克或2克，以同品种异品系或同品系异蛾区交配。繁育一代杂交种，采用蚁量育，经种茧检验合格后，原种来源相同的各饲育批，并批制种。原原种繁育贯彻区选重于个体选，原种以个体选和区选并重。

1998年，首个蚕种生产省级地方标准制定。按照省地方标准DB 33/T 217.3—1998《桑蚕种生产技术规程》，及2007年修订的DB 33/T 217.4—2007《桑蚕种繁育技术规程》，繁育原原母种、原原种，采用单蛾区育，每1蛾蚁量为1饲育区，饲育量不少于20蛾区，采种不少于10蛾区；制种前不并区，严格实行同品种（品系）异蛾区交配制种，每蛾单独产卵，制成以14个卵圈为1张的框制种。繁育原种，采用蛾区蚁量育，一龄至三龄每饲育区为2克～4克蚁量；三龄后，经预知检查无微粒子病后可并区，但每区不超过20克蚁量；严格实行同品种异饲育区交配制种，杂交的原种按规定的组合交配，一个制种批的毛种数量不超过1000张，每蛾单独产卵，制成以28个卵圈为1张的框制种。繁育一代杂交种，采用分区蚁量育，一龄至三龄，每饲育区蚁量，专业场不超过50克，原蚕区以户为单位；三龄后，经预知检查无微粒子病，可适当并区。严格按规定的杂交组合进行异品种交配，不得改变杂交组合形式，先采用混合平附产卵，最后加工成品时制成盒装散卵，一个制种批计划生产的毛种数量不超过1万张。经微粒子病检疫合格后，加工成品蚕种时可将过小的制种批合并，但合并后每批成品蚕种总量不超过3000张，并有记录可追溯合并前的批次及质量检验、母蛾检疫情况。

（二）原蚕饲育

1. 饲育标准

原蚕饲育比以收获蚕茧为目的的普通蚕（又称丝茧育）饲养要求高。在土种生产及公私合营前，没有统一的饲养技术要求。1958 年的《浙江省生产检验办法》实施后，均按规定的原蚕饲养技术要求操作。

1998 年的 DB 33/T 217.3－1998《桑蚕种生产技术规程》，首次提出了原蚕饲养标准，2007 年修订为 DB 33/T 217.4－2007《桑蚕种繁育技术规程》。

表 105-3-3-2　　2007 年原蚕饲育标准一览表

项目	一龄	二龄	三龄	四龄	五龄
目的温度(℃)	27～28	27～28	26～27	24～25	24～25
目的湿度(%)	90	85～90	80～85	75～80	70～80
给桑次数(次/日)	3～4	3～4	3～4	4	4
切桑大小(平方厘米)	0.25～1.50	1.50～4	5～16	片叶	片叶或芽叶
除沙	眠除 1 次	起、眠除各 1 次	起、中、眠除各 1 次	起、眠除各 1 次，每天中除 1 次	起除 1 次，每天中除 1 次
蚕体消毒	收蚁、将眠各 1 次	起蚕、将眠各 1 次	起蚕、将眠各 1 次	起蚕、盛食、将眠各 1 次	起蚕、见熟各 1 次，龄中每天 1 次
最大蚕座面积(平方米/2 克蚁量)	0.24(收蚁 0.06)	0.65	2.00	4.00	10.00
匾数(只/2 克蚁量)	1	2	3	5	7～8

资料来源：浙江省质量技术监督局：《桑蚕种繁育技术规程》(DB 33/T 217.4－2007)。

说明：多丝量品种一龄至三龄的温度宜适当偏高。各眠眠中降低 1℃。

表 105-3-3-3　　2007 年原蚕各龄用叶标准

期别	项目	收蚁当日	一龄	二龄	三龄	四龄	五龄
春期	叶色	黄绿色	嫩绿色	绿色	较深绿色	深绿色	深绿色
	叶位	最大叶上 1 叶	最大叶	最大叶下 1 叶～3 叶	止芯芽叶或片叶	止芯芽叶或片叶	全部采摘
	含水率(%)	78～80	77～78	75～76	75	74～75	71～73
秋期	叶色	黄绿色	嫩绿色	浅绿色	绿色	较深绿色	深绿色
	叶位	最大叶上 1 叶	最大叶	最大叶下 1 叶	第 6 叶至第 7 叶	第 8 叶至第 12 叶	梢部 5 叶～6 叶以外
	含水率(%)	78～80	77～78	75～76	75	74～75	71～73

资料来源：浙江省质量技术监督局：《桑蚕种繁育技术规程》(DB 33/T 217.4－2007)。

2. **蚕期质量预控**

1951年,为加强蚕种质量管理,省实业厅制定了《浙江省蚕种监督细则》,对收蚁批的过半数匾发现有传染病蚕,除硬化病外,其中有一匾超过5%的,作不合格处理。

1958年,省农业厅制定《浙江省蚕种生产检验办法》(以下简称《办法》),进一步加强了质量预控。原原种,蚕期发现0.3%传染性蚕病或有个别脓病、微粒子病者,则该区淘汰。原种,春期有0.4%传染性蚕病,秋期有1%传染性蚕病,或春期有0.2%脓病,秋期有0.5%脓病,或发现微粒子病,则该区淘汰。一代杂交种,一饲育批内传染性蚕病发病匾数超过50%,且其中一匾超过4%或有2%脓病,则该批不合格。一匾内,春期超过1%有传染性蚕病,秋期超过2%有传染性蚕病,或发现一次脓病,春期超过0.5%有脓病,秋期超过1%有脓病,则该匾蚕淘汰。一饲育区发现微粒子病,则整区淘汰。品种、品系间混杂的蛾区或1克区淘汰,则一代杂交种淘汰。《办法》的实施,促进了蚕种质量的提高。1962年,在总结1958年《办法》的基础上,对此做了修订,加强了蚕期中蚕病的检查和淘汰,原原种以蛾区为单位,原种以饲育区为单位,一代杂交种以饲育批为单位。严格淘汰不良蚕个体。各级蚕种严格执行各龄迟眠蚕的微粒子病预知检查,发现微粒子病的蛾区、饲育区、饲育批即予淘汰。1972年,省农业局发布《浙江省蚕种生产检验试行办法》,保留1962年的《办法》有关规定外,增加了原原种以蛾区,原种以饲育区,普通种以饲育批为单位在五龄第3天至第5天内进行健康调查。原原种调查中,对各龄病死蚕、蔟中病死蚕、不结茧蚕详细记载,正确计算虫蛹统一生命率。

1998年,首个省级地方标准DB 33/T 217.3—1998《桑蚕种生产技术规程》规定,原种、一代杂交种生产在收蚁时称蚁量。蚕期中,发育明显不齐,暴发蚕病、中毒等导致健康度严重下降而大批淘汰的批,不制种。对收蚁后的残蚁(死卵)、各龄期迟眠蚕按饲育区进行微粒子病预知检查,及时淘汰有微粒子病的饲育区。

2007年修订的DB 33/T 217.4—2007《桑蚕种繁育技术规程》,增加了对收蚁后的残蚁、死卵、各龄迟眠蚕以饲育区为单位进行微粒子病预知检查,及时淘汰有微粒子病的饲育区。各级蚕种按规定实行分区饲育,同一卵圈的蚁蚕只能在同一饲育区内饲养,不能分入不同饲育区。各级蚕种的繁育在饲养过程中及时淘汰性状不良的饲育区与个体。单蛾育的整区淘汰不符合品种、品系固有性状的饲育区。标准的实施,规范了蚕种生产技术,促进了浙江蚕种质量的提高。

3. **上蔟**

以饲育区为单位分区上蔟,蔟具以塑料折蔟为主,上蔟密度每平方米500头左右,下层蔟应适当降低密度。上蔟初期温度为25℃~26℃,形成茧壳后保持24℃,湿度75%以下。蔟中保持弱光,适当通风,避免强风和振动。

4. **微粒子病防控**

清光绪二十三年(1897年),浙江蚕学馆开始用显微镜检查蚕种母蛾微粒子孢子。在民国时期,均用显微镜检查母蛾,淘汰检出有微粒子病孢子蚕种。

中华人民共和国成立后,显微镜检查蚕种母蛾成为一种制度,一直执行。自中华人民共和国成立到20世纪90年代初，全省的微粒子病，除少数年份外，均为少量、零星分散发生；而全国其他蚕种主产省(区)在20世纪80年代末90年代初，出现了微粒子病暴发。为了做好微粒子病防控，1991年，省农业厅根据农业部的统一部署，制定了《浙江省家蚕良种繁育微粒子病防治技术细则(试行)》，成立了省家蚕良种繁育微粒子病防治领导小组。1996年，省农业厅经济作物管理局制定并实施了《家蚕原种质量监督实施办法》《家蚕母蛾抽样及蛾盒管理实施办法》，并开展了微粒子病普查。1996年，全省检验525.6万张毛种(未经处理蚕种)，微粒子病检出率超过0.5%标准而遭淘汰的蚕种达到63.5万张，淘汰率由1995年的1.54%跃升到12.09%；1998年，超标淘汰蚕种达90.3万张，淘汰率达到15.48%，为有微粒子病检验记录以来发病最高的时期。

1998年，桐乡、海宁通过试验，提出了全程桑叶叶面消毒技术，即一龄至五龄蚕期用叶，用0.3%的消特灵(或漂白粉)药液浸渍消毒，浸渍时间为5分钟～10分钟，并用清水漂洗干净后脱水晾干后喂饲。是年，省农业厅经济作物管理局制定并实施了《浙江省蚕种生产微粒子病防治技术细则(试行)》。1999年，省农业厅正式提出“三控一严”(即控制胚种传染、控制桑园虫害、控制环境污染和严格管理)的微防方针，并逐步形成了家蚕微粒子病综合防治技术体系，使微粒子病得到有效控制。2000—2010年，全省微粒子病超标淘汰率均保持在5%以内，处于全国前列。

(三)种茧处理与收购

1. 采茧

一般实行早采茧，上蔟后60小时左右，蚕吐丝基本结束时采茧。采茧前剖茧观察，于化蛹前采茧；若已开始化蛹，则改为迟采茧，待全部化蛹后采茧。

2. 种茧保护

将种茧平摊于蚕匾，用温度23℃～25℃、湿度75%～80%保护。见苗蛾后，相对湿度调整为80%～85%；羽化前2天～3天保持自然明暗，羽化前夜保持黑暗。

3. 种茧选除

1958年，按《浙江省蚕种生产检验办法》要求，原原种和原蚕种种茧进行严格个体选择淘汰。原蚕种生产用的种茧选茧率，春期不得少于15%，秋期不得少于20%；若该批种茧选茧率超过50%时，则为不合格。一代杂交种生产春期选茧率不得少于3%，秋期不得少于5%，裸蛹、双宫茧不得制种。

按1998年DB 33/217.1—1998《桑蚕种质量标准》，原原种选除茧率超过60%的蛾区不得留种，原种选茧后良茧率在99%以上才可制种；原种以上各级双宫茧不能制种；三眠蚕、五眠蚕可计算收茧量，但不能制种。DB 33/T 217.3－1998《桑蚕种生产技术规程》要求，剔除不符合品种固有性状的茧和淘汰薄皮茧、烂茧、畸形茧、绵茧、有色茧、深束腰茧、球形茧、尖头茧、穿孔茧、特小茧等不良茧及裸蛹。原原母种留种蛾区全茧量区间开差控制在0.1克以内，区内个体开差控制在0.2克以内。茧层量，蛾区内个体选择标准控制在当期留种区的全茧量平均值乘以茧层率合格标准所得值之上。原原种留种蛾区全茧量区间开差控制在0.2克以内,区内个体开差控制在 0.3 克以内。茧层量以达到合格标准之上为原则。2007 年修订的《桑蚕种繁育技术规程》(DB 33/T 217.4—2007),增加了原原母种、原原种种茧,蛾区选除茧率应不低于 28%,蛾区内个体选除茧率应不低于 25%,选茧后良茧率达到 100%的,方可制种。原原母种、原原种种茧选除茧率超过 60%的蛾区不能留种,原种种茧个体选除茧率应不少于总收茧量的 10%,选茧后良茧率在 90%以上的,方可制种。三眠蚕、五眠蚕可计算收茧量,但不能制种;原种以上各级种茧,双宫茧不能制种。在蚕期发育明显不齐,暴发蚕病、中毒等导致蚕健康度严重下降而产生大批淘汰蚕、种茧的,应严格控制制种。凡淘汰率达到 40%以上的饲育区,不能制种。

4. **种茧收购**

种茧收购是原蚕区种场向约定饲养原蚕的农户收购种茧,就地或回到种场种茧保护、制种的一个重要环节。自 1951 年首个原蚕饲育区建立至 20 世纪 80 年代,向农民收购原蚕种茧,均按茧层量、茧层率、死笼茧率和僵、蛆、伤蛹率等项目,评级得分,确定收购价格。

20 世纪 80 年代中期后,全省原蚕区发展迅猛,无论是原蚕区制种的绝对数量,还是所占的比例都大幅度提升,逐渐成为浙江蚕种生产的主要形式。传统的种茧评级方法,工作量过大,难以适应形势要求,1988 年春期,嘉兴市农林局将评级项目简化为良蛹率、千克茧颗粒两项。

1990 年,省蚕种公司根据"简便、易行、合理"的原则,对种茧评级办法进行改革,仅保留千克茧颗数、良蛹率两项,彻底改变了以茧层量、茧层率和死笼茧率、僵、蛆、伤,蛹率等多个评茧项目的传统评茧方法。实行这项改革后,评茧人员减少三分之一左右,评茧时间缩短 60%以上。

1993 年,又将良蛹率改为不良蛹颗数,基准分值由原来的 40 分调整为 100 分。同时,针对原蚕区饲养规模普遍偏小、批次较多的实际情况,允许饲养量较少的批可减半抽样调查,从而大大增强了可操作性和评茧效率。

在 1996—1999 年的实施过程中,先后修订了部分内容:一是将评茧指标分为必评指标和选评指标两大部分;二是必评指标只设不良蛹颗数;三是设置若干选评指标由生产单位自主决定,可选用若干项,也可不选;四是选评指标的修正方式,以百分率的形式直接修正基本茧价。此外,千克茧颗数不仅作为选评指标,而且还设置了上下限,凡是指标值超出上下限的,都要扣除茧价,以避免蚕农在饲养过程中克扣桑叶或种茧喷水布湿等弊端。1999 年,省农业厅经济作物管理局重新印发了《浙江省原蚕种茧评级办法》,至 2010 年仍适用。

表 105-3-3-4　1999 年浙江省原蚕种茧评级不良蛹颗数指标得分(必评指标)一览表

类别			得分								
			96	97	98	99	100	101	102	103	104
多丝量品种	浙蕾	春	22	20	18	16	14	12	10	8	6
		秋	32	30	28	26	24	22	20	18	16
	春晓	春	24	22	20	18	16	14	12	10	8
		秋	36	34	32	30	28	26	24	22	20
	菁松	春	22	20	18	18	14	12	10	8	6
		秋	32	30	28	26	24	22	20	18	16
	皓月	春	26	24	22	20	18	16	14	12	10
		秋	38	36	34	32	30	28	26	24	22
	春·蕾	春	20	18	16	14	12	10	8	6	4
		秋	30	28	26	24	22	20	18	16	14
	镇·珠	春	22	20	18	16	14	12	10	8	6
		秋	34	32	30	28	26	24	22	20	18
中丝量品种	薪杭	春	12	10	8	6	4	2	0	–	–
		秋	24	22	20	18	16	14	12	10	8
	白云	春	16	14	12	10	8	6	4	2	0
		秋	28	26	24	22	20	18	16	14	12
	丰 1	春	14	12	10	8	6	4	2	0	–
		秋	26	24	22	20	18	16	14	12	10
	54A	春	16	14	12	10	8	6	4	2	0
		秋	28	26	24	22	20	18	16	14	12
	秋丰	春	12	10	8	6	4	2	0	–	–
		秋	26	24	22	20	18	16	14	12	10
	白玉	春	14	12	10	8	6	4	7	0	–
		秋	28	26	24	22	20	18	16	14	12

资料来源:浙江省农业厅经济作物管理局:《浙江省原蚕种茧评级办法》。

表 105-3-3-5 1999 年浙江省原蚕种茧评级千克茧颗数项目(备选指标)茧价一览表

单位:元

类别			茧价升降				
			−4%	−2%	0	−2%	−4%
多丝量品种	浙蕾	春制	490～514	515～539	540～614	615～639	640～664
		秋制	575～599	600～624	625～699	700～724	725～749
	春晓	春制	515～539	540～564	565～639	640～664	665～689
		秋制	595～619	620～644	645～719	720～744	745～769
	菁松	春制	505～529	530～554	555～629	630～654	655～679
		秋制	590～614	615～639	640～714	715～739	740～764
	皓月	春制	656～589	590～614	615～689	690～714	715～739
		秋制	615～639	640～664	665～739	740～764	765～789
	春·蕾	春制	495～519	520～544	645～619	620～644	645～669
		秋制	590～614	615～639	640～714	715～739	740～764
	镇·珠	春制	540～564	565～589	590～664	665～689	690～714
		秋制	600～624	625～649	650～724	725～749	750～774
中丝量品种	薪杭	春制	560～584	585～609	610～684	685～709	710～734
		秋制	645～669	670～694	695～769	770～794	795～819
	白云	春制	575～599	600～624	625～699	700～724	725～749
		秋制	655～679	680～704	705～779	780～804	805～829
	丰 1	春制	560～584	585～609	610～684	685～709	710～734
		秋制	654～669	670～694	695～769	770～794	795～819
	54A	春制	575～599	600～624	625～699	700～724	725～749
		秋制	655～679	680～704	705～779	780～804	805～829
	秋丰	春制	565～589	590～614	615～689	690～714	715～739
		秋制	660～684	685～709	710～784	785～809	810～834
	白玉	春制	585～609	610～634	635～709	710～734	735～759
		秋制	670～694	695～719	720～794	795～819	820～844

资料来源:浙江省农业厅经济作物管理局:《浙江省原蚕种茧评级办法》。

说明:以 75 颗为中心范围,每差 25 颗增扣 2%基本茧价。

(四)雌雄鉴别

清代,农民就能从茧形来判别雌雄,“凡茧之尖细、紧小者雄,圆厚腹大者雌”①。

① 〔清〕汪曰桢:《湖蚕述》卷四。

民国时期，各蚕种场较大规模制造一代杂交种，均进行蚕体雌雄鉴别，即在五龄第二天至第三天对雌雄蚕进行鉴别，分开饲育、分开上蔟。由于鉴蚕时间紧迫，规模较大的种场都从江苏吴县浒墅关著名制种区雇妇女鉴蚕。

由于蚕体鉴别容易损伤蚕体和让蚕挨饿，且不易鉴别正确，后逐渐改为鉴蛹，即剖茧后对蚕蛹腹尾部雌雄不同特征逐头鉴别，雌雄蛹下垫柔软短稻草或碎纸片静置匾中保护。

1951 年，对蚕、蛹的雌雄鉴别发现错误率达 5%时，需重鉴；出蛾时，发现错误率达 5%时，该批为不合格。

1958 年，《浙江省蚕种生产检验办法》规定，原种以上的蚕蛾，发现纯对予以淘汰。一代杂交种，雌雄任何一方错误率达 3%时，其错误一方重鉴。已发蛾的制种批内发现错误率达 3%时，其已制的蚕种淘汰，纯对不得制种。雄蛾交配次数，原种以上各级蚕种以一次、一代杂交种以二次为原则。

1998 年制订、2007 年修订的省地方标准实施后，鉴蛹适期从蛹体复眼着色后开始，在发蛾前结束。鉴蛹前，先挑出病蛹、死蛹、出血蛹、半蜕皮蛹、特小蛹和畸形蛹等不良蛹，再行鉴蛹，初鉴后必须进行复鉴。复鉴后，抽样调查错鉴率，错鉴率大于 1%的重鉴。鉴蛹后分雌、雄及时将蛹摊放在垫有短稻草或瓦楞纸的蚕匾上保护。

（五）制种

古代的土种制造，各地用料和方法有所不同。余杭土种，将卵产在长 1.6 尺、宽 1.5 尺的红色厚绵纸上，每张纸的用蛾数视出蛾日期而不同。第一天出蛾叫小旺，用蛾 308 头；第二天盛出蛾叫大旺，用蛾 280 头；第三天叫倒旺，用蛾 300 头。大致 10 斤茧可制种 5 张～6 张。隔一定时间，见纸上卵粒已布满，即将蛾提出放在另一纸上再产，这叫妇脚种。对产卵已毕的连纸，如发现空隙，或以散卵用白芨磨成糊后粘补，然后平铺在芦帘上或悬挂在清凉处。

新昌、嵊县有专门出售制种用蚕的养蚕户。蚕户提早几日催青、售茧，制种户大多自己饲养一部分原蚕，另外再买进一部分种茧，雇工制种。产卵用柔软的薄纸，叫台纸，长 1.2 尺，宽 1.1 尺。蚕卵产满后，连台纸共重 1 两（16 两制），通称一两蚕种。又因其所需种茧约 1 斤，有时也叫一斤蚕种，每张种卵数约 6.5 万粒，蚁量 6.5 钱～7 钱。

湖州制种的桑皮纸，每方一尺左右为一幅，每 2.5 斤茧可产满一幅卵，纸大者需 3 斤茧。对产卵较少的母蛾，采用再交配的方法，促其再产，对初生的苗蛾和后出末蛾，都摒弃不用。

诸暨土种，大多自留自用，产附材料有纸和旧布两种。

清光绪二十三年（1897 年），蚕学馆创办，开始生产改良蚕种，制 28 圈的框制种，少数为袋制种及 30 蛾～100 蛾产的平附种。民国时期，推广框制种和平附种。平附种连纸大小与框制种相同，产卵范围 6 寸×5 寸，纸质为重磅牛皮纸，每张用蛾 35 只左右以产满为度。为节约纸张，又分单张和双张两种，四周圆角或方角，框制种产卵范围 11 寸×6 寸，内分 28 格，每格投 1 蛾。

20 世纪 50 年代，开始大面积推广散卵，但平附种仍保留使用。1951 年发布《浙江省蚕种监管细则》，规定蚕连纸规格为：框制种长 37 厘米，宽 23 厘米，内分 28 个产卵区；单张平附种长 21 厘米，宽 16 厘米，用 33 只母蛾混产；双张平附种分 2 区，每区长 16 厘米，宽 21 厘米；单张散卵装卵量 10 克，盒长 18 厘米，宽 9 厘米，高 0.5 厘米。克蚁最大制种量，以框制种 28 张（毛种）、平附种 24 张（净种）、散卵 24 张（净种）为限。

从 20 世纪 60 年代到 1998 年首个地方标准实施前，原种母种、原原种 、原种均为平附种，一代杂交种均为散卵种。

1998 年，首个省级地方标准《桑蚕种生产技术规程》（DB 33/T 217.3－1998）实施后，各级蚕种制种形式为：原原母种、原原种，采用单蛾产卵，制框制种。原种，采用单蛾产卵，制框制种或散卵种；制散卵种亦应先制成框制种，检出微粒子病孢子的合格批，以 300 张以下毛种为单位分段，制成散卵。一代杂交种，以制种批为单位制成散卵。2002 年，修订的 DB 33/T 217.3－2002《桑蚕种生产技术规程》，制种形式为：原原母种、原原种，制成以 14 蛾为一张的框制种；原种，制成以 28 蛾为一张的框制种或散卵种；一代杂交种，先采用同批混合产卵，经微粒子病母蛾镜检合格后，再以制种批为单位制成散卵。2007 年，修订的 DB 33/T 217.4－2007《桑蚕种繁育技术规程》，取消了原种的散卵制种。

根据品种发蛾习性，及时观察种茧的发育程度，通过温度、湿度调节发蛾，做好“提头、留尾、对大批”，确保对交品种雌、雄蛾大批发蛾时间和数量基本吻合。在捉蛾、投蛾、交配过程中，及时选除病态蛾、半蜕皮蛾、大腹蛾、特小蛾、黑节蛾和鳞毛脱落蛾等不良蛾以及纯对蛾、苗末蛾。框制产卵按框投蛾，平附产卵以每 10 平方厘米投 1 蛾，平产一层为度。

新鲜雄蛾和再交雄蛾应分别冷藏保护。冷藏室温度为 5℃～10℃，并保持黑暗。冷藏时间以 3 天为限。雌蛾当日利用，尽量避免冷藏。从投蛾产卵至袋蛾收种的时间，即时浸酸种在 10 小时以内，冷藏浸酸种在 12 小时以内，越年种在 16 小时以内。不受精卵多的品种，适当缩短时间。即时浸酸种在中心卵龄 14 小时内将蚕种送达指定浸酸场所；冷藏浸酸种于产卵 36 小时内将蚕种送达指定冷库。高温时尽量缩短时间。越年种在收种后清点数量，送本单位蚕种保护室保护。

四、蚕种保护

（一）越年蚕种的保护

古代就有蚕种保护的经验，“凡收蚕种之法，以竹架竦垂之，勿见风日。又擘绵幂之，勿使飞蝶绵虫食之。待腊日或腊月大雪，即铺蚕种于雪中，令雪压一日，乃复摊之架上，幂之如初”①。明代，有悬挂保护蚕种，“凡蚕纸用竹木四条为方架，高悬透风避日梁枋之上，其下忌桐油、烟煤火气，冬月忌雪映，一映即空。遇大雪下时，即忙收贮，明日雪过，依然悬挂，直待腊月浴藏”②。清代，产下的卵要先挂在风口，待卵色变后清洗保护，“蚕连（纸）悬于风处，俟变色成胎，用净水洗之，候干，用熟石膏末掺上卷好，挂于高处，遇霉不致受湿，亦忌烟熏。交秋

① 〔宋〕陈旉：《农书》卷下《收蚕种之法篇第二》。

② 〔明〕宋应星：《天工开物》卷上《乃服第二》。

后，将石膏拍去，仍卷好，至腊八日，用桑叶隔夜煎水冷定，浸一时以助元气，候干，仍包悬于高处”①。

民国时期，春制越年种，产卵后在20℃左右保护；秋制春用种，产卵后常温保护4天～5天，然后在25℃左右保护3周～4周，以后渐次降温至自然温度而保护，当年12月中下旬，为避免气温剧变，进入冷库保护，库温2℃左右。如为春制不越年种，产卵后保护在23℃～24℃，2周内即可孵化。

20世纪50年代后，无论春制、秋制，均为越年种，产卵后在24℃下保护一周；对容易产生不越年种的卵（如有多化性血统的夏秋用品种），产卵后在20℃中保护5天～7天，再进入24℃保护。6月下旬至9月上旬，仍保护在温度24℃～25℃、湿度75%～80%的环境下，待至9月中旬至10月下旬或11月上旬，降至20℃～22℃保护，11月上中旬温度逐渐降至17℃～18℃，继而降至12℃～15℃，11月下旬至12月，温度逐步降至5℃，进入冷库，库温2.5℃。

表105-3-3-6　　2007年春制越年种保护标准一览表

保护时期	温度（℃）	相对湿度（%）	注意事项
产卵后1周内	24	75～80	对容易产生不越年卵的蚕品种，在产卵后用20℃温度保护5天～7天
6月下旬至9月上旬	25	75～80	避免接触28℃以上高温，注意通风换气和补湿
9月下旬至11月上旬	24～18	75～80	温度应逐步下降，如室温低于18℃，要升温调至18℃。含多化性血统品种应不低于20℃，直到浴种
11月中旬	18～13	75～80	温度应逐步下降，11月中旬前期在保护温度范围内宜偏高
11月下旬至浴种	13～10	75～80	12月后在保护温度范围内力求偏低
浴种后至入库	7～5	75～80	

资料来源：浙江省质量技术监督局：《桑蚕种繁育技术规程》（DB 33/T 217.4—2007）。

秋制越年种，经过人工越夏处理，方法是卵产出后呈固有色时，用温度24℃～25℃、湿度75%～80%保护，早秋制种经30天、中晚秋制种经15天～20天，然后每隔2天降低1℃，一直降至与自然温度相同为止。

① 〔清〕沈秉成：《蚕桑辑要·收种法》。

表 105-3-3-7　　2007 年秋制越年种保护标准一览表

制种期	保护时期	保护时间	温度（℃）	相对湿度（%）	注意事项
早秋	初期	产卵后 5 天内	24	75～80	对容易产生不越年卵的蚕品种，在产卵后用 20℃温度保护 5 天～7 天
	中期	30 天	25	75～80	防止干燥，及时补湿
	后期	每 2 天降低 1℃或每天降低 0.5℃，降至与春制越年种同温保护	25～10	75～80	
	浴种后至入库前		7～5	75～80	
中晚秋	初期	产卵后至蚕卵固有色	24	75～80	
	中期	15 天	25	75～80	含多化性血统蚕品种应保护 30 天
	后期	每 2 天降低 1℃或每天降低 0.5℃，降低与春制越年种同温保护	25～10	75～80	
	浴种后至入库前		7～5	75～80	

资料来源：浙江省质量技术监督局：《桑蚕种繁育技术规程》（DB 33/T 217.4—2007）。

（二）蚕种浴消

古代，浴种在产卵后的冬季或次年春季蚕卵将孵化时进行，“候其欲生未生之间，细研朱砂，调温水浴之，水不可冷，亦不可热，但如人体斯可矣，以辟其不祥也”①。“是月（十二月）浴蚕种，自古相传流。蚕出易脱壳，丝纩亦倍收。”②湖州多用石灰浴种，嘉兴多用盐水浴种，“凡蚕用浴法，唯嘉、湖两郡。湖多用天露、石灰，嘉多用盐卤水。每蚕纸一张，用盐仓走出卤水二升，参水浸于盂内，纸浮其面（石灰仿此）。逢腊月十二即浸浴，至二十四日，计十二日，周即漉起，用微火烘干，从此珍重箱匣中，半点风不受，直待清明抱产。其天露浴者，时日相同。以篾盘盛纸，摊开屋上，四隅小石镇压，任从霜雪、风雨、雷电，满十二日方收，珍重待时如前法。盖劣种经浴则自死不出，不费叶故，且得丝亦多也。晚种不用浴”③。明代黄省曾《蚕经》记载，湖州地区的浴种情况，一次在端午节，“以蒲、以艾、以柳，和井水而浸少时，去其尿”；一次在农

① 〔宋〕陈旉：《农书》卷下《收蚕种之法篇第二》。
② 〔元〕赵孟頫：《题耕织图二十四首奉懿旨撰》。
③ 〔明〕宋应星：《天工开物》卷上《乃服第二》。

历十二月初八，“以桑柴之灰或草之灰，淋之汁，以蚕连浸一日而出，继以雪水浸之，悬而干之”，二月十八日又浴一次。明代方以智《物理小识》卷十一记载，产卵当日“午日以菖艾操水浴连，腊八日以雪水浴之，除夕以马齿苋、桃符木查水煎，元日晓浴之”。清代继承前代制度，目的都在于淘汰不良卵粒。民国时期，政府要求冬季对平附种浸入清水内，用毛刷洗去卵面的不洁物，次日取出放在福尔马林液中消毒，越年种在2%福尔马林液20℃中浸渍30分钟，取出后在清水中充分洗涤。

中华人民共和国成立后，1958年颁布的《浙江省蚕种生产技术规程》规定，框制蚕种的浴消，在11月下旬至12月上旬进行，气温5℃～10℃，气温略低于水温。将蚕种浸于水中5分钟，使蚕连纸吸足水分，然后提起滤去水分，进行卵面消毒。消毒药品在20世纪50年代初期，用1%有效氯漂白粉稀释液，但实践中发现易产生白头卵。80年代始，改为3.5%～4%的甲醛液，在液温20℃中浸渍40分钟，然后在10℃～15℃的清水中浸渍60分～90分钟脱去残药，并用排笔轻刷连纸正反面鳞毛、蛾毛等污物，接着在脱水机中脱水，脱水后在5℃左右室温下悬挂晾干，晾干后插入种架内保护，室温要求5℃～10℃，湿度75%～80%。

《桑蚕种繁育技术规程》(DB 33/T 217.4—2007)规定，框制种先在清水中浸渍20分钟～40分钟，至蚕连纸充分浸透，滤去水滴，再用浓度3.5%～4.0%的甲醛液浸渍消毒，液温20℃，浸渍40分钟，然后脱药。脱药后，蚕种在清水中用排笔刷除卵面上不洁物，铲除不合格卵圈，漂洗干净，然后脱水，悬挂或平摊室内晾种，温度保持5℃，蚕种晾干后，插入线架在5℃中保护。

散卵浴消。散卵的浴消与从散卵布(纸)上脱粒同时进行。先将散卵布浸在温度10℃的清水中1小时～1.5小时，或10℃～15℃水温中40分钟～60分钟。然后，将散卵布平铺在斜板上，用刮卵刀自上而下将卵刮入容器内，在清水中洗去浆液，漂去上浮不良卵和残废物，过筛取得净卵，在含有效氯0.3%的漂白粉液中浸渍10分钟。再在清水中脱药40分钟～60分钟，再在盐水比重为1.075～1.095中比选，淘汰过轻、过重卵，将中心良卵在清水中脱盐30分钟以上，至盐味脱净，滤干，在脱水机中脱水，取出摊入蚕匾用风扇吹干，摊放在室温5℃、湿度75%～80%的室内。20世纪80年代后期至2010年，一般采用蚕种晾干后用空调控制标准温度，避免蚕种受气温高低的影响，因而蚕卵胚胎发育齐一，提高了实用孵化率。

(三)蚕种冷藏保护

1. 越年种冷藏

20世纪50年代，春用种一直采用单式冷藏法，即浴消后的蚕种在自然温度下保护，大约在2月上旬，待胚胎发育到多数丙$_1$、少数丙$_2$时入库冷藏，冷藏温度为2.5℃，一直冷藏到蚕种出库，冷藏有效期在90天内。另一种是复式冷藏法，即在1月中旬时，绝大多数蚕卵达到甲胚胎时，进行第一次冷藏，冷藏温度0℃～2.5℃，以后根据用种时间不同，中途出库用10℃～13℃感温，一般春用蚕种需经12天～18天、夏蚕用种经7天～12天到达丙$_1$胚胎。当90%以上胚胎发育到丙$_1$且未见乙$_2$时中间感温结束，再入库冷藏于2.5℃中直至出库。因冷藏有效期限长，故适用于夏用种和早秋用种。

1961 年，杭州蚕种冷库(今省蚕种质量检验检疫站)为了提高春用种孵化率，率先对春用种也采用复式冷藏。1985 年开始，省蚕种公司等对越年蚕种的超期冷藏进行研究，即用 1℃以上低温冷藏缓慢解除胚胎滞育，以解决春制超产越年蚕种受使用期的限制而报废损失。1991 年，杭州蚕种冷库对秋制越年种作次年中秋、晚秋用种的进行试验，在全国首次采用了 3 次冷藏法并取得成功，即蚕种浴消后，第一次在甲前胚胎入库，冷藏于 2.5℃，以后处理与复式冷藏法基本相同。1995 年，杭州蚕种冷库在 3 次冷藏法试验成功的基础上，提出了春夏兼用蚕种冷藏法模式，即为甲前胚胎入库的复式冷藏法。

2007 年，省蚕种管理站等制定了首个蚕种冷藏技术省级地方标准 DB 33/T 217.5—2007《桑蚕种冷藏技术规程》。

表 105-3-3-8　　　　2007 年越年种冷藏标准一览表

时间	项目	春蚕用种	夏蚕用种
第 1 次冷藏	入库时期	1 月中下旬	
	胚胎发育程度	甲	
	冷藏温度(℃)	2.5	
第 2 次冷藏	入库时期	3 月上旬	4 月中旬
	胚胎发育程度	丙$_1$	丙$_1$
	冷藏温度(℃)	2.5、5	2.5
备 注	第 2 次冷藏春蚕用中丝量品种可用 5℃。		

资料来源：浙江省质量技术监督局：《桑蚕种冷藏保护技术规程》(DB 33/T 217.5—2007)。

2. 浸酸种冷藏

蚕种送达冷库后，保护在温度为 24℃～25℃、湿度为 72%～83%的环境下，避免接触 30℃以上或 20℃以下温度。

(1)春制夏蚕、早秋用蚕种的冷藏。浸酸前抑制，产卵后用 24℃～25℃温度保护 20 小时左右，待积温接近浸酸适期时，先用 10℃～13℃温度保护 2 小时，再用 5℃冷藏，时间不超过 5 天。浸酸后冷藏，若蚕种浸酸后保护时间在 7 天内的，于浸酸后将蚕种放在 24℃～25℃温度下保护 40 小时左右，待胚胎发育到达丁$_2$ 时，再用 10℃～13℃的温度保护 4 小时～8 小时后用 5℃温度冷藏，时间不超过 7 天。若蚕种浸酸后需保护时间较长(如在早秋蚕用)，应在浸酸后将蚕种放在 24℃～25℃温度下保护 20 小时～22 小时，待胚胎发育到达丙$_1$ 时，再用 10℃～13℃的温度保护 4 小时～8 小时后，用 2.5℃温度冷藏，时间一般不超过 30 天。

(2)春制秋用蚕种的冷藏。根据预定冷藏的时间、有效积温和卵色，确定蚕种冷藏时期和冷藏温度。

表 105-3-3-9　　2007 年冷藏浸酸种浸酸前的冷藏标准一览表

<table>
<tr><td rowspan="3">预定冷藏日数（天）</td><td colspan="3">冷藏适期</td><td rowspan="3">冷藏温度</td><td rowspan="3">冷藏时限（天）</td></tr>
<tr><td colspan="2">产卵后 24℃保护下</td><td rowspan="2">卵色</td></tr>
<tr><td>经过（小时）</td><td>积温（℃）</td></tr>
<tr><td>40～44</td><td>40～49</td><td>560～689</td><td>浅赤豆色</td><td rowspan="3">50 天以内 5℃，50 天后降至 2.5℃</td><td rowspan="3">40～80</td></tr>
<tr><td>45～60</td><td>50～54</td><td>690～759</td><td>赤豆色</td></tr>
<tr><td>60 以上</td><td>55～60</td><td>760～840</td><td>近固有色</td></tr>
<tr><td>备注</td><td colspan="5">冷藏前，应先在 10℃～13℃的温度下保护 6 小时～12 小时</td></tr>
</table>

资料来源：浙江省质量技术监督局：《桑蚕种冷藏保护技术规程》(DB 33/T 217.5—2007)。

浸酸后的冷藏。浸酸后，将蚕种用 22℃～25℃的温度保护，当胚胎到达丙$_1$ 时，先在 10℃～13℃温度下保护 4 小时～8 小时后，再冷藏。若浸酸后 15 天内使用的，用 5℃温度冷藏；若浸酸 15 天后使用的，用 2.5℃温度冷藏；时间原种不超过 45 天；一代杂交种，不超过 60 天。

（四）蚕种浸酸

民国 13 年（1924 年），江苏女子蚕业学校日籍教师白泽干将冷藏浸酸技术引到江苏应用后，即传到浙江。民国 17 年，浙江的春制秋用种全面采用冷藏浸酸技术，后又增加了即时浸酸夏用种。民国 18—19 年，省立蚕桑改良场和西湖蚕种场先后建立冷库，大量保护秋用种。民国 25 年，根据省蚕业主管部门规定，蚕种场生产春制秋用种，报备冷藏设备。浸酸方法主要有两种：一是即时浸酸法，主要解决春制夏蚕用种。即在产卵后将蚕卵保护在 25℃中约 20 小时，当大部分呈淡黄色、少数呈黄色为适期。在液温 46℃，盐酸比重 1.07，浸渍时间为中国母系 4 分钟～5 分钟、日本母系 5 分钟～6 分钟，然后充分水洗干燥。二是冷藏浸酸法，主要解决春制秋蚕用种。即在产卵后将蚕卵保护在 25℃中 2 天，待卵色由浅赤豆色到接近固有色时，进入冷库，在 5℃中保护 40 天～60 天；出库后，在 25℃中保护 2 小时，在液温 48℃、盐酸比重 1.094 下，浸渍 6 分钟～7 分钟，取出后充分水洗、干燥保护。

20 世纪 50 年代末，即时浸酸和冷藏浸酸的浸酸方法逐渐一致。至 80 年代，增加了常温浸酸。常温即时浸酸标准，在产卵后将蚕卵保护在 24℃～25℃下经 10 小时～25 小时的浸酸时间，盐酸比重 1.11，室温在 24℃～29℃，浸渍 40 分钟～80 分钟；常温冷藏浸酸标准，冷藏期在 40 天～60 天，盐酸比重 1.14，液温 30℃，浸渍 30 分钟～50 分钟。

1998 年，桐乡市蚕种冷库进行了滞育卵冷藏浸酸技术试验，即已超过即时浸酸法和冷藏浸酸法施行浸酸适期的蚕种，在蚕卵达到固有色后入库，经过一段时间的冷藏，再出库浸酸使其孵化。把产卵后 1 个月内的越年卵，先在 13℃～15℃的中间温度保护 2 天～3 天，然后进入 5℃的冷库中冷藏 60 天以上再出库浸酸，浸酸标准与一般浸酸相同，应用此法，可供作晚秋用种。

2007年，省蚕种管理站等制定了首个浸酸技术省级地方标准DB 33/T 217.6—2007《桑蚕种浸酸技术规程》。

表105-3-3-10　　2007年即时浸酸种和冷藏浸酸种的浸酸标准一览表

类别	品种	盐酸比重	液温(℃)	浸渍时间(分钟)
即时浸酸种	中系品种	1.072	46	5.0
	日系品种	1.072	46	5.5
冷藏浸酸种	中系品种	1.094	48	6.0
	日系品种	1.094	48	6.5

资料来源：浙江省质量技术监督局：《桑蚕种浸酸技术规程》(DB 33/T 217.6—2007)。

五、蚕种质量检验

(一)检验内容

民国20年(1931年)，蚕种质量检验不仅贯穿于整个饲养、制种、保护全过程，还延伸到发种：在蚕期及蔟中，如发现一批或一匾中原蚕发育不好，病蚕率达5%以上的，或饲养非法种蚕的，都不能制种；在各种场采茧后，检查发现种茧量超过规定标准的，或规定对交品种发育不相称的，及死笼茧率超过5%以上的，一般应予销毁，个别经审查合格的，方可制种；在制种期间，检查发现如有违规处理，对于所制蚕种予以销毁；制种结束后，抽取供检验微粒子病的蛾盒；在蚕种挖补整理后，检查其蚕种是否认真淘汰，并核定其实际合格蚕种数；凡微粒子病带毒率超过30%及因冷藏过期，蚕卵生理受害的蚕种，定期报请上级机关派员销毁；在蚕种冷藏期间，随时到冷库审查发现藏匿的违法蚕种；在发种期间，如有发现非法蚕种，即予没收或勒令退还所收种款；凡外国外省输入的蚕种，均须经省蚕种取缔所审查合格，加盖“浙江省建设厅验讫”戳记后，方准在本省境内销售，否则，所有输入蚕种一经发现，即予没收。

1951年，省农林厅发布《浙江省蚕种监管施行细则》，确定种茧检验合格标准和母蛾毒率检查等。

1958年，省农业厅发布《浙江省蚕种生产检验办法》，明确各级蚕种的蚕、茧、蛹、蛾、卵均须进行严格个体淘汰，精选生产，并经检验合格后，方可按照规定价格，统一配销。凡不符合品质的蚕、茧、蛹、蛾、卵均应淘汰。

1979年，省农业局公布《浙江省蚕种生产检验试行办法》。1981年，省农业厅公布《浙江省蚕种生产检验办法》，将检验权下放到各蚕种场。按此规定要求，蚕种场(包括冷库)配备专职检验员，生产规模小的蚕种场有兼职检验员，检验员由场推荐，报主管部门批准，检验员有权直接向上级机关反映蚕种质量情况。蚕种检验由领导、工人、技术员组成三结合检验小组，负责蚕种生产各阶段品质的检验。

1989年，省农业厅经济作物管理局重新发布的《浙江省蚕种生产检验办法》，确定检验项目为，原原种检验：茧层量、茧层率、虫蛹统一生命率，每蛾良卵数、良卵率、死卵率、病蛾率；原种检验：克蚁收茧量、茧层量、茧层率、死笼茧率，每蛾良卵数、良卵率、死卵率、张种收蚁量、病蛾率；一代杂交种检验：克蚁收茧量、死笼茧率、成品良卵率、每盒卵量、允许病蛾数(病蛾率)。

1998年，省蚕种公司等制定的DB 33/217.1—1998《桑蚕种质量标准》，分别确定了原原种、原种、一代杂交种的繁育检验质量指标，母蛾检验质量指标，成品检验质量指标；质量指标根据品种类型、品系、制种期别分别规定质量要求。原原种质量指标为3类8项64个指标，原种为3类10项80个指标，一代杂交种为3类7项28个指标。DB 33/T 217.2—1998《桑蚕种检验规程》，是繁育检验、母蛾微粒子病检验、成品检验的技术操作规范。2002年，省蚕种管理站等对1998年版省地方标准进行了第一次修订，修订后的质量指标，原原母种、原原种质量为8项64个指标，原种为10项80个指标，一代杂交种为7项14个指标，增加了包装标识的检验。2007年，省蚕种管理站等对省地方标准进行了第二次修订，修订后的质量指标，原原母种、原原种、原种质量为5项20个指标，一代杂交种为5项5个指标，以及包装标识检验。

(二)检验标准

民国8年(1919年)，在仅检验有无微粒子病毒的基础上，增加了死笼率的检验。方法是"取上茧50粒，切开茧层，以视其蛹之生死，若死茧在一成以上者，不可留作种茧"。要求种茧的质量，按色泽纯白、固有形状(勿过大过小)、缩皱稍粗、茧层组织适中等项加以选择。

民国21年(1932年)3月，根据《蚕种制造取缔规则浙江省施行细则》规定，种茧检验，要求茧色茧形齐一；一个收蚁批死笼茧率不超过5%；平均一颗茧的茧层量，一化性中系品种0.22克，一化性日系品种0.24克，一化性欧系品种0.30克，二化性第一化越年种及二化性第二化越年种0.19克以上，一代杂交种须超出两母本平均茧层量。

民国26年(1937年)6月，根据《蚕种制造条件施行细则》规定，种茧检验，原原种：死笼茧率未达3%的雌雄茧各半10颗平均的茧层量，一化性中系品种0.21克以上，一化性日系品种0.22克以上，一化性欧系品种0.26克以上，二化性第一化越年种及第二化越年种0.17克以上；一代杂交种：须在两亲系统平均茧层量以上为合格。用作制造普通种的原蚕茧，雌雄各10颗平均的茧层量，一化性中系品种0.19克以上、一化性日系品种0.20克以上、一化性欧系品种0.24克以上、二化性第一化越年种及二化性第二化越年种0.15克以上为合格。

1951年，根据《浙江省蚕种监管施行细则》规定，茧质检验合格标准为：原蚕种，调查雌雄茧各50颗。茧层率，华8、华9、华10为18%，瀛翰、瀛文为17%。茧层量，春期华10为0.27克，瀛文、瀛翰、华8、华9为0.30克；秋期华10为0.24克，瀛文、瀛翰、华8、华9为0.26克。死笼茧率，春期华8、华9、华10满6%，瀛文、瀛翰满9%；秋期华8、华9、华10满9%，瀛文、瀛翰满12%。一代杂交种，调查雌雄茧各50颗。茧层率，华8、华9、华10为17%，瀛翰、瀛文为16.5%；茧层量，春期华10为0.25克，瀛文、瀛翰、华8、华9为0.28克；秋期华10为0.21克，瀛文、瀛翰、华8、华9为0.23克。死笼茧率，春期华8、华9、华10满10%，瀛翰、瀛文满

15%,秋期华8、华9、华10满15%,瀛翰、瀛文满20%。

1958年,根据《浙江省蚕种生产检验办法施行细则(草案)》规定,凡死蚕、死蛹、病蚕、病蛹、半脱皮蛹、不脱皮蛹及半化蛹均作为死笼茧。对原原种每蛾区全部检查,原种每克饲育区抽样茧300颗检查,在合格标准之上0.5%或不满合格标准时,应全区逐颗削茧检查计算其成绩。茧质调查,原种每克蚁量饲育区雌雄种茧各25颗进行检查,判定检查成绩在合格标准(茧层量为0.005克、茧层率0.05%)之上或之下,必须检查3次,其成绩以3次平均计算。

1962年,《浙江省蚕种生产检验办法》规定,僵病蛹、蝇蛆蛹、虫害蛹及受伤出血蛹不属死笼茧,不计算死笼茧率。茧层量、茧层率的检查,先称全茧量和茧层量,再计算茧层率。各级蚕种的裸蛹、双宫茧不制种。原种以颗数计算,一代杂交种以重量计算(不包括双宫茧和屑茧),以此选除茧率代表全批选茧,但原种选除茧率(包括双宫茧和下茧)不少于15%;一代杂交种春期不少于3%,秋期不少于5%。原原母种在合格的原原种饲育蛾区择优选留,其区间全茧量开差不超过0.1克、个体全茧量开差不超过0.2克的留种;原原种其区间全茧量开差不超过0.2克、个体全茧量开差不超过0.3克的留种。原原种的蛾区选除茧率不低于参加种茧调查蛾区的20%,留种蛾区中的个体选除茧率,一般不低于该蛾区总个体的30%。出血蛹检查,原种满5%,一代杂交种满10%,该饲育区或饲育批不制种。

1972年,《浙江省蚕种生产检验试行办法》规定,凡种茧内死蚕、死蛹、病蚕、病蛹,不完全脱皮蛹(蛹体不正常,包括胸部或尾部3个环节以上者)及尾部有3节呈黑色的蛹,均为不健康蛹。普通种各批双宫茧,经单项健蛹率合格后,严格淘汰畸形茧和不健康蛹(同一茧内有1个蛹不健康,另1个活蛹也应淘汰),然后并入大批制种。原种和普通种健蛹率、茧层量、茧层率的调查中,如有一项不合格时,可连续重新抽样,调查2次,成绩以3次平均计算,如仍不合格,该区(批)种茧不合格。原原种各项目成绩以一次调查为准。种茧调查合格后严格淘汰不良茧。原原种一个蛾区内肉眼选除茧率超过60%时,该蛾区不得留种。选茧后严格复查,原原种各蛾区中不良茧不超过2颗,原种良茧率在99.4%以上,一代杂交种良茧率在99%以上时,方可削茧。母种、原原种全茧量的控制,原原种全茧量蛾区间开差在0.2克以内,蛾区内个体间开差在0.3克以内。择优选定作母种的蛾区,蛾区间开差全茧量在0.1克以内,蛾区内个体间开差全茧量在0.2克以内。茧层量在当期全茧量开差中心值乘以茧层率合格标准以上。

1989年,《浙江省蚕种生产检验办法》规定,在收茧量调查中,生产原种和一代杂交种的种茧除薄皮、烂茧外,其余茧均计算收茧量。原种按区、杂交种按批为单位调查收茧量。原蚕区种场以收购时的茧量为准,混入的薄皮、烂茧,按比例扣除茧量。专业种场必须全面称量,正确计算各批收茧量。在死笼茧率调查中,原原种整蛾区调查。茧质调查时,原原种、原种每区随机抽样调查雌雄各25颗。杂交种每批随机抽样调查雌雄各50颗,饲育蚁量在50克以下的批,雌雄抽样数减半,抽样调查严禁挑选。原原种各项成绩以1次调查为准。原种、杂交种的计算在调查中如有不合格时,可连续重新抽样,若不合格项目最多只能重复调查2次,成绩以3次平均计算。种茧调查提样后方可进行选茧。1998年,DB 33/217.1—1998《桑蚕种质量标准》制定各级蚕种质量指标。2007年,修订的DB 33/217.1—2007《桑蚕种质量》,对各级蚕种质量指标进行了修订。

表 105-3-3-11　　　　1998 年原原种质量指标(多丝量品种)一览表

项目		繁育检验指标			母蛾检验指标	成品检验指标			
		熟蚕虫蛹生命率(%)	茧层量(克)	茧层率(%)	微粒子病蛾率(%)	每蛾良卵数(粒)	良卵率(%)	死卵率(%)	纯度(%)
春制	中系	86	0.40	22.5	0.1	380	90	4	100
	日系	85	0.35	22.5	0.1				
秋制	中系	82	0.33	22.0	0.1	350	88	4	100
	日系	81	0.30	22.0	0.1				

资料来源:浙江省质量技术监督局:《桑蚕种质量标准》(DB 33/217.1—1998)。

表 105-3-3-12　　　　1998 年原种质量指标(多丝量品种)一览表

项目		繁育检验指标				母蛾检验指标	成品检验指标									
							框制种					散卵种				
		克蚁收茧量(克)	茧层量(克)	茧层率(%)	死卵率(%)	微粒子病蛾率(%)	每蛾良卵数(粒)	良卵率(%)	死卵率(%)	纯度(%)	孵化率(%)	卵量(粒)	良卵率(%)	死卵率(%)	纯度(%)	孵化率(%)
春制	中系	2600	0.40	22.5	10	0.2	380	90	4	99.5	85	14000	97	1	99.5	85
	日系	2200	0.35	22.5	11	0.2	380	90	4	99.5	85	14500	97	1	99.5	85
秋制	中系	1400	0.30	22.0	15	0.2	320	88	4	99.5	85	14000	97	1	99.5	85
	日系	1400	0.30	22.0	17	0.2	320	88	4	99.5	85	14500	97	1	99.5	85

资料来源:浙江省质量技术监督局:《桑蚕种质量标准》(DB 33/217.1—1998)。

表 105-3-3-13　　1998 年一代杂交种质量指标(多丝量品种)一览表

种别	繁育检验指标		母蛾检验指标	成品检验指标			
	克蚁收茧量(克)	死笼率(%)	微粒子病蛾率(%)	卵量(粒)	孵化率(%)	良卵率(%)	杂交率(%)
春制	2500	10	0.5	25000	92	97	95
秋制	1600	15					

资料来源:浙江省质量技术监督局:《桑蚕种质量标准》(DB 33/217.1—1998)。

表 105-3-3-14　　2007 年原原母种、原原种、原种质量指标一览表

种别		单蛾良卵数(粒)	良卵率(%)	实用孵化率(%)	纯度(%)	微粒子病蛾率(%)
原原母种、原原种	春制	≥380	≥90	-	100	≤0.1
	秋制	≥350	≥88	-	100	≤0.1
原种	春制	≥380	≥92	≥92	≥99.5	≤0.2
	秋制	≥350	≥92	≥92	≥99.5	≤0.2

资料来源:浙江省质量技术监督局:《桑蚕种质量》(DB 33/T 217.1—2007)。

表 105-3-3-15　　2007 年一代杂交种质量指标一览表

种别	盒卵量(粒)	良卵率(%)	实用孵化率(%)	杂交率(%)	微粒子病蛾率(%)
一代杂交种	28000±500	≥97	≥95	≥97	≤0.5

资料来源:浙江省质量技术监督局:《桑蚕种质量》(DB 33/217.1—2007)。

针对雄蚕种的检验,2008 年,省蚕种管理站等制定了全国首个雄蚕种质量标准,即《雄蚕种质量要求》(DB 33/698.1—2008)。

表 105-3-3-16　2008 年雄蚕平衡致死系原种、一代杂交种质量及疫病指标一览表

种别	良卵率(%)	实用孵化率(%)	雄蚕率(%)	纯度(%)	微粒子病蛾率(%)	盒装良卵量(粒)
平衡致死系原种	≥88	≥35	-	99	≤0.2	34000±500
雄蚕一代杂交种	≥97	≥49	≥98	-	≤0.5	62000±1000

资料来源:浙江省质量技术监督局:《雄蚕种质量要求》(DB 33/698.1—2008)。

说明:平衡致死系原种盒装良卵量系指雄蚕卵量。

(三)微粒子病检验

1. **检验方法与标准**

清光绪十五年(1889年)二月,宁波税务司江生金前往法国蒙伯利养蚕公院学习制种技术,于十一月回国,在宁波收集全国各地的蚕品种进行微粒子病比较试验,并将一部分蚕种送往法国检验,在全国开蚕种微粒子病检验之先河。光绪二十三年,蚕学馆创办后,江生金供职该馆,将蚕种微粒子病检查作为重要内容。旅日侨胞孙实甫在日本大阪购置了一架600倍显微镜寄赠予蚕学馆,成为国内第一架用于蚕种检验的显微镜。蚕学馆译出日文《微粒子病肉眼鉴定法》1卷、法文《蚕外纪》2卷、法文《喝茫蚕书》1册,三部著作作为国内介绍微粒子病的首批文献,促进了蚕种微粒子病相关知识的普及与检验工作的开展。

最初,对土种和改良种的区别,仅在于母蛾是否经过微粒子病检验而言。其后,对纯系分离的品种,规定一律进行微粒子检验,方法有逐蛾检验的袋制种或群体检验的平附种。由框制种代替袋制种后,施行逐蛾检验,其方法由各蚕种场在制种时,逐张按蚕连纸上的编号(第1号至第28号)将母蛾投入相应的蛾盒子内,任母蛾在其中自然死亡,留待政府抽样检验。民国20年(1931年),省蚕种取缔所抽验各场代表母蛾5%,进行微粒子病(毒率)检验,规定:毒率在3%以上、30%以下者,由各场自行再检验,取缔所派员前往监督;毒率在30%以上者,蚕种全部焚毁;毒率在不满3%者,免检。

1958年,省农业厅实行各蚕种场对蚕种微粒子病毒率确有把握的,报经主管部门核准后,由场检验人员指定蚕种号数,按逐日制种量,每批袋蛾10%待检;如自认为毒率有问题,仍应全部逐张袋蛾。经检验后,主管部门公布毒率成绩。

对一代杂交种抽出的10%母蛾,分3次检查,其毒率未达1%者免检;满1%未达3%者,全部再检;满3%者为不合格。即时浸酸种,毒率未达2%者为合格,满2%者为不合格。原原种母蛾和原种母蛾必须全部袋蛾,以备微粒子病检验。对原原种母蛾病毒率,以下情况为合格,并淘汰有毒蛾区:凡200蛾～500蛾的制种批,其有毒蛾未满3蛾的;501蛾～1000蛾的制种批,其有毒蛾未满4蛾的;1001蛾～2000蛾的制种批,其有毒蛾未满5蛾的;2000蛾以上的制种批,其毒率未达0.2%的。原蚕种母蛾病毒率逐批抽样10%,其毒率未达0.5%的为合格。

1981年,《浙江省蚕种生产检验办法》规定,原原种、原种的母蛾实行全部按张号、蛾号分格袋蛾。原原种毒率不满0.1%为合格。原种母蛾提取10%由省蚕种公司指定有关检验单位进行单蛾对检,先抽5%的蛾盒单蛾检,如无毒,其余母蛾可双蛾检;其余90%由蚕种场自检,如发现微粒子病毒,按张淘汰,毒率不满0.2%的为合格。

一代杂交种,有10%的代表蛾盒对号分格袋蛾,蚕种分批,每批的始、末号全部袋蛾。上一年有毒场和新办场的第一年,全部母蛾都对号袋蛾。主管部门先检验50%的代表蛾,经5%的单蛾检验无毒,可行双蛾检。毒率不满0.3%时,其余母蛾可免检;如毒率满0.3%时,再检其余的50%代表蛾,以2次平均计算,毒率仍在0.3%以上,将全部母蛾逐一检查。有毒蚕种按张(块)对号淘汰。整批毒率不满1%的,为合格。代表蛾检查后毒率满0.3%的,整批检查。如无母蛾时，该批蚕种为不合格。

1979年，浙江从日本引进集团母蛾检验设备。从1983年起，采用2次抽样法进行连续3年微粒子病集团母蛾检验试点，1986年全面采用集团母蛾检验①。

1989年颁布的《浙江省蚕种生产检验方法》调整为：母种、原原种以14蛾为一个单位，采用集团磨蛾，每张制作3个标本进行对检，检出有病蛾的蚕种整张淘汰；微粒子病蛾率达0.1%时，该批蚕种为不合格。原种以28蛾为单位，采用集团磨蛾检查，每张制作3个标本进行对检，发现病蛾，该张蚕种整张淘汰。病蛾率达0.2%时，该批蚕种为不合格。一代杂交种以30蛾为单位，采用集团磨蛾检查，每个单位制作2个标本对检，所检的批或段在50张毛种以上时需将送检蛾盒分为2个样本。第一样本、第二样本的划分方法是，2个样本各为总量的半数。第一样本数抽样方法采用依蛾盒的顺序由小号抽到大号，同时从大号抽到小号，从两头隔号向中间抽取；第二样本从中间向两头提取，直到抽足为止。但是不论何种抽样方法，第一样本必包含始号和末号蛾盒在内。

母蛾检查时，先检第一样本，若病蛾数未超过检验第一样本允许病蛾数可免检第二样本。当第一样本的病蛾数超过规定的第一样本允许病蛾数时，再检第二样本。第一样本和第二样本的病蛾数之和超过第二样本允许病蛾数或第一样本的病蛾数超过允许病蛾数时，该批或该段蚕种为不合格。不合格蚕种必须按批或按段淘汰。不论何级蚕种，一个镜检单位检出有病毒蛾数，均按一个病蛾计算。

1998年，制定了省地方标准DB 33/T 217.3－1998《桑蚕种质量检验规程》。原种母蛾，划分为制种批供微粒子病检验，凡同场、同品种、同期、同一条件下生产的蚕种作为一个制种批；一代杂交种，批下按制种日分段，原蚕区也可按制种户分段。原原种、原种按制种批全部对号袋蛾，一代杂交种上期无微粒子病的生产单位，按生产单位、制种批抽样袋蛾，上期有微粒子病的须按制种段袋蛾，蛾盒烘干后，送指定的检验单位检验。

2007年修订的省地方标准DB 33/T 217.3－2007《桑蚕种第3部分：桑蚕种母蛾检疫规程》，以同品种（品系）、同期别、相似环境条件下生产的蚕种划为一个制种批，或将若干个原蚕户合并为一个制种批。同一制种批最大数量不得超过毛种10000张。原原母种、原原种、原种以制种批（段）为单位，全部对号袋蛾，一代杂交种以制种批（段）为单位随机抽样袋蛾，但每批（段）首、末号蚕种的母蛾都袋入。即时浸酸种袋蛾后即送样。冷藏浸酸种和越年种母蛾干燥处理后送指定检验单位检验。

2. 检验单位

家蚕母蛾的检验，长期来由省统一管理，制定统一标准，检验工作主要在省蚕种检种室（今省蚕种质量检验检疫站）进行。1969年，嘉兴地区（今嘉兴市、湖州市）检种室在湖州成立。1972年，新建检种室1150平方米，并投入使用，该检种室负责除海宁外嘉兴地区8个县所属蚕种场的母蛾检种业务。至1983年撤地建市，嘉兴市所属各县检种业务划入省检种室；湖州市检种室受省检种室委托承担湖州市所属范围内各蚕种生产单位生产的一代杂交种及

① 杨明观等：《集团母蛾检查抽样方案的改进》，《蚕桑通报》1986年第3期，第4—9页。

部分原种检验工作(即三级原种,一代杂交种的母蛾检验全省统一管理,统一检验)。

原种检验,1995年前,由省原蚕种场、湖州市农业局法规站、长兴县龙华蚕种场、省蚕种质检站(今省蚕种质量检验检疫站)4家单位负责实施。1995年,根据农业部、国家工商行政管理局的要求,春制种抽取部分原种由省蚕种质检站统一检验。1996年起,三级原种全部由省蚕种检种室集中检验。根据省农业厅《关于蚕种母蛾实行全省统一检验的通知》,从1997年起,蚕种母蛾实行全省集中检验。

2006年,《浙江省蚕种管理条例》将家蚕微粒子病列为检疫对象,规定微粒子病检疫由指定有法定资质的蚕种质量检验检疫机构实施。2007—2010年,全省蚕种微粒子病检疫,由省蚕种质检站检疫。

第四节　蚕种经营

清代,制种专业户兴起后,蚕种由制种专业户和蚕种场直接向农民销售,蚕种价格由制种户主导。从民国18年至民国37年(1929—1948年),由政府主管部门和商界组织评价委员会讨论决定蚕种产销价格。中华人民共和国成立后,蚕种产销由省统一管理,蚕种价格由省价格管理部门确定。1985年,改革一代杂交种产销管理体制,由省产销统一管理改为省、市、县分级管理,以县为单位划区供种,实行以销定产合同订购。1993年,蚕种价格调整为国家指导价。1993年,首次实行蚕种经营许可证制度。2002年,蚕种价格调整为市场调节价;2006年起,实行最高限价。2010年,持有蚕种经营许可证单位40家。浙江蚕种作为对外科技文化交流的出口品,先后出口到马达加斯加等地。1990—2010年,累计向11个国家出口蚕种173.27万张。

一、经营体制

古代,农家饲养的蚕种多为自制自用,“凡育蚕之法,须自摘种;若买种,鲜有得者”①。清代,各地出现不少制种专业户,“有以卖种为业者,其利浮于卖丝,当出蛾之后,乡人向各处预购,谓之定种”②。蚕种购销随之而兴。

后出现改良种的销售。清光绪二十四年(1898年),蚕学馆开始或由农民前往该馆定购,或派学生赴农村分送农民试养。私人和公办制种场所建立后,各自赴农村推销所制蚕种。浙江改良种需求量大,不足部分主要购自江苏省。江苏无锡也有来浙江推销蚕种。

民国7年(1918年)前,浙江所需蚕种以无锡购入为主。民国7年后,以苏州浒墅关蚕种场为主,所制老虎牌蚕种闻名浙江。虽浙江设有浒墅关蚕种场第三(嘉兴王店镇)、第八(嘉兴)、第十(德清)分场,所制开口老虎牌蚕种仍无法满足蚕农需求,每年仍有较多输入量。因

① 〔宋〕陈旉:《农书》卷下《育蚕之法篇第三》。
② 清同治《湖州府志》卷三十一《舆地略·蚕桑下》。

浙江制种能力薄弱，打江苏其他牌号的蚕种，在浙江也颇受欢迎。

民国22年(1933年)，国民政府对蚕丝业采取管制政策，蚕种由省建设厅统一选购配销，并设指导所，派出蚕业指导员加强指导，防止蚕种场与蚕农进行蚕种自由买卖。划定24个县、市为蚕桑模范区和改良区，发改良种春18万张，秋21.6万余张。民国23年，蚕桑模范区和改良区推广至29个县市，发改良种春36万余张，秋47.6万张。民国浙江省政府还制定了《浙江省建设厅管理改良蚕桑事业委员会(民国)二十三年秋期统制本省境内蚕种销售暂行办法》，规定蚕种饲育不良，种场应予赔偿，以防止种场粗制滥造、稳定种场生产情绪和控制种价等。

民国25年(1936年)，在余杭县的6个行政区中，制种蚕户分布达4个区，其中一、四两区凡养蚕户均为专业制种户，因此两区制成的蚕种质量较高，当地称为细货，价格较高；二、三两区制丝、制种参半，制种较粗放，尤其二区往往以双宫、薄皮茧留作制种用，当地称之为粗货，价格较低。

民国38年(1949年)5月，杭州解放。8月，杭州市军管会财经部发布《取缔蚕种贩办法》和《办理外省蚕种代销办法》，废除蚕种自由买卖，实行统购统销。中华人民共和国成立后，蚕种场由省蚕业改进所直接领导，蚕种生产由省统一管理，蚕种由国家统购包销。1952年春，取消各场蚕种牌号，统一定为“红星牌”。政府大力发展蚕种业，对专业场扩大生产规模，开辟原蚕区种场，力求全省蚕种自给自足。但是，20世纪50年代初，由于蚕桑生产快速发展、蚕种生产基础薄弱、各地要求蚕品种不同等因素，有些年份仍需从外省调入蚕种，所需蚕种主要从江苏和云南等省调入。1954年8月，蚕种购销由县、区蚕业指导所(组)负责，改为由各地供销社负责。1954年，成立省蚕种公司，统一负责全省蚕种场及蚕种产销工作。1956年，国家对私营工商业进行了社会主义改造，私营蚕种场实行了公私合营，把蚕种生产纳入国民经济计划，根据蚕业发展的需要，实行计划生产，蚕种产质量逐年提高。但在1950—1957年的8年间，仍从外省调入蚕种385.89万张，约占全省发种量的42.33%。1958年，国民经济比例失调，省蚕种公司被撤销，蚕种场下放到县，一度造成蚕种场无主管部门，蚕种生产混乱，产量、质量下降，企业亏损连年增加。1962年，为了贯彻“调整、巩固、充实、提高”的方针，5月16日，省人委发布《浙江省蚕种产销管理试行条例》。蚕种的产销，由省统一管理，实行计划生产，统一分配和销售；蚕种场分别归省、县农业部门管理；蚕种场的产销计划由省农业厅负责制定，并恢复了省蚕种公司。经过整顿，至1965年，基本上消灭了微粒子病，张产茧提高到25千克以上，蚕种场亏损逐年下降；全省24个国营蚕种场盈亏相抵，净盈21万余元。1966年，再次撤销省蚕种公司，蚕种场大多数下放到县，造成蚕种产销计划无法统一平衡，新品种的推广受到影响。

1971年4月12日，省农林局、省财政金融局发出《关于蚕种场体制下放的联合通知》，对蚕种生产，实行统一分配、分级管理、地区平衡、余缺调剂、按计划调拨的原则；蚕种经营，地区自用部分由地区经营，调出、调入部分由省经营；蚕种品质检验标准，由省统一制定；蚕种场的基建、物资、劳动工资、财务管理下放当地管理。1972年2月10日，省农林局发出《关于蚕种产销管理有关问题的通知》，规定：嘉兴地区自1972年起蚕种由地区经营；绍兴地区自1972

年起调省部分由省经营，地区各县自用部分1973年全部由地区经营。经营单位的蚕种损失费，主要从蚕种管理费中开支。1979年，恢复省蚕种公司，统一负责全省蚕种产销计划。

1985年2月5日，省农业厅蚕种公司在桐乡县召开全省蚕种订购会议，改革蚕种生产、供应上统购包销的做法，改为计划生产、合同订购。嘉兴市本级、海宁、桐乡、海盐自行安排蚕种生产任务，如有缺额，由省蚕种公司与县农林局蚕桑站以合同形式调拨，如本省不能解决也可直接向外省订购。绍兴市所属各县所需的蚕种由绍兴市自行经营①。一代杂交种经营先后下放到市、县的经营管理体制，逐步实现了蚕种生产经营由省级集中统一管理改为省、市、县分级管理，由全额收购改为以销定产，由计划分配改为合同订购，由全省统一调配改为以县为单位划区供种，基本解决了蚕种损失浪费的弊端。

1993年1月7日，省政府办公厅转发《省农业厅关于加强我省蚕种产销管理意见的通知》，为改革开放以来的第一个关于蚕种产销管理的政府文件，首次明确了实行“蚕种经营许可证”制度。规定一代杂交种由各级持有“蚕种经营许可证”的经营单位经营，原种、原原种和母种由省级主管部门指定的单位统一组织经营。其他任何单位和个人不得擅自经营。

1994年5月8日，省政府发出《关于做好今年蚕茧产销和经营工作的通知》，对蚕种生产经营的管理进一步明确，蚕种由农业部门统一经营。根据省政府文件精神，省农业厅实行了“分级管理，计划生产，合同订购，划区供种”的办法。

分级管理：省级主管部门负责原种以上各级蚕种的生产和经营，统一管理全省蚕种的产销秩序、价格政策、质量标准。同时，负责“三证”（生产许可证、经营许可证、质量合格证）的颁发和验审、蚕种微粒子病检验、新品种推广、蚕种进出口等涉及各种产销与质量管理的重大事项。一代杂交种生产经营权和一般的业务管理工作由市、县负责，凡是有蚕种生产的市、县农业部门（丝绸公司）为一级经营单位（享有批发、零售权），统一经营其辖区内所生产的蚕种，负责其所属蚕种场的生产和质量管理；没有蚕种场的市、县农业部门（丝绸公司）为二级经营单位（仅有零售权），向一级经营单位批发蚕种，限在本市、县范围内零售蚕种。至1999年，全省一级经营单位有15个，二级经营单位有27个。

计划生产：直接向农民供应蚕种的经营单位每年一次或两次与农民签订供种合同，然后根据合同订购蚕种数量，向一级经营单位确定蚕种供应数量。一级经营单位根据供应数向所属蚕种场下达生产任务。蚕种场生产的所有蚕种交经营单位统一销售，其中计划内生产的蚕种由下达生产任务的经营单位按省定价格全额收购，损失也由经营单位承担；超过计划的部分，则按实际销售结算，或由经营单位与生产单位协商确定。

合同订购：农民提前一季或一年向蚕种经营单位订购蚕种，包括数量、品种、价格、质量等。蚕种经营单位，根据与农民订购的合同向蚕种生产单位下达蚕种生产任务。

划区供种：以县为单位确定一家蚕种经营单位统一经营蚕种。各经营单位只经营辖区内蚕种，不得跨区经营，但允许到其他地区向具合法经营的单位订购蚕种。

① 1985年同时获得蚕种经营权的，还有湖州市本级、德清县、长兴县、杭州市、余杭县、嵊县、诸暨市、金华市、台州市。

2001年8月2日，省政府发出《关于深化茧丝绸贸工农一体化改革的通知》，明确蚕种生产和经营实行“资格认定、分级管理、合同订购、统一供种”的办法。蚕种生产、经营单位必须具备与生产、经营相适应的设施、技术力量、质量检验设备及足够的资金。蚕种生产、经营资格实行生产、经营资格证书制度。蚕种生产、经营单位持资格证书到当地工商行政管理部门办理登记注册并领取营业执照。蚕种生产、经营资格证书每年审核一次，并向社会公布。对不符合要求或违反规定的生产、经营单位，取消其相应的资格，并由原登记注册的工商行政管理部门责令其限期办理变更或注销登记，拒不办理的，吊销其营业执照。未经蚕种生产、经营资格认定的单位和个人，不得生产、经营蚕种，违者一律取缔。严格蚕种出库管理，禁止蚕种生产、经营单位向无证单位和个人出售经营用蚕种。原原母种、原原种、原种，由省蚕种主管部门指定的单位生产、经营；一代杂交种，由各蚕种场按与经营单位签订的合同组织生产，各市、县(市、区)蚕种经营单位负责向农民统一供种。

2002年11月20日，省政府常务会议通过了《浙江省蚕种管理办法》，并以省长令的形式发布，从2003年1月1日起实施，从而确立了蚕种经营实行资格认定制度，并禁止无蚕种经营资格证书的单位和个人从事蚕种经营。蚕种生产、经营单位不得向无蚕种经营资格证书的单位和个人出售用于经营的蚕种。从事原原母种、原原种、原种的经营，除应当取得蚕种经营资格证书外，还应当经省农业行政主管部门确定；未经确定，不得从事原原母种、原原种、原种的经营。2004年7月1日，《中华人民共和国行政许可法》实施，取消了由法律法规规定以外的行政许可。考虑到蚕种生产经营的特殊性，2005年10月20日，省政府常务会议作出了《关于蚕种生产经营实行行政许可的决定(草案)》，提请省人大常委会审议。

2005年12月29日，《中华人民共和国畜牧法》公布，并于2006年7月1日起施行，其第三十四条明确了蚕种生产经营管理适用该法，并授权国务院农业行政主管部门制定相应的具体管理办法。2006年6月28日，农业部第68号部长令公布了《蚕种管理办法》，于7月1日起施行。根据《中华人民共和国畜牧法》等法律法规的有关规定，2006年7月28日，省十届人大常委会第二十六次会议审议通过了《浙江省蚕种管理条例》(以下简称《条例》)，于12月1日起施行。《条例》明确蚕种生产、经营实行许可制度。从事蚕种生产、经营的单位和个人，应当取得蚕种生产、经营许可证，并持生产、经营许可证依法办理工商登记手续后，方可从事生产经营活动。规定了蚕种经营禁止事项及违反法规应负的法律责任。《条例》的颁布实施，使浙江蚕种经营活动走上了法制化轨道。《条例》实施后，省农业厅制定了《浙江省蚕种生产经营许可证管理办法》，进一步规定了蚕种生产经营许可证申领的具体条件和申领办法。2007年，全省首次取得蚕种经营许可证的有46家，其中蚕种生产单位持证的有18家。

根据《浙江省蚕种管理条例》经营许可证三年有效期的规定，2010年各蚕种生产经营单位重新申领许可证，全省持有经营许可证的单位有40家，其中蚕种生产单位持证的有15家。

表 105-3-4-1　　　　2010年浙江省蚕种经营许可单位一览表

序号	单位名称	住所	法定代表人	经营方式	许可证编号
1	浙江省蚕种公司	杭州市凤起东路29号	毛祖法	批发、零售	浙蚕种经证字(2010)第001号
2	缙云县蚕业丝绸有限公司	缙云县五云镇溪滨南路98号	蒋小雄	零售	浙蚕种经证字(2010)第002号
3	金华经济开发区名优特产公司	金华市双龙南街828号农科教大楼8楼	王华新	批发、零售	浙蚕种经证字(2010)第003号
4	浙江湖州塔山蚕种制造有限公司	湖州市南郊塔山	闵鑫芳	批发	浙蚕种经证字(2010)第004号
5	仙居县林业特产开发服务中心	仙居县城关镇城北西路188号	张小平	零售	浙蚕种经证字(2010)第005号
6	海宁市蚕桑技术服务站	海宁市海州街道联合路193弄8号	董瑞华	批发、零售	浙蚕种经证字(2010)第006号
7	桐乡市蚕业有限公司	桐乡市梧桐街道振兴中路67号	赵新华	批发、零售	浙蚕种经证字(2010)第007号
8	临安农科种业有限公司	浙江省临安市锦城街道江桥路361号	陈合云	零售	浙蚕种经证字(2010)第008号
9	金华市天宝蚕种有限公司	金华市婺城区乾西乡石柱头杨梅溪滩	贺宝顺	批发	浙蚕种经证字(2010)第010号
10	武义县大地农业技术服务有限公司	浙江省武义县城东路87号	邓树青	零售	浙蚕种经证字(2010)第011号
11	磐安县蚕桑专业合作社	磐安县新渥镇新渥村镇小路47号	陈金春	零售	浙蚕种经证字(2010)第012号
12	天台县特产技术推广站	天台县工人西路109号	张绍俊	批发、零售	浙蚕种经证字(2010)第013号
13	临海市特产技术推广总站	临海市东方大道农林水大厦	朱敏华	零售	浙蚕种经证字(2010)第014号
14	临海市蚕种场	临海市永丰镇半坑	赵存荣	批发	浙蚕种经证字(2007)第015号
15	海盐县蚕业开发公司	海盐县武原镇朝阳西路224号	陈福良	批发、零售	浙蚕种经证字(2010)第016号

续表 1

序号	单位名称	住所	法定代表人	经营方式	许可证编号
16	嘉兴市秀洲区蚕业服务公司	嘉兴市吉水路268号	钱贤明	批发、零售	浙蚕种经证字(2010)第017号
17	嵊州市蚕业管理站	嵊州市官河路513号	周华初	批发、零售	浙蚕种经证字(2010)第018号
18	浙江省诸暨市金阳蚕业有限公司	诸暨市人民南路116号	吴火明	批发	浙蚕种经证字(2010)第019号
19	上虞市桑龙蚕业有限责任公司	上虞市丁界寺路8号	陈建灿	零售	浙蚕种经证字(2010)第020号
20	嘉兴市嘉秀蚕林服务有限公司	嘉兴市新生路公安桥西堍	景筱荣	零售	浙蚕种经证字(2010)第021号
21	嘉兴市蚕桑管理站蚕种经营部	嘉兴市新生路公安桥西堍	蔡玉根	批发、零售	浙蚕种经证字(2010)第022号
22	杭州蚕种场	杭州市江干区彭埠镇七堡	戚志良	批发	浙蚕种经证字(2010)第024号
23	长兴县蚕种服务站	长兴县雉城镇人民南路	李淦成	批发、零售	浙蚕种经证字(2010)第025号
24	兰溪市云山蚕种服务站	兰溪市府前路61号	方守地	零售	浙蚕种经证字(2010)第027号
25	安吉县超龙蚕业发展有限公司	安吉县天荒坪镇白水湾村1号	杨逸文	批发、零售	浙蚕种经证字(2010)第028号
26	绍兴市大禹蚕种制造有限责任公司	绍兴市城南九里	吴海平	批发	浙蚕种经证字(2010)第029号
27	浙江临安春秋蚕业有限公司	临安市玲珑街道玲珑村	付春红	批发	浙蚕种经证字(2010)第030号
28	建德市蚕桑技术服务站	建德市新安江街道健康南路21号	朱丽君	零售	浙蚕种经证字(2010)第031号
29	富阳市蚕桑技术服务站	富阳市富阳镇富新路18号	陆兆虎	零售	浙蚕种经证字(2010)第032号
30	嵊州市蚕种场	嵊州市剡湖街道沙园村10号	章孟贤	批发	浙蚕种经证字(2010)第034号
31	德清县东庆蚕种有限公司	德清县乾元镇西郊路54号	陈法荣	批发	浙蚕种经证字(2007)第035号

续表 2

序号	单位名称	住所	法定代表人	经营方式	许可证编号
32	德清县莫干天竺蚕种有限责任公司	德清县莫干山镇庾村	蔡永良	批发	浙蚕种经证字(2010)第 036 号
33	德清县经济作物技术推广站	德清县武康镇中兴北路 883 号	胡建平	批发、零售	浙蚕种经证字(2010)第 037 号
34	湖州市蚕业技术推广站	湖州市湖东路 30 号	楼黎静	批发、零售	浙蚕种经证字(2010)第 038 号
35	杭州天宝蚕种有限公司	杭州市余杭区余杭镇义桥村	吴天林	批发	浙蚕种经证字(2010)第 039 号
36	淳安县千岛湖桑园蚕业有限公司	淳安县千岛湖镇新安北路 27 号	徐志卫	零售	浙蚕种经证字(2010)第 040 号
37	诸暨市蚕桑服务站	诸暨市暨阳街道人民南路 116 号	李建华	零售	浙蚕种经证字(2010)第 041 号
38	长兴龙华蚕业有限公司	长兴县李家巷镇李家巷村龙华路 30 号	丁勇	批发	浙蚕种经证字(2010)第 042 号
39	长兴通宝蚕业有限公司	长兴县二界岭乡初康村初康自然村	张世洪	批发	浙蚕种经证字(2010)第 043 号
40	湖州市农业科学研究院	湖州市东门外毗山	方公平	批发	浙蚕种经证字(2010)第 046 号

资料来源：浙江省蚕种管理站：《2010 年浙江省蚕种经营许可单位》。

二、蚕种价格

(一)中华人民共和国成立前的蚕种销售价格

唐代的余杭，蚕种不但自给有足，且有余种销往外地。清崔应榴《蚕事统纪》载："(唐时)蚕有杜种，有山种。山种皆买之余杭，其蚕食叶粗猛，兼耐燥湿，比杜种易养，缫丝分两也较杜种为重，乡人牟利，趋之若鹜，每当蚕将二眠之际，各乡买蚕之船，衔尾而至。余杭人又有于收茧后，以厚桑皮纸生蚕子其上，携卖海盐、桐乡等处，其价自四五百文一张至千余文不等，获利甚厚。且有开放收买以转售者。近年来，贩鬻者日多，良苦莫辨，卖者买者，均稍衰歇矣。"

清代，随蚕种购销的兴起，各地蚕种价格高低各有不同。"每幅纸小者值钱千文，大者千四五百文，亦有购取诸种向各村镇鬻卖者，谓之阑路种，其价颇贱，但鬻种之家唯利是图，恒以不中为丝之茧生之。”①清光绪二十三年(1897年)《农学报》第四册载:“绍兴一郡,蚕丝之利以新昌为最厚,亦最佳,较嘉、湖几可并驾,且各处蚕种多出自该处,每岁售种之价,不下数万金。”“新昌县物产表:蚕种,西境最多,专销杭嘉湖三府,每岁所入,约十余万元。”②“雌蛾一百只可留蚕种五两,湖州蚕种每两值钱千文,蚕种茂盛之家,并不肯出卖。”③

余杭土种在全省销售量最大,种价由种贩与制种家议定,一方面根据当年蚕汛及上年销售价和供求情况等,一方面参照吴福清(余杭名制种家)所售价。每张种价,清光绪二十六年(1900年)时,为1.3元(大清光绪铜钱)。民国13年(1924年)前后,为1.5元~1.6元(民国银圆),最高时平均达2.5元左右。新昌、嵊县蚕种,因不同形式,价格各异。长1.2尺、阔0.8尺的老板(种),种商收购价0.5元,售出价1元;1.05尺见方的夹子(种),买入价0.4元,售出价0.8元;2尺见方的双宫(种),买入价0.7元,售价1.5元。

民国18年(1929年)起,虽由政府主管部门和商界组织评价委员会讨论种价,确定一代杂交种每张0.4元,土种每张0.3元;民国19年,杂交种为每张1元,高则2元。但实际上,吴福清的种价仍然握有余杭土种价格的控制权。民国21年,国际生丝市场萧条,每张最高1.2元,最低的仅0.1元~0.2元,平均0.4元~0.5元;秋季大水灾导致大部分桑园淹没,种价跌至0.1元~0.2元。民国24年,国际丝业不景气,挂牌每张种定价1元,实际除吴福清的蚕种可照牌价出售外,其余的每张仅售0.2元~0.3元,春蚕隔年种曾惨跌至10余枚铜钱。民国22—26年,每张种价为0.45元,其中0.02元为种商手续费。

民国28年(1939年),在国民政府统治区的嵊县成立浙江蚕种管理处,负责收购省内各种场的蚕种,廉价配发给蚕农饲养。种价,每张0.6元,分3期付款:签订合同时付0.1元,发种后付0.27元,收茧后付0.23元。种场应依照管理处的分配数量、指定日期、交种地点,送交指定处所点收。民国35年,中国蚕丝公司规定,一代杂交种新品种收购价每张4000元,老品种3000元。

民国36年(1947年),江浙两省春期蚕丝座谈会决定,春蚕期贴补种价,规定不论新老品种,每张一律2000元。出售价格,不需贴补种价者,新品种每张10000元,老品种每张7500元;需贴补种价者,除贴补种价外,新品种每张6000元,老品种每张4500元。民国37年,由于物价飞涨,纸币贬值,每张蚕种达40万元。

(二)中华人民共和国成立后一代杂交种的销售价格

20世纪50年代至70年代,蚕种价格一直由省价格管理部门确定。1951年每张蚕种定价人民币2万元,直到1978年才第一次调整。1978年12月23日,经省计划委员会同意从1979年1月1日起,一代杂交种的销售价格由每张2元调整为3元。

1984年11月,省农业厅决定,从1985年春用蚕种开始,按照优质优价的原则,调整蚕种销售价格为:菁松×皓月、浙蕾×春晓、苏春×镇丰、杭7×杭8、华合×东肥及其反交,每张为

---

① 〔清〕高铨:《吴兴蚕书》。

②③ 〔清〕俞墉:《蚕桑述要》。

4.9元;浙农1号×苏12、薪杭×科明、东34×苏12及其反交,每张为4元。

1987年5月,省农业厅决定,从春用蚕种供应起,蚕种销售价调整为:菁松×皓月、浙蕾×春晓、苏春×镇丰由每张4.90元调整为7.50元,华合×东肥、杭7×杭8由每张4.90元调整为7.00元,薪杭×科明、诸花×朝霞、康7×科2、芙蓉×湘晖由每张4.00元调整为6.00元,浙农1号×苏12、苏12×东34由每张4.00元调整为5.60元。

1988年7月,省农业厅决定,从秋用种供应起,蚕种销售价调整为:菁松×皓月、浙蕾×春晓、苏花×春晖、杭7×杭8、华合×东肥为每张15元,薪杭×科明、蓝天×白云、浙农1号×苏12、诸花×朝霞为每张13元。

1992年12月28日,省物价局《关于颁布〈浙江省物价局及省级有关部门管理价格的农产品目录(1992年本)〉的通知》要求,从1993年1月1日起,蚕种销售价格实行国家指导价,具体由省农业厅确定并公布。

1993年7月,省农业厅决定,从1994年春用蚕种开始,种价按品种类别确定销售价:春用品种(多丝量)每张20元,秋用品种(中丝量品种)每张17元。同时调整卵量,一代杂交种卵量从原来的每张,春用品种2.4万粒,秋用品种2.34万粒,一律调整为2.5万粒。非合同订购蚕种的价格,视市场情况实行浮动,由购销双方协商确定。非重点产区(年蚕茧产量在2000吨以下县)可在蚕种销售价外加收适量的蚕种催青服务费,蚕种经营单位不得另行收取订种手续费。蚕种收购,逐步推行按质论价,分级收购。

1994年9月,省农业厅决定,从1995年起,蚕种销售价格调整为:春用品种每张35元,秋用品种每张30元。省财政厅、省农业厅决定,自1995年1月1日起,蚕茧农业特产税采取源头征收办法,即委托农业部门在预订(发放)蚕种时,按订种张数向订购蚕种的单位和个人代收代缴。省财政厅、省农业厅规定,蚕茧农业特产税的征收标准,春、夏、秋等各季蚕种统一为每张10元,即农民蚕种实付价格为,春用品种每张45元,秋用品种每张40元。1995年5月30日,省财政厅、省农业厅、省物价局决定调整蚕改费标准及收取办法,市、县蚕改费从蚕茧收购和蚕种预订(发放)两个环节中同时收取,蚕茧经营环节中的收费标准由原来按牌价茧款的3.4%调整为按收购总茧款的1%;在预订(发放)蚕种时,由各县农业(农林)局所属蚕种经营单位向蚕农收取每张蚕种5元的蚕改费;市、县蚕改费实行市、县分成。省级蚕改费收取标准为每张蚕种1元(具体通过计入各期蚕种价格,即每张蚕种销售价格提高1元的办法),由各蚕种生产单位按蚕种销售数量,及时向省农业厅缴纳。在蚕茧收购时,每50千克鲜茧价外补还农民10元,由用茧单位负担。1995年6月,省农业厅决定,自7月1日起,一代杂交种每张销售价格提高1元,即春用品种每张36元,秋用品种每张31元。二次调整后,农民在订购蚕种时,实际支付的最终蚕种价格为:春用品种每张51元,秋用品种每张46元。

2002年初,全省范围内全面停止征收农业特产税,在蚕种发种(订种)环节代收代缴的每张10元的蚕茧农业特产税随之取消。10月,省物价局公布的《浙江省定价目录》中,蚕种价格没有列入定价目录。按《价格法》精神,从2003年起,蚕种价格成为市场调节价。

2004年起,省财政厅、省物价局、省农民负担监督管理领导小组办公室决定将蚕桑技术改进费收费标准调整为:市县蚕茧按收购总茧款的1%收取,省级每张蚕种1元,县级每张蚕种3元，原向农民收取部分取消，改为向蚕种生产经营单位收取。2004年2月，省农业厅决定，从2004年开始，将原春用品种每张36元，秋用品种每张31元，统一调整为每张34元（包含省级蚕桑改进费1元）。

2006年，省财政厅、省物价局决定取消蚕桑技术改进费。省农业厅针对蚕种价格已不再纳入国家管理范围的实际，为保障蚕种有效供给，维护蚕农利益，决定从2006年秋期蚕种供应起，一代杂交种的最高限价调整为每张40元。此限价政策至2010年仍适用。

（三）原原母种、原原种、原种的销售价格

1994年前，原原母种、原原种、原种销售价格的调整，基本与一代杂交种销售价格同步进行，1995—2010年种价没有调整。

表105-3-4-2　　1979—1994年原原母种、原原种、原种销售价格调整一览表

时间	原原母种（元/蛾）	原原种（元/蛾）	原种（元/张）	批准单位	文件号
1979-05-18	2.0	2.0	10.0	省农业局	农特〔79〕265号
1985-01-18	3.0	2.5	东34:10；浙农1号、苏12、东肥、华合、杭7、杭8、薪杭：12.5；菁松、皓月、浙蕾、春晓、科16、苏春、镇丰：16.0	省农业厅	农经字〔85〕20号
1987-05-02	菁松、皓月、浙蕾、春晓、苏春、镇丰、薪杭、科明：3.6；东肥、华合、浙农1号、苏12、杭7、杭8、诸花、朝霞：2.4	菁松、皓月、浙蕾、春晓、苏春、镇丰、薪杭、科明：3.0；东肥、华合、浙农1号、苏12、杭7、杭8、诸花、朝霞：2.0	菁松、皓月、浙蕾、春晓、苏春、镇丰、薪杭、科明：25.0；东肥、华合、浙农1号、苏12、杭7、杭8、诸花、朝霞：15.5	省农业厅	农植二〔87〕70号
1988-07-27（1989年春用种供应开始执行）	菁松、皓月、浙蕾、春晓、薪杭、科明、蓝天、白云：7.0；东肥、华合、浙农1号、苏12、杭7、杭8、诸花、朝霞：5.0	菁松、皓月、浙蕾、春晓、薪杭、科明、蓝天、白云：6.0；东肥、华合、浙农1号、苏12、杭7、杭8、诸花、朝霞：4.0	菁松、皓月、浙蕾、春晓、薪杭、科明、蓝天、白云、苏花、春晖：50.0；东肥、华合、浙农1号、苏12、杭7、杭8、诸花、朝霞：31.0	省农业厅	浙农发〔88〕118号
1993-07-09	9.0	8.0	70.0	省农业厅	浙农发〔1993〕84号
1994-09-30	12.0	11.0	100.0	省农业厅	浙农发〔1994〕163号

资料来源：1979—1989年资料来源于浙江省农业厅经济作物管理局：《经济作物有关政策文件汇编》；1993—1994年资料来源于浙江省蚕种管理站：《蚕种管理有关文件选编》，第35—39页。

三、蚕种外购和出口

(一)蚕种外购

1. 国外主要从日本购进

清末,蚕学馆创办后,从日本、意大利、法国等国引进品种,与中国种进行比较饲养。清光绪三十年(1904 年),按每圈 10 文的价格售给农民饲养。民国时期,多数年份需从日本购入。民国 14 年(1925 年),从日本购进优良原种诸桂、赤熟等,制成诸桂×赤熟杂交种 1 万余张。民国 19 年,由省蚕丝改良场赴日本向东亚蚕种商会、福田种店和荫译龟吉上田蚕发公司等处购得蚕种 5 万余张。民国 25 年,从日本进口蚕种 55.19 万张。全面抗日战争期间,江、浙两省蚕种场惨遭严重破坏,由日本输入江浙两省蚕种数为:民国 27 年 4.52 万张,民国 28 年约 31 万张,民国 29 年约 35 万张,民国 31 年约 35 万张,民国 32 年约 38 万张。

2. 国内主要购自江苏省

浙江向省外购买蚕种始自唐代。唐代张彦远《法书要录》载,唐太宗为得到王羲之书写的《兰亭集序》真迹,派萧翼带了山东的蚕种到浙江出售。民国 7 年(1918 年)后,以苏州浒墅关老虎牌春种为主,因浙江蚕区广阔而制种能力薄弱,其他牌号江苏蚕种在浙江也受欢迎。民国 24 年,浙江共需秋种 50 余万张,除省内生产约 18 万张外,其余均向江苏的金陵大学农学院、中央大学农学院、条本、大有、东亭、锡山、丰年、东吴及镇江合作种场等选购。民国 25 年,从江苏购入 46.47 万张。民国 35 年,由中国蚕丝公司组织云南蚕业新村公司生产 20 万张;江苏剩余秋种 6 万张,均作浙江民国 36 年春用蚕种。

(二)蚕种出口

土种,主要销往日本。清咸丰年间(1851—1861 年),湖州李筠就将余杭土种销往日本。日本在明治七年(1874 年)北海道开拓使厅长官黑田清隆,致文上海领事品川忠道,购三眠蚕种进行试验,领事委托郑书记办理,郑书记转托陈福勋,由浙江省湖州府南浔精选蚕种十张送去,次年开拓使分配于札幌及东京分所与其他各府县饲育。在日本明治二十一年又试养湖州蚕种。自清咸丰九年(1859 年)起,土种就正式作为出口货物之一,共出口 270 件(每件 37.5 两),价银 1.02 万两。清光绪三年(1877 年)起,蚕种出口趋于衰微以至于消失。

20 世纪 50 年代,浙江先后有少量蚕种输往苏联、罗马尼亚、保加利亚、阿尔巴尼亚、越南、朝鲜和日本等国家,进行科技文化交流。改革开放后,浙江蚕种先后出口到马达加斯加、摩洛哥、埃及、希腊、印度、巴基斯坦、孟加拉、伊朗和韩国等地。1997 年,桐乡市浙江花神丝绸集团有限公司向乌兹别克斯坦布哈拉州出口了蚕种 2 万张,每张种比当地蚕种增产蚕茧 8 千克,增收 6 美元;2001 年初,总投资 221 万美元的中乌合作企业布哈拉缫丝厂正式成立,浙江花神占了 63%的股份。该公司不仅是中方在乌兹别克斯坦投资最大的企业,而且使当地实现了种桑、养蚕、加工、经营“一条龙”作业。2001 年后,浙江蚕种主要出口乌兹别克斯坦、土库曼斯坦、哈萨克斯坦等中亚国家。

1990—2010年，浙江向11个国家出口蚕种累计173.27万张。

表105-3-4-3　　1990—2010年浙江省蚕种出口一览表

年份	出口国家	数量(张)	出口(供种)单位
1990	保加利亚	2218	浙江省蚕种公司
1991	阿富汗	150	
1992	哥伦比亚	104	
	西班牙	401	
1993	保加利亚	1337	
1994	-	-	-
1995	土库曼斯坦	4572	-
	日本	4707	湖州市蚕种管理站
1996	希腊	1500	浙江省农科院
	孟加拉国	1000	浙江农业大学
1997	希腊	1500	浙江省农科院
	孟加拉国	400	浙江农业大学
1998	乌兹别克斯坦	42230	杭州市良种技术推广站
	希腊	1500	浙江省农科院
1999	乌兹别克斯坦	199191	杭州市良种技术推广站
	希腊	1500	浙江省农科院
	乌兹别克斯坦	20000	桐乡市蚕业有限公司
2000	乌兹别克斯坦	200	桐乡市蚕业有限公司
	希腊	1500	浙江省农科院
	越南	32314	嵊州市蚕业管理站
2001	乌兹别克斯坦	80000	桐乡市蚕业有限公司
		120000	湖州市塔山蚕种场
2002	乌兹别克斯坦	78000	桐乡市蚕业有限公司
2003	乌兹别克斯坦	170000	桐乡市蚕业有限公司

续表

年份	出口国家	数量(张)	出口(供种)单位
2004	乌兹别克斯坦	130000	桐乡市蚕业有限公司
	土库曼斯坦	5000	浙江湖州塔山蚕种制造有限公司
2005	乌兹别克斯坦	122000	桐乡市蚕业有限公司
2006	乌兹别克斯坦	60000	桐乡市蚕业有限公司
	乌兹别克斯坦、哈萨克斯坦	60000	湖州凤凰雨农蚕业服务公司
2007	乌兹别克斯坦	105000	桐乡市蚕业有限公司
	乌兹别克斯坦、哈萨克斯坦	50000	湖州凤凰雨农蚕业服务公司
2008	乌兹别克斯坦	88500	桐乡市蚕业有限公司
	乌兹别克斯坦、哈萨克斯坦	50000	湖州凤凰雨农蚕业服务公司
2009	希腊	6500	桐乡市蚕业有限公司
	乌兹别克斯坦、哈萨克斯坦	60000	浙江维汉农业发展有限公司
2010	乌兹别克斯坦	151400	桐乡市蚕业有限公司
	乌兹别克斯坦等中亚国家	80000	德清县莫干天竺蚕种有限公司

资料来源:浙江省蚕种管理站:《1990—2010 年浙江省蚕种出口情况统计》。

四、蚕种储备

根据《浙江省蚕种管理条例》,2007 年,省农业厅、省财政厅制定并实施了《浙江省蚕种储备管理办法》,在全国首创了蚕种储备制度。

蚕种储备分省级储备和市、县(市、区)级储备。全年供种 10 万张以上的蚕种经营单位所在地的市、县(市、区)建立蚕种储备制度,其他蚕种经营单位所在地的蚕桑重点县(市、区),根据当地实际情况确定蚕种储备制度。省级储备由省农业厅根据全省需要确定一代杂交种、原种品种与数量;市、县储备一代杂交种,数量按当地年需种量 5%～10%的比例确定。一代杂交种的储备分为春、秋两期,原则上春期储备占 70%左右,秋期储备占 30%左右。储备的蚕品种为现行推广的主要品种。

省级蚕种储备从 2007 年开始实施,由省财政核定资金额度,每年 200 万元。省农业厅根据资金额度,确定每年收储一代杂交种 50000 张、原种 5000 张,收储品种为秋丰×白玉、菁松×皓月,由省蚕种公司承储。根据 2007 年省级储备蚕种使用的实际情况,2008 年,春、秋收储比例,春期由占储备总量的 70%调整为占 40%,秋期由占储备总量的 30%调整为占 60%。市、县蚕种储备,有杭州、湖州等市县,储备资金额度 30 万元～50 万元。

省级储备蚕种收储,采用公开招标、专家评审的办法。为公平、公正地确保优质蚕种收储，省蚕种公司制定了《浙江省储备蚕种评标办法》，以蚕种质量、供种状况、生产基础、技术力量、荣誉获奖等项目，将前 3 年各项目情况用百分制量化评分。评标专家组由省农业厅、省财政厅、省农科院，杭州市、嘉兴市、湖州市等主产区业务主管部门等有关专家组成。评标专家根据报名单位基本情况，对照评标办法，对蚕种质量、供种状况、生产基础、历年承担省级蚕种储备情况等项进行自主评分。按得分高低，择优确定中标单位。

储备蚕种一般有以下情形才能动用：农民在饲养过程中出现大面积蚕中毒、蚕病发生，需要补养蚕种；蚕茧价格大幅提升，农民需种量比原订购计划显著增加而缺种；蚕种在生产过程中遇特殊原因不能完成生产计划，或经质量检验出现较大数量蚕种不合格需要淘汰等。动用程序为：蚕种生产经营单位向县农业局报告，县农业局向省农业厅提出书面申请，省农业厅向承储单位下达动用通知，承储单位动用蚕种，用种单位在领取蚕种时，按收储价格一次性结算费用。

2007—2010 年，省级蚕种储备共收储一代杂交种 20 万张，动用储备蚕种 75599 张，为杭州、湖州、秀洲、海盐等 19 个市、县(市、区)农民增收 1.08 亿元。

第四章　养　蚕

养蚕包括催青、饲养、上蔟等过程。古代蚕种催青，由农民自行处理。养蚕一般一年饲养一次。农户养蚕不设专用蚕室，以住宅兼用。民国17年(1928年)，浙江开始饲养秋蚕。民国22年，开始集中催青。民国23年春，萧山模范区建立专用小蚕室。

中华人民共和国成立后，集体养蚕数量多，逐步实行以县域为单位统一组织蚕种催青。蚕室分为小蚕室、大蚕室。养蚕用具，主要有蚕架、蚕匾、蚕网、蔟具等。1952年，开始饲养夏蚕。到20世纪70年代，逐步实现了春蚕、夏蚕、早秋、中秋、晚秋的养蚕布局。1974年，方格蔟推广到28个县。1982年，推广"春蚕杂交种饲育技术标准"，全省小蚕饲养逐步走向标准化。1982年春蚕期，杭嘉湖23.5万张蚕种受氟化物污染中毒。1989年，桐乡市建立了一次可容纳30万张的大型催青室。1998年，秋蚕产茧量第一次超过春蚕。

进入21世纪后，出现了春—秋、春—夏—秋、春—秋—秋等多种养蚕布局模式。2005年，淳安县建立了全国首座全自动智能化高密度的现代化大型催青室。至2010年，全省实行加温饲养小蚕的蚕种，占总饲养量的95%以上。从20世纪90年代至2010年，全省逐步推广、普及"大蚕一日三回育"①的省力化养蚕技术。

第一节　养蚕设施

古代，养蚕农户住宅兼用养蚕室。民国22年(1933年)开始将农户分散处理的蚕种实行集中催青。民国23年，萧山第一模范区建立专用小蚕室。中华人民共和国成立后，集体养蚕分设为小蚕室、大蚕室。20世纪60年代，推广炕床、炕房，引进推广方格蔟。70年代后，用稻草结大蚕网，用竹做蚕匾；80年代后，逐步增加塑料蚕网。1983年后，逐步推广节能炕房、靠壁灶、地火龙等小蚕加温设施。2001年，开展大棚养蚕试验与推广。2005年，建立了全国首座现代化大型催青室。

一、蚕室

蚕室，包括小蚕室、大蚕室、贮桑室和上蔟室。自古以来，对蚕室的建设和选择都有较严格的要求。

---

① 大蚕一日三回育，即大蚕(四龄到五龄)24小时内喂桑叶3次的养蚕方法。

（一）小蚕室及加温设施

古代农民就了解到蚕宜在一定环境下饲养，蚕室建造有一定要求，“蚕之性喜静而恶喧，故宜静室；喜暖而恶湿，故宜版室。室静可以辟人声之喧闹，室密可以辟南风之吹袭，室版可以辟地气之蒸郁”①。“蚕室宜向东南，周围用纸糊风隙，上无棚板者宜顶格。”②“蚕房固宜邃密，尤宜疏爽。晴天北风，切宜开辟窗牖，以通风日，以舒郁气。下用地板者最佳，否则用芦苇垫铺，使湿不上行，四壁用草箦（草席）围衬收潮湿；大寒则重帏障之。蚕室固要避风，尤不可不通风也。”③“凡室不论新旧，以东南向者为上，高卑广狭，虽不能不仍其旧，然其中之窗户、板壁自可随时斟酌改移。小蚕房：不宜高敞，假如有室三间或两间、中间无板壁间隔，须阑出一间为收蚕之所。大蚕房：以宽爽为贵，宽则可容筐植，便抬替，爽则气舒，无郁寒之患。蚕房中宜附地铺板，以隔地之湿气，不铺板，植下必用板衬。”④

民国23年（1934年）春，萧山第一模范区建造模范蚕室9处，计专用小蚕室31间，其中瓦屋24间，草舍7间。建造的房屋上有灰幔，下为地板，前后有窗，其余推广区则就条件较好的农舍加以改进成为小蚕共育室。一般一家一户养蚕用房，不分小蚕或大蚕，均由农户住宅兼用。嘉湖地区因有大规模养蚕传统，因此房屋的建造除供作生活用外，还考虑养蚕使用。

中华人民共和国成立后，逐步取消农户个体养蚕，改由集体集中养蚕，因规模大、饲养数量多，大、小蚕分室饲养，并全面提倡小蚕共育。共育室利用公共祠宇或空闲民房加以适当改建，以符合加温、补湿、通风、采光和换气等要求。

1960年，省农业厅提出大搞养蚕基本建设，实现养蚕蚕台化、蚕室标准化、除沙蚕网化，为此省财政拨出专款500万元，并安排长期贷款1000万元。20世纪60年代初，中国农科院蚕业研究所在浙江推广小蚕共育用炕床。即在蚕室的一侧划出一可密闭的小室，正面开一对双扇门，下部砌可加温的烟道（俗称地火龙），烟道上加黄沙喷水补湿，炉灶口在室外，以各种杂柴作加温燃料。蚕架和蚕匾放在炕床内，给桑、除沙等技术处理在炕床外。1966年，德清县按炕床原理建造了炕房。即在一普通小蚕室内，砌单灶或双灶地火龙加温，小蚕饲养后拆除地火龙，仍可用来做大蚕用房，后推广至全省。

1982年，实行家庭联产承包责任制，养蚕由集体集中养改为家庭独户养。为解决小蚕共育问题，推行农户自愿结合的小蚕共育。其方式主要有：“蒸饭制”，即自愿组成的数户农户集中一处饲养小蚕，除统一加温费用分摊外，桑叶、消毒、操作等各自负责；“联户共育”，即自愿组成的数户农户小蚕集中，统一加温、统一饲养、费用均摊。还有小蚕规模共育、小蚕公司等。

1987年，嘉兴市郊区（今嘉兴市秀洲区）农林局经6年研究，创造了“家庭式省柴灶炕房育技术”。1989年冬，省农业厅经济作物管理局在嘉兴市郊区召开了全省小蚕加温设施现场会，全面推广“家庭式节能小炕房”“丰联式简易地火龙”“靠壁灶”“靠壁龙”等加温设施。1990

① 〔明〕黄省曾：《蚕经》。

② 〔明〕宋应星：《天工开物》卷上《乃服第二》。

③ 〔明〕张履祥：《补农书》上卷引《沈氏农书·蚕务》。

④ 〔清〕高铨：《吴兴蚕书》。

年冬，又在衢州市召开新蚕区小蚕加温设施现场会，因地制宜推广“木屑炉”“水泥管简易地火龙”“地面式简易地火龙”“小蚕活动式节能加温器”等多种小蚕加温形式。至1990年，全省实行小蚕加温饲养的蚕种92.4万张，约占春蚕总饲养量的70%。其中节能炕房5.51万只，共育蚕种39万张；靠壁灶（龙）7.89万只，共育蚕种30.48万张；天火龙2.03万只，共育蚕种8.32万张；其他方式加温饲养的蚕种1.48万张。

至20世纪90年代末，全省春期采取各种形式加温饲养的蚕种达80%左右，其中嘉湖重点蚕区的普及率达95%以上。21世纪后，省农业厅经济作物管理局逐步扶持与推广小蚕规模共育、小蚕专业公司等，探索小蚕人工饲料育、高密度共育等新方式。至2010年，春蚕基本采用不同形式的加温饲养。

（二）大蚕室与养蚕大棚

从20世纪50年代到家庭联产承包前，养蚕都由生产队集中饲养，由于饲养数量多，需分期分批饲养，有了小蚕室、大蚕室。大蚕室的大小根据饲养数量、场地大小确定。家庭联产承包后，大蚕一般利用农户生活用房饲养。

20世纪60年代中期，农村饲养蚕种连年增加，缺房缺匾的问题更为突出，部分地区推广室外育。一种是室外土坑育。在村旁树荫下或桑园行间挖个50厘米深的土坑，掘出的泥就堆砌在坑的四周以防雨水和害虫侵入，坑长视饲育量而定，坑上方搭船棚式架，上盖草荐，把四龄或五龄蚕出室进棚饲养，四龄给片叶，五龄给条桑。此法曾在部分蚕区被推广应用，1970年春，曾占嘉兴全县（今嘉兴市秀洲区、南湖区）发种量的65%。另一种是室外棚架育。在场地上搭一棚架，铺芦帘3层～4层，顶部复草遮阳，在芦帘上放蚕饲养，四周围以草、芦帘或塑料薄膜。上述两种饲育法，由于在室外操作，雨天不方便等原因，未推广。

2000—2001年，省农业厅先后两次组织人员赴山东、江苏省进行大棚养蚕专题考察，并于2001年春蚕组织在桐乡等5个市县，于春、夏、秋三期进行了5次试验。2002年9月23日，省农业厅、省农技推广基金会、省蚕茧产业协会在桐乡召开了全省大棚养蚕现场会，全面推广大棚养蚕。

大棚的主要形式与构造：

（1）塑料大棚：大小根据场地和饲养量而定。一般为（20米～25米）×（7米～8米），用直径25毫米、壁厚1.5毫米的装配式镀锌大棚钢管作拱架，0.1毫米厚的塑料膜作棚顶覆盖材料，再覆1层～2层遮阳网作隔热层。一般搭建2层蚕台。

（2）简易大棚：利用房前屋后的空地，大小根据场地和饲养量而定，用木料或毛竹依房屋墙壁搭建临时棚架，上覆编织布等防雨材料即成，蚕期结束后即拆除。

（3）地坑：在地势较高的稻田挖地坑，一般为13米×1.3米×2米可养2张蚕种，用竹片作棚架，上覆稻草。

至2010年，全省共有养蚕大棚1724只，饲养蚕种2.17万张，占全省饲养总量的1.7%。

（三）贮桑室与上蔟室

20 世纪 50 年代至 80 年代初，桑园集体经营时，基本设有专用贮桑室与上蔟室。家庭联产承包开始后至 2010 年，贮桑基本采用简易贮桑方法，上蔟基本利用农民生活用房。

二、蚕具

（一）蚕网

清代，就有结蚕网记载："网绩麻为之，如鱼网之制，长短广狭视筐之大小。网眼有疏密，蚕小宜密眼，大宜疏眼。"①后来，小蚕网用棉线经机械织成后再涂以猪血而成，大蚕网用麻皮人工织成。20 世纪 70 年代后，大蚕网用稻草结成；80 年代后，塑料网的使用逐渐增多。蚕台育，一般按每张蚕种 30 只～40 只配备蚕网；养地蚕一般不除沙，也不用蚕网。

（二）蚕匾

宋代，蚕槌采用长方形蚕箔，用竹制成。清代，三角蚕植多用圆形蚕箔。大而实心的叫匾，直径三尺七八寸，边高寸半；小者直径二尺半或二尺或尺半，边高三寸。空心的叫篷或筛，应用前用纸糊使疏眼不漏，养蚕结束后将纸洗去，投资较省。从近代至 2010 年，基本以竹蚕匾为主。

（三）蚕架

俗称蚕台，古称蚕槌或植。宋代，蚕槌 4 柱，横档 8 层～9 层，构成长立方形。清代，蚕植为三角式。《蚕桑辑要》载："植皆三角式，用三木作柱，高各八尺，中设档九层，相悬各八寸，令可容筐进出，前档长六尺，后档长三尺。前档木之中俱平镶一短榫，各长四寸；后档木之头，各裁成榫口，凑于前档木之短榫上。中穿一孔，用竹钉绾住，可使转移折叠。小蚕用小植，高四尺余，阔亦四尺，档用五六层，可置床帷之内。"②

20 世纪 30 年代，蚕种场仿照日本应用椭圆形蚕匾，采用梯形蚕架，形状为两扁方木着地，上下横木相连，左右各有缺刻 10 个～11 个，以长竹竿将蚕架相连，并用麻绳结扎牢固，中插蚕簏或蔟箔。至 2010 年，大部分蚕区仍应用木制三角蚕架，少量用塑钢蚕架。

三、蔟具

宋代以来，浙江蚕用蔟具的形制历经多次改进，从初始的茅草、竹梢到折帚（伞形蔟）、墩帚（湖州把）、蜈蚣蔟、改良伞形蔟到纸板方格蔟、塑料折蔟。

---

①② 〔清〕沈秉成：《蚕桑辑要・访野茧法》。

（一）稻草蔟（蜈蚣蔟、伞形蔟）

宋代已有蔟具制作的记载，“蔟箔宜以杉木解枋，长六尺，阔三尺，以箭竹作马眼槅，插茅，疏密得中。复以无叶竹筱，纵横搭之。又蔟背铺以芦箔，而以篾透背面缚之，即蚕可驻足，无跌坠之患”①。元代，改用稻草秆制成的伞形蔟插在蔟箔上。“凡结茧必如嘉、湖，方尽其法……其法析竹编箔，其下横架料木约六尺高……其箔上山用麦稻稿斩齐，随手纠捩成山，顿插箔上。做山之人最宜手健。箔竹稀疏，用短稿略铺洒，防蚕跌坠地下与火中也。”②明代有用稻草为原料的墩帚（湖州把）、折帚（伞形）蔟，“墩帚、折帚，各随乡之所习（东乡多用墩帚，西乡多用折帚），总以密蔟为主。有就帘上立者，铺一节芦帘，即立一节草帚，随上一节蚕”③。

20 世纪 30 年代初，在蚕桑模范区和改良区推广蜈蚣蔟，分发摇蔟用具，教蚕农仿照制造。用蜈蚣蔟营茧，柴印、黄斑和双宫茧等减少，茧价高，故农民采用的较多。但在养蚕比重少的分水（今属桐庐）和桐庐，多用油菜秆代蔟，即使蜈蚣蔟，也有用麦秆制成的。

1951 年，省蚕业改进所提出改进上蔟采茧，不用陈年旧蔟，不用竹枝、麦秆做蔟，推广纯稻草做成蜈蚣蔟或改良伞蔟。至 2010 年，在嘉湖蚕区，以稻草为原料制成的蜈蚣蔟，仍占蔟具总量的 70%以上，伞形蔟也占 20%左右。

（二）纸板方格蔟

20 世纪 50 年代，从日本引进纸板方格蔟。纸板方格蔟用 360 克或 420 克牛皮纸、箱板纸为原料，裁成宽 3 厘米板纸条，纵横交叉形成 12 孔×13 孔的方格，孔的大小为 4.5 厘米×3 厘米×3 厘米，适合一条蚕吐丝结茧的位置。方格蔟做茧，茧衣少，茧形整齐，节约上蔟空间，采茧方便，上茧率可达 95%以上，蔟具还可多次使用。

1973 年 5 月，省农林局、省商业局、省一轻工业局、省农科院、浙江农业大学（今属浙江大学）等单位在海宁县辛江乡新德村，余杭县长命乡红卫村、勾庄乡吴横村、翁梅乡立新村、九堡镇五星村进行使用方格蔟试点。12 月，省农林局、省商业局、省一轻局、省农科院、浙江农业大学联合向省委、省革委会提出《扩大试验和推广家蚕方格蔟的建议》。1974 年，春蚕在 5 个县 100 多个养蚕生产队试用方格蔟 47.5 万只；秋蚕期扩大到 28 个县，全年共使用方格蔟 60 万只，蚕种 4000 张。在试验过程中，根据浙江农村实际，为节省木材和降低成本，将引进时的木框架回转式改为竹竿搁挂。

经 1974—1981 年的多点试验，对方格蔟提高茧质的效果，形成了初步共识。但由于评茧方法不能完全体现优质优价，蚕农采用方格蔟的一次性投资比较大，而其收益却不能得到应有的合理补偿，影响了方格蔟的推广。1981 年，省农业委员会、省科学技术委员会等多次邀请有关专家共商对策，一致认为应以缫丝检定，按丝的质量和数量来确定茧价，以促进方格蔟

① 〔宋〕陈旉：《农书》卷下《簇箔藏茧之法篇第五》。

② 〔明〕宋应星：《天工开物》卷上《乃服第二》。

③ 〔清〕汪曰桢：《湖蚕述》卷三。

的推广。

1982 年 5 月，省农业厅、省科学技术委员会向省政府报送了《关于加速推广方格蔟的报告》，提出对方格蔟茧改干壳量计价为缫丝计价的建议。6 月 4 日，省政府批准同意改革评茧方法的意见，并同意从日本进口一组蚕茧检定样机。9 月，省科学技术委员会将“桑蚕茧茧质评定标准及茧检定仪的研究”列为省重大课题攻关项目，并委托省纺织工程学会、省蚕桑学会牵头。省纺织工程学会、省蚕桑学会研究确定，以省丝绸科学院为主在湖州市下昂乡进行“组合售茧，缫丝计价”的试点。1983 年，由省农科院为主承担了国家科学技术委员会、省科学技术委员会“六五”重点攻关项目，即“桑蚕茧综合配套技术研究”课题，并在海宁县长安乡新民村、辛江乡新德村开展缫丝计价试点。

1987 年，省政府办公厅《关于印发推广“组合售茧、缫丝计价”座谈会纪要的通知》，充分肯定了“组合售茧、缫丝计价”试点成果；确定浙丝一厂、中丝三厂、嘉兴丝厂、崇德丝厂、下昂丝厂为扩大推行“缫丝计价”试点单位；批准在湖州、桐乡、海宁和嘉兴四地，由省政府投资 1300 万元各建一个茧质检定所，通过以蚕茧出丝的数量和质量确定方格蔟茧价格，加速推广方格蔟。是年，湖州市下昂乡，海宁市长安乡、辛江乡、石路乡，嘉兴市郊区洪合乡，桐乡县崇德乡、芝村乡进行了“缫丝计价”试点，以 1% 鲜毛茧出丝率作基本价，解舒丝长、净度为补正计价项目。在收茧时，先按干壳量预付茧款给农民，最终按缫丝成绩结算返利。至 1990 年，组合收茧累计近 2000 吨。

实行缫丝计价，真正体现了优质优价政策，大大促进了方格蔟的推广。仅 1992 年全省就新增方格蔟 1613.1 万只。至 1997 年，推广到 11 个市(地)42 个县(市)，春期使用方格簇的蚕种 17.71 万张，占全省春期饲养总量的 16.3%，其中湖州市使用方格蔟 2172.6 万只，占全省的 61.3%。由于 1997 年中秋茧开始实行目评收茧，不能体现优质优价和兑现返利款，方格蔟应用迅速减少。1998 年春期，全省使用方格蔟降到 1700 万只，应用的蚕种 8 万张左右。

2009 年，淳安县创造了六连片翻转蔟，并在姜家、浪川、界首、汾口等蚕桑重点乡(镇)进行试验、示范和推广。六连片翻转蔟，由六连片木框、长木转轴、底座架 3 个部分组成。六连片木框，用厚 1.2 厘米、宽 3 米的木条制成边长 122 厘米的方形木框，木框内用木条钉成“井”字形状，把 6 只方格蔟用细铁丝或木工气枪钉固定在框内的木条上，在“井”字形木条中间钉 2 根 4 厘米厚的木档，间距略大于 7 厘米，便于六连片木框套在长木转轴上。长木转轴为长 300 厘米、截面 7 米×7 米 的杉木，正中部 30 厘米加工成圆柱状，置于底座架上。底座架高 110 厘米，底座由 2 个呈“丁”字形木架中间相连而成，有 2 个弧形(口朝上)支撑点，托住长木转轴。淳安县茧丝绸公司对六连片翻转蔟架采取每只补贴 200 元等鼓励政策，累计推广 1.45 万只。

至 2010 年，淳安、缙云、武义、永康、磐安等少数县仍全年使用方格蔟，嘉湖蚕区仅有部分区域使用方格蔟。

表 105-4-1-1　　1973—2010 年浙江省方格蔟推广量一览表

单位:万只

年份	方格蔟	年份	方格蔟
1973	开始引进	1992	1613.1
1974	20.2	1993	750.8
1975	19.4	1994	391.6
1976	17.1	1995	211.3
1977	23.8	1996	13.4
1978	24.5	1997	61.5
1979	32.2	1998	171.3
1980	84.9	1999	470.7
1981	78.0	2000	810.0
1982	110.0	2001	3534.0
1983	89.9	2002	3244.7
1984	123.4	2003	3409.9
1985	60.2	2004	4586.5
1986	122.7	2005	3513.7
1987	183.0	2006	3884.1
1988	161.1	2007	4368.0
1989	116.0	2008	4033.0
1990	150.9	2009	4472.5
1991	475.3	2010	3449.3

资料来源:1974—1995 年数据来源于浙江省农业厅经济作物管理局:《浙江省蚕桑生产统计资料汇编》(第一辑至第五辑);1996—2010 年数据来源于浙江省农业厅经济作物管理局:《浙江省蚕桑业务资料统计》。

说明:2000 年以前为当年新增方格蔟数量,2000 年后为当年使用方格蔟数量。

(三)塑料折蔟

塑料折蔟由中国农业科学院蚕业研究所与上海塑料研究所成功研制。1974 年,临安蚕种场进行了原蚕使用塑料折蔟试验。经比较,塑料折蔟横营茧多,可减少种茧缩尾蛹,提高蚕种产量。1975年，正式在蚕种生产上推广使用，后逐步推广到全省蚕种生产单位。

2003年，德清县饲养一代杂交种的部分原蚕区也开始使用塑料折蔟。2005年，该县晚稻褐稻虱严重发生，用菊酯类或混有菊酯类农药的混配剂农药，使用频率高，稻草中农药残留量大，导致大批晚秋蚕中毒不结茧。2006年5月17日，德清县农业局下发紧急通知，要求蚕农上蔟全部改用塑料蔟具及不以稻草为原料的其他蔟具上蔟。

2005年后，塑料折蔟除蚕种生产普遍使用外，由于蔟具原料稻草减少及中毒风险等原因，饲养一代杂交种的农民使用量也逐年增加。

四、养蚕设备

20世纪30年代前，蚕种催青大部分用人体温度孵化蚕种。民国22年(1933年)春，萧山、临安改良蚕桑模范区建立催青室，开始实行加温催青。从民国38年秋开始，以蚕桑县或重点蚕桑区为单位，修建催青室，实行蚕种共同催青。

20世纪50年代初，催青用木炭加温、铁皮槽加水补湿的人工操作。80年代，用简单模拟电器控制，即以热敏电阻或水银导电表控制热风机加温、人工控制空调降温和人工电补湿。

1980年秋期，杭州蚕种场从日本引进信光式S-16型稚蚕饲育自动装置，该装置是由8个机组合成的全套自动化设备，装机容量5.3千瓦。小蚕饲养从切桑、给桑、提青到除沙实现全程自动化。经过试验，由于机型庞大、结构臃肿、组件重叠繁复，运转成本高，经济效益低，不适合在农村推广而告终。

1989年，桐乡县投资128.75万元建设催青大楼，建筑面积2028平方米，一次可容纳30万张蚕种，配置了DTC-90型温湿度自动控制仪，LED数码管显示温度值，热风器加温，超声波增湿器补湿，制冷机降温，电脑计算积温和温湿数据贮存等设备，实现加温、调温、补湿、除湿、照明、换气、积温计算等自动控制。1991年，海宁市投资近20万元研制开发了全国首个蚕种催青室计算机实时监控系统。该系统由主机、自动控制仪、巡回检测仪和手动控制开关4个部分组成，具有通过拨盘设定所需温湿度(精度在±0.3℃)，LED数码管显示各室温湿度，微机根据室内实际温度和设定温度自动开启空调降温或用热风机升温，在自动控制故障时可用手动控制，自动记录、打印温湿度、计算积温、任意调节打印间隔时间，多种故障声光报警、并提示故障室号故障内容代号等功能与特点。2001年，嘉兴市秀城区(今嘉兴市南湖区)林业与蚕桑站研制开发了一套催青环境控制、数据存储、蚕种管理为一体的蚕种催青环境自动化控制系统。该系统以省地方标准DB 33/T 315—2001《桑蚕一代杂交种催青技术规程》为依据，由专用软件对温湿度采集头的电压变化进行换算、数据比较，控制室内温湿度，利用计算机对历史数据进行保存、对比分析，利用现代网络条件实行数据远程交换。

2005年，淳安县投资350万元，建成了自动化、智能化催青系统控制的现代化大型蚕种催青中心，建筑面积为1998平方米，一次性可容纳15万张蚕种。采用硬件和软件模块化结构的计算机测量控制系统。该系统是由计算机技术、数字传感器技术、测量技术、数据库技术、通信网络技术等现代技术构成的自动化系统，能智能测量、控制蚕种催青的温湿度等主要要素，每个房间全部安装自动化控制设备，催青过程由电脑自动控制完成。实现蚕种催青温度、湿度、换气、光线、催青数据等全智能化管理。1 间 8.0 米×4.0 米×3.5 米的房间，一般可容纳 1.2 万张～1.5 万张蚕种的高密度催青。

2000—2010 年，新建或改造的催青室，都采用了自动化控制系统装置。

第二节 饲养技术

20 世纪 30 年代以前，一般一年养蚕一次。民国 17 年(1928 年)，蚕种冷藏浸酸法从江苏传入浙江后开始饲养秋蚕，1952 年，开始利用即浸种饲养夏蚕。1957 年，开始推广防干纸育，1964 年推广小蚕炕床(炕房)育。20 世纪 70 年代，逐步实现了分批养春蚕、适当养夏蚕、增加早秋蚕、养足中秋蚕、根据桑叶养晚秋蚕的养蚕布局。1982 年，首次出现氟化物大面积中毒事件。是年开始，全省小蚕饲养逐步走向标准化，且秋茧产量第一次超过春茧，形成了完整的春、夏、早秋、中秋、晚秋的养蚕布局。1986 年，引进推广小蚕一日两回育技术。1992 年后，夏秋蚕饲养量逐步减少；1998 年，“三秋”改“二秋”。进入 21 世纪后，出现了春一秋、春一夏一秋、春一秋一秋等多种养蚕布局模式。2010 年，全省小蚕加温饲养的蚕种占总饲养量的 95%以上，大蚕逐步推广省力化养蚕技术。

一、养蚕布局

浙江在南北朝时已饲养多化性蚕，但历来以饲养春蚕为主，夏秋蚕饲养规模极小。如饲养一化性蚕，则一年养蚕一次。如饲养二化性蚕，则春蚕采茧后，接着饲养自然孵化的二蚕，或叫夏蚕。清代俞墉记述，“二蚕之生在芒种之后、夏至以前，不宜多养”。亦有所谓梅蚕，为越年种的再出卵，“喜养梅蚕者，蛾生子十余日，偶感梅风，间有蚕出，谓之梅蚕”①。每种纸不过二三百头，多亦可养二三筐。实际饲养二蚕的农民不多，“二蚕时，方农忙，故养者十才二三”②。“近年夏叶竟无梢主，不得不少养几筐二蚕，以防二叶丢空，但值插秧之时，堕误忙工，以小妨大，断断不宜养，即养也断不宜多。”③湖州主要饲养春蚕，“湖所重在头蚕，饲养颇广。二蚕之生，正在插秧之候，田工甚忙，不能多育，较头蚕不过三分之一，若三蚕、四蚕、五蚕则更稀矣”④。农家不养或少养秋蚕，把桑叶作为羊的饲料。

民国 17 年(1928 年)，冷藏浸酸法传入浙江，开始饲养秋蚕，由省蚕业改良场推广部在萧山、海宁长安、湖州菱湖、海宁袁花和海盐推广改良种，春蚕 7240 张，秋蚕 498 张；中国合众蚕桑改良会在浙东和浙西推广改良种，春蚕 1880 张，秋蚕 4000 张。鉴于春、秋改良种饲养成绩都很好，群众对改良种的需求很大。民国 18 年，向江苏各种场订购秋种 5 万张；省蚕业改良场推广部所属蚕业改良区推广春种 4.8 万张，秋种 4.12 万张。夏蚕仍由部分农民自购余杭

① 〔清〕俞墉：《蚕桑述要》。
② 〔清〕程岱葊：《西吴蚕略》。
③ 〔清〕张履祥：《补农书》上卷引《沈氏农书·蚕务》。
④ 〔清〕高铨：《吴兴蚕书》。

二化性蚕种饲育，在吴兴（今湖州市南浔区、吴兴区）、嘉兴和余杭等地，因桑树夏伐以后，长出新芽，利用疏芽叶饲养。至民国 20 年，省内少数蚕种场生产春制夏种 1.31 万张，夏期饲养改良种开始推广。

由于冷藏浸酸技术和改良种的推广应用，秋蚕饲养在 20 世纪 30 年代比较盛行。据省蚕业改进所统计，全省配发改良秋用蚕种数量，民国 20 年（1931 年）为 12.44 万张，民国 22 年为 21.65 万张，民国 25 年增至 99.3 万张。改良种占春蚕种的比例：民国 24 年，中秋占 49%，晚秋占 5%；民国 25 年，调整为夏占 34%，中秋占 74%，晚秋占 6%。抗日战争全面爆发后，秋蚕发种量显著减少，民国 35 年 15.93 万张；民国 38 年仅 10.09 万张，占春种发种量的 20%，秋茧产量仅及春茧产量的 16.57%。

20 世纪 50 年代初，浙江仍以饲养春蚕为主，兼养少量秋蚕。1952 年开始，利用即时浸酸的蚕种饲养夏蚕。1953 年，全省夏秋蚕发种 21.6 万张，占春蚕发种量的 24.8%。此后，各地提倡增养夏秋蚕，夏秋茧产量有所增加。

1965 年，省农业厅总结推广了海宁县云龙生产大队、余杭县蚕桑大队的秋蚕高产经验，改革养蚕布局，即秋蚕由以防高温为主集中养一次（中秋），改为以桑叶利用为主分批养早秋、中秋、晚秋蚕三次。全省饲养早秋蚕 5.3 万张，中秋蚕 25.5 万张，晚秋蚕 4.8 万张，秋茧产量比上一年增产 1.1 倍，夏秋茧产量为春茧产量的 66.8%。调整养蚕布局后，夏秋蚕生产发展较快，先后出现了一批“夏秋茧超春茧”“秋茧超春茧”的先进单位。1973 年，省农业局调查总结了新、老蚕区各 8 个生产大队的经验，这些大队饲养夏秋蚕 9722 张，为春蚕饲养量的 186.2%，夏秋茧产量 258.5 吨，为春茧产量的 117.4%，实现了“夏秋茧超春茧”，其中有 12 个大队达到了“秋茧超春茧”。根据他们的经验，在全省进一步推广“春蚕分批养、夏蚕适当（比例）养、增养（增加）早秋（饲养量）、养足养好中秋、看叶养晚秋（根据桑叶量确定饲养量）”的养蚕布局。一般布局安排的要求为，春蚕第一批占 90%，第二批占 10%；如果以春蚕为 100%，则夏蚕为 20%～30%，早秋蚕为 30%～35%，中秋蚕为 80%～90%，晚秋蚕为 10%～15%。这一布局模式基本上适应了集体经营的体制。

20 世纪 80 年代后，随着桑园肥培管理水平的提高、夏秋蚕新品种的推广、冷藏浸酸和饲养技术的改进，夏秋茧的产量和质量进一步提高。1982 年，全省秋茧产量达到 2.96 万吨，为春茧产量的 100.9%，第一次出现了全省“秋茧超春茧”。此后，在增加春茧产量的基础上，连续 11 年实现“秋茧超春茧”，而且超幅不断加大。至 1992 年，全省饲养夏秋蚕 273.32 万张，为春蚕饲养量的 192.0%，夏秋茧产量 8.11 万吨，为春茧产量的 136.1%。中华人民共和国成立后，浙江蚕茧产量的增加，有 60%是靠调整养蚕布局、增养夏秋蚕而实现的。

蚕茧供需矛盾缓解后，夏蚕、早秋蚕饲养数量少和茧质差的矛盾开始突现。为此，1992 年，省农业厅首次提出了“适当控制夏蚕、早秋蚕”的布局意见。1993 年，进一步提出了“稳春、控夏、调秋”的布局原则，即继续稳定春蚕饲养数量，因地制宜适量饲养夏蚕，适当调减早秋蚕饲养量，对夏茧、早秋茧的价格也作了相应降低收购。1993 年起，绍兴市只养二期秋蚕。到 1996 年，全省 58 个养秋蚕的县中，养三期秋蚕的有 7 个县，养二期秋蚕的有 43 个县，有 8 个县只养一期秋蚕。

鉴于夏茧、早秋茧质量太差的呼声掀起，加上农民养蚕风险大、收益低，秋蚕布局调整后相邻地区养蚕时间不一致不利集中收茧的突出矛盾，省农业厅经济作物管理局、省丝绸公司于1998年2月24日在湖州召开了"秋蚕布局研讨会"，并印发了会议纪要。对养蚕布局调整进行统一安排，以"春蚕适当早养、夏蚕稍往后推、'三秋'改'二秋'"为思路，各期发种时间要求，春蚕在5月1日左右，夏蚕7月20日左右，中秋以8月15日为中心，晚秋以9月15日为中心。同时，实行"二秋"布局的县，将在9月15日前收购的蚕茧执行早秋茧价格，改为8月15日以后发种饲养的蚕茧执行中晚秋茧价格。此后，全省逐步压缩夏蚕、早秋蚕的比例，将"三秋"改为"二秋"。

21世纪后，随着饲养数量的逐年萎缩，夏秋蚕饲养期数和数量逐渐减少，出现了春一秋二期，春一夏一秋三期，春一秋一秋三期，春一夏一秋一秋四期等的多种布局模式。2010年，全省春蚕饲养量占全年饲养量的45.7%，夏蚕饲养量占全年饲养量的5.8%，早秋蚕饲养量占全年饲养量的0.9%，中秋蚕饲养量占全年饲养量的26.5%，晚秋蚕饲养量占全年饲养量的21.1%。

二、催青

催青，最早是利用人体温度促进蚕卵孵化，俗称"暖种"。除人体促进蚕卵孵化外，催青方法还有：温室暖种，"治明密之室，不可漏风，以糠火温之，如春三月，然后置种其中，以无灰白纸藉之，斯出齐矣"①。被褥暖种，"凡桑芽舒展如钱大，用烘罩或篓笞一具，取种包叠置其中，藏于床内，凌晨以所盖之暖被覆之，向晚以所服之暖衣盖之。子得人气，生发自速。每日午刻必从衣被中取出开包，以舒郁气，又须移表为里，交互折叠，热后藏护，庶寒暖调匀。种子转齐，乌儿必有先出者，谓之破蚪，亟用灯草心数十茎(须长四五寸者)匀铺纸上，折叠包裹，收藏暖处"②。日中晒暖种法，时至清明，取种纸折叠，用新白纸包裹，以线系定，悬于无风温室，称为打包；每午后日色融和，须移挂廊檐下，使受太阳暖气，称之扬种。日趋西，仍收藏温室。

民国时期，仍普遍采用人体暖种法。民国22年(1933年)春，萧山和临安改良蚕桑模范区首创共同催青，即将蚕户组织成养蚕合作社，建立共同催青室，在技术员指导下集中催青。民国23年春，全省共同催青农户6.32万户，蚕种27.4万张。抗日战争期间，省蚕业管理处配发的蚕种，由各改良区依照气候迟早及剖验胚胎发育程度，实施合理催青，其催青室多数借用附近蚕种场。催青场所，诸暨设3所，新昌和绍兴各2所，嵊县、萧山和上虞各1所，浙西三区各1所，各派指导员负责管理，在蚕种点青以后，由各指导所转发农民饲养。抗日战争胜利后，省级组织的共同催青，民国36年春，计有催青室4所，催青蚕种15.9万张；民国37年春，计有催青室7所，催青蚕种12万余张。

中华人民共和国成立后，把农民自行暖种改为集中共同催青。从1949年秋开始，以蚕桑县或重点蚕桑区为单位，修建催青室，实行蚕种共同催青。催青室大小，以每间容纳蚕种四五

① 〔宋〕陈旉：《农书》卷下《育蚕之法篇第三》。
② 〔清〕高铨：《吴兴蚕书》。

千张的较多。催青室门窗完备，可以密闭，上有天花板，下有地板，以容易保温保湿、光线明暗适宜、换气便利为主要条件。1950 年 4 月，省蚕业改进所派出蚕种场技术员 25 人，帮助全省 25 个蚕种催青室做蚕种催青和发种工作，全省首次实现春种全部共同催青。1953 年 3 月，制作了《家蚕实用胚胎图解》，并把蚕种催青列为《浙江省蚕桑技术指导纲要》的重要内容，统一了蚕卵胚胎发育各阶段的催青温、湿度标准及操作技术规范。蚕种共同催青由专业技术人员负责，在蚕卵转青后发给农民收蚁饲养。

一般春蚕以湖桑开放第一叶时，开始蚕种出库、催青为适。20 世纪 50 年代的催青标准，催青第一天至第二天温度 21℃、湿度 72%，第三天温度 22℃、湿度 73%，第四天温度 24℃、湿度 74%，第五天至第六天温度 25℃、湿度 79%，第七天至第八天温度 25.5℃、湿度 80%，第九天至第十天温度 25.5℃、湿度 84%，转青期温度 24℃、湿度 83%，第十一天发种。

20 世纪 60 年代，催青标准调整为，出库当日丙$_1$ 胚胎 15.5℃、湿度 82%，后逐日升温 2℃至戊$_3$ 胚胎 25℃、湿度 81%，己$_1$ 胚胎直至孵化 25.5℃～26℃、湿度 86%，并在戊$_3$ 至己$_4$ 胚胎间，每晚感光 6 小时。

20 世纪 70 年代后期，浙江农业大学蚕桑系（今浙江大学动科院特种经济动物系）总结出简化催青标准：春蚕期蚕种出库至丙$_2$ 胚胎用温度 17℃、湿度 80%；丁$_1$ 胚胎至戊$_2$ 胚胎用温度 22℃、湿度 75%；戊$_3$ 胚胎至己$_4$ 胚胎用温度 25.5℃～26℃、湿度 80%，晚上感光 6 小时。夏秋期，丙$_2$ 至戊$_2$ 胚胎，用温度 24℃、湿度 75%～80%；戊$_3$ 至己$_5$ 胚胎用温度 25.5℃～26.7℃、湿度 80%～85%，晚上感光 6 小时。从 1979 年开始，湖州市城区（今湖州市吴兴区）催青室应用简化催青法催青，一日孵化率在 96%以上。

20 世纪 80 年代开始，为了适应蚕种催青数量的增加和先进技术的采用，省农业厅每年从蚕桑改进费中安排部分资金，改善或新建催青室，添置电热补湿器、负离子增湿器、空调等先进设施设备。至 80 年代末，全省年产茧 500 吨以上的重点县基本上建有标准化的蚕种催青室。

1989 年，桐乡县农林局在梧桐镇新建一次能催青 30 万张蚕种的大型催青室，配有加温、调温、补湿、去湿、照明、换气、积温计算等自动控制系统。1990 年 9 月竣工，晚秋试催青 6.5 万张蚕种，一日孵化率达 97%。1991 年，海宁市建成了一次能催青 35 万张蚕种的催青室，中秋蚕试催青；对 213.4 万张蚕种的调查结果显示，一日孵化率均达 95%以上。20 世纪 90 年代中后期开始，部分县陆续改建了自动化控制的催青室。

2001 年 3 月 9 日，省农业厅经济作物管理局主持制定的首个催青省级地方标准 DB 33/T 315－2001《桑蚕一代杂交种催青技术规程》发布；2007 年，省农业厅经济作物管理局对 2001 版催青标准进行了修订，并将标准作为《桑蚕种》系列标准之一，标准号调整为 DB 33/T 217.7－2007。修订后的标准，扩大了适用范围，包括了原种催青，简化了部分内容。至 2010 年，蚕种催青基本上采用了 DB 33/T 217.7－2007 标准。

表 105-4-2-1　　2007 年常规催青标准一览表

<table>
<tr><td rowspan="2">项目</td><td colspan="11">催青日期</td></tr>
<tr><td>1</td><td>2</td><td>3</td><td>4</td><td>5</td><td>6</td><td>7</td><td>8</td><td>9</td><td>10</td><td>11</td></tr>
<tr><td>胚胎代号</td><td>丙$_2$</td><td>丁$_1$、丁$_2$</td><td>戊$_1$</td><td>戊$_2$</td><td>戊$_3$</td><td>己$_1$</td><td>己$_2$</td><td>己$_3$</td><td>己$_4$</td><td>己$_5$</td><td>孵化</td></tr>
<tr><td>目的温度（℃）</td><td>20</td><td colspan="2">22.5</td><td>24</td><td colspan="2">25</td><td colspan="5">25.5</td></tr>
<tr><td>目的湿度（%）</td><td>74～79</td><td colspan="2">76</td><td>76～81</td><td colspan="2">77～81</td><td>81</td><td colspan="3">86</td><td>81～86</td></tr>
<tr><td>光线</td><td colspan="4">自然</td><td colspan="4">每日感光 18 小时</td><td colspan="2">全日遮光</td><td>晨 5～6 时感光</td></tr>
</table>

资料来源：浙江省质量技术监督局：《桑蚕种催青技术规程》（DB 33/T 217.7—2007）。

表 105-4-2-2　　2007 年简化催青标准一览表

<table>
<tr><td rowspan="2">项目</td><td colspan="11">催青日期</td></tr>
<tr><td>1</td><td>2</td><td>3</td><td>4</td><td>5</td><td>6</td><td>7</td><td>8</td><td>9</td><td>10</td><td>11</td></tr>
<tr><td>胚胎代号</td><td>丙$_2$</td><td>丁$_1$、丁$_2$</td><td>戊$_1$</td><td>戊$_2$</td><td>戊$_3$</td><td>己$_1$</td><td>己$_2$</td><td>己$_3$</td><td>己$_4$</td><td>己$_5$</td><td>孵化</td></tr>
<tr><td>目的温度（℃）</td><td colspan="4">22.5</td><td colspan="7">25.5</td></tr>
<tr><td>目的湿度（%）</td><td colspan="4">76</td><td colspan="7">81</td></tr>
<tr><td>光线</td><td colspan="4">自然</td><td colspan="4">每日感光 18 小时</td><td colspan="2">全日遮光</td><td>晨 5～6 时感光</td></tr>
<tr><td colspan="12">注：简化催青前段和后段温差较大，应在戊$_2$胚胎 18 小时后，以每小时升高 0.5℃的方法逐步把温度调到 25.5℃。</td></tr>
</table>

资料来源：浙江省质量技术监督局：《桑蚕种催青技术规程》（DB 33/T 217.7—2007）。

三、饲养

（一）收蚁

古代，就有收蚁方法记述，“先未出时称种，写记轻重于纸背，及已出齐，慎勿扫，多见人才见蚕出，便即以帚刷，或以鸡鹅翎扫之。夫以微渺如丝发之弱，其能禁帚刷之伤哉！必细切叶，别布白纸上，务令匀薄，却以出苗和纸覆其上，蚕喜叶香，自然下矣”①。收蚁时先撒烘干的蔷薇叶，用鹅毛掸下，“蚁之初出也，以蔷薇之叶焙燥，捼碎之，掺之蚁上，闻香而集之于上，

① 〔宋〕陈旉：《农书》卷下《育蚕之法篇第三》。

乃以鹅翎拂下”①。在收蚁时要用引叶，操作要轻，第一天没收下的第二天再收，蚕座再铺纸、糠。清高铨《吴兴蚕书》载：“蚕未出时，预取枯桑叶或胡颓子叶（俗名麦部署，亦称天青地白）、野蔷薇叶焙燥，揉极细听用，俗谓之引草。子既出齐，取前所备引草，用密筛匀筛连纸上，约如钱厚。蚕闻引草香气，自缘而上，聚草末之面，足不着纸。以细竹竿挑起蚕连纸，两人对提，用掸蚕毛轻拂之，慎勿重，亦不可速，下承漆盒，俾蚕聚于中。如出或不齐，次日必须再收，俗谓之二掸。乌掸毕，用新白纸一幅，平铺筐中，以筷就漆盒取乌，布置纸上，宜稀、宜匀、宜平、宜薄，务使圆整，不可稍有稠叠高低处。新纸下须先厚掺斑糠一层，斑糠可御潮兼可御寒也。”收蚁遇阴雨天要加温，蚕座铺砻糠，“将种铺开在向阳处。如阴雨，或在床上，或在灶上，以暖处为佳。或以桃叶火炙之。待其脱壳，采花叶少许，即野蔷薇叶，去梗刺，焙燥研末，其香无比，用麻布筛筛在种上，蚕得此则脚松易刷。候一个时辰。蚕得叶香，蛰者尽出。用食锅抹干，金漆大盘亦可，将鹅毛轻轻刷拢，收于锅内，更用小圆竹器，柳条者亦可，铺砻糠灰一层，杂以石灰亦可。或以籼稻草灰，上衬以纸，即收蚕于器中”②。

民国庄景仲《养蚕必读》，要求丢弃扫不下的蚁蚕，超前扩座，以免过密造成发育不齐，“蚁生齐时，用桑叶细切如丝发，掺净纸上，以蚕种复其上，其子闻香自下，切不得以鹅毛等扫拨。或多时不下连，及缘上连背，翻过又不下者，此乃残候之蚁，弃之。下蚁须疏密得宜，其坪数不得过小，以致蚕体重叠，为害不浅。大约下蚁扩坪以多三倍为适。盖蚕卵与蚁校，已长一倍矣，又宜微留间隙，以为蚁运动、食桑地步，若蚕种一方尺，即当扩坪三方尺，否则，在面上者得食饲桑，在下者压抑已甚，无从得食，致后日眠起不齐，而生种种病征”。收蚁时间，即春蚕开始饲养时间，“扫蚁时期约自清明后四五日起到谷雨后七八日止。嵊县、新昌等县最早，上虞、诸暨、奉化、富阳、分水（今属桐庐）、萧山、绍兴等次之，余皆较迟。其法一般皆用羽毛直接扫下，仅诸暨有用茶末，分水有用干树叶末撒于蚁蚕，然后扫下”③。杭嘉湖一带春蚕收蚁时期，一般在 4 月 15—20 日，收蚁在上午 11 时前结束。

1953 年，《浙江省栽桑养蚕技术指导提纲》规定，分批收蚁、分批饲养，每张种以收足 2 钱（约 7 克）蚁蚕为中心标准。每日收蚁时刻，春蚕期以上午 10 时为好，秋蚕期以上午 9 时为好。20 世纪 60—70 年代，推广荷叶白、桐乡青等桑品种，桑园低干密植，春期蚕种出库催青时间，主要按照当地桑树发芽情况，一般以湖桑品种开放 2 叶～4 叶，同时参考当地历史资料及养蚕时期气候特点而定。20 世纪 80 年代至 2010 年，强调养蚕“十天眠三眠，眠眠是日眠”，一般春蚕在上午 8 时前收蚁结束，夏秋期在上午 7 时前收蚁结束。

（二）小蚕饲养

1. 饲养方法

明方以智《物理小识》介绍：“生蚁时宜火暖其室，以蓐纸细切稚桑叶布之，旦夕饲多顿者

① 〔清〕黄省曾：《蚕经》。

② 〔清〕汪曰桢：《湖蚕述》卷二。

③ 〔民国〕实业部国际贸易局：《中国实业志（浙江省）》，1933 年。

先老，计二十五日老，一薄得丝二十五两，日多丝减，若月余则十余两耳。二眠时宜温，寒必加火。此后晴明宜通风日。大眠后天气热，室宜清凉，亦勿使湿气上蒸。凡饲叶宜薄散。经风露湿气须风戾之以饲，十分眠乃住食，十分起齐乃投食。向黄时见黄光即住。分抬之时，去其熯沙……凡初饲一昼夜可四十九顿或三十六顿，次日三十顿。头眠饲法一昼夜可六顿，次日渐加叶。停眠时一昼夜可四顿。大眠齐起，一昼夜可三顿，次日加叶至七八顿。午后天晴，取预磨绿豆粉与切下叶和匀，既可省叶又解蚕毒，仍得丝多易缫，坚韧有色。”清《湖蚕述》记述："收蚁后，叶宜切细，初眠后宜粗，二眠后用叶片，三眠则枝叶与之，出火前忌湿叶。如遇阴寒布叶，而蚕不甚食，须用棉被将盛蚕之器四面包裹，使受暖气，则食矣。头眠，朝见眠头而夕定额，夕见眠头而朝定额，其蚕必佳。将眠，叶不可多采。头二眠蚕小，不能捉，但去沙屑，谓之替。不眠者谓之青条，定额后用砻糠灰糁于面上，用叶片剪开贴在额上，其青上来，谓之引青，捉之自尽。二眠，眠后额上有白丝如绵谓之杨花额，然后可以饷食，总以眠头起尽为度，如起娘不甚齐，不妨稍迟，此挨其齐。食叶当初起时必不甚疾，将眠亦不甚疾，最疾者中间两三日耳，此两三日上叶宜较勤。”“昼时所食之叶，宜辰刻采之；夜间及明日清晨所食之叶，宜申末、酉初采之。日色正盛时，所采必易枯。”三龄后的蚕，除沙要用蚕网，“蚕过二眠，蚕身已大，(除沙)若用手剥，缓而一时不能周遍，唯以网替较省力而敏疾”①。一龄至二龄蚕只用片叶，三龄蚕可用三眼叶或新梢叶，“蚕初生时，食叶甚少，只可采其底瓣，二眠以后，食叶甚多，若底瓣足以供之，则仍采其底瓣，底瓣已尽，则采瞎眼”②。“小蚕只采叶片，出火然后开剪，如蚕多，则二眠即开剪。”③民国时期，基本上采用了传统的饲养方法。

1952年，省蚕业改进所总结推广了德清县陈梅生高温、干燥、防僵养蚕法，一龄至二龄温度27℃～28℃，湿度76%，加强换气，多回薄饲，用温度调节来控制日眠，预防白僵病。此法在全省推广后，基本上控制了僵病的危害。

1953年，省蚕业改进所制定了《养蚕技术指导提纲》，主要技术操作：选用新鲜适熟桑叶，选桑枝梢端下面第三张叶以下适熟的叶，用缸贮藏。实行多回薄饲，一龄至三龄各龄每天给桑10次。掌握蚕座面积，收蚁当时0.11平方米(蚁量7克)，盛食期0.67平方米，二龄2平方米，三龄4平方米。保持空气新鲜、蚕座清洁，每天换气2次，一龄眠除1次，二龄至三龄起除、中除、眠除各1次。掌握温湿度，各龄标准温度均为25.5℃，湿度75%，各龄眠除后比标准温度升高1℃，眠中及起蚕比标准温度降低1℃。

1954年，在重点县试行苏联小蚕高温、感光、多回薄饲快速养蚕法。主要技术操作：高温：以温度26.7℃、湿度65%～75%为主。感光：收蚁当晚起到三龄眠齐为止，时间每天从天黑起至天亮止；光源每间用蜡烛2支或电灯，眠中不感光。给桑：每隔2小时给桑一次。至1956年，全省运用快速养蚕法的蚕种，约占春蚕饲养量的80%。快速养蚕法坚持高温饲育，对提高张种产茧量、缩短龄期时间发挥了一定作用，但不符合小蚕期耐湿的生理特点，存在桑

① 〔清〕高铨：《吴兴蚕书》。
② 〔清〕沈练：《广蚕桑说》。
③ 〔清〕董开荣：《育蚕要旨》。

叶浪费、成本增加和劳动强度大的弊端。

1957年春，省农业厅在杭县（今属杭州市西湖区、余杭区）吴家埭农业生产合作社组织“小蚕防干纸育”试点成功。此法用涂石蜡的牛皮纸，将蚕座上盖下垫，四周包折，每昼夜给桑次数少，节省桑叶和劳力，且能获得高产，迅速被推广应用到全省，全面替代了快速养蚕法。随着塑料工业的发展，从1961年开始，进一步试验推广塑料薄膜覆盖，以打孔塑料薄膜替代石蜡防干纸。塑料薄膜可多次使用，消毒方便，饲养效果好。

1964年，从中国农科院蚕业研究所引进“稚（小）蚕炕床（炕房）育”技术，此法保持了“塑料薄膜覆盖育”的优点，又可利用多种燃料加温，缓解了农村加温燃料的困难，因而在全省被迅速推广。炕床育的养蚕数量，从1965年的2000张扩大到1975年的45.43万张。

1981年，省农科院等开展了“春蚕杂交种饲育技术标准”研究，于1982年在长兴农村试验。1983年，在海宁、桐乡、海盐、长兴、奉化、兰溪等6个县7个点农村中试，制定了以保持高温多湿条件、掌握控制日眠为中心的《春蚕杂交种饲育技术标准》。

表105-4-2-3　　1983年《春蚕杂交种饲育技术标准》一览表

项目			一龄	二龄	三龄	四龄	五龄
蚕室温湿度	食桑中	温度（℃）	27.5（收蚁当天28）	27	25	24	24
		湿度（%）	95	95	90	81	72
	眠中	温度（℃）	26	25	24	23	
		湿度（%）	80～85	80～85	81～85	72～76	
收蚁及饷食时间			7时30分	16时	21时		
光线			光线均匀　自然明暗				
换气			眠中开放气洞	眠中开放气洞	给桑时换气，经常开气洞	经常开气洞，白天给桑前开窗	日夜开窗饲育，白天适当开门，使室内空气流通，避免强风
每日给桑回数			4	4	5	6	6
给桑量（千克）			1.0	3.5	17.5	90	600
调桑方式			方块叶	方块叶或全梳叶	片叶		
采叶标准			第3～4叶位	第4～5叶位或三眼叶	三眼叶	三眼叶或全芽叶	条桑或全芽叶

续表

项　目	一龄	二龄	三龄	四龄	五龄
蚕座面积（平方米）	0.7（1 方匾）	1.5（3 方匾）	4（6 方匾）	13（圆匾 10 只或方匾 14 只）	28（地蚕条桑） 35（台蚕育） （圆匾 26 只或方匾 35 只）
除沙次数	不除沙及时提青	起除、眠除各 1 次，及时提青	起除、眠除各 1 次，及时提青	起除、中除、眠除各 1 次，及时提青	台蚕每天除沙 1 次
蚕体蚕座消毒	蚁雄消毒	起蚕消毒	起蚕消毒	起蚕消毒	起蚕及熟蚕消毒
蔟中保护	上蔟不宜超过 2 层，每平方米上熟蚕 450 头～500 头，上蔟后 24 小时～60 小时开门窗通风排湿，温度保持 23℃～24℃，湿度 70%～75%，保持光线均匀、略暗				

资料来源：浙江省农科院蚕桑研究所：《春蚕杂交种饲养技术标准》。

说明：以 10 克蚁量为每张蚕种量。

饲育技术标准的推广，使全省小蚕饲养走向标准化。1984—1989 年，全省累计推广 310 万张，普及率达 80%。

1988 年，浙江从中国农科院蚕业研究所引进小蚕省力化饲养技术。1991 年，省农业厅经济作物管理局与湖州市农业局开展了小蚕一日两回育技术研究。至 1993 年，湖州城区（今湖州市吴兴区）全年推广应用小蚕打孔薄膜覆盖全天两回育技术，饲养蚕种 9.36 万张，占总饲养量的 81.18%。1995 年，省农业厅经济作物管理局制定《小蚕一日两回育技术规范》。

表 105-4-2-4　　1995 年《小蚕一日两回育技术规范》一览表

项　目			一龄	二龄	三龄
饲育温湿度	食桑中	温度（℃）	28	27～27.5	25～26
		湿度（%）	95	95	90
	眠中	温度（℃）	26	25	24
		湿度（%）	95	85～90	80
收蚁及饷食时间			第 1 天 8 时	第 4 天 16 时	第 7 天 21 时
加眠网时间			-	第 6 天 4 时	第 10 天 6 时
提青时间			第 3 天 19 时	第 6 天 18 时	第 10 天 17 时
给桑时间			每天 8 时、20 时		
用桑量（千克）			1.0	3.5	16.0
切叶大小			0.5 厘米～1 厘米	大方块或木梳叶	片叶、三眼叶
蚕座面积（平方米）			0.9	1.8	4.0

续表

项 目	一龄	二龄	三龄
除沙	提青	起、眠除各1次	起、中、眠除各1次
蚕体消毒	饷食前(收蚁时)、加眠网时各1次		

资料来源:浙江省农业厅经济作物管理局:《小蚕一日两回育技术规范》。

说明:以张种卵量25000粒为标准。

主要技术要点:做好蚕种补催青,补催青温度掌握在25.5℃,湿度86%,使一日孵化率达到95%以上。严格控制入眠时间,做到春期10天眠三眠,夏秋期9天眠三眠。选采优良桑叶,采摘营养丰富、成熟度适中、未遭污染的新鲜桑叶,给一次桑采一次叶,不留余叶。灵活揭盖薄膜,一般一龄、二龄上盖下垫,四周包折,给桑前提早半小时揭膜;三龄只盖不垫,并提早1小时～2小时揭膜;各龄见眠,不盖膜。提前扩大蚕座面积,比常规饲养提早扩好蚕座面积,并及时做好匀座,并在给桑前与眠中,多撒焦糠石灰,以保持蚕座干燥。

1996年,全省应用小蚕一日两回育的有8个市35个县,普及率达到66.7%,其中嘉兴市郊区、湖州、桐乡、海宁、海盐、德清等7个县(市)应用蚕种达164.6万张,普及率达78.8%。至2010年,全省基本应用小蚕一日两回育技术,普及率达95%以上。

2. **小蚕共育**

民国21年(1932年),萧山设立首个改良蚕桑模范区,区内组织合作社,在技术员指导下推行小蚕共育。至民国23年春,蚕桑模范区和改良区扩充至29个县市,参加小蚕共育的有9750户,共育蚕种4.1万张。民国37年春,有6个县896个共育室,指导人员43名,共育蚕种2.7万张。

中华人民共和国成立后,大力组织和推广小蚕共育。1950—1951年,共培训共育蚕农4279名。1951年,春蚕,全省共组织养蚕小组4.09万个,共育室1981个,参加的养蚕户为7.02万户,共育蚕种14.06万张;并根据省蚕业改进所要求,在同一共育室内,饲养同场同品种同一制造时期的蚕种。至1982年,实行家庭联产承包责任制前,小蚕共育都由集体经营,建造专用共育室进行集中饲养。

1982年,实行家庭联产承包责任制后,至2010年,小蚕共育有多种形式。

(1)联户共育。农民自愿结合、因陋就简,由住房条件好、养蚕技术高的农户牵头,利用原来房屋,进行适当改造,使之达到能加温、保温、保湿的要求,其他农户订好蚕种,提供加温柴火和蚕匾,统一饲养到三龄后分蚕到户。

(2)共室不共蚕,俗称"蒸饭制"。利用原集体蚕室或农户住房,建造简易地火龙或炕房,推选一人掌握温、湿度。参加共育的农户须事先登记,并在养蚕前将蚕具送到共育点统一消毒,并做好标记。从收蚁开始就各管各的,仅统一饲育标准,统一操作时间。三眠后,拿回自己的蚕到家中饲养。共育所需的管理员工资、加温费、电费、蚕药费等按蚕种量分摊负担。

(3)互助合作式共育。利用原集体的蚕室或农户住房,建简易地火龙。分户收蚁,统一标准,轮流值班饲养,桑叶由各户自己承担。眠起处理后,青头蚕集中饲养,分蚕时,青头蚕按蚕种数量分到户。

(4)小蚕公司。事先将订种单交给小蚕公司，由小蚕公司统一领取蚕种，到二龄或三龄出售小蚕。有合伙办小蚕公司、重点户(专业户)牵头的小蚕公司、集体小蚕公司等。1984年，桐乡市在青石乡创办了小蚕场，利用乡小农场土地，新种小蚕专用桑园0.33公顷，新建简易小蚕室18间，选择责任心强、技术水平高的养蚕能手，建立乡级小蚕场，蚕农自愿申报，小蚕场集中饲养，三眠后发放到户，收取适当劳务费。1985年，全年共有59个村725户农户，饲养小蚕588.1张蚕种。该公司持续到20世纪90年代末。

(5)专业合作社。主要为入社社员提供集中小蚕共育服务，三龄或四龄发放到户饲养。规模有一期十几张、上百张，甚至上千张不等。也有合作社专门卖小蚕的，桐乡市石门镇东池村有2个点，同时可养2000多张蚕种。

(6)托蚕所。即农户委托专业户饲养小蚕的一种有偿服务模式。这种模式较好解决了分散饲养存在的小蚕劳动力短缺、饲养技术力量不足的问题。安吉县马村，一期也可养几百张蚕种。

2010年，全省各种形式的小蚕共育蚕种50.07万张，占全省总饲养量的39.6%，其中规模共育(一期50张以上)蚕种12.65万张。

(三)大蚕饲养

清代，湖州的大蚕饲养方法，“主要有筐饲法和地蚕育两种形式。蚕以居筐为善，然大眠以后，蚕大筐多，列槌分架，抬饲难，抬替尤难，于是扫地藉芦而散蚕其上，以土坯阑限如筐，谓之放地蚕，亦谓之下地。有大眠放叶周时后下者，有放叶三餐即下者，酌量蚕之多寡、室之宽狭，瓜分棋布，几无余地以容人，自此不抬不替，唯朝暮勤饲，以俟其老。蚕既下地，居高布叶，须轻轻布之，务使均平。蚕下地，易为虫豸所伤，室中尤须净扫尘埃，涂塞隙穴，四壁之下，虫豸得以藏匿者，悉取石灰末遍撒以杜绝之”①。养地蚕在五龄第三四天后，“铺地蚕之法，于大眠放叶三四朝后，择堂屋之轩敞者，泥地、砖地、板地皆可用。尽去室内椅桌器具，尽屋宇之宽大，分为四角，中界十字形为走路，以便蚕工出入。如屋宇极宽，于两旁及上首傍壁处，加用五六寸高长条板凳，更便于替蚕。替地蚕法，屋内界成十字，分为田、蚕、茂、盛四座。用大晾匾先将田字蚕提放匾内，扫净渣沙；次将蚕字蚕提入田字界内，扫净渣沙；再将茂字蚕提入蚕字界内，如前法；最后方将田字蚕补入盛字界内。经一时之久，满屋地蚕，即可轮替周遭”②。

民国殷秋松《蚕业指导》载：“大蚕期易受闷，只要避免强风直接吹入，可开放饲育。四龄喂全芽，一日给4回～5回，蚕座面积自龄初25平方尺到龄末50平方尺，每日除沙一回。五龄喂全芽，一天给4回，蚕座面积自50平方尺～110平方尺，每日除沙一回。蚕农于春蚕五龄饷食后第2天至第3天就地设座而饲育，俗称‘放地蚕’，此法遗失蚕少，可减少高温之危险，且节省经费，减少劳力。惟遇天气乖变，易遭失败，饲育经过延长，危险机会增多，为其缺点。”

① 〔清〕汪曰桢：《湖蚕述》卷二。

② 〔清〕俞墉：《蚕桑述要》。

1951年，省蚕业改进所提出，大蚕饲育要勤除沙，多分箔，给桑稍厚，要充分饱食，不可吃湿叶、软叶及发过热的叶，推行用网除沙，迟止桑早饷食，蚕座多用焦糠或切稿，使蚕座经常保持清洁干燥。饲养地蚕地区，蚕座多用石灰、切稿及焚火排湿等方法使蚕座干燥，不“晒出火”，不称“大眠头”。要保持温湿度标准，四龄温度23℃、湿度73%，五龄温度22℃、湿度73%。1953年，《浙江省栽桑养蚕技术指导提纲》总结大蚕饲养主要技术：饲养温湿度，温度24℃、湿度74%；蚕座面积，四龄最大10平方米，五龄最大20平方米；除沙，四龄每天除沙1次，五龄每天除沙2次，用草绳网或麻皮网除沙。“大跃进”期间，一方面多发蚕种，一方面禁养地蚕。但地蚕饲育具有减少蚕匾投资、地表温度较低、给条桑保持叶质新鲜、促使蚕儿饱食和节省给桑劳力等优点，仍然一直被嘉湖蚕区所应用。

20世纪70—90年代，浙江农村的大蚕饲育法主要有蚕匾育、蚕台育和地蚕育3种，每昼夜(24小时)给桑4次～5次，用桑为片叶、芽叶和条桑。

1995年，“省力化养蚕技术推广”被列为省农业丰收计划项目。在丰收计划实施过程中，明确了以小蚕一日两回育、大蚕一日三回育为主的省力化养蚕技术，制定了《浙江省省力化养蚕技术规范参考》。

表105-4-2-5　　1995年大蚕少回育饲养技术规范一览表

项目			四龄	五龄
饲养温湿度	食桑中	温度(℃)	25	24
		湿度(%)	77	73
	眠中	温度(℃)	23	-
		湿度(%)	71	-
给桑时间	一日两回育		8时,20时	8时,20时
	一日三回育		6时,13时,21时	6时,13时,21时
给桑量(千克)			90	640
饷食时间			第11天20时	第17天18时
加眠网时间			第15天7时	-
提青时间			第15天18时	-
蚕座面积(平方米)			14	36
除沙(地蚕育不除沙)			起、眠除各1次,中除2次	每天除沙1次
蚕体消毒			每天1次,氟污染严重地区每天中午用2%～3%灰浆添食1次	

资料来源：浙江省农业厅经济作物管理局：《浙江省省力化养蚕技术规范参考》。

说明：以张种卵量25000粒为标准。

主要技术要点：定量给桑，特别是五龄期，按照少食期吃光、盛食期留有少量残桑、后期控制用桑的要求，掌握好用桑量。保持目的温湿度，防四龄低温，加强四龄、五龄起蚕和龄期中的蚕体蚕座消毒；五龄每天用新鲜石灰粉消毒，同时，经常进行饲养环境的消毒。

1996 年，嘉兴、湖州两地的小蚕一日两回育技术推广应用蚕种共计 146.83 万张，普及率达到 78.8%，大蚕一日三回育技术推广应用蚕种共计 93.3 万张，占总饲养量的 40.6%。

2002 年后，大棚养蚕技术逐步完善，其主要技术要点：选择地势平坦高燥地方建大棚；在四龄第二天或五龄第二天进棚；自然温度饲养，午间温度过高时做好降温；在进棚给第二次桑叶后，用条桑育或薄膜覆盖育；做好防病防害，养蚕消毒前削除 10 厘米左右表土，消毒后在地面先撒一层氯丹粉再撒一层新鲜石灰粉，养蚕期间多撒干燥材料；见熟前一天喂片叶，并体喷一次灭蚕蝇，在放蔟具前撒一层新鲜石灰粉消毒，见熟 5%左右时开始放蔟具。

从 20 世纪 90 年代后期到 2010 年，全省全面推广与普及大蚕一日三回育省力化养蚕技术。2010 年，全省共建有养蚕大棚 1724 只，饲养蚕种 21790 张，基本普及全龄省力化养蚕技术。

四、蚕病防治

（一）蚕病种类

古代，浙江就有蚕病发生并记述，蚕病在战国时期发现有白僵病，晋朝见有微粒子病和软化病。蚕“最怕湿热及冷风。伤湿即黄肥，伤风即节高，沙蒸即脚肿，伤冷即亮头而白皙，伤火即焦尾，又伤风亦黄肥，伤冷风即黑、白、红僵，能避此数患乃善”①。明宋应星《天工开物》记述：“凡蚕将病，则脑上放光，通身黄色，头渐大而尾渐小，并及眠之时，游走不眠，食叶又不多者，皆病作也，急择而去之，勿使败群。凡蚕强美者，必眠叶面，压在下者，或力弱，或性懒，作茧亦薄。其作茧不知收法，妄吐丝成阔窝者乃蠢蚕，非懒蚕也。”方以智《物理小识》卷十一记述：“若值熏，即多黑死；食冷露叶，必成白僵；食旧干叶，则腹结、头大尾瘠；仓卒开门暗风中者，必多红僵；蝇叮蚕则生肚虫。”蚕在三龄后有不正常表现一般不能上蔟，“蚕至出火后，见有身带青色，节缝中似有晕，不食叶而昂头震掉，若有所苦，久之，所过之叶，微有湿迹粘腻（名为烂湿蚕）；又有一种：蚕身缩短，背节高耸，昂头在于叶上往来（名为白堕蚕）；或嘴吐黄水，或尾拖湿矢，脚淋清水者（名为湿蹋蚕），均宜急去之，或另置一器，以免好蚕沾染。此种蚕终不能上山，即上山亦不能成茧也。蚕架不得迎风排列，风吹则受病，风狂则头大嘴小，风恶则僵”②。清代康发达《蚕务条陈》载：“中国之蚕，受病已久，特未深信此理者多，今则可实证之。如宁波之蚕，所见病瘟情形，他要亦复如是，则中国各该处蚕种必有断绝之时。查得送来各种，蚕身内具微粒，从未见有如此之多，其微粒之病曰椒末瘟（微粒子病），凡蚕及蛾、茧与子均经沾染此病，且于各种蛾、各茧内，并查有他种病状，如黄软病。沈秉成《蚕桑辑要》饲蚕法，寒而骤暖，则生黄软等疾；蚕食湿叶，多生泻病、白僵；食热叶则腹结、头大、尾尖，食叶多而不老，

---

① 〔宋〕陈旉：《农书》卷下《育蚕之法篇第三》。

② 〔清〕俞墉：《蚕桑述要》。

亦不作茧。”上述记述表明，在各朝代浙江都普遍发生蚕病，并对蚕病症状有了观察记录。

浙江对由虫害引起的蚕病在明代就有较为详细记述。《天工开物》载：“凡害蚕者有雀、鼠、蚊（当为蝇）三种，雀害不及茧，蚊害不及早蚕，鼠害则与之相终始。”清代高铨《吴兴蚕书》载：“蝇之类不一，有一种号麻蝇者，巨而声壮，飞集蚕房，即缀子于蚕身，入而成蛆，能溃蚕腹而出，蜕化成蝇。春蚕时犹少，自夏徂秋，蚕之遭其害者，十有六七。耗蚕之物，蛇鼠为害，室中所有隙穴，为蛇鼠出入之路。”沈练《蚕桑说》记载：“老鼠、麻雀、蜈蚣、黄蜂，皆喜食蚕。又有一种大麻蝇，虽不食蚕，为害最盛。此麻蝇与寻常麻蝇不同，身翅白色，遍体黑毛，两翅阔张，颇形凶恶之状，其性颇灵，其飞甚疾，每至飞摇不定，不轻栖止，即偶飞止，见影即飞。其来时在蚕身略栖，即下一白卵，形细如虮。二日，下卵之处变黑色，其蛆已入蚕身，在皮内丝料外，专食蚕肉。六七日，蛆老。口有两黑牙。蚕因不食丝料，仍可作茧。蛆老，藉两黑牙啮茧而出，成小孔，即蛀茧。蛆出一日成红壳之蛹，十二三日破壳而出，仍为白色大麻蝇。”总体上虫害在各个朝代虽有发生，但为害不大。

民国时期，浙江蚕病发生及防治呈现了区域性特点，“蚕病有僵病、软化病、脓病、痢病、猝倒病、尻结病、空头病、萎缩病、微粒子病等种种。嵊县、新昌、奉化、临安和昌化等县以软化病、脓病为甚，其他各县以僵病、脓病最烈。防除方法，有用烧酒、石灰水、盐水等喷射添食者，或撒布石灰，或烧火薰烟。嵊县、新昌则多撒布清明灰（清明日烧下豆梗灰），桐乡有用辣茄汁添食或小鱼舂碎放置匾上者”①。

20 世纪 50 年代后，通过光学显微镜和电子显微镜的应用，对不同病症表现的蚕病病原物有了确切的认识。由病毒引起的有血液型脓病（俗称湿白肚）、中肠型脓病、浓核病，浙江以血液型脓病为害较大；由细菌引起的有败血病、猝倒病、肠道病，浙江以败血病为害较大；由真菌引起的有白僵病、绿僵病、曲霉病、赤僵病，浙江以白僵病为害较大；由原生动物孢子虫引起的微粒子病，浙江阶段性发生严重，损失较大。

20 世纪 50—60 年代，发生的蚕中毒，主要是稻田施用有机氯农药粉剂，如六六六、杀虫醚等污染桑叶而引起。

1982 年 5 月，海宁、桐乡、湖州、德清、余杭等 5 个重点蚕区县的 72 个公社 23.5 万张春蚕种及 5 个蚕种场，因砖瓦厂等排氟企业的氟化物污染桑叶出现中毒。5 月 17 日，省委副书记陈作霖在桐乡主持召开紧急会议，决定对排放氟化物废气的砖瓦厂和水泥厂立即停火 5 天～7 天，对受害春蚕采取抢救应急措施。春茧仍损失 2640 吨，少生产蚕种 13.9 万张。

1983 年 3 月 14 日，省政府办公厅转发省环保局、省农业厅《关于做好预防春蚕氟污染工作的报告》，要求各地做好污染地区桑叶氟化物含量的测定，如发现桑叶含氟量达到 30 毫克/千克时，应责成砖瓦厂、水泥厂等停火一段时间。4 月 29 日，省政府办公厅紧急电话通知，为防止春蚕氟中毒，迅速调整砖瓦厂生产，5 月份继续停火。此后，在嘉湖蚕区春蚕生产期间砖瓦厂停火（4 月 25 日至 5 月 25 日），并组建工作组督促检查，成为一项制度。

1986 年 5 月，由于春蚕饲养期间出现了连续高温干燥天气，加上部分排氟工厂没有严格

---

① 〔民国〕实业部国际贸易局：《中国实业志（浙江省）》，1933 年。

执行停火决定，再次发生了春蚕大面积氟化物污染中毒，全省因中毒而颗粒无收的春蚕共计5.98万张，损失蚕茧3930吨，16个蚕种场少生产蚕种13.8万张。

20世纪80年代末90年代初，湖州市从中国农科院蚕业研究所引进了耐氟蚕品种秋丰×白玉试养；1996年，桐乡市引进秋丰、白玉原种试繁；1998年前后，嘉湖蚕区全年饲养秋丰×白玉，成为农业防治的有效措施。

1992年春蚕，海盐农药厂生产农药杀虫双，污染海盐、海宁、桐乡等3个县，造成蚕中毒。其中海盐县有11个乡镇98个村16537户1.9万张蚕种，损失蚕茧200吨；海宁市损失蚕种近400张，蚕茧15吨。中毒原因查明后，海盐农药厂杀虫双生产车间即行停产，切断污染源；对中毒蚕种采取更换桑叶、清洗桑叶，分批饲养隔离病蚕，添食蚕菌清等措施，并由农药厂对损失严重的农户进行赔偿。

1993年4月5日，省政府批复省环保局《浙江省春蚕氟污染防治管理办法》，首次明确蚕桑防氟污染范围、排氟企业，规定防氟污染要求以及违规处罚等规定。

1995年8月下旬，缙云县桑园治虫使用了由福建省福州精细化工总厂生产的20%高效敌敌畏，造成17个乡镇175个村1995户农户3391.3张中秋蚕损失，原因是高效敌敌畏中含有0.65%的氯氰菊酯。为此，省农业厅发出了专门的通报，最终由生产厂家赔偿20多万元。2001年8月，海宁、桐乡桑园治虫使用了由南京农药厂生产的立打螨农药；9月6日开始，两市的25个乡镇238个村1.3万户农户饲养的中秋蚕先后出现农药中毒症状，持续时间20多天，中毒蚕种达2.8万张，损失蚕种1.8万张，折合损失蚕茧447吨，直接经济损失800多万元。原因是立打螨中含有0.44%的氯氰菊酯，最终向厂家索赔200多万元。

2000年3月6日，省农业厅、省环保局印发了《关于认真贯彻〈浙江省春蚕防止氟污染管理办法〉的通知》，春蚕防氟污染进入常态化管理，省政府不再发通知、派检查组。但嘉兴、湖州市政府仍在每年春蚕前发出排氟企业停产的文件。

2006年9月1—3日，嘉兴市南湖、秀洲、海宁、桐乡、海盐等地发生了大规模中秋蚕中毒，损失蚕种8.35万张，占发种量的28.3%。其中海宁、桐乡两地市蚕种损失达7.7万张，占其发种量的36.3%，涉及农户6.4万户；桐乡市蚕业有限公司5000克原种、海宁市新兴蚕种制造有限责任公司4000克原种也因中毒全部死亡。直接原因是嘉兴市8月份长期的高温干旱，各种农作物虫害多，农田多次大范围治虫，农田大面积治虫适期，与中秋蚕饲养时期重合。农田治虫飘移到桑叶上的农药未降解挥发，引发了蚕的大面积中毒。2008年，嘉兴市蚕桑技术管理部门与植保部门共同协商，创建了以合理布局养蚕时间为主要内容的粮、桑安全生产体系，防止了秋蚕大面积农药中毒的发生。

（二）蚕病防控技术措施

清代，蚕病防控主要采取蚕室蚕具清洁、洗晒和精心饲养管理的措施，但也有蚕座使用石灰的消毒方法，“凡病湿白肚，用石灰末匀筛一层于筐，俟蚕行起，以叶饲之。两顿后，再用石灰化水遍洒叶上，令蚕食之，病者即死，不致遗染”①。出现空头病等蚕病也可用喷雾的方法，“如烂肚（伤热之故）、吐白水肚（一种汽水叶）、空头（小蚕失叶伤饥）、布漆（身有黑斑点），必须勤替，方不传染；如僵蚕（伤冷之故）、瘪娘（不上叶），可喷烧酒或甘草水”②。

民国时期，浙江农村在20世纪20—30年代开始推广硫黄、漂白粉和福尔马林等蚕室蚕具消毒药剂，但使用面不大。据民国《中国实业志·浙江省》记载，29个县中，蚕室蚕具“洗涤后用药末及枫子熏烟”的有4个县，占13.8%；“洗涤后用石灰水消毒”的有9个县，占31%；“清水洗涤不消毒”的有16个县，占55.2%。因而，发生的蚕病有僵病、软化病、脓病、痢病、猝倒病、空头病和微粒子病等，其中以僵病、脓病和软化病为害最烈。蚕体消毒而能预防蚕病的发生与传染，仅对硬化病预防略微有效果；所用药液1%福尔马林液，或4%～5%冰醋酸液，或500倍漂白粉液，或200倍古来德液，在起除后的中食期进行。另外，曹诒荪发明的冰醋酸防僵粉，亦可以防止硬化病发生。农民对防治白僵病还有用松树鲜松针叶熏烟的经验。殷秋松《蚕业指导》记载，防蝇则用0.5%有效氯漂白粉液喷射蚕体，使蚕体充分湿润以洗落附着蝇卵。

中华人民共和国成立后，各地通过提高蚕种质量，改进饲养技术，贯彻预防为主，开展消毒防病，使大面积流行的蚕病逐步得到控制，改变了长期存在的“头蚕白肚二蚕僵”的被动局面，稳定了蚕作安全，提高了蚕茧产量。20世纪50年代，浙江发生的蚕病主要是白僵病和血液型脓病，防治的主要措施是，在组织小蚕共育的基础上，推广蚕室蚕具充分清洗曝晒，实施小蚕高温饲育，使用西力生（氯化乙基汞）、赛力散（有机汞）防僵粉，从而有效地制止了僵病蔓延。

20世纪60年代，浙江发生的蚕病，主要是中肠型脓病和传染性软化病（俗称空头病），防治的主要措施是，针对传染源，以预防为主；1965年，省农科院蚕桑研究所制定了蚕室蚕具消毒、蚕体蚕座消毒和灭蚕蝇的使用等6项技术标准，各地普遍采用漂白粉溶液、赛力散石灰浆消毒，以及灭蚕蝇防治蝇蛆病，从而控制了病毒病的流行和蝇蛆病的危害。70年代，各地针对全年多次养蚕易发蚕病的新矛盾，小蚕饲养推广“三专一远”（专室、专具、专人，远离大蚕室），把消毒防病技术贯穿到养蚕生产的全过程，做到养蚕前全面消（毒）、养蚕期中间消（毒）、养蚕结束后回山消（毒），并推广防病1号、敌蚕病和新洁尔灭石灰浆等消毒药剂。80年代以后，全省先后建立起35个专业蚕药厂，开发和推广消特灵、蚕菌清、蚕病净、蚕宝康等一大批新蚕药；形成了蚕病综合防治措施，使蚕病危害大为减轻。

从20世纪90年代末至2010年，养蚕防氟化物中毒主要技术措施为：在重点蚕区不建有氟等对蚕不良气体的污染企业，或在春蚕饲养期间有氟等污染企业停产30天；饲养秋丰×白玉等耐氟性强的蚕品种；根据污染情况划片使用桑叶和选用不同部位桑叶，一般将眠和眠起时使用含氟量相对较低的桑叶，三眼叶放到五龄盛食期使用。出现中毒后不急于倒蚕，立即换用低含氟量的桑叶，或用1%～2%的石灰水或清水浸洗后喂饲。

2008—2010年，养蚕防农药中毒主要技术措施有：严防农药污染桑叶、养蚕用房、用具和水；严格掌握桑园治虫农药的浓度和安全间隔期；养蚕期严禁使用含有（混有）菊酯类农药；合

---

① 〔清〕汪曰桢：《湖蚕述》卷二。

② 〔清〕董开荣：《育蚕要旨》。

理布局秋蚕饲养时间，尽量避开稻田治虫高峰。若发生中毒，先查明毒源，切断污染源；立即开窗换气，蚕座内撒隔沙材料，及时加网除沙；去除死蚕，喂饲新鲜良桑。

至2010年，全省没有再次出现氟化物或农药污染而造成的大面积蚕中毒。

第三节 野蚕饲养

三国时期，浙江就有柞蚕饲养记载。20世纪50—60年代，省政府组织推广饲养柞蚕。1966年，建立临安、建德柞蚕试验站。1971年，建立建德柞蚕原种场。1973年，全省有100多个场（队）放养柞蚕。由于柞蚕饲养产量低、效益差，1974年后，逐步放弃。除饲养柞蚕外，浙江还试养了蓖麻蚕、天蚕等野蚕。

一、柞蚕

浙江饲养柞蚕，三国时期东吴即有记载，“（黄龙）三年夏，有野蚕成茧大如卵，繇拳野稻自生，改为禾兴县”①。光绪二十四年(1898年)，衢州县令吴德潇印发柞蚕饲养资料《樗蚕谱》，购买山东柞蚕种，聘请技师辅导，在南乡赵宅、北乡仁堂桥试养柞蚕②。民国时期，基本为民间零星放养的状态。

20世纪50年代，为了解决缫丝厂原料不足，推广饲养柞蚕。1958年，共放养了6次，2次成功，2次失败，2次平产，之后停止。1957—1960年，在浙江省轻工业厅(以下简称省轻工业厅)的倡导下，省政府建德专员公署组织人员到辽宁等省考察，放养柞蚕。由于气候等条件不适应、单产不稳定、放养单位不稳定和放养队伍不稳定等问题，试养4年后即中止。

20世纪60年代中期，三年困难时期刚过，山区农民经济极为困难，每天的油、盐等日用品主要靠卖鸡蛋。1965年春，浙江向辽宁引进750克柞蚕种在临安县昌化河桥公社云浪生产大队放养，试养初步成功。7月，杭州地区农业局组织临安和淳安两县农业、商业以及市有关部门，赴辽宁、河南省参观考察，制定柞蚕发展规划报省人委。1966年春，省计划委员会、省编制委员会批复，同意由杭州地区负责，在临安、淳安两县各建一个柞蚕试验站，编制为10人，经费由省直拨，任务是技术培训、技术指导和繁育柞蚕良种。是年，淳安、临安两县的8个柞蚕试养点，共放养柞蚕卵9.8千克，产茧1.28吨，平均每千克蚕卵产茧130.6千克。其中临安县云浪生产大队在春、秋放养的1.25千克和0.75千克柞蚕卵，分别达到每千克卵产茧233千克和271千克，接近或达到北方的柞蚕丰产水平。在试养成功的基础上，许多有柞林资源的山区县，纷纷开展放养柞蚕试点，放养范围逐步扩大。1968年，全省有14个县的59个公社106个生产大队，共放养柞蚕卵233.4千克，每千克卵产茧244.2千克。

1970年9月，杭州地区农业局致信给省革委会，提出进一步加强柞蚕生产，解决柞蚕茧

---

① 《册府元龟》卷二百一《闰位部・祥瑞》。

② 《衢州志稿・食货志》。

的收购价格、加工以及蚕种问题。9 月 28 日，省农林局、省轻工业局、省商业局组成一个小组，先赴辽宁、河南省参观考察，后至淳安、建德两县调查，提出相应调研报告。1970 年，全省有 22 个县 121 个公社 438 个生产大队，共放养柞蚕卵 1061.8 千克，产茧 157.78 吨，与 1965 年相比，柞蚕茧总产量增加 121 倍，创历史最高水平。1971 年 2 月 22 日，省革委会生产指挥组批转省农林局、省轻工业局、省商业局《关于本省发展柞蚕生产意见的报告》，决定以茧层率为标准，每 50 千克柞蚕上茧收购价格 55 元；同意在建德县梅城镇建立柞蚕原种场，专门生产蚕种；在建德县新安江棉纺厂内新建缫丝车间，试行缫丝。3 月 10 日，在建德召开了全省桑、柞蚕生产现场会议。建德县农业部门充实柞蚕生产技术力量，增加经费和物资投入；各级供销社派专人参与柞蚕生产；省农科院蚕桑研究所在调研的基础上编印了《柞蚕放养经验》；中国农科院蚕业研究所亦派科技人员到临安和淳安蹲点指导。至 1972 年，共有安吉、诸暨、宁海、鄞县、浦江、开化等县的 100 多个场(队)放养。

虽然政府采取政策扶持柞蚕饲养，但由于经济效益低下，据调查，每个劳动日报酬为 0.68 元，比其他作物报酬 0.91 元低 25%；平均每亩柞林产茧不到 2 千克，收入仅 2 元左右；蚕茧产量不稳定，浙江春季前期低温多雨，后期易遇高温，秋季高温干旱，对柞蚕生产极为不利，造成产量高产年份少、低产年份多，甚至基本无收；技术不过关，省内不繁育原种，年年靠外省引进；野外放养病害难控制；烘、加工难以解决。因此，在 1972 年后，柞蚕生产急剧下降。至 1974 年，只有 4 个县的 31 个生产大队，放养柞蚕卵 70.2 千克，产茧 16.31 吨。浙江的柞蚕生产历经 10 年。1975 年，临安和淳安柞蚕试验站撤销，建德县柞蚕原种场改为县桑苗良种场。

二、蓖麻蚕

蓖麻蚕属鳞翅目天蚕蛾科，是无滞育期多化性绢丝昆虫，以蓖麻叶为主食。蓖麻蚕茧，茧层疏松不可缫丝，仅可作绵。蓖麻蚕原产于印度，民国 27 年(1938 年)，在台湾省试养，民国 29 年在东北试养，民国 35 年在华南和华东试养，但都未能大面积用于生产。1952 年，中国科学院实验生物研究所引种在上海试养蓖麻蚕。1954 年开始，先后在安徽、广东和广西等地推广。

浙江试养蓖麻蚕，始于 20 世纪 50 年代。1954 年 10 月，浙江农学院(今属浙江大学)从中国科学院实验生物研究所得到 60 颗蓖麻蚕茧，进行“剪去蓖麻蚕蛾翅足对于产卵的影响”试验。1955 年，安吉农场和温州永强区七甲合作社等，先后从中国科学院实验生物研究所引种试养，结果：蓖麻蚕比桑蚕易养，可在夏季与晚秋期饲养，全龄经过 15 天～20 天，除了饲育前进行蚕室蚕具消毒和饲养中注意补湿外，饲养管理可比较粗放。一亩蓖麻地约产蓖麻叶 1000 千克，可养蓖麻蚕 3 盒左右，产茧 70 千克，收入 43.3 元；籽叶兼用，产蓖麻籽 50 千克，收入 14.4 元；麻干、麻皮、蚕蛹、蚕沙等副产品收入 22.5 元，共计收入 80.2 元。支出为 55 元，其中养蚕用工 44 个劳动日计 44 元，蚕种等支出 11 元。收支相抵，略有利润，但所需劳力多。在副业门路多、剩余劳力少的城郊，收入不如种蔬菜和饲养桑蚕。

1955—1956 年，杭州虎林和庆成丝厂分别进行试验。试验结果，由于蓖麻蚕茧形似梭子，两头尖细，茧端开有小孔，丝缕紊乱，解舒及强伸度比桑蚕茧差，解舒率仅 10%，缫折达 1023 千克，因此，无望作为缫丝原料，用来剥制丝绵，品质尚佳，但也次于桑蚕茧丝绵，蚕蛹及蓖麻的皮、干可综合利用。

为进一步探索浙江发展蓖麻蚕生产的可行性，1956 年 3 月，省农业厅在杭州、杭县、萧山及金华专区种植蓖麻 1000 亩，全年饲养蓖麻蚕 800 盒，产茧 12 吨，并编印了《怎样种蓖麻与饲养蓖麻蚕》的技术资料，发至乡村。

1965 年 2 月，中共华东局科学技术委员会和农村工作办公室在上海召开华东地区发展蓖麻蚕生产座谈会。会议认为，蓖麻蚕生产投资少，收效快，收益大，是解决人们穿衣问题的一项重要措施，也是农村开发多种经营的一条新途径，提倡各地积极发展。5 月，金华试养、制种 200 条蓖麻蚕(原种)成功。6 月，召开全区县委书记、农业局长会议，强调全党动手，全民发动，大养蓖麻蚕，并派出蚕桑干部 20 余人到两广(广东、广西)等地学习蓖麻蚕的饲养、制种技术。1966 年 2 月，金华专员公署召开蓖麻蚕生产会议，强调各行各业都要关心和支持蓖麻蚕生产，头头带头，部门搞点，人人养蚕，要求 1966 年种植蓖麻 20 万亩，饲养蓖麻蚕 10 万盒。金华县(今金华市金东区)新建生产大队建立蓖麻试验地 200 亩；从华东和省财政中争取到扶持资金 15 万元，筹建了专区蓖麻蚕原种场和 7 个县的普通种场。1966 年，金华全区实际种植蓖麻 6 万亩，但因黄土丘陵缺水缺肥，蓖麻生长差，收获面积仅 3 万亩，饲养蓖麻蚕 3000 盒，平均每盒产茧 0.5 千克。金华全区出现的饲养“蓖麻蚕热”，历时 1 年半，于 1966 年冬结束。

三、天蚕

天蚕原产中国东北和日本，因其美丽的绿色和产量稀少而名贵，茧呈椭圆形，有细短茧蒂，茧色深绿、浅绿、金黄或浅金黄，以绿色居多。天蚕和柞蚕同属天蚕蛾科柞蚕属，以栎树叶为饲料。天蚕丝因具有独特的色泽和质地，被誉为“丝中宝石”。

1982 年，省农科院蚕桑研究所引进天蚕试养成功，认为浙江的条件可以饲养天蚕。1990 年 2 月，由浙江农业大学(今属浙江大学)、省蚕桑学会、省丝绸联合公司等单位主持，在杭州召开了首届全国天蚕学术讨论会，出席会议的代表 87 人，提交学术论文 56 篇，编辑出版了《天蚕研究论文集》。1990—1992 年，淳安县开展“农村户养天蚕技术研究”，进行规模化户养天蚕试点。3 年中实际饲养天蚕卵 10.42 万粒，收蚁 7.49 万头，生产天蚕茧 4.02 万粒，用于缫丝的茧 3.32 万粒，制成天蚕丝 2.78 千克。丝色翠绿，质地优良，检验合格，出口日本。1992 年，14 户饲养户生产天蚕茧 2.17 万颗，总收入 8938.15 元，除去物化成本 1564.27 元，净收入 7373.88 元，用工 838 工，每个劳动日报酬 8.8 元。淳安县农业部门在试验研究和调查总结的基础上，编印了《天蚕饲养综合技术》，制作了《天蚕饲养技术表》，主要技术要点是：饲养时间，以春期为宜，4 月 10 日前后收蚁为适期；收蚁方法，群体收蚁法；饲养方式，一龄至四龄以室内群体芽叶立体育，五龄室外插枝育或柞林放养。淳安放养的天蚕，全龄经过 38 天，结茧率 68.0%～84.7%，全茧量 4.10 克～4.34 克，茧层率 8.45%～8.82%，茧丝长 324.4 米，解舒率 20.27%，茧丝纤度 4.61D。继淳安县之后，建德和临安等县也从东北引进天蚕卵，进行少量试养。

1993 年，由于天蚕卵源难以解决和天蚕丝出口滞销，天蚕试养停止。

第五章　蚕茧收烘

蚕茧收烘是茧丝绸产业链中的重要一环，收购的质量标准与价格涉及蚕农与缫丝工业间的利益，烘茧设备与工艺又涉及贮茧安全及保全茧质的关系。

清代以前，浙江的蚕丝生产主要以农户自养（蚕）、自缫（丝）方式为主。鸦片战争后，茧丝是资本主义列强掠夺的重要战略物资之一。从清咸丰十一年（1861 年）英商在上海开设第一家机械缫丝厂到清光绪二十年（1894 年），陆续有洋商、华商在上海开设机械缫丝厂。浙江盛产蚕茧，成为上海丝厂所需原料茧的重点供给地。清光绪二十年起浙江境内的杭州、湖州、嘉兴、绍兴、萧山等地也相继办起了机械缫丝厂。缫丝厂需要大量干茧，“茧行”应运而生。茧行伴随机械缫丝厂而兴起，而茧行的兴起和烘茧技术的成熟又促进了缫丝厂的发展。

民国时期，省政府统制茧行的开办，规定先由丝厂商申请登记收茧，尚有余额的，准许余茧商收购。每季收购价格由省建设厅蚕丝事业委员会按照生丝市价议定标准确定。抗日战争时期，茧行和烘茧设备被毁严重。

中华人民共和国成立后，浙江将蚕茧列为派购物资，大部分时期由省丝绸公司统一经营，委托供销部门收购，蚕茧收购价格执行国家定价。1985 年 1 月，省政府规定，蚕茧经营体制全部下放给地、市丝绸公司经营。2004 年起，收购价格由国家定价改由市场调节价。至 2010 年，嘉湖地区大多数市县的蚕茧由丝绸公司经营，其他地区大多数县由供销部门经营，也有部分蚕业合作组织经营。

第一节　收　茧

浙江茧行的设立开始于清同治元年（1862 年），此前，没有成规模的蚕茧买卖。历代朝廷对蚕茧收购都实行严格管理。晚清时期，必须持有官方颁发的“行贴”且缴纳捐税，以示合法。民国时期，对蚕茧收购实行统制。中华人民共和国成立后，对蚕茧实行统一收购政策，由政府指定专业公司经营。至 2010 年，浙江仍按规定实行“鲜茧收购资格证书”制度，并经工商登记后方能收茧。

一、茧行收茧

清同治元年（1862 年），英商怡和洋行在上海开设机械缫丝厂需要大量蚕茧，委托嘉兴余贤棣开设浙江最早的茧行。茧行发展初期颇费周折，首先受到手工业缫丝者和茧丝经营商的联合抵制。其次烘茧技术还没有过关，春夏之交嘉湖地区雨水较多，蚕茧需要在乡下晒干，运到上海，保证在途中不霉烂也非易事。由于蚕茧收不到和晒不干而影响丝厂的产量、质量，最后导致连年亏损，同治九年即予停办。此后，有近10年的空档期，上海没有新的具有一定规模的外商丝厂出现。

19世纪70年代中期，蚕茧产区烘制干茧技术取得成功，同时，茧行已经出现，且日益发展。茧行开设后，获利较多，各地竞相效仿，不久清政府发现茧行混乱且有利可图，便着手管理，并作出规定："设立茧行需向牙厘总局请领行贴，每证缴纳一百二十两，倘未领证而开业者，除苛多罚金外，没收其所收之茧。各茧行在开业期间必须将行贴张贴，备受官吏检查。"①由此可知，茧行开设需取得当地政府许可，发给茧贴，按时缴纳捐税，以示合法。

茧行大多为浙江本地人所建，由外来厂商租行收茧。租行有三种方式：第一种，房屋、烘灶和一切用具全部由行主出租，而收茧、烘茧和搬运等全由租行人负责办理；第二种，双方按烘灶数议定租金，而收茧、烘茧、运输等一切事务和费用都委托行主代办，承租人派员驻行监督；第三种，预付购茧费用，委托代办全部收、烘、运等事务，并附有茧质和缫折等由行主负责的一定条件，手续费在事先议定。

民国《浙江通志・厘金门稿》卷上载："光绪九年，因洋商采运日广，茧行增多，厘定章程，鲜茧每百斤捐洋四元……干茧……每百斤十二元。"每当新茧登市时，外商和国内的茧贩丝商一起，利用海关完纳子口半税特权，在国内贩运土货，无论远近，概不重征，并通过茧行杀价收茧。光绪二十一年(1895年)《马关条约》签订后，杭州等地开埠，外商、沪商来浙江开设茧行或租行买茧增多。省厘金局整顿茧行捐，规定按灶数征收茧捐：大灶(双灶)烘茧3000斤，每乘捐金洋300元；小灶(单灶)烘茧2000斤，每乘捐洋200元。丝厂附设之茧灶，凡缫丝车百部以上者，准建大灶二乘，免其征捐。

杭嘉湖等地出现许多新设的茧行，至清宣统元年(1909年)有茧行40余家。据民国10年(1921年)江浙皖丝厂茧业总公所编的《江浙皖三省丝厂茧行同业录》记载，绍兴地区的嵊县原开茧行39家，计灶419乘，新昌原开茧行7家，计灶64乘，此后有所增加。由于洋商和外省商人进入浙江各地压价竞收蚕茧，省内各厂抬价竞购的情况又时有发生，因而民国浙江省政府公布限制设厂设行的条例，规定，"每县只能设一厂，两地茧行不准设在相距五十里内，以杜纷争"。

民国4年(1915年)，北洋政府农商部颁布《茧行条例》。民国5年，省政府根据《茧行条例》做出具体规定：各属城镇乡周围各距50里以内无茧行者，准予适宜地点设立茧行1处。每行单灶限10乘以内，双灶限5乘以内。后经省议会议决，由省长咨行至农商部，50里之限减为20里。民国6年全省开设茧行239家，批准开业212家；民国10年为216家。

民国16年(1927年)，国民政府农商部废止《茧行条例》，开办茧行可不受任何束缚，一时全省茧行激增至1000余家。由于行多茧少，相互抬价竞收，造成茧价过高，蚕户亦以毛脚茧、次劣茧混售，茧质恶化，丝厂原料成本比例失调，丝厂在民国19—20年大量倒闭。因国际生

① [日]紫藤章:《清国蚕丝业一斑》。

丝市场萧条，丝茧滞销，茧行开业数又显著减少。

民国20年(1931年)，省蚕丝统制委员会制定统制收茧办法，指定萧绍二县南沙区设立第一改良蚕桑模范区，蚕茧的买卖亦在统制范围以内。省建设厅规定区内全部秋茧由厅统一收购，茧商如欲分购该区秋茧，须先认定收茧额百分比，经省建设厅批准认股，预付所应承担的茧款，茧款于收茧结束后结算。各茧商除应承担实得干茧的茧款外，还应向省建设厅缴纳蚕丝改良费每担3元～6元。杭州丝厂、萧山东乡蚕丝合作社、无锡永泰丝厂和瑞纶丝厂4家认股投资，茧行4处各设经理1人。共收秋茧5233.83担，烘折383.26斤，鲜茧平均每担39.95元。蚕农在销售土丝不景气的情况下转向出售鲜茧，蚕茧烘干后可以久贮。因此，出现了不少余茧商。他们不量自身的资金和烘茧设备，纷纷设立茧行，至民国20年底全省共有茧行720家，其中双灶4602乘，单灶3880乘，烘茧机11台。新茧登场，同业间声气相通，垄断茧市，既坑害蚕农，又影响丝厂的正常生产。民国21年，全省开设茧行895家，共计单灶1410乘，双灶5875乘，机灶19座。机灶中海盐1座，杭市(县)5座，吴兴1座，嘉兴2座，海宁4座，萧山3座，德清1座，诸暨1座，新登1座。是年，全省共收干茧4.34万担。茧价各地大致相同：改良种茧最高价为每担38元，最低25元；土种茧价最高每担28元，低者至每担20元以内。

民国22年(1933年)，省管理改良蚕桑事业委员会成立，开始对蚕业改良事业统一管理，制定颁布了统制茧行及管理收茧办法。是年春期核准茧行280家，收购改良茧6.04万担，每担28元～34元，土种茧11.51万担，合计17.55万担。是年秋期核准茧行116家，收改良鲜茧4.40万担。

民国23年(1934年)春，由省政府公布《管理收茧及统制茧行暂行办法》，在产茧各县市成立管理收茧委员会。共开设茧行75家，收鲜茧3.29万担，烘折298.6斤，平均每担鲜茧价15.34元。是年秋，由于遭受严重旱灾，养蚕减少，茧价惨跌，部分蚕茧由蚕农自缫土丝，实际收茧数不及预计数。

民国24年(1935年)春，省建设厅按全省产茧区域划分为10个区，第1～6区为统制区，由省建设厅设行收茧；第7～10区为管理区，由省建设厅管理省内外各丝厂收茧。开设茧行288家，按海外生丝价格规定茧价，严禁丝茧商抬价或抑价。丝厂商登记收茧尚有余额，特准余茧商补办。是年春期，共收土种鲜茧17.7万担，改良茧13.6万担，合计31.3万担。由于改良茧质量佳，但茧价不高，自缫土丝者约占产量的五分之二。秋期开行116家，收茧6.05万担；晚秋开行13家，收茧1819担。是年，全年收茧37.53万担。

民国25年(1936年)，原省蚕丝统制委员会改由省政府直辖，于2月21日成立新机构，全省划分为8个统制区，每区设立办事处。原则上规定收茧均得由丝厂商申请审核，丝厂商登记收茧尚有余额时，特准余茧商补办。丝厂商购茧限于浙江丝厂缫制成丝，并以出口为原则，全年批准开业茧行春501家，实际开业300家、烘茧机45台，夏102家，秋238家，晚秋28家。每季收茧价格由省建设厅管理改良蚕桑事业委员会按照生丝市价，议定标准价格。

表 105-5-1-1　　民国 25 年(1936 年)浙江省各期收茧情况一览表

期别	种别	茧行数(家)	茧灶数(乘)	收茧量(担)	平均茧价(元)
春	改良茧	242	1975	246061.56	30.72
	土茧	256	2048	293539.92	20.97
夏	改良茧	17	24	1028.56	27.07
	土茧	102	583	18646.59	20.77
秋	改良茧	238	1746	86019.59	33.16
晚秋	改良茧	28	150	4390.12	34.83
合计	改良茧	-	-	337499.83	-
	土茧	-	-	312186.51	-
	总计	-	-	649686.34	-

资料来源:《浙江省丝绸志》,方志出版社 1999 年版,第 59 页。

民国 26 年(1937 年),全省春茧产量估计 47.07 万担,实际收购情况未见记载;秋茧 4.36 万担,晚秋茧 1508 担。是年,共收茧约 51.58 万担,由丝厂和小制丝业者收购一部分。12 月,杭州沦陷,主要蚕茧产区在侵华日军和汪伪政府的统治下,浙江茧丝资源遭到疯狂掠夺,浙西沦陷区的蚕茧收购完全由日伪政府操纵。民国 27 年,日本为统制华东的蚕丝,于 8 月 10 日在上海成立华中蚕丝股份有限公司。汪伪政府实业部于 9 月 29 日为该公司制定统制蚕桑丝绸业的规定,在浙江的杭州、长安、硖石、嘉兴设立"出张所",统制辖区内的蚕种产销和蚕茧收购。民国 28 年春,批准定额收茧的茧行 30 家。同时,国统区浙江省油茶棉丝管理处在浙东成立,由省贸易委员会(以下简称省贸委会)制订合约,收买干茧。民国 29 年,省油茶棉丝管理处改设嵊新、诸暨、萧绍 3 个管理收运丝茧办事处,继续进行茧行登记,核准茧行 91 家,合作烘茧处 15 家。春期共收鲜茧 5.04 万担,夏期在嵊县设 2 家茧行,共收夏茧 159 担,秋期收茧 1014 担,全年共收茧 5.10 万担。在浙西沦陷区收春期改良茧 7.30 万担,土种茧 6.44 万担,合计 13.74 万担,秋期改良茧 9082 担,全年 14.65 万担。民国 30 年,省油茶棉丝管理处撤销,省建设厅新设蚕丝管理委员会。4 月间,日本侵略军窜扰浙东,仅嵊县、新昌部分茧行(24 家)收鲜茧 9094 担。民国 31 年收购率 33.6%,民国 32 年收购率 23.7%。

表 105-5-1-2　　民国 28—32 年(1939—1943 年)浙江茧行情况一览表

时间	茧行数(家)	机灶数	柴灶数(乘)
1939 年春	77	-	594
1939 年秋	54	4	418

续表

时间	茧行数(家)	机灶数	柴灶数(乘)
1940年春	196	5	1134
1940年秋	60	2	409
1941年春	72	3	480
1941年秋	18	-	131
1942年春	71	2	481
1942年秋	16	1	118
1943年春	98	3	689
1943年秋	7	-	50

资料来源:《浙江省丝绸志》,方志出版社1999年版,第60页。

抗日战争期间,茧行被毁150家,烘茧机损失42台,占93.33%,蚕丝业的基础受到严重摧残。抗日战争胜利后,全省蚕丝业由省蚕丝管理委员会负责,该委员会后因经费困难而告结束,由省建设厅第四科负责蚕丝行政。

民国36年(1947年)7月,由行政院批准成立浙江省蚕业改进管理委员会,制定省茧行、丝厂、绸厂、土丝行号登记规则和收茧管理办法。各茧行必须核准后才得营业,并规定在全省境内各收茧厂商均须按总收茧款缴纳2%的改进费和2%的蚕种补贴费。除省级机构外,在浙江的全国性机构有中国蚕丝公司杭州和嘉兴办事处,农林部和经济部下属的蚕丝产销协导委员会浙江办事处,也辅导浙江的收烘茧工作。是年,制定《江浙两省联合收茧办法》《浙江省管理收茧办法》。浙江区管理处改组为农林部、经济部蚕丝产销协导委员会浙江办事处,并在杭州、嘉兴、吴兴、嵊新各设办事处,执行收茧、缫丝的协导管理。春期全省参加贷款收茧厂商31家,开设茧行126家,按收茧行庄分为16小组,共收改良鲜茧6.28万担,土种茧1.73万担,合计8.01万担。此外,由各厂商自筹款设茧行8家,收得改良鲜茧4391担,土种茧3748担。又由各县联合社办理合烘茧行10家,计收改良茧7413担,土种茧70担。全省春期共设茧行143家,收改良茧7.47万担,土种茧2.10万担,合计收购9.57万担。民国37年浙江省共收购茧量13.15万担。

表105-5-1-3　　民国37年(1948年)浙江省收茧情况一览表

县别	茧行数(家)			收购鲜茧量(担)				
	春	夏	秋	春改良茧	春土茧	夏土茧	秋改良茧	合计
杭州市	9	3	9	2829.3	2258.0	164.0	2500.4	7751.7
杭县	14	1	9	3607.0	3514.3	28.8	2154.6	9304.7

续表

县别	茧行数(家)			收购鲜茧量(担)				
	春	夏	秋	春改良茧	春土茧	夏土茧	秋改良茧	合计
余杭	1	1	2	-	673.4	80.8	510.4	1264.6
临安	1	0	1	253.0	153.4		225.3	631.7
新登	1	0	2	81.4	109.3		412.1	599.4
於潜	1	0	1	267.2	28.4		120.0	602.8
昌化	1	0	0	69.0	49.2			118.2
长兴	2	0	2	1133.3	310.0		268.2	1711.5
吴兴	33	17	14	14938.6	2454.1	2408.3	3026.8	22827.8
德清	11	8	10	5927.3	817.1	2037.4	1773.9	10555.7
武康	2	1	3	696.7	451.3	89.0	711.6	1948.6
嘉兴	34	0	22	21591.5	910.6		3684.2	26186.3
海盐	7	0	3	2610.5	2273.9		1243.7	6128.1
海宁	13	1	10	4526.9	3583.4	119.2	2176.3	10405.8
崇德	15	4	9	3506.3	3846.2	210.8	1340.5	8903.8
桐乡	9	1	5	5120.8	1273.1	32.3	1532.8	7959.0
平湖	2	0	0	1499.1	379.8			1878.9
嘉善	2	0	0	770.2	148.6			918.8
诸暨	5	0	3	1288.5	1775.1		2400.7	5464.3
新昌	6	0	1	1743.4	1537.8		246.5	3527.7
萧山	1	0	1	47.1	42.2		10.2	99.5
绍兴	1	0	0	299.3	198.6			497.9
嵊县	6	0	1	967.3	1266.5		122.0	2355.8
总计	177	37	108	73773.7	28054.3	5170.6	24460.2	131458.8

资料来源:《浙江省丝绸志》,方志出版社1999年版,第61—62页。

民国38年(1949年)5月3日,杭州解放。7日,杭州市军管会成立。全省正值春茧登场,杭州市军管会财经部贸易处、工业处成立浙江代收春茧服务社。共设杭州、吴兴、嘉兴、新嵊等收购区,开设茧行91家,收购改良茧3178.18吨,土茧569.90吨,合计收购3748.08吨。

二、茧站收茧

中华人民共和国成立之初，政府对蚕茧实行统一收购政策。1950 年 4 月，省财经委员会指定省商业厅、省粮食公司、省蚕业改进所和华东区蚕丝公司杭州分公司筹备处，组成 1950 年春期省收茧工作指导委员会，同时成立的还有中国蚕丝公司收茧办事处浙江分处。按受省收茧工作指导委员会和中国蚕丝公司收茧办事处双重领导，下设杭州、嘉兴、吴兴、崇宁、德武 5 个支办事处，29 个收茧小组，171 个收茧站。5 月，省政府颁发《关于收购春茧工作指示》，要求各专署组织收购春茧工作指导委员会，政府首长负责，有关部门负责人参加，处理当地春茧收烘业务。8 月，全省 13 家私营丝厂和上海大利丝厂组成浙江丝厂秋茧联营处，共同出资参加秋茧联购，由中国蚕丝公司浙江分公司（以下简称中蚕浙江分公司）负责保本收购其成品。9 月，在省收茧工作指导委员会领导下，成立省 1950 年秋茧联合收购办事处，由中蚕浙江分公司、中国人民银行浙江省分行、浙江丝厂秋茧联营处联合组成，在杭州、嘉兴、吴兴分设办事处，共有 14 个收购小组和 80 个收购站。

1951 年 2 月，成立省春茧工作委员会，各有关地、县相应成立春茧工作委员会。同时，在省春茧工作委员会领导下，在上年秋茧联购的基础上，组建省春茧联购办事处，设立杭州、嘉兴、吴兴、崇宁、德武 5 个分处，50 个收茧小组和 260 个收购站。5 月 29 日，省供销合作总社向产茧区 115 个合作社烘茧处发出关于保证做好春茧收烘工作的指示。1952 年 4 月 7 日，省财经委员会组织有关单位成立省 1952 年春茧收购工作委员会。4 月 24 日，省春茧收购工作委员会决定，由省合作社联合社、中蚕浙江分公司、省蚕业改进所组成省春茧收购办事处，具体负责全省收茧事宜。并根据中蚕浙江分公司与省合作社联合社协商确定，除长安、菱湖、福兴各站和公营收购站由中蚕浙江分公司自营外，其余均由省合作社联合社代收包烘。1953 年 2 月 6 日，省财经委员会决定成立省蚕丝工作委员会。1954 年，省蚕丝工作委员会下设省 1954 年收茧办事处。1955 年 2 月，改称为省蚕茧收购办事处，作为全省收茧业务的常设机构。1956 年 3 月 20 日，省人委指示，在省蚕丝工作委员会领导下，当年蚕茧采购业务划由农产品采购部门负责经营，除确定为预购的地区按预购办法与农民签订预购合同外，普遍与农业社签订产销合同。4 月，省供销合作社、省农业厅、省外贸局确定各主要产茧区的专署和市、县相应成立蚕丝工作委员会，由主管财经的县长或副县长任委员，负责解决蚕茧生产和采购工作中的重大问题。省以下原则上不设收茧办事处。各市、县由农产品采购局设站采购，丝厂门庄由采购局委托代收代烘，并选择重点产区试办向农业社采购干茧。7 月，省农产品采购局决定在重点产区 19 个市、县实行秋茧预购。

1957 年 4 月 26 日，省人委指示，当年蚕茧仍由省丝绸公司委托省供销合作社代购；蚕茧收购后，商业部门按计划调拨给工业部门。1958 年 5 月 13 日，省商业厅为适应农业合作化和蚕桑生产发展的新形势，决定逐步推行由农业社将鲜茧自行加工烘成干茧后国家定价收购的办法，不再由国家收购全部鲜茧。到 6 月底，全省春茧推行干茧买卖试点，扩大到 11 个县、119 个农业社、42 个茧站。秋茧收购业务转由省轻工业厅为主管理。1959 年 4 月，成立省蚕茧采购工作委员会，由省人委财贸部、省轻工业厅、省商业厅、省农业厅、省交通厅和省人民银行等单位组成，一名副省长任主任委员。省蚕茧采购工作委员会下设办事处，具体负责收茧事宜。专署和重点县成立相应组织，由专署和县政府直接领导；实行分级管理，分区包干。专区、县、公社负责本区范围内的收购工作。当年春茧收购仍以省轻工业厅为主，省商业厅配合；以收购鲜茧为主，干茧买卖继续试行。

1960 年 3 月 18 日，根据省人委关于“1960 年蚕茧采购工作全部划归商业部门负责，省轻工业部门积极配合”的指示，省商业厅和省轻工业厅布置所属有关部门在当月办妥交接工作，后因春茧收购在即，省人委又指示“省里以轻工业部门为主，各地以商业部门为主进行”。至 1961 年，收茧业务由省商业厅特产公司统一管理。是年，省供销合作社恢复建制后，又划归省供销社。省蚕茧采购工作委员会办事处由省供销社特产经营管理处主持。1963 年 8 月，省供销合作社、省人民银行决定对余杭等 10 个县实行秋茧预购。1964 年 1 月，又决定当年收购蚕茧在全省实行预购，由各地负责收茧的基层供销社与生产队签订预购合同。1965 年 4 月 3 日，省供销社、省工商行政管理局为了保证完成蚕茧的收购任务，预防部分农民把蚕茧加工成土丝、丝绵出售而联合发出通知：要求土丝、丝绵与蚕茧进行同样管理，不得在市场上进行交易。1966 年 7 月，经省人委同意，省轻工业厅下达了《浙江省丝绸工业公司有关体制改革问题方案》，确定由省丝绸工业公司负责全省蚕茧的收购、调度和分配，各分公司负责本地区范围内的收购、保管等工作，以及对各茧库、茧站的领导。

1970 年 11 月，省革委会调整蚕茧收购体制，由工业部门移交商业部门，划归省土特产公司管理。工商之间实行购销关系。各地土特产公司自行组织收烘，按计划供应给丝厂。1972 年 5 月 2 日，省革委会发出《关于调整丝绸工商体制问题的通知》，规定蚕茧业务由省轻工业局经营，委托商业部门代收烘。9 月 11 日，省轻工业局、省商业局下达关于蚕茧业务交接工作的联合通知，明确嘉兴和绍兴两地的蚕茧业务由省丝绸公司嘉兴和绍兴分公司分别接收，杭州市及余杭县的茧库由省丝绸公司接收，其余由当地丝厂接收，代省丝绸公司管理。省轻工业局、省商业局签署《桑蚕（柞蚕）茧代收代烘协议》。1978 年 12 月，省社队企业局、省农业局、省丝绸公司和省特产公司就原由生产队交售鲜茧、供销社代收代烘，改为社队自办烘茧站交售干茧问题，议定选择重点产茧区进行试点。省丝绸公司由此组织各地丝厂参与蚕茧生产和收烘工作。1979 年 3 月，省供销社和省农业局、省一轻局和省社企局确定，社队烘茧试点以省供销社为主，由省一轻局、省社企局配合。当年社队烘茧站发展至 27 个，与省丝绸公司实行干茧买卖。同年 12 月 25—30 日，省社企局、省农业局、省丝绸公司和省特产公司在海宁硖石联合召开社队自办烘茧站会议，决定改由社队自办鲜茧站交售干茧，在 12 个重点县试行，会议通过关于公社（大队）办烘茧站和交售干茧的试行办法。

1980 年 5 月 3 日，省一轻局、省社企局和省供销社联合发布的《关于 1980 年进一步试办社队烘茧站的通知》确定：烘茧站实行社队自烘干茧之后，供销社有关蚕茧工作即行脱钩。同时决定在上年试办的基础上，扩大到余杭、海宁两县的 65 个烘茧站，并在德清、吴兴县再试办 60 个社队烘茧站。5 月 27 日，省丝绸公司为加强社队烘茧站试点工作，成立省蚕茧收烘领导小组，地区丝绸公司相应成立地区收烘领导小组。并确定以县设联络组，以厂设点，以站设员，集中领导，分县包干，统一安排，负责到底，逐步建立和健全干茧收购管理体制。7 月 21

日，省政府批准《关于蚕茧确定收购基数、超购分成的试行办法》。超购部分由省和县四六分成，交省 40%统一分配给国营丝厂，县留 60%首先安排给社办丝厂，也可卖给省丝绸公司或委托丝厂代办加工。8 月，嘉兴地区专署、德清县人民政府、省供销社分别向省政府报告，反映烘茧站下放给社队经营后暴露出的诸多问题。11 月 7 日，省政府批转《关于改进蚕茧收烘工作的意见》，明确全省蚕茧收烘工作，仍由供销社系统管理，受省丝绸公司委托，进行代收、代烘、代运（以下简称“三代”）。1979 年增加试办的 22 个社队烘茧站，改为替供销社代收、代烘鲜茧，归口供销社管理。当年社队烘茧站扩大至 143 个，对海宁、余杭、嵊县和安吉等县的 5 个自烘茧站继续进行干茧计价收购的试点。

1985 年 1 月 29 日，省政府印发《关于全省丝绸行业经济体制改革试行方案》，明确蚕茧经营体制从当年春茧开始全部下放给地市丝绸公司或有关部门经营，取消蚕茧派购。杭州、嘉兴、湖州、绍兴和宁波五市，由各市计委组织有关部门划定收烘庄口，落实丝绸公司经营；其他地、县由省丝绸公司与当地协商衔接落实，落实不了的仍委托供销社代收代烘。收烘经营分 7 种类型：(1)市丝绸公司经营；(2)工业经营，委托供销社“三代”；(3)工商联合经营；(4)特产公司经营；(5)多种形式试点（国营丝厂收烘、乡镇丝厂收烘、收烘缫丝“一条龙”等）；(6)丝厂为主，工商联合；(7)农工商联合组织实体性公司经营。1986 年 9 月，省计经委提出进一步改革蚕茧经营体制，逐步由丝绸工业部门统一管理；加速推行由丝厂直接收烘蚕茧，如丝厂无力经营，暂由丝绸工业部门或丝厂与基层供销社组成收烘联合体，也可由供销社经营，采取干茧进仓验收，不再实行“三代”。有 13 家丝厂进行直接收烘试点，共设 52 个茧站，占总收购量的 9.6%。蚕茧多渠道经营后，部分地区出现抬价抢购等情况，使茧源趋于紧张。1987 年春茧收购期间，省政府组织省农业、物价、工商行政、丝绸公司及新闻单位，成立省蚕茧收烘工作检查组进行巡回检查；省丝绸联合公司设 5 个小组分赴重点产区协调处理问题，以制止抬价抢购和截留干茧转手倒卖等情况。是年，德清、上虞两县试行农工商“一条龙”，11 家丝厂试行收烘缫丝“一条龙”和 5 家丝厂试行缫丝计价方法，所收蚕茧占全省收购量的 22%。1988 年，省政府成立省蚕茧收烘领导小组。5 月 1 日，省政府颁发《关于加强蚕茧市场管理的布告》，规定蚕茧一律由市、县丝绸公司或丝绸工业主管部门统一经营，除经省批准的缫丝计价试点单位外，一律委托供销社统一收购。9 月 22 日，国务院发出《关于加强蚕茧管理防止抬价抢购的通知》，规定蚕茧由中国丝绸进出口总公司统一经营，由所属省分公司直接收购或委托供销社代理收购；供销社收购后必须如数及时交丝绸公司。收茧期间，由省工商、物价、财政、供销、经贸和监察等部门领导，组成 6 个小组，赴重点产区加强收烘管理；省政府办公厅、省计经委和省丝绸联合公司主要负责人赶赴收购现场，协调解决收烘过程中抬级抬价、多头收购等问题，至中秋茧时期，收烘秩序基本稳定。1989 年 4 月 26 日，受国务院委托，经贸部、监察部、国家物价局和国家工商局联合召开电话会议，部署蚕茧收购工作，要求进一步贯彻 1988 年 9 月 22 日《国务院关于茧丝收购和出口实行统一经营管理的紧急通知》及 1989 年 4 月 25 日的《补充通知》，防止再度发生“蚕茧大战”，动员农民把鲜茧交售给国家，不准自行烘茧，严格执行国家的价格政策，不得以任何名义搞价外补贴或价外加价。由于中央、省和各级政府加强了管理，全省春茧收茧量 1.8 万吨左右，约为产茧量的 80%。

1990年,省政府发出《关于抓好蚕茧生产和收购工作的通知》,确定全省蚕茧收烘体制,除省批准进行缫丝计价试点的5家丝厂和进行农工商一体化试点的德清、上虞县以外,蚕茧一律委托供销社“三代”,其他任何单位和个人均不得插手收购。1991年,省政府发出《关于加强茧丝绸管理确保丝绸出口任务的通知》规定:全省白厂丝指令性计划仍为8500吨;要稳步发展蚕桑生产,防止大起大落,各地不得以任何形式再变相提价;要继续稳定现行蚕茧收烘体制,加强蚕茧收购管理,在健全干茧进仓交接验收考核制度的同时,要加强干茧拨交价格管理;要认真整顿丝厂,严格控制加工能力。从1993年起,蚕茧收购价格由国家定价改为指导性价格;取消外贸双向承包,推行干茧合同购销;清理中间环节不合理收费,努力降低茧本。1994年,春茧收购期间省政府派出5个协调小组,到重点产区嘉兴、湖州检查收购工作。1995年2月22日,由省长万学远主持省长办公会议,会议要求稳定蚕茧收烘体制:蚕茧由省丝绸公司统一经营,委托供销社负责“三代”,经省批准的丝厂可划定地区,设门庄收购;上虞市、德清县和舟山市继续进行贸工农一体化试点;鼓励由丝绸公司、供销社和丝厂组成联合体,联合收烘经营。

1996年3月22日,省政府下发的《关于茧丝绸实行贸工农一体化经营管理的通知》明确:茧丝绸经营管理体制改革,要以贸(即省丝绸公司)为龙头,以资产为纽带,实行统一经营,赋予省丝绸公司行业管理的职能。从1996年开始,全省各市、县陆续进行茧丝绸贸工农一体化改革,把农业、供销、丝绸合为一体化丝绸公司,结束了30多年来供销社的“三代”,实现了各市、县丝绸公司统一经营的实体地位。1997年5月15日,省政府结合全省蚕茧生产经营的实际情况,要求实行贸工农一体化的经营管理体制,统一收烘经营;从当年春茧开始,蚕茧收购由实行贸工农一体化的市、县丝绸公司统一收烘经营;没有丝绸公司的县(市),由当地政府指定的丝厂或供销社负责统一收购经营。符合条件的蚕茧收购单位,必须具有工商行政管理部门颁发的营业执照和省丝绸公司1997年重新签发的蚕茧收购许可证。

1998年5月22日,国家经贸委、国家计委、国家工商局、国家质量技术监督局下发了《茧丝价格和流通管理办法》。省政府办公厅结合全省情况下发了《切实做好1998年蚕茧生产和经营管理工作的通知》,部署全年收烘工作:(1)注重协调,强化管理;(2)继续整顿缫丝厂的加工能力;(3)加快茧丝绸、贸工农一体化改革步伐。到年底,全省23个万担产茧县(市)已有21个实行了贸工农一体化管理体制,将茧站纳入一体化管理后,统一政策,统一协调,提高了蚕茧收烘质量。1998年全省蚕茧收购7.65万吨,比1997年增加7527吨。

1999年5月18日,省政府召开全省蚕茧收烘工作电视电话会议,要求进一步加强蚕茧收购工作领导,继续坚持统一收购经营。全省已经实现贸工农一体化的市、县蚕茧收烘工作已由实行一体化的丝绸公司统一经营,没有丝绸公司的县(市)也由当地政府指定丝厂或供销社负责统一经营。2000年5月18日,省政府部署蚕茧生产和收烘工作,要求全省各地各有关部门从讲政治、保稳定、促发展的高度,树立全局观念,保证政令畅通。在收购中,做到管好自己的人,看好自己的门,收好自己的茧。茧站必须持有省丝绸公司颁发的蚕茧收购许可证,并经工商登记后方能收茧。严禁任何单位和个人非法收购,坚持按质论价,及时足额安排好收购资金,不向蚕农“打白条”。

2001年6月13日，国务院办公厅转发了国家经贸委《关于深化蚕茧流通体制改革的意见》，要求：打破地区封锁和部门分割，推动蚕茧资源顺畅流通，优化资源配置；培育和发展茧丝绸市场，建立在政府调控下主要由市场形成蚕茧价格的机制。根据上述精神，8月2日，省政府下发《关于深化茧丝绸贸工农一体化改革的通知》，全省茧丝绸行业继续推进贸工农一体化经营体制改革，调整完善蚕茧收烘管理体制，实现鲜茧收购资格认定制度。在蚕茧主产区，继续发挥贸工农一体化丝绸公司鲜茧收烘主渠道作用。在此基础上，以丝绸公司为主，丝厂按自愿原则适当出资，共同组建多种形式的蚕茧经营公司；非主产区由当地政府推动鲜茧收购经营单位与丝厂联合收茧，或与蚕农合作组织签订合同收茧。全年蚕茧收烘工作基本实现了“量足、质优、价稳、有序”的目标，达到了政府、企业和蚕农的“三满意”。

2002年2月4日，国家经贸委等四部委发布《茧丝流通管理办法》，根据国家和省政府文件精神，全省在规范茧丝绸贸工农一体化改革、建立符合浙江特色的蚕茧收烘管理工作新机制方面做了一些探索。各级经贸部门切实履行行业管理职能；工商部门依法打击无证收购行为；物价部门切实加强对鲜茧收购单位执行蚕茧价格政策情况的监督检查，对违反规定的行为；依照《中华人民共和国价格法》和《价格违反行为行政处罚规定》严肃查处；质量技监部门加强了对鲜茧收购经营单位执行国家质量标准和有关规定的情况进行监督检查，打击质量违法行为。从2002年春茧开始，通过实行鲜茧收烘资格认定制度，收烘主体多元化开始形成：(1)集中产区仍以丝绸公司为收烘主渠道；(2)有门庄茧站的丝厂直接参与收烘；(3)以杭州市余杭区为试点，6个茧站分别由5家丝厂收购并自行收烘；(4)根据“利益共享、风险共担”的原则，由德清县佳绫丝绸有限公司为发起人，联合县内23家丝厂共同投资组建了德清佳绫蚕茧经营有限责任公司，实施“公司＋工厂”的管理模式，担负全县的蚕茧收烘工作；(5)其他蚕茧产区由供销社负责收烘。2002年，经省经贸委核发的鲜茧收烘许可证499份。2003年，全省共有503个单位(茧站)具有鲜茧收烘资格，比2002年增加了5个，其中通过鲜茧收烘资格认定的有4个。2004年5月12日省经贸委公布了2004—2005年度“浙江省鲜茧收烘资格证书”名单，全省通过资格认定的企业(茧站)共485个。有丝绸公司、供销社、丝厂门庄茧站、蚕农合作组织等多种收购主体。省经贸委鼓励蚕农合作组织创造条件参与收购，通过竞争促使各收购单位转变经营方式和提高服务质量。2006年5月，省经贸委、省农业厅、省工商局、省物价局发出《关于做好今年春蚕与茧丝生产指导工作的通知》《关于做好2006年蚕茧收购管理工作的通知》，要求：各地规范收烘秩序，严格资格认定制度；加大执法力度，严厉查处非法收购蚕茧的行为；各级工商行政管理机关严格按照蚕茧收购资格进行核准登记，从源头上严把市场主体准入关；严禁已取得资格认定的经营者以挂靠、租赁和承包等方式为未取得资格认定的经营者从事蚕茧收购提供渠道。

2007年6月27日，商务部、国家工商总局发布《鲜茧收购资格认定办法》。2008年1月14日，省经贸委、省工商局为规范全省鲜茧收购资格的申请认定工作，进一步明确鲜茧收购资格认定的条件和程序，制定了《浙江省鲜茧收购资格认定实施细则》。3月21日，根据实施细则，省经贸委对各地上报企业(茧站)的鲜茧收购资格进行了考核认定，全省取得2008—2009年度鲜茧收购资格证书的茧站共477个，并向社会公布。至2008年底，全省有92个主体 479 个茧站取得鲜茧收购资格证书。其中专业茧丝公司 15 个主体 323 个茧站，供销社 29 个主体 90 个茧站，丝绸生产企业 20 个主体 35 个茧站，蚕农合作社 28 个主体 31 个茧站。至此，全省的茧站结构基本定型。

2009 年 5 月 19 日，省纤维检验局、省茧丝绸协调领导小组办公室下发《关于加强蚕茧收购质量管理工作的通知》。省纤维检验局在蚕茧收购期间组织了专项执法检查，对存在质量不合格的企业，依据《茧丝质量监督管理办法》严肃查处，并予以通报。2010 年 5 月 7 日，省经信委、省工商局联合转发了商务部、国家工商总局《关于做好 2010 年蚕茧生产与收购管理工作的通知》。在春茧收购前，省经信委对全省鲜茧收烘企业进行了资格复审，对符合条件的 426 个茧站，颁发了浙江省鲜茧收购资格证书。通过认定的企业(茧站)数量比上年减少了 53 个。全省茧站从 1997 年的 742 个，缩减到 2010 年的 426 个，减少了 42.6%。茧站减少的原因是农村产业结构的调整，局部地区蚕桑业逐渐退出，原有的茧站数量过剩。

2010 年，全省桑园面积 6.67 万公顷，比上年下降 4.8%；全年饲养蚕种 108.2 万张，比上年减少 1.3%；蚕茧产量 4.8 万吨，比上年增长 5.4%；收购蚕茧 3.5 万吨，比上年增长 4.5%；平均收购价格 1633.5 元/50 千克，比上年增长 48.4%。其中春茧 1656.6 元/50 千克，夏茧 1251.2 元/50 千克，秋茧 1635.1 元/50 千克；每 50 千克收购价分别比上年增加 671.8 元、215.9 元和 380.9 元。特别是春茧，与 2009 年同期相比，收购价格大幅度提升，增长幅度达到 68.2%。由于茧丝出口形势转好、国内市场需求增加以及茧源减少等原因，蚕茧价格大幅上扬。

三、其他方式收茧

浙江蚕农自办烘茧站始于 1956 年。吴兴、海宁和海盐的 3 个农业合作社，率先试办自烘站，将自产的蚕茧烘干后，再向国家投售。至 1958 年，自烘站的试点扩大到 11 个县、市，春期自烘站达 42 个，秋期增至 68 个，全年共自烘 2250 吨，占全省鲜茧收购量的 10.7%。在全省的自烘站中，除海宁县荆山大队自有房屋自建茧灶办站外，其余均借国家茧站办自烘站。1959 年，因改以生产队为核算单位后，生产队向自烘站交鲜茧时，产生了评级记分、干茧款分配等问题，自烘站逐渐减少。至 1960 年，全省仅海宁县荆山大队的 1 个站仍维持自烘。

从 1966 年起，根据外贸部和全国供销合作总社的要求，余杭、吴兴、海宁恢复自烘站试点。1967 年，全省自烘站试点发展到 7 个县 22 个站。1968 年，增至 24 个站。此后，又因干鲜茧价格倒挂和结算时间过长等原因，多数自烘站相继停办。至 1978 年，全省只剩海宁荆山等 5 个自烘站。

1979 年，省供销社与有关部门根据《省革委会"在蚕茧产区要有计划地支持社队发展烘茧、缫丝、织绸"的通知》精神，推进了社队烘茧试点。12 月 25—30 日，省社企局、农业局、丝绸公司和特产公司在海宁联合召开社队自办烘茧站会议，决定改由社队自办鲜茧站交售干茧，并通过《关于公社(大队)办烘茧站和交售干茧的试行办法》。至年底，全省自烘试点站从原来的 5 个增至 27 个站，与省丝绸公司实行干茧买卖。

1980 年，由供销社帮助自烘站进行收烘人员技术培训和辅导，社队自烘县由 1979 年的

11 个增至 13 个，春期自烘站共 127 个站，秋期达 143 个站，全省社队自烘的茧量，占全省总收购量的 45%左右。其中，余杭和海宁(除 2 个丝厂门庄外)两县，经省革委会批准，所有茧站全部下放给社队自烘。社队自烘的场地，由国家茧站在收烘期间借给。有关蚕茧收烘工作，均与供销社脱钩，自烘站的干茧，直接向省丝绸公司投售。由于鲜茧、干茧的计价不尽合理，加上其他原因，部分自烘站出现亏损。省革委会曾为此多次召集有关部门研究，决定除保留原有的 5 个自烘站继续试点外，一律实行鲜茧结价，自烘干茧交售试点至此基本结束。

1982 年，省蚕桑学会和省纺织学会以吴兴下昂公社竹墩大队为基点，进行“组合售茧、缫丝计价”的试点。1985 年在湖州推广，9 月建成下昂丝厂，对方格蔟蚕茧进行组合售茧，计价返利给蚕农。1992—1993 年，下昂镇新增方格蔟 200 万片，两年方格蔟蚕茧收购量分别达到 933.8 吨、799.8 吨，占总收茧量的 89.1%，为全省推行方格蔟组合售茧起到了示范作用。

2003 年 4 月 2 日，根据省委、省政府《关于“要加快棉花、蚕茧购销市场化改革步伐，尽快形成市场定价机制和多元化购销格局”的要求》，年底全省共有 4 个蚕农合作组织通过鲜茧收烘资格认定。

2009 年 8 月 26 日，省政府办公厅下发《关于促进蚕桑产业健康发展的若干意见》，要求大力发展蚕桑产业合作社，明确合作社收购、加工本社成员生产的蚕茧，依照有关法律法规规定视同农民自产自销。至 2010 年底，全省经资格认定的蚕农合作社有 28 个主体的 31 个茧站，主要分布在建德、临安、永康等浙西南地区，其生产经营活动主要是为本地蚕农提供技术指导，鼓励蚕农生产优质茧，与丝厂合作收烘本合作社范围的蚕茧，如有利润则实行二次返利，增加蚕农收入。

第二节 评 茧

收购鲜茧时须有一套检验蚕茧质量的标准与方法，来分级定价。晚清及民国时期，浙江各茧行检验蚕茧主要以手估目测的方法来评估烘折、缫折进而判定质量。中华人民共和国成立后，全省相继采用评茧仪器检验鲜茧茧层率以及干壳量，以此为主要指标进行分级定价。蚕茧收购价格的管理，经历了政府定价、政府指导价和市场形成价格 3 个阶段。浙江是全国第一个实行蚕茧收购价格市场化改革的省份。全省在蚕茧收购中实行的评茧标准大致经历了 3 个阶段。1958 年以前，以评估烘折和缫折来判定蚕茧质量；1958—1971 年，执行以鲜茧茧层率为主要依据的分级标准；1972 年起，执行以干壳量为主分级定价的新评茧标准。2003 年，国家质量监督检验检疫总局将干壳量法评茧标准升格为国家标准，这一标准至 2010 年仍适用。

一、评茧方法

自晚清开设茧行收茧以来至民国时期，在蚕茧收购中主要以手估目测的方法来评估桑蚕鲜上茧的烘折、缫折，进而判定质量、分级定价。评茧方法通过手估目测茧形大小、全茧色泽、茧层厚薄、茧层潮燥、混入下茧多少、化蛹程度、茧层缩皱和通气性来综合评估烘折、缫折。这种方法以验货员的经验为前提，在收购前，一般由茧行(站)先向蚕农采购几类样茧进行试评，然后交丝厂实缫后，将试缫成绩告知茧站，以做参考。

中华人民共和国成立之初，基本沿用原来手估目测的评茧方法来评估鲜上茧的质量。1950年，省收茧工作指导委员会规定：对每批茧根据茧层(全分45分)、茧形(10分)、茧色(5分)、化蛹程度(10分)、干湿(5分)和屑茧比例(25分)打分，求得总分，确定等级结价。1953年后，实行以鲜茧茧层率套算缫折，进行内部检查校对，以提高手估目测评茧的正确程度。以手估目测评估烘折、缫折来确定蚕茧等级，有一定的依据且速度快，适应了当时以个体为主养蚕、售茧的生产方式。

1958年，全省开始执行以“鲜茧茧层率决定基本茧级，再以解舒、斤茧粒数和茧层含水率3个项目升降补正定级”的评茧标准。其评茧方法是：(1)在批量鲜茧中由主评通过手估目测确定色泽、匀净度和茧层含水率升降级，抽取有代表性样茧2.5千克～3千克；(2)在评茧台由助评员将样茧打匀官堆，先抽出样茧500克，数清粒数确定升降级，然后选出下茧，称准下茧重量，计算出上茧率；(3)再按500克粒数的十分之一的粒数，剥去茧衣，轧准50克，将50克样茧削开茧层倒出蛹体和蜕皮，称得鲜茧茧层量，计算出鲜茧茧层率，通过对照茧级得出每50千克鲜茧价格。

1972年起，全省执行以干壳量作为分级定价的评茧标准。湖州、海宁等地还开展密码干壳量评茧方法，更加体现了公平、公正。1977年，省供销社特产公司成立了评茧科研小组。评茧科研小组由省特产公司、浙江农业大学、杭州缫丝厂、勾庄茧站有关专家组成，由浙江农业大学蚕桑系教授戚隆乾、黄国瑞任技术指导。评茧科研小组确定“荧光测定蚕茧解舒质量的试验”为研究课题。经过3年多的研究，评茧科研小组在杭州缫丝厂(省缫丝试样厂)对3000多个庄口的样茧进行“荧光显色规律及与解舒”的调查，在农村实验室进行“不同上蔟环境与荧光显色关系的调查”，在桐乡县梧桐茧站进行“荧光分色”在评茧上的应用(内部)。通过调查摸清荧光显色与上蔟环境、蚕茧解舒间的规律，提出了将荧光分色技术应用于评茧的初步方案。

1981年，农村开始实行家庭联产承包责任制后，原评茧方法难以执行。对干壳量的测定，改为样茧250克定量定粒或50克茧重定量不定粒，下茧率用目评；对小批量茧，又恢复手估目测办法。1982年9月18日，省科委将“桑蚕茧质评定方法与茧质检定仪器的研究”列为省重大科技项目，在湖州市下昂公社竹墩大队进行“组合售茧、收购鲜茧、缫丝计价”的评茧方法与茧质检定的试点，由省蚕桑学会、省纺织工程学会和省丝科院执行。“组合售茧、缫丝计价”的评茧办法，即事先对全大队蚕农进行技术指导，推广优良蚕种和方格蔟。售茧时，由评茧小组从每个生产队或每户抽取样茧，编上密码，然后用手估目测的方法，按茧层量、精茧率、解舒率、弹性、潮燥、茧整齐度等项目，参考蚕期中饲养、食桑、蔟中管理等条件，计算出各生产队或各人的分数。抽出样茧送丝厂试缫。缫得生丝后，结算丝价，除去加工费即为原料茧费，与原来茧价相比，超出部分返回蚕农。1984年4月25日，省科委在杭州召开“组合售茧、收购鲜茧、缫丝计价”试点工作评议会，认为经过3年试点，效益显著，方法可行，证明这一评茧方法能正确反映蚕茧内在质量，充分体现优质优价，群众乐于采用。但在一个区、乡范围内，蚕农千家万户，茧质千差万别，组合起来有一定难度；缫丝计价的滞后与群众乐于取现之间存在矛盾；茧站在收购、加工期间的各项技术处理，也是影响蚕茧解舒的一大因素。20 世纪 90 年代开始，“缫丝计价”逐渐退出收购环节。2003 年，国家质量监督检验检疫总局将干壳量法评茧标准升格为国家标准。至 2010 年，全省仍执行干壳量评茧分级定价标准。

二、评茧标准

清同治元年(1862 年)，英法商人在上海开设机器缫丝厂，向嘉湖地区收购原料茧，是全省设立茧行、向农民收购鲜茧的开始。民国时期，浙江省对于各茧行收买鲜茧，由省建设厅管理改良蚕桑事业委员会按照生丝市价，议定标准烘折、缫折，通饬各市县管理收茧委员会或县政府通告收茧商遵守。民国 23 年(1934 年)秋期，统制鲜茧价格所定标准为：缫折 400 斤，烘折 270 斤，即鲜茧出丝率 10.8%，每担鲜茧价 18.50 元。

民国 38 年(1949 年)5 月 3 日杭州解放后，杭州市军管会成立浙江代收春茧服务社组织春茧收购，规定改良茧以缫折 420 斤、烘折 280 斤为标准，土种茧以缫折 550 斤、烘折 300 斤为标准。1950 年，省收茧工作指导委员会规定：对每批茧根据茧层(全分 45 分)、茧形(10 分)、茧色(5 分)、化蛹程度(10 分)、干湿(5 分)和屑茧比例(25 分)打分，求得总分，确定等级结价。1953 年，华东区蚕丝工作委员会公布，以烘折 260 斤、缫折 320 斤为中准级(5 级，每担茧价 70 元)，缫折 280 斤～400 斤，每级相差 10 斤，共分 13 级，以上茧率、茧层厚薄、茧层干燥程度以及解舒(茧形、色泽、缩皱、通气性)等诸因素评估烘折、缫折来分级定价。1953 年以后，实行以鲜茧茧层率套算缫折，进行内部检查校对，以提高评茧的正确程度。

1958 年 3 月 15 日，国务院同意执行《修改桑蚕茧评级标准的方案》，以“鲜茧茧层率决定基本茧级，再以解舒、斤茧粒数和茧层含水率 3 个项目升降补正定级”。上茧和混入的下脚茧采取分别计算混合结价。上茧以鲜光茧茧层率 16%、上茧率 100%，作为 11 级(基准级)，茧层率级差为等差 0.5%。茧层率 15%～21%共分 13 级。1968 年 3 月，全国桑蚕茧标准修订工作座谈会拟订了以干壳量为分级的修改草案，建议浙江等省内部试点。浙江在 1968—1970 年进行了 3 年的干壳量与鲜光茧茧层率内部试点工作。

1972 年 4 月 30 日，省革委会生产指挥组发出《关于实行桑蚕茧新分级标准的通知》，决定在全省实行以干壳量分级定价的新评茧标准。新评茧标准规定：鲜上茧，以干壳量分级定价，以上茧率和色泽匀净度(即解舒)进行补正。全省从春茧上市起，全面执行以干壳量分级定价的新评茧标准。1983 年 12 月 21 日，全国制订桑蚕茧国家标准办公室在杭州召开第二次会议。听取浙江等省的汇报，会议讨论并提出《桑蚕茧国家标准分级办法的建议》等方案。1984 年 4 月 25 日，省科委在杭州召开“组合售茧、收购鲜茧、缫丝计价”试点工作评议会，将解舒丝长及出丝率作为分级的主要依据。

1988 年 5 月 11 日，国家标准局批准发布国家标准 GB 9111－1988《桑蚕茧(干茧)检验方法》、GB 9176－1988《桑蚕茧(干茧)分级和检验方法》和国家实物标准 GSBW 40001－1988《桑蚕茧(干茧)下茧实物样照》。这是我国第一个桑蚕茧国家标准，省丝绸联合公司、杭州缫丝厂、湖州双林丝厂参与标准的起草工作。受制定桑蚕茧国家标准办公室委托，省丝绸联合公司负责下茧标样的制作和实物样照的制作、编印及发行。

1990年3月28日，对外经济贸易部发布《关于全国统一执行桑蚕鲜茧收购标准补正规定的通知》，要求全国各省市从1990年起，在收购桑蚕鲜茧时无论执行干壳量评茧或鲜茧茧层率评茧办法的，都必须执行全国统一的补正规定。并要求桑蚕鲜茧的下茧分类请参照GB 9111－1988《桑蚕茧（干茧）检验方法》和GSBW 40001－1988《桑蚕茧（干茧）下茧实物样照》。根据对外经济贸易部通知要求及省蚕茧收购工作电话会议部署，省供销社、省丝绸联合公司、省物价局下发《关于印发桑蚕鲜茧收购标准补正规定实施细则的通知》，发布补正规定实施细则。自此，全省执行规定：（1）上车茧率：以上车茧率100%为基础，每降低5%降一级，满2.5%作5%，满7.5%作10%计算。为方便执行，将上车茧率直接折算为下茧重量计算降级，即在250克检验样茧中，选出7克下茧降一级，满20克降两级，以后每增加13克再降一级，余类推。（2）色泽、匀净度：两项都好升一级，两项都差降一级，其余情况不升不降。匀净度不满50%者按次茧收购，每500克样茧400粒及以上者按次茧收购，使用方格蔟上蔟的茧（色泽、匀净度都好并且无钉、条柴印茧者）升一级。（3）茧层含水率：12.99%及以下者升一级，13.00%～17.99%者不升不降，18.00%～21.00%者降一级。对人为掺水、茧层过潮者，应劝其退回，待晾干后再投售。如在检验时发现茧层含水率超过21.00%无法退回时，可再降一级计价。（4）好蛹率：好蛹率95%～100%者升一级，90.00%～94.99%者不升不降。80.00%～89.99%者降一级，70.00%～79.99%者降两级，余类推。为方便农民投售，可将好蛹率升（降）级，折算为按非好蛹粒数升（降）级，在50克检验样茧中，春茧发现1粒非好蛹升一级，2粒～3粒不升不降，4粒～5粒降一级，以后每增加2粒再降一级。在夏秋茧发现2粒非好蛹升一级，3粒～4粒不升不降，5粒～7粒降一级，以后每增加3粒再降一级。（5）有僵蚕（蛹）茧者，好蛹率和色泽、匀净度均不得升级，该降照降。僵蚕（蛹）茧满30%及以上者按次茧收购。

1991年6月6日，省丝绸联合公司、省特产公司联合发出《关于执行〈浙江省桑蚕干茧进仓交接验收考核办法〉的通知》。1992年5月3日，省丝绸联合公司和省特产公司联合发出通知，要求全省统一执行《桑蚕鲜茧分类标准》和《桑蚕鲜茧次下茧分级标准》。桑蚕鲜茧分类标准参照执行GB 9111－1988《桑蚕茧（干茧）检验方法》和GSBW 40001－1988《桑蚕茧（干茧）下茧实物样照》。

1994年11月15日，国家技术监督局发布了国家标准GB/T 15268－1994《桑蚕鲜茧》。该标准适用于桑蚕茧（鲜茧）交易中，采用缫丝检定的茧质检验方法，规定了桑蚕茧（鲜茧）检验项目、检验流程、操作方法、分级标准及检验结果计算。分级标准的主要项目为：（1）以解舒丝长定级（10级、解舒丝长540米）；（2）核定的茧级、鲜茧出丝率是构成鲜茧价格的组成部分。主要茧检定设备由杭州纺织机械厂生产。该标准于1995年6月1日起在全国实施。该标准对于规范浙江“组合售茧，缫丝计价”的质量检验和监督管理提供了依据。2003年5月19日，国家质量监督检验检疫总局发布了国家标准GB/T 19113－2003《桑蚕鲜茧分级（干壳量法）》。该标准是在总结全国大部分蚕茧产区，在桑蚕鲜茧收购过程中普遍采用干壳量法检验桑蚕鲜茧质量的基础上，提出的规范化的干壳量法桑蚕鲜茧分级和检验方法。该标准的制定，为正确反映全国桑蚕鲜茧质量状况、规范桑蚕鲜茧质量检验和监督管理提供了技术条件。

该标准的分级规定是：根据干壳量检验结果确定鲜茧的基本级(10 级、干壳量 9.2 克)，在确定基本级的基础上，根据色泽、匀净度、上车茧率、茧层含水率、好蛹率的检验结果进行补正定级。该标准于 2003 年 6 月 1 日起在浙江实施。2006 年 9 月 18 日，国家质量监督检验检疫总局发布了修订后的国家标准 GB/T 9176—2006《桑蚕干茧》，至 2010 年仍适用。

三、收购价格

浙江成规模的蚕茧收购始于晚清时期。清同治元年(1862 年)英商在上海开设机器缫丝厂，向浙江蚕区收购蚕茧作缫丝原料。机器缫的丝质量好、成本低、卖价高，压倒了当时农村以自产自缫家庭式手工作业的土丝，迫使蚕农直接出售鲜茧。在开办茧行方面，清代采取行政手段予以管理与引导。蚕茧收购价格一般以市场丝价为基础，以烘折、缫折折算成茧价。

民国时期，各茧行收买鲜茧，其价格实行统制，由省建设厅管理改良蚕桑事业委员会按照生丝市价，议定标准价格，通饬各市县管理收茧委员会或县政府通告收茧商遵守。民国 23 年(1934 年)秋期，统制鲜茧价格所定标准为：缫折 400 斤，烘折 270 斤，每担鲜茧价 18.50 元。民国 26 年 9 月，定烘折 380 斤、缫折 460 斤，每担秋鲜茧价格 108 元。民国 27 年汪伪政府华中蚕丝股份有限公司在浙江沦陷区经营茧行 100 家，产茧大部分由省蚕丝统制委员会收购，担价 35 元～39 元。民国 28 年 5 月 21 日，国统区省油茶棉丝管理处丝茧部与省建设厅商定鲜茧价格，每担价改良茧 42 元、土茧 32 元。

表 105-5-2-1　清同治元年至民国 32 年(1862—1943 年)浙江省蚕茧价格一览表

年份	价格(每担)	年份	价格(每担)
1862—1871	88.16 两(关平银)	1919 年春	76.68 元(米每石 3.27 元)
1872—1881	76.33 两	1920 年春	75.02 元(米每石 34.88 元)
1882—1891	57.61 两	1921 年春	81.90 元(米每石 5.65 元)
1892—1901	67.92 两	1927 年春	50 元
1902—1911	101.8 两	1928 年春	53 元
1912 年春	107.43 两	1929 年春	50 元
1913 年春	91.42 两	1930 年春	48 元
1914 年春	78.72 两	1931 年春	52 元(米每石 8 元)
1915 年春	78.52 两	1934 年春	19 元
1916 年春	85.72 两	1935 年春	20 元
1917 年春	55.21 元(米每石 3.46 元)	1936 年春	35 元
1918 年春	80.01 元(米每石 3.32 元)	1937 年春	44 元

续表

年份	价格(每担)	年份	价格(每担)
1938年春	改良茧30元,土茧20元	1941年春	改良茧150元,土茧130元
1939年春	改良茧62元,土茧37元	1942年春	改良茧350元,土茧247元
1940年春	改良茧125元,土茧102元	1943年春	改良茧1010元,土茧740元

资料来源:《浙江省蚕桑志》,浙江大学出版社2004年版,第203页。

说明:1922—1926年、1932—1933年数据缺失。

中华人民共和国成立后,蚕茧收购价格管理权限集中在政府价格主管部门,中共中央制定的指令性价格,地方政府和企业必须执行。在集中产区,蚕茧是仅次于粮食的大宗农产品,蚕茧收购价的制定,以蚕茧生产社会平均成本为依据,结合以粮价为中心的农产品之间的比价来确定的。

1950年,特级茧价每担茧折白米4石,两下级2.6石;特上级(缫折486斤鲜茧)折米4.2石,基准价每担茧72元。1953年,茧价由华东区蚕丝工作委员会公布,以烘折260斤、缫折320斤为中准级,每担茧价70元,以茧层率和上车成数为主评估,再参照解舒作升降,共分13级,缫折280斤～400斤,每级相差10斤,茧价86元～52元,每级相差3元～5元。秋季干旱影响蚕茧生产,秋茧中准价提高为72元。1958年3月,国务院同意将基准级每市担鲜茧(50千克)价格从70元提高到100元。1966年,全国物价委员会通知:从新茧收购开始,对上茧100%、茧层率16%,每担鲜茧价从100元提高到110元。省人委通知,奖售标准:100元茧款奖售化肥60千克(平价票证,下同),个人售茧奖布票20米。1966年由纺织部、外贸部、商业部确定并实施的作价办法简称《66作价本》。1967年3月7日,中国纺织品进出口总公司规定,对收茧继续实行奖励政策,即出售每担鲜茧奖励化肥75千克,布票6.7米。

1979年,每担鲜茧基准级茧价提高到140元,1988年调整为175元。但农民仍觉得与其他经济作物和禽鱼的比价过低,以及生产成本提高等原因,要求提高茧价。不少农民将鲜茧采取日晒、火烤等措施,待价而沽;而乡镇丝厂需自购蚕茧甚多,加上国际丝绸市场需求旺盛,引发"蚕茧大战"。春茧全省平均实际茧价达每50千克560元,比最高限价150元高出2.9倍。对此,各级政府高度重视,采取一系列宏观调控管理措施,加上茧丝产销形势的变化,蚕茧抬价抢购才逐渐得到抑止。1989年5月10日,省物价局、省供销合作社和省丝绸联合公司据国家有关政策,规定从1989年春茧上市起,对鲜茧收购价做出调整,以干壳量9.2克为中准级,每50千克鲜茧收购价为480元。5月11日,省政府发出《关于进一步加强茧丝绸经营管理工作的通知》,明确对蚕茧继续实行化肥奖售政策,每收购50千克鲜茧,奖售50千克平价标氮票证,在蚕茧投售时兑现。

1991年3月28日,对外经济贸易部《关于调整桑蚕茧次下茧收购价格的通知》,明确当年的桑蚕茧(上茧)收购价格,仍按国家物价局、对外经济贸易部《关于1990年度桑蚕茧收购价格的通知》执行(即桑蚕茧中准价9.2克干壳量每50千克鲜茧价为480元),桑蚕次下茧收购价格，结合绢纺原料及产品产销情况，并参照桑蚕次下茧与上茧之间的历史比价关系，对1989年规定的价格作适当调整。1992年6月2日，省物价局和省丝绸联合公司发出的《关于下达“组合售茧、缫丝计价”每1%出丝率价格的通知》规定：每1%鲜茧出丝率价格为38元。7月1日，省物价局、省丝绸联合公司印发《浙江省一九九一年桑蚕干上茧供应价作价原则》。9月9日，国家物价局发出《关于茧丝价格的通知》，决定从1992年秋茧上市起，将桑蚕茧收购价格作适当调整。从次年蚕茧上市起，全国中准级鲜上茧收购价格统一执行每50千克440元。1994年，国家计委发了关于调整桑蚕茧收购价格的通知，确定按干壳量计价的中准级(干壳量9.2克、上车茧率100%)每50千克茧价由440元统一提高到650元，等级差价不变；对浙江、江苏试行“组合售茧、缫丝计价”的地区，每1%鲜茧出丝率价格由38元提高到51元，试行标准及具体办法仍按原规定执行。

1995年开始，实行中央指导下的省级政府定价。每年由省政府物价主管部门根据国家计委等有关部门下达的指导价和浮动幅度，确定具体中准级收购价格水平。1995年，蚕茧价格的中准价调整为每50千克鲜上茧710元；早秋茧根据丝绸市场产销形势和丝绸工业的承受能力，同时为保护蚕农种桑养蚕的利益，收购价格从每50千克710元调整为685元(内含省定补还农民蚕桑改进费10元)。对试行“缫丝计价”的地区，每1%鲜茧出丝率价格由原54元调整为52.2元，次下茧价格也相应调整。1998年，春茧中准级(干壳量9.2克、上车茧率100%)收购价格(含税)，每50千克730元，夏、早秋茧为660元，中、晚秋茧为630元；对试行“组合售茧、缫丝计价”的地区，春茧1%鲜茧出丝率为55元，夏、早秋茧为50元，中、晚秋茧为47元。目评收购价格，春茧不得超过每50千克760元，夏、早秋茧不得超过560元，中、晚秋茧不得超过630元。2000年3月22日，国家计委、经贸委下发的《关于2000年茧丝价格政策及收购管理的通知》规定：桑蚕茧收购价格和干茧供应价格继续实行中共中央指导下的省政府定价，定价权不得下放，厂丝出厂价格继续实行指导价。2001年9月，鲜茧收购定价方式由中央指导下的省级政府定价，改为省级政府指导下的市、县政府定价。由省价格主管部门根据国家有关部门的预测价格，按照茧丝绸的生产和市场情况，在征求有关方面意见的基础上提出指导价格，报省政府批准后下达。具体收购价格由市、县(市、区)政府根据省定指导价格，考虑毗邻地区价格平衡，组织当地丝绸行业协会、鲜茧生产和收购企业及有关方面协商后自主定价，省有关部门进行必要的引导和监督检查。

2001年5月11日，省物价局规定，全省春鲜上茧中准级(干壳量9.2克，上车茧率100%)收购指导价(含税)为每50千克760元，蚕茧等级差价仍按现行标准执行。2001年，春上茧全省实际每50千克收购价为883元。2001年9月20日，省物价局规定，当年中、晚秋茧的收购指导价为：干壳量9.2克、上车茧率100%的鲜茧收购中准价格(含税)为每50千克730元，上下浮动幅度为10%。实行“组合售茧、缫丝计价”的地区，每1%鲜上茧出丝率的价格为55元，上下浮动幅度为10%。蚕茧收购价格定价权限下放后，鲜上茧各等级差价标准、次下茧等收购价格计算方法和补正规定仍按标准执行。对违反茧丝价格政策规定的行为，物价部门依照《中华人民共和国价格法》和《价格违法行为行政处罚规定》严肃查处 。

2003年4月2日，根据省委、省政府有关精神，要求加快棉花、蚕茧购销市场化改革步伐，尽快形成市场定价机制和多元化购销格局。经省政府同意，省物价局分别于2003年10月、2004年5月向国家发展和改革委员会(以下简称国家发改委)报告，要求放开蚕茧收购价格。

2004年6月3日，国家发改委同意，浙江全省实行蚕茧收购价格市场化改革试点。省、市、县政府不再下达收购价格，实行市场调节价。由各县收购部门根据产销形势、生产成本等因素，在与毗邻地区协商和衔接的基础上，自主确定蚕茧收购价格。2004年春茧收购开始，全省范围内正式实施了蚕茧收购价格形成机制改革的试点工作。浙江省为全国第一个实行蚕茧收购价格市场化改革试点的省份。

2005年，省经贸委、工商局、物价局于春茧收购前发出了《关于加强2005年蚕茧收购管理工作的通知》：对规范市场秩序、严格资格认定、加大执法力度、严厉查处非法收购蚕茧的行为做出了规定；对各地价格主管部门，加强价格动态监测分析，及时公开市场信息，引导生产者、经营者合理形成价格。同时加强监督检查，严肃查处不正当的价格行为，以维护市场价格秩序。全省春茧每50千克实际收购均价为1003.70元，秋茧为1169.70元，全年为每50千克1066.40元。

2008年9月16日，省丝绸协会召开了全省秋茧收烘会议。商议确定以茧本每吨17万元为依据，毛折320的秋茧收购价格为每50千克880元左右，根据具体蚕茧质量(毛折)相应变动。2008年，收购蚕茧4.94万吨，比上年减少1.15万吨，平均收购价格每50千克878.80元。其中春茧每50千克991.90元、夏茧863.10元、秋茧678.30元。

2010年5月7日，省经贸委、省工商局转发了《商务部、工商总局关于做好2010年蚕茧生产与收购管理工作的通知》。春茧收购前夕，嘉兴、湖州重点产茧市、县收购部门，又在蚕汛较早的地区召开现场联席会议，分析茧质特点，协商毗邻地区收购价格。9月16日，省丝绸协会召开全省秋茧收烘会议，分析市场行情，商议收购价格。2010年，全省春茧实际收购均价为每50千克1655.50元、秋茧1648.40元，全年平均为每50千克1640.90元。

表105-5-2-2　　1949—2010年浙江省蚕茧收购量和收购价格一览表

年份	收购茧量(吨)				平均价格(元/50千克)			
	全年	春茧	夏茧	秋茧	全年	春茧	夏茧	秋茧
1949	4544	3748	-	796	-	-	-	-
1950	14600	12659	-	1940	68.01	68.67	-	64.20
1951	13968	11925	-	2029	71.47	70.84	-	75.09
1952	18505	15809	-	2695	79.78	80.18	-	77.39
1953	16454	14865	-	1589	69.69	69.73	-	69.35
1954	19358	16369	47	2940	71.25	71.02	57.94	72.96
1955	19875	16995	369	2507	76.29	75.92	76.63	75.24

续表 1

年份	收购茧量(吨)				平均价格(元/50 千克)			
	全年	春茧	夏茧	秋茧	全年	春茧	夏茧	秋茧
1956	22830	18135	1000	3693	87.06	85.28	86.26	90.54
1957	19268	14519	540	4208	91.69	91.98	94.08	92.10
1958	21190	15926	1367	3897	108.14	108.12	111.92	106.86
1959	20250	15485	734	4030	110.61	111.98	114.84	105.19
1960	20412	14747	2138	3526	114.47	116.63	108.20	109.29
1961	10039	7881	640	1518	124.11	128.03	107.70	110.35
1962	11420	8771	713	1935	118.42	120.20	110.94	112.65
1963	12473	8990	1362	2120	117.59	118.32	120.20	112.94
1964	15405	11444	1176	2784	118.54	119.82	120.25	112.45
1965	22093	14083	2159	5853	121.69	123.98	122.29	116.07
1966	26980	16645	3300	7034	131.61	131.28	137.24	129.25
1967	24989	17786	3713	3579	133.68	135.18	136.92	124.75
1968	35267	19765	5190	10311	138.25	142.17	136.37	131.49
1969	37596	22540	5358	9697	144.08	149.79	136.75	134.05
1970	38510	22573	4403	11533	147.65	157.78	134.16	133.10
1971	40179	24823	4686	10669	146.57	155.80	137.82	128.75
1972	48347	28162	5437	14746	148.91	160.88	139.25	130.10
1973	51369	27939	5681	17748	140.89	148.63	135.56	129.16
1974	54332	27870	7239	19222	150.78	169.17	135.71	128.12
1975	49355	25954	5256	18144	146.94	161.92	129.70	129.38
1976	50501	27712	6249	16539	147.69	160.98	134.65	127.89
1977	50167	26270	4946	18950	140.60	153.05	130.02	126.52
1978	44870	26810	4401	13658	149.41	161.75	132.98	128.81
1979	55024	27016	5654	22353	195.84	221.06	172.47	167.91
1980	61482	30551	7352	23577	194.85	223.58	168.04	166.51
1981	62014	28270	5990	27753	197.47	225.61	176.49	171.11

续表 2

年份	收购茧量(吨)				平均价格(元/50千克)			
	全年	春茧	夏茧	秋茧	全年	春茧	夏茧	秋茧
1982	64321	27903	7838	28579	192.95	216.85	173.63	174.95
1983	59215	31236	5738	22239	194.67	211.36	160.16	179.53
1984	66113	27845	4956	33312	193.52	212.00	179.33	179.93
1985	76525	31545	6751	38228	202.05	233.29	186.98	188.79
1986	73691	29354	8031	36305	197.00	226.00	174.00	178.50
1987	77158	33859	7353	35946	225.50	256.50	186.50	176.50
1988	76606	35316	2233	39057	536.49	560.00	430.00	438.87
1989	92132	35701	6232	50199	492.69	552.95	455.79	454.14
1990	93626	45303	5428	42895	508.36	545.57	488.21	470.51
1991	103107	43868	7036	52203	506.49	534.52	470.60	487.90
1992	124344	53045	10551	60747	507.36	569.75	501.06	453.97
1993	96716	48751	7362	40602	527.91	565.04	449.39	450.00
1994	77927	38858	3577	14072	1026.70	885.68	936.00	1190.26
1995	88387	47090	6946	34350	728.02	888.11	637.39	523.92
1996	594837	376603	31285	186949	616.60	643.41	497.81	589.72
1997	689650	358821	26696	304133	863.09	875.50	720.21	824.60
1998	764925	357684	45478	361763	751.10	858.80	671.00	653.44
1999	69232	41302	4074	23854	702.85	748.60	510.45	655.89
2000	66066	35117	2762	28185	938.00	917.60	874.40	957.90
2001	76743	37971	3011	35759	883.20	919.40	565.30	871.50
2002	69558	37488	3072	28623	580.00	629.40	540.20	519.00
2003	49964	29329	1983	18652	755.00	587.20	507.20	1045.30
2004	59716	31352	2950	25414	870.50	900.40	704.30	853.00
2005	61630	32930	3502	25198	1066.40	1003.70	912.10	1169.70
2006	65256	34966	3395	26895	1346.40	1255.80	1092.80	1496.10
2007	60964	31410	3109	26445	920.00	1005.00	854.00	824.60

续表 3

年份	收购茧量(吨)				平均价格(元/50 千克)			
	全年	春茧	夏茧	秋茧	全年	春茧	夏茧	秋茧
2008	49377	30404	1961	17012	878.80	991.90	863.10	678.30
2009	36284	20741	1277	14266	1118.70	1005.20	1117.80	1283.80
2010	41128	21772	1654	17702	1640.90	1655.50	1367.50	1648.40

资料来源：1949—2001 年数据来源于浙江省农业厅经济作物管理局：《浙江省蚕桑生产资料统计汇编》(第一辑至第五辑)；2002—2010 年数据来源于浙江省农业厅经济作物管理局：《浙江省桑茶果生产工作年报》。

说明：1949—2000 年，为上茧均价；2001—2010 年，为统茧均价。

第三节　烘　茧

烘茧是为了烘去鲜茧茧层和蛹体内适量水分，达到便于储藏及尽可能保全茧质的目的。古人积累了不少延缓羽化或杀蛹的经验，如日晒、盐腌、蒸杀等。晚清时期，出现了利用炭或木柴作燃料来烘茧。民国时期，烘茧设备和技术日趋成熟。中华人民共和国成立后，改用煤作燃料，间接热改成直接热烘茧。全省对烘茧设备的改革走在全国前列，烘茧理论的研究对烘茧工艺的进步起到了积极作用。

一、烘茧设备

从南朝起，浙江已见有用盐腌茧的记载。陶弘景在其《药总诀》中载："东海盐官盐，白草粒细……而藏茧必用盐官者。"这对扩大蚕茧生产、延长缫丝期限起到很大作用。

据宋代陈旉《农书》卷下《簇箔藏茧之法篇第五》记载："如(茧)多，即以盐藏之，蛾乃不出，且丝柔韧润泽也。藏茧之法：先晒令燥，埋大瓮地上，瓮中先铺竹箦，次以大桐叶复之，乃铺茧一重，以十斤为率，掺盐二两；上又以桐叶平铺如此重重隔之，以至满瓮，然后密盖，以泥封之。七日之后，出而缫之。"宋代，楼璹《耕织图》"窖茧"诗句中说，"盘中水晶盐，井上梧桐叶，陶器固封泥，窖茧过旬浃"，藏茧大致 10 日左右。明代黄省曾《蚕经》载："其缫之不及也，腌而瓮之，泥之(每大缸用盐四两，荷叶包之于缸之口，又塞实荷叶)，至七日而蛾死。泥之也仍数视之，有少罅则蛾生。"

至清代，始出现干热杀蛹的办法。仲昴庭《广蚕桑说辑补》载："有防其出蛾而用火焙之，使不能变(蛾)者，实在缫不及时，则不得不用此法矣，然其丝究不若未经火焙者之光润。"汪曰祯《湖蚕述》载："若茧多天暖则以瓮罨之以免出蛾。缫丝，煮茧抽丝古谓之缫，今谓之做。先取茧曝日中三日曰晾茧，然后入锅动丝车，阴雨则火烘之，使蛹不化得以徐缫之。"浙江历史上最早的烘茧设备，有烘房和烘灶之别。烘房，即利用普通的房子，室内放着木炭火盆。烘灶用砖石砌成，即炭灶。直至清光绪二十一年（1895 年）前后，这种烘房烘灶还在使用。上述都为蚕农自缫土丝时代处理蚕茧的办法，仅以杀蛹为目的。在各地茧行兴办，土丝销售困难，且农民售茧可以获得较出售土丝更多的经济收入时，藏茧和自缫土丝逐渐消减，初步发展为烘茧灶干热烘茧。

民国时期，烘茧灶有柴灶和机灶。柴灶又称为土灶，以栎（麻栎）木为加温材料，依结构有单灶和双灶之分。单灶阔 2.3 米，双灶为两间相通阔 4.6 米，深相同为 4.7 米，灶以砖瓦筑成。灶内安装木架 8 层～9 层，中上层每层放茧格 3 个，下层放 1 个～2 个。茧格为木框藤底。下部后方为火炉，覆以铁锅借以传热，锅的上面盖以石板以防热量直射，锅下前方左右各开一焰道。先在灶底左右各回转 4 道～5 道，然后再转入前方上部中间并合而通灶顶烟囱。灶的前方装有密闭的木门为灶门，以便茧格进出。单灶的茧架 8 层共放茧格 21 个，双灶加倍为 42 个，此灶型和加温方法，直至 20 世纪 50 年代仍为全省烘茧灶的主流。柴灶由于热源仅来于铁锅局部的辐射热，烘室上下受热不匀，且为湿热，虽在烘茧过程中上下茧格调换，仍极易造成烘茧老嫩不匀。

机灶即烘茧机，为各工商业者先后从日本引进，分布在杭州市、杭县、嘉兴、海盐、吴兴、新登、诸暨、德清和萧山等县市，型号各异。其烘茧能力，共立式每台作双灶 26 乘计，带川式作 20 乘计，田端式作 26 乘计。抗日战争期间，民国 28 年（1939 年）统计，杭州庆成茧行田端式 1 台，纬成茧行今村式 1 台，元丰茧行田端式 1 台；杭县三墩祥墩茧行带川式 1 台；拱宸桥怡和茧行田端式 1 台；嘉兴合作社今村式 1 台，秀纶茧行带川式 1 台，纬成鹤记茧行共立式 1 台，恒大第二行田端式 1 台，海宁长安茧行田端式、带川式各 1 台。抗日战争后期，烘茧机被日本侵略军拆毁 42 台，仅杭州和海宁有个别留存。

中华人民共和国成立之初，浙江烘茧仍利用原有设备。1951 年，省政府决定成立省春茧工作委员会负责指导修建茧灶工作，要求 1950 年春秋期开业的茧行、丝厂门庄、合烘处及原有烘灶都要加以利用。双灶 1 乘全期烘茧能力以鲜茧 125 担～150 担为标准，要求每灶配备堆场 61 平方米。

鉴于柴灶的缺点和栎柴供应的日益困难，1951 年，省春茧工作委员会组成烘茧改革小组，在杭州开源丝厂国庆茧站进行柴灶改煤灶的试验。柴灶改煤灶试验成功后，1952 年 3 月 10 日，省财委通知“新添置茧灶的，在平原地区交通便利的地方一律采用煤灶”，全省推广改煤灶 132 副。1953 年，华东蚕丝委员会收茧处会同中国蚕丝公司召集江苏、浙江两省专家、技师、建筑师等到浙江杭县举办大型煤灶（华东式大煤灶）建灶训练班，培训建灶及操作应用人才。同时在春、秋茧期，省收茧办事处组织力量进行柴灶改煤灶的试烘工作，总结操作经验。经过试烘，煤灶烘茧，茧色好、解舒优良、燃料费比柴灶节省。1953 年，中央财经委员会发出关于“将柴灶改为煤灶，加快改灶步伐”的指示。浙江根据收茧任务下达建灶计划，至 1956 年全省 327 个茧站，共有机灶 14 台，柴、煤灶 2826 副，其中改煤灶和大煤灶 1111 副，比 1952 年增加 979 副，是年春期使用煤灶烘茧占收购茧量的 47%。1957 年以后，为适应蚕桑生产发展的需要，在推广改煤灶及大煤灶的同时，省收茧办事处发动各地收烘技术人员，继续对烘茧灶进行改革，全省重点蚕茧区都设法试验增加茧档、加装风扇，改柳档为叠格式、车子等，使茧灶的日烘茧能力有较大提高。1958年，吴兴县戴林茧站设计了手摇脚踏木风扇烘茧灶，全国供销总社在该站召开现场会加以推广。1959年，浙江集中各地改革的灶型，在余杭县勾庄茧站进行仿制试烘，并在该站召开全省烘茧灶定型会，肯定了90型改煤灶及102型大煤灶具有耗煤低、烘力高的优点，大力推广。1960年，全省的各灶型中，102型大煤灶有918副，90型灶428副，大煤灶1010副，柴灶仅315副，其他土灶、机灶等数量不多。

20世纪60年代初，蚕茧产量大幅度下降，烘茧设备有余、改造滞缓。1965年，90型及102型灶分批改建为11档或13档的大型煤灶，以提高烘茧质量。1967年，吴兴县土产公司率先在热源改革方面进行探索，是年秋期，闵忠清等在织里茧站进行试点，在烘茧灶三节炉筒中间开一个放热口，使炉内的烟导热气直接引进热室，热量得到充分利用，此为最早的直接热烘茧。试制成功后，提高了热源利用率，担茧耗煤量下降到10.2千克，比全县的平均煤耗下降28%。扩大试验后，进一步证实直接热烘茧，不仅烘力强，煤耗低，且升温快，排湿快，烘茧时间短，有利于保全茧质。余杭、嘉兴、桐乡、海宁和海盐等县的土特产公司也先后组织力量改革灶型及热源结构、试烧无烟煤屑等，并取得了成功。如试制成高车风扇灶、直接热车子灶（吴兴、余杭、桐乡式）、抽斗灶（海宁等县）以及梯形炉栅、平板炉栅等热源结构的改革。

1970年，省特产公司总结桐乡县土特产公司改烧无烟煤屑的烘茧经验，并逐步在全省推广。1973年12月，省特产公司在嘉兴县鉴定浙73-1型车子风扇灶，在省内全面推广使用。该灶被全国供销合作总社列为全国推广灶型。海宁和海盐两县在抽斗灶基础上改革，试制出翻板灶，其烘茧质量、煤耗等也与浙73-1型车子风扇灶接近。故嘉兴地区特产公司于1974年组织定型，在海宁和海盐推广使用。1974年，省特产公司在省轻工业科学研究所（后改为浙江丝绸科学研究院，以下简称省轻科所）、省丝绸公司、浙江农业大学和余杭县农副产品公司的协作下完成商业部下达的烟道气推进式热风烘茧机试制任务。同年，嘉兴地区土特产公司会同嘉兴和桐乡等县公司在王店、崇福一站等试制双轨车子风扇推进式烘茧灶成功，定名为74-2型烘茧灶。后因烟道气除尘、煤耗较大等原因仅在少数茧站试用，未予推广。

1975年，以省轻科所为主邀请有关单位，在余杭县勾庄茧站研制循环式翻网热风烘茧机，1977年通过鉴定，定名为浙76-1型循环翻网热风烘茧机。该机型机械化、自动化程度较高，热源分布合理，在省内外少数地区试烘。1976年，省特产公司根据全国供销合作总社下达的“微波烘茧”科研项目，组织省科研、教学及丝厂联合进行研究，研制成一台微波干燥蚕茧样机，经2年试烘，该机具有茧质好、干燥匀、速度快、解舒、洁净高等优点，1981年通过鉴定。但由于微波设备成本高、耗电大及微波防护设施不足等原因，仅作样机保存，未予推广。1980年后，嘉兴和金华等地区土特产公司在浙73-1型灶的基础上改制出外炉式灶和间接热灶，解决内炉辐射影响茧质及使用多种燃料的问题，分别通过鉴定，定为JD-81型外炉烘茧灶和JH-83型间接热车子风扇灶，在两地推广使用。1983年，全省有茧站635座，烘茧灶1800多副，其中浙73-1型车子风扇灶1400多副，烘茧量占80%以上。1983年以后，湖州市土特产公司在安吉刘家塘茧站，以JD-81型外炉灶为基础作进一步改进，将炉子从地下搬至地上，风扇由单轴改为双轴，双向给气，定名“双双烘茧灶”，在控制出灶标准和适干均匀等方面有了提高。

1992年,金华市土特产公司研制成ZJH92-1型(五通)车子风扇灶及ZJH92-2型(六通)车子风扇灶,这也是在浙73-1型车子风扇灶的基础上进行合理的改进,使烘力和茧质均有进一步的提高,当年通过省级鉴定。同年,由湖州市土特产公司、湖州纺机厂承担的纺织部新型热风烘茧机(FG091型热风烘茧机)的研制工作。研制定型后,其中一台样机在该市乌山茧站使用,由于该机在维修保养烦琐、能耗大等方面原因,于1997年晚秋烘茧结束后停止使用。

20世纪60—90年代,是全省在烘茧设备改革中投入资金、力量最多,取得成果最丰硕的时期,它奠定了以后相当长时期烘茧设备的基本形态。至1996年,全省烘茧设备形成了以浙73-1型车子风扇灶为主,JD-81型外炉灶、翻板灶、ZJH92-1型(五通)车子风扇灶及ZJH92-2型(六通)车子风扇灶等灶型共同发展的格局。湖州市土特产公司所属茧站当时有烘茧灶530副,其中浙73-1型车子风扇灶430副,JD-81型外炉灶100副。桐乡市土特产公司所属茧站在370副烘茧灶中浙73-1型车子风扇灶就有360副,其他的10副是JD-81型外炉灶。

1996年,各地在烘茧设备上的投入逐年增加,在对原有灶型的性能、优缺点有了进一步了解的基础上,进行了适合各地实际需要的改革创新。嘉欣丝绸有限公司(原嘉兴市丝绸公司)、浙江花神丝绸集团有限公司(原桐乡县丝绸公司)对原浙73-1型车子风扇灶的炉子、风扇和给排气进行了改造,改成了浙73-1型耐火砖四通灶。海宁市蚕茧收烘有限公司和海盐浙江三环丝绸有限公司基本上以翻板灶、抽斗灶为基础进行内部改造。湖州中维茧丝经营有限公司在21世纪初时的灶型总分布已改为:上外炉双风扇双给气烘茧灶(简称HA90型烘茧灶)为150副左右,占总灶乘数三分之一;JD-81型外炉烘茧灶、ZJH92-2(六通)车子风扇灶、浙73-1型车子风扇灶各占100副左右。至2003年底,德清县佳绫丝绸有限公司和淳安县茧丝绸总公司,将原浙73-1型车子风扇灶、JD-81型外炉灶全部改造成ZJH92-1型(五通)车子风扇灶,它集外炉灶与73-1型灶的优点为一体,既能充分利用热能又能快速降温,达到温度宜高则高、宜低则低的效果,是一种比较适宜山区中、小茧站的灶型。

从2006年起,全省不少县市开始引进省外的烘茧机。技术和设备比较成熟的有:四川成都川西干燥工程有限公司的川西牌CL-100型热风烘茧机和四川省南充蚕具研究有限公司的创艺06系列(5CJL400D/6-22)自动烘茧机。至2010年,桐乡市引进2台、海宁市2台、海盐县1台、淳安县8台。上述烘茧机自动化程度高,降低了劳动强度,烘茧适干均匀。

二、烘茧工艺

烘茧工艺的选定,既要适应蚕茧的干燥规律,还要因烘茧设备的不同而变化。鲜茧整个干燥过程分为预热、等速和减速3个阶段。浙江省的烘茧工艺分直干法和再干法。直干法是将鲜茧一次性烘至适干茧(又称一次干);再干法是将鲜茧经2次进灶烘成适干茧的方法(又称二次干),第一次(称头冲)一般烘至6成～6.5成干,经过一段时间的堆放还性,再进行第二次(称二冲)烘茧,烘至适干茧。从节约劳力和减少茧处理过程中对茧质的损伤来考虑,一次干较为有利。但当处于收购高峰时段,既有的烘茧设备来不及用一次干来处理鲜茧,为避免发生出蛾出蛆的风险,应采取二次干烘茧工艺。另外,也要根据烘茧设备的性能来考虑,一般烘茧温度能达到自然落差或较易控制蚕茧干燥规律的外热式各种灶型均适宜采用一次干工艺，如热风推进灶、热风烘茧机。而采用内热式的各类灶型，则以二次干工艺为宜，有利于干燥均匀，如柴灶、华东大型煤灶、浙73-1型车子风扇灶等。

20世纪60年代后期，各地开展灶型革新，由于灶内结构不一，烘茧工艺不统一，烘茧质量不够稳定。1971年春，省土特产公司会同余杭县农副产品公司、浙江农业大学蚕桑系、余杭县勾庄公社、杭州市丝绸印染联合厂和新华丝厂等单位，在勾庄茧站对二冲烘茧温度、半干茧处理与干茧解舒的关系做了调查，总结提出了定铺茧量、定加煤量、定烘茧温度、定烘茧时间、定干燥程度的"五定烘茧法"。1972年，省土特产公司、省丝绸公司专门组织湖州、嘉兴、桐乡、余杭等地收烘业务干部及专家测试烘茧工艺数据及资料，重新编写《烘茧手册》（试行本），统一了烘茧操作工艺规程，提出"优质、高产、低耗、安全"的烘茧要求，全面推行了"五定烘茧法"，统一了全省烘茧操作的工艺规程，在一定程度上促进了蚕茧解舒的提高。1972年下半年，由省特产公司会同省丝绸公司、浙江农业大学、省轻科所、杭州工业学校以及吴兴、余杭县土特产公司和有关丝厂联合组成灶型改革试验小组。1973年改称省烘茧技术研究小组，由省轻科所牵头，对烘茧基础理论进行系统研究，在国内首次绘制出"蚕茧干燥曲线"和"干燥速度曲线"，同时提出各阶段烘茧温度、相对湿度和空气流速3项烘茧主要工艺条件的参数范围，证实了1972年重编的《烘茧手册》所确定的烘茧工艺标准符合蚕茧干燥原理。1978—1979年，省烘茧技术研究小组先后在临海县花园茧站、余杭县勾庄茧站利用特置的干燥设备，进一步优选各干燥阶段的合理温度、相对湿度、风速（风扇转速）的配置参数。经过14个茧期的试验，确立了温度由高到低、湿度由低到高的两种四段配温配湿法。1981年，浙江农业大学蚕桑系连续两年于春、夏、秋蚕期对主推蚕品种的鲜茧全茧、茧层、蛹体的含水率及无水恒量等做全面调查，发表了《桑蚕茧层和蛹体水分的调查》等研究论文。1986年，纺织工业部科技发展司下达攻关课题"提高长江流域原料茧品质的综合养蚕技术研究"，浙江农业大学蚕桑系承担其中的收烘茧试验，主要研究采运茧、茧处理、烘茧、灶型结构与蚕茧解舒、茧丝质量的关系，以及桑蚕茧品种蛹体适干干燥率新标准。经过连续两年对茧层含水率、蛹体含水率及蛹体干量等调查测算，得知20世纪90年代推行的多丝量品种蛹体适干干燥率，春用种为29%～30%，夏秋品种为27%左右。这与50年代初的老品种蛹体适干干燥率26.25%大不相同。该研究对90年代蚕品种的茧层含水率、蛹体含水率、蛹体干量及蛹体适干干燥率、全茧含水率等的调查和由此推算的适干茧理论烘率，为掌握适干程度、及时出灶、保全茧质提供了重要依据。此外，采茧迟早与茧质关系、茧处理工艺与茧质关系、不同烘茧温度组合对茧质的影响、蚕茧干燥工艺条件下不同烘茧灶型的比较等研究，对提高长江流域的收烘技术及茧质起到重要作用。1990年11月8日，纺织工业部委托省丝绸联合公司为科技成果鉴定单位，组织专家对该研究成果进行鉴定，认为研究已达到国内先进水平，其中《蚕茧蛹体适干干燥率新标准的研究》居国内领先水平，对收茧工作具有指导作用。至2010年，烘茧设备主要有：华东大型煤灶、浙73-1型车子风扇灶、上外炉双风扇双给气烘茧灶、ZJH92-1型（五通）及ZJH92-2型（六通）车子风扇烘茧灶等。1990—2010年，浙江省春上茧和秋上茧烘折主要有湖州、嘉兴、淳安等7个市县。

表 105-5-3-1　　1952—1970 年华东大型煤灶的烘茧工艺一览表

项目		头冲	二冲	说明
每格铺茧量(千克)		4.25～4.75	3.25～3.5	每茧格面积 0.96 平方米
烘茧温度(℃)		前阶段 200～210 后阶段 200～190	前阶段 200～185 后阶段 185～170	以上是壁温
烘茧时间(小时)		4.5～5.0	5.0～6.0	
加煤时间与数量	大中块煤	第一次出灶前 40 分钟 20 千克～22.5 千克	与头冲同,可采用与煤屑混烧	
	小块煤	第二次进灶后 1 小时 7.5 千克～10 千克	后阶段灶开一半	可采用多次少量加煤
给气		头冲后阶段全开	半干茧进灶开四分之三	进灶后 10 分钟全开,出灶时全关
排气		鲜茧进灶 45 分钟全开		头冲、二冲中途翻茧调格各 1 次

资料来源:《浙江省丝绸志》,方志出版社 1999 年版,第 75—76 页。

表 105-5-3-2　　1973—2010 年浙 73-1 型车子风扇灶烘茧工艺一览表

项目		再干法		直干法
		头冲	二冲	
铺茧量(千克)		4～4.5	3～3.5	3～3.5
烘时(时:分)		2:30～3:0	3:00	4:30～5:00
加煤量(千克)		32.5～37.5	30～32.5	40～45
温度(℃)	前阶段	102～107	93～102	107～102
	后阶段	107～102	93～88	102～88
风扇	风速(米/秒)	1.2	0.8	1.2
	转速(转/分)	400	300	400
调车时间(时:分)		1:45	1:30	2:15
湿度大时,开大门排湿时机(1 分钟～2 分钟)		进灶后 1 小时	-	进灶后 1 小时
开排气时间(分)		进茧 20 分钟～30 分钟开	前开一半,后关	进茧 15 分钟～20 分钟开,最后关
直接热开关时间		进茧开,通灰、出灶、调车关	进茧开,后阶段关,其余同头冲	进茧开,后阶段关,其余同头冲

资料来源:《浙江省丝绸志》,方志出版社 1999 年版,第 75—76 页。

表 105-5-3-3　1990—2010 年上外炉双风扇双给气烘茧灶(HA90 型)烘茧工艺一览表

项　目		内　容
铺茧量(千克)		3.5～3.6
烘茧时间		4:15～4:30
加煤屑量及时间	第 1 次	27.5 千克～30 千克,在出灶前 10 分钟左右
	第 2 次	22.5 千克～25 千克,在进灶后 1 小时 30 分
	第 3 次	7.5 千克～10 千克,在进灶后 3 小时,看炉温和燃烧情况适量添补
烘茧温度(℃)	前阶段	98～105
	后阶段	100～85
风扇	风速(米/秒)	1.2
	转速(转/分)	400
排气开关		进茧后 15 分钟～20 分钟全开;第一次调车后 1 小时开一半,第二次调车后全关
调车时间(进茧后,时:分)	第 1 次	1:30
	第 2 次	3:00
风扇使用		进茧后使用,调车及进出茧时停用
高温闸板使用		进茧后全开,通灰、进出茧调车时关闭,看温度工艺要求适当调节
灰膛门使用		在温度过高时关闭(加盖),断电或无茧停烘时关闭,正常烘茧时不用
操作要求		1. 茧车、茧格必须选成统一,即茧车 16 档、14 档必须一致,金属网、折篾茧格必须一致 2. 鲜茧定量一定要称准,上下不得超过 0.1 千克 3. 严格按标准铺松、铺匀茧格 4. 必须确实按烘茧工艺要求操作
通灰方法		1. 先通灰后加煤 2. 出灶前 15 分钟左右(即第一次)先关闭高温闸板,拉开烟囱闸板后再开炉门。从煤层底贴炉栅面,将整个煤层撬松;并钩出煤渣,然后用煤钩通灰,把煤灰彻底通尽 3. 第二次加煤前(前面转车)通灰,看煤层情况,如底火好,只要将煤层钩松见缝,适当钩出部分煤渣,整平煤层,不必彻底通灰 4. 最后一次加煤,不通灰
备注		本工艺以“双双”灶为依据,如其他灶型适当调整

资料来源:《浙江省丝绸志》,方志出版社 1999 年版,第 75—76 页。

表 101-5-3-4　1992—2010 年 ZJH92-1 型(五通)、ZJH92-2 型(六通)车子风扇烘茧灶烘茧工艺一览表

项目	头　冲	二　冲
铺茧量(千克)	4.25～4.5	3～3.25
烘茧温度	102℃→110℃→102℃	96℃→100℃→82℃,出灶时降至 82℃以下
烘茧时间	2 小时至 2 小时 30 分	2 小时 30 分左右
调车时间	进烘后 1 小时 15 分	进烘后 1 小时 15 分
给气	一般不开,温度超过标准 3℃以上配合高温闸门使用,开一半或全开,温度恢复正常后全关	温度超过用温标准配合高温闸板使用,改开一半或全开,并按逐步降温需要确定关启量。出灶前半小时降至 82℃左右,全关至出灶
排气	进烘后温度达 82℃开,出灶时关	温度达 82℃时开,调车后改开一半,出灶前半小时关
风扇	头冲 450 转/分,二冲 300 转/分;头、二冲进灶后即开,每 15 分钟调向一次。进出灶和调车时关	
加煤	出灶前 15 分钟加 28 千克～30 千克,调车前 10 分钟加 7 千克～10 千克	出灶前 15 分钟加 18 千克～20 千克,调车时如底火较差,视情补加煤 5 千克～7 千克
高温闸板	进灶后开,温度超过标准 3℃以上改开一半,加煤通灰时关	进灶后开,温度超过标准 3℃以上改开一半或全关,出灶前半小时全关
烟囱闸门	发灶、加煤、通灰时开,其他时间全关(闸门不能漏气)	
出灶干燥程度标准	6.5 成～7 成	断浆成小片,重油而不腻

资料来源:《浙江省丝绸志》,方志出版社 1999 年版,第 75—76 页。

表 105-5-3-5　1990—2010 年浙江省主产区春上茧烘折一览表

单位:千克

年份	湖州市	德清县	嘉兴市	桐乡市	海宁市	海盐县	淳安县	平均
1990	241.77	251.5	241.77	244.0	240.50	240.0	238.00	242.51
1991	249.92	259.73	260.13	260.0	270.96	261.67	242.00	257.77
1992	228.50	234.65	234.92	229.0	229.50	232.58	236.00	232.16
1993	234.29	236.42	238.94	236.0	238.00	238.78	237.00	237.06
1994	232.54	238.76	239.33	231.0	239.20	238.17	234.00	236.14

续表

年份	湖州市	德清县	嘉兴市	桐乡市	海宁市	海盐县	淳安县	平均
1995	235.97	246.79	248.77	243.0	243.62	245.70	245.00	244.12
1996	240.80	247.73	251.81	249.0	249.09	247.44	239.00	246.41
1997	226.23	246.21	229.57	230.0	231.87	232.98	234.00	232.98
1998	228.23	235.15	233.76	228.0	234.91	232.42	229.00	231.64
1999	234.28	242.59	240.55	236.0	242.98	243.82	235.70	239.42
2000	241.38	241.73	249.68	244.0	253.36	248.38	233.00	244.50
2001	235.33	236.38	237.63	243.0	245.32	244.57	232.00	239.18
2002	241.18	246.19	249.76	245.0	247.14	244.65	226.00	242.85
2003	236.38	234.72	236.91	236.0	237.05	236.95	223.60	234.52
2004	242.30	241.59	244.11	244.0	245.94	243.67	230.41	241.72
2005	239.32	239.79	246.29	240.0	244.39	238.19	230.20	239.74
2006	239.73	240.67	241.68	240.0	244.91	239.70	226.78	239.07
2007	243.32	245.30	248.38	246.0	248.64	243.45	231.76	243.84
2008	243.65	245.20	249.32	243.0	250.34	253.01	232.88	245.34
2009	242.57	243.70	250.51	244.0	248.84	246.04	232.60	244.04
2010	247.24	250.34	252.96	249.0	256.13	256.99	225.97	248.38

资料来源：根据上述市县丝绸公司上报数据整理。

说明：1. 烘折，即烘100千克干茧需要的鲜茧量，它是衡量干茧成本的重要指标；影响烘折的因素很多，主要有蚕品种、饲养期间的气候、干燥程度等。2. 2000年前后，嘉、湖地区春蚕期逐步改为秋种春养。

表105-5-3-6　　1990—2010年浙江省主产区中秋上茧烘折一览表

单位：千克

年份	湖州市	德清县	嘉兴市	桐乡市	海宁市	海盐县	淳安县	平均
1990	264.93	266.56	264.20	270.0	270.50	260.00	254.10	264.33
1991	254.08	260.66	263.25	260.0	268.50	258.00	242.60	258.16
1992	250.14	248.92	255.15	255.0	256.20	248.00	239.00	250.34
1993	248.53	246.09	251.21	250.0	259.70	255.73	248.00	251.32
1994	261.72	262.48	266.36	254.0	256.60	262.12	246.00	258.47
1995	256.17	251.07	262.20	264.0	256.66	253.882	249.00	256.14

续表

年份	湖州市	德清县	嘉兴市	桐乡市	海宁市	海盐县	淳安县	平均
1996	248.81	254.19	251.38	262.0	252.48	250.86	235.00	250.67
1997	247.40	253.14	251.31	260.0	247.33	248.30	246.00	250.50
1998	252.69	249.43	249.96	250.0	252.30	248.49	231.00	247.70
1999	251.96	254.84	254.43	254.0	251.32	248.10	228.00	248.95
2000	262.38	253.51	271.25	261.0	262.18	256.18	240.00	258.07
2001	249.40	250.19	257.63	256.0	258.06	248.13	231.00	250.06
2002	250.72	252.34	248.30	253.0	249.26	244.12	228.00	246.53
2003	246.46	250.06	260.90	257.0	249.33	249.06	228.00	248.69
2004	249.90	246.18	259.86	252.0	252.89	243.37	228.33	247.50
2005	262.76	261.51	262.14	260.0	276.11	257.14	227.03	258.10
2006	259.27	261.06	259.41	260.0	267.77	258.20	234.33	257.15
2007	255.42	256.70	260.93	257.0	270.13	259.93	233.64	256.25
2008	261.32	261.60	263.92	259.0	260.91	261.31	237.71	257.97
2009	255.66	255.74	254.74	257.0	264.28	268.55	229.35	255.05
2010	260.41	257.44	262.08	260.0	270.75	256.88	236.43	257.71

资料来源：根据上述市县丝绸公司上报数据整理。

表 105-5-3-7　　1949—2010 年浙江省干茧茧质试样资料（春茧）一览表

年份	上车茧率（%）	全茧量（克/粒）	茧层率（%）	一茧丝长（米）	解舒丝长（米）	解舒率（%）	茧丝量（克/粒）	茧丝纤度（D）	净度（分）	毛折（千克）	干毛茧出丝率（%）
1949	77.68	0.6400	41.92	645.6	380.5	58.94	0.1665	2.4100	-	483.80	20.20
1950	87.49	0.6072	43.54	735.9	529.2	71.91	0.1847	2.4300	-	372.80	26.62
1951	91.40	0.6380	44.28	767.0	571.4	74.50	0.2052	2.4078	86.94	321.90	31.07
1952	94.33	0.6722	43.05	810.6	599.1	73.91	0.2247	2.4950	-	317.20	31.53
1953	91.10	0.6866	44.80	797.0	548.6	68.83	0.2322	2.6220	91.86	324.60	30.90
1954	93.21	0.6740	42.26	758.4	514.1	67.79	0.2144	2.5440	90.98	337.30	29.65
1955	94.96	0.7053	44.15	887.4	625.0	70.43	0.2621	2.6580	95.27	283.40	35.29

续表1

年份	上车茧率（%）	全茧量（克/粒）	茧层率（%）	一茧丝长（米）	解舒丝长（米）	解舒率（%）	茧丝量（克/粒）	茧丝纤度（D）	净度（分）	毛折（千克）	干毛茧出丝率（%）
1956	94.97	0.6933	42.65	870.9	632.2	66.95	0.2504	2.5860	93.13	291.60	34.30
1957	95.26	0.7080	43.90	894.8	644.9	72.07	0.2655	2.6700	92.02	280.20	35.69
1958	93.86	0.6690	43.90	871.6	615.5	70.62	0.2472	2.5530	95.49	288.30	34.68
1959	93.56	0.6439	41.77	818.9	589.6	72.00	0.2236	2.4570	96.00	309.70	33.36
1960	94.48	0.5517	43.90	788.5	545.6	69.19	0.1970	2.2500	96.46	296.40	33.74
1961	95.54	0.6062	46.39	863.6	571.7	66.20	0.2269	2.3650	96.91	233.90	35.76
1962	93.12	0.6736	45.90	822.6	492.0	59.81	0.2433	2.6620	91.14	302.50	30.77
1963	91.71	0.6721	45.35	785.8	344.5	43.46	0.2255	2.5830	86.89	329.30	35.51
1964	94.01	0.6831	46.08	888.2	534.4	60.17	0.2580	2.6140	94.35	290.80	37.14
1965	94.27	0.7331	46.86	945.7	616.4	65.18	0.2888	2.7480	91.02	277.40	37.14
1966	93.14	0.7460	46.29	746.4	644.8	68.13	0.2817	2.6790	94.72	291.50	35.17
1967	93.74	0.7943	46.93	887.0	543.9	61.41	0.2694	2.7330	93.26	298.50	30.79
1968	93.59	0.7917	47.49	993.2	722.4	72.73	0.3085	2.7960	96.10	281.80	36.47
1969	92.12	0.7893	48.25	1024.8	698.4	68.15	0.3058	2.7120	95.98	280.00	36.04
1970	90.65	0.7229	50.01	1002.0	661.1	65.98	0.2928	2.6300	95.89	279.00	36.72
1971	90.29	0.7614	50.13	1031.1	620.4	60.17	0.3049	2.6610	95.71	283.20	36.17
1972	93.97	0.8254	49.54	1131.6	768.0	67.87	0.3382	2.6900	96.31	266.10	38.44
1973	90.94	0.7698	47.25	1058.5	737.9	69.71	0.3002	2.5530	96.20	288.40	35.31
1974	95.20	0.7756	50.10	1081.8	761.0	70.35	0.3211	2.6710	96.19	260.00	39.41
1975	94.18	0.7858	48.49	1022.2	740.1	72.40	0.3170	2.7910	94.47	269.30	37.99
1976	91.55	0.8247	50.13	1043.8	754.5	72.28	0.3397	2.9290	94.14	271.80	37.71
1977	91.15	0.8141	47.51	1027.6	695.7	67.70	0.3165	2.7720	94.20	288.80	35.44
1978	93.82	0.8301	49.85	1068.1	750.5	71.27	0.3413	2.8760	93.42	265.60	38.57
1979	95.29	0.8560	51.07	1140.8	805.9	70.64	0.3684	2.9060	95.43	250.20	41.07
1980	94.71	0.9115	50.66	1177.3	781.4	66.37	0.3913	2.9910	93.44	252.20	40.66
1981	95.10	0.8674	51.22	1190.7	813.5	68.32	0.3741	2.8280	93.88	250.20	41.02

续表 2

年份	上车茧率（%）	全茧量（克/粒）	茧层率（%）	一茧丝长（米）	解舒丝长（米）	解舒率（%）	茧丝量（克/粒）	茧丝纤度（D）	净度（分）	毛折（千克）	干毛茧出丝率（%）
1982	93.30	0.8051	51.60	1119.1	642.2	57.39	0.3428	2.7570	90.35	258.20	39.73
1983	92.27	0.8050	51.13	1095.6	499.5	45.59	0.3312	2.7210	91.97	270.00	37.96
1984	90.42	0.7935	51.08	1113.5	503.3	45.20	0.3325	2.6780	93.49	270.50	37.89
1985	88.98	0.9379	51.14	1231.7	642.5	52.16	0.4004	2.9260	94.32	269.90	37.99
1986	91.68	0.8552	51.43	1189.7	669.0	56.23	0.3696	2.796	92.46	258.9	39.62
1987	90.18	0.8445	51.08	1168.4	629.9	53.91	0.3576	2.755	92.64	268.6	38.19
1988	88.51	0.8254	52.28	1210.7	708.8	58.54	0.3554	2.642	93.16	269.1	38.11
1989	82.77	0.8013	50.64	1142.2	581.5	50.91	0.3320	2.616	92.81	298.9	34.29
1990	82.49	0.7772	50.71	1138.6	647.7	56.89	0.3329	2.631	92.98	290.3	35.33
1991	79.58	0.6897	50.24	1063.7	548.4	51.56	0.2817	2.384	92.08	315.2	32.51
1992	84.86	0.8309	50.83	1224.5	720.9	58.87	0.3631	2.669	92.74	276.7	37.09
1993	84.47	0.8070	50.92	1192.8	735.7	61.68	0.3536	2.668	92.46	277.3	37.01
1994	86.23	0.7286	52.13	1162.9	710.4	61.09	0.3274	2.534	91.57	265.0	38.75
1995	82.80	0.7510	52.60	1107.2	573.4	51.78	0.3208	2.606	92.33	-	35.44
1996	80.38	0.7665	52.36	1078.5	533.6	49.49	0.3177	2.649	92.46	-	33.37
1997	83.43	0.8202	51.36	1197.3	777.6	65.04	0.3578	2.688	92.33	-	36.38
1998	79.16	0.8186	50.04	1152.5	751.7	65.41	0.3423	2.670	92.27	-	33.09
1999	78.92	0.7918	50.69	1116.4	689.0	61.85	0.3299	2.658	92.74	-	32.89
2000	80.78	0.6868	50.88	1025.2	644.0	63.00	0.2853	2.504	93.41	-	33.57
2001	85.75	0.7390	49.01	1076.34	732.40	68.05	0.3056	2.838	91.71	-	35.56
2002	84.64	0.7631	47.00	1025.15	698.13	68.10	0.2963	2.887	92.96	-	32.88
2003	88.36	0.7716	49.20	1104.70	742.44	67.21	0.3153	2.574	93.96	-	36.16
2004	81.48	0.7593	46.77	1087.80	696.83	64.06	0.3098	2.567	93.23	-	33.26
2005	81.69	0.7773	49.49	1081.40	734.50	67.92	0.3192	2.656	94.50	-	33.56
2006	82.28	0.7954	45.54	1037.80	708.50	68.27	0.3220	2.798	94.41	-	33.36
2007	82.68	0.7301	46.61	1010.60	692.50	68.52	0.2954	2.634	94.12	-	33.47

续表 3

年份	上车茧率(%)	全茧量(克/粒)	茧层率(%)	一茧丝长(米)	解舒丝长(米)	解舒率(%)	茧丝量(克/粒)	茧丝纤度(D)	净度(分)	毛折(千克)	干毛茧出丝率(%)
2008	87.87	0.8232	-	1165.50	718.85	61.68	0.3369	2.595	94.13	-	35.91
2009	83.01	0.7634	48.46	1071.70	613.90	57.28	0.3085	2.599	93.10	-	33.55
2010	84.66	0.7896	47.81	1048.80	717.10	68.37	0.3155	2.710	94.11	-	33.87

资料来源:浙江省丝绸协会:《浙江省丝绸行业统计资料汇编》。

说明:2001—2010 年浙江省干茧茧质原始试样资料来自浙江省第三茧检定所,依据各试样主产市县的茧质数据以算术平均统计。

表 105-5-3-8　　1986—2010 年浙江省干茧茧质试样资料(秋茧)一览表

年份	上车茧率(%)	全茧量(克/粒)	茧层率(%)	一茧丝长(米)	解舒丝长(米)	解舒率(%)	茧丝量(克/粒)	茧丝纤度(D)	净度(分)	毛折(千克)	干毛茧出丝率(%)
1986	90.61	0.6335	47.61	896.10	539.7	60.23	0.2428	2.439	89.67	293.7	34.73
1987	87.91	0.6574	47.87	896.70	518.1	57.78	0.2462	2.471	91.35	310.5	32.92
1988	82.74	0.6241	48.31	871.90	507.7	66.26	0.2404	2.481	91.32	321.0	31.87
1989	78.28	0.6223	48.18	850.30	489.8	57.61	0.2347	2.484	89.79	346.2	29.52
1990	84.56	0.5670	48.06	823.00	458.5	55.71	0.2161	2.363	88.56	317.4	32.23
1991	75.76	0.5977	48.96	912.10	614.6	67.38	0.2448	2.415	89.79	330.2	31.03
1992	86.19	0.6194	49.30	839.00	611.6	65.13	0.2545	2.440	89.00	289.3	35.42
1993	85.34	0.5684	47.88	883.20	615.0	69.63	0.2302	2.346	90.15	296.4	34.56
1994	-	-	-	-	-	-	-	-	-	-	-
1995	74.27	0.5632	49.13	859.27	580.29	67.27	0.2177	2.279	91.29	-	28.70
1996	80.99	0.5383	48.35	836.40	581.49	69.34	0.2079	2.234	91.18	-	31.26
1997	75.49	0.6135	47.78	870.73	613.12	69.29	0.2357	2.433	92.24	-	29.00
1998	75.08	0.6733	48.89	955.67	691.34	72.27	0.2685	2.514	92.24	-	29.94
1999	76.40	0.5660	49.25	818.40	557.80	68.11	0.2106	2.312	92.03	-	28.40
2000	77.04	0.5507	47.39	831.89	616.96	74.12	0.2104	2.273	92.23	-	29.42
2001	79.32	0.6299	47.97	926.14	691.77	74.69	0.2441	2.632	92.46	-	30.71

续表

年份	上车茧率(%)	全茧量(克/粒)	茧层率(%)	一茧丝长(米)	解舒丝长(米)	解舒率(%)	茧丝量(克/粒)	茧丝纤度(D)	净度(分)	毛折(千克)	干毛茧出丝率(%)
2002	84.81	0.6519	48.26	909.97	666.36	73.23	0.2534	2.809	92.74	-	32.99
2003	82.91	0.6448	47.61	940.25	662.98	70.51	0.2520	2.403	93.38	-	32.46
2004	77.32	0.6151	48.00	884.77	639.38	72.26	0.2388	2.436	93.14	-	30.08
2005	87.58	0.6896	48.50	991.63	610.73	61.59	0.2655	2.409	93.77	-	33.73
2006	82.13	0.6072	46.11	866.63	648.33	74.88	0.2333	2.419	94.15	-	31.56
2007	74.01	0.6679	46.86	898.20	607.50	67.64	0.2477	2.478	93.28	-	27.58
2008	73.83	0.6860	48.10	970.50	525.00	54.10	0.2485	2.304	94.10	-	26.94
2009	81.39	0.6168	47.62	941.50	614.45	65.26	0.2482	2.369	94.43	-	31.37
2010	78.54	0.7081	45.30	940.18	545.40	58.01	0.2658	2.540	94.06	-	29.59

资料来源:浙江省丝绸协会:《浙江省丝绸行业统计资料汇编》。

说明:2001—2010年浙江省干茧茧质原始试样资料来自浙江省第三茧检定所,依据各试样主产市县的茧质数据以算术平均统计。

专记:“蚕茧大战”纪略

“蚕茧大战”,即指1988年前后发生在江、浙、皖,并席卷全国蚕茧主产区的蚕茧收购的抢购风潮。1985年全国年产鲜茧33.5万吨,江、浙、川三省占全国产量的80%以上。其时,曾一度出现蚕茧供过于求的局面。1986年下半年起,世界经济回升,随着国际上对天然纤维的喜爱和丝绸砂洗新工艺的出现,国际丝绸市场渐趋转旺。中国白厂丝出口价格1986年为2.7万美元/吨,1987年为3.3万美元/吨,1989年达到5.0万美元/吨,丝绸出口获利丰厚。与此同时,各地丝绸生产加工能力迅速提升,小丝厂、绸厂如雨后春笋般发展起来,蚕茧原料转为严重供不应求,从而引发了“蚕茧大战”。浙江省是“蚕茧大战”重灾区之一。1988年,省政府成立省蚕茧收烘领导小组,由省工商、物价、财政、供销、经贸和监察等厅局长带队,赴全省各收茧地区,组织各市县力量维护蚕茧收烘秩序,稳定收购价格,对茧农政策进行引导,对茧贩围追堵截。直至1990年,由于国务院、省政府高度重视,加上国际丝绸市场“丝绸热”趋于降温,历时4年的“蚕茧大战”才得以基本控制。

一、“蚕茧大战”的主要表现

1987年春茧收烘期间,海宁、桐乡、德清、余杭和江苏省吴江等县市的毗邻地区发生抬价抢购蚕茧的情况，随后愈演愈烈，波及苏、浙、川、皖、豫、鄂等省。尽管有关部门及时制定政策措施，调动人力物力加强管理，但随后更剧烈的中秋茧收购大战扑面而来，直至 1990 年才得以遏制。此次“蚕茧大战”具体表现在以下几个方面：

(1)多头插手抢购。国家规定由丝绸公司收购经营蚕茧，或委托供销社收购。但收购蚕茧过程中，苏、浙等地一些国营、乡镇丝厂和多种经营服务公司，甚至文化站、敬老院、面粉厂、机械厂、砖瓦厂和个体户、小商贩都插手抢购或倒卖蚕茧。

(2)竞相抬价抢购。为收到蚕茧，浙、苏、皖先后在国家规定之外，每 50 千克加三四十元“扶持费”。有的市县又层层加价，或用白糖、煤油、化肥“奖励”。尤其是乡镇企业和个体茧贩，为抢到茧更是竞相抬价，茧价扶摇直上。1987 年春茧每 50 千克从 260 元～280 元猛涨至 350 元～360 元，最高达 430 元。在苏、浙两省，秋茧价格大多抬到每 50 千克 300 多元，最高达 400 多元，比国家规定高 60%～100%。1988—1989 年，国家定价一般均在每 50 千克 500 元左右，但抢购价高达 800 元～1300 元。

(3)封锁边界制止外流。在浙苏皖交界地带，各方先后设立茧站，以提前开秤、高价引诱等办法吸引他省毗邻地区蚕农售茧。尤其是与江苏吴江交界区域，各市、县、乡、村调动公安、交通、工商人员设立检查站，甚至动用民兵、警车围追堵截，制止蚕茧外流。在省内，桐乡、德清、余杭是“蚕茧大战”的重灾区。

二、“蚕茧大战”后果

“蚕茧大战”后果严重，主要表现在以下 4 个方面：

(1)支出增加。仅 1987 年，因各方抬价，苏、浙两省收购蚕茧增加支出 3 亿元，浙江省出口换汇成本增加 7000 多万元。

(2)茧质下降。因抬价抢购，不少蚕农不等蚕吐完丝就售毛脚茧，许多蚕农用喷水、掺石灰等方法以增加蚕茧分量，茧质受到严重影响，浙江省干茧平均下降约 2 个等级，解舒丝长下降 30%～50%，给丝绸工业造成严重损失。

(3)资源流失。由于“蚕茧大战”，各地为争夺出口货源，造成鲜茧或干茧原料流失，苏、浙、川、鲁、徽、晋、豫等地蚕茧流失率达 30%左右，进而致使国家少收或未按计划调拨蚕茧用于工业生产。如浙江新华丝厂因原料不足，1987 年 8 月关停 2400 绪，派人到 11 个省的 60 多个县采购原料；杭丝联的书记、厂长、工会主席等也加入采购原料大军，以维持生产。

(4)干群关系紧张。由于农民愿把蚕茧卖给出高价的茧贩或乡村丝厂，但政府为制止蚕茧流失，动用行政资源压制哄抬茧价而产生矛盾，所谓的“七八顶大盖帽管着一顶破草帽”，造成干群关系紧张。

三、“蚕茧大战”的深层次原因

从表面上看，引发“蚕茧大战”是由于蚕茧“供不应求”。但究其深层次原因，实则与国家经济处于转轨时期，相应的改革配套政策尚未到位有关。主要体现在以下 4 个方面：

(1)经营主体大量增加。随着外贸经营权的放开，取得外贸经营资格的主体大量增加，经营格局发生了重大变化。同时，非正常渠道出口的生丝、绸缎（水货）占据较大比重。“对内抬价争购，对外低价竞销”成了当时奇特的现象。

(2)外贸承包责任重大。1988—1990 年浙江丝绸外贸第一轮承包开始实行，省政府将“出口收汇、上交外汇额度、出口收汇基数内人民币盈亏”3 项指标切块承包到市县。具体做法上虽然采取省公司与地方联营的方式，但地方政府负有相应的经济责任，所以力保本地的蚕茧不外流，提供相应的茧丝绸货源出口与前述“一定三年”的外贸承包指标关系重大。

(3)茧丝绸内外销价格管理脱节。茧丝绸生产、收购价格仍由国家主管部门计划管理，外销的茧丝绸的价格一直由国际丝绸市场决定，在卖方市场的背景下，国内市场与国际市场茧丝绸价格存在很大的剪刀差。

(4)经济体制正处于转轨时期。当时，汇率采取“双轨制”，财政开始“分灶吃饭”，出口的“水货”盛行。地方政府受利益驱使，盲目扩大茧丝绸加工能力，导致茧丝原料与缫丝加工能力失衡。而蚕茧原料画地为牢，增加了全省统一计划调剂的难度。

在计划经济体制向市场经济转轨的进程中，“蚕茧大战”只是众多资源和商品市场化发展中的一个缩影。

第六章 制 丝

浙江制丝业，始于4700多年前，历史上称为缫丝。吴兴钱山漾出土的新石器时代晚期的丝纤维截面呈钝三角形，完全度为42%，单丝纤维的截面积为40平方微米，证明吐丝的蚕是桑蚕。出土的还有绸片和索绪帚状的草帚，绸片的经纬丝至少由20多粒茧子制成，没有捻度，丝缕平直，是借助丝胶的黏着力并合而成的。在往后漫长的岁月中，经历了手篗绕丝、手摇缫车、脚踏缫车等木制车手工缫丝的阶段，直至清光绪二十一年（1895年），杭州世经、上虞开永源丝厂创办，开始应用进口座缫机，标志着浙江机械缫丝业的兴起。20世纪初至民国19年（1930年），是缫丝行业较好的发展时期。民国21—23年，蚕丝生产产量锐减，销路不畅。经过几年统制经营，民国24年下半年起，蚕丝生产方有起色。抗日战争全面爆发后，全省蚕丝生产遭受空前破坏。抗日战争胜利后，政府虽制订“蚕丝复兴计划”，但收效甚微，蚕丝生产仍停留于低水平状态。

中华人民共和国成立后，从1950年起，国家对私营丝厂实行以丝易茧、加工代缫方式，生丝产量、质量均有提高。1955年11月，缫丝全行业公私合营，缫丝生产有很大发展。1958年开始，由于生产上的“大跃进”，产量一度上升，但在1960年后，产量、质量、消耗成绩均下降。经过3年“调整、巩固、充实、提高”时期，至1965年，丝产量又回到1958年的水平。“文化大革命”期间，缫丝生产呈缓慢上升趋势。1975年起，白厂丝内在质量出现下降，1979年有新的回升。1985年春，蚕茧管理、分配权下放，各市、县纷纷新办缫丝厂，原料茧供不应求。1987—1990年，爆发了争购抢购蚕茧原料的“蚕茧大战”，生丝质量受到较大影响。1990年后，白厂丝在国际、国内市场上丝价大幅上涨，导致全省缫丝生产能力盲目扩大，蚕茧原料价格上涨。1997年，全省开展整顿压缩过剩的缫丝生产能力。

进入21世纪后，由于产业结构调整，全省缫丝业产量总体下降，但生产技术和设备更新换代，自动缫丝机比例迅速提高。2010年，浙江的缫丝企业数量已从1998年的407家，下降到122家，自动缫丝机的比例从1998年的13%，上升到96.7%。

第一节 制丝生产与经营

秦汉时期，浙东绍兴、上虞一带已有蚕丝生产的记载。隋唐时，蚕丝生产进一步在湖州、武康、长兴等太湖流域地区发展起来。钱镠建立吴越国后，采取“包黎庶以全耕织”的政策，蚕丝生产得到稳步发展。宋代，杭、嘉、湖、绍地区已成为全国丝绸生产中心。元代缫、织逐渐分化。明清时期，湖州南浔辑里丝蜚声中外。清末民初，缫丝工业跨入半机械化生产阶段。20世纪50年代，开始研制并应用自动缫丝机，浙江的缫丝工业逐渐步入自动化生产阶段。

中华人民共和国成立后，缫丝生产虽有起伏，但总体呈上升趋势。全省桑蚕丝产量1949年为739吨，到1993年为1.42万吨。1995年后，由于丝绸产业结构调整，浙江缫丝生产下降明显，但缫丝技术和缫丝设备在不断进步中。

2006—2010年，国家实施“东桑西移”政策，缫丝企业开始向西部转移，浙江的蚕茧产量、缫丝企业的数量和白厂丝产量继续呈下降趋势，2010年，全省缫丝企业的数量从1998年的407家，下降到122家。是年，全省白厂丝产量8300余吨，全省出口生丝4331吨。

一、制丝生产

西周时期，麻纤维和蚕丝已经成为衣料的主要纤维。西周官府设有典妇功（专管丝麻生产），典丝（专管蚕丝验收、贮藏和分配），制丝生产有了进一步发展。春秋战国时期，越国谋臣范蠡、文种向越王勾践提出“重农桑”的策略。在越王勾践“劝农桑”的国策之下，绍兴一带的蚕丝生产有了较快的发展。日本学者内田氏在他所著的《日本纺织技术的历史》一书中载：“在秦始皇时代，吴地有两兄弟东渡日本，传去了养蚕制丝技术。”汉代，浙东绍兴、上虞一带已有蚕丝生产的记载。东汉哲学家王充在《论衡》载：“王充者，会稽上虞人也……以农桑为业……虫茧重厚，称其出丝，孰为多者?”反映当时对蚕茧出丝量的多少，已加重视。

在魏、蜀、吴三国鼎立时代，吴主孙权（吴郡富春人）重视蚕丝生产，乌程侯孙皓称“诸暨、永安出御丝”。《三国志·陆逊传》载，陆逊在海昌（今海宁）屯田时，劝督农桑。《太平御览》中也记载，三国时期，吴地的养蚕缫丝女工，东渡扶桑定居，为日本传去缫织技术。三国两晋南北朝时期，浙江的制丝生产已经有了用盐藏茧以延长贮茧时间的蚕茧保存技术。隋唐时期，浙江蚕丝业进一步发展。唐玄宗时，“湖丝”被列为贡品。

钱镠立吴越国后，重视发展蚕丝生产，“闭关而修蚕织”。北宋年间，两浙路（今浙江省全境和江苏省长江以南地区）上供丝织品占全国的35.30%，茧丝产量占全国第一位。从北宋乾德五年（967年）至南宋乾道八年（1172年）的200多年间，两浙路上供丝物占全国各路上供丝物总额的三分之一以上。到了南宋，浙江的缫丝生产更加普遍。元代初期，统治者并不重视农桑，但很快从经济衰退中得到教训，改变政策，重视农桑蚕丝生产，浙江蚕丝业开始恢复与发展。杭州人白珽的《余杭四月》诗：“四月余杭道，一晴生意繁。……几家蚕事动，寂寂昼关门。”《吴兴诗存》载：“吴蚕缫出丝如银，蓬头垢面忘苦辛。苕溪矮桑丝更好，岁岁输官供织造。”元代的税赋收入，由绢帛改为丝原料，民间丝业发展很快。

明代，对于蚕丝生产较为重视，并颁发有关劝农从事蚕桑生产的法令。浙江一带的蚕丝业生产更为著名。南浔的辑里丝更是质优甲天下。朱国祯《涌幢小品》卷二载：“湖地宜蚕，新丝妙天下，又湖丝唯七里尤佳。”嘉兴、濮院、双林、金华、衢州、绍兴、宁波、台州等地制丝业也均有发展，养蚕、缫丝技术相当先进。据《天工开物》载：“凡结茧必如嘉、湖，方尽其法，他国不知用火烘，听茧结出。”①提高蚕茧解舒率和出丝率的“出口干”和“出水干”六字诀来源于《天工开物》：“丝类之法有六字：一曰出口干，即结茧时用炭火烘；一曰出水干，则治丝登车时，用炭火四五两盆盛，去车关五寸许，运转如风时，转转火意照干，是曰出水干也。”②

清代，浙江缫丝业更加普及，丝质进一步提高。顺治十五年（1658 年）覆准：“桑柘榆柳，令民随地种植，以资财用。”康熙三十八年（1699 年），康熙在《蚕赋》中写道：“朕巡省浙西，桑林被野，天下丝缕之供，皆在东南，而蚕桑之盛，惟此一区。”③

王韬《漫游随笔》载：“（平湖）沿河皆种桑林，养蚕取丝，其利百倍。”《梓里琐闻》（嘉兴）载：“三眠作茧，缫丝，次为绵，小满动三车。”光绪《桐乡县志·物产》载：“细丝、肥丝，并为乡民蚕织而成，而缫手各别：北乡细丝，南乡多肥丝。细丝可售诸洋商，肥丝则仅供本地机户及金陵贩客。浙江产丝以湖州为盛，而县属青镇亦岁报丝捐一二十万斤，在嘉属为独多，南乡之肥丝不过岁报二万余斤而已。蚕茧质量，浙江地区间颇不一致。”

据《萧山县志稿·物产》载：“绍兴一带的头蚕茧，一斤得丝一两六钱，二蚕仅一两有奇。”卫杰《蚕桑萃编·缫政》载：“湖丝每茧一斤，约缫得丝一两，杭丝一两四五钱。”清光绪三十年（1904 年），《大陆报》称“越茧之美甲天下，嵊县最盛”。农村呈现“郁郁桑连村，家家煮茧忙”的兴旺景象。

19 世纪末 20 世纪初，浙江开始引进座缫机进行机械缫丝。清光绪二十一年（1895 年），杭州、萧山和上虞等地，引进意大利、日本等国的座缫机，家庭副业生产逐渐被工厂规模生产所取代。最早使用的是座缫直缫式丝车，将丝条直接缫到大篗上。后改进为座缫复摇式丝车，先将丝条缫到小篗上，然后再从小篗上将丝条返到大篗上。8 月初，宁波官方拨款支持商人在绍兴县曹娥镇白米堰创办立缫机开源丝厂。湖州庞元济、杭州丁丙集资在拱宸桥如意里创办世经丝厂，进口座缫机 208 台，次年 7 月投产。标志着浙江省机械缫丝业的兴起。

清末浙江主要缫丝厂有以下几处。

（1）开永源丝厂。光绪二十一年（1895 年）创办，厂址设在距会稽（今绍兴）曹娥镇 7.5 千米的白米堰，股东 9 人。据民国《浙江通志·厘金门稿》卷上载：“由政府司库拨款存放生息者，二次共拨银一万两，银圆一万五千元。”设有铁制 6 绪直缫式丝车 208 台，日产丝百斤。光绪二十七年，因无法经营而停业。

（2）杭州世经缫丝厂。光绪二十一年（1895 年）始建，次年夏历七月初七开车。光绪二十四年停闭。据《日本新报》光绪二十一年九月十八日载：“杭州富商丁丙及湖州庞元济等为首，在杭州武林门拱宸桥西南数百步，建设制丝所，曰世经缫丝厂，以本年八月初旬，兴始创业。该厂资本三十万两。工场在楼上。用日本煤，一日耗两吨余。机器用上海磨宜笃公司所制造，与怡和洋行制丝所使用相同。皆新式也。现置 208 个锅，每一个锅，置采丝口六。若总用此等锅缫丝，一日可制丝一担……每担价值百两。”又据《东西商报》光绪二十六年商 55 刊载：“杭州开埠之先，世经丝厂已设，虽未能得利，然在塘栖及绍兴各缫丝厂，去年已出丝 449 担，

①② 〔明〕宋应星：《天工开物》卷上《乃服第二》。

③ 〔清〕爱新觉罗·玄烨：《蚕赋》。

值英金3.98万镑。”

(3)合义和丝厂。光绪二十一年(1895年)筹建,次年投产。厂址设在萧山转坝(亦称转坝头),规模与杭州世经缫丝厂相似。辛亥革命后称庆云丝厂,生产“和合”牌厂丝,行销国外。

(4)大纶丝厂。由丁丙与庞元济合资创办,厂址设在仁和县塘栖镇里仁桥。光绪二十二年(1896年)建成投产,装有缫丝车208台,后扩大到216台,辛亥革命后增加到468台。曾用三眠蚕茧缫制9/11条份,生产金双鹤、银双鹤牌细厂丝。

(5)机器缫丝厂。光绪二十六年(1900年),钱清锐在嵊县山口村创办县里第一家机械缫丝厂。

(6)公益丝厂。清宣统元年(1909年)由王笙甫、范芹甫、温庶青、吴匡四人合资创办。厂址设在湖州市北门外大通桥堍田盛街,占地10余亩。宣统二年投产,有意式直缫车200台,职工400人,产品使用牡丹牌商标,运沪通过洋行直销海外。

民国初期,遵照孙中山发展蚕丝计划,通过试办公营示范丝厂、引进国外先进的制丝设备、实行生丝检验、强化蚕丝管理机构、开拓国际丝绸贸易等,蚕丝生产面貌有所改观。

民国10年(1921年),海宁盐官人祝鼎(字仲峙),在长安镇北塘河东岸,开办鼎新丝厂,丝厂主要设备从原设于觉皇寺附近的官办模范丝厂购得,并改良性能,有5绪木制脚踏缫丝车40台。产品运销上海,至民国13年鼎新丝厂倒闭,为长安义记土丝行老板陈雨亭所买,并投入资金改良缫车,于民国16年在鼎新丝厂原址上筹建长安丝厂(浙江米赛丝绸有限公司前身),占地面积1.15万平方米,有座缫车288台、煮茧机1台、复摇机160台。

民国13年(1924年),海宁地方名士、硖石商会会长徐申如等人合股在硖石镇大荡筹建双山丝厂(海宁中三丝业有限公司前身),有意式直缫车132台。民国15年,嘉兴南汇人蒋来仙、张六生与通惠房产合作社合资10万元,在嘉兴城北杉青闸筹建福兴丝厂(嘉欣金三塔丝针织有限公司的前身),建成后租给徐步云经营,改名为禾兴丝厂。同年创建的还有南浔方丈港汽机改良丝厂、德清武林头祥纶丝厂。

民国16年(1927年),湖州南浔富商庞赞臣、刘梯青等人筹资28万银圆在余杭塘栖兴建塘栖崇裕丝厂(1966年,改名为新华丝厂),引进当时世界上最新式的意大利产5绪座式缫丝机492台,及日本制造的先进技术设备,年产“双鹤”牌白厂丝40余吨,产品全部销往欧美及东南亚等地区。“双鹤”品牌曾长期在国际市场上享有盛誉。民国21年,因受世界经济不景气的影响,且遭日本丝绸的排挤,丝价猛跌,浙江机械缫丝的丝厂大部分陷于停工状态,产量和产值下降。

民国22年(1933年),《浙江省建设月刊》载:“民国21年春,因受丝价暴落影响,丝业一蹶不振,其收买新茧制丝者,茧本较轻,尚可勉强维持,其年,陈茧缫成之丝,则以每担800两至900两的茧本,加上加工费,非1000两以上的售价,不足以维持血本。而国外生丝市场价格,每担不过600两,且受日丝的贬价倾销,丝市阻滞,即使最低价销售,亦不可得。……因此,丝厂停工,工人失业,新茧登场,无人问津。”“今年春季,缫丝厂90%以上倒闭,制种场70%～80%倒闭,干茧积压,蚕户掘桑,改种其他经济作物,蚕丝生产处于一派衰败景象。”为了挽救浙江蚕丝业,政府采取多项措施,如成立省蚕丝统制委员会,发行浙江丝业公债,减税,对陈丝和高价买进的陈茧所缫的出口丝实行补贴等，收到了良好效果，使蚕丝生产经营逐步走出困境。民国24年，《中国蚕丝》第1号刊登浙江大学农学院院长谭熙鸿的文章，称："浙江原有丝厂29家，丝车7000台，24年开工者16家，丝车4000台。浙江为缫制统一优良生丝，开拓海外市场，将统制收买之茧，选择省内外设备技术比较完美之惠纶、开源、杭州、庆云、玉祁、纬成、鹤记、女蚕、振艺、鼎昌、永盛、东乡、怡和等丝厂委托代缫，制成同品级之生丝，用同一之束装，整理运送浙江生丝推销委员会驻沪办事处，分别销售。"

民国26年(1937年)7月，抗日战争全面爆发。为掠夺和控制中国蚕丝资源，民国27年8月10日，日军在上海成立"华中蚕丝株式会社"(通称"华中蚕丝股份有限公司")。在浙江的杭州、嘉兴等地设立出张所，控制和掠夺茧丝资源。民国32年，由于战争影响，日本资金被英美冻结，丝绸销路断绝，蚕丝经营已无利可图，公司遂于当年11月5日解散。

抗日战争期间，浙江蚕丝生产遭受严重破坏。据民国37年(1948年)浙江银行经济研究室编《浙江经济年鉴》记载："抗日战争时期浙江蚕丝损失为：桑园面积减少65.35%；收茧量减少73.21%；茧行减少50%；缫丝机由战前8595台，减少到4474台；产丝量由2.4万担减少到1.75万担。"

抗日战争胜利以后，政府虽曾制订"蚕丝复兴计划"，但收效甚微，蚕丝生产仍停留在低水平状态。民国35年(1946年)，全省实际开业缫丝厂21家，开车数3728台。民国37年《浙江经济》第4卷第5期载：民国36年春，"中蚕公司组织丝厂设备调查团，实际开办丝厂19家，立缫机1110台，坐缫车2251台，共计3361台。又36年秋期增开丝厂3家，合前共计缫丝厂22家，今年(1948年)亦均开工缫丝"。

中华人民共和国成立后，省政府对蚕桑丝绸业的恢复和发展十分重视。先后派驻军代表接管中国蚕丝公司杭州办事处，以及五丰绸厂、崇裕丝业公司、嘉兴绢纺厂、长安丝厂、嵊县锦源丝厂等官僚资本主义企业，开始建立社会主义国有经济。省政府以加工形式委托丝厂代缫生丝，1949年全省有11家丝厂陆续开工，由于茧价较为合理，蚕农生产的绝大部分上茧售给国家。是年，全省有私营缫丝厂27家，缫丝机4594台(5.76万绪)，其中立缫机2268台、座缫车2326台。开工代缫者14家，开工设备2250台，其中立缫机1610台、座缫车640台。

1950年5月31日，中国蚕丝公司根据长安连元丝厂资方徐继昌的要求，同意租赁该厂为直营，改称为"中国蚕丝公司第二丝厂"。租赁合约期自1950年6月9日至1953年6月8日。1950年7月，省中蚕公司以干茧3000吨，委托省内缫丝厂缫制出口生丝。经签订合同后正式开工的有崇裕、纬成、中丝一厂、中蚕二厂(原连元丝厂，即后来的浙丝一厂东厂)、达昌、菱湖、虎林、杭开源、庆成、嵊开源、崇德、锦源、新华、鸿丰等14家丝厂。已开动机台，计立缫机1846台、座缫车784台。另外，尚有11家丝厂亦在积极筹备复工，共拥有立缫机422台、座缫车1030台。

1951年2月，国家副主席刘少奇视察杭州虎林丝厂。4月30日，省工业厅接管清理官僚资本，委托中蚕公司浙江分公司代管海宁长安丝厂(前身为长安合作丝厂)。当时为浙江丝绸工业进一步恢复时期，需要继续调整公私关系和产销关系；对资本家弃厂出走的工厂，组织职工生产自救渡过困难；在私营丝绸厂进行民主改革，废除不合理的旧制度，改善劳动条件，调整劳资关系。1952年,1月11日,中蚕浙江分公司所属中蚕二厂和长安丝厂移交省工业厅浙江丝绸公司接管。2月20日,省政府为改善对缫丝职工的劳动保护,制定《关于保护缫丝业童工暂行办法》《关于缫丝工厂温湿度管理暂行办法》。是年,生产桑蚕丝1200吨。

1953—1957年,缫丝生产有较大发展。1953年,国家开始执行第一个五年计划。丝绸因销路不畅,采取"目前维持,将来稳步发展"的方针。8月,省工业厅纺织工业局和中蚕公司浙江分公司,联合召开省缫丝工业产品质量会议。会议重点要求扭转生产上重产不重质,经营上只顾生产、不问销售的偏向。是年,全省地方国营企业增加到5家,公私合营企业4家,年产丝量1330.1吨,正品平均品位B+27。全年收购蚕茧16455吨,生产桑蚕丝1329吨。

表105-6-1-1　　　　1953年浙江缫丝工业基本情况一览表

厂　名	厂址	职工人数(人)	生产设备数(台)					
			合计		立缫机		座缫机	
			设备	运转	设备	运转	设备	运转
全省总计(21家)		12803	4110	4110	2714	2714	1396	1396
地方国营(5家)		4320	1196	1196	1052	1052	144	144
浙丝一厂	海宁县	2067	408	408	408	408	–	–
浙丝二厂	吴兴县	1053	408	408	408	408	–	–
浙丝三厂	萧山县	373	104	104	104	104	–	–
崇德丝厂	崇德县	470	164	164	44	44	120	120
鸿丰丝厂	杭州市	357	112	112	88	88	24	24
公私合营(4家)		2808	876	876	774	774	102	102
虎林丝厂	杭州市	334	120	120	120	120	–	–
崇裕丝厂	杭县	952	280	280	280	280	–	–
中丝一厂	嘉兴县	927	266	266	266	266	–	–
中丝三厂	海宁县	595	210	210	108	108	102	102
私营(12家)		5675	2038	2038	888	888	1150	1150
庆成丝厂	杭州市	530	200	200	100	100	100	100
天章丝厂	杭州市	533	206	206	126	126	80	80
福华丝厂	杭州市	1149	432	432	332	332	100	100
杭开源丝厂	杭州市	226	90	90	90	90	–	–
达昌丝厂	湖州市	458	168	168	72	72	96	96

续表

厂名	厂址	职工人数（人）	生产设备数(台)					
			合计		立缫机		座缫机	
			设备	运转	设备	运转	设备	运转
大利新丝厂	湖州市	711	144	144	48	48	96	96
中兴丝厂	吴兴县	534	208	208	-	-	208	208
顺丰丝厂	德清县	325	126	126	-	-	126	126
裕纶丝厂	德清县	394	144	144	-	-	144	144
嵊开源丝厂	嵊县	326	120	120	120	120	-	-
荣丰丝厂	海宁县	297	120	120	-	-	120	120
和平丝厂	杭县	192	80	80	-	-	80	80

资料来源：《浙江省丝绸志》，方志出版社 1999 年版，第 88—89 页。

1954 年 1 月，中国丝绸公司确定“发展生产、保证需要，产、供、销密切结合，有计划地积极发展茧丝绸生产”方针。省内私营丝厂（除双宫丝厂）大部分转为公私合营。27 家缫丝厂经过停、转、并，调整为 16 家，并于 1956 年转为地方国营 5 家，公私合营 11 家。1956 年 4 月 3 日，《人民日报》发表《加速发展蚕丝生产》社论。是年，全省白厂丝产量超过历史最高纪录。全年生产桑蚕丝 1717 吨。1957 年，全省丝绸行业深入开展增产节约运动，全面完成第一个五年计划。全年生产桑蚕丝 2048 吨，与 1952 年比较，总产量提高 70.67%，平均品位提高 2.48 级，正品率提高 16.81%。

1958 年 3 月，全部省属丝厂下放给地市县领导，全省蚕茧仓库下放给丝厂代管。1959 年 3 月 5 日，农业部在北京召开全国蚕丝、茶叶生产会议，认为全国已进入飞跃发展新时期，桑蚕茧产量有条件争取翻番。参加会议的蚕丝代表向全国发出《蚕丝生产十大倡议》。12 月 5 日，农业部、外贸部、商业部在北京联合召开全国蚕、茶会议，号召加速发展蚕业生产以适应出口、国内工业和人民生活的需要，向全国发出《1960 年桑蚕茧大面积高额丰产运动的倡议书》。1960 年 3 月，富阳镇城西秦望桥建立富阳立缫厂，市县投资 32 万元，采购立缫机 100 台。5 月 14 日，《人民日报》发表社论《高速度发展蚕茧生产》。是年，全省生产桑蚕丝 1784 吨。

1962 年 1 月，省轻工业厅丝绸管理局向上级报告《关于缫丝工业整编定点的几点意见》，该意见反映了 1959—1961 年蚕茧连年减产，而缫丝生产能力发展太快的问题。根据“调整、巩固、充实、提高”的八字方针，以及“三统一优”（统一计划安排、统一原料分配、统一产品检验，择优安排生产）的原则，将缫丝车调整为 3064 台，减少 35%，生产能力调整到 1532 吨，减少 34%，职工总人数从 2.34 万人调整为 1.65 万人。全省 19 家缫丝厂，按“三统一优”原则，确定嵊县、浙一、菱湖、顺丰、坎山和杭丝联为常年生产厂；停开福华、庆成、富阳、瑞安、温岭等丝厂;其他各丝厂视原料茧供应情况,实行季节性生产。省委批转了这一报告。2月底,省轻工业厅向省委上报精减职工进度,全省19家厂已精减职工3943人,占应减职工数的58.65%,其中转向其他工商业及服务性行业3367人,退休退职423人。停产的福华、庆成丝厂技术干部24人,被分配到其他丝厂继续担任技术工作。1963年,企业管理有所加强,产品质量逐步提高,多数厂转亏为盈,蚕茧生产回升,但由于茧质下降,厂丝产量只达到定点能力的86.1%。是年,全省生产桑蚕丝1127吨,占全国的40%。1964年2月15日,菱湖、湖州、中一、中三、崇裕、坎山、崇德、顺丰、裕纶、嵊县、金华、温丝联等12家缫丝厂划归省丝绸局直接领导。1965年,国家发放丝绸专项贷款,新增与扩大缫丝、织绸、印花生产能力。经省计经委同意,缫丝工业在第一季度增开立缫机628台,招收季节合同工1200人,其中从农村招用人员实行亦工亦农。12月,省计经委又同意1966年新增立缫机412台,自动缫丝机20组,第4次招用合同工1300人。省计经委批准新建临安、临海2家缫丝厂。

"文化大革命"期间,浙江的缫丝生产发展缓慢。1967年4月27日,省丝绸公司在嘉兴丝厂召开煮茧技术交流会,对65-1型煮茧机、自动加茧机等新设备进行了技术总结和鉴定。同年,鄞县丝厂筹建,1971年投产。1969年,全省生产桑蚕丝2977吨。1974年7月20—21日,省丝绸公司在浙丝一厂召开技术革新座谈会,听取省轻科所等单位关于"自动缫丝机索理绪车头改革""丝小篗空处理"和"复摇成筒"等试验情况的介绍,研究和落实了一批重点革新项目,提出进一步试验方案。10月28日,省一轻局为解决缫丝能力跟不上蚕茧增产的矛盾,决定发展一批集体和社办丝厂,增加立缫机1000台,年产厂丝500吨。1975年,浙江缫丝工业采取了"两条腿走路"的方针,在发展国营企业的同时,大力发展公社丝厂和县办大集体丝厂。经省一轻工业局批准,同意新建公社丝厂有:临安玲珑山公社丝厂、长兴夹浦公社丝厂、桐乡民合公社丝厂、德清城关公社丝厂、海盐沈荡公社丝厂、新昌澄潭公社丝厂、衢县下张公社丝厂、兰溪双牌公社丝厂、东阳公社丝厂、嘉兴凤桥公社丝厂、吴兴练市公社丝厂、吴兴新溪公社丝厂共12家,规模为立缫机各40台。同意新建县办集体丝厂有开化丝厂、江山丝厂、永康丝厂、嘉善丝厂4家,规模为立缫机60台。同意嵊县黄泽、白鹤、新民三公社各办丝厂1家,规模为立缫机60台。属于扩建、调整的丝厂有:藻溪丝厂由生产大队经营改为公社经营;同意改造吴兴戴山、长超两家社办丝厂,规模为立缫机各40台;余杭勾庄向阳丝厂、临海更楼丝厂、嵊县开源农工丝厂扩台,立缫机从各20台扩大为40台;同意红星丝厂(原崇德丝厂)出口措施项目资金210万元,新建自动缫丝机10组,复摇机360台;同意鄞县丝厂扩台,立缫机由44台扩大至120台;同意新建地方国营象山丝厂,规模为立缫机120台。是年底,全省共有缫丝机9332台,其中社办丝厂有缫丝机3160台,其中用来缫白厂丝的2280台、缫农工丝的880台。全年生产桑蚕丝4677吨。

1976年,省一轻局同意新建的社办丝厂有湖镇农工丝厂、余杭丝绵加工场及海宁袁化、海盐圩城、德清士林、诸暨同山公社丝厂,规模为立缫机各40台;海宁斜桥、海盐百步、嘉兴澄溪、仙居城东等已办公社丝厂,同意列入省定点生产。全年生产桑蚕丝4454吨。1977年2月12日,由嘉兴永红丝厂承担的40/44D丝小篗成筒试验项目通过鉴定并投入生产。12月14—16日,日本神荣公司安达悟等2人来杭进行丝绵线加工技术交流和参观访问,并带来

“纺、返联合”的制丝绵线样机1锭，装有自动定长、纺速调节等部件，轻便灵巧。是年，全省生产桑蚕丝6000吨。1977年，新建淳安县汾口公社缫丝厂、东阳红旗公社缫丝厂，规模为立缫机各40台。嵊县新民、白鹤、黄泽三社办丝厂列入计划生产，其中：黄泽40台，新民、白鹤暂定20台。省丝绸公司安排部分社办丝厂进行设备改造，计有海宁红旗48台，嘉兴洛东、南汇、双桥各48台，桐乡虎啃、同福48台，留良60台，吴兴溪西48台，余杭丁河60台，浦江平安48台。

1978年，西欧客户对出口生丝抱合力下降提出意见，纺织工业部、商检局等联合发出《请研究我生丝抱合力下降原因及提高抱合力的措施》的通知。9月，召开全省16家丝厂的抱合力研究技术会议，落实试验任务。1979年1月19日，嵊县丝厂缫出一批国内最高品位的6A级白厂丝。3月10—14日，在杭州召开了全省科学大会，丝绸行业有9个项目受到大会奖励，其中丙烯腈－蚕丝蛋白接枝共聚纤维、小篗成筒——40/44D筒装生丝获得二等奖，蚕茧微波干燥解决蛹体爆破及工艺条件获得三等奖。4月23日，浙江制丝一厂生产出口一批11/13D3A级生丝，中国纺织品进出口公司专门为此发来电报祝贺。7月9日，嵊县丝厂“梅花”牌Z2/27D桑蚕丝被纺织工业部命名为第三批名牌产品。

1981年，双宫丝出口销售呆滞，全年收购量达90吨，出口仅20吨。同年，桐庐丝厂因原料茧供应无着落而转产。1982年，春蚕饲养期间气温偏高，以及落黄沙、空气污染等原因，湖州、桐乡、海宁、德清、余杭等5个主要产茧县、市出现蚕病，比计划减产2500吨，茧质下降，茧丝长1006.1米，解舒丝长594.4米，解舒率59.08%，分别比上年降低32.6米、58.6米、4.75%。是年，全省生产桑蚕丝8306吨。

1987—1990年，“蚕茧大战”造成蚕茧收购价格混乱、茧丝质量下降。1989年，全省茧丝运输实行准运证制度，资源外流有所控制，缫丝、丝织生产能力盲目扩大势头开始得到遏制，蚕茧收购混乱状态、掺杂掺假、抬价抢购现象一度好转。全省丝类产品总产量达1.26万吨，比上年增长1.92%，桑蚕丝正品率达99.84%，平均品位3A＋06，保持上年水平。

1992年9月18日，省计经委、统计局、财政厅、劳动厅、人事厅联合发文，公布经全国划分企业类型协调小组审定批准的浙江大型工业企业名单，其中崇德丝厂、杭州新华丝厂、湖州丝厂、嘉兴制丝针织联合厂、浙江制丝一厂、浙江制丝二厂等为大型二档企业。

1993年2月6日，省计经委、省工商局发出《关于撤销“茧、丝、坯绸和绢纺原料准运证”的通知》。是年，蚕茧生产因自然灾害等原因，减收2万多吨，而缫丝生产加工能力扩大，造成蚕茧原料缺口达三分之一以上。是年，全省归口企业拥有缫丝机2.25万台，其中自动缫丝机2292台，比1990年1402台增加890台。1994年，全省蚕茧产量继续下降，而缫丝加工能力仍盲目扩大，造成蚕茧原料供求严重失衡，蚕茧价格大幅上扬。同时，国际丝绸市场疲软，茧丝绸出口价格下滑，出口竞争加剧，制丝行业的形势十分严峻。1995年4月19日，省政府发出的《关于严格控制我省缫丝加工能力意见的通知》指出：全省缫丝机已超过4万台，年需蚕茧20多万吨，茧资源缺口三分之一，以致原料供需矛盾日趋尖锐。6月21日，杭州缫丝试样厂停止试样工作，蚕茧试样由浙江省第三茧质检定所承担。至1995年底，全省缫丝企业407家，其中国有企业45家，县办集体企业7家，乡村办和其他企业355家。全省拥有缫丝机

5.44万台，其中自动缫丝机7474台，自动缫丝机占缫丝机总数的13.74%。1995年末我国缫丝机拥有22.5万台，其中自动缫丝机2.8万台，浙江省的缫丝机数量约占全国的24%。

1997年3月13日，省政府在杭州召开了全省整顿压缩缫丝加工能力工作会议，并以签订责任书的形式落实重点地区的压台拆机工作。各地对缫丝企业进行摸底调查，并完成了第一阶段的缫丝企业整顿。通过整顿，全省发放准产证的缫丝企业178家，生产能力61.86万绪，分别为整顿前的43.5%和56.7%。1997年9月11日，省公司制订《浙江省丝绸行业结构调整总体方案》。1999年，全省缫丝企业数量下降到181家，但自动缫的绪数则从1998年的14.95万绪上升到20万绪，自动缫丝机的比例提高到32.3%。2000年，全省生丝产量3.24万吨，白厂丝正品率100%，平均品位3A93。

2001年，受蚕茧价格上扬的刺激，蚕农的生产积极性进一步提高，蚕茧产量比上年有所增加，但丝价下降，缫丝业出现全行业亏损，嘉善县丝厂等缫丝企业破产。2002年，市场行情持续低迷，茧丝价格一直在历史低位徘徊。浙江有持准产证缫丝企业180家，能正常开工的占60%～80%。据省丝绸协会对近30家县(市)蚕茧收购单位上报的数据统计，2003年全省生产白厂丝1.03万吨，同比增长20.25%；白厂丝平均品位达到4A75。

2004年，世界经济进一步复苏，茧丝价格上涨。据省丝绸协会对近30家县(市)蚕茧收购单位的数据统计(统计数占全省的95%左右)，全省白厂丝1.11万吨，白厂丝平均品位4A57。至2005年，茧丝价格快速走高，到年底，干茧价最高超过9万元/吨，丝价超过30万元/吨，均创历史最高纪录。商务部2005年12月27日发布公告，确定取得2006—2007年全国缫丝企业生产准产证的名单。浙江的163家缫丝企业获得准产证，缫丝能力35.88万绪，自动化率87.8%，缫丝企业数量和缫丝加工能力仍占全国第一，自动化程度名列前茅。是年，全省白厂丝产量1.08万吨，厂丝平均品位4A45。

2006—2010年，国家实施"东桑西移"政策，缫丝企业开始向西部转移，浙江的蚕茧产量、缫丝企业数量和白厂丝产量继续呈下降趋势。2006年，市场的茧丝价格高位回落，直接影响缫丝企业后续发展。是年，湖州丝绸之路集团在广西来宾市建成丝绸之路集团广西分公司，适应"东桑西移"战略调整，把丝绸前道放在资源富集地，且当年投产，当年赢利。2007年，浙江省缫丝企业生产准产证复审工作结束，全省有153家缫丝企业通过复审，比上个复审年度减少10家；缫丝机总规模36.8万绪，其中自动缫丝机34.7万绪，自动缫丝机比例达到94.3%，比2005年度复审换证时提高6.5个百分点，有135家缫丝企业完全实现缫丝自动化生产。随着"东桑西移"的深入发展、蚕桑生产和丝绸初加工的生产区域和结构的变化、劳动力成本的不断提高，浙江缫丝企业数量和加工能力还在继续减少与下降。2009年，丝价快速下跌后逐步回升，一路上扬，缫丝业减亏。全省122家缫丝企业通过2010年生产准产证复审，缫丝自动化水平达到96.7%，122家企业中有113家完全实现缫丝自动化生产。

表 105-6-1-2　　2010 年浙江省缫丝企业生产准产证复审合格名单一览表

企业名称	经济类型	核准规模(绪)			准产证编号
		合计	立缫	自动缫	
全省合计(122 家)		308200	10280	297920	
杭州市(20 家)		44440	1080	43360	
余杭区(7 家)		18960		18960	
杭州丝路达制丝有限公司	有限责任	2800		2800	SZC048100001
杭州金利丝业有限公司	有限责任	4800		4800	SZC048100002
杭州七星制丝有限公司	有限责任	1600		1600	SZC048100003
杭州余杭旺成丝绸有限公司	有限责任	1360		1360	SZC04810000
杭州华峰丝绸有限公司	有限责任	1600		1600	SZC048100005
杭州余杭思裕丝业有限公司	有限责任	3200		3200	SZC04810000
杭州震远丝绸有限公司	私营	3600		3600	SZC048100007
临安市(2 家)		2800		2800	
临安市乐平丝厂	私营	1600		1600	SZC048100008
临安市乐平志荣丝织原料厂	私营	1200		1200	SZC048100009
淳安县(7 家)		16680	1080	15600	
淳安县汾口制丝有限公司	股份有限	2280	1080	1200	SZC048100010
杭州千岛湖兴盛丝业有限公司	有限责任	1600		1600	SZC048100011
杭州商辂丝绸有限公司	有限责任	3200		3200	SZC048100012
淳安县千岛湖茧丝发展有限公司	有限责任	2400		2400	SZC048100013
杭州林煌丝业有限公司	股份有限	2400		2400	SZC048100014
杭州淳安晨盛丝绸有限公司	有限责任	2400		2400	SZC048100015
杭州千岛湖盛唐丝业有限公司	有限责任	2400		2400	SZC048100016
桐庐县(4 家)		6000		6000	
杭州丽晓丝业有限公司	股份有限	1600		1600	SZC048100017
桐庐顺风丝绸有限公司	有限责任	1600		1600	SZC048100018
桐庐兴成纺织原料有限公司	有限责任	1200		1200	SZC048100019

续表 1

企业名称	经济类型	核准规模（绪）			准产证编号
		合计	立缫	自动缫	
桐庐宏丽纺织原料厂	私营	1600		1600	SZC048100020
嘉兴市（43 家）		113480	8720	104760	
嘉兴市区（6 家）		16800		16800	
浙江嘉欣金三塔丝针织有限公司	有限责任	4000		4000	SZC048200021
嘉兴市嘉欣制丝有限责任公司	有限责任	5200		5200	SZC048200022
嘉兴市景益制丝有限公司	股份合作	2800		2800	SZC048200023
嘉兴市八字丝业有限公司	股份合作	2000		2000	SZC048200024
嘉兴市建设丝厂	股份合作	1600		1600	SZC048200025
嘉兴市联星丝绸织造公司	股份合作	1200		1200	SZC048200026
平湖市（1 家）		1600		1600	
平湖市秀溪丝厂	私营	1600		1600	SZC048200027
嘉善县（3 家）		4800		4800	
嘉善丁栅金鸿制丝有限责任公司	有限责任	1600		1600	SZC048200028
嘉善日中天制丝有限责任公司	有限责任	1600		1600	SZC048200029
嘉善惠通丝业有限公司	有限责任	1600		1600	SZC048200030
海盐县（3 家）		9600		9600	
海盐中达丝业有限公司	股份有限	3200		3200	SZC048200031
浙江三环丝绸股份有限公司海盐丝厂	股份有限	4800		4800	SZC048200032
海盐县通元丝厂	股份合作	1600		1600	SZC048200033
海宁市（7 家）		22160	1760	20400	
海宁市佳丝丽丝业有限公司	私营	3280	480	2800	SZC048200034
海宁市华芝丝绸有限公司	私营	1600		1600	SZC048200035
海宁市东方丝绸有限公司	有限责任	1600		1600	SZC048200036
海宁中三丝业有限公司	有限责任	2400		2400	SZC048200037
浙江米赛丝绸有限公司	有限责任	8000		8000	SZC048200038

续表 2

企业名称	经济类型	核准规模(绪)			准产证编号
		合计	立缫	自动缫	
海宁虹宇制丝有限责任公司	有限责任	3280	1280	2000	SZC048200039
海宁市花园制丝有限公司	有限责任	2000		2000	SZC048200040
桐乡市(23 家)		58520	6960	51560	
桐乡市梧桐丝业有限公司	股份有限	2400		2400	SZC048200041
桐乡市石门丝绸有限公司	私营	2000		2000	SZC048200042
浙江华芝丝绸有限责任公司	有限责任	2400		2400	SZC048200043
桐乡市骑塘丝厂	私营	2720		2720	SZC048200044
桐乡市雪松丝绸有限公司	有限责任	4000		4000	SZC048200045
桐乡市高桥制丝有限公司	私营	2400		2400	SZC048200046
桐乡市华良丝绸有限责任公司	合资经营	4000	1600	2400	SZC048200047
桐乡市银河丝厂	股份合作	2400		2400	SZC048200048
桐乡市华灵丝绸有限责任公司	有限责任	2160		2160	SZC048200049
桐乡市美宏丝绸有限公司	有限责任	2400		2400	SZC048200050
桐乡市大洋丝业有限公司	有限责任	3280	1280	2000	SZC048200051
桐乡市炉头制丝有限责任公司	有限责任	2400		2400	SZC048200052
桐乡市虎啸丝业有限公司	有限责任	1600		1600	SZC048200053
桐乡市青石丝厂	股份合作	3600	2000	1600	SZC048200054
桐乡市晚村丝厂	股份合作	2400	800	1600	SZC048200055
桐乡市凯迪丝业有限责任公司	私营	2400		2400	SZC048200056
桐乡市玉溪制丝有限公司	私营	2000		2000	SZC048200057
桐乡市华锋丝业有限公司	有限责任	1600		1600	SZC048200058
桐乡市义马丝厂	私营	1360		1360	SZC048200059
桐乡市南日制丝有限公司	有限责任	600		600	SZC048200060
桐乡市嘉梧制丝有限公司	私营	2000		2000	SZC048200061
桐乡市永秀制丝有限责任公司	有限责任	2400	1280	1120	SZC048200062
桐乡市崇德丝业有限公司	有限责任	6000		6000	SZC048200063

续表 3

企业名称	经济类型	核准规模(绪)			准产证编号
		合计	立缫	自动缫	
湖州市(54 家)		141280	480	140800	
湖州市区(26 家)		67680	480	67200	
湖州浙丝二厂有限公司	民营	8800		8800	SZC048300064
湖州大东吴丝绸有限公司	有限责任	6800		6800	SZC048300065
湖州中维双林制丝有限公司	股份有限	6000		6000	SZC048300066
湖州佳思雨丝绸有限公司	有限责任	1600		1600	SZC048300067
湖州新双龙丝业有限公司	有限责任	2400		2400	SZC048300068
湖州东兴丝绸有限公司	私营	3200		3200	SZC048300069
湖州瑶庄丝业有限公司	有限责任	1600		1600	SZC048300070
湖州银河丝绸有限公司	有限责任	2080	480	1600	SZC048300071
湖州海爱制丝有限公司	私营	1600		1600	SZC048300072
湖州祥兴丝业有限公司	股份合作	3200		3200	SZC048300073
湖州仲湖制衣有限公司	私营	1200		1200	SZC048300074
湖州市长超利源制丝有限公司	股份有限	2400		2400	SZC048300075
湖州南浔双和制丝有限公司	股份有限	1600		1600	SZC048300076
湖州海源丝业有限公司	有限责任	2000		2000	SZC048300077
湖州菱湖翔源丝绸有限公司	有限责任	2400		2400	SZC048300078
湖州耀嘉丝绸有限公司	有限责任	2800		2800	SZC048300079
湖州市菱湖荣顺丝业有限公司	有限责任	2400		2400	SZC048300080
湖州市锦山强盛制丝有限公司	有限责任	2000		2000	SZC048300081
湖州市石淙盛昌丝业有限公司	有限责任	2800		2800	SZC048300082
湖州佳宝丝绸有限公司	有限责任	2400		2400	SZC048300083
湖州市千金利得利丝业有限公司	有限责任	1600		1600	SZC048300084
湖州韵峰丝绸有限公司	股份有限	1600		1600	SZC048300085
湖州市双杰皮业有限公司辑里丝厂	有限责任	1200		1200	SZC048300086

续表 4

企业名称	经济类型	核准规模(绪)			准产证编号
		合计	立缫	自动缫	
湖州桑利制丝有限公司	有限责任	1200		1200	SZC048300087
湖州市千金金耀制丝有限公司	有限责任	1600		1600	SZC048300088
湖州市千金汇丰丝绸厂	个人独资	1200		1200	SZC048300089
长兴县(1 家)		3200		3200	
长兴荣达纺织有限公司	有限责任	3200		3200	SZC048300090
安吉县(2 家)		6000		6000	
安吉县丰顺制丝有限公司	股份有限	4400		4400	SZC048300091
安吉县万顺制丝有限公司	股份有限	1600		1600	SZC048300092
德清县(25 家)		64400		64400	
德清县天顺丝业有限公司	股份有限	1600		1600	SZC048300093
浙江金鹰丝业有限公司	股份有限	6400		6400	SZC048300094
德清县华宝丝业有限公司	台商独资	4000		4000	SZC048300095
德清县华荣丝业有限公司	股份有限	3600		3600	SZC048300096
德清县双益制丝有限责任公司	股份有限	2400		2400	SZC048300097
湖州美丽制丝有限公司	股份有限	1600		1600	SZC048300098
德清县油车制丝有限公司	民营独资	3200		3200	SZC048300099
德清金旺制丝有限公司	股份有限	2000		2000	SZC048300100
德清县天水丝业有限公司	股份有限	2400		2400	SZC048300101
德清县盈溢丝绸有限公司	股份有限	3200		3200	SZC048300102
德清县顺兴制丝有限公司	股份有限	1600		1600	SZC048300103
德清县荣胜生物科技有限公司	股份有限	2000		2000	SZC048300104
浙江省德清县新联制丝有限公司	股份有限	4000		4000	SZC048300105
湖州万家利丝业有限公司	股份有限	3200		3200	SZC048300106
德清县嘉利达丝绸有限公司	股份有限	4000		4000	SZC048300107
浙江省德清县嘉伟制丝有限公司	股份有限	1600		1600	SZC048300108
德清县雷民制丝有限公司	股份有限	2000		2000	SZC048300109

续表 5

企业名称	经济类型	核准规模(绪)			准产证编号
		合计	立缫	自动缫	
德清县金华夏实业有限公司	股份有限	2000		2000	SZC048300110
德清县佳丝利制丝有限公司	股份有限	4000		4000	SZC048300111
德清县干山制丝有限公司	股份有限	1600		1600	SZC048300112
德清县李氏丝绸有限公司	股份有限	1600		1600	SZC048300113
德清县悦达丝绸有限公司	股份有限	1200		1200	SZC048300114
德清县雷益制丝有限公司	股份有限	2400		2400	SZC048300115
德清县翼晨制丝有限公司	股份有限	1600		1600	SZC048300116
德清县天盛丝绸有限公司	股份有限	1200		1200	SZC048300117
绍兴市(2 家)		3200		3200	
嵊州市莎绫美服装服饰有限公司	私营	1600		1600	SZC048400118
嵊州市银龙丝绸有限公司	有限责任	1600		1600	SZC048400119
衢州市(3 家)		5200		5200	
浙江千万缕丝绸有限公司	有限责任	1600		1600	SZC048500120
开化县新之路丝绸有限公司	有限责任	1200		1200	SZC048500121
浙江皇岸茧丝绸有限公司	私营	2400		2400	SZC048500122

资料来源:《中国丝绸年鉴》(2010 年),中国丝绸协会、《丝绸》杂志社 2010 年编印。

二、蚕丝经营

周代,丝已在市场上买卖。南齐永明六年(488 年),会稽(今绍兴)成为南朝蚕丝交易的中心。宋代,蚕丝贸易已十分普遍。陆游《泊上虞县》诗有“喜见时平象,新丝入市稠”句。蒙古窝阔台汗八年(1236 年,南宋端平三年)开始制定制度,将生丝作为税收而大量征收:“每二户出丝一斤,并随路丝线、颜料输于官;五户出丝一斤,并随路丝线、颜料输于本位。”①元代统治者推行的丝税制,促进了缫织的分解,蚕丝大量进入市场,使蚕丝从农妇丝织原料的特性,较多地转变为商品的特性,缫、织逐渐分化。海上贸易也较为发达,元代建德产丝,商人常溯钱塘江而上求丝,即所谓“蚕乡丝熟海商来”。明代,贩卖丝绸之风盛行,浙江的生丝贸易已十分发达。广东的“粤缎必用吴丝”。福建的丝绸、漳州的纱绢,均仰给湖丝。江苏的江宁(今南

① 《元史》卷九十三《食货一》。

京)所用之丝,皆源于吴越。当时辑里丝畅销国内外。甚至南浔、菱湖、双林、练市、长兴、硖石、乌程等地的丝,以至震泽地区,都竞相仿效,缫制细丝,都称辑里湖丝。四方商贾,俱来收丝。据张瀚《松窗梦语》卷四载:杭州“桑麻遍野,茧丝绵纻之所出,四方咸取给焉。虽秦、晋、燕、周大贾,不远数千里而求罗、绮、缯、帛者,必走浙之东也”。

清代初期,生丝的国际贸易发展较慢,而国内贸易十分普遍。朝廷严密封锁海域,尤其对丝货的输出,禁限更严。康熙初年,允许与政府有特权的商人进行有限的贸易。乾隆二十四年(1759年),丝绸已成为大宗出口产品,国内贸易更是十分活跃。特别是辑里丝,更是闻名全国。19世纪20年代起,法、意、英等国对丝绸机械的广泛应用,使生产效率和产品质量大大提高,进而对蚕茧和生丝需求与日俱增。外商在上海开设茧行、丝行、丝厂,大量压价收购浙江蚕茧、生丝。丝行是外国资本掠夺生丝的主要渠道。五口通商后,浙江各产丝地区开设许多丝行,如长兴一带就有百余家,余杭有5家,杭州有76家。大部分浙江生丝转手外销或外商直接收购。光绪二十一年(1895年)中日《马关条约》签订后,洋商、沪商纷至浙江设茧行或租行买茧。民国21—24年(1932—1935年),蚕丝在国际市场上受日本生丝、人造丝的激烈竞争,加上技术落后,经营不善,致使销量锐减、丝价猛跌,蚕丝生产陷入困境。民国24年6月,成立省生丝推销委员会,将全省划分为10个蚕区。

抗日战争全面爆发后,蚕丝生产遭受日军空前破坏。抗日战争结束后,国民政府对茧丝经营出台了一些鼓励政策。民国35年(1946年)6月,南浔、震泽两地经营辑里丝经同业26家,为便于对外运销及向国家银行贷款,特在上海组织震南辑里联合丝号。以辑里丝5000市担,市价每磅6美元,在出口前以市价8折作抵押,向中国农民银行、上海中国银行、上海交通银行贷款20亿元,以销售所得外汇归还,时间为3个月。民国36年5月,省蚕丝产销协导会由收茧贷款银团联合管理处浙江区管理处改组而成,分别在杭州、嘉兴、吴兴、新嵊设分区办事处,对收茧、缫丝的产销实行协导工作。9月,秋茧由国家行局贷款收购,茧价以烘折300斤,缫折460斤,茧价每50千克108万元为标准,但米价、土丝价格高涨,农民不肯售茧,竞缫土丝。

中华人民共和国成立后,浙江的蚕茧和生丝的经营以统一购销为主。1950年5月,又以上年秋茧易丝代缫,由中国蚕丝公司浙江分公司统一收购,仅有少量土种茧农民自留缫土丝。收购改良茧9838.3吨,土种茧2839.9吨,共计1.27万吨,烘成干茧4000吨,其中3000余吨委托省内缫丝厂代缫,其余委托苏南丝厂代缫。5月11日,成立中国蚕丝公司浙江分公司,采用加工代缫、以丝易茧、兑付工缴的办法,开展经营活动。7月,中蚕公司浙江分公司邀请省商业厅、省工矿厅和缫丝业同业公会等单位代表,讨论当年代缫代织问题。会议决定春茧代缫标准为:每100千克D级生丝工缴食米780千克、煤2吨,下脚归公司所有。秋茧收购改良茧1941吨,生产白厂丝约1.2万件,其中由国营企业自款收茧缫成白厂丝折的835件,占6.96%,各厂在市场销售216件,占1.79%,中蚕公司委托丝厂加工收购1.1万件,占91.28%。1951年5月,中蚕公司浙江分公司与各丝厂以保本保息的原则,联购春茧、预购生丝。各丝厂所收鲜茧缫制的生丝,原则上由中蚕公司全部收购,并订立预购合同。6月1日,中蚕公司浙江分公司、省土产公司、杭州丝织、丝商同业公会,为稳定土丝市场,扶助丝织工业生产，发展内销绸城乡贸易业务，联合组成“浙江土丝联营处”，在硖石、湖州、新市、双林、菱湖、长安等16个主要地区，委托土产公司及合作社设站收购土丝。6月，杭州市商业局在东街路绸业市场内成立丝业市场。7月，湖州在下北街、局前巷内设场交易。10月底浙江土丝联营处撤销，后期业务由中蚕公司浙江分公司办理。11月，中蚕公司浙江分公司实行新茧工缴，以C级为标准，并规定了丝级差金。1952年6月，中蚕公司浙江分公司为解决土丝出路、稳定土丝价格、统一掌握土丝供销，委托省供销合作总社，在土丝产地由基层供销社代理土丝收购业务。

1953—1957年，全省蚕茧和生丝主要为统一购销。1953年，由于茧丝成本高，销不出去，中蚕公司积压近1万亿元产品。为此，当年蚕茧生产维持上年水平，减少收购量，调低茧价。茧价50千克中准价，由上年83万元调低到70万元（实际折价69.72万元），调低15.66%。1955年，对私营工商企业进行改造，除双宫丝厂外，全部私营缫丝厂转为公私合营。1956年4月，土丝、丝绵采购工作均由各县农采局负责，所收土丝、丝绵全部运交中蚕公司浙江省分公司，县局不准搞供应业务。1957年，改变厂丝加工关系为购销关系。1958—1960年的“大跃进”时期，蚕茧和生丝实行统一购销。1962—1969年，蚕茧和生丝继续实行统一购销，并根据实际情况，对价格进行调整。1962年吨丝出口价1万多美元，还供不应求。1964年9月，省轻工业厅丝绸管理局修订《桑蚕干茧核价办法》，根据茧质优劣，合理核定茧价（供应价），国营丝厂按省试样价核定，社办丝厂按省试样价加18%核定。1965年，省丝绸公司重新颁布了《土丝收购业务参考资料的品质标准》。是年，全省蚕茧产量比上年增长36%以上，土丝工场有所增加。因此，省计经委批转省丝绸公司《关于农村加工土丝生产的意见》，明确规定农村土丝生产工场应以大队主办或几个大队合办，不允许个体办，由当地国营丝厂指导等原则和几项具体意见。此后，各地农村的土丝工场发展迅速。1969年9月10日，省丝绸公司向省生产指挥组提出《关于改革丝绸加工关系和产销关系的报告》，将丝绸工贸由加工关系改为购销关系，原来由外贸管理的品种计划、原料调度、花色安排、成品规格、质量检验、成本核算等移交当地工业部门。

20世纪70年代，茧丝价格几经变动，但仍然为统一购销。1970年5月12日，省轻工业局根据《浙江省国营企业综合税试行办法》，制定《浙江省丝绸工业贸易联合业务纳税改革的暂行规定（草案）》。6月29日，杭州市财税局同意从6月份起施行。是年，白厂丝出口每吨平均价格1.82万美元，土丝出口每吨平均价格1.48万美元，双宫丝出口每吨平均价格1.18万美元。1971年7月1日，根据省商业局、省轻工局《关于茧、丝、绸工贸归口管理问题的联合通知》要求，温丝联蚕茧业务移交温州土产公司经营。11月，双宫茧由原省轻工业局调拨，改为双宫丝厂直接与各产茧县发生购销关系，双宫茧价格由省商业局土特产公司统一规定执行。1972年5月2日，省革委会生产指挥组发出的《关于调整丝绸工商体制问题的通知》划分业务范围：蚕茧由省轻工业局经营，委托商业部门代收代烘；农工丝由省轻工业局经营；丝绵、土丝、社会用丝由商业局经营。1974年，省一轻局丝绸公司核定长把丝、筒装丝出厂价格。在同规格条份、同等级丝的出厂价（4050元）基础上，增加包装等费用。长把丝每100千克增加20元，筒装丝增加80元。其他规格、等级的长把丝、筒装丝一律按上述标准增加。外贸部、国家计委决定干茧对日出口，浙江对日出口干茧2070吨。1975年3月，中国纺织品进出口公司决定，对 20/22D 的 2A 级白厂丝出厂价的补贴，从每 100 千克 4180 元调整为 4300 元。省一轻局、省财政金融局转发了《关于对收购白厂丝实行临时补贴的通知》，补贴方法为：以省丝绸公司 1974 年调拨出口的厂丝补贴总收入 203.3 万元为基础，按同年全省国营丝厂白厂丝总产量 2309.81 吨平均分配，每 100 千克丝补贴 88 元，由省丝绸公司汇给各丝厂。双宫丝及全省生产的农工丝，因原料茧供应价未超过部订出厂价的基数，不予补贴。各国营缫丝厂对此项补贴款可列作营业外收入。5 月，中国纺织品进出口公司浙江分公司经请示总公司后，调整桑蚕丝绸调拨价格：每 100 千克丝价补贴分别为白厂丝 120 元，双宫丝 90 元，农工丝 96 元，打线丝、绝缘丝根据耗用的厂丝 120 元，调拨费率从原 1.77%调整为 1.4%（包括商检费 0.1%）。直接费用一律按每 100 千克 5 元计算。调整后的桑蚕丝调拨价格，统一自 1975 年 6 月 1 日起执行。

20 世纪 80 年代，市场经济不断发展，茧丝的统一购销政策也出现了新的变化。1981 年经省政府决定和国家进出口管理委员会、外贸部、财政部批准，1 月 1 日起，省丝绸商品由省公司自营出口。1 月 1 日，省物价委员会规定自该日起，缫丝用干茧每 100 千克平均供应价由 938 元调整为 1144 元，20/22D 的 2A 级厂丝按规定出厂价每 100 千克 4180 元给价外补贴 620 元，绸缎按用丝量每千克 20/22D 的 2A 级厂丝价外补贴 16 元，价外补贴不并计销售收入。1 月 23 日，省财政厅、轻工业厅相应下达《关于 1981 年茧、丝、绸财务结算及会计核算的有关规定》，明确"对原由外贸补贴计入工业产品成本，以内销零售价和织绸以外的社会用丝供应价不作变动为原则"。1982 年 1 月，省丝绸公司开始执行《关于议价茧供应办法的通知》。规定社办丝厂加工议价茧，茧款由社办丝厂承担，国营丝厂缫用议价茧而增加成本，由丝厂向财税部门申请批准后，以减免税照顾。由于蚕茧超基数留成分配比例不当，蚕茧原料出现国营丝厂吃不饱、社办丝厂吃不了的情况。1985 年 1 月 29 日，省政府发出的《关于全省丝绸行业经济体制改革试行方案》指出：要"发挥优势，搞活企业，外贸统一，内贸放开，权力下放，减少层次，补贴包干，自负盈亏"。

1987 年 7 月 18 日，省政府发出《关于改进和加强茧丝绸收购经营管理的通知》，明确茧丝绸实行由省公司统一收购、统一调拨、统一出口、统一经营的体制。11 月 2 日，国务院批转 1988 年外贸体制改革方案，包括生丝在内的丝类和坯绸被列为第一类出口商品，实行指令性计划，由指定的国家外贸公司统一经营。1988 年 3 月 24 日，国家物价总局发出《关于整顿厂丝和下放绸缎价格管理权限的通知》，白厂丝出厂价从每吨 5.4 万元提高到 7 万元，主产区上下浮动 5%或 10%。4 月 22 日，根据江、浙两省省长指示，两省茧丝主管部门及税务局领导在杭州商讨实行"丝类产品调节基金"问题，取得一致意见。4 月 30 日，省政府下发《关于对丝类产品征收调节基金的规定》。9 月 22 日，国务院发出《关于蚕茧收购和出口全部实行统一经营管理的通知》，要求防止抬价抢购，制止"蚕茧大战"，并对丝类（包括蚕茧及短纤维）的出口作出了严格的限制。1989 年 3 月，国家物价局、经贸部发出《关于完善蚕茧最高限价的通知》。7 月 1 日起，浙江省各丝类出厂价格重新调整。1990 年 7 月 31 日，据省丝绸联合公司统计，公司库存丝类商品 2397 吨。1987—1990 年"蚕茧大战"时期，中国白厂丝出口价格从 1986 年的 2.7 万美元/吨，到 1987 年的 3.3 万美元/吨，再至 1989 年达到 5.0 万美元/吨。直至1990年,由于国务院、省政府高度重视,加上国际丝绸市场“丝绸热”趋于降温,历时4年的“蚕茧大战”才得以基本制止,但给茧丝生产经营造成了负面影响。

1991年2月10日,省政府授权省丝绸公司对全省丝绸行业实行全行业归口管理,所有丝绸工业企业在不改变所有制和隶属关系的前提下,纳入省公司的行业管理。1992年4月30日,省政府发布《关于做好茧丝绸生产经营工作的通知》,明确1992年的茧丝绸工作以提高质量为中心,继续稳定收烘秩序,努力开拓国际市场,推进丝绸体制改革,保持茧丝绸生产的稳定增长。7月18日,全省十大专业市场之一的嘉兴南方丝绸市场新区建成开业。10月10日,嘉兴市与中国丝绸工业总公司、中国丝绸进出口总公司及江苏、四川、浙江省丝绸公司签订在嘉兴筹建全国茧丝绸交易市场的协议,第一期投资2225万元,占地6.27公顷。1993年2月6日,省计经委、省工商局发出《关于撤销“茧、丝、坯绸和绢纺原料准运证”的通知》。7月28日,中国茧丝绸交易市场在嘉兴举行茧丝交易试开业典礼。1994年5月8日,省政府发出《关于做好今年蚕茧生产和经营工作的通知》。由于受国际市场的影响,1995年桑蚕丝平均出口价格为2.71万美元/吨,比上年下降8.35%。出口厂丝价格的下降,带动国内茧丝价格的下降。

1996年3月12日,省政府发出《关于茧丝绸实行贸工农一体化经营管理的通知》,决定对全省茧丝绸实行贸工农一体化经营管理。1996年蚕茧大幅减产,蚕茧供应紧缺,干茧、厂丝价格涨幅较大,同时,受市场疲软的影响,丝绸出口业务受到严重影响,造成丝绸工业企业困难依然很大,资金压力较大。国家加大了丝绸行业宏观管理力度,《国家厂丝储备管理暂行办法》《国家茧丝绸发展风险基金管理暂行办法》先后出台。1998年,受东南亚经济动荡影响,丝绸出口形势严峻,白厂丝出口量下降31.44%。1999年,茧丝价格开始上扬。茧价上涨超过50%,丝价上涨超过20% 。2000年,干茧价格持续上涨,推动白厂丝价格的上扬。3A级白厂丝价格已达19.2万元/吨,10级干茧价格在5.8万元/吨。

2001—2005年,蚕丝价格先抑后扬,并在2005年达到历史新高,价格上涨超过80%,价格大起大落影响行业健康发展的隐患也随之埋下。2001年,丝价下降,缫丝业出现全行业亏损。2002年,市场行情持续低迷,茧丝价格一直在历史低位徘徊。2003年,承接上年茧丝价格低迷的影响,茧丝价格先降后升,浙江缫丝行业扭亏为盈。2005年底,干茧价格最高超过9万元/吨,丝价超过30万元/吨,均创历史最高纪录。2006年,市场的茧丝价格高位回落。2009年,受国际金融危机影响,丝价快速下跌后,基本稳定在25万元/吨左右。丝价进入历史中高位区间,缫丝业经营状况有所好转。2010年,蚕丝价格继续升高,出口厂丝平均单价37.44美元/千克,同比增长47.23%。全省生丝出口4331吨,同比下降6.95%,占全国出口的27.85%。

第二节　制丝技术

东汉,上虞人王充《论衡·自纪篇》记载:“虫茧重厚,称其出丝,孰为多者。”可见当时已重视茧质与出丝率的关系。晋代杨泉《蚕赋》载:“分薪柴而解著。”已知用煮茧缫丝。从南宋於潜县令楼璹所绘《耕织图》中可见，当时已使用二绪脚踏缫丝车，缫丝前进行选茧。明代，湖州南浔缫丝车已定型，在缫丝用水、温度、择茧、控制生丝匀净度方面，总结出了一套完整的技术，使缫出的生丝具有"细、圆、匀、紧"和"白、净、柔、韧"的特点。清光绪二十一年(1895年)，杭州、绍兴等地引进意、法等国座缫车。民国13年(1924年)，萧山、德清等县又率先引进日本多条式缫丝机，把缫丝技术提高到一个新水平。

1953年，首次在全省范围内总结、推广了(53)立缫操作法。1956年，系统总结出9项立缫先进操作经验，是年，杭丝联引进日本多摩-10型自动缫丝机，缫丝生产始向机械化、自动化发展。1964年，浙江研制出定纤式的ZD647型自动缫丝机，并于1965年在浙江湖州丝厂和嘉兴丝厂应用，是中国首次推广应用的自动缫丝机。此后，缫丝机的自动化程度不断提高。1972年，研制成了ZD721型自动缫丝机；1978年，D301型自动缫丝机通过技术鉴定；1988年，研制成功了D301A型自动缫丝机。1999年，以机电一体化设计为主要特征的飞宇2000型自动缫丝机研制成功；2001年，应用变频调速和PLC技术，同时以采用一体式感知器座为主要特征的飞宇2000优选型自动缫丝机进一步提高了生丝质量。2001年11月，D301JY型自动缫丝机通过省级新产品鉴定。2002年，D302型特纤丝自动缫丝机研制成功。2005年6月，制定了《新型自动缫丝机工艺设计办法》，该设计办法适用于D301A型、D301B型、飞宇2000型、D301JY型等间歇式定纤感知器的自动缫丝机。2008年10月，"智能化新型自动缫丝机"(飞宇2008型)通过省级鉴定。同年，杭州纺织机械厂(今杭州纺织机械有限公司，以下简称杭纺机)及控股公司杭州飞宇纺织机械有限公司共同研发成功桑蚕干茧自动缫丝检验设备，填补了国内桑蚕干茧自动缫丝检验设备的空白。

2010年8月，《自动缫丝机保全保养工技术培训教材》出版，推动自动缫丝机保全保养新技术、新方法的推广应用。杭州华龙纺织机械有限公司推出了HL2010型自动缫丝机。至2010年，全国大部分缫丝企业所用的自动缫丝机械由浙江制造。

一、缫丝设备

古代，用手篗卷绕茧丝。在钱山漾遗址中，还出土了两把用草茎制成、柄部用麻绳捆扎的小帚，似缫丝用的工具——索绪帚。说明在4700多年前，浙江先民已经利用制丝设备进行缫丝。唐代，浙江已普遍使用手摇缫车。缫车名称在唐诗中多次出现。李贺《感讽》诗："越妇拜县官，桑牙今尚小。会待春日晏，丝车方掷掉。"宋代，普遍用脚踏缫车。在南宋《耕织图》上，脚踏缫丝车为直竖竹竿上横挑一竿子，上装有两个锁星(鼓轮)。图上脚踏传动装置，与一曲柄连杆机构连接。脚踏缫丝车比手摇缫车先进，可以腾出手来进行索理绪和添绪动作，提高了丝的产、质量。元代，缫丝车可分为北缫车和南缫车两大类。两类车的原理相同，只是北缫车的机架较低，丝片导程较短，常几绪同缫。清代，蚕丝生产设备为脚踏缫车；缫丝时使用竹泥灶或砖灶，也有缸灶，上置普通铁锅，配以脚踏式木制丝车。对缫上的丝片干燥，采用炭火边缫边烘干，有"火旺则丝鲜明，火微则僵边而色滞"的经验。清代后期，法国共捻直缫式浮缫法缫丝车及意大利单捻式、日本复缫式等以蒸汽和机械为动力的现代工业座缫车传入上海。清光绪二十一年(1895年)，浙江开办世经、开永源、合义和等3家缫丝厂，引进座缫车缫丝。从此,浙江缫丝生产进入机械缫丝时代。据浙江省立甲种蚕业学校《制丝法》记载,座缫车主要机种有:康奈尔式座缫机,足踏缫丝机,机械座缫机。

清光绪二十一年至民国22年(1895—1933年),浙江省缫丝厂采用的缫丝设备,大部分为意式直缫车和日式复缫车。民国6年(1917年),杭州纬成公司成立缫丝部,引进全套日本缫丝设备,计有复缫式沉缫法座缫车、YD煮茧机、复摇机等。民国13年,萧山庆云丝厂(原合义和)新增日式多条缫丝机(立缫机)248台,千叶式、MD式煮茧机各1台;同年,德清新市公利丝厂建成安装日式多条缫丝机212台。由于多条缫丝机是站立着缫丝,有别于座缫车坐着缫丝,故后称其为立缫机。多条缫丝机每台20绪,较座缫车每台6绪多3倍以上;缫丝、煮茧分业。民国19年,杭州建开源制丝所,采用立缫机缫丝。民国13—19年,浙江采用立缫机的丝厂有庆云、公利、杭州、长安、萧山东乡、开源等。民国22年10月1日,惠纶制丝所开工,厂址设在杭县祥符桥,设备有上海环球铁工厂制造的多条缫丝机80台,扬返车40台,煮茧机、黑板机各1台。民国23年,杭州缫丝厂设有群马式立缫机160台,信州式座缫车50台。民国35年,全省缫丝厂21家,有车位3728台,其中座缫车2878台,其余为立缫机。民国36年,全省有丝厂27家,车位4770台,其中座缫机3142台、立缫机1628台。民国37年,全省缫丝厂35家,有缫丝车6050台,其中立缫机2276台,添绪器由固定式改为回转翼添绪。

中华人民共和国成立以后,制丝设备技术改造速度加快,新型立缫机、自动缫丝机相继出现。1950年,全省有缫丝机5306台,其中座缫车2774台,占52.3%。1956年,全省制丝行业公私合营后只剩16家丝厂,共有缫丝机3575台,其中座缫车356台,仅占9.96%,座缫车被大批淘汰。

表105-6-2-1　　1956年浙江缫丝厂生产设备一览表

厂名		立缫车(台)			座缫机(台)			复摇车(台)		
		规格(绪)	合计	其中使用	规格(绪)	合计	其中使用	规格(片)	合计	其中使用
全省合计			3219			356			4080	
地方国营	浙丝一厂	20	409	409	6	12	12	5	488	488
	浙丝二厂	20	414	414	5	6	6	5	424	424
	浙丝三厂	20	104	104				5	120	120
	崇德丝厂	20/14	52/52	52/52				5	144	112
	鸿丰丝厂	20	96	96				5	130	130

续表

厂名		立缫车(台)			座缫机(台)			复摇车(台)		
		规格(绪)	合计	其中使用	规格(绪)	合计	其中使用	规格(片)	合计	其中使用
公私合营	崇裕丝厂	20	280	280	6	6	6	6	312	312
	中丝一厂	20	208	208				5	306	306
	中丝三厂	20	190	190	6	20	20	5	208	208
	湖州丝厂	20	326	326	6	96	96	5	432	432
	福华丝绸厂	20	494	494	5	44	44	5	682	682
	庆成丝厂	20	204	204	6	22	22	5	240	240
	虎林丝厂	20	80	80				5	100	100
	嵊县丝厂	20	122	122				5	166	166
	裕纶丝厂	24	84	84				6	138	138
	顺丰丝厂	20/24	80/24	40/24	6	88	88	6	120	120
	利华丝厂	双宫 62 台						6	70	70

资料来源:《浙江省丝绸志》,方志出版社 1999 年版,第 122 页。

1956 年,杭州丝绸印染联合厂(以下简称杭丝联),从日本引进多摩-10 型定粒式自动缫丝机 26 组(520 台)。该机属定粒式自动缫丝机。1964 年,由杭纺机、浙江丝绸工学院、浙江丝绸科学研究院、杭丝联共同协作,参照日本在上海展出后留给杭丝联的 1 台 SRE 型小样机研制成定纤式的 ZD647 型自动缫丝机。该机是移动式给茧机,其特点是采用定纤式的短杠杆型间歇感知圆形隔距式纤度感知器和能隔绪添绪,其性能优于第一代定粒式 D101 型自动缫丝机。这是中国第二代自动缫丝机。1965 年由杭纺机投入批量生产 20 余组,在浙江湖州丝厂和嘉兴丝厂应用。这是中国首次推广应用的自动缫丝机。1967 年,全省有缫丝机 5884 台,其中自动缫丝机 956 台、立缫机 4790 台、座缫车 70 台。座缫车仅占 1.19%,并在 1971 年全部被淘汰。1968 年,以杭纺机为主,试制成功 ZD681 型立缫机,并被全省缫丝企业普遍采用。1969 年底,省丝绸公司组织了由杭纺机、浙江丝绸工学院、浙江丝绸科学研究所、杭州新华丝厂和湖州丝厂等单位组成的浙江省自动缫丝机试验研究小组,研制新一代的自动缫丝机。经数年努力攻关,在 ZD647 型自动缫丝机基础上作了重大改革,采用自行设计的长杠杆型隔矩式纤度感知器,吸收日本 HR 型的固定式添绪机构,采用独创的双爪移动式给茧机,形成了移动给茧、固定添绪、定点补给正绪茧的新方式,终于在 1972 年研制成 ZD721 型自动缫丝机。该机最显著的特点是改 ZD647 型自动缫丝机移动给茧、移动添绪的方式为移动给茧、固定添绪的方式,即采用独创的能隔绪连续添绪的双爪移动式给茧机。

1973 年,省一轻局丝绸公司从日本惠南株式会社引进 EB 型固定式自动缫丝机 2 组(800

绪），安装在杭州缫丝厂试生产。1975 年 3 月，轻工业部在杭州新华丝厂召开全国自动缫丝机改进设计和技术交流会，决定由浙江、江苏、四川、广东 4 个省派员，成立浙江省自动缫丝机试验研究小组。决定由省一轻局丝绸公司牵头，杭州新华丝厂、杭纺机、浙江丝绸科学研究院、浙江丝绸工学院，以及四川、广东的代表参加，杭纺机负责制造。1977 年 1 月 12 日，省一轻局召开 D301 型自动缫丝机试制、安装中试座谈会，落实对该机的安装和中试任务。1978 年 3 月 3—6 日，省一轻局受纺织工业部的委托，在杭州新华丝厂召开了 D301 型自动缫丝机鉴定会议，正式通过技术鉴定，并由轻工部命名为 D301 型自动缫丝机。该机在 ZD721 型自动缫丝机基础上作了 10 余项重大改进：消化吸收了日本先进的 HR 型自动缫丝机的周转轮系平板凸轮络交机、丝故障检测和切断防止机、圆栅型分离机及偏心盘理绪机构等，自行设计了机身主传动箱、索理绪机闭式索绪传动箱、理绪传动箱及软轴传动等，又改进了双爪给茧机的捞茧离合器，绪间距增大至 100 毫米，等等，从而成为当时国内最先进的自动缫丝机。该成果获得 1978 年全国科学大会奖。

1980 年，浙江制丝一厂从日本引进了 HR-3 型自动缫丝机 2 组（800 绪）。该机设计特点是机械化、自动化程度高，能适应高速缫丝，从而使劳动条件得到改善。1982 年 7 月 23—29 日，省科委委托省轻工业厅对杭州新华丝厂进行的缫丝生产连续化自动化研究课题中试项目的 4 个单项（初混输送机、自动剥茧机、选茧机、煮熟茧管道输送装置）进行技术鉴定。经鉴定认为，4 个单机均达到国内先进水平。1985 年，D301A 型自动缫丝机被列为“七五”国家重点科技项目 75-46-2 缫丝新技术课题计划项目。1986 年以杭纺机为承担单位，浙江丝绸工学院、浙江丝绸科学研究院、杭州新华丝厂和杭丝联为协作单位，组成了省自动缫丝机研制小组，开展 D301A 型自动缫丝机研究。在 1988 年研制成功了 D301A 型自动缫丝机。该机在 D301 型自动缫丝机的基础上，继承、吸收国内外自动缫丝机的先进技术研制而成。1988 年，完成中试样机 1 组（400 绪）的安装、试验工作，并通过纺织工业部鉴定，正式被命名为 D301A 型自动缫丝机。1988 年，D301A 型自动缫丝机获省科技进步三等奖；1991 年，获纺织工业部科技进步二等奖；1992 年，获国家科技进步二等奖。

1990 年 9 月，国家计委批准第二批技改项目：海宁中丝三厂投资 250 万元，淘汰立缫机 2400 绪，更新为 2000 绪 D310A 型自动缫丝机；嘉兴制丝针织联合厂淘汰老式 ZD647 型自动缫丝机 4000 绪（10 组），更新为 D310A 型自动缫丝机 4000 绪（10 组）。1991 年，省丝绸公司同意德清县新市丝厂投资 365 万元，淘汰立缫机 154 台，更新为 D301A 型自动缫丝机 5 组（2000 绪）；长兴丝厂投资 400 万元，淘汰立缫机 100 台，改造为 D301A 型自动缫丝机 5 组；浙丝二厂（原菱湖丝厂）投资 200 万元，淘汰立缫机 5 组 140 台，更新为 D301A 型自动缫丝机 5 组 100 台。1992 年，湖州纺织机械制造厂又对立缫机进行较大改进，定型后称为 ZJD204 型立缫机。1995 年，杭纺机根据 D301A 型自动缫丝机在国内 200 余家缫丝企业应用反馈意见的基础上作了适应性的改进设计，研制成 D301B 型自动缫丝机，该机以低张力鼓轮及新型给茧机设计的突破，成功地实现了自动缫丝机的升级换代。

1999 年，以机电一体化设计为主要特征的飞宇 2000 型自动缫丝机研制成功，其恒线速缫丝方式、智能化新茧补充及二次精理的独到设计使自动化程度更高；2001 年，以应用变频调速和PLC技术、采用一体式感知器座为主要特征的飞宇2000优选型自动缫丝机研制成功，从而进一步提高了生丝质量。之后，杭纺机根据飞宇2000型使用信息反馈，在丝道系统、一体式感知器支承设计方面取得突破，在制造工艺及外观上作了进一步改进提高，推出了飞宇2000优选型自动缫丝机。

2001年11月，由浙江金鹰股份有限公司研制的D301JY型自动缫丝机通过省经济贸易委员会的省级新产品鉴定。双爪无导轮给茧机研制成功，全机给茧机数量由每组128只增加至171只，其传动采用大节距链条(每节长为100毫米)传动，采用安放式自重量加磁力固定。2002年，杭纺机的D302型特纤丝自动缫丝机研制成功，使自动缫丝机缫制的生丝纤度可达到250D，生丝规格更加多样化。样机分别安装在杭州利华双宫丝厂和山东日照丝厂。2003年，以探索周期无级可调、缩短传动路线和车头自动化更高为主要特征的飞宇2000新时代自动缫丝机由杭纺机研制成功，实现了恒线速卷绕和探索周期与卷绕速度相适应的自动调节，使生丝落细丝长得到有效控制，对降低生丝二度变化有明显效果。创新设计的给茧机变频同步双驱动装置和由二棱体、丝辫上下振动机构及摆动机构组成的复合式精理装置等9项技术获国家专利，使我国自动缫丝机的水平居国际领先水平。

2008年10月，由杭纺机承担的浙江省重点高新技术项目“智能化新型自动缫丝机(飞宇2008型)”通过省级鉴定。该机采用变频驱动、可编程控制，实现自动缫丝机智能化控制。技术处于国际同类产品领先水平。同年，杭纺机及控股公司杭州飞宇纺织机械有限公司共同研发成功桑蚕干茧自动缫丝检验设备，实现了桑蚕干茧茧质的自动缫丝检验，为桑蚕干茧分级检验国家新标准的实施在设备条件上奠定了基础，填补了国内桑蚕干茧自动缫丝检验设备的空白。

2010年，杭州华龙纺织机械有限公司推出了HL2010型自动缫丝机。飞宇2008型自动缫丝机械获“浙江省2009年度装备制造业重点领域首台(套)产品”称号。至2010年，全国大部分缫丝企业所用的自动缫丝机械由浙江制造。浙江制造自动缫丝机的企业为：杭州纺织机械有限公司，杭州华龙纺织机械有限公司，杭州天峰纺织机械有限公司，浙江临安中汇纺织机械有限公司。

二、生产操作

(一)座缫操作

缫丝进入机器化生产，最早始于座缫车。产品名从土丝改为生丝或厂丝。座缫车由缫丝工和打盆工共同操作。一个打盆工负责供应两台缫丝车的有绪茧。奚楚明《实验蚕桑全书·缫丝篇》(1920年)记述：索绪，用杓子柄或缫丝筷从煮锅内周捞煮茧，引出其绪丝，用左手执之，稍为提高，而以右手轻轻提振二三回，俟多数之茧绪已得，乃缠于左手，再将未得正绪者逐一索之。索毕，然后整绪清楚，系于锅前钩上。索绪汤温以200℉以上为适。缫丝汤温度，春蚕鲜茧130℉～135℉，杀蛹未干茧135℉～140℉，杀蛹半干茧145℉～150℉，适度干燥茧150℉～160℉，过度干燥茧165℉～170℉，夏秋茧视以上标准各降低5℉～10℉。缫丝汤之分量必须充满锅面，使茧浮出，接触空气。缫丝汤尤须注意交换，即时时排除丝汤少许，加清水使满，令其保持一定水色。缫锅以半圆形者为便。六绪缫者，长径1.4尺，短径9寸，深3寸许。又有三绪缫、四绪缫、五绪缫者，则由此而分大小。集绪器多用瓷制者，集绪孔宜圆正而直，大小适当。又集绪器高低之位置，在制14旦尼尔之纤度之丝，以距离缫汤面二寸五六分为适当。添绪有机械添绪与手指添绪两种。机械添绪者多生颣节，远不及手指添绪便利。方法有卷添和抛添两种。卷添法者，先投接绪茧于缫丝之旁，以右手持有丝缕，载于食指之上，而以左手拇指与食指之甲端，断其绪头，此际右手即接近于集绪器下七八分处，仰向接触，则此丝头自附着于干丝，一齐卷上。抛卷法者将左手持一丝缕，缠于右手食指前端，而使右手拇指押定丝缕，用左手食指切断其绪头，使留剩五六分许，投于集绪器孔下七八分处，使此绪头与他数条之丝缕，自相缠绕而上集于集绪孔。施缴通常缫14旦尼儿内外纤度之丝者，在单缫式者以250回上下、缴长约8寸许为适，双缫式者约以300回内外、缴长9寸许为合度。缫篗直缫式之大篗，其周围以四尺五六寸为适度，再缫器之小篗，其周围仅二尺三四寸。缫丝篗，旋转回数之迟速，普通用六绪缫之机器，使缫14旦尼尔以上纤度之丝，则其大篗1分钟旋转之数以100回～120回为适度，小篗以250回～300回为适度。至1966年底，全省座缫操作基本退出。

（二）立缫操作

立缫操作也是凭技术人员和工人积累经验操作。有些丝厂为做准规格、提高匀度分数，由车间"跑车"（工长）告诉缫丝工人，做到"保持基本定粒""落薄添新""四新四薄"或"五新三薄"等基本操作要领和配茧方法。1953年，省工业厅纺织工业局、中国纺织工会浙江省委员会联合召开立缫工作法推广会。立缫工作法的主要内容为一切以添绪为中心，落厚添厚、落薄添新，薄多落下添新，新多落下添薄，有绪茧新薄分索分绕等。1956年，省丝绸公司和省纺织工会联合组织省优秀缫丝、复摇操作女工进行操作表演，总结出9项立缫先进操作经验，随后到全省各缫丝厂巡回操作表演。1958年，省丝绸管理局集中全省26名先进缫丝工人进行操作表演，在原有缫丝操作经验基础上，又进一步发展，总结出单手分理、双手撮糙、机索手送、先理先缫等7项缫丝操作经验，向全省缫丝厂推广。1960年10月，省轻工业厅丝绸管理局、中国纺织工会浙江省委员会联合召开省缫丝工业首届生产运动会，集中全省缫丝能手39人，进行操作比赛，总结一套以优质高产低耗为目的、增加有效添绪次数为中心的"七字"操作经验，其内容为：添（排添排掐、边添边掐）、备（经常备茧）、巡（快速巡回）、转（提高运转）、定（即定温，索绪汤温195℉～200℉；定量；定时：单锅每盆索绪时间80秒～100秒，双锅每盆索绪时间60秒～80秒）、清（撮清蓬糙，抄清无绪茧）、密（索绪、理绪、加茧、收送茧、挡车工紧密配合）。1963年7月，省丝绸管理局在全省缫丝厂推广四项缫丝操作经验：(1)多粒拿茧，靠板快添；(2)定粒配茧，勤搭薄皮；(3)高温快速，掌握"四定"；(4)单手分离，双手并用。

1965年5月，省轻工业厅丝绸管理局召开技术科长及前、后缫车间主任会议，确定重点推广"中心配茧，停、拾、比、添、弃，目光使用，新陈代谢，经常备茧"等5项缫丝操作经验。7月，在嘉兴中丝一厂召开全省缫丝技术工作会议，传达全国缫丝经验交流会，研究推广全国(65)立缫操作经验、提高质量的方法等。经过讨论，确定当年重点推广"中心配茧、三色齐全；

停、拾、比、添，严格配茧；索绪‘四定’、低温高效；单手分理，一茧一丝；新陈代谢、规律彻底；经常备茧，提高添效；双手并用，紧密配合；动作轻稳，台面整洁”等8项操作经验。1972年9月，省轻工业局丝绸公司集中全省48家缫丝厂57名缫丝工人，在湖州丝厂进行操作表演，交流操作经验，并以《（65）立缫操作经验》为基础，总结出9条《（72）立缫操作经验》。1980年10月，纺织工业部在浙江制丝一厂召开全国缫丝操作技术经验交流会，总结制定《（80）立缫操作法》（试行本）。全书分基础操作、操作规程、操作方法、疵点丝防止方法、技术考核等5章。至2010年，全省少量丝厂仍有立缫操作。

（三）自动缫操作

1956年，杭州丝绸印染联合厂引进日本多摩-10型自动缫丝机，该机型属定粒式，挡车与索理绪分开，添绪动作主要由给茧机进行，人工辅助添绪。挡车工每人管理40绪～50绪，并行巡回检查、目光使用、故障处理、轻重缓急等处理操作。

1965年，ZD647型自动缫丝机制造成功。翌年，制造20组（400台），分别安装在嘉兴中丝一厂、湖州丝厂。1973年，省一轻工业局丝绸公司总结出浙江省（73）定纤自动缫操作经验；11月，轻工业部在湖州召开有15个省、市、自治区共93个单位的立缫、自动缫、复摇先进工人及技术员、领导干部199人参加的现场会议，总结出了立缫操作经验、定纤自动缫操作经验、复摇操作经验3个经验。其中定纤自动缫操作经验基本与浙江省（73）定纤自动缫操作经验相似。前者分操作经验、工种配合、基础操作、疵点丝的防止方法、操作测定与技术标准等5个方面。操作经验包括索绪“三定”量分理、合理加茧、控制粒数、规律巡回、勤查定纤、防除故障、单手整机等。

20世纪70年代初期，江、浙两省分别研制出新的D101型、ZD721型自动缫丝机，并投入规模生产制造。浙江大多采用ZD721型自动缫丝机。1980年10月，纺织工业部生产司召开了江苏、浙江、四川、广东等省代表参加的全国缫丝操作技术交流会，对《定纤自动缫（80）操作法（初稿）》进行修改、补充，制订出“试行本”。全书分：基础操作、主要操作、辅助操作与工种配合、疵点丝的防止方法、操作测定与技术标准5章。几乎与1973年总结的《定纤自动缫操作经验》相同，但“主要操作”一章，把D101理绪、加茧工操作及ZD721自动缫丝机车头工操作，从原“操作经验”一章的第一至三节索理绪工操作经验中分离出来。挡车工主要操作有：规律巡回，控制粒数，掌握定纤，防除故障，整理给茧机。

20世纪90年代初期，杭纺机研制的D301A自动缫丝机，在提高机械化、自动化程度方面以及减少生丝均匀二度变化、缓和缫丝张力波动、降低缫折、提高生丝质量方面，都有了新的突破，能适应国内原料茧的性能。随后的十年，该机型在全国各地得到广泛推广应用。1993年，浙江省丝绸联合公司实施“自动缫操作规程”指导操作，截至2010年该操作方法仍然被许多企业所采用。1995年12月，杭纺机在D301A型基础上研制了D301B型自动缫丝机。1997年12月在浙江米赛丝绸集团举行全省首届自动缫保全工操作比赛，全省拥有5组自动缫以上的16个企业的25名选手参加。随后推出D301A自动缫丝机保全工操作考核办法。

自1998年始，改制后的杭纺机，针对用户需求和存在的问题，相继推出了飞宇2000型、飞宇2000优选型、飞宇2000新时代、飞宇2008型自动缫丝机，自动化水平进一步提高。为了更好地指导用户充分发挥新机型技术特点，结合用户使用经验，在随机资料中提供了详尽的使用说明和操作规范、保全保养检修办法。

2005年6月，为适应全国自动缫丝机发展的需要，中国丝绸协会组织编写了《新型自动缫丝机工艺设计办法》。通过茧质调查，摸清原料性能；根据茧质性能，通过小型试验，正确、合理设计工艺参数，明确生产关键，制定技术措施和确定生产指标。该设计办法适用于间歇式定纤感知器的自动缫丝机，包括D301A型、D301B型、飞宇2000型、D301JY型等自动缫丝机的工艺设计。

2010年8月，为进一步推动全国缫丝企业设备管理水平提升，中国丝绸协会组织高校、纺机企业、缫丝企业共同编写了《自动缫丝机保全保养工技术培训教材》。该教材汇集了世界先进的缫丝工艺、设备安装、维修保养、考核制度等专业基础知识和应知题，是指导缫丝企业保全保养工日常工作的重要工具书。同年，开展了全国自动缫丝机保全工操作大赛，通过操作比赛，推动自动缫丝机保全保养新技术、新方法的推广应用。

（四）辅助工种操作

1. 混茧、剥茧、筛茧、选茧

混、剥、筛、选是缫丝生产的准备工序。民国时期，庄景仲《养蚕必读・缫丝》载："缫丝必先选茧，选茧之法：一曰色泽，金黄、蛋黄为一类，雪白、银白、淡白为一类，至白中含有青色、红色者亦各自为类；二曰形状，大形、中形为一类，正圆、椭圆为一类；三曰劣茧，死烂、污染为一类，焦锈、霉花为一类。蚕茧类分，则缫丝自易，而茧之良者，自不为劣者所污染矣。"浙江甲种蚕校《蚕业经济学・制丝法》载："缫丝之前，须人工或除绵器将存于茧层外部之茧绵悉行除去，然后施行选茧手续。茧层内污染之死笼茧，若置于普通之选茧板上选别，殊属困难，故选茧台预装置玻璃板，下用强烈之光线，使得透射茧层，易于辨识，乃载少量之茧于其上，则凡死笼茧、污茧等，极易一一选出。次以茧筛或选茧器，选别茧之大小。"1984年，湖州市丝绸公司起草《选茧操作法》；1989年，省丝绸公司又组织部分缫丝厂进行操作技术交流，总结制定《混、剥、筛、选操作法》（讨论稿）。1991年7月，省丝绸联合公司又召集省内有关人员进行修改、补充，形成浙江省《（91）混茧、剥茧、筛茧、选茧操作法》，直至2010年仍在沿用。

2. 煮茧

清代俞墉在《蚕桑述要・缫丝》记载："近时湖俗缫丝、煮茧只用一人。"可见，当时煮茧和缫丝是合在一起的。19世纪末，浙江开始采用座缫车缫丝以后，煮、缫随之分离。民国4年（1915年），纬成公司向日本引进矢岛、YD煮茧机各1台，煮茧进入机械化生产。民国13年，萧山庆云丝厂（原合义和）向日本引进千叶、MD煮茧机各1台。后来又陆续从日本引进一些煮茧机。至20世纪30年代初，上海环球铁工厂仿日千叶式104笼自动循环煮茧机获得成功。随后，浙江缫丝厂广为应用。

1954年初，嘉兴中丝一厂、杭州福华丝绸厂及浙江农业大学科研人员进行蒸汽煮茧试验，获得成功。同年11月，省工业厅纺管处召开全省缫丝厂蒸汽煮茧专业会议，推广单蒸式蒸汽煮茧结构和技术操作方法，热汤煮茧改蒸汽煮茧在全省范围内推广。1967年4月27日，省丝绸公司在嘉兴丝厂召开煮茧技术交流会，对65-1型煮茧机、自动加茧机等新设备进行了技术总结和鉴定。20世纪70年代初，新华丝厂、浙丝一厂又进行机外真空渗透煮茧试验，并获得成功。该机型已为省内外缫丝厂普遍采用。1986年4月9日，省丝绸公司受省科委委托在杭州组织通过了ZD201型煮茧新工艺的技术鉴定。同年12月，德清县新市丝厂附设电子设备厂、北京冶金部自动化研究院，联合研制生产了SY9103型煮茧机电脑控制仪。1990年，浙丝科院试制成功ZJ203不锈钢煮茧机。该机上槽设有浸渍、触蒸两用装置；蒸煮室设有喷雾装置；调整部设有三道上下闸板，可拉大前后温差；采用电动阀自控蒸汽总压；在渗透、蒸煮、调整部装有温控器和电磁阀，实行温度自控；还设有自动开盖、锁盖、圆盘形出茧等装置。1990年12月，新华丝厂、航空航天部502所共同研制成功微机煮茧机监测与控制系统。

20世纪90年代初，温州市丝绸机械厂、杭州市振华丝绸机械厂专门从事煮茧机的设计制造，ZB系列不锈钢煮茧机和ZH系列不锈钢煮茧机的行销量，在全国占大多数。90年代开始，浙江丝绸工学院发明的煮茧前处理触整技术，逐渐被缫丝企业所应用。1990年，浙丝工院、浙丝二厂、振华机械厂又联合研制成功FD90-1型真空触蒸机。至2010年，该机型仍在使用中。该技术在2003年获国家科技进步二等奖。

至2010年，浙江的缫丝企业主要采用机外真空渗透煮茧设备和技术。

3. 复摇

清代吴承洛《今世中国实业志·蚕丝业》载："再纺丝，又称经丝，或称洋装丝，本为内地农家所缫之丝，丝商收买之后，加以再缫，改为洋装而成者，其价格与品质，足与机械丝颉颃。"民国时期，浙江甲种蚕校《蚕业经济学·制丝法》载："改缫，以旧式土丝改为大经者，谓之改缫，惟必先整理丝缕，而后方可从事。其法：取适合于目的纤度之土丝，络于小间，有纤度不齐之部及纇节之部，随时剔出，有断绪则续之，然后由转缫器改造为一定长之丝片可也。但转缫中必须濡其丝缕，使篗角有适当之固着也。……转缫，由小篗转缫于规定大篗，须先以水湿之，使丝缕易于解舒。其法以清洁之布片或屑丝，浸以清水，轻叩篗角而存细湿，至丝缕稍带灰色为止。此际若湿及篗之全部，则丝之干燥不速，有伤丝色，生固着大，损丝之品位，又其所用之水当频行交换，使常清洁。且除特别关系外，必用冷水。"民国9年(1920年)，奚楚明《实验蚕桑全书·缫丝篇》记载："转缫及改缫。转缫时，必须俟丝半干之际，行之最适，并须先用清洁之白布浸以清水，轻叩篗角，徐徐湿之，使丝缕易于解舒，至丝缕稍带灰色为止，将小篗之丝规转于大篗，使所缫成之丝，改为一定长之丝片。"1956年，省工业厅丝绸工业局、中国纺织工会浙江省委员会联合组织复摇先进工人进行操作表演，并总结《5项复摇先进操作经验》。其内容为：快速上丝(五绪同绕，就近上丝)，机动接丝(分节接，凑完整，厚薄篗子搭配接)，规律巡回(全面照顾，重点巡回)，小篗寻头(捞、看、摸、抡)，大篗寻绪(手扶篗脚，少碰丝片)。这是浙江省最早总结的配套的复摇先进操作经验。1983年和1989年，又相继进行多次修改补充。《(1989)复摇操作法》共分：操作方法、基础操作、疵点丝防止方法、操作测定与技术标准等4章。至2010年，浙江的缫丝企业仍在沿用。

4.编丝、绞丝、打包操作

民国时期,奚楚明《实验蚕桑全书·缫丝篇》有绞丝、捆丝、包装的记载:"绞丝:丝片如已干透,即可以绞。其绞法即将丝片一端挂于绞勾,他一端通以绞棒,两手持之,施以适当之绞,俟绞紧复对折之如螺旋状而绞合之,将挂于绞勾之一端取下,穿以绞棒而使插入于他端之中,其结绪之头绞入内部。每绞丝之重量在2两上下者为合度。""捆丝:绞丝完毕,选其丝色及绞法之形状齐一者30绞,丝约重60两,扎成一包,亦有以20绞扎成一包者。""包装:每丝15捆(约重50斤)或30捆(约重百斤)先放于洋布袋中,用麻绳二道缚之,再以油纸及柿漆纸包之,其外更包以麻袋。若运销于海外者,外面更要包以粗细蒲包二层,以麻线缝之,更以坚牢之麻绳四面妥缚,其包上记以号数、重量,并书明收发两者之地名及制造厂家人名等。"民国32年(1943年),浙江外销出口生丝木箱及包装办法为:生丝木箱分半担装及一担装两种,其构造须以适当厚度干透坚固木料制造,板与板之间须用子母口密接,并加涂糯米汁、石灰。木箱两端四边另镶五分厚板条,箱外加铁皮两道。木箱两端四边镶钉板条:宽×厚为67毫米×17毫米。包装办法为:车船装运生丝每小包先以白棉纸、黄厚纸双层包裹后再将14小包聚成一大包,用白布袋套装,加包油纸5张至7张,盛装5分厚坚固木箱(如用一关担装,则将半关担装两包,装入8分厚之木箱中),另加封固,外套篾席;航空装运生丝一律半关担装。其包装先以白棉纸、黄厚纸双层包裹后,再将14小包聚成(大包用白布袋套装,外加包油布袋一层,再加麻袋紧扎)。20世纪40年代至50年代初,生产的小绞丝每绞重80克。50年代后期,改生产大绞丝,绞重125克;在离篗角三分之一处编丝,三分之一处留底面头;编4档,每档4孔5编,用42支双股2根棉纱线编丝;绞头用21支单股4根纱线扎住;成绞2.5转～3转。70年代,生产长绞装丝,绞重180克及以上;在每片丝二分之一处编丝,四分之一处留底面头,共3档,每档3孔4编,用42支双股2根棉纱线编丝;无绞头尾之分;成绞3转～3.5转。打小包工艺条件为小绞丝每小包6排,每排5绞,共30绞;大绞丝,每小包4排,每排4绞,共16绞;长绞装丝,每小包7排,每排4绞,共28绞。打大包成件(箱),小绞丝和大绞丝为每件6排,每排5包;成件包数28包～30包,重57千克～63千克。长绞装丝每箱3排,每排2包;成箱包数6包,重30千克。1987年10月,省丝绸联合公司组织总结制定《(87)浙江省编丝、绞丝、打包操作法(试行稿)》。该操作法分成编丝、绞丝、打包等3个操作法,而其中每个操作法又分成操作方法、疵点丝的防止方法、操作测定与技术考核3章。至2010年,浙江的缫丝企业仍然在沿用《(87)浙江省编丝、绞丝、打包操作法》。

第三节　蚕丝品种

从桑蚕茧缫制出的长纤维,可直接成为商品或丝织原料的,有土丝(包括辑里丝)、白厂丝、双宫丝、农工丝和复合丝(包芯丝);经再次加工而为商品或丝织原料的,有丝经、再缫丝和打线丝;由茧壳和下脚等拈纺成短纤维长丝的,有绢丝、丝绵。20世纪90年代起,曾有少量从天蚕茧缫制成的长丝叫天蚕丝。

土丝在历史上曾是主要品种，20世纪50年代降到次要地位，60年代改称农工丝，一般用丝厂次茧缫制。至2010年，白厂丝成为浙江缫丝企业的主要蚕丝品种。

农工丝规格一般是50/70D，白厂丝的主要规格是20/22D、27/29D，另外还有细纤度的9/11D、13/15D，及粗纤度的40/44D等规格。

至2010年，白厂丝的卷装形式主要包括短绞丝、长绞丝和筒装丝。

一、土丝

土丝统指采用土法缫制的蚕丝，古代用手篗缫丝，得到的蚕丝一般称为丝；机械缫丝出现后，凡用木制缫丝车缫制生丝称为土丝。清光绪《乌程县志》载："湖丝极盛时，出洋十万包。"湖浔一带年产丝3万担左右。由于辑里丝品质优良，名噪一时，于是南浔、菱湖、双林、练市、长兴、硖石、乌程、青镇等地，甚至远及江苏的部分地区，如震泽等，都竞相仿效，制成细丝，作为辑里湖丝，供应国内织造和出口。因此，作为浙江产生丝的代表"辑里湖丝"，此时不论数量和质量，确已"名甲天下"了。清光绪元年（1875年）《嘉兴物产志》载："土丝有头蚕丝、二蚕丝之别。"以后按丝的粗细又分成合罗、串五、肥光、经纬、荒丝等。据广州海关《十年报告（1882—1891）》称："直至1870年为止，从广州出口的丝，完全都是七里丝和重缫丝。"重缫丝就是辑里丝经。宣统二年（1910年），清政府农商部在金陵（今南京）设"南洋劝业会"，各省均置一馆陈列产品，南浔梅履中以梅恒裕丝经行所出绣麟、金鹰钟等经牌得头等商勋；银鹰、飞马、黑狮、荷花、梅月、梅石等经牌获超等奖。吴其桢的吴其昌丝行推出的金蝶经牌获头等商勋，沈炳钧的沈天长丝行所产斗鸡牌干经得二等商勋，沈鉴记丝行所产金驹牌干经得超等奖，邵月记丝行所产青狮牌干经得优等奖。翌年5月，清廷农工商部对上述获奖者发给商勋执照。宣统三年，梅恒裕丝行所制各种牌号丝经在意大利工业展览会上获一等奖。民国4年（1915年），在巴拿马举行的太平洋国际博览会上，梅恒裕、邱天成、邱奕茂、吴其昌、李恒德、邹森大等6家丝行所产的辑里丝经分获金牌、银牌奖章和奖词。其中梅恒裕得大奖章金牌奖词，又给南浔丝商梅峨青名誉奖词，邱安石、邱天居银牌奖章奖词，吴砚澄、沈咏霓、邹松岭、李恒德奖词。民国12年，美国丝业教授启得克撰《中国七里丝》一书，说："中国丝业已历4000余年，产额、消耗均极浩巨，丝质之佳，冠绝世界……七里丝之上品，光色洁白而鲜艳，质地柔润而坚韧……"

民国18年（1929年），中国第一届西湖博览会上，南浔汽机改良丝厂（今南浔丝厂）、梅恒裕的辑里丝获特等奖，南浔慎大振、恒丰获优等奖，德清沈扬清、长兴钟仰贻、吴兴亨泰丝号获一等奖。民国22年《中国实业志·工业》记载了当时浙江土丝缫制情况："土丝缫制方法，至为简单，其所用机械，概为脚踏木车，或为湖式土丝车。脚踏木车，如临海则有座缫、立缫之分，如诸暨则有坐车、甩车之别。其所使用之茧，或用火钵烘燥，或用鲜茧缫制，均无一定。土丝种类，既分肥细，故每工缫丝量，亦各有多寡之不同，约言之，肥丝每工可缫40两乃至50两，细者至少可缫10余两；缫折之高下，随茧质之高下而异，少者10斤左右，多者17斤。"

民国时期浙江每绞土丝的重量是10两左右，一捆是10绞，约100两，12捆至13捆为一包，重约80斤，一般都用棉布袋包扎后出运。胡贤素《杭州土丝业的兴衰》载：海宁和余杭山区的细丝、德清的中间条份丝等,是阔组板,全用棉纱绳捆扎,吴兴的辑里丝则特殊设计。

1953年,中蚕浙江分公司在土丝收购中把土丝分成细土丝、中贯土丝、肥土丝和双经细土丝等4种;1958年,土丝分为肥土丝、中贯土丝、一不规、二不规、细土丝、双经土丝等几种。1960年以后,全省土丝生产几乎停顿,当年土丝产量仅2吨,1961年为0.4吨。1966年11月,改良土丝定名为桑蚕农工丝,并拟定了《检验评级暂行办法》和《加工工缴试行标准》,土丝被农工丝所代替。

农工丝一般由轻黄斑、轻柴印和内印茧等次桑蚕茧缫制而成。农工丝的质量指标只有清洁和偏差两项。肉眼检验,中心条份40旦及以上者按50/70D标准,40旦以下者按内销厂丝28/32D标准。农工丝条份规格有20/22D、28/32D、30/40D、40/50D、50/70D、60/70D等多种。每种规格又分为特等、一等、二等、三等、四等和等外6个等级。农工丝大部分是丝厂和绸厂的对口丝,由绸厂提出数量、条份规格和质量要求,一般绸厂对清洁和偏差要求稍高,而对丝色的要求较低。也有小部分用于出口。但由于受习惯的影响,生产单位仍然习惯称为土丝(但使用的缫丝机已与白厂丝相同)。1966年农工丝产量为300吨,1975年为640吨,以后渐渐减少,1985年为423吨,1993年为206吨。至2010年,产量大致维持在白厂丝的1%左右。

二、白厂丝

清光绪二十一年(1895年),意、法、日等国座缫车传入浙江,从此称用木制缫车缫制生丝为土丝,用座缫车缫制的生丝为白厂丝。是年,浙江开始生产白厂丝。从座缫车、立缫机到自动缫丝机,白厂丝在丝类产品中的比例不断增加。20世纪80年代,白厂丝已是浙江缫丝企业的主要产品。白厂丝的常规规格是20/22D,供应国内外市场;9/11D、13/15D等细纤度一般供应出口;27/29D、40/44D等规格一般为内销;卷装形式上分为长绞丝、短绞丝和筒装丝。至2010年,浙江缫丝企业生产的主要产品为白厂丝。主要规格为:20/22D、27/29D、40/44D三大类。卷装形式主要为长绞丝,也有少量的筒装丝。

三、双宫丝

以桑蚕双宫茧(又称同宫茧)为原料缫制的丝称双宫丝,曾被称为大茧丝。也有在双宫茧中掺入一定比例的单宫次茧同时缫制。双宫丝的特征是条份粗而颣节多,别具风格。其生产工艺流程为:混茧→剥茧→煮茧→缫丝→小丝片脱水→复摇→编丝→烘丝片→搓角→接剥(剥去茧片、蜕皮、特大糙块等,接断头,整理丝片)→绞丝→打包→成件。双宫丝的主要规格有:50/70D、100/120D、200/250D等数种。双宫丝型号按照其特征检验结果,可分为H1型、H2型、M1型、M2型、L型;按其品质可分为双特级、特级、一级、二级和级外品。民国32年(1943年),《省建设厅蚕业计划方案及概况》记载:“用普通土丝车,将双宫茧缫成粗丝,名大茧丝。产品与土丝一样出售或供自用。日本座缫车输入后,其机器甚小,丝盆置在车右,左手摇轴,右手添绪,简单易行,上海有制造厂,浙江仅有学校、公立机关作试验参考用。”1950年10月,浙江的双宫丝厂创立,地址设在余杭县塘栖镇,称利华泰记丝厂;置有日产复式座缫车

60台，于年底生产出第一批双宫丝，20世纪60年代改用每台8绪立缫机生产双宫丝，以“梅花牌”为商标。双宫丝具有大小不同、形状各异的糙块颣结，有如满天繁星。织成双宫绸后，风格独特，古朴厚实。2005年，杭州天峰纺织机械有限公司开发了用于双宫丝的自动缫丝机。至2010年，全国生产双宫丝的自动缫丝机主要出自该企业。

四、其他丝类

至2010年，省内仍有零星生产的其他丝类有以下几种：

(1)复合生丝(包芯丝)。兼顾生丝和合成纤维的特点，达到丝类织物抗皱挺括或其他性能的目的。如缫丝时将茧丝和合成纤维等其他长丝混缫，或采用合纤丝或其他纤维作为芯丝，用桑蚕丝进行包覆包缠而生产出的特种复合丝线，为20世纪80年代研制成功的丝类产品。此种丝线分为两种：一种是在缫丝过程中加入一根芯丝，直接制成包芯丝；另一种是在织造前道准备工序中，采用专用设备及空心锭子加工出包芯纱或包芯丝。

(2)蓬松生丝。缫丝时，采用新型缫丝技术尽可能保持蚕在吐丝结茧时头部左右摆动造成的茧丝弯曲状，制得蓬松且柔软的生丝。若在制茧、复摇时添加助剂，并进行无鞘低张力缫丝，使茧丝几乎没有抱合，则可获得具有天然卷曲的具蓬松性、柔软性和伸缩性的无抱合生丝。利用离心罐卷绕方法也可制得柔软而蓬松的生丝。

(3)变形生丝。复摇时，茧丝通过锋利的刀口产生卷曲，绞丝在无张力状态下经高温渗透处理，制得具有蓬松感的卷曲生丝，生丝先经浸泡蓬化，并合时通过空气网络器，在气流作用下开松并随之湍动，形成抱合良好且蓬松的真丝网络丝。

(4)天蚕丝。天蚕丝由天蚕茧缫制而成。由于天蚕丝具有天然的湖绿色色泽，被誉为“丝中女皇”“梦的纤维”，备受人们青睐，国际市场上价格十分昂贵。1988—1989年，浙江农业大学对天蚕生物学特性、饲育、制种和茧丝加工等详加研究。1990年春，又与淳安县合作，进行人工饲育，其结果为五龄室外放养的天蚕茧色呈淡绿色，色泽、鲜艳度均优于室内放养。平均茧丝长265米，解舒率39.68%，茧丝纤度3.96旦，洁净92.5%，清洁97.6%，强力3.41克/旦，伸度24.37%，但量很少。

第四节 质量检验与标准

早期蚕丝的检验主要以检验重量和干燥程度为主。民国11年(1922年)，美国人主办了上海万国生丝检验所。至民国18年，上海万国生丝检验所由工商部接手，在上海商检局内下设生丝检验处，设立了各项品质检验及公量检验。自民国19年起，为了推行检验制度，民国政府规定凡属厂丝，都要进行公量鉴定，而品质检验项目可以自由选择，浙江的丝厂和绸厂开始根据公量鉴定进行交易。民国25年，浙江省丝厂正式执行生丝公量鉴定及品质检验。民国26年，上海商检局实行生丝品质分级，折中了美日标准的内容，浙江的丝厂大体参照此分级标准。

中华人民共和国成立后，对外贸易部颁布统一对外输出输入桑蚕丝检验标准。1986年，GB 1798－1986《生丝检验规则》、GB 1799－1986《生丝包装标志》发布，于1987年1月1日起正式实施。2002年5月1日起，国家实施了GB 1797－2001《生丝》、GB 1798－2001《生丝试验方法》。新标准在使用范围、等级设置、指标水平等方面做了较大的修改和调整。

2009年6月1日起，国家发布实施了GB/T 1797－2008《生丝》、GB/T 1798－2008《生丝试验方法》。至2010年，白厂丝的检验仍适用此标准。

一、土丝与农工丝

传统意义上的农工丝是改良土丝，1966年后，土丝消失，农工丝出现。但由于习惯叫法，往往把农工丝也称为土丝。

1953年，中蚕浙江分公司在土丝收购中把土丝分成细土丝、中贯土丝、肥土丝和双经细土丝等4种，每种又分成若干等级。1956年，次茧缫土丝品质按光洁程度、均匀程度、熟练程度、色泽程度分成甲、乙、丙、丁、戊5个等级，凭肉眼、手感进行评定等级。1958年，土丝分为肥土丝、中贯土丝、一不规、二不规、细土丝、双经土丝等几种，每种又分成甲、乙、丙、丁、戊(其中一不规、二不规不分等)5个等级。1967年，桑蚕农工丝分级标准规定，器械检验内容仅清洁、偏差、总差3个指标，规格有20/22D、28/32D、30/40D、50/70D、60/80D。根据3个指标成绩，分为特级、1级、2级、3级、4级、等外级6个等级。1970年，桑蚕土丝品种有肥土丝、中贯土丝、细土丝、双经土丝，每种又分为甲、乙、丙、丁、戊、一不规、二不规等7个等级。

1988年12月25日，经省标准局批准，同年12月30日实施的桑蚕农工丝质量标准将桑蚕农工丝的规格分为36D（40.0dtex）以下，36D～46D（40.0dtex～51.1dtex）、47D～67D（52.2dtex～74.4dtex）、68D～88D（75.6dtex～97.8dtex）等几档；根据纤度偏差、纤度最大偏差、清洁3项考核指标，对照不同规格，将农工丝的品质核定为双特级、特级、一级、二级4个级别。桑蚕农工丝外观疵点有色不齐、夹花、筬角硬胶、双丝、黑点丝、切丝、重片丝、绞把不匀、水渍丝、纤度混杂、污染丝等11项；根据疵点丝的轻重程度，对整批丝或样丝，按规定限度进行批注。

2006年5月6日，FZ/T 42009－2006《桑蚕土丝》标准发布，2006年10月1日开始实施，规定了桑蚕土丝的要求、检验方法、检验规则、包装和标志，适用于所有规格的桑蚕土丝。桑蚕土丝的等级分为双特级、特级、一级、二级和级外品。至2010年，土丝(农工丝)仍然沿用此标准检验。

二、桑蚕双宫丝检验

中国早期的《双宫丝执行标准》，是1965年制定的，参照了日本生丝检验所制定的《国际双宫丝检验及分级方法》。《双宫丝执行标准》有纤度开差率、特殊疵点、切断3个项目评定等级，纤度开差率放在首项，是由80绞纤度小丝检验所得。但是仅从纤度开差率很难识别双宫丝粗细均匀程度，甚至不能反映内在质量的优劣。

1984年，中国丝绸公司发布并实施了FZ/T 286—1984《桑蚕双宫丝》，适用于每批5件桑蚕双宫丝的品质鉴定与检验。分型、分级表，外观疵点批注范围及疵点评分表摘录如下：双宫丝型号按照其特征检验结果分为H1型、H2型、M1型、M2型、L型；按照其品质可分为双特级、特级、一级、二级和级外品。双宫丝按照其纤度偏差、纤度最大偏差、特殊疵点、切断4个项目的检验结果对照分级表，以其中最低的一项作为评定等级。双宫丝外观检验的结果，如被评为“稍劣”者，应按照已评的级再降低一级；已被评为二级者则降为级外品。

1998年，先后发布实施了FZ/T 42005—1998《桑蚕双宫丝》和FZ/T 42005—2005《桑蚕双宫丝》。在标准FZ/T 42005—1998的基础上做了大幅修改，包括分型、分级，技术指标，以及外观疵点等。所有规格都用原标准中最严的39D(43.3dtex)及以下的指标，特大长糙扣分起点调整为20厘米。至2010年，蚕桑双宫丝检验仍用该标准。

三、生丝(白厂丝)

1977年4月25日，轻工业部纺织局、外贸部商检局、纺织品进出口总公司下达《桑蚕丝新标准(试行稿)》，布置浙江组织5家—10家厂按新标准进行重点试验。1980年1月1日，发布实施GB 1797—1979《桑蚕丝分级规定》、GB 1798—1979《桑蚕丝检验规则》、GB 1799—1979《桑蚕丝包装标志》，对于工厂加强生产技术管理、提高产品质量以及满足用户需要等方面起积极作用。由于其纤度偏差的计算方法落后，等级线的分布不尽合理、等级稳定性差以及指标水平落后等诸多问题日益彰显，难与国内外标准接轨，因此，在1986年进行了修订。

1986年，GB 1798—1986《生丝检验规则》、GB 1799—1986《生丝包装标志》发布，于1987年1月1日起正式实施。此次标准修订的部分指标已达到或领先于当时国际先进标准，但仍有部分方面与国际先进标准尚有一定差距。

20世纪90年代后期，全国的生丝产量在国际丝绸市场中处于主导地位。为了适应生丝质量的提高，2002年5月1日起，国家实施了GB 1797—2001《生丝》、GB 1798—2001《生丝试验方法》。新标准在使用范围、等级设置、指标水平等方面做了较大的修改和调整。

2009年6月1日起，国家发布实施了GB/T 1797—2008《生丝》、GB/T 1798—2008《生丝试验方法》。至2010年，白厂丝的检验沿用此标准。

四、电子检测

国际上的生丝检验有传统检验和电子检验两大体系。

生丝的传统检验以人工目光黑板检验为主。随着人们对真丝面料的厚薄均匀要求越来越高，现代织机的高速化要求生丝耐磨性更好，而生丝的细微纤度变化和耐磨性指标是人工黑板检验不能准确检验出来的。在1979年的国际丝协(ISA)会议上，瑞士人伯恩哈德·特鲁德尔(Bernhard Trudel)第一次公开发表了采用电子检测技术检测生丝质量的论文，标志着国际丝绸业开始研究生丝电子检测技术。1984年，国际丝协大会提出了用电子技术检验生丝质量的设想，并着手开展了这项研究。1995年，生丝标准委员会(SSC)在BRIGHT会议上提出了《生丝便览1995》(以下简称《便览》)，对检验、等级分类、质量界线和分级、指导、方法、标准、仪器使用等都做了非常严格的规定。该《便览》也是到目前为止国际丝绸业比较完整的生丝电子检测标准与方法。但由于仪器昂贵、检测效率低、检测环境要求高等原因，中国、日本没有实施该《便览》。

为了提高中国的生丝电子检验水平，争取国际主动权，中国从 20 世纪 80 年代中期就开始着手生丝电子检测技术的研究。2003 年，国际丝绸协会在意大利科莫举行年会，中国提出《生丝电子检测》的研究报告。2004 年、2006 年、2008 年，中方与生丝生产国和消费国专业人员在技术层面进行充分沟通和交流，广泛征求意见和建议，为技术路线的确立和标准草案的制定奠定了基础。2008 年 11 月 1 日，经国家标准化管理委员会批准，全国丝绸标准化技术委员会在浙江杭州正式成立。2009 年 9 月，全国丝绸标准化技术委员会向 ISOTC38SC23 提出《生丝电子检测分级规定和试验方法》国际标准新工作项目提案。2010 年 5 月 10 日，项目获得 ISO 中央秘书核准立项，被列为 ISOTC38SC23/WG5 的新工作项目。

2010 年 7 月，在杭州召开了第一次国际工作组 ISO 会议，会议认为生丝电子检测的分级还不成熟，根据会议精神，该国际标准名称定为《生丝电子检测试验方法》。

第七章　绢纺与丝绵

绢纺织业是茧丝绸产业链中的重要一环。绢纺生产是利用蚕茧、缫丝、丝织生产过程中产生的疵茧、废丝作原料，经绢纺设备加工成绢丝、䌷丝再织成不同风格的绢纺绸和绵绸。绢纺织业具有原料品种多、来源杂、加工工序复杂的特点，同时又属于劳动密集型产业，产品外销依存度高达80%。

世界上的绢纺生产主要集中在中国。2010年，全国绢纺规模已达60多万锭，年产各类绢丝3万多吨，约占世界总产量的90%。全国的绢纺企业主要集中在浙江、江苏、四川、山东、辽宁等省，浙江就集聚了全国近三分之二的企业。浙江是绢纺织大省、强省。全国第一家中国人自己创办的绢纺厂在浙江。全国最大的绢纺织产业集群在浙江，国内规模最大的绢纺织企业——浙江金鹰集团有限公司在浙江。至2010年，浙江的绢纺产业已形成了门类齐全的生产体系，绢纺规模已达37.10万锭，年绢丝生产能力达1.51万吨，䌷丝3500吨。

丝绵是蚕丝业的主要副产品。古代夏秋茧一般不缫丝，专门用作丝绵的原料，优质丝绵大多被列为贡品。近代以来一般利用不适宜缫丝的双宫茧、次茧、削口茧作原料，以手工的方式将上述原料剥制成丝绵。丝绵主要用作衣、被的填充物，或纺成绵线织绸。中华人民共和国成立以后到1985年前，丝绵生产、销售纳入全省计划管理。2000—2010年，随着丝绵机的发明和新工艺的推广，全省丝绵的生产和消费得到了快速发展，已经成为支撑茧丝绸行业发展的重要产品和百姓家庭消费的新亮点。丝绵产业的兴起拓展了丝绸产业链，在消化过剩蚕茧原料和支撑茧丝价格中起到了重要作用。

第一节　绢纺生产经营

民国10年（1921年），杭州纬成股份有限公司在嘉兴近郊南湖东畔大盐仓桥南侧购地100余亩，于翌年兴建嘉兴裕嘉分厂，先建成缫丝和力织两部。公司总经理朱谋先先后派杭州工业学堂毕业生王佐泉、施叔谋、周剑青等赴日本专门学习绢纺技术。翌年春，朱谋先等赴美国参加纽约第二次万国丝绸展览会，在美国购买一家生产规模3000纺锭老绢纺厂的全套机械设备，价格约14万美元。民国12年，公司增资240万元，在嘉兴裕嘉分厂内筹建中国人自办的第一家绢丝纺绩厂，民国14年建成投产。主要生产设备有精纺主机4000纺锭等。经技术改进，并从日本购进打线车2000锭及其他附属设备，月产绢丝170关担，产品质量也逐步提高。产品品种有：10tex×2（100Nm/2）、8.33tex×2（120Nm/2）、7.14tex×2（140Nm/

2)、4.76tex×2(210Nm/2)绢丝，注册商标“孔庙”牌，畅销印度、印度尼西亚等国。

民国21年(1932年)2月，纬成公司停业。绢丝纺绩厂由杭州庆成绸厂厂主徐礼耕承租，更名为纬成庆记绢纺厂，有精纺主机7120锭，添置梳绵机10台及其他机械设备共300余台。月产绢丝330关担，仍用“孔庙”牌商标，销往印度、南洋一带。民国25年，绢纺厂被徐礼耕以80万元投标购得，又以3万元购得商标使用权，易名为纬成利记绢纺厂。

抗日战争全面爆发后，民国26年(1937年)11月，嘉兴沦陷，利记绢纺厂被日军侵占，翌年5月作为侵华日军的军事管理工厂，称海衣第五工场，由在华日本纺织同业会委托钟渊纺绩株式会社代管。民国31年10月，日本钟渊纺绩株式会社与原纬成利记绢纺厂代表吴蕴斋谈判，由日方估价，强行收买了利记绢纺厂。此后，以钟渊公大实业株式会社公大第八厂名义开始经营。抗日战争期间因蚕桑生产遭受严重破坏，绢纺织原料十分紧缺。民国33年10月起，只有部分设备运转，以络麻为原料制造麻绳，实际上已成为日本海军的附属制绳工场。民国34年8月日军无条件投降前夕，工厂停工。

抗日战争胜利后，民国34年(1945年)9月27日，钟渊公大实业株式会社公大第八厂全部资产由国民党政府经济部苏浙皖区特派员办公处派员接管。民国35年3月26日，由中国蚕丝公司(以下简称中蚕公司)派员接收。同年5月2日正式开工恢复生产，定名为中蚕公司第二实验绢纺厂。到年底，生产各支绢丝1600市担，注册商标“红梅”牌，由中蚕公司统一组织销售，外销为主。民国36年1月，第二实验绢纺厂易名为中蚕公司第一实验绢纺厂。是年起，生产规模逐步扩大，开台增多，先后增开精纺机920锭，运转总锭数4184锭，全年总产量：绢丝2897市担，绢毛混纺纱及人棉纱164市担，曾先后选送“红梅”牌绢丝样品，参加全国国货展览会和法国里昂国际展览会。民国37年，增开织部，生产各支绢丝2750余市担；绢纺绸240锭，计12524.75码。

民国38年(1949年)5月3日，杭州解放，第一实验绢纺厂隶属中蚕公司。1950年7月1日改由纺织工业部华东纺织管理局领导，改称国营嘉兴绢纺厂(以下简称嘉绢)。1950—1952年，投资18.3万元，主机纺锭增至6884锭，基建面积增加2843平方米。1957年，绢丝纺锭7484锭，绢丝产量240.76吨，年总产值471.19万元。

1958年1月1日起，嘉绢下放给省轻工业厅领导，同时改称为“地方国营嘉兴绢纺厂”，3月下放给嘉兴县领导。1959年7月，又隶属省轻工业厅，由省轻工业厅丝绸管理局直接领导。是年，绢丝锭1.02万锭，成为全国万锭绢纺大型企业之一，全厂职工人数2557人。1965年底，绢丝纺主机达到1.06万锭，净增䌷丝纺主机1800锭，织机77台。年产绢丝336.60吨、䌷丝122.94吨、织物130.91万米。1973年，绢丝纺主机达到1.82万锭，䌷丝纺主机2160锭，织机142台；绢丝年产量达到587.75吨，䌷丝383.18吨，织物317.94万米。1976年前，浙江省的绢纺企业仅有嘉绢1家，绢纺原料全部由省丝绸公司计划安排。

1976年4月，诸暨绢纺厂(以下简称诸绢)建成投产，生产120N/2绢丝和绵绸。1978年，诸绢绢丝出口量46.6吨，占当年生产量的33.71%，品种有114N/2、110N/1、60N/2绢丝；绢绸出口量达40万米，占当年生产量的61%，绢纺原料也由省丝绸公司计划安排。1979年，嘉绢绢丝产量636.06吨、䌷丝425.67吨，还生产了涤粘纱、腈纶膨体针织绒106.07吨，工业总产值2236.17万元，绢丝一等品率99.03%。9月，“红梅”牌(SPA)特级4.76tex×2(210Nm/2)绢丝被评为纺织部名牌产品，获国家银质奖。同年，诸绢绢丝品种由3个扩大到6个，重点产品为114Nm/2、120Nm/2绢丝；丝织品种由2个扩大到5个，主要产品是交织绸和绵绸。全年生产绢丝207.68吨，试纺特级240N/2绢丝。

1980年，嘉绢“红梅”牌(SPA)特级210Nm/2绢丝被国家工商行政管理总局授予“国家著名商标”称号。“红梅”牌(SPA)120Nm/2绢丝被纺织部评为部优产品。诸绢全年完成绢丝231.59吨，同时自筹资金建造化纤纺车间，扩大生产能力1200锭，增加䌷丝纺240吨。1981年，嘉绢与日本日绵公司开展第二期补偿贸易，两次共引进精纺机5台、2000锭，粗纺机4台，练条机2套6台，自动落筒机1台以及其他机械设备，价值人民币240万元。年产绢丝680.79吨，䌷丝430.69吨，织品344.43万米。1982年，诸绢从日本引进绢纺设备8台，扩大绢丝纺锭1200锭。60Nm/2、100Nm/2绢丝纺制成功，全年产绢丝323.97吨，䌷丝197.99吨，织品229.51万米，增加了118Nm/1绢丝和13175绵绸、H1827绢绸、H1519绢绸生产。1984年9月，嘉绢的“红梅”牌特级210Nm/2绢丝荣获国家金质奖。1985年，嘉绢实现工业总产值3178.67万元，绢丝产量792.81吨，䌷丝491.79吨，织品480.03万米，税利1073.69万元，创汇2301.18万美元。同年，诸绢实现工业总产值1364.2万元，绢丝383.8吨，䌷丝303.04吨，织品250.79万米，利税370.6万元。

1985年，随着改革开放的深入，在深圳等特区的带动下，真丝绸产品外销大幅增加。在价格、汇率双轨制的体制下，省内2家绢纺企业经济效益较好。此时，在湖州、嘉兴等地，尤其在桐乡市河山乡一带掀起了一股办厂热。先后建成有桐乡县绢麻纺织厂(今为桐乡市思源纺织有限公司)、嘉兴市华益丝绢有限公司、桐乡县河山绢纺厂(今为桐乡市河山伟业纺织有限公司)以及湖州威达纺织集团有限公司等。这些原作坊式的小微企业，原料靠自己在省内外采购，设备因陋就简，技术靠聘请外地师傅，产品仅以精干绵为主，为省内外大型绢纺厂提供初级产品，主要供应上海绢纺厂。当时蚕茧收购价格处在国家定价阶段，在以粮、茧比价为定价依据的时期，绢纺原料的价格相对偏低，而计划外的成品处于市场“议价”，利润相对可观。1985年，又逢全省丝绸体制改革，蚕茧由省统一收购下放到各县管理，绢纺原料也随之由各县与绢纺厂衔接，绢纺原料计划管理的难度增加，但对小绢纺厂的发展，也是机遇。而此时在计划经济眷顾下发展起来的嘉绢、诸绢正经历向市场经济的转型，凭借设备、技术、人才优势仍发挥着浙江绢纺企业主力军的作用。

1986年，诸绢拥有绢纺设备8500锭，织机136台，实现工业总产值1386万元，生产绢丝409.9吨，䌷丝346.8吨，织品250.79万米，税利371万元。1987年，嘉绢年总产值3359.77万元，绢、䌷丝产量1389.73吨。1988年，嘉绢实现税利3558.87万元，创汇2387万美元，企业被评为国家二级企业。1989年，嘉绢完成工业总产值3142.32万元，绢丝产量809.4吨，䌷丝501.08吨，练白绸年产量495万米。产品质量绢丝一等品率99.14%，䌷丝一等品率99.87%，练白绢绸一等品率99.31%，练白绵绸一等品率98.68%。1990年，嘉绢实现工业总产值15930.19万元(90价，下同)，实现利润3099.86万元，绢丝产量810.19吨，䌷丝517.19吨，创汇2201.05万美元。同年，诸绢实现工业总产值5334万元，利润581万元。

进入20世纪90年代，浙江省茧丝绸生产发展迅速，也是绢纺企业高速发展期。桐乡市亿宏绢纺有限公司、桐乡市河源绢毛纺织有限公司、嘉兴华磊龙欣实业股份有限公司、德清县高桥绢纺厂等都是在1993年前后创办的。到1995年底，全省拥有大小绢纺企业83家(其中39家为仅生产初级产品精干绵而无纺锭的小微企业)，绢纺总锭数约25万锭。绢丝产量1.17万吨，䌷丝3947吨，织品1.59亿米，年产绢丝500吨以上的有嘉兴绢纺厂、定海绢纺厂、桐乡绢麻纺织厂、浙江枫树集团有限公司。1995年，全省绢纺企业出口创汇共6000万美元。

据省丝绸联合公司行业管理办公室于1997年下半年对全省绢纺工业现状调查，至1997年8月底，全省拥有绢纺精纺锭的企业为44家，生产能力为26.6万锭，占全国的40%左右，职工达5.2万人。按企业规模大小分类：生产能力超过1万锭的企业有5家，拥有绢纺锭数为7.79万锭，占总数的29.3%，其中企业规模最大的嘉兴绢纺厂，拥有绢纺锭数2.14万锭；5000锭～10000锭的企业有25家，拥有绢纺锭15.04万锭，占总数的56.5%；5000锭以下的企业有14家，拥有绢纺锭3.78万锭，占总数的14.2 %，规模最小的仅有1260锭。按所有制分类：国有企业6家，占总数的13.6%；乡镇企业30家，占总数的68.2%；其他(包括股份制、合资等)所有制8家，占总数的18.2%。按建厂年代分类：中华人民共和国成立前建厂的1家，占总数的2.3%；1950—1980年建厂的2家，占总数的4.5%；1981—1990年建厂的11家，占总数的25.0%；1991—1994年建厂的有30家，占总数的68.2%。从以上调查可以看出，浙江省有三分之二的绢纺企业是在1991—1994年发展起来的。

1997年，全省年可供绢纺原料总量约8000吨，只能满足近5万锭的生产能力，26.6万绢纺锭所需原料缺口达80%。从全国看，国内绢纺原料也只能维持30万锭的生产量，原料缺口也超过50%，由此也造成生产能力和原料资源严重失衡。1997年，国务院办公厅批转国家茧丝绸协调小组和中国纺织总会关于调整缫丝、绢纺加工能力的意见。在国家茧丝绸协调小组、中国纺织总会的直接领导下，以“控制总量、优化结构、促进我国茧丝绸行业健康稳定发展”为方针，实施发放企业生产准产证，进行全行业的“压锭”，对全国绢纺织加工能力进行总调整。国家调整绢纺加工能力的原则是规模经济、资源优化、技术先进、合理布局、平等竞争。基本条件是规模在5200锭以上，环保、产品质量达到规定要求。根据这些原则和要求，浙江省完全符合条件的有10家企业，基本符合但需进一步提高完善的有15家企业，尚达不到基本条件的有近20家企业。

1998年初，对绢纺企业的整顿也提上了议事日程。为了加强对绢纺行业的统筹协调，承担行业管理职能的省丝绸公司发起成立了由嘉兴绢纺厂为组长，浙江富润纺织集团有限责任公司(诸暨绢纺厂)、浙江金鹰纺机股份有限公司(定海绢纺厂)、浙江枫树集团为副组长厂的省绢纺行业协作小组。在行业主管部门调查摸底的基础上，将全省基本符合条件的33家绢纺企业列入了全国调整范围。到1998年底，全国经调整共有64家绢纺企业获得了生产准产证，比原有企业总数减少48.8%，保留生产能力48.3万锭，比原来生产能力减少28.2%。浙江的33家绢纺企业获得了生产准产证，比原有企业总数减少25%，核定生产规模24.5万锭。根据国家茧丝绸协调小组和中国纺织总会的部署，省丝绸公司于1999年5月上报了全省绢纺加工能力调查和整顿工作方案。对过剩的绢纺生产能力，除了在宏观政策上予以指导外，主要由市场来调节，所以也没有经历像缫丝行业压台拆机那样的整顿过程。与此同时，到1999年5月底，全省缫丝加工能力整顿工作基本结束，总量得到了一定的控制。据省丝绸联合公司统计，2000年全省绢丝产量为1.63万吨、䌷丝1763吨，均超历史最好水平。

2002年7月26日，国家经贸委发布公告，公布了符合条件的63家绢纺企业获得全国绢纺企业生产准产证，核定生产规模49.9万锭。其中浙江省有33家绢纺企业获得准产证，核定规模为24.5万锭，居全国14个省市(区、市)之首。2002年，浙江省生产绢丝1.35万吨，䌷丝590吨。是年，经外经贸部批准，浙江有4家绢纺企业获蚕丝类商品出口经营权，它们分别是:浙江金鹰股份有限公司、富润集团有限公司、杭州商辂丝绸有限公司、海盐绢纺实业有限公司。同年，浙江金鹰集团有限公司收购重组了国内绢纺行业原龙头企业浙江嘉兴绢纺厂，于次年成立浙江金鹰绢纺有限公司。金鹰集团开创了国内独树一帜的绢、麻纺成套装备制造与绢、麻纺织生产并驾齐驱，纺机研发与工艺创新紧密结合的金鹰特色。该企业立足浙江，布局全国，早在1996年在安徽省六安市控股建立金鹰绢纺六安有限公司，部分纺纱能力开始向中西部资源优势地区转移。1997年，又收购重组了中国西南地区最大国有绢纺企业——四川绵阳绢纺厂。

2003年以后，随着机制丝绵工艺逐步成熟，质量相对稳定，蚕丝被的制作逐步走上规模化、专业化道路，原来用作绢纺原料的蛹衬茧(汰头)被移作丝绵原料，这对绢纺原料数量和结构产生了重大影响。2003年，浙江的绢纺企业产业结构调整逐步到位，开始步入良性发展的道路，形成了一批生产经营稳定、技术装备和管理先进、效益显著的骨干企业队伍。浙江金鹰集团有限公司已拥有6万锭规模的绢纺加工能力，年产各种绢丝3000吨，市场占有率为24%。是年，桐乡市有主要绢纺企业13家，绢丝产量超过5900吨，实现销售收入7.8亿元，其中桐乡河山伟业纺织有限公司、亿宏绢纺有限公司、华益丝绢总厂3家企业销售已超亿元。同时，企业经济效益逐步好转，伟业纺织、亿宏绢纺、华益丝绢、同成纺织等绢纺企业均取得了较好的经济效益。桐乡市亿宏绢纺有限责任公司原来只是单一生产绢丝类产品，结合国际纺织品市场需求，企业每年都有产品创新，已陆续开发绢、棉、毛、麻、丝等上百种纱类产品，还先后在江苏南通、兴化等地创办企业。

2004年，商务部批复浙江5家绢纺织企业获蚕丝类商品出口经营权，分别是:桐乡绵丝厂有限责任公司、浙江金鹰绢纺有限公司(又称嘉兴绢纺厂)、桐乡市河山伟业纺织有限责任公司、浙江龙源纺织股份有限公司、海盐三环绢纺有限责任公司。此时，浙江已有9家绢纺企业获得出口经营权，这些企业代表着浙江省绢纺企业的总体实力和发展方向，初步具备了参与国际竞争的能力。

2006年，商务部公告称，对各地上报的绢纺企业生产经营资格进行了审核，同意8个省(市)57家绢纺企业核发2007—2008年全国绢纺企业生产准产证，总生产能力51.44万锭。本次核审，浙江省共有38家企业获得了绢纺企业生产准产证，核准生产能力32.98万锭，约占全国三分之二。据省丝绸协会统计，2007年全省绢丝产量为1.07万吨，䌷丝产量2749吨。2008年底，省经济贸易委员会对全省绢纺企业进行了复审，共有38家企业通过复审换证，核准的绢纺精纺纱锭有35.06万锭。其中桐乡市集聚了21家规模企业，生产能力17.4万锭，成为全国最大的绢纺织产业集群和绢纺产品生产中心。

2008年后，受国际金融危机的影响，以外销为主的丝绸行业经济运行出现滑坡，全省的绢纺企业充分挖掘自身潜力，加大产品开发力度，拓展产品应用领域，增强自主品牌建设，提升产品核心竞争力，取得了稳步发展。金鹰、富润、虹绢等多家绢纺企业先后被省工商局评为浙江省知名商号。浙江金鹰集团的“SPA”牌桑蚕绢丝还被国家质量监督检验检疫总局评为中国名牌，浙江的绢纺企业正走上以质量求生存的良性发展之路。据省丝绸协会对38家绢纺织企业的统计，2010年生产绢丝6373.04吨，细丝3250吨。经省经济贸易委员会2010年底核准取得绢纺企业生产准产证的有40家企业，核定生产规模37.10万绢纺锭。绢丝生产能力1.50万吨，细丝3500吨。

表105-7-1-1　浙江省绢纺生产准产证企业复审合格名单(2010年12月核准)

地区	企业名称	经济类型	核定规模(锭)	准产证编号
嘉兴	浙江金鹰绢纺有限公司	集体	12000	JZC330100110
	嘉兴市新华绢纺厂	股份合作制	12600	JZC330100210
	嘉兴市春寒纺织有限公司	有限责任	5040	JZC330100310
	嘉善嘉胜绢纺有限公司	私营	11340	JZC330100410
	海盐三环绢纺有限责任公司	股份制	10080	JZC330100510
	浙江恒越绢纺有限公司	有限责任	12180	JZC330100610
	海盐虹飞纺织有限公司	有限责任	13860	JZC330100710
	海盐金溢绢纺有限责任公司	有限责任	5000	JZC330100810
	海宁市海绢纺织有限责任公司	有限责任	6300	JZC330100910
	桐乡市河山伟业纺织有限责任公司	有限责任	10500	JZC330101010
	桐乡市思源纺织有限公司	私营	9660	JZC330101110
	桐乡市嘉盛纺织有限责任公司	股份制	5880	JZC330101210
	嘉兴市华益丝绢有限公司	股份制	32680	JZC330101310
	桐乡市华鼎纺织有限公司	有限责任	8400	JZC330101410
	浙江金基隆丝纱线有限公司	有限责任	7140	JZC330101510
	桐乡市亿宏绢纺有限责任公司	私营	18900	JZC330101610
	桐乡市易德纺织有限公司	有限责任	12600	JZC330101710
	嘉兴华磊龙欣实业股份有限公司	有限责任	5040	JZC330101810

续表

地区	企业名称	经济类型	核定规模(锭)	准产证编号
嘉兴	桐乡市山德鑫纺织有限责任公司	私营	8400	JZC330101910
	桐乡市河源绢毛纺织有限公司	有限责任	5460	JZC330102010
	海宏(桐乡)纺织有限公司	独资	10920	JZC330102110
	桐乡市锦绣顺绢纺有限公司	有限责任	5040	JZC330102210
	桐乡市张驰纺业有限公司	私营	5880	JZC330102310
	桐乡市志达纺业有限公司	私营	5040	JZC330102410
	桐乡市生龙纺业有限公司	私营	5040	JZC330102510
	桐乡市日升纺业有限公司	私营	5040	JZC330102610
	桐乡市宏得利纺业有限公司	私营	7500	JZC330102710
	桐乡市加顺纺织有限公司	私营	5880	JZC330102810
	桐乡市卓越纺业有限公司	私营	5040	JZC330102910
	桐乡市天隆绵丝制品有限公司	私营	6720	JZC330103010
	桐乡市帮大线业有限公司	私营	5460	JZC330103110
	桐乡市兴宏绢整有限责任公司	私营	5880	JZC330103210
湖州	浙江湖州威达纺织集团有限公司	股份制	16500	JZC330200110
	湖州繁华绢纺有限公司	有限责任	5040	JZC330200210
	德清东盛纺织有限公司	合资	5040	JZC330200310
	德清县高桥绢纺厂	集体	6720	JZC330200410
杭州	杭州利华绢纺有限公司	有限责任	10500	JZC330300110
	杭州商铬丝绸有限公司	有限责任	5040	JZC330300210
绍兴	浙江诸暨富润宏丰纺织有限公司	有限责任	10080	JZC330400110
舟山	浙江金鹰股份有限公司	股份制	25620	JZC330500110
合计			371040	

资料来源:《浙江丝绸信息》2010 年第 11 期。

第二节 绢纺原料、设备、工艺

绢纺生产技术是由其原料的特性所决定的。废丝、疵茧含有多量丝胶和不同数量的油脂、蜡质以及其他污物，难以直接进行生产加工。绢纺机器设备虽属于棉毛纺织系列，然而，绢纺原料种类多、差异大，因此，绢纺工艺流程和棉毛纺纱工艺相比显得更为繁复和冗长。

一、绢纺原料

绢纺原料按来源分，可分成三类。(1)缫丝厂所产绢纺原料：湿下脚(是经过缫丝生产过程所产生的副产品)，包括长吐、短吐、口吐、挽手、毛丝、滞头、汤茧、蛹衬等；干下脚(缫丝前拣出不能缫丝的茧子)，包括茧衣、次双宫、穿头、黄斑、印头、烂茧、薄皮、鼠削口茧等。(2)养蚕、制种场剔出的不能缫丝的茧子作为绢纺原料，如蛾口茧、削口茧、削盖、双宫茧等。(3)丝织厂生产过程中所产生的回丝、废丝。

民国 14 年(1925 年) 建成投产的嘉兴裕嘉分厂绢丝纺绩厂，所需绢纺原料除了少量自给外，大多数由自行采购。

中华人民共和国成立后，绢纺厂所需原料由政府所属的中蚕公司或省丝绸公司统一负责协调供应。1951 年 5 月，成立华东区公私营绢纺织厂联合收购原料处，隶属中蚕公司领导；6 月，在嘉兴设收购站，所收原料全部拨嘉绢。10 月始，中蚕公司根据外贸需要和原料产量逐步增长，对国营厂的绢丝由收购改为代购代纺，私营绢纺厂继续自纺结合代纺。代纺所需原料由中蚕公司陆续在上海、无锡、苏州、杭州、嘉兴等地指定仓库拨嘉绢使用。凡外区运沪原料，规定在上海码头交货。代纺原料规定调配使用比例为上级(长吐、丝吐)45%，中级(蚕吐、上茧、中茧)20%，下级(滞头、茧衣、野货)35%。

1952 年，中蚕公司供应各厂绢纺原料共计 1155 吨，生产绢丝 360 吨。是年，嘉绢共代纺绢丝 152 吨。由中蚕公司和嘉绢会同评定绵折。1953 年第二季度始，绢丝由加工改为收购。绢纺原料仍由中蚕公司负责供应，上级原料 42%、中级 4%、下级 24%，尚有 30%由中蚕公司与嘉绢共同负责收购。1954 年 5 月 6 日，华东供销分局召开绢纺原料联购第二次会议时，确定各厂的收购比例按生产实际分配，嘉绢厂 36.4%，上海绢纺织厂 33.7%，上海庆济绢纺厂 18.2%，上海纬成绢纺厂 11.7%。是年，第四季度总收购原料 600 吨，计划生产绢丝 176 吨。收购原料资金由以上参加联购单位按分配比例分期预缴。1958 年起，嘉绢原料的供应和产品的收购改由省丝绸公司负责。

1976 年 4 月，诸绢开工试产后，省丝绸公司规定：钱塘江以南，再加杭州新华丝厂、杭州缫丝厂、杭州丝绸印染联合厂的绢纺原料，划归诸绢收购；钱塘江以北划归嘉绢收购。1985 年起，蚕茧收购管理体制下放，省丝绸公司不再安排绢纺原料，由各绢纺厂直接从缫丝厂或经销单位采购。

20 世纪 50—80 年代，绢纺原材料收购价格由国家统一制定中心价，90 年代中后期价格放开。由于收购渠道拓宽和竞争激烈，原料价格大幅度上扬。竞争同时推动了生产技术的发展，原料单耗不断下降。中国丝绸总公司 1986 年制定的《丝绸出厂价格作价办法》（以下简称《86 作价本》）规定每百千克绢丝耗原料 457 千克。根据 1997 年全国主要绢纺企业交流资料分析，每百千克绢丝耗原料平均为 375.6 千克，2000 年后已下降到 350 千克以下。至 2010 年，全省绢纺原料均由各绢纺厂从国内外自行采购，其价格也由市场形成。浙江金鹰绢纺有限公司 2002 年、2006 年、2010 年原料单价分别达 10.10 万元/吨、18.0 万元/吨、17.80 万元/吨，分别占成品单价的 73.19%、75%、78.07%。

表 105-7-2-1　　浙江省不同时期主要绢纺原料收购价一览表

单位：元/千克

年份	长吐	汰头	削口	黄斑	茧衣
1953	4.68	1.536	-	2.034	2.34
1986	14.00	7.50	12.00	5.80	5.50
1987	14.39	8.10	-	9.33	5.76
1999	48.39	36.10	55.07	32.38	19.31

资料来源：根据《浙江省丝绸志》（方志出版社 1999 年版）等有关资料整理。

说明：1953 年为 1953 年 5 月 12 日全国绢纺原料座谈会决议《绢纺原料作价草案》中心价，1986 年为《86 作价本》中原料一级品单价，1987 年、1999 年为嘉绢年度实际平均收购价。

二、绢纺设备及流程

绢纺生产技术是由其不同生产阶段的设备所决定的。绢纺生产大致分精练、制绵和纺丝 3 个流程（见图 105-7-2-1）。

在近代机器绢纺业兴起以前，历代只有农家以手工配以纺锤来捻制绵线。清代俞墉《蚕桑述要》载："绵叉梗，削木为柄，约长二尺四五寸，上镶铜牙叉以置胎。线胎即茧、烂茧、囊头、丝搭头煮熟漂清，并而为一，引而伸之，即捻成线。倚柱，削竹为之，约长尺余，上下匀圆，至底方乃留方块，套芦管于柱中。初捻线时，用青钱十文，套入柱底，坠重方能旋转矣，芦管缠线渐重，将钱分起去之。"

绢纺机器设备属于棉毛纺织系列。中华人民共和国成立之初，嘉绢只有民国 3 年（1914 年）、民国 5 年制造的美式、法式、英式老机共 5684 锭，实开 4152 锭，以及 64 台日式丰田型旧织机。此后的 50 年，主要设备绢丝精纺机经历了改造旧机、研制新机、消化引进设备的演变阶段。

1950—1964 年，主要以改造以上旧机器为主。1965 年 2 月，在纺织工业部的领导下，上海第二纺织机械厂研制成功中国第一台 DJ561 绢纺型精纺机，嘉绢经调试后，产量和质量均符合要求，两年内陆续增加了 DJ561 绢纺型精纺机 10 台，同时报废旧机 6 台。1967 年，嘉绢、上海绢纺厂及上海第二纺织机械厂开始合作研制新型绢丝精纺机，历时 7 年，于 1973 年 8

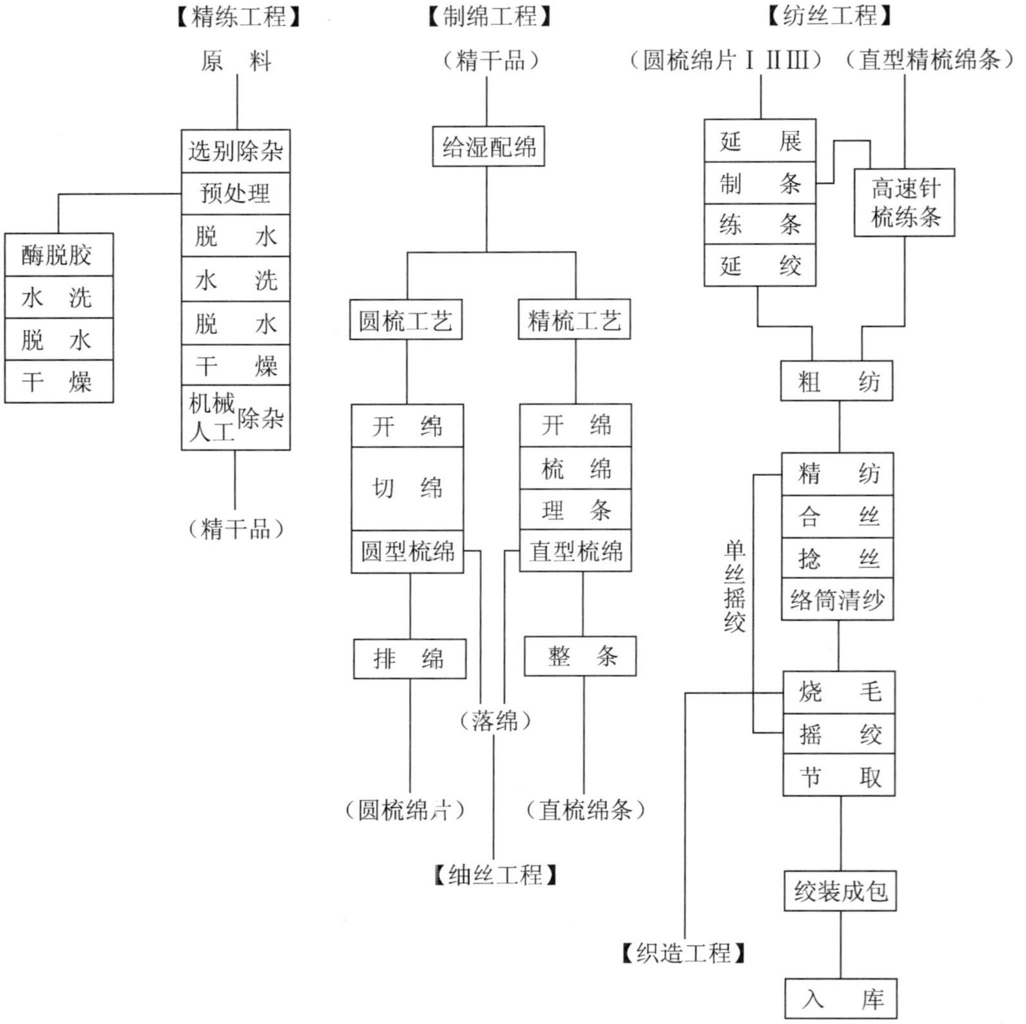

图 105-7-2-1　绢纺生产流程图［根据《浙江省丝绸志》(方志出版社 1999 年版)等有关资料整理］

月在嘉绢通过了 DJ562 绢丝精纺机的鉴定。1974 年，嘉绢开始陆续购进 DJ562 型绢丝精纺机。

1976 年，诸绢正式建成投产，设备基本一步到位。精练车间有剥茧衣机、练桶、煮练机、冲洗机、脱水机、烘干机。制绵车间有 DJC61 开茧机、圆梳机、中切机、小切机、DJ91 梳绵机、B303 针梳机、B304 针梳机、B311B 精梳机。纺丝车间有 CZ231 延展机、CZ241 制条机、CZ251 练条机、CZ252 练条机、DJ431 延绞机、DJ441 精纺机、ZS-14 粗纺机、317H 精练机、DJ562 精纺机、1381G 合丝机、A631DJ 拈丝机、1332M 槽筒机、DJ681 整丝机、DJ6918 烧毛机、A742DJ 摇绞机、PDⅢ练条机，共有绢纺锭 8500 锭。䌷丝车间有 BC272 梳绵机、BC584 精练机、1332M 槽筒机。织准车间有 1511M 绢(绵)绸织机 136 台及 1332P 槽筒机、G191 卷纬机、整经机、穿筘机、G181-160 自动接经机等。化纤车间有 DJ061 开茧机 1 台，圆梳机 2 台，小切机 4 台，CZ231 延展机 6 台，及 CZ241 制条机、CZ251 练茧机、A513MA 精纺机、CZ252A 练条机、A734 摇绞机、A631C 并拈机、1381G 合丝机、1332M 槽筒机和 A456M 粗纺机等。

1981 年，上海第二纺织机械厂、嘉绢在 DJ562 型绢丝精纺机的基础上又研制了 KF501 型绢丝精纺机。1984 年 12 月，纺织工业部委托省丝绸公司组织在嘉绢召开生产鉴定会，通过鉴定，KF501 型绢丝精纺机作为定型产品取代 DJ562 型。

20 世纪 80 年代初，浙江省绢纺织工业以赶超日本、西欧等发达国家和地区的先进水平为目标，投入了大量的资金改造硬件，加快了技术改革步伐。与此同时，引进、消化国外先进设备。嘉绢以"补偿贸易"的方式两次引进日本石川制作所生产的 P-317 型绢丝精纺机 5 台。通过对新工艺、新设备、新材料的研究及科技成果的推广应用，引进国外先进设备等措施，全省绢纺织产品的质量水平、品种档次、生产技术水平都有新的提高。尤其"七五""八五"期间，一批绢纺织骨干企业在绢纺工艺技术和装备上有了较大的改进与提高。至 1993 年，嘉绢已配套最新型绢丝纺主机 52 台、21216 锭，细丝纺主机 22 台、5280 锭，织机 180 台，配套设备 1000 余台套。

进入 21 世纪后，绢纺专用设备基本定型。至 2010 年精练、制绵、纺丝工程中的主要设备有如下几种：

(1)精练工程。绢纺原料精练的目的是对原料进行脱胶、去油和除杂，并成松散状态，保证丝纤维符合绢丝的要求，以利于做进一步的工艺加工，所以绢纺原料精练的成效对绢丝质量、制绵及纺纱加工的顺利进行、工厂的经济效益等至关重要。精练设备分专用设备和通用设备两类。专用设备有练桶、带式煮练机和煮练锅等，通用设备有冲洗机、脱水机和烘燥机等。

(2)制绵工程。制绵工程的主要任务是通过切断（或扯断），使纤维长度符合纺纱工艺的要求。经扯松、梳理使束状纤维逐步分解成伸直平行度良好的单纤维，并清除精干绵的各种杂质、绵粒以及不适宜纺制绢丝的短纤维，使制成的精绵或精梳绵条的质量达到规定要求。设备有 CZ161A 型、CZ162A 型、CZ163A 型圆梳机和罗拉梳绵机（DJ191 或 DJ201）型。浙江金鹰集团股份公司充分发挥了纺织机械制造的特长，通过将引进的日本制绵新工艺生产线和自制设备相结合，形成了一套全新的绢丝生产线，绢丝最高支数可以纺到 300Nm/2，代表了当前国内最高绢丝纺纱技术。

(3)纺丝工程。依照所纺各种规格绢丝或细丝分别选定设备。绢纺纱设备的配置，对于采用圆梳精绵纺纱工艺的一般选用传统的 CZ 型延展、制条、并条机，而对精梳绵条纺纱工艺则习惯上都采用 DJ 型针梳机组。部分绢纺厂亦采用国外引进的 PD3 型针梳机。省内绢纺厂使用的粗纺机械有两类：一类是针辊牵伸的延绞机和粗纺机，另一类是皮圈牵伸的单程粗纺机。DJ562 型、FK501 型精纺机已成为绢纺精纺机械的主导设备。后继工序设备有 1381 型并丝机、A631 (DJ)型捻丝机、DJ691B 型烧毛机、络筒机（电清）等。浙江金鹰绢纺厂引进了 3 台新型 SAVIO 高速自动络筒机，该机配备最新一代 USTER QUANTUM 2 电子清纱器和 MESDAN 498 型捻结器，清纱效果和捻结质量更加完美。

细丝纺主要设备常规采用开清绵机组、BC272B 型两联式梳绵机和 BC584 环锭精纺机。随着生产技术的发展，气流纺技术得到广泛的应用。气流纺细丝除丝身结构紧密、手感略显硬直外，条干匀度等产品质量、生产能力均优于环锭纺，现已形成了一定的生产规模。

三、绢纺工艺

(一)精练工艺

精练的工艺设计是根据原料分析来选择精练方法(酶制剂精练法、化学练法、腐化法),并确定工艺流程、选定工艺参数。精练的工艺参数,是因原料品质、精练方法及设备而有不同,主要包括浴比、温度、时间、药品种类、药品浓度及练液 pH 值等。1966 年,嘉绢研制成功带式双层煮练机和耙式水力冲洗机,替代了练桶和圆盘水洗机。1971 年,又研制成功煮练水洗联合机,使绢纺原料精练、水洗连续化和机械化生产。1978—1979 年,精练先用木练桶进行了中性蛋白酶脱胶精练工艺,1985 年 1 月改用循环精练锅酶法处理原料,1988 年,酶法处理的原料占总生产量的四分之一。精练现在有 3 条工艺路线,即练桶是练含油脂高的原料,煮练机是练高温化学练的原料,循环精练锅是练低温混合练的原料。

其具体流程为:

练桶→发酵→水洗→脱水→复练→槽洗→水洗→脱水→烘燥。

煮练机→水洗→脱水→烘燥。

精练锅酶脱胶→水洗→脱水→烘燥。

由嘉绢、无锡市工业控制研究所完成的"八五"期间国家重点科技项目"绢纺原料、脱脂脱胶精练"通过采用生物酶脱胶、低温精练等先进技术,并选用微机控制精练温度、时间等工艺参数,使精干绵脱胶均匀、纤维蓬松、张力好、品质提高。通过开展绢纺精练抗静电剂的应用,提高了绢绵的可纺性,改善了绢丝质量。

(二)制绵工艺

20 世纪 70 年代前,传统的梳绵工艺主要是采用圆梳制绵。圆梳制绵工艺设计内容主要包括梳理方式(单级梳理、并级梳理)、梳理道数、圆梳机锡林与前后梳理滚桶之间的隔距、各滚桶的回转速度、嵌绵和翻绵的高度、落绵门数以及选择针布号数。圆梳制绵所用设备和工艺是绢纺工程区别于其他纺纱工程的一个重要方面。1971 年,嘉绢开始研究梳绵新工艺(直型梳绵),1974 年形成中试生产能力;1975 年 12 月,轻工部组织技术鉴定,推广使用。1976—1988 年的 13 年中,是边生产、边改进,新工艺得到不断完善。

老工艺为:给湿配绵→开茧→切绵→圆梳→排绵。

开茧球→{DJ201 / B272 / DJ191}→梳棉机→BR221 并条机→B304 针→B311A 精梳机→B303 梳机→DJ423 针梳机→DJ432 针梳机→DJ442 针梳机→B452 针梳机→粗纺。

1988 年研究调试的流程为:

开松→切断→开绵机→A036 开绵机→A092 混绵机→A076C 成卷机→单锡林梳绵机→五罗拉牵伸机→B304 针梳机→B311A 精梳机→B303 针梳机→Ⅲ-Ⅳ道针梳→粗纺。

进入 20 世纪 90 年代后，在制绵方面进行“绢纺梳绵新工艺研究”，此专题为“七五”国家重点科技项目，由嘉绢负责完成，中国纺织大学（1999 年更名为东华大学）参与其中。专题主要是纺制中支绢丝，研究纤维的合理定长切断，改进单锡林梳绵机的工艺和结构，进一步完善以开、切、清、梳为主要特征的精梳新工艺。这使新工艺在机械化、连续化和自动化程度上有较大提高，大大减轻了工人劳动强度，明显改善了生产作业环境，有利于安全生产和产品制成率、产品质量的稳定提高。且新工艺对产品的应变能力较强，能适应市场需求，具有良好的经济、社会和环境效益。该技术的配套设备全部国产化，使之便于推广应用。该工艺流程至 2010 年仍适用。

（三）纺丝工艺

前纺工艺：

（1）特级绵：延展Ⅰ道→延展Ⅱ道→制条→练条Ⅰ道→练条Ⅱ道→练条Ⅲ道→延绞→粗纺。

（2）甲级Ⅰ绵：1979 年 10 月前工艺同特级绵。1979 年 10 月引进日本设备后改为：延展Ⅰ道→延展Ⅱ道→制条→练条Ⅰ道（PDⅢIC）→练条Ⅱ道（PDⅢICR）→练条Ⅲ道（PDⅢZC）→粗纺（ZS-14）。

（3）Ⅱ绵：延展Ⅰ道→延展Ⅱ道→制条→练条→转针练条→转针练条→延绞→粗纺。

（4）Ⅲ绵：延展Ⅰ道→延展Ⅱ道→制条→练条→转针练条→转针练条→转针练条→粗纺。

纺丝工艺设计内容主要是选定工艺流程及机器型号，确定精绵配绵成分，制定纺纱各机台的定量、牵伸倍数、机器速度以及粗、细纱捻度。依照所纺各种规格绢丝所用的纤维长度，选定前纺机器牵伸机构的有关参数（包括定量、牵伸倍数、前隔距、针密、针号、针辊和吃针排数等），选择精纺钢丝圈型号、钢令直径和皮圈钳口隔距块，确定精纺以后各工序的机器速度和适当的工艺参数，其中包括并丝机的张力垫卷或张力弹子的重量、捻丝机钢令直径、烧毛绕丝根数等。

（四）䌷丝纺工艺

根据原料情况，所加工产品支数和品质要求，以及纺纱设备的具体条件来确定纺纱工艺。合理地使用原料，确定比较合适的加工流程和工艺参数，使纺纱工艺过程顺利进行，并能纺出品质优良的䌷丝。开清绵的工艺设计是根据产品技术特征和质量要求，并考虑原料的供应和储备量，以及原料的纺纱性能，提出各种原料的比例和数量，确定总投入量及各种参数，并规定给湿量与吹净绵的回潮控制范围，制定给湿、堆放等条件。梳绵工艺设计包括出条根数、出条速度和出条重量、喂绵周期和喂绵时间。依据加工原料的性质和状态，制定梳绵机的工艺（包括针布号数、滚桶的转速、滚桶的速比、隔距等）。䌷丝精纺一般在梳绵工艺设计时，精纺机的牵引倍数就已确定，其他参数还包括锭速、捻度、钢丝圈号数等。

在纺纱方面，省内一些大中型绢纺厂在对引进的绢纺设备——PD3 型高速针梳机、ZS-14 粗纺机和 P317 精纺机及自动络筒机进行消化吸收和工艺试验的基础上，进一步推广采用了新一代有自调匀整装置的高速针梳机、大牵伸粗纺机、精纺机。2004年,浙江金鹰绢纺有限公司(嘉兴绢纺厂)引进的RASIS络筒机(电清)和TDS190倍捻机等设备,使绢丝成品条干均匀、洁净度好、疵点少,形成了具有一定规模的无疵筒装绢丝生产线,拥有了世界一流的高质量绢丝加工能力。在绢纺下脚料的综合利用方面,应用了摩擦纺等新颖纺纱工艺,充分利用下脚废绵进行纺纱。诸绢的德雷夫绢纱也很具特色。2007年12月23日,诸暨富润宏丰纺织有限公司(原富润绢纺厂)研制的"赛络纺绢纺丝"通过省级新产品鉴定。该项目对绢纺细纱机进行了改造,运用赛络纺纱技术,对工艺参数进行优化,产品具有结构紧密、外观光洁、手感柔软等特点。该技术减少了工艺流程,降低了消耗,其工艺技术水平处于国内领先。湖州威达纺织集团公司在2003—2007年投资2亿多元引进了德国赐来福公司和瑞士立达公司的气流纺生产线25条,其中气流纺桑蚕䌷丝作为该公司的三大系列产品之一,产品远销欧美、东南亚、中东等地区。

第三节　绢纺产品

传统的绢纺织产品是指各种细度的纯纺绢丝、䌷丝及其织成的绢纺绸、绵绸等,它是绢纺的主要产品。随消费需求的变化,各种新产品的不断研制成功,使得绢纺产品更加丰富多彩。首先是原料变化,各种混纺的绢丝、䌷丝相继问世。其次,1998年后,除了混纺绸产品外,还开发出交织、色织产品。绢丝、䌷丝针织品等产品深受国内外消费者的青睐。绵球是绢丝加工过程中的半成品,由于国外有些绢纺厂只有纺丝部分而没有制绵部分,需要通过进口绵球生产绢丝,浙江的绵球一直是传统的出口产品。

一、绢丝

绢丝是利用养蚕、缫丝及丝织生产中的下脚料,经绢纺工艺加工而成的产品,具有丝身光洁、色泽柔和、手感光滑、条干均匀等优良性能。浙江生产的绢丝以公制支数表示其粗细规格,为了增加张力及改善品质,作为最终产品的绢丝一般均为双股丝。绢丝按其粗细规格可分为三档:高支绢丝,160Nm/2及以上;中支绢丝,160Nm/2以下;低支绢丝,100Nm/2以下。浙江生产的常规绢丝品种有210Nm/2、160Nm/2、140Nm/2、120Nm/2、100Nm/2、80Nm/2、60Nm/2等10余种。其中有些绢丝根据品质要求不同,又分普通级和特级两等,如SPA牌特级210Nm/2和普通级210Nm/2绢丝获国家金质奖,填补了国内绢丝生产的空白,拓展了中国绢丝向高支化发展的前景。

民国14年(1925年),建成投产的在嘉兴裕嘉分厂绢丝纺绩厂产品品种有:10tex×2(100Nm/2)、8.33tex×2(120Nm/2)、7.14tex×2(140Nm/2)、4.76tex×2(210Nm/2)绢丝,注册商标"孔庙"牌,畅销印度、印度尼西亚等国。

中华人民共和国成立后,浙江省内唯一的绢纺厂——嘉兴绢纺厂主要生产各种规格的绢丝为主。1957年,绢丝纺锭7484锭,绢丝产量240.76吨。1959年7月试制成功一大批新产品，有茧衣绢丝、竹节绢丝、蓖麻茧绢丝、野蚕特种绢丝，有兔毛、羊毛、人棉、尼龙纱和麻绢、驼绢混纺纱。1958 年 1 月 1 日起，嘉兴绢纺厂出口绢丝由上海商检局对质量正式开验。1963 年，嘉兴绢纺厂绢丝一等品率稳定在 99%以上。

1966 年 4 月 5 日起，中国纺织品进出口公司规定国产绢丝一律采用嘉绢的“红梅”牌商标，报商检时在原 SP 编号后加 A、B、C、D 区别，嘉绢为 SPA。1969 年 4 月开始，上海商检局决定，对嘉绢生产的各支绢丝免检，实行厂检换证。1973 年，绢丝年产量达到 587.75 吨。1979 年，“红梅”牌特级 210Nm/2 绢丝获纺织工业部名牌产品和国家银质奖。1980 年，诸绢“红梅”牌特级 120N/2、“红梅”牌普通级 140N/2、“红梅”牌特级 140N/2 绢丝等获浙江省优质产品。1984 年 9 月，嘉绢生产的“红梅”牌特级 210Nm/2 绢丝获国家金质奖。1993 年，嘉绢年产桑绢丝 813.35 吨，诸绢年产桑绢丝 371.19 吨 。

2000 年以后，浙江金鹰绢纺有限公司的“SPA”牌、桐乡市河山伟业纺织有限公司的“枫树”牌、浙江恒越绢纺织有限公司生产的“海首”牌、桐乡市亿宏绢纺有限责任公司的“永宏”牌绢丝，以条干均匀、疵点少、偏差少、练减率低的优点，在国际市场上享有很高的声誉，畅销不衰。2005 年，浙江金鹰集团的“SPA”牌、富润集团的“富润”牌桑蚕绢丝被国家质量监督检验检疫总局评为中国名牌。2007 年，浙江金鹰绢纺股份有限公司经市场调研，获悉全世界高档 Melange(混色纺)绢丝的开发前景很好，绢丝每年的市场需求量在 350 吨以上，产品主要集中在欧洲、日本和韩国市场，作为高档正装面料的用纱。该公司通过对桑蚕绢纺原料的合理选配，染色工艺技术的改进，配合独特的纺纱工艺流程和技术参数，引进世界领先的电子清纱设备，解决了高档 Melange 绢丝混色均匀度方面的技术难题，填补了国内生产高档 Melange 绢丝的空白。

2010 年，随着世界纺织技术的发展和纺织纤维多样化趋势的出现，为满足市场需求，增强绢纺产品占领市场的竞争能力，以浙江金鹰绢纺有限公司(嘉兴绢纺厂)、浙江湖州威达纺织集团有限公司、浙江恒越绢纺有限公司、海盐三环绢纺有限公司等为重点的一批骨干企业，利用绢纺设备通用性较强，不仅适用于绢纺而且适用于毛、麻、化纤等纺织纤维的优势，开展蚕丝短纤维与天然纤维[棉、毛(绒)、麻等]、化纤合成纤维(涤、腈、锦、粘等)以及新颖天然纤维素“绿色”纤维(Tencel、Lyocell 等)、新型蛋白质纤维(Chinon)等纤维的混纺，生产混纺比例各异、品种繁多、规格齐全、风格独特的绢类混纺产品。还对现有设备进行技术改造和新型纺纱技术引进，设计生产了如:波浪纱、圈圈纱、竹节纱、包缠纱、强捻纱等各种外观新颖、性能优良、独具风韵的绢类花色纱，扩大了绢纺产品的服用范围。

2010 年，据省丝绸协会对 38 家绢纺织企业统计，全省生产绢丝 6373.04 吨。2010 年底前，绢丝质量在国际上还没有统一的检验标准，国家标准尚在酝酿中。浙江省绢纺行业 2010 年执行的质量标准为:桑蚕绢丝质量依照 FZ/T 42002—2010 和 FZ/T 40003—2010 进行检验定级。

二、䌷丝

䌷丝是由绢纺副产品(落绵)经䌷丝纺设备加工而成的，系特具风格的一种绢类产品。䌷丝手感柔软、丰满，表面有许多细小的绵粒和毛茸，用紬丝织的绵绸就带有一种特殊的风格。紬丝由于成本低廉、价格便宜，颇受国外消费者的欢迎。浙江紬丝的规格传统上用公制支数表示，都为单股纱。常规的紬丝品种有 20Nm/1～30Nm/1 的单纱，也有 10Nm/1～17Nm/1 的粗品种单纱。

1962 年 11 月，经省政府批准筹建嘉绢紬丝车间，开始生产紬丝。到 1965 年底，紬丝纺主机达 1800 锭，织机 77 台；生产紬丝 122.94 吨，织物 130.91 万米。1973 年，紬丝纺主机 2160 锭，织机 142 台；紬丝 383.18 吨，织物 317.94 万米。

2000 年后，全省绢纺织企业各种混纺紬丝不断出现，如紬腈、紬棉、紬羊绒、紬粘，紬麻、柞丝羊绒以及花式纱、疙瘩纱等，这些混纺紬丝的适纺细度范围较广，品种样式较多，经济效益较高。凡与化纤混纺的紬丝仍保持了天然丝纤维的高贵身价及良好的服用性能。与羊毛（绒）、兔毛混纺的紬丝，可以改善紬丝织物的服用性能，用以织羊毛衫等，同样也有较高的经济效益。紬丝生产工艺流程短、花式品种翻改快，能满足不断变化的市场需求，因此，2007 年以后混纺紬丝被誉为绢丝产品中的一枝新秀。

据省丝绸协会对全省 38 家绢纺织企业的统计，2010 年生产紬丝 3250 吨。紬丝产品质量依照 FZ/T 42006—1998 标准进行检验定级。

三、绢纺织品

以绢丝为原料织成的织物称为绢纺绸或绢绸，绢绸多属轻薄型织物，光泽柔和、手感滑糯、透气性好、穿着舒适，是理想的睡衣、衬衫等高档服装面料。以紬丝为原料织成的织物称为绵绸，其产品以中、厚型居多，织物粗犷厚实，手感舒适，绸面丰满，适宜于做各种西装、外衣裤、裙面料等，浙江生产的绢纺织品主销日本、美国、阿拉伯国家。

绢绵绸以平纹组织为主，也采用斜纹组织。绢绸、绵绸，因原料不同有纯纺、混纺和交织等之分。在织物品种上有本白绸、色织绸、染色绸等区别。常规品种有：纯绢纺绸[绢绸 11378、绢绸 11380、绢纺斜纹绸、牙签条绢纺绸、彩条（格）绢纺绸、绢丽呢等]、纯绵绸（绵绸 13587、色织绵绸蜂巢格、丝格绸、绢木绸、色织衬衫面料等）、紬丝混纺织品（紬毛格、紬麻绸、紬棉绸、桑紬花绸）等。随着原料供应和市场需求的变化，绢纺织品的新品种更是日新月异。

1992 年，嘉绢开发出 Tencel 牛仔布及绢/Tencel 混纺的绢纺织新产品。1993 年，浙江省绢、紬针织物的开发为绢纺织品市场拓展了新的热点。针织品从平纹织物发展到罗纹织物，所用原料亦从单一绢丝发展到花色纱、复合纱、混纺丝等。绢丝针织绸品种有绢丝平针针织绸、绢丝棉毛针织绸、绢丝珠地针织绸、绢涤曲条针织绸、绢丝浪花针织绸、天丝小云朵针织绸等。紬丝针织绸有紬丝平纹针织绸、紬丝罗纹针织绸、紬丝华夫格针织绸等。针织服装也从内衣发展到睡衣、外衣等，在国内外市场广为畅销。1995 年，嘉绢用“SPA”牌绢丝、紬丝为原料的针织服装获法国第 67 届鲁昂国际博览会最高荣誉及唯一金奖。同年，又获第四届世界妇女大会中国丝绸服装精品展金奖。嘉绢还同时生产真丝面料绢纺绸以及交织和混纺系列面料，譬如绢棉绸、绢麻绸、绢毛绸、绢粘绸、绢天绸等，是生产西服、衬衫、休闲服饰、家纺的高档面料。2000 年以来，嘉兴华帛绒毯有限公司等企业用低支绢丝编织各种丝毯，如地毯、壁毯等，这些丝毯具有天然丝特有的光泽，质感好，用作室内装饰能够产生雍容华贵、优雅舒适的感觉，畅销国际市场，为绢纺织物开拓了新的产品方向。2002年，湖州梅月公司研制生产的“竹绢珠地绸”、富润集团开发的“七彩闪光绢丝”深受市场欢迎。

浙江虹绢丝绸集团有限公司是全国生产能力最强、生产设备最先进、销量最大的绢丝织物生产基地。2005—2010年，年产各类绢纺绸2000多万米，包括平纹、斜纹、交织、混纺、小提花、大提花、色织等九大类5000多个品种。虹绢商标、虹绢牌绢纺绸分别被认定为浙江省著名商标和浙江名牌产品。据省丝绸协会统计规则，绢纺织产品被列入真丝绸产品系列，不作单独统计。浙江的绢纺织品和䌷丝织物质量分别依FZ/T 43010—2006和FZ/T 43001—2010标准进行检验定级。

第四节　丝　　绵

古代称丝绵为“纩”。唐白居易《醉后狂言》诗曾有“吴绵细软桂布密，柔如狐腋白似云”的诗句。清代《吴兴蚕书》中也提及“湖地之绵，以出乌镇者为上，匀薄如纸，莹净如玉”，优质产品大多被列为贡品。20世纪90年代后，丝绵主要作为蚕丝被的填充物。经过多年发展，到2010年全省逐步形成了集剥绵、制胎、生产、销售于一体的相对完整的产业链，手工丝绵、机制丝绵、桑蚕丝绵、柞蚕丝绵门类齐全，夏凉被、春秋被、母子被、隆冬被等，品种繁多，专业市场、门店销售、直营加盟、电子商务多种选择。

一、经营管理

唐宋时期，浙江丝绵生产已形成相当规模，把绵作为贡品和主要征税对象。《元和郡县图志》载：湖州贡绵䌷，衢州贡绵，婺州贡纤纩（精细丝绵），处州贡绵、绵䌷。五代吴越国时，仅开宝九年（976年）向宋进贡绢绵各万匹。南宋建都杭州，宋高宗特谕余杭清水丝绵列为贡品。

元代王祯的《农书》蚕缫篇载：“南方夏蚕，不中缫丝，惟堪线‘纩’。”明代茅坤《与甥顾儆韦侍郎书》：“湖之丝绵衣天下。”明宣德七年（1432年）夏，税绵乌程6992两，归安13293两，长兴丝及绵20795两，安吉绵7447两，德清绵5298两，武康绵1913两。清代，余杭清水丝绵声名日隆，远销日本。民国18年（1929年），余杭苏晋卿制作的优质丝绵，曾在西湖博览会上获特等奖。

中华人民共和国成立以后，丝绵生产纳入国家计划管理，由省商业厅、省丝绸公司下达丝绵加工计划，调拨所需原料，组织丝绵生产，供应市场。1953年8月，崇德县（今桐乡）洲泉茧站办起丝绵加工场，代省丝绸公司加工丝绵。1963年，余杭县政府组织妇女成立丝绵加工场，以传统工艺精心制作曾久负盛名的余杭“清水丝绵”，专供省丝绸公司出口。

20世纪70年代初，省商业局土特产公司、百货公司根据各县、市百货公司上报丝绵要货数量，每年分上、下半年下达丝绵加工调拨计划。1972年组织加工110.6吨。各丝绵加工单位所需原料茧，向省丝绸公司调拨、结算。仓库拨付时，按春50%、夏秋50%比例搭配拨付原料。1974年,省丝绸公司和特产公司联合下达年度丝绵加工计划,共515吨,其中浙江生产出口丝绵50吨。至1977年,丝绵加工和原料调拨一直沿用原有办法。1978年,因黄斑、拣烂茧等货源有限,丝绵加工数量大幅减少,全年加工丝绵225吨。同年,浙江省调外省丝绵40吨。

20世纪80年代初,丝绵供不应求。全省丝绵加工场增加到16个,其中颇具规模的有桐乡、诸暨、海宁、余杭县土特产公司所属丝绵加工场。1983年,余杭县的余杭、临平、塘栖和长松4个丝绵加工场共生产丝绵47.26吨,年平均出绵率31.7%。1984年,全省内销丝绵调拨由省特产公司下达。同年,省内市场销售在300吨以上,但因原料紧张,年产量仅完成一半。全年安排计划240吨,其中90吨出口。

1985年,全省进行茧丝绸经营体制改革,蚕茧不再由省丝绸公司统一经营,下放到各县丝绸公司经营,丝绵供求同时划归地方管理。是年,蚕茧开始在全国范围流通,从国外进口蚕茧也逐渐增加,促进了丝绵生产的发展,丝绵生产与销售的市场化格局开始形成。以桐乡县洲泉镇为中心的乡村涌现出许多丝绵小作坊,浙江银桑丝绸家纺有限公司的前身"誉达丝绵厂",开创桐乡县蚕丝被生产的先河。桐乡市安顺被服有限公司也是于1998年在洲泉镇永秀乡石山头村成立的,当时主要生产丝绵。

2005年以来,随着城乡居民生活水平的不断提高,丝绵原料的充裕和新设备、新工艺的推广,浙江省蚕丝被的生产和消费得到了快速发展,已经成为支撑茧丝绸行业发展的重要产品和进入百姓家庭消费的新亮点。据省丝绸协会调查,2007年,省内从事蚕丝被生产经营企业有400多家,年产蚕丝被200多万条,分别占全国的40%左右,桐乡市洲泉镇所在地从事蚕丝被生产企业就占全国的17%,洲泉镇被中国丝绸协会授予"中国蚕丝被服生产基地"称号。蚕丝被生产由过去作坊式生产向规模化、专业化、品牌化方向发展,在茧丝绸行业中的地位日显突出。一些丝绵重点企业通过创新发展,集研究、开发、生产于一体,通过技术标准化、品牌专一化、管理规范化来提升企业形象和实力。为了更好地服务企业,协调、规范企业的行为,省丝绸协会于2008年10月成立了蚕丝被专业委员会,湖州丝绸之路集团、嘉欣丝绸有限公司、杭州瑞德寝具有限公司、杭州长相知家纺科技有限公司、湖州千思家用纺织品有限公司等28家骨干企业成为专业委员会成员。12月初,28家企业的法人代表签署了由省丝绸协会制定的《蚕丝被行业自律公约》,签约企业承诺严格遵守公约,实行守法、公平、诚信经营,接受市场和消费者的监督。

2010年10月27日,中央电视台财经频道对桐乡市少数蚕丝被生产企业涉嫌质量问题进行了曝光,引起了全省的广泛关注。省质量技术监督局组织对全省蚕丝被生产企业进行质量检查,并根据摸底情况,研究部署开展全省蚕丝被质量规范和提升行动。通过质量规范,打击蚕丝被行业质量违法行为,规范蚕丝被企业生产行为,保障蚕丝被产品质量安全、维护消费者合法权益;通过质量提升,提高蚕丝被产品质量水平,推动企业走质量强企之路,促进行业自律机制的建立完善,振兴传统特色产业。桐乡当地政府和相关部门对蚕丝被市场进行轮番严格的执法检查和自律整顿活动,开展诸如"质量强业"工作,并制定桐乡蚕丝被行业联盟标准,严格规范容易被商家偷换概念的吊牌标签的标识标注,通过标准先行、打击和教育并举,桐乡蚕丝被企业质量意识明显提高，守法生产的自觉性增强，标识标注更加规范。2010年10月31日，依诺、银桑、丝园、腾飞、华纳斯、丰邦6家蚕丝被企业向全行业紧急发出自律倡议书，号召全行业从诚信经营入手，促进行业健康发展。随后，当地200多家企业负责人争相在倡议书上签名，并作出庄严承诺。

二、生产技术

历史上，丝绵生产都由手工操作。浙江对丝绵生产的操作工艺多有记述。明代宋应星《天工开物·乃服第二》"造绵"："凡双茧并缫丝锅底零余，并出种茧壳，皆绪断乱不可为丝，用以取绵。用稻草灰水煮过，倾入清水盆内。手大指去甲净尽，指头顶开四个，四四数足，用拳顶开又四四十六拳数，然后小竹弓。……湖绵独白净清化者，总缘手法之妙。上弓之时惟取快捷，带水扩开。若稍缓水流去，则结块不尽解，而色不纯白矣。"清代蒋光熙《东湖丛记》卷五《味水轩日记》载："硖石人以雪水缫茧、作绵，有天然碧色，织以为绸，谓之松阴色。今余知以茧濯紫薇桥下之水作绵，有自然碧色。"清代张行孚《蚕事要略·拓绵》："凡拓绵用稻草烧灰，所沧之水，将茧在锅中煮一夜。煮时放豆油少许，至明日，将茧取起，在清水中淘净，再用清水一盆，将茧撕开，一一包在手上，用手拓大，再将拓大者数个套在竹梁上拓之，然后晒燥，斯即余杭之大环绵兜也。"清代汪曰祯《湖蚕述·作绵》记载了丝绵制作过程，有淋灰汤、煮茧、淘洗、剥手绣、上绵环等。民国时期，奚楚明《实验蚕桑全书·缫丝编》及浙江甲种蚕校《制丝法》中，对当时丝绵的加工方法均有详尽的记载，基本上仍沿用手工操作技艺。

直至20世纪80年代，桐乡县土特产公司洲泉丝绵加工总场，经过多年试样探索，丝绵生产工艺做了较大改进，并在全省丝绵加工场推广。各工艺流程技术要求为以下几点。

(1)剥茧衣：剥净茧衣，要求做到剥2次，同时进行筛选，去净茧子表面杂质，剔除上茧中的烂茧、深黄茧，为丝绵产品减少杂质和黄块打好基础。

(2)浸茧处理：一般上茧，本身茧身白，加上夏天气温高，所以浸茧时间不宜过长，以4小时为宜。

(3)煮茧处理：一是火力配合适当，要求做到灶前茧子出锅，灶后立即加煤，水沸时茧子下锅，即达到火力最旺，水沸腾，锅里茧子能滚动，30分钟～50分钟后出锅(时间以水沸腾时算起)。茧子出锅后将污汁冲洗干净，手揿并用清水漂净滤干，方可发给剥绵工剥绵，严禁将茧子脚踏。煮茧要求适熟，适熟茧色泽达到茧色白、手触软糯，放入清水中漂洗时，茧丝能自然松散为宜。二是纯碱配料正确，500克茧，外销绵配碱40克，内销绵配碱35克。三是煮茧包数不宜过多，一般以30包为好。

(4)清水处理：沙滤池经常返沙(用中沙为宜)，过滤水达到水清，无杂质。煮茧水每锅换1次，剥茧水每包换2次，开缸水每开10包换1次。做到各道工艺清水。

(5)剥绵和开绵：必须划组，对口包干，一般1个开绵工开40包左右。操作要精工细作，达到丝绵无筋、无块、无杂质、无油味，厚薄均匀，绵色白。防止生产操作过程贪多、贪快、粗制滥造，影响丝绵质量。

(6)松环打包：一是松环打包要求整个绵兜膨松、边口均匀，保持清洁；二是打包要求分等打包,不打混入包,形状要包包整齐。

浙江传统的手工丝绵经历了1000多年,工艺不断改进,丝绵质量也有所提高。但是丝绵历来是家庭手工作坊式的生产,规模小、产量低、劳动强度大、成本高。传统的加工工艺丝绵含胶率高,丝绵及其制品在使用几年后容易板结,影响保暖效果,需要重新翻制。丝绵及其制品的生产和使用范围还受蚕茧原料产地、传统加工地域的影响,生产和消费仅局限于杭嘉湖部分农村和中小城镇。受以上因素的影响,丝绵及其制成品的生产和销售地域不宽,规模不大,不能形成产业化。

2000年,受到湖北省郧县一架木制滚桶丝绵机的启发,德清、桐乡一些企业开始研制机制丝绵。经过多年反复测试,终于研制出能适应多种蚕茧原料的丝绵机,它不但能使用双宫茧、次茧,更有价值的是能将缫丝厂缫剩的蛹衬茧全部利用起来。蛹衬是缫丝的副产品,原来只能做成汰头,是主要绢纺原料,将它变成丝绵,利用价值提高3倍以上。机制丝绵的过程是,将煮过的蚕茧(蛹衬无须再煮),放入丝绵机的喂料口,在不锈钢滚桶的吸附下,将茧丝依次离解,缠绕在滚桶上,待有一定数量后,再取下绵片。此时的绵片含有大量丝胶和蛹脂,经过精练,去脂、脱胶、漂洗、干燥,制成洁白无味、手感柔软的绵片。参与研制丝绵机的企业还对精练助剂的筛选,工艺参数的优化进行了多年研究和测试。丝绵机的研制成功,是丝绵领域革命性的进展,它促成了丝绵产业的升级换代,让丝绵及其制成品的产业化成为可能。它可与历史上缝纫机的发明相媲美。2009年,德清县禹越镇蔡亮坤生产的丝绵机基本定型,国家知识产权局于2010年9月22日授予"一种丝绵机"实用新型专利证书,专利号:ZL 2010.2.0050268.3。

三、丝绵产品

(一)桑蚕丝绵、柞蚕丝绵

丝绵是丝绵制品的填充物。丝绵按原料种类分有桑蚕丝绵、柞蚕丝绵。浙江历史上以生产桑蚕丝绵为主,古代优质丝绵大多被列为贡品。

桑蚕丝绵根据原料茧的不同可分为双宫茧绵、上茧绵、次茧绵和蛹衬绵。双宫茧绵的纤维相对较粗,柔韧性好,丝绵质量更好。蛹衬绵是利用蚕茧内层茧加工的,纤维比较细,去脂的要求比较高,但原料的来源比较广泛。

柞蚕丝绵是利用去蛹后的柞蚕茧壳加工而成(柞蚕蛹的营养价值很高,辽宁、河南、山东产区的群众常削茧取蛹食用),所以茧丝长度比较短。柞蚕丝绵丝胶含量较多,色稍黄且手感稍粗糙,但经过脱脂、脱胶、漂白等工序精练过的柞蚕丝绵可媲美桑蚕丝绵,只是纤维较短。浙江1975年后基本无柞蚕茧生产,桐乡市、德清县不少厂家的原料都从外省采购。

丝绵按加工工艺分有手工丝绵、机制丝绵和经梳绵加工的絮绵。浙江历史上一直以生产手工丝绵为主。手工丝绵一般做成直径约50厘米的"绵兜",如果用整个蚕茧加工的丝绵,它的纤维主体长度可达3米以上。机制丝绵由于在加工时绵片落桶的需要,一般将它切割成2米左右的长度。浙江的机制丝绵始于2000年。絮绵一般是利用口茧、茧衣、绸缎的边角料经过开茧、梳绵等工序加工而成的丝绵，其纤维长度较短。柞蚕丝绵大多属于经梳绵加工的絮绵。

浙江历史上的手工丝绵没有精练的记载，煮茧用的是含稻草灰浸出液，所以手工丝绵一般含丝胶比较多。2000—2010年，为达到"免翻"的目的，无论是手工丝绵还是机制丝绵大都经过去脂脱胶的精练工序，丝绵的丝胶含量适度，手感柔软，光泽明亮。

（二）丝绵线

将丝绵搓捻成一定粗细有捻度的丝线，称为丝绵线。历来丝绵线生产用手工捻成，用以织成绵绸。自20世纪70年代开始有机械扯捻，但仍需人工帮扯，属半机械化生产。丝绵线主要出口日本，是制作和服绸、和服腰带及西装面料的高档真丝原料。浙江省仅桐乡、诸暨两地有此产品生产，以桐乡生产的数量最多、质量最好。

丝绵线分手纺丝绵线、机纺丝绵线及卷曲丝绵线3种。手纺丝绵线系纯手工操作，规格为仅有100/140D一种。机纺丝绵线及卷曲丝绵线用特制的丝绵线加捻机配以人工操作。机纺丝绵线规格有：2.5刃～8.0刃①等10多种。特粗的也可根据客商要求生产。卷曲丝绵线规格有3.0刃、3.5刃、4.0刃3种。各种规格的产品根据客商要求按订货合同安排生产，产品经客商检验认可为准。嘉兴地区于1976年开始在桐乡县洲泉丝绵生产合作社安排生产丝绵线，其后根据生产需要，尚有永秀乡屈家浜村丝绵线厂等六七家丝绵线厂加工生产。1978—1990年所生产丝绵线，产品全部交省丝绸公司，然后销往日本。出口商标则用中国纺织品进出口总公司注册的"牡丹"牌商标。2000年以后，丝绵线生产逐渐减少。

（三）蚕丝被

丝绵具有极佳的保暖性能，柔软透气，用它作为蚕丝被的填充物，暖和贴身，是冬天的御寒佳品。古代，丝绵作为实物税赋和贡品，普通百姓是无缘享用蚕丝被的。中华人民共和国成立后，丝绸成为全国为数不多的出口换汇商品，蚕茧成为国家派购物资。浙江省政策规定，"凡有传统习惯使用丝绵的蚕茧产区农村允许自留茧3%"，城镇居民则由省商业厅、省丝绸公司安排生产和定量供应。数量不多的丝绵，百姓一般只能用在棉衣、棉裤上。

1982年，农村实行家庭联产承包责任制，交够国家的，留足集体的，余下的都是自己的，极大地调动了蚕农的生产积极性。其时，国家出口创汇不再依赖丝绸等少数商品，蚕农对自己生产的蚕茧有了支配权，大多数蚕农将上茧出售给茧站，次、下茧留作自己剥丝绵。民间除了棉衣、棉裤上要用的丝绵外，丝绵被也逐渐多起来了。

2000年，在没有形成蚕丝被产业前，蚕丝被（以前称丝绵被）一般都用手工丝绵作为填充物，丝绵的铺垫、绗缝技术参差不齐，产量不高。2003—2010年，随着机制丝绵工艺逐步成熟，质量相对稳定，蚕丝被的制作逐步走上规模化、专业化道路。从浙江蚕丝被主要产品看，从用途上分有：春秋被、夏凉被、隆冬被、婴童被、龙凤被等；从规格上分有（长×宽，单位：厘米）：210×150、220×180、230×200、240×220等；从重量上分有（克）：500、750、1000、1500、

① 刃为日本计量单位，1刃约合3.125克。

2000、2500、3000等；从不同品质胎套区分有：纯棉纱布套、纯棉印花被套、纯棉提花被套、纯棉贡缎印花被套、真丝手绘被套、真丝印花被套等。

浙江丝绵创新产品层出不穷，有免翻型蚕丝被、可水洗蚕丝被、负离子蚕丝被、远红外蚕丝被、蚕丝毯、蚕丝枕、蚕丝床垫、蚕丝围巾等。

四、质量标准

明代，据弘治《湖州府志·土产》载："食二叶者谓之二蚕，其茧止可作绵。食柘叶者谓之柘蚕，又名三眠蚕，其丝绵次之。头蚕绵韧而可用，二蚕绵白而不韧。"

中华人民共和国成立后，浙江省为提高丝绵质量，对丝绵加工整个工艺过程进行改进。内销丝绵分甲级（红牌）、乙级（绿牌）、丙级（黄牌）、丁级（无牌）4种，等级标准由匀净、韧糯、色泽而定，用目测、手感评定。1983年，浙江省内销丝绵统一质量标准。

表105-7-4-1　　1983年的浙江内销丝绵评级标准一览表

标准	匀净	韧糯
甲级（红牌）	无绵块，稍有筋络，无杂质，厚薄均匀	绵质柔糯，韧性足
乙级（绿牌）	有个别绵块、筋络及杂质，厚薄欠均匀	绵质柔糯韧性尚足
丙级（黄牌）	有少量硬绵块、筋络及杂质，厚薄欠均匀	绵质不够柔糯，韧性稍差
丁级（无牌）	有绵块、筋络和杂质，厚薄不均匀	柔糯性差，韧性较差

资料来源：根据浙江省土特产公司提供的资料整理。

2003年，由中国纺织工业协会提出，全国纺织标准化技术委员会丝绸分技术委员会归口管理的蚕丝被标准出台，这是第一部全国性蚕丝被标准，标准代号FZ/T 4316—2003。该标准主要条款有：(1)内在质量要求；(2)外观质量要求；(3)蚕丝被工艺质量要求和试验方法等。其中内在质量要求主要项目有：填充物品质、纤维含量、填充物含油率、回潮率、压缩回弹率等。对标识的要求：蚕丝被的标识应符合GB 5296.4规定，内容包括制造者名称和地址、产品名称、规格、纤维含量、洗涤方法、保养贮存方法、产品标准编号、产品质量等级、产品检验合格证明。该标准负责起草单位是杭州市质量技术监督检测院和浙江丝绸科技有限公司。

随着蚕丝被行业的快速发展，标准的部分指标和检验方法已不能涵盖当时市场上的部分蚕丝被品种。2008年，由中国纺织工业协会提出修订FZ/T 43016－2003《蚕丝被》。新修订的《蚕丝被》标准于2009年6月19日发布，2010年2月1日起实施，标准代号GB/T 24252－2009，新发布的国家标准在蚕丝被的定义、包装标注规定、等级、内在质量、外观质量、工艺质量等方面对蚕丝被质量进行了新的规定。该标准适用于以桑蚕丝绵、柞蚕丝绵为主要原料，经制胎并和胎套绗缝（包括机缝和手工缝）制作而成的蚕丝被。另外，标准明确了以蚕丝为主要填充物的被类才可称为蚕丝被，分为纯蚕丝被和混合蚕丝被两类。其中蚕丝含量为100%的称为纯蚕丝被，蚕丝含量达到50%及以上的为混合蚕丝被。

第八章　织　造

浙江的丝织品种，历史悠久，花样繁多。钱山漾考古所得绸片为平纹组织。夏代已产织锦。春秋时，越国已能生产帛、采、罗、縠、纱等丝织品。隋代，以耀光绫为特产上贡。唐代进贡异纹吴绫、花鼓歇纱、吴绫、缭绫、吴朱纱、白编绫、十样花纹绫等10多种丝织品。宋代时，浙江已成为全国丝织生产中心，重点产区由浙东延伸到浙西。绫、锦、罗、缎、纱、绉等丝织品，织工上乘。明代出现雇工经营的丝织工场。清代，商业经济规模扩大，绸庄集工商于一体，宁绸、缎、线春、罗、纱、绉、绵绸等产质量为外省所不及。

中华人民共和国成立后，浙江丝绸行业织造设备和技术不断提升，丝织面料新产品、新花色层出不穷，浙江绸缎品种有14大类24小类。丝织品规格有统一的管理制度和验收标准，同时建立起严格的绸缎检验制度。20世纪80年代开始，浙江丝绸企业采用无梭织机进行丝织生产。90年代开始，浙江丝绸企业开始探索利用剑杆织机生产双幅丝绸面料。至2010年，浙江的宽幅丝绸面料已被很多丝绸家纺企业采用。

第一节　丝织品生产经营

西周时期，丝绸生产已是“百工”之一，并逐渐出现了丝织品经营。三国时期，官营织造已有一定规模，丝织品经营不断发展。至唐代，全国丝织生产经营中心开始由北方渐移到江浙一带。北宋末年，浙江已逐步发展成为全国丝绸的重点产区。并且，新的丝织品种不断被开发，据《至元嘉禾志》记载，元代，崇德（今桐乡）有绫、罗、纱、绸、水锦、縪丝和绮绣等品种。明清时期，浙江的丝织生产的产量不断提高。民国初期，浙江的丝织业逐渐向工业化发展，浙江各地织造的机械化程度渐渐提高，丝织生产经营迅速发展。中华人民共和国成立后，浙江的丝绸生产迅速恢复并持续发展，丝织生产技术处于全国领先地位。2004年，中国丝绸协会推出了高档丝绸标识，全国17家企业的丝绸产品中浙江省占12家。2010年底，中国丝绸行业10强竞争力企业中，浙江企业占6席。

一、丝织品生产

夏代，浙江的丝绸生产已有了文字记载。春秋战国时期，《韩非子》卷七《说林上》记载：“鲁人身善织履，妻善织缟，而欲徙于越。”可见当年越国与鲁国等国在蚕织方面互有交流。到了汉代，浙江的丝织业水平有了提高。三国时期，浙江属吴国，初为会稽郡，后又增置临海、吴兴和东阳三郡，兼有吴郡和新都郡地。吴国孙权居江东，“带甲百万，谷帛如山”。隋代，浙江农民继续扩大蚕织生产，丝织技术提高很快。如越州进贡的耀光绫，绫纹突起，时有光彩。

唐代，全国蚕织业继续发展，出现了丝绸业中心开始由北方渐移到江浙一带的现象。唐代后期，北方由于安史之乱，丝织业破坏严重；而南方则社会比较安定，蚕桑丝织继续较快发展。据《元和郡县图志》和《新唐书》关于贡赋的记载，全国上贡丝物的100多个州郡中，江南道占其中的五分之一。在江南东道的19个州（江苏4个州、浙江10个州、福建5个州）中，上贡丝绸的共14个州，浙江则占其中的七分之四，仅一两个州免贡丝绸。越州（今绍兴）是当时浙江蚕织业基础最好、发展最快的地区，已成为浙江新兴的丝织业中心。

吴越国时，浙江丝绸业的一个特点，就是官营手工业的产生与发展。钱镠在杭州西府设立手工业作坊，技艺高超的织锦工达300余人。当时，“精缣皆制于官”，即高级丝织物由官办手工业织造。后唐同光二年（924年），钱镠遣使向后唐进贡丝织物，其中有越绫、吴绫、越绢、龙凤衣、丝鞋履子、盘龙凤锦、织成红罗縠袍袄彩缎、五色长连衣缎、绫绢御衣、红地龙凤锦被，等等。纵观五代十国，北方连年战乱，经济文化遭受严重破坏，丝绸生产萎缩。浙江丝绸生产却在唐代基础上继续发展。钱文选在《追述钱武肃王治吴越功德，纠正欧史非议之谬诬》一文中说：“遂劝民从事农桑，桑麻蔽野。至今千余年，江浙丝绸业，为全国之冠。”

从北宋乾德五年（967年）至南宋乾道八年（1172年）的200多年间，两浙路（相当于今之浙江和江苏的江南部分地区）上供的丝织物超过了全国的三分之二。到了北宋末年，浙江已逐步发展成为全国丝绸的重点产区。南宋时，出现了缫丝和织绸分业的现象。《石湖诗集·缫丝行》记载：“姑妇相呼有忙事，舍后煮茧门前香。缫车嘈嘈似风雨，茧厚丝长无断缕。今年那暇织绢着，明日西门卖丝去。”这首诗反映出当时缫丝卖丝和买丝织绸的缫丝与织绸分业现象。杭州的蚕丝业，除城内特别兴盛外，其所属各县也多有发展。

元代官办丝织工业很多，除专设“纳石失”局外，在各地设有绫锦局、织染局、罗局、绣局等。杭州等地设文锦局和织染局。据嘉靖《仁和县志》记载，杭州武林门外夹城巷的南宋官营织局，就是当时的文锦局。官营织造的原料，除夏税之丝以外，还向民间收买一部分。各地官办织造，都有指定的生产任务，如产丝较少的庆元路，周岁办额，也要完成六庹（以成人两臂左右伸直的长度为标准，一庹约合五市尺）长的缎匹3291匹。而且对所用原料很讲究，如成宗大德四年（1300年），江浙行省院局造送的夏季的缎匹中，被检验出粗缫次品3800余匹，被责成赔偿。

明代，官府手工业机构庞大，工部掌管手工业部门，下设4个属部（司），其中都水清吏司掌管织造，包括缎匹、织染等。朝廷设有南、北两京的内织染局和工部织染所，在全国丝绸发达的地区设立织染局。据《明会典》记载，浙江设立织染局的有杭州府、绍兴府、严州府（今建德）、金华府、衢州府、台州府（今临海）、温州府、宁波府、湖州府、嘉兴府。杭州织染局规模较大，有房屋120余间，分为织、罗二作。朝廷内府司礼监有苏杭织造太监一员，派来苏、杭等地督造绸缎供应京师。天启七年（1627年）十一月二十六日谕旨“止苏杭织作”，明代江南官营织造停废。

清代，浙江丝织生产仍停留在工场和作坊状态。光绪初年，湖州有织机4000台，常年织绸的只有2000多台，很多作为农家副业而存在。绍兴生熟织物生产分别集中在华舍、下方桥一带。光绪二十一年(1895年)，华舍区有机坊586户、织机880台，下方桥区有机坊238户、织机248台。光绪三十二年，杭州实有织机已在万台以上，杭州织机公开报纳机捐的有熟织机坊1307户、织机2695台，生织机坊870户、织机1580台，合计机坊2177户、织机4275台。宣统三年(1911年)，绍兴华舍区机坊增至1059户、织机2650台，下方桥区机坊增至580户、织机750台；杭州绸业生产有木机5000台左右，生熟织机坊1000户，丝织工人2万人。

辛亥革命后，杭州织造衙门撤销，龙袍朝服成为历史陈迹。杭州艮山门外郊区机坊全部织造生货，农户兼营丝织，以织造罗、纺、大绸为主，成品售给城内生货绸庄。城里机坊织造熟货，由绸庄放料，机坊加工，再收回成品，名曰“带料”。一般滞留在独立劳动和手工业状态。是年，杭州观成堂绸业会馆董事金仲溶，从湖北购得日本铁木提花机10台，于太平桥乌龙潭办起杭州振新绸厂，后迁至乌龙巷挂牌生产。

民国初期，浙江的丝织业逐渐向工业化发展。浙江各地织造的机械化程度逐渐提高，民国8—15年(1919—1926年)，为浙江丝绸业快速发展时期，丝绸厂纷纷创立，丝绸产量迅速增加。

表105-8-1-1　　民国17年(1928年)浙江丝绸厂一览表

厂　名	厂　址	创办时间(年)	资本额(元)	经理人	工人数	产品
纬成公司总厂	杭州池塘巷	1912	3000000	朱谋先	1660	生丝、绸缎、呢
纬成公司裕嘉分厂	嘉兴城外	1921	与总厂合计	王源	1505	生丝、丝绸纺
虎林公司	杭州蒲场巷	1914	368200	王引素	703	厂丝、厂绸
九成织绸厂	杭州五福楼	1928	20000	张镯新	58	绸缎
烈丰织绸厂	杭州广兴巷	1924	30000	汪培坤	64	绸缎
九霞织绸厂	杭州皇浩儿巷	1926	10000	棕怡钦	180	绸缎
祈昌泰织绸厂	杭州皇浩儿巷	1927	12000	王敬之	84	纱缎
文新恒织绸厂	杭州蒲场巷	1918	6000	谢烈甫	85	绸缎
高元泰织绸厂	杭州竹竿巷	1918	6000	金乾豪	60	绸缎
都锦生丝织厂	杭州艮山门	1922	10000	都锦生	31	风景绸缎
振新织绸厂	杭州乌龙巷	1911	10000	金致初	117	纱、绢、缎
绮新织绸厂	杭州瑞坛巷	1922	8000	王寿昌	120	绸缎
天章织绸厂	杭州濮家巷	1914	10000	余廉笙	179	丝绸
袁震和织绸厂	杭州刀茅巷	1916	20000	袁子耀	210	绸缎、纱、绫、绉

续表1

厂名	厂址	创办时间（年）	资本额（元）	经理人	工人数	产品
庆成缫织厂	杭州金洞桥	1916	50000	徐吉生	520	生丝、绸缎
震旦织绸厂	杭州刀茅巷	1925	5000	施春山	100	绸缎、绫、绉、纱
蒋广昌织绸厂	杭州积善坊巷	未详	10000	蒋世英	100	绸缎
龙华织绸厂	杭州积善坊巷	1916	5000	吴安甫	79	缎纱
华盛织绸厂	杭州下仓桥	1926	6000	张竹铭	90	绸
华竞织绸厂	杭州燕子弄口	未详	2000	罗炳炎	不详	绸
瑞新织绸厂	杭州登富桥	未详	20000	沈尧甫	不详	绸
夔章织绸厂	杭州海狮沟	未详	10000	俞延生	不详	绸
祥成织绸厂	杭州海狮沟	未详	2000	赵伯诚	不详	绸
陶桂记织绸厂	杭州威乙巷	未详	8000	陶省三	不详	绸
锦云公织绸厂	杭州骆驼桥	未详	5000	何振之	不详	绸
悦昌文记织绸厂	杭州骆驼桥	1917	30000	王思恭	80	绸
怡章鸿织绸厂	杭州东街石板巷	1917	5000	姚鸿轩	不详	绸
裕成织绸厂	杭州东街石板巷	1917	2000	金溶德	不详	绸
新新织绸厂	杭州王马巷	1917	1000	茅祖	不详	绸
广隆昌织绸厂	杭州文星巷	1917	4000	章济生	不详	绸
振新织绸厂	杭州乌龙巷	1917	10000	金致中	不详	绸
鸿章织绸厂	杭州瑞坊巷	1917	4000	骆耀甫	不详	绸
华兴织绸厂	杭州东平巷	未详	3000	何祖荫	不详	绸
立兴昌记织绸厂	杭州水陆寺巷	未详	3000	陈兴炯	50	绸
清泰织绸厂	杭州水陆寺巷	未详	2000	张俊民	不详	绸
大成织绸厂	杭州东平巷	未详	10000	冯茂堂	不详	绸
立昌织绸厂	杭州小庙巷	未详	6000	王雪堂	不详	绸
胜德织绸厂	杭州橄翠井巷	未详	4000	顾兆桢	不详	绸
庆春织绸厂	杭州忠清巷	1926	8000	叶如松	30	绸
竞西织绸厂	杭州弼教坊	未详	2000	沈汝昌	不详	绸

续表 2

厂名	厂址	创办时间（年）	资本额（元）	经理人	工人数	产品
丽生丝织厂	吴兴城内雀杆巷	1927	60000	金泳怀	200	纱、罗、绉
美富织绸厂	吴兴北门外计家桥	1925	20000	潘意诚	260	绮华葛
又成丝织厂	吴兴城内宁长巷	1917	12000	冯佑兰	380	纱、葛
永昌丝绸厂	吴兴北摇门	1918	24000	屠善之	150	纱、绉
丽华丝织厂	吴兴城内白墙湾	1923	20000	顾佐甫	130	纱、罗、绉
达昌电织厂	吴兴城内志成路	1922	24000	钮家连	165	纱、纺、罗、葛
勤业绸厂	吴兴城内	1916	50000	沈明德	400	葛、纱、罗
增华丝织厂	吴兴城内	1918	10000	钱桐江	250	葛、纱
丽和丝织厂	吴兴城内东街	1920	34500	冯佑兰	141	纱、罗、葛
云锦丝织厂	吴兴城安定书巷	1924	12000	沈信夫	46	纱、罗、葛
义成丝织厂	吴兴天宁巷	1916	60000	沈朗轩	750	纱、罗、葛
华丰丝织厂	吴兴北门外大通桥	1928	8000	陈夕宽	30	纱、罗、葛
同昌丝织厂	吴兴南街曲尺巷	1927	8000	宋友声	15	纱、罗、葛
永纶昌丝织厂	吴兴	1920	12000	蒋定孚	130	纱、罗、葛
信成源丝织厂	吴兴新仑前	1922	12000	韦恺君	130	纱、罗、葛
大丰分厂丝织厂	吴兴奉胜门	1916	40000	孙鉴卿	312	纱、罗、葛
大成丝织厂	吴兴北门外	1926	27000	沈祥麟	56	纱、罗、葛
祥华绸厂	吴兴	1922	16000	潘迪功	190	纱、罗、葛
利华绸厂	长兴大东门外	1927	21000	何翔孚	20	华丝葛
经纶丝织厂	宁波白衣寺	1926	32000	王引笙	61	葛绉
华经丝织厂	宁波兴东巷	1926	11000	曹家礼	52	绸缎

续表 3

厂名	厂址	创办时间（年）	资本额（元）	经理人	工人数	产品
华泰织绸厂	宁波兴东巷	1911	16000	罗仲符	90	华丝葛
益新木机绸厂	绍兴下坊桥	1924	4000	陈值光	26	缎、绉
光昌织绸厂	绍兴下坊桥	1925	6000	陆田柄	30	缎、绉
庆云织绸厂	萧山东门外	1922	369300	陆麟孙	1200	丝绸

资料来源：《浙江省丝绸志》，方志出版社 1999 年版，第 170—171 页。

民国 26 年（1937 年），抗日战争全面爆发，绸厂、机坊都紧缩生产。据《中国近代手工业史资料》第 4 卷记载：到民国 32 年，杭州地区的丝织电机已从民国 26 年的 4355 台下降到 1468 台，手动织机从民国 26 年的 1824 台下降到 730 台。湖州地区的丝织电机从民国 26 年的 756 台下降到 526 台，手动织机从 489 台下降到 168 台。宁波地区的各厂相继减产或停产。抗日战争胜利后，丝织业开始整顿，办理会员登记。民国 36 年，丝织品产量为 1508.22 万米，民国 37 年为 2413.16 万米。

中华人民共和国成立后，浙江的丝织业的管理和生产得到恢复。1950 年 2 月 7 日，湖州市新湖丰（后为湖丰）、达昌、祥华等 9 家绸厂成立绸联营股份公司。是年，中国蚕丝公司浙江分公司相继委托浙江地区丝织厂代织绸缎。6 月中旬至 7 月初，又分别和杭州、湖州两地 39 家织厂签订了第三期合约。委托代织绸缎 9966 匹，其中包括乔其、双绉、花绉缎、花巴黎缎、双面缎、古香缎、素广绫、留香绉、文华绉、花派力斯、花特号葛等花色。是年，湖州市开工生产的丝织厂有新湖丰、永昌、祥华等 12 家。绍兴地区华舍、齐贤镇一带近千户机户恢复生产。是年，全省丝织厂开工户数达 2866 户，绸缎总产量达 105.25 万米，其中，地方国营绸厂生产 1.45 万米，私营绸厂生产 103.80 万米。

1953—1957 年，国家开始实行第一个五年计划。丝绸行业继续安排代织生产，但由于外销不畅，部分绸厂改机转产，给花纱布公司代织棉布。1953 年，全省开工户数 3665 户，全年绸缎产量达 1593.06 万米，其中，地方国营企业生产 101.88 万米，公私合营企业生产 36.60 万米，私营企业生产 1454.58 万米。1954 年 2 月，浙江省已接受内销绸缎订货任务的企业有 28 家，外销方面专为苏联和东欧等国家生产各种绸缎，并专门生产做头巾、礼服的乔其纱产品。1956 年，全省丝绸行业实现公私合营，产量和质量均有提高。湖州达昌绸厂年平均绸缎一等品率达 97.83%。对此，《人民日报》专门报道，建议推广。是年，全省绸缎总产量达 2440 万米，比上年增产 21.1%。1957 年，杭州市丝绸个体生产机户 910 多家，并改组为 60 多家丝织生产合作社，产销结合较好，产品质量显著提高，全省绸缎年产量达 3181 万米，较上年增长 30.4%，全面超额完成国家“一五”计划。

1961—1963 年，浙江丝绸行业贯彻“调整、巩固、充实、提高”的八字方针，对企业实行关、停、并、转，精简职工。杭州市撤并友谊、民强、荣华、鸿丰、永成源、锦成祥、杭江、德隆、光明、美亚、经纬等10多家绸厂。调整后有15家丝织厂和1家经绒练染厂归市纺织工业局管理。九豫、锦成祥两家丝织企业，在停办庆成丝厂的厂址上合并、扩建，仍采用九豫丝织厂厂名。福华丝绸厂缫丝车间改建后转为织绸，先后有杭江、德隆、光明、美亚等4家绸厂并入。还有杭丝联、杭丝印、杭纺机、杭化纤、富强、胜利试样厂、拱宸桥绸布厂等7家丝绸厂属省有关厅局管理。湖州市区仅保留达昌、永昌、湖丰、湖州等绸厂。1965年，全省丝绸行业重新走上健康发展道路，丝绸年产量由1961年的7826万米增长到8153万米。

1966年5月，“文化大革命”开始，经常缺煤停电，生产不正常。下半年，公私合营企业全部转为地方国营企业，浙江的丝绸生产处于半停工状态。1974年上半年，由于煤炭供应不足而停工40多天，杭丝联、杭丝印共少生产印染绸752万米。“文化大革命”结束后，浙江的丝绸生产逐渐恢复生产。1978年，浙江省绸缎产量达1.1亿米，约占全国的五分之一。1980年，王江泾绸厂扩建1000平方米的第二力织车间，新增ZK272型阔幅织机40台，正式定名为嘉兴市绸厂。是年，全省丝织品总产量达1.71亿米。1981年，开始重视丝织品的结构调整，在发展桑蚕丝织物的同时，开发棉、麻、涤等化纤的交织品，增宽绸缎门幅，增加绸缎重量，提升绸缎产品的加工深度，以适应市场需要。同年，德清县创办县办大集体新市绸厂、洛舍绸厂（后改名为德清丝织印染总厂），湖州市建成菱湖区丝绸厂、下昂丝织厂。

1985年，全省丝绸系统内归口产量2.64亿米（全社会产量3亿米），其中真丝及真丝交织绸8338.38万米。绸缎织造一等品率96.81%，在上半年全国绸缎实物质量评比中，得分首位的产品数量居全国第一，全国共15只，浙江获5只。1986年，丝绸深加工有所发展，纯桑蚕丝织物比重明显增大。湖州市区6家绸厂生产外销真丝绸织机数量比上年增长11%。同年10月，1960年成立的富阳县丝厂更名为杭州富阳丝绸总厂，厂内建制为丝部、绸部、丝织分厂。1988年，全省丝织产品产量23054.32万米，比上年下降13.49%，其中，真丝绸7562.2万米，比上年下降18%。丝织一等品率94.23%，比上年增长2.51%。1989年，全省丝织品总产量22388.05万米，比上年下降2.89%，其中，真丝绸7230.24万米，比上年下降4.38%。丝织品一等品率95.58%，其中，真丝绸一等品率93.15%，丝织品织造一等品率95.03%。

进入20世纪90年代以来，浙江的丝织企业开始走兼并扩张之路。1993年，杭州笕桥绸厂组建集团公司，定名为“万事利集团”。新昌绸厂与香港达利制衣有限公司合资成立浙江新昌达利发丝绸有限公司。1995年，浙江针织厂兼并了诸暨酒厂、诸暨毛纺织厂、诸暨纺织总厂、诸暨绢纺织厂、诸暨化肥厂等具有一定规模的国有、集体企业，成立了浙江富润纺织集团有限责任公司。1996年10月，杭州西湖绸厂与港商全面合资，成立杭州西湖达利工业公司。1996年，国家工商行政管理局批准万事利集团公司为国家级集团。1998年，杭州富阳丝绸总厂和富阳化肥厂合并成立了富阳金富春丝绸化纤厂。1999年1月，通过企业股份制改革，浙江嘉欣丝绸股份有限公司成立。1999年9月，中共十五届四中全会通过《关于国有企业改革和发展若干重大问题的决定》，提出了从战略上调整国有经济布局、推进国有企业战略性改组，这对传统产业中的国有企业影响尤为深刻。从2000年5月起，杭州纺织机械总厂、杭州福华丝绸厂、杭州喜得宝集团公司、杭州金富春丝绸化纤有限公司、杭州丝绸机械厂、杭州都锦生丝织厂等国有、集体企业也先后改制、组建为有限责任公司。2000年10月，经上级主管部门批准，杭州丝绸印染联合厂、杭州红雷丝织厂、杭州天成幸福工贸公司、杭州丝织总厂实施政策性破产。2001 年 11 月，通过改制和资产重组，成立了浙江丝绸集团有限公司。2001 年 5 月，嘉兴丝绸公司收购重组嘉兴制丝针织联合厂（以下简称嘉丝联），并成立了金三塔丝针织有限公司。2004 年 11 月，中国丝绸协会推出了高档丝绸标识，全国共有 17 家企业的丝绸产品被首批授予全国高档丝绸标识，其中浙江省 12 家企业获高档丝绸标识，包括金富春、喜得宝、梅月、金达、富润、翔顺、华丝、万事利、米赛、凯喜雅、达利、丝绸之路等。

2005—2010 年，中国的丝织业经历了丝价的大起大落和世界金融危机，浙江的丝织企业也深受影响。除了 2006 年产量比 2005 年有所增加外，2006 年以后，真丝绸产量连年下滑。据省统计局统计，2006 年，全省销售收入 500 万元以上企业的丝织品产量共 52.67 亿米，同比增长 7.08%；省丝绸协会对 138 家丝绸企业进行统计，2006 年完成真丝绸 4272 万米，同比增长 27.33%；绢纺绸 1935 万米，同比增长 7.56%；印染绸 2.99 亿米，同比增长 18.00%；丝绸梭针织服装 6801 万件，同比增长 8.79%；真丝领带、头巾 1649 万条，同比增长 17.37%。2010 年，全省真丝绸产量 1996.03 万米，合纤绸产量 123.43 万米，印染绸产量 3.91 亿米。

二、丝织品经营

三国时期，浙江属吴国，许多大族地主也经营丝绸生产，正如《吴都赋》中所言，“乘时射利，财丰巨万”。农民是当时丝绸的主要生产者，他们把蚕织作为重要的本业，以上纳贡赋，下维生计。隋唐时期，用丝绸作为实物货币现象十分普遍。《册府元龟》卷五百一《邦计部·钱币第三》记载，唐开元二十年（732 年）九月，“绫罗绢布杂货等，交易皆合通用。如闻市肆必须见钱，深非道理，自今以后，与钱货兼用，违者准法罪之”。这一时期，海路交易较发达，在扬州、广州设有市舶司，处理海易业务，还增加登州、海州、楚州、明州、泉州等开放港口。

北宋时期，两浙商品经济逐步发展，在杭州等商业繁荣的城市，丝绸交易十分兴旺。如太宗雍熙年间（984—987 年），曾“遣内侍八人，赍敕书金帛，分四路招致海南诸蕃”①。管理外贸的市舶司，除广州外，杭州、明州（今宁波）亦有设置。南宋时期，杭州已逐渐成为商业繁荣的大城市，所谓“商贾买卖者，十倍于昔，往来辐辏，非他郡可比”②。经营丝绸的名家很多，如市西坊南刘家、吕家、陈家的彩帛铺，市西坊北钮家的彩帛铺，清河坊顾家的彩帛铺等，这些铺子的买卖昼夜不绝。在集市买卖生丝绵帛，更为普遍。南宋建炎元年（1127 年），越州翟汝文奏：“浙东和预买绢岁九十七万六千匹，而越乃六十万五百匹，以一路计之，当十之三。”③据《双林镇志》记载，南宋时双林镇上已有集市收购纱绢的绢巷。在对外贸易方面，南宋朝廷认为“市舶之利最厚”而加以重视。继北宋同大食（今阿拉伯）、古逻、阇婆（今爪哇）、占城、勃泥、麻逸、三佛齐（属苏门答腊）以及印度等通商和输出丝织物后，南宋与日本、朝鲜等国往来亦密。据《日本蚕丝业史》卷一《生丝贸易史》载：宋孝宗淳熙十二年（1185 年，日本文治元年），

---

① 《宋史》卷一百八十六《食货下八》。

② 〔宋〕吴自牧：《梦粱录》卷十三《两赤县市镇》。

③ 《宋史》卷一百七十五《食货上三》。

“有唐锦十端，唐绫、绢、罗等百十端……运往日本”。日本现在还保存着“道元缎子”和“大灯金裥”的丝织品。

元代，浙江丝绸贸易发达，杭州各处市场很多，不仅附近农村、全国各地，甚至印度及其他邻国，都有商人来此贸易。杭州被誉为“世界上最美丽华贵之城”。市场商品很多，丝绸织品占有很大比例。桐乡濮院、湖州双林的缎匹贸易市场很大。元代，重视对外贸易，先后设置市舶司七处，其中浙江有四处：庆元（今宁波）、澉浦、温州和杭州。后加裁并，英宗至治二年（1322 年），仅存庆元、泉州、广州三司。主要出口货物有金银铜铁、丝与缎匹。明中叶以后，浙江形成了若干以桑蚕丝绸生产、贸易为中心的乡镇，有湖州的南浔，桐乡的石门、濮院，吴兴的双林、菱湖，嘉兴的王江泾等。明永乐年间，郑和七次下西洋，带去了大量杭州生产的丝绸作为赠品和贸易品。

清代，浙江丝织品以远销京城最多，广东、福建、江苏等次之。如濮院的永乐市，“其开行之名，有京行、建行、济行、湖、广、周村之别，……有琉球、蒙古、关东各路之异”①，这些绸行还常兼营生丝和外销的业务。苏州也是当时行销丝绸的繁盛城市之一，其行销的丝织品中，浙江所产的濮绸、湖绉、杭绸等所占的数量很大。尤其是濮绸，有很大的数量常经苏州和盛泽等地转销东南闽广和北方京城等地。杭州从艮山门、东街路北段直至忠清里一带绸业市场十分热闹，从宝善桥仓河下的绸业“装船埠头”装载绸缎经城河运出的船只，川流不息。嘉庆二十二年（1817 年），由业绸者出资在忠清巷建屋设置“绸业会馆”（即“观成堂”），为业绸者议事之所。光绪三十年（1904 年），重新集资迁建于银洞桥保信巷原丁丙所有之“不如圃”内，历时 4 年，共费银币 58000 元，规模之巨可想而知。康熙二十四年（1685 年），为扩大海外贸易，曾设置江海、浙海、闽海、粤海四关。据东印度公司《对华贸易》记载，中国的丝、绸曾被洋船源源不断地运往海外。康熙中期（1688—1703 年）是中国丝织物出口日本的最盛时期。中国商船直接由浙江输出的货物有白丝、绉纱、绫子、纱绫、云绡、锦、金丝布、葛布、毛毡、绵、罗、裹绢等。至乾隆时，始设绸庄于高家棣，后称老绸庄。清嘉庆道光年间（1796—1850 年），复移至南廊下南，是绸业极盛时，有“日出万绸”之谚。光绪六年（1880 年），丝织物的厘金，杭州每匹 0.45 两，温州 0.35 两。丝织品出口除在广州外，还有部分自浙江乍浦与上海输往日本。清末民初，丝绸生产经营开始由家庭副业朝手工业作坊、工场、工厂方向发展，绸庄、丝绸市场、丝绸公司等经营组织相继形成。最早出现的有袁震和绸庄（1871—1929 年）、蒋广昌绸庄（1862—1928 年）、悦昌文绸庄（1889—1933 年）、纬成公司（1912—1932 年）、虎林公司（1914—1931 年）、天章绸厂（1914—1947 年）、湖州丁仁记绉庄、湖州老惇泰绉纱庄等。它们既设商店，又开工厂，参与市场竞争，生产经营关系密切。湖州城区的丝绸贸易市场，集中在北街宁长巷、新庄街、新庄弄、局前巷一带，大小绸庄（绉庄）最多时达 70 家，最旺销时，日成交金额超过 10 万银圆。

民国元年至 3 年（1912—1914 年），杭州纬成公司、虎林公司、天章绸厂先后投产。民国 15 年 10 月 28 日，由杭州绸业协会发起成立的绸业公共贸易市场，地点设在王马巷口。民国

① 〔清〕沈廷瑞：《东畲杂记》。

20年，浙江绸缎销往上海的占33%，销往南洋的占14%，销往东北三省的占10%，销运欧美者仅占2%～3%。熟货大多销往东北三省及长江上游，生货销往南洋欧美，长江下游、上海和平津销售生熟各半。杭州市绸庄的交易分批发与门市零售两种。门市零售绸庄大多分布在清河坊一带，批发大多在忠清大街及联桥一带。民国23年，杭州绸庄由于贸易场址太小，以2.6万元购得长庆街大新绸厂厂址加以改造，次年，正式迁至长庆街，改名为杭州市绸业市场。实行官督商办，设置监理委员会。民国29年，日伪建设厅接收长庆街绸业市场，改名为浙江省绸类贸易市场。骆驼桥生货贸易处并入，成交产品生货占80%以上，入场费每匹由1角加到1000元。民国34年，绸类织物竞相出售，价格暴跌。绸类贸易市场由杭州市政府接收，由绸商业公会申请收回自办，改名为杭州市绸业市场，仍以生货交易居多。民国36年后，各种商业投机者竞相囤积丝绸，杭州绸庄由抗日战争胜利初期的120多家增至170多家。民国37年，交通银行湖州支行承接湖州各绸庄买汇业务，当时绸庄有大新、庆大、复源、祥纶、同昶协、瑞丰、天华、立康、集记、兴大、泰丰等11家。曾与交通银行湖州支行签订合约的湖州有关丝织厂为江南绸厂、信成顺记丝织厂、祥华绸厂、达昌电织厂、永昌绸厂、增华绸厂等6家。

中华人民共和国成立之初，浙江绸业市场成交清淡。1951年5月，杭州绸织联营公司为促进丝绸销售，采取公私合营、改进业务的办法，对较大规模的42家丝织厂，围绕震旦、天成、永安、美亚、锦丰、锦成祥、云裳、大伟、永成源、九豫等10家骨干厂，组成“浙江第1～10联营丝织厂”；同时，将450多家小绸厂组成38家“杭州市第X丝织联营处”。1953年，中国丝绸公司华东区公司制订《华东区私营丝绸工商业社会主义改造方案》，规定对丝绸工业生产进一步加强控制，逐步增加加工订货和收购的比重，压缩自产自销。湖州市永昌、达昌、怡盛永3家绸厂，继续接受中国丝绸公司浙江省公司加工代织任务，新湖丰、祥华、云华、增华、承昌、信成、人丰、泰丰、天丰、勤丰、新丰等11家绸厂，转为湖州花纱布公司生产棉布。同年，在绍兴县华舍镇设立中国丝绸公司浙江公司驻绍工作组。是年底，杭州市在富强丝织厂进行公私合营企业的试点工作，1954年1月1日富强丝织厂正式公私合营。同年，都锦生、震旦、天成、庆成、永安、福华等丝绸厂获得公私合营。

1954年，中国丝绸公司浙江省公司制定了《关于私营缫丝、丝织工业逐步进行社会主义改造的意见》，具体做法上，凡城市丝织工业：已开动机台的，仍为国家加工订货，在工商部门协同下妥为安排，生产原料计划供应，成品解缴给国家，或为国家收购。农村副业丝织：原则上不发展，区别不同对象，分别采取维持压缩或辅导其转变的策略。丝线、绉纱手工业：总的要求是加以维持，适当进行压缩或转业。1956年，社会主义改造达到高潮。1月19日，杭州市丝织业全行业实行公私合营，900多家小机坊走上合作化道路。1月20日，湖州双林地区绫绢商全部实行公私合营；1月29日，湖州市勤丰、新丰两厂批准公私合营；2月29日，湖州市第一、第二丝织合作社合并，成立湖州市丝织生产合作社；5月1日，湖州湖丰绸厂与云华、勤丰、新丰绸厂合营，更名为公私合营湖丰绸厂。湖州市丝织业经私营企业改造后，最后建成公私合营永昌、达昌、湖丰3家绸(丝织)厂。绍兴华舍建立14个丝织生产合作社，齐贤建立地方国营益昌绸厂，公私合营齐贤绸厂，私营诸暨枫桥万兴园记手工机坊转为公私合营枫桥万兴园记丝织厂，嵊县城关101户个体机户组成丝织生产合作社。是年，杭州市为解决丝绸企业规模太小、经营分散、工艺流程不合理等问题，对丝绸行业进行调整，将所属173家丝绸厂的186个生产车间合并成为25家厂185个生产车间。同时将原属市棉纺行业的5家布厂，1200台织机，1200多名职工，以及原属手工业管理局的丝织等6个行业82户，共4862人，全部划归丝绸行业管理。1965年7月1日，省丝绸工业推行材料供应、财务工作试办“托拉斯”式管理，并在湖州地区4家绸厂试行。11月，外贸部、商业部、纺织工业部联合通知，自1966年1月1日起，外贸部将全国内销绸缎的购销业务，全部移交商业部统一经营，内销绸缎全部由商业部门直接向工业部门收购。自1967年1月1日起，全省绸缎加工关系改为购销关系，并下发《浙江省绸缎购销关系实施方案》。当年内销绸缎计划生产3050万米，完成2803.95万米，耗人造丝1550吨；内销人造丝调入计划生产1599吨，完成1257吨，缺口342吨；内销绸缎调出计划生产3218万米，完成3633.52万米，超415.52万米；另外尚有已开单未运出绸缎229.15万米，人造丝供应紧张。1976年起，根据国家计委“适当调剂工商利润的分配，以利于增加真丝绸的生产和销售”精神，浙江各丝绸厂供应给商业内销真丝绸缎，按轻工业部修改下达的《66作价本》计算出厂价格，商业按零售价格倒扣20%计算出厂价格（包括外转内真丝绸缎），两者之间差距按月汇总向省一轻局丝绸公司结算，多退少补。1979年后，由于改革开放政策的贯彻，丝绸工业企业的生产经营体制发生变化，企业在完成国家计划任务的前提下，获得一定程度的生产经营自主权，工厂由生产加工型开始向生产经营型转变。

1980年，为适应丝绸产销业务，国家对绸缎调拨供应作价办法做出新规定：凡纯桑蚕丝绸的调拨供应，不论系统内外、计划内外，一律按外贸系统各类地区的调拨价格执行；对上级下达计划的友谊商店、饭店等外事单位供应桑蚕丝绸交织绸（不包括各类被面），人造丝及人造丝交织绸、合纤绸均按外贸系统各类地区的调拨价执行；对计划外的桑蚕丝交织绸、人造丝及人造丝交织绸、合纤绸，区别对象作价供应。自1981年1月1日起，浙江省丝绸产品实行自营直接出口。为加强企业管理，外贸、内销分别核算，对收购、调入、加工的出口、复制、内销（包括辅料）绸缎商品，实行分库验收，分账结算货款。是年，丝绸厂纷纷建立经营销售部门，企业自销产品比例逐步增加。1982年，省轻工业厅丝绸公司绸缎库存超储1000万米。11月，省经济委员会召开会议，研究解决绸缎积压和贷款问题。1985年，省物价局、省计经委联合通知，省产绸缎价格实行按质论价和浮动价格。凡获国家金质奖、银质奖及部、省优质产品证书的优质产品，均实行优质加价。对花色新颖、适销对路的产品，允许价格上浮，上浮幅度不超过8%；对花色陈旧、式样过时的不适销产品，价格下浮。1987年，纺织工业部、外经贸部、国家进出口商品检验总局联合制定的《出口纺织品管理办法》规定，出口纺织品生产企业必须持有出口纺织品生产许可证和出口纺织品质量许可证。自是年10月起，茧、丝、坯绸、绢纺原料实行许可证管理制度。

1993年初，丝绸经营出现衰退现象。省计经委办公室在《情况反映》中，通报了国际丝绸市场疲软，蚕丝、坯绸出口经营受制过多和货源严重流失等影响浙江丝绸出口创汇问题。省计经委、省工商行政管理局决定从1993年1月1日起停止使用茧、丝、坯绸和绢纺原料准运证。1994年下半年起，全省行业内企业均出现了不同程度的亏损。1996年，全省预算内丝绸企业除印染行业实现利润外，其余行业均有不同程度的亏损，其中，丝织行业是全省丝绸6个亏损行业中亏损最大的一个行业。自1994年下半年开始，连续4年多全行业亏损，1999年实现了扭亏为盈。2000年，全省丝绸工业经济效益大幅提高，价格上涨在其中起了很大作用。2003年，全省丝绸业通过结构调整、技术进步，生产得到平稳增长、经济效益稳步提高，尤其是工业经济效益同比提高近1倍，创历史最高水平。以真丝绸缎、丝绸服装为主的凯喜雅、万事利、金达，以丝绸服装为主的嘉欣、达利、凯地、神鹰、华鼎，以色织绸、丝绸领带为主的巴贝、达利发，以绢丝绸为主的虹绢，以绢丝为主的金鹰，以弹力丝绸面料为主的金富春集团，这些企业生产规模大、产品质量好、竞争力强、效益稳定。

2004年，全省丝绸工业生产全面增长，除捻线丝行业利润下降外，其他效益提高明显，创历史最高水平。金鹰股份、万事利集团、嘉欣丝绸、丝得莉集团等销售收入均突破10亿元，达利凯地、富润集团突破7亿元，神鹰集团、巴贝公司突破5亿元。这8家公司的销售收入占统计企业销售收入的48%，利润占63%，这些企业在多年的结构调整和创新开拓中，逐步成为行业的骨干和龙头。还有几十家销售收入为1亿元～5亿元的企业，它们为浙江省丝绸行业的外贸出口在全国占半壁江山的重要地位发挥了重要作用。

2008年，由于受国际金融危机影响，丝绸出口量下降，浙江省真丝绸商品出口14.86亿美元。这是全省自2005年出口创历史最高水平后连续第3年出现下降。2008年12月13日，国家质量监督检验检疫总局公布了符合《出口货物实施检验检疫绿色通道管理规定》，获准实施检验检疫绿色通道的990家企业名单中，浙江省（包括宁波）有347家，丝绸企业有杭州富强丝绸有限公司、浙江三环丝绸股份有限公司、浙江凯喜雅国际股份有限公司、浙江金鹰股份有限公司等。2010年底，中国丝绸行业十强竞争力企业中，浙江企业占六席，分别为：达利（中国）有限公司、浙江嘉欣丝绸股份有限公司、浙江巴贝领带有限公司、达利丝绸（浙江）有限公司、万事利集团有限公司、金富春集团有限公司。

第二节　织造技术

据余姚河姆渡遗址中发掘到的陶制纺砖、打纬骨匕、骨梭和经轴等纺织工具可知，使用踞织机的历史可追溯至约6700年前。西周时期，纺车、织机等相继出现。至明代，织机已发展为腰机、小机和花机三大类。到了清代，丝织厂的附属设备也开始发展起来，但织造设备总体以手工为主。中华人民共和国成立后，浙江丝织设备自动化程度不断提高。1958年起，浙江丝织行业对丝织设备进行改革和创新，创造了铁木织绸机上安装自动换梭装置、宽幅丝织设备改装等。1983—1992年，全省投入大量资金，改进与引进无梭织机等成套设备后，浙江的丝绸企业通过技术改造和设备引进提高劳动生产率。至2010年，全省的机织设备主要包括剑杆织机、喷水织机、喷气织机和片梭织机。全省丝织技术设备显著进步，大大提高了丝绸产品的档次、质量和设计水平。

一、织造设备

西周时期，纺车、织机等相继出现。初为手摇纺车，后发展为脚踏，即采用脚踏板提综开口，这样将手解脱出来专门从事投梭和打纬，此技术至汉代已非常普及。元代，丝织工具始有专书记载。《王祯农书》中专门列出织纴门，以图配文介绍了丝、络车、经架、纬车、织机及梭子等丝织工具。明代，织机有三大类，即腰机、小机和花机。据《天工开物》载："凡织杭西、罗地等绢，轻、素等绸，银条、巾帽等纱，不必用花机，只用小机，织匠以熟皮一方置坐下，其力全在腰尻之上，故名腰机。"①至明末，除织造一些厚重布帛外，腰机已被形如花机的小机所替代。清代，"江南三局"中的杭州织造局，从顺治元年至乾隆十年（1644—1745年），其设备数经历一百多年变迁：顺治年间有织机2135台，其中缎机1140台、部机995台；雍正三年（1725年）有织机2017台，其中缎机1122台、部机895台；乾隆十年（1745年）有织机600台，有机匠1800人，摇纺、染匠、挑花及所管高手匠530名。上述缎机系织造上贡缎匹等用，部机系织造赏赐缎匹等用。雍正时，临平镇有织机不下两三百张。

民国期间，浙江开始向国外购买织机。民国元年（1912年），杭州纬成公司购进日本木制提花机，先采用400针～900针，后改良为1300针～2200针。花枕头的孔眼由12档改为14档～15档。民国2年，袁震和绸庄在杭州增设绸厂，购置提花机，由最初的18台扩充至180台。民国5年，咸章永绸庄购置提花机2台，试织新品种华丝葛，因葛销路日增，该庄于民国6年又增购12台提花机，并开设丽生丝织厂。民国6年，湖州丝商凌莲泉在大通桥开设了广益电机织绸厂，有电力织机12台。民国4年起，杭州原有一些绸庄也纷纷建绸厂，木机由民国初期的5000余台，减少至1800台，而提花机则增至3800多台。同年，杭州振新绸厂首先使用电力织机。接着天章、大章、鸿章、虎林、怡章鸿等厂也先后采用电力织机。当时，电力织机主要织造大绸、湖绉、素纺等，产量比手拉织机高2倍。不久，杭州武林铁工厂和其他小铁工厂相继开工，一般辅助机械、梭子、钢筘等均能自造，由此大小绸厂都有了机械丝织设备。至民国9年，杭州已有绸厂51家。民国10年，纬成公司织机增至300台。民国12年，纬成公司裕嘉分厂织绸车间进口瑞士提花铁机80台；民国37年，进口丰田式铁机64台。民国13年，宁波已有织机600余台，其中手拉铁机近百台。先后开办绸厂的甬昌诚、经大、华泰、华经等，都设置手拉织机生产。民国14年，杭州百岁坊巷普益捻丝厂采用西洋平车打线，将厂丝捻成缩缅，织成双绉、乔其纱出口外销。民国15—16年，杭州丝织工业进入较兴盛时期，计有大小绸厂100余家。电力织机由民国4年的60台，激增至民国16年的3800台。民国17年，提花织机已达6800台。民国17—19年，受世界经济危机的影响，外销停滞，价格惨跌，纬成、虎林、天章三大公司，也在此期间先后停业。直至民国25年，随着世界经济的复苏，丝绸外销才好转。抗日战争胜利时，织机开动台数仅及战前的一半，以后逐年回升，但1949年，受战争影响只有55%的机台开动。

中华人民共和国成立后，丝绸生产得到恢复。1950年，全省丝织开工户数达2866户，拥

① 〔明〕宋应星：《天工开物》卷上《乃服第二》。

有织机7954台。1951年，全省丝织开工户数达3612户，开动机台达6468台，比上年增加12.9%。地方国营厂增至2家，机台90台。全省绸缎产量1419.15万米，被面55.23万条。1954年，社会主义改造步伐加快，生产合作社有15家，机台203台；公私合营企业达9家，开动织机512台。

1958年起，浙江丝织行业对丝织设备进行改革和创新，创造了在铁木织绸机上安装自动换梭装置等。1961年，K211型自动丝织机安装在杭州富强丝织厂中试，5月10日，省轻工业厅丝绸管理局主持初步鉴定。同年6月，纺织工业部批复浙江同意宽幅丝织设备改装，增拨有边筒子络丝机10台，全部投资经费245.13万元，其中都锦生丝织厂75.04万元、云裳丝织厂80.28万元、湖丰绸厂60.33万元、绍兴绸厂10.68万元、富强丝织厂18.80万元。同年，省丝绸管理局拨给富强丝织厂4×4全铁机18台，其中素机2台、花机16台。1963年，全省铁木机占总设备数的75%，对铁木机的技术改造已成为中心议题。1964年2月，杭州市纺织工业局、杭州市科技委员会组织"丝织管式自动接经机"技术鉴定。结论为：提高绸缎质量，生产效率提高2.6倍，节约劳动力65%。同年，全省有丝织机5600台，其中铁木机3914台、三类狭幅铁木机1200台。1960—1965年，都锦生丝织厂试制成功7×7多梭箱丝织机，改变了一向在手拉机上生产丝织工艺品的状态，劳动生产率提高3.2倍，成本降低40%。1965年3月，都锦生丝织厂又设计、试制8×8梭箱自动丝织机初获成功，代替手工织锦机。同年9月，福华丝绸厂拨款83万元，更新丝织机200台。其中，K212C型，筘幅1.6米40台，K212型，筘幅1.6米60台；K211型，筘幅1.1米100台。10月，省丝绸公司同意震旦丝织厂在大修理项下开支，改阔幅织机40台。1966年1月，省丝绸公司批准震旦、杭绸、幸福、锦丰等4家厂将铁木丝织机大修理改阔机115台。至11月，全省有丝织机6304台，开动数5705台。

1972年，全省32家绸厂，共有丝织机6000余台，其中铁木机4824台，占80%以上，这些设备大多已使用几十年，严重影响绸缎质量。省轻工业局向省革委会申请拨款制造宽幅织绸机200台。同年4月，省轻工业局向杭州纺织机械厂下达当年丝绸设备制造任务，计K211型(1.1米)丝织机10台、ZK272型(1.1米)丝织机250台，ZK272型(1.6米)丝织机150台，ZK192型卷纬机50台，K071型并丝机50台等。6月，全省分配当年丝绸专用设备计有：ZK272型丝织机200台，K071型并丝机84台，ZK192型卷纬机40台，1480针提花龙头150台，接经机25台。绍兴丝绸联合工厂增加K051型有边筒子络丝机26台，K071型有捻并丝机30台，K091型捻丝机40台等，更新丝织机50台，列入外贸贷款项目。同年，濮院绸厂新增ZK272型全铁机20台。同年，外贸部提出"出口工业品生产专项贷款"计划，财政部核定浙江省贷款指标为800万元。该项贷款专用于提高产品质量，增加出口打线丝、新增筒子丝、大绞丝；改造当时的丝织设备，增加阔幅织物和织锦缎、古香缎的生产能力，新增丝织经编织物；改造和平衡部分染整设备，扩大印花绸及合纤织物生产能力等。1975年，轻工业部组织丝织、丝绸印染技术革新项目进行调查，并建议推广38项新技术，其中丝织22项、丝绸印染16项。湖州东方红丝织厂(今湖丰绸厂)，采用回转喷射式泡丝机，每班2人操作，泡丝300千克，比原来效率提高1倍；湖州红卫丝织厂(原永昌丝织厂)，采用真空蒸筒定型，每次蒸15分钟，服捻5天，内外层均匀，适于大卷装蒸筒。

1980年，纺织工业部拨给浙江的丝织厂技改费1103万元，省财政拨款325万元，省、市、县、厂自筹与贷款近380万元，用于丝织厂改造。被列入技改项目和贷款项目的有幸福丝织厂、杭州胜利丝织厂等。全省有丝织机13174台，其中全铁机7742台、铁木机5432台。1982年，SH-3型烘丝机试制成功，每件烘丝时间为135分钟，而自然晾干时间需10天左右。每台烘丝机能供200台～250台丝织机使用。同年，省计委批准杭丝联扩建双绉绸机400台。纺织部、省计委批准浙江丝绸科学研究院新建科研楼、染整车间、污染处理等投资390万元；绍兴红旗丝织厂改造铁木机12台，湖州永昌丝织厂改造铁木机10台，杭州红雷丝织厂改造铁木机15台；杭州织锦厂(都锦生丝织厂)扩建绸机192台。

1983—1992年，全省投入大量资金，改进与引进无梭织机等成套设备。至1992年底，全省引进无梭织机1115台，其中喷水织机763台、剑杆织机268台、片梭织机48台、喷气织机36台。1993年，丝绸技改规模继续扩大。纺织工业部同意绍兴红光绸厂、华舍绸厂，湖州东风丝织厂、永昌丝织厂、达昌绸厂、天昌丝绸集团公司及长兴丝织厂、德清绸厂，嘉兴丝织一厂、都锦生丝织厂、杭丝联等厂，引进喷水织机450台，片梭织机104台，剑杆织机30台，喷气织机60台，淘汰有梭织机170台，总投资3.71亿元，用汇416万美元。是年，全省系统内共有织机2.12万台，其中，无梭织机2439台，占11.5%，铁木机97台，仅占0.46%。

至1995年底，全省拥有织机10.69万台，其中有梭织机10.11万台、无梭织机5818台。丝绸系统内有织机2.26万台，其中，有梭织机1.88万台，无梭织机3766台，分别占全省全行业的18.60%和64.73%。系统内喷水织机2866台，占无梭织机的76.10%，剑杆织机466台，占12.37%，片梭织机288台，占7.65%，喷气织机146台，占3.88%。浙江省系统内无梭织机的比例从“七五”时期的2.7%提高到16.69%(全国平均水平8.3%)，居全国行业前列，其中剑杆织机、片梭织机数量居全国首位。

1996年8月25日，由杭州纺织机械附件厂在多年生产GT601等型多臂机的基础上，消化吸收国内外同类机型的优点研制的GT608型高速多臂机在杭通过省级新产品鉴定。1998年，金富春集团有限公司引进48台意大利剑杆织机及配套设备，该工程曾被列入国家“双高一优”项目。此后，该公司又引进意大利新型复合纤维生产设备包缠机、倍捻机，该项目被列入2001年浙江省重点项目。一流的设备为生产优质产品提供了设备上的技术保证，在很大程度上改善了真丝绸面料的机可洗性和抗皱性。

进入21世纪后，浙江的丝绸企业通过技术改造和设备引进，提高劳动生产率。2001年，达利公司引进剑杆织机36台。2002年，成立浙江新昌达利丝绸科技发展有限公司，形成102台剑杆织机、56台数码大提花剑杆织机生产规模。2005年，杭州市发布的优秀新产品新技术名单中，“HGA732/J型提花剑杆织机”“双色泡绸”获三等奖。至2010年，全省的丝织设备主要包括剑杆织机、喷水织机、喷气织机和片梭织机。全省丝织技术设备显著进步，大大提高了丝绸产品的档次、质量和设计水平。

二、丝织品种

春秋战国时期，越国生产的丝织物，有币、帛、采、罗、縠、沙等。其中币也是一种帛；采即彩，是先染后织的多色丝织品；沙是一种疏薄的平纹丝织品，后世改为“纱”字。

唐代，浙江丝织品种更加丰富。开元天宝年间(713—756年)，越州(今绍兴)已有宝花绫、越罗、白编绫、交梭绫、十样花纹绫、生縠、花纱、吴绫等。贞元年间(785—805年)，越州“凡贡之外，别进异纹吴绫及花鼓息单纱、吴绫、吴朱纱等纤丽之物，凡数十品”①，其中缭绫尤为精绝。长庆年间(821—824年)，则上贡宝花、花纹等罗，白编、交梭、十字花纹等绫，轻容、生縠、花纱、吴绢，成为全国贡丝织品最多的一个州。浙西还产一种盘绦绫，有玄鹅、天马、掬豹等多种花样。宋代，罗纹丝织物生产已达历史较高水平，品种多、花样精美是南宋浙江丝织品的特点。从全国各地收集的“贡罗”，年达10万匹以上，其中浙江一带的“贡罗”占全国的三分之二以上。据《梦粱录》卷十八《物产》所记，杭州著名的丝织品有“绫：柿蒂、狗蹄。罗：花素、结罗、熟罗、线住。锦：内司，街坊以绒背为佳。克丝：花、素两种。杜缠，又名‘起线’。鹿胎，次名‘透背’；皆花纹特(突)起，色样织造不一。”此外，杭州白编绫，越州寺绫、茜绯花纱，睦州交梭绢、交梭纱等，均为全国著名产品。宋代的丝织物花纹，在继承唐代传统花纹的同时有许多创新，具有轻快、洒脱、典雅的艺术风格，如动物纹、植物纹、写生花、遍地锦纹等，成为色彩更加绚丽的工艺品。宋代的丝织品纹样还与等级有密切关系。龙，在唐代只是附属纹样，但到宋代，成为统治象征。皇帝——五爪龙，亲王——蟒(四爪龙)，龙有立龙、侧龙、升龙、降龙等。宋代丝织品的花纹主要有：几何纹、龟背纹、象眼纹、方胜纹、四合纹、柿蒂纹、方棋纹、雪花纹、球路纹、盘绦纹、曲水纹、六达晕(天、地、东、南、西、北)、八达晕、天华、锦群。花鸟纹：缠枝花、串枝花、折枝花、鸟纹、龙纹穿花。

清代，主要绸缎品种有以下几种：

杭缎：有花素之别。幅宽2.2尺～2.8尺，匹长5丈左右。织造上分四丝缎(4根纬)、五丝缎(5根纬)、八丝缎(8根纬)3种。杭缎以杭青及浅色著称。组织新巧，华丽夺目。

宁绸：原产于南京，杭产宁绸称杭绸，有花、素两种，花为纹织，素为平织，精致柔韧，富有光泽，盛销全国。

绉：为绉缩丝织品的统称，湖绉和杭线绉流行最广，湖绉织造时经纬都用生丝，经丝经过淀粉上浆，纬丝预加捻。

纱：纱类质薄而轻，有平织与纹织、生货与熟货之别。种类很多，有亮地纱、实地纱、官纱等。官纱经丝用土丝、纬丝用水浸练过，织时先在机上充分加糊。

纺绸：纺与绸类织物相似，称纺绸，产于杭州称杭纺。绍兴华舍板桥用腰机织成的板纺，质地坚牢，有“穿勿破板纺，吃勿过板油(猪油)”的谚语。

罗、线春：罗为疏孔丝织品，线春通称大绸，均为杭、绍名产。打线作纬者为线春，以丝作纬者为大绸。罗是平纹绞综，有生罗、熟罗、直罗、横罗之别；线春是平纹或斜纹。

绢：绢为较绸粗而轻的丝织物，有生熟之别。裱绢、画绢为双林等地名产。

锦：锦是以五色丝和金银丝交织成有纹彩的丝织品的总称。浙江有瓯锦，图案一般为方形或长方形，颜色美观，表面光滑，不易染尘。宜做被面、帐料、镜罩、手帕等。

---

① 〔唐〕李吉甫：《元和郡县图志》卷二十六。

绵绸：全省各地都出产，硖石所产之“松阴碧”是绵绸中的特色产品。宁波专供绣庄刺绣的红、兰素缎。黄岩、临海两县又有生兰、生乌拷绢，染以拷汁，暑服最宜。余姚“有以蚕丝与棉兼织者，谓之丝绵布”，除用纯绵线织成外，还有丝经绵纬、绵经丝纬，更有绵经木棉纱纬等交织品。湖州所产的湖绉，组织细密而有光泽。一种是纬丝弱捻而绸面不显露皱纹；另一种是纬丝强捻而绸面显露顺纡皱纹，俗称顺纡湖绉。湖绉有花素之别，其中素绉纱大行其时。温州瑞安县所产的“土绵绸”，以丝为经，纬以纺纱，洁白柔细，体薄而坚。温州所产的克(缂)丝，精巧奇绮觳。

民国初期，随着新型提花机、电力机、人造丝的应用，新的花色品种大量涌现。民国元年(1912 年)，纬成公司采用日本提花机，试制成纬成缎、纬成丝呢。同年，杭州振新绸厂创制绒纬绮霞缎，畅销一时，同行竞相仿制；民国 4 年，该厂又采用电力机织造大绸、湖绉、素纺等品种。民国 13 年，纬成公司首创人造丝与厂丝交织品。起初，仿制国外巴黎缎(又称玻璃缎)、克利缎、罗马锦、克罗米等品种，后又设计出花香绫、双面缎、锦地绉等一系列具有民族风格的新品种，畅销全国各地。民国 15 年，人造丝浆经法试制成功，以人造丝为经线的新品种相继问世，有真毛葛、明华葛、麻葛、线绨、芬芳绉、花香绫、华春司、孔雀绸等。丝织提花机得到改革，采用双面四梭箱织机，再次促进了新品种的更新，织锦缎、天香缎、古香缎等名牌品种相继试制成功。民国《中国实业志》记载了浙江省绸缎制造方法，即生织物：用纯天然丝，经丝先络后翻，次施以并丝、上浆、牵经、上机、接头等工作；纬丝则缠头打线、摇纡、上梭等手续完毕，即可开机生产。熟织物：经丝先由料房制成，再加以染丝、散络、摔经、上机、接头等工作；纬丝则染练后，经络丝、摇纡、上梭等程序，即可开机织造。

抗日战争胜利后，浙江所产的丝织物，仍以生货罗、纺、大绸、线春为主，占总量的 80%以上，产品有华锦绉、线绨被面，格子碧绉等大路货；熟货织物比抗日战争期间略有增加，有大花巴黎缎、大花花香绫等产品。杭产绸缎主要品种有：织锦缎、天香缎、天香绢、绒面缎、大花巴黎缎、大花花香缎、巴黎缎被面、阔幅丝绒、无光纺、格子纺、纱背绒、古香缎、大伟呢、云锦绉、手织云锦绉、活络绉、格子碧绉等。湖州所产的绸缎品种有，以纯土丝或厂丝织造的绉类织物：湖绉、碧绉、素绉、中央绉、地子绉、文华绉、湘妃绉、银(金)丝绉、大地绉、水浪绉、珠素湖绉等。纱类织物：新华纱、华丝纱、素绉纱、梅妃纱等。葛类织物：华丝葛、平素葛、绮华葛、美丽葛、柳条葛、罗兰葛、爱华葛、洋庄葛、地子毛葛等。还有纯素纺、直罗、横罗、新华绸、软缎等。用生丝和人造丝交织的织物：西贡绉、雀屏绉、锦地绉、锦地葛、闪光条子纱、直条纱、白锦等。还有用生丝和毛交织的毛葛等，用生丝和棉纱交织的线葛等。临海县以生产拷绸、生绢(绘纱)著称。

中华人民共和国成立之初，由中国蚕丝公司统一安排丝绸花色品种。1951 年，中国蚕丝公司浙江分公司建立纹样组织部门，专人管理花样品种的设计工作。1955 年 8 月，选定鑫业绸厂为试样厂，织机 20 台。试制出怡红绉、梅妃绉、云霞缎、五彩天香绢、槟榔格等 5 个新品种；加上原有花软缎、双面缎、留香绉、和平绢、绒地绢、绒面缎等 6 种，共 58 只花样。1956 年，丝织风景相片畅销。杭州市有都锦生、启文、锦华、锦成等 4 家丝织风景生产厂。1958 年，杭州胜利丝织试样厂马祖根设计成功东风绸新品种，集印花、织花、挖花 3 种工艺为一体，名噪一时。1961年,省轻工业厅丝绸管理局汇编《浙江绸缎历史规格表》合订本,收集1949—1960年绸缎品种429只,规格540只。这些绸缎品种为真丝品种、人造丝品种、交织品种、被面等四大类。真丝品种包括:纱、纺、锦、绉、葛、罗、呢、绸、缎、绫等。人造丝品种包括:纺、葛、纱、呢、绸、缎、绉、绢等。交织品种包括:纺、绉、纱、绸、缎、锦、绢、呢、线绨、绒、葛等。被面主要有:织锦被面、软缎被面、全真丝被面、古香缎被面、线绨被面等。该书于1961年12月出版。1964年,省轻工业厅丝绸管理局确定当年出口绸缎品种花色,计32只,即紫耒绢、金蕾巾、金陵巾、珠绣巾、织锦缎、风古香、花古香、万丽缎、金银龙缎、金银星光缎、富丽缎、绣彩缎、红金缎、牡玉缎、金玉缎、衣丽绸、瑞云绸、珍丽绸、芳华绸、锦玉纱、缤纷绢、迅云绢、荧光塔夫、美艳绸、高花绸、丽绫绡、电华绸、照春绸、金牡缎、华丽巾、芝地葛、花罗缎。1965年,纺织工业部首次对全国丝织品的分类、定名和编号做出统一规定,浙江丝织行业照此执行。1972年始,省财政每年拨给杭州胜利丝织厂绸缎设计费50万元;省轻工业局丝绸公司对印花打样及品种设计试制进行补贴:印花设计打样补贴费每只160元;中国进出口商品交易会(简称广交会)及对社会主义国家销售的印花新品种、新花样每只打样大制版补贴250元;品种设计试制补贴,绍兴地区每年1万元(织机2台)。

1980年开始,新品种、新花色设计坚持设计、生产、贸易三结合的原则,达到适销对路、有利生产、多创外汇的目的。是年,安排内销老品种新花色设计选用158只;杭州胜利丝织厂设计试样新品种150只,成交率30%,其中三分之一为外销成交新品种;绍兴地区外销新品种选用2只,内销新品种选用4只;嘉兴地区外销新品种选用4只,内销新品种选用6只。同年,修订《丝织品分类、定名、编号办法》。是年底,《浙江省丝织工艺管理制度(试行稿)》由省轻工业厅丝绸公司印发执行。1982年,做少量修订,1986年重印。1982年,全省绸缎新品种设计投产102只,丝织工艺品新品种投产12只,织花新花样选中612只。出口新品种中的锦格绡、莫夏绡、格子绡、绢细丝产品克罗呢、真丝色织类的彩条绉,内销品种中的馥香绸、涤香呢、醋丝西洛绸、涤凉纱等产品,受到广交会客商和国内市场好评。

1990年后,喷水织机等先进织机开始应用,数码提花技术开始为行业所关注。1990年12月,由中国丝绸工业总公司与中国丝绸进出口总公司合编的《出口绸缎统一规格》出版,共收集1990年底前的出口绸缎规格2720只,其中有浙江代号H的300只。除了传统丝绸品种的创新,丝绸产品的数码化改造和产品创新也成为20世纪末的亮点。以浙江丝绸工学院、杭州中纺技术开发公司、浙江易纺数码纺织有限公司和杭州恒美数码纺织有限公司对传统织锦的数码化设计创新进行研究,生产出一系列"数码织锦"丝绸产品,如丝织长卷《清明上河图》、仿真彩色织锦《富春山居图》等面世。

进入21世纪,浙江丝绸业在工艺和品种上有了新的发展,数码提花技术继续得到推广和应用。杭州喜得宝集团公司的真丝碧纹压花、渐进色印花、浮雕印花及防缩防皱系列产品,杭州凯地丝绸股份有限公司的丝绸印花工艺品,杭州西湖达利工业有限公司的针织、梭织丝绸休闲服装,充分体现了杭州丝绸的精华和高科技、新工艺水平。同年,万事利集团的丝绸版香港《文汇报》被列入世界吉尼斯纪录,全丝绸版《孙子兵法》、全真丝印花精品《图兰朵》等珍贵的丝绸制品被中国丝绸博物馆收藏;2003年开始,万事利集团开始全真丝绸数码双面织锦的开发。2004 年 2 月 20 日，国家科学技术奖励大会在北京人民大会堂召开，浙江理工大学教授李加林等研发的“高密度全显像数码仿真彩色丝织技术”获国家技术发明二等奖。

2006—2008 年，“杭罗织造技艺”先后被列入杭州市级、浙江省级、国家级非物质文化遗产名录。2009 年 9 月 30 日，在阿拉伯联合酋长国首都阿布扎比召开的联合国教科文组织保护非物质文化遗产政府间委员会会议决定，“中国蚕桑丝织技艺”入选《人类非物质文化遗产代表作名录》。杭州福兴丝绸厂的“杭罗织造技艺”作为“中国蚕桑丝织技艺”中的重要代表性项目，正式加入“世遗”。2008 年，北京奥运会召开，万事利、凯喜雅、达利集团成为奥运会特许生产经营商。2010 年，广州亚运会开幕，万事利成为广州亚运会唯一丝绸类特许生产商。同年，丝绸之路集团承接了为世博会中国馆专门制作丝绸国宝的重任，包括两卷合一的《富春山居图》等 80 多件精美的丝绸工艺品和展用品。

三、丝织品规格

西周时期，对丝织物的规格已有严格规定。《礼记·王制》：“布帛精粗不中数，幅广狭不中量，不鬻于市。”《周礼·内宰》：“一匹布广二尺二寸，长四丈。”又《礼记》郑玄注：“四十尺今之匹也。”唐时，有统一丝织物的标准。《新唐书》卷四十八《百官三》记载：“锦、罗、纱、縠、绫、䌷、絁、绢、布，皆广尺有八寸，四丈为匹。”有时丝织品也用“段”作计算单位。五代时，对丝织物规格也有一定的规定。据《册府元龟》卷上记载，周世宗显德三年(956 年)十月诏曰：“旧制织造䌷、绢、布、绫、罗、锦、绮、纱、縠等幅宽二尺五分，不得夹带粉药，宜令诸道州府严切指挥……其长依旧四十二尺。”清代卫杰《蚕桑萃编·织政》载：“洋绉即湖绉，用四批缯、四批醮，面宽一尺六，顶足者用二千八百头，轻者用二千头，因织时系左右线；一梭捻线，一梭散丝，故织成起绉。”民国时期，浙江主要绸缎品种规格有绸、纺、罗、绉、缎、绢、绨、纱、葛等。每匹长度最长为 65 尺～70 尺，最短为 50 尺～55 尺，每匹绸宽度最宽为 1.6 尺～2.0 尺。

中华人民共和国成立后，从 1951 年 1 月 1 日起，执行中国蚕丝公司华东区公司《织物统一规格》和《熟货(丝织品)验收标准》。对当时 46 只丝织品的尺寸、规格，包括生坯、熟货，做了明确规定。1952 年 2 月，中国蚕丝公司致函浙江、上海、苏州丝织工业同业公会，凡受总公司委托加工之内外销绸缎，除 131、132 乔其丝绒及 4001 真丝被面、4003 花巴黎被面、4004 织锦被面外，自当年 3 月 1 日起，402 洋纺每疋减短 9 厘米，其他各种绸缎每疋长度一律减短 2 厘米，按新规格验收。原料拨付亦按新规格计算。

1954 年 7 月 1 日起，中国蚕丝公司调整江苏、浙江地区加工绸缎规格的原料消耗定量。1956 年 4 月，杭州市丝绸工业专业公司与中蚕公司浙江分公司杭州支公司联合通知：外销 70302 织锦被面，70307、70308 软缎被面与 70312 幸福被面等 3 种织物原定成品规格、幅宽 135 厘米，检验幅度±3 厘米，改为外幅 132 厘米，±3 厘米。同年 6 月，省丝绸公司杭州支公司对下列绸缎规格做了修改：62401 73/143 织锦缎、62402 90/182 织锦缎、62501 73/118 古香缎、62903 90/26 锦绣缎、62801 70/96 克利缎、62901 70/90 金玉缎、70341 134/210 古香缎，另外，还对被面等织物规格的经组合进行了调整。1958 年 9 月，中国丝绸公司编制《出口丝绸商品规格标准资料》，将出口商品分丝和绸两大类，其中，绸类分纯丝绸、手织绸(即土绸)、人造纤维绸、交织绸、绢丝绸、柞丝绸、被面和丝绸复制品等。纯丝绸编号 1 开头，手织绸 2 开头，绢丝绸 3 开头，柞丝绸 4 开头，人造纤维绸 5 开头，交织绸 6 开头，被面 7 开头。浙江照此执行。

1961 年，省轻工业厅丝绸管理局收集 1949—1960 年浙江生产的绸缎产品，汇编为《浙江绸缎历史规格表》，分成真丝品种、人造丝品种、交织品种、被面四大类。1963 年，国家对绸缎成品规格做了系统严格的统一规定，浙江照此执行。1977 年底，省丝绸公司编写收集 1961—1970 年浙江生产绸缎产品，汇编成《浙江绸缎历史规格》，共 486 只规格。1983 年，中国丝绸公司组织编写《出口绸缎统一规格》，汇编 1982 年底以前的出口品种 1857 只，品种分为真丝织物、合纤织物、混纺织物、柞蚕丝织物、人造丝织物、交织织物、被面织物等七大类。1985 年，中国丝绸公司组织江、浙、沪编写《出口绸缎统一规格》，汇编 1983—1985 年出口的绸缎新品种 416 只和 1983 年以前的出口绸缎品种 42 只。

1990 年底，中国丝绸工业总公司、中国丝绸进出口总公司组织江、浙、沪品种、规格管理人员，编写《出口绸缎统一规格》，共收集 1990 年底前出口的绸缎规格 2720 只，产品仍分为真丝织物、合纤织物、混纺织物、柞蚕丝织物、人造丝织物、交织织物、被面织物等七大类。浙江省有十四大类丝织品种生产。1993 年以后，传统丝绸产品的规格保持不变，新开发的丝绸类产品的规格主要按照企业标准实行。2000 年以后，丝绸产品逐步形成规范化的电子提花机装造工艺。

至 2010 年，从丝绸提花产品织物的经密分档情况出发，结合高速电子提花机的装造工艺特点，5 个经密分档可以安排在 5 个规格的提花机装造中进行生产。

第三节　真丝针织

真丝针织是指蚕丝经过针织设备加工而成的面料。1976 年，嘉兴永红丝厂（今浙江嘉欣金三塔丝针织有限公司）经过几年的努力，应用筒子丝织造真丝针织面料获得成功。1977 年，用于真丝针织的 40/44D 筒子丝年产量达 75 吨，真丝纬编针织面料实现了规模化生产，并在 20 世纪 80 年代逐步形成规模。真丝针织行业的技术装备水平，产品的深加工能力、品种及质量均有很大的提高，已形成了纬编、经编、织袜等系列产品，原料从厂丝发展到绢丝、柞蚕丝以及其他新型的差别化纤维、功能性纤维及复合丝，面料从练白发展到染色、印花和色织。至 2010 年，浙江的代表性真丝针织生产企业有：嘉兴制丝针织联合厂、浙江湖州梅月针织有限公司、浙江米赛丝绸有限公司、海宁中丝三厂等。全省真丝针织类产品的出口主要以成衣为主，出口额占丝绸类成衣的 40%。

一、针织设备

真丝针织绸有经编和纬编两种，纬编占大多数。从 1976 年真丝面料开发初期至 20 世纪 90 年代，浙江采用的桑蚕丝纬编织机主要有国产台车（单面纬编）、棉毛车（双面纬编及罗纹组织)、吊机(单面纬编)、大圆机(平纹纬编及提花)等4种类型。

(1)Z201单面纬编机。通称台车,又称汤姆金机,是省内纬编厂普遍使用的主要机种。主要生产单面平纹织物,织物重量大部分为75克/平方米,如变换部分机部件,织物重量为50克/平方米～150克/平方米。也可以编织网眼等提花织物,或绢丝、柞蚕丝等厚重织物及绒类织物。

(2)Z211双面纬编机。通称棉毛车,又称司姆斯机,也是省内针织纬编经常使用的机种。当时由于进口双面纬编机成本高、用汇审批手续烦琐等因素,曾经使用国产改良的织机,称ZS型真丝圆机,机号为28级,针筒直径有20英寸、21英寸、22英寸3种,但产品质量不能与进口机相比。20世纪80年代后期才进入真丝针织品生产行列。生产的双面纬编织物,比单面纬编织物的悬垂性、抗皱性更好,遮盖性也很好。因双面纬编织物的针圈组织结构好,不易卷边,所以适合台版印花,织物重量可在85克/平方米～120克/平方米范围内调节,也可用来织网眼提花、直条花纹及1+1弹力罗纹等花色品种,更适宜缝制当前国内外流行的T恤衫。

(3)吊机。用于真丝针织机种称域加(WAGA)型吊机,瑞士制造。吊机生产单面纬编坯绸,4路进线,变换一些零部件后,可以编织网眼类型或毛卷类的提花织物,可在60克/平方米～120克/平方米范围内变化。针距规格相当于31级英制。海宁丝厂有引进。

(4)大圆机。通常将针筒直径在30英寸以上的称大圆机,但也有30英寸以下的大圆机。既有单面纬编的,也有双面纬编的大圆机,还有众多的提花、毛巾等花色机。嘉兴制丝针织联合厂、湖州针织总厂都引进过大圆机。其主要特点是制造精良,有完整可靠的制动,喂线(丝)系统及加油、除尘等装置,有的还配备微机和程序控制器。一般有64、72以至更多的进线(丝)路数。生产坯绸重量为60克/平方米～200克/平方米,产量高,质量好,翻改织物花色方便。

属于纬编织机的,还有各式横机及大、小针筒口径规格的罗纹机,用来裁制针织服装的领头、袖口、下摆等附属织物,作为主料的很少。

20世纪70年代,真丝针织开始发展,针织设备开始进入丝绸企业。1976年,嘉兴永红丝厂应用筒子丝针织真丝绸获得成功。翌年,40/44D筒子丝年产量达75吨,为了增加真丝纬编针织绸的产量,平衡前后道工序的生产能力,新增Z201型汗绒布二用机16英寸、17英寸、18英寸各1台,Z861型汗绒布辊轧光机1台,Z893型卧式翻布机(导带速度170米/分)4台。1981年,引进5台40针双面大圆机,研制试织真丝产品,逐步形成双面结构平纹、彩条、变化组织等系列产品,为丝针织的发展奠定了良好的基础。

1985年,嘉丝联引进瑞士沙勒(Scharer)机械厂的PAH/2SSQ精密络筒机,后经中国丝绸公司批复,同意引进瑞士精密络筒机25台,其中1985年引进6台;总投资405万元,用汇90万美元。1987年,杭州缫丝试样厂购置真丝针织及成衣设备18台(套),投资20万元,年产24吨坯绸及成衣。嘉丝联为扩大真丝针织绸规格,达到年产50万吨真丝面料的目标,引进一系列针织设备,计有松式络筒机、双面小提花机、高速双面机、高速罗纹机、经编领口机、喷射溢流染色机、绞丝染色机、二针绷缝机、二针滚领机、松紧带机、三针绷缝机、采风枪(去污)、锁眼机、绣花曲折兼用机、曲折人字车、人字三点车、四线包缝机、暗缝卷边包缝机、三线包缝机、双针直针包缝机、四针绷缝机、二针松紧机、腕式松紧带机、熨烫台、领口专用缝纫机等61台(套)。还购买国产络丝机、绳状练染机、配套平缝、包缝机等24台(套)。1988年,湖州南浔制丝针织总厂扩建真丝针织提花、绣花出口产品技改项目,年产各种真丝针织绸50吨,真丝内衣30万件;总投资456万元,用汇78万美元,引进专用设备61台。同年,海宁中丝三厂引进电脑绣花机5台(套),用汇35.5万美元,配套人民币23万元,资金由企业自筹,型号为日产TMEF-915电子刺绣机、TAM-0915GR电脑穿孔机。桐乡乌镇丝厂扩大筒子丝、真丝针织和成衣生产项目,年产筒子丝68吨、真丝针织坯绸55吨、真丝针织服装30万件,增添设备95台(套),投资80万元。余杭双宫丝厂扩建真丝缝纫线生产项目,生产服装用线30吨,总投资60万元。

1990年,海宁中丝三厂引进日本电脑绣花机4台,总投资198万元,用汇80.95万美元。浙江制丝一厂引进常温常压溢流染色机1台、切领布机1台等配套设备,总投资82万元,用汇10万美元。嵊县丝厂引进溢流染色机1台、针织横机2台、单针链缝绲边机2台、双针绷缝绲边机2台等真丝针织关键设备,总投资109万元,用汇15.3万美元。嘉丝联引进溢流染色机日本∑3000-2或意大利SDF 3台,总投资148万元,用汇27万美元。新昌袜厂引进复合丝机设备,总投资155万元,用汇25万美元。

1991年,浙江制丝一厂引进双面大圆机、横编织机、双面小提花机、罗纹圆机等17台,总投资493万元,用汇89万美元。湖州制丝针织总厂与丹麦丹新有限公司进行真丝氨纶生产设备补偿贸易,由该公司提供真丝氨纶设备1台,总投资6.5万美元,以真丝氨纶服装5200件返销,时间2年。浙江制丝一厂引进针织服装设备技改项目,四线车、三针车、双针滚领等丝针织服装设备68台,国产设备4台,总投资92万元,用汇15万美元,年产真丝针织服装20万件。同年,嘉丝联实施“真丝针织印花”技改项目,年产真丝针织印花绸50万米,引进电脑转动台版印花机2台、连续蒸化机1台及配套设备,总投资1355万元,用汇125万美元;实施“高档真丝针织绸及其产品”技改项目,引进国外先进的针织大圆机12台、电脑横机4台、单头电脑绣花机5台、后整理缝纫设备共92台(套),总投资2492万元,用汇320万美元,年产高档真丝T恤衫3.5万打。1992年,诸暨第二丝厂实施“高弹包缠复合丝高档针织品生产线”技改项目,年产包缠丝80吨,内衣30万件,针织坯绸50吨,产品以出口为主,引进包缠丝机、针织大圆机及制衣主要设备27台(套),总投资995万元,用汇50万美元。新昌袜厂引进细针距电脑袜机技改项目,引进意大利罗纳地280针～400针电脑袜机80台和日本缝袜头机3台、袜裤拼缝机1台、袜裤定型机2台及部分国产配套设备,总投资968万元,用汇129万美元(配套人民币190万元)。临安丝绸总厂引进KS系列经编织物生产线,形成年产经编织物262万米的生产能力,其中,氨纶弹性织物占31%,经编真丝织物占24%,拉毛或丝绒织物占45%,总投资2771万元,用汇316万美元。1993年,嘉兴丝织三厂引进电脑横机4台,增添国产包覆机10台、真丝绞装喷染机2台,年产真丝包覆丝30吨,真丝包覆丝织品10万米,真丝针织包覆服装10万件,总投资1100万元,用汇10万美元。杭州缫丝试样厂扩大真丝针织规模,新增棉毛机、横机、平幅溢流染色机、平幅定型机和缝纫机等设备,年增真丝针织生坯绸30吨,练白及染色绸23吨,服装18万件,总投资700万元。1995年,杭州笕桥染丝厂与合成(中国)投资有限公司共同组建浙江万事利针织有限公司,引进德国、中国台湾针织大圆机18

台及缝纫配套设备100台，年产针织面料1450吨，服装50万件。至1996年，浙江代表性真丝针织生产企业还有：嘉兴制丝针织联合厂、杭州缫丝试样厂、浙江湖州梅月针织有限公司、浙江米赛丝绸有限公司、海宁中丝三厂等。设备主要包括台车和大圆机。2004年，达利集团为开发真丝针织面料，引进各类大圆机72台，并相继成立了上海分公司、杭州分公司，建立了开拓市场的营销网络。

至2010年，浙江省生产真丝针织产品的主要设备有单面四跑道圆机（德国），高速双面小提花机（德国），四色单面、双面调线机（德国德乐公司），单面双面大圆机，双面罗纹机针织大圆机等。

二、针织品种规格

20世纪70年代后期开发的真丝针织绸，到20世纪80年代迅速发展起来，其品种有纯真丝针织绸、交织针织绸、包缠丝针织绸、包覆丝针织绸、绢丝针织绸、䌷丝针织绸、绢䌷丝针织绸、印花真丝针织绸等八大类，每大类又可分成若干品种、花色。具体为：纯真丝针织绸，有单面（平纹）针织绸、双面纬编真丝针织绸、单面罗纹绸、双面罗纹绸、珠地纹绸、彩条针织绸、方格针织绸、色织针织绸等。交织针织绸，有丝/棉针织绸、丝/毛针织绸、丝/氨纶针织绸、丝/锦纶针织绸等。每种针织绸又可织制出众多品种、花色的产品，如包缠丝针织绸，有丝/棉包缠丝针织绸、丝/涤包缠丝针织绸、丝/氨纶包缠丝针织绸、丝/锦纶包缠丝针织绸等。每种包缠丝针织绸又可织制出许多花色的产品，如包覆丝针织绸，嵊县丝厂试生产后，有少量生产；绢丝针织绸，可缝制T恤衫等产品；䌷丝针织绸，嘉绢试制成功薄型䌷丝单面针织绸，而厚型䌷丝单面针织绸、精制䌷丝单面针织绸、丝衬垫针织绸等，用以生产内衣、裙子、运动衣、T恤衫、外套、宽松式男女装等。

1988年，中国丝绸进出口公司制定《真丝针织绸的品种管理办法》，但真丝针织绸在生产和贸易时以重量（吨）为计量单位，不同于绸缎以长度、幅宽为计量单位，因此，未实行严格的规格管理。浙江生产的真丝针织绸用H作为代号，对一些大路货真丝针织绸，全省有统一规定。

表105-8-3-1　　1988年浙江真丝针织绸规格一览表

统一品号	统一品名	统一品号	统一品名
HA 1002	针织平纹绸（2根40/44）	HA 1003	针织平纹绸（3根）
HA 1004	针织平纹绸（4根）	HA 1005	针织平纹绸（5根）
HA 1006	针织平纹绸（6根）	HA 2202A	双面针纹绸
HA 105	真丝珠地针织绸	HA 3305	真丝针织弹力绸（2×2）
HB 2200	绢丝针织双面绸	HB 1001	绢丝针织平纹绸
SM 1045	丝/棉交织平纹绸		

资料来源：《浙江省丝绸志》，方志出版社1999年版，第225页。

说明：H—浙江，A—真丝含量50%以上，B—短纤含量50%以上，1—单面组织，2—双面组织，3—罗纹组织，4—提花组织，5—各种变化组织，其他真丝针织绸的品名、品号则由各地区、各厂自行编制。

1992 年 11 月 3 日，纺织工业部发布纺织行业标准 FZ43004－92《桑蚕丝纬编针织绸》，1993 年 1 月 1 日起实施。该标准适用于鉴定各类练白、染色、印花和色织的纯桑蚕丝服用纬编针织绸的品质。绢丝、䌷丝纬编针织绸及桑蚕丝与其他纤维交织的纬编针织绸可参照执行。

至 2010 年，浙江的真丝针织绸的传统规格基本不变，开发的真丝针织新产品主要有：无氨高弹罗纹（丝、绢丝、丝混纺罗纹），丝、绢丝、丝混纺段染单面、双面平纹、罗纹，真丝强捻双面平纹、单面罗纹，绢丝/羊毛空气层、丝/棉空气层（一面是丝，一面是棉），真丝氨纶单面平纹，真丝色织弹力罗纹，混纺丝羊绒单面平纹等。

第四节　产品检验

丝织物产品的检验和产品的规格及标准紧密联系。古代，产品的质量检验主要依据主观判断和长度测量。

中华人民共和国成立后，对丝织品质量评定十分重视。浙江的丝织品按照国家标准进行检验，没有国家标准的按照行业标准进行检验。

1950 年 11 月 16 日，中国蚕丝公司决定，凡出口丝织品，有乔其、双绉、碧绉、素（花）广绫、洋纺、单绉、织锦缎、古香缎、素（花）塔夫绸、花累缎、素（花）绉缎、文华绉、留香绉、花派力斯、花特号葛、双面缎、花巴黎缎、素软缎等 18 种，必须经当地商检局检验合格后方可出口。检验标准是由中国蚕丝公司按技术要求和分等规定提出的。凡内销丝织品，当时有四维呢、九霞缎、绢丝呢、绢条纺、尼龙格、电力纺、天香绢、大伟呢、天香缎等 9 种，仍由中国蚕丝公司检验组按标准验收。1953 年，中国蚕丝公司决定自第三季度起实施《代织绸检验合格标准》，并制定《关于有疵点及短码绸缎的验收暂行规定》。1956 年，外贸部发布《输出入桑蚕丝和人造丝织品检验暂行标准》。1961 年 12 月，纺织工业部发布《丝织品品质标准（草案）》，自 1962 年 2 月 1 日起试行。

1963 年 12 月 10 日，外贸部、纺织工业部联合发布部颁标准 FJ188—63《丝织品分等规定》、FJ189—63《丝织品试验方法》、FJ190—63《丝织品包装标志及验收规则》，自 1964 年 2 月 1 日起实施。“文化大革命”期间，丝织品质量检验受到严重影响，直至 1977 年才恢复检验部门，省丝绸公司还加强下厂巡回检查，健全质量检验制度。1978 年，纺织工业部专门举办“丝织品质量标准统一目光学习班”，以加强对丝织品检验，有效维护丝织品质量。但当时的丝织品向欧美和中国港澳地区的销售逐渐扩大，对质量要求更高，经常收到客户对丝织品质量问题的反映，有的还要求索赔，等等。主要原因是丝织品质量有的还跟不上欧美国家的高要求；而且当时丝织品的检验标准还是沿用 1963 年外贸部、纺织工业部发布的“63”标准，因为“63”标准侧重内在质量而忽视外观质量；检验方法也有问题，如对幅宽 90 厘米以上的丝织品是对折检验，而一般丝织品是 S 形来回码折，故只能检验丝织品的二分之一；阔幅丝织品是双折码的，就只能检验丝织品的四分之一，有些疵点漏验了。对此，丝织品生产区和国家丝绸主管部门组织专门力量，着手研究制定新的丝织品质量标准，并加强检验工作，有效保证丝织品质量的提高。并推出了FJ 450—80《丝绒织品技术要求》、FJ 451—80《丝绒织品分等规定》、FJ 452—80《丝绒织品物理性能及染色牢度试验方法》、FJ 453—80《丝绒织品包装和标志》、FJ 454—80《丝绒织品验收规则》的丝绒质量标准。

"六五"至"九五"时期（1981—2000年），将提高丝绸质量作为科技工作的重点之一。1984年11月19日，由中国丝绸公司提出（上海丝绸工业公司负责起草）、国家标准局发布、1986年7月1日实施的国家标准GB 229—84《桑蚕丝织物技术要求》、GB 230—84《桑蚕丝织物分等规定》、GB 231—84《人造丝织物技术要求》、GB 232—84《人造丝织物分等规定》，GB 234—84《合成纤维丝织物分等规定》、GB 235—84《丝织物试验方法》、GB 236—84《丝织物验收规则》、GB 237—84《丝织物包装和标志》等丝织品质量标准，代替1963年12月10日外贸部、纺织工业部联合颁发的FJ 188—63、FJ 189—63、FJ 190—63丝织品分等规定、试验方法和包装标志及验收规则的丝织品质量标准。该标准是中华人民共和国成立后的第一个丝织品国家标准。1985年12月31日，纺织工业部发布FZ 336—88《特种工业用绸》（代替FJ 336—75），要求自1986年7月1日起实施。

国家技术监督局于1995年4月24日发布、1995年7月1日实施新的丝织物国家标准GB/T 15551～15554－1995《丝织物》。其中有GB/T 15551－1995《桑蚕丝织物》（代替GB 229～230－84），适用于评定各类服用练白、染色（色织）、印花桑蚕丝与其他长丝交织丝；国家标准《丝织物》中有GB/T 15552－1995《丝织物试验方法》（代替GB 235－84），适用于桑蚕丝织物、再生纤维丝织物、合成纤维丝织物及交织丝织物；国家标准《丝织物》中有GB/T 15553－1995《丝织品检验规则》（代替GB 236－84），适用于丝织物的品质检验与验收；国家标准《丝织物》中有GB/T 15554－1995《丝织物包装和标志》（代替GB 237－84），适用于丝织物的包装和标志。1998年，国家技术监督局发布国家标准GB/T 17253－1998《合成纤维丝织物》（代替GB 233～234－84），适用于各类服用的练白、染色（色织）、印花涤纶仿真丝、涤纶仿毛以及其他合成纤维丝织物。

2003年11月27日，GB 18401－2003《国家纺织产品基本安全技术规范》发布，并于2005年1月1日起实施，该标准为强制性标准。2004年6月15日，省纺织工程学会联合省棉纺织、毛纺织、针织、印染、丝绸行业协会在杭州举办SA8000《社会责任标准》、GB 18401《国家纺织品产品基本安全技术规范》两个标准的培训班，有20多家企业的40余人参加了培训。2007年9月5日，国家标准化管理委员会以2007年第10号（总第110号）文发布公告，批准发布《桑蚕丝织物》《柞蚕丝织物》《丝织物试验方法和检验规则》，并于2008年2月1日起正式实施。2008年8月6日，发布GB/T 17253－2008《合成纤维丝织物》，并于2009年6月1日起开始实施。至2010年，这些标准均为现行标准，为产品质量检验提供了依据。

第九章 印 染

丝绸印染，包括丝绸练白、染色、印花和整理，是丝绸生产的后道工序。丝和绸均需经过煮练，脱去丝胶，才能使丝和绸呈现出柔软、洁白的风格；绸缎经过染色、印花和整理，可使绸缎展现出五彩缤纷、绚丽夺目的特色，并赋予更多更舒适的服用功能。

浙江丝绸印染历史悠久，夏代就有记载。但一直到近代以前，浙江丝绸印染业虽有所发展，但变化不大。所用练白助剂，大都是动植物皂荚和胰酶，依靠室温让丝胶降解而成；所用的染料以植物染料为主，以动物和矿物质染料为辅。印染设备基本属于空白，长期以来都是以“一缸两棒”（一个陶缸，两根木棒）来完成丝绸练染作业的。

1978 年底，国家实行改革开放政策后，引进了大量先进的染料、助剂和设备，通过研发、引进和消化吸收，丝绸印染新设备、新工艺、新技术得到广泛应用，全省丝绸印染发展处于国内领先水平。至 2010 年，全省丝绸印染厂家的数量、练染印丝织品产品的质量和总产量，仍然保持国内第一。

第一节 染整生产

浙江丝绸染整业虽然发展较早，但早期的资本和生产规模一直都很小。到明代染整业分布已遍布杭州、湖州、金华、绍兴等地，清代继续发展。

民国时期，浙江丝绸练染生产，基本上处于“锅灶煮练、陶缸染色、棒绞脱水、自然干燥、踹石（俗称石元宝）踏平”状态，生产全系手工操作，不打样，无品级，所染织物以露天晾干为主。至民国 24 年（1935 年），浙江丝绸染整企业数量达到了历史的一个小高峰。但抗日战争期间，民族工业受到了重创，丝绸染整企业数量锐减，经营惨淡。

中华人民共和国成立后，国家开始投入资金，兴办国有企业，并进行丝绸企业的公私合营改造，企业的规模日益增大。特别是改革开放后的 10 年间，浙江丝绸染整业生产规模和经济效益都达到历史最好水平。1995—2010 年，由于受产业结构调整、节能减排制约和美国次贷危机等影响，全省丝绸染整的企业数量和产品产量，有一定幅度的回落，但仍保持全国领先地位。

一、练漂印染

浙江对丝绸练染开始较早。东汉时，就有会稽人专以贩卖彩缯为业。三国时期，吴主赵夫人能“以彩丝织云龙虬凤之锦”①。特别是杭州丝绸练染业，与城市丝织业同步兴起于隋唐时期。唐初，仅经营染色，称“绸绫染业”，后因生产需要兼营煮练，改称练染业。曾任杭州刺史的唐代诗人白居易在《缭绫》诗中有“染作江南春水色”②的赞誉。宋代，杭州有著名的“钱塘陶四翁染坊”，所染“不肯红”“天水碧”等染色绸，深受妇女喜爱。北宋仁宗年间(1010—1063年)，湖州就能在绫罗上印染成深红、浅红、淡红等色彩，这就是有名的湖缬。它的精美程度，实与玛瑙缬不分上下。故当时有人把它作为芍药新品种的名称，说它“红色深浅相杂，类朔缬”③。此时的蜀锦也在仿照湖州的染织方法，织造“真红湖州大百花孔雀锦，真红飞鱼锦，四色湖州百花孔雀锦，真红聚八仙锦，二色湖州大百花孔雀锦，真红六条鱼锦”④。南宋时，临安大城市中，除官府经营的大织造院外，还有很多主人不操作而只是指挥工人作工的规模大小不等的丝织坊、染肆、织绣。当时，杭州城内既有官营练染机构，又有民营练染店铺，在少府监属有染院，为官营机构，称“织染所”。在吴自牧《梦粱录》卷十三《铺席》中记载：“自淳祐年有名相传者”，就有刘家、吕家、陈家彩帛铺，市西坊北钮家彩帛铺，水巷口戚百乙郎颜色铺，染红王家胭脂铺，清河坊顾家彩帛铺，徐家绒线铺，柴家绒线铺等。自大街至诸坊巷，大小铺席，连门俱是，即无虚空之屋。杭州的许多彩帛铺，除经商外，几乎都兼营织染手工业。宋时婺州地区丝织练染业已较发达，唐仲友任台州知府时，在婺州设彩帛铺，也设有作坊，兼营织染等业。据《朱子大全》记载：“唐仲友关支军资库绢二百匹，令染铺夏松收买紫草，就本州和清堂染紫。”“往仲友私家婺州所开彩帛铺，高价买到暗花罗并瓜子春罗三四百匹及红花数百斤，本州收买紫草千百斤，日逐拘系染户在宅堂及公库，变染红紫。……其余所染到真红紫物帛，并发归婺州本家彩帛铺货卖。”

元代，蒙古民族喜欢金制品，丝绸中织金锦与印金织物获得前所未有的发展。元代官办丝织业除设立绫锦局、织染局、罗局、绣局，还专设了“纳石失”(织金锦)局。官营织造的原料除夏税之外，还向民间收买一部分。对上供的绸缎必须用高级细丝、上等染料，由手艺精湛的工匠染织。

明代，浙江设有织染局的有杭州府、绍兴府、严州府、金华府、衢州府、台州府、温州府、宁波府、湖州府、嘉兴府。杭州织染局于洪武三年(1370年)建于斯如坊，是谓南局。湖州织染局常年织造朝廷所派彩缎，有多色苎丝、纱、罗及织金闪色蟒龙、斗牛、麒麟、狮子等高级锦缎，闻名全国。金华织染局专织亲王之国合用乐舞生、乐工衣服冠袍。明代对练丝、练丝织品的技术、色谱的分级已有相当的研究。染色的色谱已经非常齐全，从文献记录上可以找到不少的色彩名称，这从传世品的丰富色彩中可以得到具体印证。明代染色主要使用植物染料，就是从植物的根、茎、叶、花或果实中提取出来的染料，有直接、还原、媒染3种染色方式。官营练染机构对丝织品原料、染料来源均有明确记载。

清代，省内多地出现丝绸染坊。据雍正《北新关志》卷十六《为严禁练白隐漏以裕课源

---

① 《太平广记》卷二百二十五《伎巧一》。

② 〔唐〕白居易：《白居易全集》卷四。

③ 〔宋〕王观：《扬州芍药谱》。

④ 〔元〕费著：《蜀锦谱》。

事》，杭州业户为逃避税课，在"艮山门外大开染铺，辄敢串同机户，竟将城外所织生绢、绫绌概行收练"。又据吴炊昌《续客商闲话》卷七记载，嘉庆初年有蒋三官染肆，"金碧辉煌，染夫百余，皆五彩。其手缘一色，有数夫专管，无混杂者，故色倍鲜明"。道光十年(1830 年)，杭州已有老九和、德泰和染坊，此后又有吴德泰、同德兴等染坊相继建立。同治元年(1862 年)，杭州岳家湾同润经绒坊开办，为杭州第一家经绒坊。同治十一年，最早的杭州丝绸土练坊恒和练坊创办。光绪十八年(1892 年)，又建立了协兴练坊。光绪三十年，湖州有纶记染坊。宣统元年(1909 年)，杭州又新办起泰兴、恒昌、锦昌、广昌等一批染坊。宣统三年，湖州朱保中开办了天成昌染厂，杭州则增加了悦来、宏大、协成等练坊。

民国时期，浙江丝绸印染业的发展与国内动荡形势息息相关，有起有落。丝绸染坊有两种：经丝染坊和绸绫染坊。经丝染坊又分为青坊、红坊、黑坊和白坊。青坊置靛缸以染蓝色为主，是染坊中数量最多的。红坊专染大红，黑坊以染黑色为主，白坊以染浅色为主。也有用土法对蚕丝加以熏白处理，使其色泽更加洁白，也称白坊。杭州则习惯上把经丝染坊称为"经绒坊"，绸绫染坊称为"长头坊"，均散布于菜市桥至坝子桥一段之河道两岸。民国 3 年(1914 年)，陆续办起了振绚、公兴、久大、九丰等 10 多家染坊。绍兴华舍、齐贤镇也出现一批染坊。近代染色业最集中的镇——德清县新市镇，据民国 15 年统计，全镇有染坊染店 13 家，主要染浇花绸，特点是色泽鲜艳，花样透明而不褪色，深受顾客欢迎。省内的丝绸专业印花始于杭州，民国 17 年，杭州创办了庆祥、武林 2 家。武林仅维持了 3 年，于民国 20 年歇业；庆祥设于柴木巷景家弄，资本 1000 元，有染缸 1 只，职工 11 人，专代各绸庄印染绸缎。工价分水印、浆印 2 种，水印每匹 3 元～4 元，浆印每匹 7 元～10 元。水印系盖漆纸花版于绸缎上，以染料和水刷印，此种印花染料只在绸缎表面，所以不能经久，入水即退；浆印则以染料、水和浆混合后刷印，晾干再入蒸箱蒸化，色彩鲜艳，历久不退。民国 20 年，在杭州王马巷又办过印花厂，经营水印，即在花巴黎缎、芬芳绉等底子上套印，终因水印耐洗牢度极差，落水模糊，质量低劣而停办。民国 21 年，据《杭州市经济调查 · 丝绸篇》记载："全市精练染坊 12 家，职工 221 人，染缸 207 只，马达 16 座，整理机 19 座。店屋自建者 2 家，租用者 10 家，合资 11 家，资本总数 3.4 万元，最大者 5000 元，最小者 1000 元，全年营业总数 14.22 万元。经理仅公大一家为安徽籍，余均为绍兴籍。"民国 23—24 年期间，杭州丝绸生产销售十分兴旺，外地绸商纷纷来杭收购绸缎，练染业盛况空前。全业每月练染坯绸量在 15 万匹左右。杭州练染业除为本市丝织业加工外，还代湖州、苏州、吴江等外地客户加工。民国 26 年，杭州沦陷后，由于日本对中国丝绸的大肆掠夺，全省丝绸业一度陷于停顿。民国 27 年 11 月，由钮介臣为首集资，在湖州创办了天昌漂练股份有限公司。民国 31 年，诸暨丝织印染厂始建，前身为万兴园记手工作坊，原址设诸暨枫桥齐东乡坂头村，仅土机 1 台，生产云条纱 1 只绢丝产品。

民国 34—35 年(1945—1946 年)期间，杭州虽有 10 多家练染坊复业，但业务不多，全行业每月练染绸匹为 1.5 万匹～2 万匹，仅及抗日战争前绸业兴盛时的十分之一左右。练染业中人乃相议设立同业公会，按各染坊从业人员多寡，分配加工的绸匹。一批小染坊则结成"精""诚""团""结"4 个联合小组，以求生存。民国 37 年，杭州大小经绒染坊共 58 家，从业人员 203 人。据《杭州丝绸志》记载，民国 38 年杭州尚存的 34 家长头染坊，共拥有的资产折合为

“和字特元”(颜料)1.3万件,大东肥皂566箱,机械设备仅有整理车37台,脱水机17台,锅炉19台,全行业生产经营活动基本处于停顿。湖州城内只有练染坊厂10家,练坊(厂)有天昌、元昌、大兴、悦昌4家,染坊(厂)有天工、天成昌、三和友记、纶记、敦泰、大成6家,工人仅135人;德清县仅剩练染坊厂4家,吴兴县有3家。

民国38年(1949年)5月杭州解放以后,各级政府积极组织恢复生产,引导丝绸行业的私营企业组织联合经营。各地染坊经联营、改组、公私合营等阶段后,成了各地丝绸印染业的基础。1955年起,各地的丝绸精炼、染色、印花厂开始公私合营。如浙江丝绸练染股份有限公司改名为公私合营杭州丝绸炼染厂,湖州天昌漂练股份有限公司改名为公私合营天昌丝绸练厂,元昌、悦昌、大兴3家合并为大昌合营精炼厂。1956年3月,杭州市工业局下设丝绸工业专业公司,在划归专业公司管理的丝绸练染企业中,有公私合营的13家。6月,湖州天昌丝绸炼厂又与大昌合营精炼厂合并,厂名仍为公私合营天昌丝绸炼厂。天工等6家染坊也进行合并,定名为公私合营湖州染厂。10月,德清县新市镇4家染坊合并,改建成公私合营新市大众洗染作坊。同月,绍兴丝绸炼染厂筹建,厂址设绍兴华舍镇,原名绍兴县华舍镇精染合作社。1957年4月,菱湖镇益茂、一大和德大3家染坊合并为公私合营菱湖染坊。

在浙江丝绸印染业基本完成公私合营后,国家开始投入资金,兴办国有企业。有些企业开始转制改造,许多企业变成集体和国有企业。1957年10月,公私合营杭州经绒炼染厂经国家投资兴建的3300多平方米新厂房投产,练染丝生产从手工作坊式转向初具规模的机械化工业企业。1961年1月,被列为国家第一个五年计划增补项目的国营杭州丝绸印染联合厂印染分厂投产。1963年6月,绍兴县精练染合作厂迁址绍兴县城关镇西廓门外建楼巷2号原绍兴县颗粒肥料厂旧址,改名为绍兴丝绸练染厂,隶属于绍兴县轻工业局。1965年9月,省计经委批准原绍兴青甸湖酒厂转产改建为绍兴丝绸印花厂,为国有企业。1966年,公私合营菱湖染坊改为地方国营。同年9月,杭州福利印染厂改为集体企业,并改名为杭州东风印染厂。11月,公私合营杭州丝绸印染厂转成国营企业。是年底,湖州天昌丝绸印染厂批准为地方国营企业,改名为湖州丝绸印染厂。

1967年1月起,浙江丝绸练染业经营方式由单一的加工订货改为购销与加工并存,练染企业加工的坯绸供应,主要依靠计划调拨。但这一时期,受“文化大革命”的影响,生产和外贸都经历曲折,特别是丝绸练染产品一度中断对苏联、东欧等一些国家和地区的出口,外贸区域缩减,印染年产量从1966年的6705万米,降到1974年的5000万米以下,直到1976年,才恢复到6078万米。

20世纪70年代中期,作为天然蚕丝织物的替代品,涤纶仿真丝织物在国内外市场广为流行。为此,浙江各主要丝绸印染企业,也纷纷开展涤纶仿真丝的印染业务加工。这一局面,一直延续了10年左右。随着国家改革开放政策的实施,全省丝绸印染业重获生机,除了很多老企业改名或扩容外,又兴建了一大批企业。1979年11月,杭州染丝厂易名为杭州丝绸练染厂,从单纯染丝改为染丝和染绸并举。1982年,杭州东风印染厂更名为杭州东风丝绸印染厂,划归省丝绸公司管理。杭州丝绸印染厂更名为杭州喜得宝有限公司,绍兴丝绸印花厂改名为浙江富利达丝绸印花有限公司等。杭州、宁波、湖州、嘉兴、绍兴甚至台州地区又建起了很多丝绸印染厂，如宁波丝绸印染厂、嘉兴丝绸印染厂、浙江华隆丝绸印染厂、塘栖宏磻丝绸印染有限公司、德清凯尔丝绸印染服装厂、桐乡丝绸印染厂、浙江华泰丝绸印染厂、万事利凯达印染公司、海宁丝绸练染厂、海盐丝绸印染厂、海盐鸳鸯丝绸印染厂、椒江丝绸印染厂、嘉兴兴昌印染有限公司等。

1981年4月9日，省经济委员会、省人民银行下达《1981年中短期贷款项目和指标》，其中丝绸系统有续建湖州丝绸印染厂真丝印染绸2000万米、合纤绸400万米，贷款97万元。杭、嘉、湖、绍地区重点丝绸印染企业的生产设备更新和技术改造步伐也同时加快。1983年4月28日，省经济委员会、省进出口委又批准了湖州丝绸印染厂印花生产线技改项目，向国外引进半自动胶片速晒机等关键设备6台及国内配套设备，所需外汇约198万美元。同年7月25日，省计委、省经贸厅同意省丝绸公司、杭州红雷丝织厂与日本郡是产业株式会社进行和服绸精练后整理设备补偿贸易，由日商提供设备和助剂等总值50万美元。中方用和服绸贷款偿还，补偿期3年，项目总投资220万元。同年9月1日，省经济委员会、省经贸厅同意杭州丝绸印染联合厂和绍兴丝绸印花厂技术可行性研究报告，引进自动印花机等关键设备，改造丝绸印染生产线，提高质量，扩大出口，约需外汇195万美元，由中国银行核贷。1985年9月，杭州东风丝绸印染厂与联邦德国KBC公司签订补偿贸易协议后的引进项目，即从联邦德国、意大利、瑞士、荷兰等国引进双槽平幅精练机、自动平网印花机、JTS型溢流染色机、连续蒸化机、热风拉幅机、经向检验机等23台(套)设备及相应的配套工艺，其中有11项技术居国内领先地位，达到国际先进水平。同年10月，深圳华丝企业股份有限公司正式成立，为浙江省在深圳创办的第一家中外合资丝绸服装印染企业，是深圳特区第一家丝绸服装印染企业，其印染设备大都是从联邦德国、意大利进口的。1986—1987年，嘉兴制丝针织联合厂、嘉兴丝绸印染厂陆续从意大利、联邦德国和日本等国引进丝绸染整设备5台(套)，成为真丝针织绸及出口真丝绸的练染关键设备。

从20世纪80年代初开始，浙江实行自营出口，丝绸的外贸出口由省丝绸公司统一经营。在改革开放的进程中，各印染企业逐步实现了由“生产加工型”到“生产经营型”的经营转换，印染坯绸计划调拨的比例逐步缩小。如80年代前杭州市丝绸印染企业坯绸的70%由计划供应，30%属计划外来料加工。1986—1990年，计划外部分已占50%以上。到1990年以后，全省的丝绸印染加工业务全部通过市场调节，企业自行组织解决加工业务。除继续承担国家外贸部门订货外，企业自销部分也不断增加。随着改革的深化，杭州丝绸印染联合厂、杭州喜得宝有限公司、杭州凯地丝绸股份有限公司、湖州丝绸印染厂、绍兴丝绸印染厂等省内一批重点企业，先后获得了自主外贸出口经营权。

1990—1995年，浙江丝绸印染发展达到最高峰，企业规模不断扩大，质量越来越接近国际先进水平，经济效益名列国内前茅。全省的丝绸印染龙头企业，相继成为国家二级企业或省二级企业。1991年，经省计经委、省体改委批准，以乡镇企业——临平绸厂为核心的浙江临平丝绸工贸企业集团成立，形成了从种桑、养蚕、缫丝织绸、印染和服装制作一条龙生产的经济联合体。1992年8月，浙江天昌丝绸集团公司组建，由以湖州丝绸印染厂为核心的20多家紧密层、半紧密层企业联合而成，主要从事丝织、针织、丝绸印染、丝绸服装、丝绸工艺品和印染助剂等产业的生产与经营，成为省内大型企业。1993年3月，杭州东风丝绸印染总厂发展组建杭州凯地丝绸股份有限公司，下辖企业 11 家，成为省二级企业。同年，绍兴丝绸练染厂由企业组建为(集团)总公司，下属 8 个公司，有核心公司 4 家、紧密层公司 2 家。是年，绍兴丝绸印花厂被评为浙江省最佳经济效益企业和纺织行业全国 500 家大型企业。1996 年 7 月 16 日，杭州凯地丝绸股份有限公司的“凯地丝绸”股票，通过深圳证券交易所正式上市，成为“中国丝绸第一股”。1995 年，全省共有丝绸印染企业 350 余家，主要分布在杭、嘉、湖、绍、甬等地。其中系统内 10 家，8 家为国有企业，2 家为集体企业，其余都是社办或个体企业。另外，不少缫丝、丝织企业也纷纷建立了印染车间或分厂，使印染加工能力剧增。按工业普查口径，1995 年，全省印染丝织品加工总量达 25.5 亿米。系统内 10 家企业练、印、染丝织品总计为 2.7 亿米。

浙江丝绸印染企业通过“七五”“八五”技术改造，引进和购买了大量国内外先进设备，总体装备水平居国内同行前列，绝大部分设备具有配套性能好、自动化程度高、经济效益显著等特点。如精练设备大都采用星形架生产线，染色采用低张力恒张力卷染机、溢流染色机，印花采用具有国际水平的电子分色描稿系统、连晒机、一次性感光机、连续印花机、连续蒸化机、平幅水洗机，整理采用小布铗拉幅机、热风拉幅机、汽蒸预缩机等设备。

1996 年，亚洲金融风暴爆发，引起世界经济动荡。丝绸出口受到极大冲击，浙江丝绸印染也开始出现滑坡，许多企业走向了重组兼并之路。1997 年，大型丝绸企业绍兴丝绸炼染厂被兼并到上市公司浙江天然集团，杭州丝绸练染厂与喜得宝公司合并筹建喜得宝集团。1999 年是实现国有大中型企业 3 年脱困与改革目标的关键一年。是年，省丝绸行业列入国家经贸委及省计经委重点脱困印染企业名单有：杭州丝绸印染联合厂、杭州喜得宝集团公司、杭州凯地丝绸股份有限公司。同年 10 月 28 日，为加快经济结构调整步伐，推动国有丝绸企业重组，“中国华源”整体收购浙江天昌集团公司和湖州达昌绸厂的协议正式签约，涉及资产 2.2 亿元。2000 年，全省丝绸 13 个企业破产申请全部列入国家经贸委审查项目名单，其中印染企业有：杭州丝绸印染联合厂、桐乡丝绸印染厂、宁波丝绸印染厂。2001 年，杭州凯地丝绸股份有限公司全部转让，丝绸实体萧山印染基地出售给香港达利公司，凯地股票转让给浙江英特药业。同年，杭州丝绸控股(集团)公司持有的国有资产也全部从杭州凯地丝绸股份有限公司退出。

2001—2010 年，随着经济的好转，全省丝绸印染业渡过了稳定发展的 10 年。虽然也有 2006 年的蚕丝价格飞涨、2008 年的美国金融危机，但丝绸印染企业都能波澜不惊，顽强地生存下来。除了一些搬迁外，全省很少再有企业破产发生。2010 年，全省练染丝绸产品为 1.25 亿米。

二、印染产量

浙江丝绸练染印的数量，自古以来都比较多，但没有详细的统计和记载。中华人民共和国成立后，省政府及主管部门有了专门的统计机构，开始对全省丝绸进行分门别类的统计。据《浙江省丝绸志》(1999 年)记载，1949—1951 年仅统计染色绸，1952 年开始统计练白绸，1955 年统计了印花绸。练染印丝织品数量，1949—1966 年，每年都有较大增长，到 1966 年时，年产量达到了 6705 万米。1967—1976 年的 10 年中，只有 1970—1973 年 4 年超过 7000

万米，其余全是7000万米以下，而且整体处于下降态势。1977年后，产量恢复性增长，一直到1997年达到顶峰，年产量高达33亿多米①。此后，随着国有企业的陆续破产，练染印丝织品的产品全面回落，有些年份的产量，还不到最高峰年份产量的50%。2004—2010年，由于丝绸管理体制的变化，丝绸的统计改由省丝绸协会进行②，所统计的厂家只剩七八家，因此丝绸印染产量的数据更低。

表105-9-1-1　　1949—2010年浙江练染印丝织品产量一览表

单位：万米

年份	产量	年份	产量	年份	产量
1949	193	1970	7638	1991	26438
1950	204	1971	7790	1992	25808
1951	215	1972	7659	1993	31722
1952	373	1973	7619	1994	27483
1953	1003	1974	4900	1995	255531
1954	1376	1975	5187	1996	300652
1955	1507	1976	6078	1997	337057
1956	2416	1977	8794	1998	13313
1957	2788	1978	11805	1999	11549
1958	4478	1979	13455	2000	19548
1959	5695	1980	15096	2001	16414
1960	5360	1981	16836	2002	15931
1961	6304	1982	18668	2003	19584
1962	5644	1983	18637	2004	16408
1963	5744	1984	21873	2005	11238
1964	5965	1985	23083	2006	8592
1965	6927	1986	24780	2007	12937
1966	6705	1987	24531	2008	9496
1967	5346	1988	21546	2009	9816
1968	4830	1989	20432	2010	12489
1969	6145	1990	25641		

资料来源：《浙江省丝绸志》，方志出版社1999年版，第233页。

① 1995—1997年的统计数据，包括了交织品印染数量，所以产量很高。

② 印染产量在2004年前由省统计局统计，2004年后由省丝绸协会统计。

第二节 生产工艺

丝绸练染生产工艺主要包括丝和绸精练、丝和绸染色，以及绸缎的印花和整理。1981年，开发了绸缎手绘工艺，1998年，又出现了电脑喷绘印花新技术。所有这些工艺技术，包括各生产工艺配套的设备，都取得了很大的进步。尤其是改革开放后至2010年期间浙江的发展更加迅速，与国内其他丝绸产区逐步拉开了距离，丝绸质量越来越好，新产品不断涌现，提高了丝绸产品的附加值，增强了市场竞争力，奠定了浙江省丝绸印染工艺技术在国内的龙头地位。

一、精练

蚕丝纤维因为有23%～27%的丝胶包覆在丝素外面，如果不将丝胶去除，不但会影响丝绸的手感和光泽，还会影响印染色牢度。因此，丝绸印染的第一道工序要将丝胶脱除，丝绸脱胶过程叫精练。

丝绸精练，传统有练丝、练帛之分。丝和绸（生货）均需经过碱水的煮练，方能比较快速脱去丝胶，使丝和绸发挥出柔软、绚丽等特有的手感和光泽，并除去织造中在丝织物上产生的某些油污渍病疵。在没有工业碱之前，练丝均以草木灰滤液浸渍提取碱水煮之，然后日曝氧化而自然漂白；练绸，则以灰汁煮后，再以蜃灰（贝壳煅烧为灰）漂白。战国时产生了水练和灰练两种方法。秦汉时期，又发展了煮练和捣练。唐代前后形成二次脱胶工艺，即以碱练作初练，用酶练作复练，为后代的精练法奠定了基础。唐宋时期，杭州已有绸绫染业兼营煮练，以石碱、石灰液和猪胰等为主要练剂。从明代开始，猪胰使用增多，利用其生成的皂渍，去污润丝。明代刘基《多能鄙事》记载有“练绢法”：“凡用醿（桑）柴灰，或豆秸荞麦秆灰，或笤中硬柴白炭，煮熟了，然后用猪胰练帛之法，须俟灰（水）滚下帛，候沸，不住手转，勿过熟，过熟则烂；勿夹生，夹生则脆，以所煮绢，就（手）扭些，随手散，即未熟，再煮，候扭住不散为度。用胰法：猪胰一具，同灰捣成饼，阴干，用时量帛多少，剪用稻草一条，折作四指长条搓汤浸帛。”所用猪胰，是预先加工过的，用灰捣成饼，阴干后就可以随时剪用。如无胰，可用瓜蒌（即栝楼）去皮取芯，剁碎入汤化开，浸帛尤好。此法到明代后期仍在使用。

清代沈云《盛湖杂录》：“绸之光彩，色泽鲜艳夺目者，全恃练、染、踹、轴四项。数百年来，皆为绍兴人专利之业。盖此等营业至劳苦，天未明植立水中漂洗，冰晨霜旦不避焉。”光绪年间，练坊技术仍属原始，一般还是用草木灰汁和石灰液。因此，丝织物练后光泽不良。一般除纯白者精练外，也有少数是把蓝靛或其他染料直接加入练液中练染。捶丝秘线：将染色的丝先纳入蒸笼加温，然后放在打盘上用棍棒打软，称为“捶丝”；再加以绞引整理而使有光泽，称为“秘线”。

民国初年，仍采用传统方法，用料是桑柴灰汁、石灰水和猪胰脂，经发酵后应用。操作过程是先在陶锅内放入水和适量的石灰水，加热至沸，放入绸匹，用竹棒轻轻翻动，经过1小时～2小时练熟后，在胰脂液中浸渍一次，次晨到河中洗清后，在石头上甩、挤，直到绸绫无胰脂臭，晒干时先将绸的两头用线缝牢，套在竹竿上，两边均用绳绷紧在木桩上，半干时用钢制的刀轻刮绸面，以增加练白绸的亮度。

20世纪20年代前后，上海练染行业率先使用纯碱、保险粉、肥皂等化学原料进行精练，加上练绸设备的改进，练绸质量大大提高，减少了因绸面擦伤而造成的“灰路”疵斑。30年代，这种皂碱精练法在全省得到推广应用，传统方法渐被淘汰，而且上等丝的精练大多采用硬橄榄油肥皂。用硬橄榄油肥皂精练的绸缎，手感滑而不腻，光泽肥亮而柔和，深受消费者喜爱。

20世纪40年代末，丝绸精练一般与染色兼营，精练加工沿袭传统的煮练法，除少数练染厂已用上脱水机、整理车和锅炉等部分机械设备，大多练染作坊仍处于手工生产阶段。练丝以陶锅浸煮，用柴灶或煤灶加温，按固有工艺先以碱剂初练，再用酶剂复练。复练后经过棒绞，以石墩桩为托架，在河水中反复踹洗。水质和取水方便是丝绸练染的重要条件，也有用井水或自来水进行清洗的。脱水后，在晒架上晾晒，再进烘房烘干，有的烘房设于炉子间上层，也有利用回汽加烘的，烘干后即行整理成绞或交由染色加工。对于坯绸精练，由于纤维原料和织造品类较多，其练剂配方和温度、时间等工艺要求也不尽相同，均无明文规程，全凭经验掌握。基本生产工具有脚汰、拉凳、担桶、夹担等多种，以及用来脱水的枥马、捎马、捎棍和挑棒等。加热大多以砻糠作燃料，个别练厂已用烧柴的炮仗炉子。在生产时，先将桶水加热至沸后注入碱、肥皂和泡花碱，再放入白坯绸用棒翻动，2小时～3小时后取出洗净，再复练约2小时后取出坯绸清洗，然后在石墩上扭甩，挤至无臭味止，便在露天晒场晾晒，用竹竿逐格吊挂。待半干时用铜刀轻刮绸面，以增加绸面肥亮度；经烘干后用手工进行整理、码尺、夹板。

20世纪50年代前期，全省丝绸精练技术稍有进展。如杭州丝绸练染厂改用大型练桶，每桶可精练30匹～40匹绸缎。工艺操作有了简明规程，并提出“挺而不硬，软而不疲，白要洁白，手感柔软，富有弹性”的质量要求。练绸以前，先行脱绸、丈绸、钉攀、扣攀，再分4次精练，即预浸、泡练（有的织物不需泡练）、初练和复练，每次用手工浸吊3翻～4翻，还得随时扛动，并按不同织物的练剂、助剂配方以及时间、水温等条件，加以适当掌握和控制。复练后进行4次水洗，其温度依次为100℃、80℃、60℃和常温。经过水洗、脱水，再行晾晒、烘干，最后是退卷、码尺、检验、标签、夹板和打包。1957年，湖州天昌炼厂自制木结构绳状练桶，用发电机带动，一次能练染绸16匹。在1958—1960年的技术革新中，全省的丝绸练染业技术人员和工人，充分发挥了主观能动性，对精练设备进行了较大的改进。杭州市丝绸炼染业采用由不锈钢隔层、蒸汽盘香管所组成的水泥槽挂练取代木桶精练。杭州丝绸印染厂率先采用新型绳状机精练染色，使生产效率有了提高，劳动条件得到改善。1965年后，湖州天昌炼厂也开始使用不锈钢练桶，以行车代替人工提升，大大减轻了工人的劳动强度。

20世纪60年代后期，全省丝绸精练又采用了蛋白酶脱胶的新工艺，使产品的光泽、白度有了进一步改善。在设备方面，不但采用行车升降坯绸代替手工提升，还增加了圈码机、脱水机、码尺机等简单设备，进一步降低了操作工人的劳动强度。

20世纪70年代，市场上开发了雷米帮A精练剂。它是一种具有黏着性的棕色液体，属阴离子型羧酸类表面活性剂，在碱和硬水溶液中较稳定，对钙皂具有良好的分散乳化、软化及匀染作用，可与热水以任何比例混合，如果与少量碳酸钠同时使用，其去污性能更佳。由于用雷米帮A精练剂精练的绸缎，可比肥皂精练的绸缎所产生的白雾少，又没有肥皂化学原料的麻烦，因此，雷米帮A精练剂的出现，马上成为用于丝绸的主精练剂，成了一种新的精练工艺即表面活性剂—碱法工艺。因此，从那时开始，表面活性剂—碱法工艺就在全省所有的印染厂中被全面推广使用。

表面活性剂—碱法对丝绸精练虽好，但存在精练时间较长，极易使真丝纤维受伤，产生绒毛灰伤，影响产品外观。因此，20世纪80年代，市场上又不断开发出丝绸的快速精练剂，最为典型的是AR-617，以后又有多种快速精练剂出现。丝绸快速精练剂能普遍缩短丝绸精练时间，减少灰伤的产生。因此，丝绸快速精练剂慢慢被省内丝绸印染行业接受使用。

1986年，杭州东风丝绸印染厂与联邦德国KBC公司的补偿贸易项目启动，从意大利梅泽拉(Mezzera)公司引进了用于坯绸平幅连续精练机。该设备为两节双槽，容绸量1000米。中薄型丝绸织物1小时左右就可以完成精练。除了精练速度快以外，精练后的织物光泽比普通精练的织物光泽好，每次练后的绸缎染色无匹差产生。

为了达到快速脱胶，必须采用快速精练剂加烧碱的精练方法。快速精练剂中含有丝素保护剂，仅联邦德国汉高公司可生产。在精练过程中，必须不断补充烧碱液，才能保证有足够高的pH值，达到快速脱胶的效果。烧碱量的补加，则依靠精练机上的pH值自动测定装置给予指令。但是，pH值自动测定装置在连续测定时，由于精练液都处在95℃左右的高温，所以pH值测定装置测定的pH值一直偏低，致使补加的烧碱液过量，最终引起绸缎强力严重受损，无法生产。联邦德国汉高公司和意大利设备公司曾派技术人员来杭州，也没能解决这一难题。杭州东风丝绸印染厂技术人员，通过半年左右的努力，终于找到了测定pH值的方法，并改进了pH值自动测定装置，使这台设备发挥了正常作用。

从1986年起，浙江丝绸科学研究院和杭州丝绸练染厂的有关科技人员，在吸收消化意大利设备的基础上，经过反复试验、改进，共同研制出了国内真丝绸星形架精练生产设备和配套工艺。该星形架精练设备，在防止脱钩、织物收缩补偿、星形架和水流循环式织物打卷机等方面设计新颖，精练后的织物采用机械整体脱钩和连续打卷，操作方便，工效较高，使用效果已经超过国外同类设备，特别适合真丝纺类、斜纹类和绉类织物的精练加工，能有效地克服挂练工艺中常见的吊攀皱、头子灰伤等病疵，大大提高了产品质量。该设备和工艺在杭州丝绸练染厂应用成功后，通过杭州丝绸练染厂和浙江丝绸科学研究院有关技术人员的努力推广，在全省和国内丝绸精练中得到全面推广应用，国内大部分的丝绸精练厂都拥有一条或数条星形架精练线。1989年1月25日和1990年6月13日，省丝绸公司、中国丝绸工业总公司分别组织专家对其验收并通过技术鉴定。该科研成果的开发和应用，大大提高了全省乃至全国丝绸精练的技术水平和经济效益，为中国丝绸精练设备填补了一项空白。

1991年，杭州东风丝绸印染厂又与浙江丝绸工学院合作，开发了具有丝素保护的快速精练剂ZS-1，替代了从联邦德国汉高公司进口的快速精练助剂。该精练剂各项性能和精练指标达到国外同类快速精练剂的水平，并且可用纯碱代替烧碱精练，大大提高了丝绸快速精练的安全性。1992年，浙江丝绸工学院与杭州缫丝试样厂协作，在快速精练剂ZS-1的基础上，研制成适用于真丝针织坯绸精练的ZS-2助剂。该系列助剂是一种多羟基、氨基、多羰基化合物的复合物，脱胶快、毛效高、手感好、光泽肥亮、纹路清晰、使用方便，能提高产品质量并节约能源，在省内多家真丝针织练染厂中得到推广应用。同年，杭州红雷丝织厂对厚重强捻和服绸快速精练技术进行研究攻关获得成功。厚重强捻和服绸织物手感、白度和毛效等指标均达到出口标准，使重磅和服绸从生坯出口转为练白绸出口，打破了日本在该领域的垄断地位。

2000年之前，全省丝绸的精练设备，无论是方形练桶还是星形架的圆形练桶，桶的上方均是敞开式，精练液加热过程中的水分和热气挥发，全部散入车间，不但车间环境湿热，而且极大地浪费热能。为了改变这些状况，从2000年起，杭州喜得宝集团有限公司从日本引进高温高压精练机，进行了真丝绸高温高压精练产业化研究。该研究成果，在杭州喜得宝集团有限公司内实现了产业化，节约能源30%，缩短精练时间50%，节约助剂10%，改善了车间湿热的环境。专家一致认为，该成果处于国内领先水平。

2006年开始，浙江华泰丝绸有限公司开始进行真丝绸冷轧堆精练的研究。该研究是采用快速精练剂和强碱的共同作用，把这些助剂浸轧丝绸织物上，卷曲后在室温下堆置一定时间，待丝胶水解完成时，用清水洗除水解丝胶和残留的助剂。该工艺利用时间换取能源的办法，可以做到完全不要热能，以此达到节能、改善车间湿热环境的目的。该工艺已经在薄型丝绸面料精练上获得成功。特别是采用该工艺技术，可使天然彩色丝织物在脱胶过程中，保持天然的色素，使其色彩不会脱落。

2008年，浙江巴贝丝业有限公司与浙江理工大学(原浙江丝绸工学院)进行了真丝筒子脱胶工艺在线控制研究。该技术保证了真丝筒子脱胶内外均匀、脱胶后筒子纱线不会塌陷；研究了纱线脱胶率的动态变化，使脱胶率能够得到在线控制，保证了真丝筒子脱胶的一致性和可控性。

尽管有一些精练新技术出现，但由于开展研究时间不长，新技术碰到的问题没能完全解决，因此直到2010年止，全省的丝绸精练设备，仍然还是以方形练桶和星形架的圆形练桶为主，能源的浪费还是很大，特别是车间的湿热环境和工人劳动强度，还没有得到很好解决。

截至2010年，较为成熟的真丝绸精练工艺流程如下：

方形架精练：生坯→圈码→订攀→预浸→初练→酶练→复练→氧漂(如果需要)→热水洗→热水洗→中温水洗→冷水洗→打卷(或脱水)→烘干整理→成检→包装。

星形架精练：生坯→挂绸→预浸→初练→酶练→复练→氧漂(如果需要)→热水洗→热水洗→中温水洗→冷水洗→打卷→烘干整理→成检→包装。

二、染色

(一)传统染色

浙江丝绸练染已有2000多年历史。古代的丝绸染色，都是使用矿物(如丹砂、石青、西绿、铅丹等)、动物(如猩猩血、牛血等)和植物(如茜草、红花、兰草、栀子、皂斗等)染料。

唐代,《新唐书·地理志》记载:杭州"土贡白编绫、绯绫"。白居易《缭绫》诗:"织为云外秋雁行,染作江南春水色。"记载了染色绸缎产品的色彩。一些浅色的染色技术,如染湖色、淡青、月白、玉色、雪青、大绿等,浙江自唐以来已有丰富的经验。而且由于风俗习惯以及技术条件等的不同,各地练染技艺也各有特色。《温州竹枝词》中有"温红处绿斗芳晖"之句,意思是温州善染红而处州善染绿,即为一例。

据清代吴任臣《十国春秋》记载,吴越王给中原各王朝的贡品就有:锦、色绢、红罗縠、采缎、五色长连衣缎、红地龙凤锦被。至唐宋极盛时,已有各种染草的记载,宋代,浙江有些城镇已设有染铺和颜料店,官府则有专染统治者衣服用丝绸的染所、染院。杭州的"不肯红""天水碧"等采帛,湖州的吴绫、湖缬,已显示当时精湛的技艺。据《宋会要辑稿·食货》记载,宋天圣至嘉祐年间,湖州丝绸已经染出深、浅红色。

南宋绍兴元年(1131年),四明人楼璹为於潜县令,绘《耕织图》45幅,每幅附五言诗一首,其中织图24幅,为蚕桑丝织印染成衣全过程,进呈宋高宗。

浙江传统的丝绸染色,简单的技术由一般人所掌握,在家庭中代代相传;精湛的技术由作坊工匠所掌握,技术诀窍秘而不传,文人也不为之记录。较系统的记载,始于明代,有刘基《多能鄙事》和宋应星《天工开物》。《多能鄙事》是中国染色史上第一份实验报告,是古代染色技术的珍贵资料,具有当时浙南民间染色技术特色。《多能鄙事》一书记述了丝织品染色加工技术有洗练法、染色法两大类。洗练法中有洗罗绢法、洗彩色法、练绢法、用胰法等,染色法中有染小红、染枣褐、染椒褐、染茶褐、染艾褐,用皂矾法、染青皂法等。

《天工开物·彰施》"诸色质料"也有不少记述杭嘉湖地区织染技术的文字:"大红色。莲红、桃红色,银红、水红色。木红色。紫色。赭黄色。鹅黄色。金黄色。茶褐色。大红官绿色。豆绿色。油绿色。天青色。葡萄青色。蛋青色。翠蓝、大蓝二色。玄色。月白、草白二色。象牙色。藕褐色。"①《物理小识》卷六:"染红。河水浸红花,次日囊盛洗去黄水,又温洗之,又以豆萁灰淋水洗之,乃泡乌梅汤点(槌乌梅与红花等分)。帛藉黄檗而染红,或炒槐花入苏木藉(杭州夜色,红用重受胭脂,碧用碧蝉蓝胭脂,以珠砂、大青皆重,不可作夜色)。……黄槐、青靛,绿则合之,紫则青红合,浅色则视轻重加减之。若椒褐、荆茄色,有兼栌黄者。墨水者,皂樊、五倍子易毁布帛,今不用矣;栀子染黄,久而色脱,不如槐花,或用栌檗。鸽粪煮黄绢色变白,或以鸡粪煮白之。……洗丝。以木槿叶不棼,练用稻灰煮胰陈宿浣之(乌梅不及)。"②

明代对丝绸染色的配方和工艺记载已经很详细,以练帛十两为率的配方如下:

染枣褐:配方染法(同上),唯最后随色深浅,另加绿矾,太多则黑,少则红,适度为佳。

染椒褐:用苏木四两研碎,皂角一两碾碎,白矾二两,绿矾半两。绿矾亦以调节深浅之用。

染艾褐:用荆叶、白矾、皂汁各一两,皂矾(绿矾或青矾)少许。将荆叶少许煎浓汁,先用白矾浸半时许,扭干,搓揉令匀,下颜色汁内。皂矾看色深浅用之。

---

① 〔明〕宋应星:《天工开物》卷上《彰施》。

② 〔明〕方以智:《物理小识》卷六。

到明代后期，染料种类日益增多，同时有些染料如蓝淀（靛）、红花饼、燕脂（胭脂）、槐花等的采制也有一套完整的方法。

蓝淀：凡蓝五种皆可为淀。茶蓝即松蓝，插根活，蓼蓝、马蓝、吴蓝等皆撒籽生。近又有小叶蓼蓝，俗称苋蓝，更佳。茶蓝冬月收叶入窖造淀。余皆六月（农历）采实，七月刈身造淀。明李时珍《本草纲目》记载：“蓝质浮水面者为靛花。”清雍正《浙江通志》卷一百一《物产》：“蓝三种，蓼蓝染绿，大蓝如芥浅碧，槐蓝如槐染青，三蓝皆可作淀，色成胜母，故曰‘青出于蓝而胜于蓝’。”

红花饼：红花是用籽在农历二月初播种，初夏开花。采花者必清晨带露摘取。入药者不制饼，作染料者，须依法成饼然后用，则黄汁净尽而真红乃现。红花摘后，捣熟，以水淘，入布袋绞去黄汁；又捣再淘以酸粟或米泔清（使发酵变酸，可除红花中之黄色素），再绞袋去汁，以青蒿覆一宿，捏成薄饼，阴干收贮。染家得法，我朱孔扬，所谓“猩红”也。

燕脂：古造法以紫铆（即紫矿或紫草），蝶形花科植物，花橙红色，可做染料。又名紫胶或虫胶。《本草纲目》记载：“今吴人用做胭脂”染帛者为上，红花汁及山榴（又名映山红，属杜鹃花科）花汁者次之。在山东济宁一带，用染剩的红花滓为之，值甚贱。其滓干者曰“紫粉”，丹青家（画家）或使用，染家则当作糟粕弃之。

槐花：槐树十余年后方生花实。其花尚未开放时称槐蕾，染绿色者用之。将花收集加水煮沸，捞起滴干捏成饼备用。已开之花，色渐黄，收用者以石灰少许洒拌而藏之。

其他各种颜色具体的染色方法，也有相应记载和叙述。

大红色：红花饼一味，用乌梅（经过熏制的梅子，利用酸性，再除红花的黄色素）水煎煮，再用碱水澄清数次，或以稻藁灰代硷，功用亦同。澄清多次，颜色鲜甚。凡红花最忌沉（香）麝（香），袍服与衣香共收，旬月之间，其色即毁。凡红花染帛之后，若欲退转（褪色），只浸湿所染帛，以碱水、稻草灰水滴上数十点，其红全脱，仍还原质。所得色水，以绿豆粉吸附收藏，再用之染红色，半滴不耗。

莲红、桃红色，银红、水红色：亦用红花饼一味，浅深则凭用量加减而成。是四色皆非黄茧丝所可为，必用白丝方现。

木红色：苏木煎水，入明矾，精子（即五倍子，又名没食子，其中鞣酸加明矾等即起媒染剂的作用）。

紫色：苏木为地，青矾尚之。

鹅黄色：黄檗（即芸香科植物黄檗，茎内皮可提取黄色染料小檗碱）煎水染，靛水（蓝淀液）盖上。

金黄色：芦木（应作栌木，即漆树科植物黄栌木，其木材可提取黄色染料）煎水染，复用麻槁灰淋，碱水漂。

茶褐色：莲子壳（即莲子的皮）煎水染，复用青矾水盖。

大红官绿色：槐花煎水染，靛青盖，浅深皆用明矾。

豆绿色：黄檗水染，靛水盖。今用小叶苋蓝煎水盖者，名“草豆绿”，色甚鲜。

油绿色：槐花薄染，青矾盖。

天青色：入靛缸浅染，苏木水盖。

葡萄青色：入靛缸深染，苏木水深盖。

蛋青色：黄檗水染，然后入靛缸。

翠蓝、大蓝二色：俱靛水染，分深浅。

象牙色：芦木煎水薄染。或用黄土。

藕褐色：苏木水薄染，入莲子壳、青矾水薄盖。

包头青色：此黑不出蓝靛，用栗壳或莲子壳煎煮一日，捞起，然后入铁砂、皂矾锅内，再煮一宵，即成深黑色。

玄色（黑中带赤）：靛水染深青，以芦木、杨梅树皮等分煎水盖。

月白、草白二色：俱用靛水微染，今法用苋蓝煎水半生半熟染之。

以上记载了浙江劳动人民随着长期实践经验的积累，已能采制各种以植物性为主的天然颜料，并根据配方（包括鞣酸加明矾等起媒染剂的作用）和染色方法等的不同，染出多种多样、牢固不褪的色彩。

清代初期，浙江丝绸色彩较之明后期基本没有什么变化。自嘉庆、道光年间起，色彩又迅速增多。清雍正《浙江通志》卷一百一《物产一》记载："谨按杭绸有一等最轻纤者，用湖水漂净，宜于染色，大红尤佳，以杭丝多锤练故也。如帽缨一种，亦较胜于他处。绒丝等线亦然。是皆杭之专产。"卷一百七《物产七》"谨按温郡红花、靛青二种为产最多，处郡亦然，颇利民用，实其地之专产。"郑樵《通志》又言："蓝有三种：蓼蓝染绿，大蓝染碧，槐蓝染青，谓之三蓝。"卫杰《蚕桑萃编》卷六"染政"："湖色甲于各省，其染时乘春水方生，水清而色泽；湖色淡青玉色、雪青、大绿，浙之杭州为上。"同治《湖州府志・物产》："凡绢皂心者以橡汁针纱，漂以清流，敷以蕨粉，捣以钻石，抹以絮布，其工最繁，故染有灶有场有架，名皂染，唯耕坞一带居民为之。又有小绢，杂用红白粉，充作苏杭市中，人物花草，名烧灰绢，其最下也有一种胶坊，取绫绢之极轻而染色者拌以粉，名曰胶，用刀刮治之，或砑以石，谓之胶绫粉绢。"

在染色技艺方面，清代比明代有所进步。因此，丝织品琳琅满目，脍炙人口。据清代孙同元《永嘉闻见录》载："永嘉三四月间，农家妇女竞买红花染布，为衣帛之用。"在立夏前，妇女各自磨红花，先研成汁，然后入青梅少许，使其颜色更加明丽。染衣时要手轻汁匀，然后再经过涤晒。嫁衣也用红花染新，有种浅红带碧色的叫"美人红"，最为流行。旧时妇女所穿绿衣是冻绿柴所染。冬时气候越寒，颜色越鲜。其制法是在极冷天气下，削了冻绿柴的皮，煎出绿汁，将布投入，泡浸一夜，第二日早上将其铺在霜里受冻，后经太阳晒干，绿色就染在布的正面，背面仍是白色。

（二）染化料应用的变化

来自于植物、动物和矿物的染料，由于受时间、光照、地理变化的影响，染料颜色色光稳定性比较差，染色时的色光变化也不容易掌握。清光绪四年（1878年），国外发明了红色酸性染料，光绪十年，国外人工化学又合成了第一个直接染料——刚果红，以后各种合成染料相继问世。由于它的色光很稳定，并且可工业化大批量生产，所以就逐渐取代了天然染料。19世纪末，始有外国合成染料进口。清代中期，杭州开始从法国输入合成染料，其后，又相继从德、美、日等国输入合成染料。至20世纪20年代，染坊所用染料，除了保留部分传统的植物性染料，大部分都是使用进口合成染料。传统植物性染料主要是靛蓝、红花、苏木、黄檗、黄栌、槐花、莲子壳、杨梅皮、五倍子、栗子壳等10余种，主要出产于四川、广东、湖北等地。到了30年代初，十之八九的染料为进口合成染料，其很快淘汰了国产植物染料在染坊中的应用。据民国21年(1932年)《杭州市经济调查·丝绸篇》载："本市各种绸布染坊所用颜料不下数十种，均来自德国，民国20年共用颜料5.06万斤，总值27.96万元，各种颜料之数量以五支桃、蓝粉灰、小孔雀洋灰及大红四种为最多。"

合成染料品类繁多，丝绸印染用染料大致可分为直接染料、弱酸性染料、活性染料和分散性染料四类。真丝织物多用前三类，合纤织物使用后一类。浙江丝绸印染用得最早最多的是直接染料系列，因为直接染料色谱齐全，使用方便，经固色处理色牢度较好，特别是有一组耐晒牢度很好的染料是其他染料所没有的。但是，直接染料存在一些缺陷，如鲜艳度不够好，很多染料的上染温度不一致，很容易导致染色中发生色光偏差。因此，直接染料逐步被弱酸性染料替代，弥补了颜色鲜艳度不高和染色温度高低对色光偏差的问题。后来又有色牢度更好的金属络合酸性染料——中性染料的出现，它对于黑、咖啡、藏青等深颜色的色牢度提高，具有明显的效果。

但是，合成染料在丝绸上染色，大多数颜色的色牢度并不理想。20世纪30年代后，由于有机化学的发展，陆续开发了各种固色剂，使固色过程变得简单有效。

合成染料克服了植物或矿物染料颜色不鲜艳、上色率不高的特点，特别是在批次稳定性上，有着植物或矿物染料无法超越的优点。所以，自从使用了合成染料后，丝绸染色的色彩更加丰富、颜色更加鲜艳、质量更加稳定。但是到了1970年前后，用于合成染料的一个中间体——联苯胺，被发现对人体有较强的致癌作用，特别是染料合成和应用的操作工，患癌症比例很高。因此，国际纺织界提出禁用联苯胺染料。从此，乌黑的染色就很难达到。随后又陆续发现有机合成染料中的一些具有偶氮结构的染料，在分解过程中也会形成致癌芳香胺。因此，1994年7月15日，德国政府发布禁止使用20种芳香胺及相应的118种染料的规定。浙江各丝绸生产和出口单位，都停止了所有进口和国产禁用染料，并筛选了一批代用染料。以后，欧盟又陆续将禁用芳香胺增加到24种，并上升为欧盟标准，被全世界所采用。为了满足人们对穿着的高标准要求，国家也先后出台了有关丝绸印染的色牢度标准，规定了丝绸的耐水、耐洗、耐汗渍、耐摩擦等一些色牢度都要达到3级以上。因此，原来用在纤维素纤维的活性染料，逐步被丝绸采用。虽然合成染料对丝绸印染不可缺少，但是由于全国工业基础薄弱，染料的合成技术与国外的差距很大，特别是丝绸用的酸性和中性染料，浙江的染料工业基本是空白。

为了打破国外进口染料的技术壁垒和垄断，从20世纪90年代中期起，省内丝绸用染料开始有所发展。丝绸用的酸性和中性染料开始被研究、生产和销售，并逐步取代了进口染料。早期以温州乐斯化工有限公司为代表的弱酸性大红F-3GL在市场上销售，首先打破了国外弱酸性染料的垄断局面。以后，浙江乐瑞、庆元、金华双宏、杭州恒生等化工有限公司的艳兰

G、普拉红B、普拉艳红10B、艳兰6B、卡普论绿5GS等染料相继进入国内市场。2008年,美国金融危机后,进口染料由于价格高,份额进一步下降。至2010年,全省丝绸印染所用的进口染料份额只有约10%。

(三)设备应用的变化

古代的丝绸染铺(坊)没有什么设备,仅靠一缸两棒,工人的劳动强度很大,而且一直以来变化都不大。到了民国时期,浙江的经丝染坊规模还较小,生产设备主要还是染灶。练用铁锅,染用陶缸、练棒、撬棍及绞丝用的牵经、捎子等工具,染好的丝挂在廊架上晾干。绸绫染坊的设备主要是"一缸两棒",精练用木制练桶(小作坊有的用陶锅),染色用陶制圆缸,整理用轴床、轴架。20世纪20年代,有的染坊开始用小型锅炉和整理机,一直到50年代初期,丝绸染色"一缸两棒"的局面仍占主导地位。

1956年,浙江丝绸私营染坊均已实行公私合营,生产规模扩大,工艺和机具逐步得到改善。当时的丝绸印染厂已经采用从毛纺引进的绳状染色机加工绉类、乔其类织物,采用从棉布印染行业借鉴的卷染机加工纺、斜类织物。1957年6月,湖州天昌炼染厂增置朝天(无盖)染色机缸,利用地轴转动,一台电动机可带动几台机缸,大大提高了生产效率。1958年,杭州经绒炼染厂引进了两台绞丝喷射染色机(其中5棒1台、1棒1台)进行绞丝染色。1958—1960年,依靠本厂职工的力量,仿造出一批绞丝染色机,使丝练染的主要工种实现了机械化。杭州其他各厂染绸的土染缸被先后淘汰,搬掉了180多只土染缸,代之以新型机缸或经过革新的染缸,建立起练漂合一、固色出水合一等26条生产流水线,使60%的生产部门实现了半机械化和机械化。20世纪70年代,湖州天昌炼染厂先后引进高温高压染色机、三辊轧车、真空吸水机和自动高效卷染机等。以后,全省丝绸染色企业的染色设备大部分都采用了苏州纺织机械厂Q113型绳状染色机和上海印染机械厂的M125型常压卷染机。进入80年代后,部分丝绸练染企业陆续引进欧洲、日本常压溢流染色机、高温高压喷射溢流染色机等先进设备。如从意大利的梅泽拉公司引进的常压绳状溢流染色机,该染色机的染色过程是由染液带动织物在低张力状态下运行的,织物在染槽中能自由展开,不易产生褶皱,摩擦小,不容易产生灰伤病疵,染色均匀,特别适用于真丝绸的染色。

1988年,杭州丝绸炼染厂与杭州汽轮机厂一起研制了W1700型常温恒张力卷染机,该机设有恒张力调整系统,张力小、卷边整齐;设有循环泵,使染液流动、均匀;罩壳与槽体密封性能好,有蒸汽、温度自控装置。使用该设备后,可减少人为控制因素对质量的影响,染色色差大大减少,使用性能较优良。

1994年,浙江丝绸科学研究院、嘉兴制丝针织联合厂、浙江印染机械制造公司联合承担并完成了国家"八五"攻关项目"真丝针织平幅练染机研制"、浙江省"八五"科技攻关项目"真丝针织染整工艺及设备研究",研制了真丝针织平幅练染一体机。该设备的应用,使真丝针织绸的染色质量有了明显提高。

1999年,由杭州喜得宝集团有限公司和浙江丝绸科学研究院共同承担的国家"九五"重点科技攻关项目"真丝重磅织物染色新技术研究"通过专家验收。该项目设计了大直径并有收缩装置染色星形架、均匀喷淋的染色系统。其容绸量比引进的意大利设备扩大一倍，染色均匀，质量好。并且研制出了染色残液浓度测算法。该方法可用于控制星形架连缸生产的染料添加量，在技术上居于国际领先水平。

2004年，杭州喜得宝集团有限公司研发了“真丝无灰伤染色技术及设备”项目，该技术适用于丝绸的经轴染色机。该染色机采用绸缎卷轴静止染色，解决了灰伤、头梢、松板印等印染老大难问题，使绸缎染色质量大幅提高。2006年，杭州喜得宝集团有限公司的“真丝绸小浴比渐进色染色及设备研制”项目通过杭州市技术创新项目验收。项目依照生产渐进色真丝绸产品的原理，研制开发出适合真丝绸渐进色染色的倾斜式卷染机及其配套辅助设备，该套设备结构合理，操作简便，易于推广。同时优选出了相匹配的染化料助剂，制定了合理可行的工艺，与星形架渐进色染色相比，极大地缩小了染色浴比，减少了水电气等能耗，降低了生产成本，技术水平国内领先。到2010年底，由于渐进色染色数量不多，该设备仅在杭州喜得宝集团有限公司内部使用，未对外推广。

（四）工艺和产品的变化

中华人民共和国成立后，浙江的丝绸染色工艺和染色新产品有了较大的变化。据《杭州丝绸志》记载，1953年，由杭州丝绸印染厂王长明等组成的染色绸不褪色研究小组，采用新工艺制成了42种不易褪色的染色绸。1955年，杭州丝绸印染厂又以“拖浆固色”加固染色牢度，使色牢度达到皂洗4级，水洗、摩擦、耐汗均达到4级～5级，正品率达到99%以上。后又采用调高温度办法，解决印染绸生产中长期存在的皂渍、灰路等病疵，并对生产工具进行改革，使原来染绸每缸需50分钟缩短到15分钟～20分钟，工效提高两倍多。1956年，湖州双林镇组建绫绢坊小组，成功练染了绫绢产品。

20世纪80年代以后，丝绸染色技术进展更快，新产品开发也随之增加，部分产品采用特殊工艺进行染色，先后诞生了砂洗绸、扎染绸、蜡染绸、朦胧染色绸、碧纹绸等新产品以及活性染料染色、低温染色、冷轧堆染色等一批新工艺。

1981年，浙江丝绸科学研究院的“提高活性染料在真丝绸上固着率工艺研究”项目通过技术鉴定，开创了全省丝绸染色应用活性染料的先河。1983年11月12日，杭州丝绸炼染厂承担的“ZM-6型并装粘胶人造丝染色工艺及设备”项目，通过杭州市科委技术鉴定，为提高并装粘胶人造丝染色质量，提供了比较完善的设备选型和配套工艺。1985年12月，杭州丝绸印染厂、浙江丝绸科学研究院和浙江省化工研究所共同承担的“真丝绸低温浸染工艺及其设备的研究”项目通过技术鉴定。该工艺适合生产中常用的酸性、中性和部分直接染料及常规生产操作，染浴温度控制在78℃左右，染色匀透度、颜色鲜艳度、色牢度均达到原工艺产品质量要求，比原工艺节约染料10%、节能22%左右，灰伤比常规减少80%以上。是年，浙江丝绸工学院和绍兴丝绸炼染厂研究完成“X型活性染料卷染新工艺”试验项目。该新工艺适用于纤维素纤维的卷染染色，与传统工艺相比，染料上染固着率根据不同的染料品种一般可提高5%～20%，提高了染料的利用率，降低了生产成本。鲜艳度、色牢度不亚于其他染料工艺，且减少了残液中的染料浓度，减轻了污水处理压力。

1987年，浙江丝绸科学研究院与杭州丝绸印染联合厂共同承担的“真丝绸活性染料冷轧堆染色新工艺及设备”项目研制成功。与常规的卷染机、绳状机染色相比，该项新工艺具有对真丝织物损伤少、无灰伤、色泽均匀、桶差少等效能，适用于染中、浅色及少数深色绸，特别是电力纺、洋纺等轻薄织物，水浸、皂洗牢度均达4级以上，可克服常规染色法容易造成的纬斜、条印、易破裂等病疵。同时还具有效率高、产量大、操作简便、污水排放量少、生产成本低等优点。但绉类织物轧染后皱效应较绳状染色逊色，且由于打样和回修困难，与大生产有色差时，回修耗时耗力。因此，该项技术没有得到推广应用。

1990年前后，由意大利发明的真丝砂洗技术从香港传入浙江。该技术是丝绸经过摩擦，使丝绸表面的短原纤簇立起来，形成一层具有桃皮绒状风格的一种技术。砂洗绸制成的服装手感非常柔软、悬垂性很好，一时炙手可热，风靡国内外，消费者以能穿砂洗丝绸服装为荣。丝绸砂洗工艺原来套用的棉布技术，也是用火山浮石在砂洗缸内对丝绸进行摩擦产生桃皮绒效果。但该技术对时间、火山石数量的掌握比较难，稍有不慎，就经常会把绸缎磨破。此后生产出的丝绸专业砂洗剂，大大提高了丝绸砂洗的质量。而后有些厂家用纯碱代替砂洗剂，基本可以达到专用砂洗剂的效果，故砂洗剂逐渐淡出市场。截至2010年，纯碱砂洗工艺在浙江各丝绸印染企业仍在使用。

1996年，湖州华天盛丝绸服装有限公司负责人沈敏华，借鉴贵州土布蜡染技术，创造了手工蜡染绝活，成为湖州唯一能做手工丝绸蜡染的企业。1999年，由绍兴丝绸印花厂承担的国家“九五”科技攻关项目“真丝特阔幅织物透气防钻绒、防水技术研究”，通过国家组织的专家鉴定。该研究攻克了特阔幅真丝织物的精练、染色及后整理等一系列难点，织物具有防钻绒性及适量的透气性，开发出了真丝羽绒床上用品，畅销国外市场。该技术属国内首创，达到国内领先水平。

2000年，杭州喜得宝丝绸公司利用涂料轧染和砂洗相结合工艺，开发了碧纹冠乐绉，使冠乐绉的立体纹样呈现出深浅的双色效应，改变了冠乐绉的产品面貌，成为当时内销市场上十分畅销的产品。2003年，浙江省茧丝办组织在嵊州召开了由嵊州茧丝绸总公司承担的国家茧丝绸发展风险基金项目“真丝筒装丝染色及色织面料技术攻关”验收会议，该项目解决了筒装丝络筒张力控制、内外层色差、色抑、“阴阳面”等生产技术难题，使色丝色泽均匀、光泽鲜艳，手感柔软，毛丝和原料损耗少。

2006年，由杭州喜得宝集团公司独立承担的“真丝绸微悬浮体染色新技术研究”项目通过专家鉴定和验收。微悬浮体染色是在适合的酸碱度条件下，依靠凝聚剂的作用，改变染料分子在染浴中的聚集状态，将染料分子经凝絮形成染料纳米微悬浮体体系，染料颗粒保持纳米级，大大增强了对纱线、织物的穿透性能，提高了染色均匀性。

2008年，以浙江理工大学、浙江丝绸科学研究院、杭州喜得宝集团公司共同承担的“基于丝素反应特性调控原理的蚕丝高色牢度染色技术开发及产业化”项目，获国家科学技术进步奖二等奖。

至2010年，真丝绸染色比较成熟的工艺流程为：

卷染：坯绸准备→缝头→卷染机染色→出水→固色→拉幅整理→码尺→检验。

绳染(液流):坯绸准备→绳状机(液流机)染色→出水→固色→拉幅整理→码尺→检验。

三、印花

(一)传统印花

丝绸印花古称染缬,为高级印染丝织品。因加工工艺复杂,其在历史上的发展不及提花组织迅速。秦汉时期,浙江丝绸印花已有印绘结合和蜡染印花等技术。后逐步发展,印花加工方法日见增多。据唐代张彦远《法书要录》卷二记载,浙江的缫织练染等技术进步很快,唐初发明的镂版印染和夹缬法,很快"遍于天下"。涂蜡的蜡缬法,已经普遍使用。据南宋朱熹《晦庵先生朱文公文集》卷十八记载:"乘势雕造花板,印染斑缬之属,凡数十片。"据《湖州丝绸志》记载,印浇花绸始于明代,府城湖州,德清县新市镇,归安县双林和菱湖镇等均有出产。浇花印花色使用刻花版,以黄豆粉、石灰粉调成厚糊,刷于用花版套印的坯绸上,形成浇花;再染以红、黄、蓝等各色,晾干后刮去灰粉,呈花白色清。浇花绸或浇花绵绸色泽鲜艳,花纹透明。早期浇花工序有配桶、甩水、搅拌、浇花、干燥、染色、拨绸和刮绸,染印完成后进行踏光。北宋嘉祐八年(1063年),湖州能在绫罗上印成深红、浅红、淡红色。即有名的湖缬,它的精美程度,实与玛瑙缬不分上下。故有人把它作为芍药新品种的名称,说"红色深浅相杂,类朔缬"。①

印花作坊印制的印花绸在20世纪20年代时很流行,尤其是江浙地区,作坊在各地很常见。其工序主要是刻花和印花,即花版系用棉筋纸数层,用柿漆裱在一起,刻好花后,再上桐油。然后将花版固定于坯绸上,用70%的黄豆粉、30%的石灰做成的糊料,刷于花版纹样镂空处。待干后将丝绸染成红色或蓝色,去豆灰,则红白或青白相间。这种局部印染法,俗称"石灰印花"。

民国时期,浙江丝绸印花工艺技术没有得到普遍发展。民国17—20年(1928—1931年),仅在杭州开始有水印和浆印印花工艺出现。但因耐洗牢度极差,落水模糊,质量低劣,工厂没过多久就停办,这些工艺没有延续下来。

浙江丝绸印花真正得到发展,是在中华人民共和国成立以后。1958年前后,全省丝绸印花企业先后推广应用了热台版和筛网印花,提高了印花质量和产量;以后又自行研制了电动小电车,代替了繁重的手工刮印。1978年底,国家实行改革开放政策后,陆续从联邦德国、瑞士、日本、意大利等国家引进了性能优良的印花糊料和先进的印花设备,使全省的丝绸印花技术和产品质量,在20世纪90年代初达到国内最高水平,基本与当时国际上丝绸印花最先进的国家——意大利的产品相当。

(二)设备应用的变化

早期的丝绸印花,只是一些木制、纸制凹凸版印花工具而已。直到20世纪40年代至50

① 《湖州丝绸志》,海南出版社1998年版。

年代中期，全省仅杭州有一家印花绸伞厂用小型台版，人工刮印，其产品为制伞业服务。1957年，该厂并入杭州丝绸印染厂，才置手印台版9块，采用水印和浆印两种工艺，但花色局限性大，劳动强度大，产量很低。是年，湖州天昌炼染厂安装了18米长砖木结构的印花台版，台面为钢化玻璃，用煤炉加热，面上铺设漆布。1958年，杭州丝绸印染联合厂建厂时曾引进了自动筛网印花机及配套设备。但全省其他的丝绸印花生产仍主要依靠手工台版进行。当时的印花制版也全靠手工描稿、手工绷框，劳动强度高，花色花回局限性大，对花不准确。

1958年，纺织工业部、对外贸易部在上海召开全国丝绸工业比先进、比干劲会议，提出丝绸印花淘汰浆印，采用丝网印花。浙江丝绸骨干企业纷纷响应，改成丝网印花。花版改用感光制版，印花绸细茎、泥点清晰，花色品种增多。1961年，湖州天昌炼染厂又以蒸汽管代煤炉加热台版，提高了印花台版的加热效率和加热均匀性。1965年，湖州天昌炼染厂的感光机改用日光灯，提高了筛网感光质量，其自制的简易机械绷框机的台面为钢铁结构，加快了绷框速度。

1968年，杭州丝绸印染厂自造了小电车印花机，用机器代替手工印制，解放了繁重的手工刮印劳动。20世纪70年代中期，湖州丝绸印染厂用上印花平洗机等设备。1979年后，省内各大丝绸印染厂开始陆续引进气动大布铗绷框机、全自动连晒机、一次性感光机、自动调浆系统、电动台版印花机、平网布动连续印花机、连续蒸化机、连续平幅水洗机、气垫式烘干机等一大批具有国际先进水平的印花及其配套设备。自1985年起，浙江印染机械制造公司也开始制造上述部分设备，供应省内丝绸印染企业。这些全自动印花及其配套设备的应用，极大地提高了丝绸套版的准确度、印制精细度、均匀性和轮廓清晰度，改变了手工台版印花对图案大小的限制，能够生产出之前生产不了的高档领带绸和头巾，且质量领先。

1986年，杭州丝绸印染厂与浙江大学计算机系合作，开始研制丝绸印染花样计算机分色描稿系统。经过3年的攻关，取得了较好的效果，计算机自动分色描稿系统，改变了以往手工分色速度慢、周期长的低效局面，描稿周期大为缩短，印花交货期大大加快。该系统后在国内一些丝绸印染企业得到推广应用，获得了浙江省科技进步二等奖。1987年，杭州东风丝绸印染厂与联邦德国KBC公司进行补偿贸易合作，新建了一条年产180万平方米的阔幅真丝绸印染生产线。共引进瑞士大布铗绷框机、连晒机、一次性感光机、5V连续布动印花机、意大利小电车、连续蒸化机、连续水洗机、气垫式无张力预缩机、管道调浆配色系统等23台(套)具有20世纪80年代末国际先进水平的设备。经消化吸收，该厂所生产的印花绸泥点、细茎精细，多套色对花准确；云纹过渡好、层次自然丰富；拔印印花色彩艳丽，无眼圈；织物缩水率从10%减少到3%以下；有11项技术处于国内同行业领先水平，其真丝印花绸质量，已经和同期丝绸印花最好的意大利相当；出口印染绸的市场售价接近国外中高档产品。该厂也一举成名，成为全国业内公认的技术和质量最好的丝绸印花企业。

1991年，杭州凯地丝绸股份有限公司(原杭州东风丝绸印染厂)与浙江大学化工系合作开发计算机分色软件系统，1993年逐步推向市场，1996年推出大照排机和变色龙分色软件。该系统在省内丝绸印花企业乃至国内丝绸印花企业内得到广泛的应用，完全替代了国外进口同类系统。1998年，“大幅面印染前成像系统K1812”即大照排机，被认定为国家级新产品。

20世纪90年代，省内丝绸印花企业开始使用上海印染机械厂和浙江印染机械制造公司生产的布动连续印花机。但因国内机械制造精度和制造工艺所限，这些设备在使用一两年后，就因设备的各种故障而陆续被淘汰。

2000年，绍兴丝绸印花厂引进特阔幅印花生产线(最大印制幅宽达2500毫米)，成为全省第一条也是唯一的一条特阔幅真丝绸印花生产线。2001年，浙江华泰丝绸有限公司与日本有关公司合作，引进了手工刮印钢制斜台版。与省内丝绸印花原有的漆布台版比较，该设备具有台面平整、钢板变形小，对花容易准确，质地硬，下浆量少，印花精细等特点。但该台版只能单次刮印，印花渗透较差，只能适合中薄型丝绸面料的印花。之后，浙江华泰丝绸有限公司又和有关设备公司合作，开发了钢制的平台版，也能生产羊毛、棉布和较厚的丝绸面料，扩大了印花产品的适用范围。2001—2003年，杭州宏华数码科技有限公司和浙江开源电脑有限公司分别推出了用于丝绸的平网喷墨和喷蜡制网机，省略了制作黑白胶片工序，节约了胶片的生产成本，主要技术指标超过国际同类产品，整体技术达到国际先进水平。至2010年，浙江丝绸印花设备改善基本朝两条路走：一是布动连续印花机始终没有好的国产或进口替代设备，一直引进瑞士布塞(Buser)公司的布动连续印花机，该设备型号不断改变，自动化程度不断提高；二是其他印花辅助设备很少再引进，基本为国产所替代。

(三)印花糊料的变化

印花糊料是丝绸印花必不可少的一种助剂，它关系到印花绸的鲜艳度、精细度以及手感柔软度等一系列指标。在改革开放以前，浙江丝绸印花糊料主要是淀粉浆、淀粉水解浆、CMC(醚化淀粉)、A邦浆(水/油乳化浆)和海藻浆。这些糊料用在丝绸印花上，要么退浆不易、手感不好，要么得色量低、颜色不鲜艳。为了解决这些难题，1983年，杭州丝绸印染厂、浙江省化工研究所、浙江丝绸工学院合作共同研制新型印花糊料。以玉米淀粉(中试时改番薯粉)为原料，采取水解、醚化方法试制成了SP型醚化糊料。后该项目列入国家科技攻关中试课题，制成了SP型醚化淀粉SP-10、SP-30两种糊料。这两种糊料的手工刮印性好，能在热台版上印花，不易产生带浆丝、塞网、断茎等疵点。SP-30糊料的渗透性接近国外产品PA-40糊料，可替代进口。但是受限于工业水平，淀粉在醚化过程中水解醚化不彻底、不稳定，使得在印染中还会产生各种病疵，因此，该糊料只试制了4吨就停止了生产，最终没能得到推广应用。

1989年，浙江省化工研究院和浙江丝绸工学院共同研制了“田箐胶改性印花新糊料”。田箐胶是含有天然半乳甘露糖结构组分的植物种子胶。该糊料研制是以醇为分散介质，用酸水解，再经碱催化，环氧乙烷醚化而成，糊料成品命名为SPG胶。经测试和生产试验，成糊率、脱糊性、流动性、抱水性、相容性、稳定性、透网性等主要指标达到进口同类糊料水平。但也受限于工业水平，种子胶在粉碎过程中存在问题，引起糊料细度不匀，在连续印花过程中会产生塞网、堵网等现象，使得印花绸产生断茎、露白次品。因此，该糊料最终也未得到推广应用。此后，陆续还有针对糊料的研究，如浙江丝绸工学院的M型糊料，但也没有得到推广。

随着国家改革开放和国内丝绸提高质量的发展需要，从20世纪80年代起，浙江大中型骨干丝绸印染企业，陆续开始引进欧洲国家等的优质印花糊料。如意大利的 Indalca PA-40、联邦德国的 Diagum C9、Lamprint A9 等。这些糊料都是中低黏度的瓜尔豆胶，将其用于丝绸印花，能够得到优良的品质，只是价格较高。

在 2000 年前后，由于欧洲等国家陆续退出丝绸印染行业，糊料生产也随之逐渐萎缩，加上欧洲糊料价格较高，印度和韩国的印花糊料开始进入中国并逐渐占领市场。在 2005 年左右，国外在中国办的糊料加工企业以及国内自己加工的印花糊料慢慢增多，这些印花糊料逐步进入丝绸印花企业。由于印花效果不错，价格又较低，市场份额越来越高。至 2010 年，国产瓜尔豆胶糊料已占浙江丝绸印花糊料总市场份额的三分之一以上。

（四）印花工艺的变化

丝绸印花最早的工艺是直接印花，它是将印花色浆直接印制在白色绸面上，印花工艺相对简单。随着人们生活水平的不断提高和审美观念的不断转变，传统的直接印花工艺已不能满足日益发展的市场需要，浙江丝绸科技人员创新发展了多种新的印花方法。主要有以下几种：

（1）泡沫印花。1972 年，杭州丝绸印染联合厂和浙江丝绸科学研究院共同承担的“七五”国家科技攻关专题“真丝绸泡沫印花新技术”通过技术鉴定，但是由于其印花泡沫稳定性不好、印制后的产品质量缺陷比较多，所以没有得到推广。

（2）真丝拔染印花。拔染印花是先染中深颜色后再印花，所以印花时不要开路接版。印花后块面底色均匀，线条精细。早期用氯化亚锡或雕白粉作拔染剂。但氯化亚锡拔不白，雕白粉易吸水，使线条不够精细。1987 年，杭州东风丝绸印染厂与联邦德国 KBC 公司合作，引进了郎格立特 H 作拔染剂，克服了上述问题。以后，省内其他丝绸印染企业纷纷仿效。不久后，国产的拔白剂 H，也由省内化工企业开发出来，并被广泛使用。但是拔白剂 H 使拔印后的绸面上含有甲醛，不符合生态纺织品要求，逐步被淘汰。

（3）仿真丝拔染印花。由于涤纶纤维需要高温才能上染，因此，染料在染色进入纤维后，拔除就比较困难。1995—1997 年，浙江丝绸研究院研究开发出了用于涤纶拔染印花的有机锡和助拔剂，并先在浙江富利达丝绸有限公司和杭州凯地丝绸有限公司成功应用，后在全省其他印染行业得到推广应用。

（4）全涂料印花。涂料印花主要靠黏合剂反应形成网状大分子膜层，将涂料黏附在纤维表面，从而形成印花色牢度。涂料印花在棉、涤棉织物上已十分普遍，但用于丝绸织物的却不多。主要原因是丝绸涂料印花的技术难点在于没有找到一种既能使涂料牢固黏附在真丝绸表面，色牢度达到国家标准，又能保证真丝绸的柔软度不受影响的黏合剂。从 2007 年起，杭州喜得宝集团有限公司、浙江华泰丝绸有限公司和浙江理工大学联合承担国家“十一五”支撑计划项目，攻克了这一难题，使真丝绸可以应用全涂料进行印花，整体技术达到国际领先水平。

（5）四分色印花。这是一种借鉴印刷技术，将图案色彩在计算机中分成青、品红、黄和黑连续阶调的 4 个色，然后制版、调色、印制，使这 4 个颜色在视觉空间中产生混色，还原出设计花稿色彩的印花技术。四分色混合后产生的颜色可达几十万种，所以也有人称之为仿真印花。1996年，杭州凯地丝绸股份有限公司首先开发成功，此后在杭州喜得宝集团有限公司、浙江富利达丝绸有限公司等都得到推广应用。

(6)数码喷印。这是一种由计算机将印花设计图案数字化后，再将数字化信息传递给喷嘴，并由计算机专用软件控制喷嘴的染料喷墨量，从而完成织物印花过程的新型印花技术。1998年，杭州宏华数码科技有限公司将从瑞士购买的一台数码印花设备，安装在杭州凯地丝绸股份有限公司，开始了数码印花工艺的研究。2000年，杭州宏华数码科技有限公司开发了第一台用于丝绸全幅印花的数码印花机，并将其安装在省丝绸公司，从此开启了全省丝绸数码印花的时代。早期的数码印花速度很慢，低于2平方米/小时。经过有关科技人员十年的努力，至2010年，杭州宏华数码科技有限公司已经研制出了140平方米/小时的高速数码印花机。此时，省内一些规模较大的丝绸印染企业，如浙江华泰、喜得宝、万事利、达利(中国)等公司，都已经普遍在应用数码印花进行大生产。

真丝绸印花比较成熟的工艺流程为：

直接印花：

坯绸准备→缝头→前处理(或染浅色)。

花稿设计→分色描稿→制花版→打样→调色。

印花→蒸化→水洗→拉幅整理→码尺→检验。

拔染印花：

坯绸准备→缝头→染地色(中、深色)。

花稿设计→分色描稿→制花版→打样→调色。

印花→蒸化→水洗→拉幅整理→码尺→检验。

(五)新的产品和技术

1993年3月5日，杭州凯地丝绸股份有限公司与《江南旅游报》共同创制了首份丝绸印染报《江南游》，并在杭州出版，其被中国革命历史博物馆和中国丝绸博物馆收藏。

1996年初，杭州凯地丝绸股份有限公司第一次用四分色印花，印制了中国第一张彩色丝绸报《证券时报》。8月28日，在深圳举行捐助“希望工程”拍卖会，22份彩色丝绸《证券时报》拍品成交金额117万元，全部捐赠“希望工程”，其中一号品卖得11.3万元，创下丝绸拍卖价的最高纪录。其后，杭州凯地丝绸股份有限公司又用该工艺，为到访其公司的德国总统罗曼·赫尔佐克夫妇，印制了丝绸彩色肖像，并赠送给他们，受到青睐。

1997年5月1日，由杭州凯地丝绸股份有限公司承印，浙江省测绘局第一测绘院绘制，湖南地图出版社出版的中英文对照丝绸版《中国杭州旅游图》出版发行，这是国内公开出版发行的第一张丝绸地图。7月25日，杭州喜得宝集团有限公司与浙江日报社合作印制出全国第一张真丝绸全彩印党报——《浙江日报》1997年7月1日珍藏版。1998年3月26日，由中国纺织出版社和中国军事科学院联合举办、由杭州凯地丝绸股份有限公司印制的中国丝绸第一书《孙子兵法》出版发行座谈会在北京举行，北京故宫博物院和中国历史博物馆等国家级博物馆均收藏该丝绸书。

1999年11月5日，杭州凯地丝绸股份有限公司在中华人民共和国50年华诞之际，经人民日报社特别授权，用丝绸印制了“共和国开国大典”“共和国五十年华诞”的《人民日报》丝绸珍藏版。

1999年，由杭州凯地丝绸股份有限公司和浙江工程学院（原浙江丝绸工学院）共同承担的国家“九五”重点科技攻关项目“真丝重磅织物拔染印花工艺新技术研究”通过专家鉴定。该项目开发了新型的ZS-8拔染剂，总体技术达到了国内领先水平。

2004年，浙江富润公司在丝绸产品上综合应用雕镂空、烂花、印花等技术，提高了产品深加工水平，整体技术达到国内领先水平。

2005年，杭州喜得宝集团有限公司“数码喷射印花和平网四分色印花协同生产产业化研究”项目通过国家“十五”科技攻关鉴定，其水平达到国际领先。该项目采用数码喷射印花打样，四分色平网印花协同生产。综合研究其工艺路线和喷射印花、平网刮印等工艺参数条件，使四分色印花绸产品的印制效果与喷射印花打样基本一致。2005年后，万事利集团有限公司将丝绸与文化产业结合，开始规模化生产丝绸印花的书和艺术品画，用丝绸复制了大量的名书名画，成为国内最大的丝绸文化产业基地。

2006年，浙江华泰丝绸有限公司的“多种纤维交织绸拔染印花技术及产品开发”项目，对棉、麻、丝、毛、粘胶、尼龙、竹纤维等多种纤维所需的染料和助剂进行了比较广泛的筛选，突破了丝与其他纤维交织绸印花同色性和色牢度差的技术难题。特别是在二次增稠、自行研制的涂料摩擦牢度增进剂方面有创新性，使得丝/棉、丝/麻交织绸的拔染印花产品色泽均匀、手感柔软、色牢度优良，整体技术和产品达到国内领先水平。

2007年，杭州喜得宝集团有限公司和浙江理工大学合作承担的“真丝交织面料活性染料同浆同色印花技术与应用”项目，筛选出适用于真丝交织面料同浆同色印花的活性染料，研制开发出配套的混合碱剂；并成功地将液体活性染料拼混其他固体活性染料，配套不同比例的混合碱剂，用于真丝交织面料同浆同色印花，较好地解决了色牢度和同色性差的难题，具有较强的自主创新性，属国内领先水平。

2009年，由杭州喜得宝集团有限公司、浙江华泰丝绸有限公司、浙江理工大学共同合作攻关的国家“十一五”科技支撑计划项目“无水化涂料印花新工艺新技术”通过国家级鉴定验收，该项目的成功标志着我国丝绸无水化涂料印花技术已具备国际领先水平。项目在广泛优选国内外涂料黏合剂、增稠剂及其辅助助剂的基础上，自行研究开发了适合在丝绸及含丝多元纤维交织或混纺轻薄型织物涂料印花应用的黏合剂、增稠剂、交联剂及涂料专用的柔软剂和湿摩擦牢度增进剂，深入研究拔染剂性能、花色涂料性能之间的内在联系，着重优选了新型的高效无/低甲醛拔染剂和稳定的真丝绸涂料拔染印花超柔软专用复合浆、耐拔花色涂料，生产出了手感柔软、色泽鲜艳、色牢度接近或达到染料印染水平的高品质真丝及含丝多元纤维涂料印花面料，实现了无水化丝绸等轻薄型织物印花的加工目标。

至2010年，浙江丝绸传统印花工艺技术已经相当成熟，各丝绸印染厂都比较熟悉各种印花工艺技术和所需染化料，印花产品丰富多彩。

四、手绘

手绘是应用传统的中国画运笔技法，将染料直接画于绸面，再经蒸化水洗处理而成的。丝绸手绘是一种历史最悠久、传承最古老的织物装饰工艺，与中国绢本绘画同出一源，作为一种艺术品，偶尔见于画家的创作，一般不作为批量生产的消费品。

1981 年，杭州丝绸印染联合厂印花设计室最早挖掘浙江真丝绸手绘技术，使丝绸手绘技术焕发出生机。以后随着技术水平的提高和产销量的扩大，浙江其他一些丝绸印染企业也相继仿效，并全面应用于围巾、服装、领带、手帕等。手绘产品大都以双绉、电力纺、斜纹绸和素绉缎等真丝绸为面料。手绘的图案形象生动，笔墨淋漓，色彩斑斓，极具艺术特色。

1985 年，杭州丝绸印染厂研制出隔离剂助剂。该助剂具有极强的隔离不同颜色染料水溶液渗色的效能，保证了手绘花型的清晰，而且绘制后手感柔软、滑爽，完全不损伤丝绸柔软的风格。

此后，丝绸手绘成为丝绸行业服饰品装饰的一个重要手段。据不完全统计，20 世纪末，仅杭州市一地，大大小小的手绘企业或工作室就有二三十家。手绘丝绸在流行十几年后，开始慢慢回落，产量一直在减少。至 2010 年，一些高档的丝绸服饰和围巾，仍然采用手绘印花。

至 2010 年，真丝绸手绘印花比较成熟的工艺流程包括以下两种：

溶剂型：绷绸→绘制隔离茎图案→晾干→涂色→晾干→蒸化→水洗固色→整理→码尺→检验→包装出厂。

乳白剂：白坯绸→印花机印制隔离茎→烘干→绷绸→涂色→晾干→蒸化→水洗固色→整理→码尺→包装出厂。

五、数码喷墨印花

浙江是国内数码喷墨印花设备研制和应用的发源地。数码喷墨印花的应用，首先是从浙江丝绸印染行业开始的。

数码喷墨印花技术是用各种输入手段如扫描仪、数字摄像机、数字照相机等，把需要的图案以数字形式输入计算机（必要时经过分色描稿系统处理后）进行调色，再经过数码喷墨印花机计算机控制软件的指令，直接将墨水喷射到织物上，印制出所需的各种图案和色彩。数码喷墨印花技术有如下优点：(1)印花精度高、色彩层次丰富，能达到 1440dpi 以上，可生产高档印花产品；(2)无须制版，可小批量制作，交货速度快；(3)可通过因特网实现个性化电子商务消费；(4)按需使用染料，染料和助剂的废弃和浪费小，污水排放少；(5)占地面积小，生产环境好。

1998 年，杭州宏华数码科技有限公司从瑞士购置了一台数码喷墨印花机，将其安装在杭州凯地丝绸股份有限公司，开始进行数码工艺研究。1999 年，杭州宏华数码科技有限公司开始自主开发纺织数码喷墨印花设备以及与之配套的数码喷印用 RIP 软件，并于 2000 年成功推出该公司的第一代纺织数码喷印机——DPM-1800A 型纺织数码喷印机，喷印速度为 2 平方米/小时。该产品经过包括中国工程院院士在内的专家鉴定，被认定为“国内首创、达到国际先进水平”,打破了国外产品在中国的垄断。第一代数码印花机大部分被安装在浙江的丝绸印染企业。

2003年,杭州宏华数码科技有限公司解决了高速喷射印花过程的数据传输瓶颈和色彩控制难题,成功推出了第二代纺织数码喷印机——DPM-3200A型纺织数码喷印机。该设备创造性地采用了新型走布方式以及导带式的机械结构,喷印时由于织物能够与导带紧紧贴合,织物不会跑偏和产生皱印,更加适合纺织品的数码印花,喷印速度提高到8平方米/小时。2004年,浙江开源电脑有限公司推出彩虹数码印花机1800V1.0,打印速度为16平方米/小时。2007年,杭州宏华数码科技有限公司推出具备国际水准的第三代纺织数码喷印机——VEGA纺织数码喷印机,其最高喷印速度可达140平方米/小时,最高喷印精度可达1200dpi,稳定性高,各项性能指标与国际同类产品相当。

2008年,杭州万事利丝绸科技有限公司购买了杭州宏华数码科技有限公司数码试验厂的所有设备,与其相关的生产、管理人员也一并转入万事利丝绸科技有限公司。该公司依靠销售优势,不断扩大数码印花的品种和产量,把浙江丝绸数码印花推向了一个小高潮。同年5月,浙江开源电脑有限公司推出彩虹数码印花机1800-08SGV2.0,打印速度为22平方米/小时。6月,杭州赛顺机电有限公司开始介入数码印花机生产,主要是引进日本罗兰和武腾数码喷印机头,进行导带和传动机架等部件改装,成为浙江又一家生产数码印花机的企业。

2009年以后,杭州宏华数码科技有限公司自行研发的数码印花墨水陆续推出,打破了数码印花墨水被国外大企业垄断的局面。至2010年,省内数码印花墨水的研发速度不断加快,墨水质量越来越好,大部分颜色已经可以替代国外的产品,因此墨水的价格一路下降。数码印花墨水从每千克800元下降至360元,大大降低了数码印花的生产成本,使丝绸数码印花真正走上了工业化大生产的道路。至2010年,省内丝绸数码印花的总产量已经超过100万米/年,成为国内之最。

至2010年,真丝绸数码印花比较成熟的工艺流程为:

坯绸准备→前处理(必要时)→上浆→计算机调色→数码机印花→蒸化→水洗整理→码尺→检验→包装出厂。

第三节 产品质量

浙江的丝绸练染由于在很长一段时期内都是以手工劳作为主,因此,其生产工艺和质量检验长期以来没有形成文字标准。中华人民共和国成立后,省、市、县丝绸公司陆续制定了练、染、印、整生产工艺和质量检验办法。从1986年开始,国家标准局发布丝绸检验的相关标准。2010年,发布了国家强制性标准GB 18401—2010《国家纺织产品基本安全技术规范》,规定了丝绸印染产品的检验范围和指标。

一、标准

在丝绸印染没有专业设备以前，浙江丝绸印染操作长时期以来仅凭经验生产，没有成文的工艺操作规程，没有标准衡器，没有检验制度。部分厂、坊虽有一些品种样本和用料规定，但在实际操作中仍各行其是。中华人民共和国成立后，特别是1956年实行公私合营之后，练染企业逐步制定出工艺规程，彻底改变了在生产投料、配色、控温等方面全凭经验、没有任何工艺标准的作坊式生产。

1957—1979年，随着练染生产逐步进入半机械化和机械化，省内各地的练染企业先后制定出丝练染、绸精练、染色、印花等生产工艺。1983年5月，省丝绸公司对全省8家丝绸印染厂的工艺上车率和设备完好率进行检查评分。同年11月，省丝绸公司颁布《浙江省丝绸印染工业企业工艺管理制度(试行)》。全省丝绸印染企业以这一制度为依据，结合本企业实际，全面修订和健全了工艺管理制度。

1987年，杭州市丝绸工业公司组织印染企业，制定《杭州市丝绸印染工业企业技术管理制度》，其中包括《印染工艺检查细则》《印染操作制度》《零料和回收管理制度》《染化料管理制度》等，规定了印染工艺操作检查等具体细则，第一次制定出印染工人技术等级标准、印染操作比赛扣分评分标准。这些制度的逐步贯彻实施，使杭州丝绸练染生产有了一个统一的规定，促进了印染绸质量管理水平和职工技术素质的提高。其后，省丝绸公司有关职能部门，也引用了部分杭州市丝绸工业公司制定的管理制度，用来指导省内丝绸企业的管理。至2010年，由于企业、省市公司的改制和职能转换等原因，这些制度没有再进行大规模的修改，一直被有关企业沿用。

二、检验

对丝绸的检验记载很少，20世纪40年代前，检验以外观和手感为主。20世纪40年代末，省内丝绸练染品的检验，一般归于绸缎检验，长期沿袭传统经验，以检出绸面病疵为主。为避免肉眼查看的差异，与上海检验部门就有关检验掌握的等级标准进行商讨，做过几次调整。

1951年以后，全省对丝绸的检验标准进行了不同范围的制定和修订。特别是杭州市，于1951年5月对内销绸等级标准进行了规范，将绸缎的质量规定为规格、规次、不合格、不予检验4个等级；1954年2月更改为规格、规次、不合格3个等级；1954年5月15日又改为规格、副牌、二等品、不规格4个等级。1955年5月11日，又提出了《丝绸检验标准草案(初稿)》，除规格、二等品、不规格3级暂不改变外，取消副牌等级，以扣尺代替。对加工绸缎的检验，由于只验生坯不验熟坯，使部分原来检定的正品在验收时降为次品。7月21日，省丝绸公司杭州支公司制定了《公尺货生熟坯二次检验方案(草案)》。9月3日，杭州市商业局批复同意用于内销的人造丝软缎、美丽绸、花软缎3种织物首先推行生熟坯二次检验，于10月1日起执行。1956年6月28日，省丝绸公司批准杭州支公司关于收购加工绸缎自第三季度起取消生坯检验，实行熟坯一次验收。8月18日，中国丝绸公司确定今后熟货染色织物的色牢度由产地出具书面保证,不再由上海商品检验局检验。省丝绸公司鉴于浙江尚无准确的色牢度国家标准,并在人员、设备等方面都还不够条件,于9月24日,报请中国丝绸公司在本年内仍由上海商品检验局负责检验出口。10月30日,上海分公司向省丝绸公司提出几项措施,其中包括统一染色牢度检验方法,制定褪色标准样版(含9种色版),暂时在原有基础上,以商检局的丝织品染色牢度检验结果报告单评定褪色等级。

1960年8月20日,省委工业生产委员会批转省轻工业厅制定的《浙江省丝织产品检验的补充规定》,于9月1日起执行。其中规定:生坯绸缎根据国家需要染色,染色后的绸缎,绸厂、印染厂一律不得自行改色。练染印加工后的绸缎,一律由印染厂送交省丝绸局检验部门验收。对绸缎印染色牢度、经绒染色色牢度(暂包括对水、对汗、对皂、摩擦),各厂必须加强出口检验。外销绸缎色牢度须在3级以上,不到3级不准出厂;内销绸缎印染色牢度也必须达到3级以上,考虑目前因染料等问题,内销绸缎个别颜色还不到3级的,必须报经市(县)局批准方可生产,并报省丝绸局备案。9月14—15日,省轻工业厅丝绸管理局召开杭州、湖州两地区绸缎印染色牢度会议,贯彻省委批转《补充规定》的指示,对绸缎印染色牢度进行分类分色排队,制定分期提高色牢度计划和具体措施,要求建立和健全色牢度检验和有关手续制度,明确职责,紧扣环节,加强车间检验与成品出厂检验,做到桶桶、缸缸、批批抽验,坚决执行不到3级牢度不出厂的制度。

1963年12月10日,对外贸易部和纺织工业部颁发《丝织品品质标准》,自1964年2月1日起实施。标准包括丝织品分等规定、试验方法、包装标志及验收规则,并附外观疵点的统一名称,其中有练整疵点4种,色泽差异5种,印花疵点40种。1964年4月,省丝绸局组织制定了《丝绸印染产品质量分析评定办法(草案)》,规定了色泽、手感、缩水率、印制效果4个方面的质量要求和产品质量的划类标准。1966年2月,省丝绸工业公司印发《外销、内销印染织物若干色泽、色牢度的规定》,自3月起实施。1984年11月19日,国家标准局颁发桑蚕丝、人造丝和合成纤维3种织物的《分等规定》和《技术要求》,以及丝织物通用的《试验方法》和《验收规则》,于1986年7月1日起实施。1995年,国家出台GB/T 15551－1995《桑蚕丝织物》国家推荐性标准。

2003年,GB 18401—2003《国家纺织产品基本安全技术规范》正式实施,丝绸作为B类纺织品,色牢度、致癌芳香胺、pH值、甲醛等指标都列入了考核范围。2007年,国家又出台GB/T 15551－2007《桑蚕丝织物》国家推荐性标准,提高了印染绸耐洗、耐水、耐汗渍、耐干摩擦色牢度指标,增加了耐湿摩擦和耐光色牢度、桑蚕丝织物安全环保项目的考核,突出了丝织物安全环保的重要性。

2010年,GB 18401—2010《国家纺织产品基本安全技术规范》重新修订并发布实施。浙江印染丝绸质量检验,按国家相关标准执行。

第四节 节能减排

丝绸染整消耗的能源主要是电和煤炭，在20世纪80年代之前，电和煤炭的价格一直不高。因此，丝绸染整企业对节能的意识不强。在排放污水方面，则直接排放到河道或城市污水管网。20世纪80年代后，国务院及其相关部委，相继发布了节能减排条例，印染厂才正式兴建污水处理设施。至2010年，全省丝绸印染企业对节能减排非常重视，且相关设施改造得到提升。

一、节能

古代，浙江丝绸印染都是以手工为主，所用的印染水基本取之于河水，使用的热水主要靠烧柴火的炉灶提供。因此，丝绸印染过程的消耗能源问题未见记载。随着生产技术水平的提高，有了专用设备后，除了要用自来水外，还要消耗蒸汽和电能。但是，在改革开放以前，由于计划经济的原因，所消耗的一切能源全部由国家承担，因此，对能源的消耗没有引起重视。再加上那时的能源价格低，能源所占总成本不高，很少有企业对能源进行统计、分析和节约。随着市场的开放，水、电、煤价格不断走高，印染企业才开始注重能源的节约。

1986年4月1日，国务院颁布了《节约能源管理暂行条例》。10月1日，浙江省据此制定了《浙江省节约能源管理暂行实施细则》。1998年，省计经委发布了《1998年全省能源与资源综合利用工作要点》。同年7月27—29日，省丝绸联合公司在湖州召开全省丝绸行业节能经验交流会，总结了湖州天昌集团和浙江制丝二厂的锅炉节能技术。此后，全省丝绸印染，除了推广高效节能型锅炉外，还在蒸汽管道的保温、跑冒滴漏、疏水阀热能回收、照明节能灯的应用等方面做了一些工作。

2008年，达利(中国)有限公司投资1200万元，与深圳市晴尔太阳能科技有限公司合作，兴建了亚洲最大的太阳能集热系统，为印染生产提供热水，减少了印染需要热水的加温时间，年节煤(折算)达7730吨，减少二氧化碳气体排放量1.16万吨；同时还投资了2575万元用于节能的冰蓄冷中央空调系统、环保的余热回收和外墙立面保温系统。太阳能集热项目得到了建设部、财政部的嘉奖，成为国内丝绸工业企业节能减排的典范。至2010年，全省丝绸印染企业均按照政府的规范和要求，改造并提升节能减排设施。

二、减排

20世纪80年代以前，浙江许多丝绸印染厂都建在河道旁边，因此，很多印染废水都直接排入河里。城区印染厂产生的大部分印染废水也没经任何处理就直接排入城市污水管网。

从20世纪80年代开始，各级政府对印染企业的污水排放加强了管理。1980年，国家计委、国家建委、国家经委、国务院环保领导小组发布的《中华人民共和国环境保护法(试行)》第六条规定："一切企业、事业单位……在进行新建、改建和扩建工程时……防止污染和其他公害的设施，必须与主体工程同时设计，同时施工、同时投产；各项有害物质的排放必须遵守国家规定的标准。”省政府也要求全省大中型印染企业在改建、扩建和技术改造过程中，必须同时建好污水处理站。因此，一些大中型骨干企业如杭州丝绸印染联合厂、杭州丝绸印染厂、杭州凯地丝绸股份有限公司、杭州丝绸炼染厂、湖州丝绸印染厂、绍兴丝绸印花厂等，续建了配套的印染污水处理装置。

1998 年 9 月 7—9 日，全省丝绸行业环境保护工作座谈会在杭州召开，有 41 家企业的 49 名分管环境保护工作的企业负责人参加了会议。会议期间，与会代表学习了《浙江省环境污染限期治理项目竣工验收管理办法》，听取了杭州凯地丝绸股份有限公司等 6 家企业的经验介绍，并现场参观了杭州凯地丝绸股份有限公司的污水处理站。

2008 年，达利（中国）有限公司投入 250 万元重建三级污水处理站，投入 100 万元购置蒸化机废气处理装置，成为“中国环境保护示范单位”和“绿色模范企业”。2010 年，浙江华泰丝绸有限公司从杭州城内迁到海宁连杭经济开发区，安装了一套纳滤加反渗透膜污水处理回收装置，年回收印染废水达 5 万吨。

2010 年 10 月，工信部颁布《印染行业准入条件》（2010 年修订版），重新规定了丝绸印染用水量以及回用水标准。浙江丝绸印染企业开始执行该标准。

第十章　丝绸服饰

距今7000—8000年前，中华祖先已从原始裸态生活过渡到衣着生活。至6000年前，母系氏族社会繁荣时期，人们在重大祭祀活动场合，就穿染色或纹缋的服饰，头戴高冠或羽冠，脚穿鞋靴，身戴角、玉、贝等制成的装饰品。三国以后，服饰分为官服和民服，成为分尊卑、别贵贱、严内外、辨亲疏，维护封建统治和宗法制度的一种工具。浙江丝绸作为高档服饰材料，广泛运用于历代宫廷和民间服装饰品制作，如明清的杭州织染局，集中名工巧匠从事龙衣彩缎等最高档次服饰生产，综合运用缂丝、刺绣、织金、妆花、孔雀羽线织花等织绣工艺，为宫廷制作服饰和匹料。

清末民国初，出生于浙江奉化的奉帮裁缝制作的中山服，打破了服饰的社会阶层、地位、等级等人为意识限制，使丝绸服饰迈向平民化、大众化。中华人民共和国成立之初，丝绸服饰制作大多分布在私营成衣铺和流动的个体裁缝。1978年底，国家实行改革开放政策，浙江丝绸服饰生产渐成规模，并销往国内外。自20世纪80年代后期开始，合资经营丝绸服饰企业迅速发展，浙江丝绸服饰产销量猛增。至90年代末，全省丝绸服饰生产的国营、合资、集体、个体企业有3000余家。至2010年，全省丝绸服装产量达到9000余万件（套），真丝领带、丝巾等丝绸服饰制品达1亿条以上。

第一节　丝绸服装生产经营

两周、秦汉时期，丝绸产量少，普通百姓到年老时，方得穿戴丝绸服饰。三国时期，浙江已有官服制作。唐代以后，随着浙江丝绸业的发展，浙江的民服、官服生产日盛，朝廷专门设立官营机构制作御用袍服。辛亥革命以后，倡导中山装，各种款式的服装开始流行，至此已无特殊的丝绸官服。中华人民共和国成立以后，丝绸服装生产技术不断进步，品种款式推陈出新，满足人们对美好生活的需求。

一、服装产业发展

（一）丝绸官服

浙江的官服制作，最早见于三国前。据《中国历代食货典》记载，三国时期吴国孙皓时，“百工作无用之器，妇人为绮靡之饰，不勤麻枲，并绣文黼黻，转相仿效，耻独无有。兵民之家，犹复逐俗,内无担石之储,而出有绫绮之服”。唐代,浙江的缭绫颇负盛名,官营织造机构发达,分工细密。唐高祖武德七年(624年),颁布包括服饰制度的律令,即著名的《武德令》。上自皇帝皇后,下至百官命妇,都做了系统规定。唐代服饰技艺精湛,异彩纷呈。景福二年(893年),临安人钱镠被封为镇海节度使,驻镇杭州。天复元年(901年),钱镠“亲巡衣锦营,大会故老宾客,山林树木,皆覆以锦幄”①,以示衣锦还乡之荣。后梁开平元年(907年),钱镠被封为吴越国王,建都杭州。为保一地平安,钱镠向后唐称臣,并进贡大量丝织品。吴越宝大元年(924年)向后唐进贡越绫、吴绫、龙凤衣、丝鞋屐子、盘龙凤锦、织成红罗、縠、袍袄、衫段、龙带御衣、红地龙凤锦被等。为满足巨量进贡,钱镠在杭州设立官营丝织作坊。

宋代官营织造机构,浙江有湖州织绫务、杭州织务。南宋定都临安(今杭州),朝廷的织造机构也就设在杭州。绫锦院有织机300张,人数达1000人。殿中省后苑有御服所、裹御所、丝帛所、腰带所,贮存御用丝绸衣物。元代,杭州、嘉兴等地均设立官营织造局。明代统治者在丝绸生产最集中的地区设立规模庞大的杭州、嘉兴、湖州织染局,集中名工巧匠从事龙衣彩缎等最高档服装织料的生产。杭州织染局于洪武二年(1369年)初建。布政司有东、西二织造府,东府为织造官员驻扎之地,西府专设机张,以供织造御用袍服。杭州、嘉兴各织局专门从事袍服等生产,据《明神宗实录》卷八十九载,“内帑袍服”指的是内库发银织造的袍服。万历七年(1579年),神宗就曾“从中发银五千两界孙隆织造”。

据清代光绪《大清会典事例》“内务府・库藏”载:“顺治初年定:御用礼服及四时衣服,各宫及皇子公主朝服衣服,均依礼部定式,移交江宁、杭州、苏州三处织造恭进。”清代江南织造三局(江宁、杭州、苏州局)几乎承办了清王朝所需全部丝绸服饰精品。乾隆元年(1736年),杭州织务过户、工二部派织红绸衣4212件,次年,苏、杭二地奉命各织红绸衣1000件。清代凡由内务府发交江南江宁、苏州二府、浙江杭州府及两淮织造司织造的御用冠服、妃嫔暨皇子和公主朝冠,均依礼部定式或皇上命题,由内务府或如意馆画师绘制重彩工笔小样,交总管太监呈皇帝御览,或经内务府大臣直接审阅后连同批准件送发织造。织成匹料后再送到裁作、绣作、衣作手上。三作分别在衣料上裁剪、绣花、缝制。完成以后,凡上用者陆路运送进京,宫用者水路运送进京,于限期内送交内务府广储司的缎库验收。这些小样都有白纸或黄纸墨迹题签,有些并署有画者的真实姓名。

清代男子官服大体有端罩、衮服、礼服、朝服、吉服袍、常服、行服、雨衣、黄马褂。妇女冠服有朝袍、龙褂、吉服褂、龙袍、蟒袍、朝裙、霞帔。迄至民国,长袍、马褂仍为士绅的礼服和常服。辛亥革命前后,倡导中山装。20世纪20年代旗袍流行,30年代改良并盛行。与此同时,西式连衣裙、西装也流行开来,已无特殊的丝绸官服。

(二)丝绸民服

秦汉时期,丝绸生产量少,普通百姓到年老时,方得使用丝绸服饰。《孟子・尽心上》载:“五亩之宅,树墙下以桑,匹妇蚕之,则老者足以衣帛矣”“五十非帛不煖”。至西汉时,全国丝

---

① 〔宋〕范垧、林禹:《吴越备史》卷一。

绸产量已较多，统治者仍对普通百姓穿着丝绸加以限制。但是，一批富豪大贾“男不耕耘，女不蚕织，衣必文采……履丝曳缟”①，一般都可穿着丝绸。南北朝时期，浙江有吴织、衣缝、兄媛等织工和缝工去日本传授织绸和缝衣技术，后来日本的和服即吴服，始于此时。

宋代，浙江丝绸迅速发展，尤其南宋定都杭州后，浙江作为全国的丝绸业中心地位逐步形成，民间丝绸服装缝制穿着更为普遍。晁补之《七述》载：“杭故王都，俗尚工巧，衣则纨绫绮绨，罗绣縠绨，轻明柔纤，如玉如肌。竹窗轧轧，寒丝手拨，春风一夜，百花尽发。”②宋代嘉泰《会稽志》卷十七载：“(绢)出于诸暨者曰花山、同山，曰板桥，甚轻匀，最宜春服，邦人珍之。或服贾颇至杭而止，以故声价亦不远也。”陆游《老学庵笔记》卷二：“靖康初，京师织帛及妇人首饰衣服，皆备四时。如节物则春旛、灯球、竞渡、艾虎、云月之类；花则桃、杏、荷花、菊花、梅花皆并为一景，谓之一年景。”《梦粱录》卷十八《民俗》：“杭城风俗……且如士农工商、诸行百户，衣巾装著，皆有等差。香铺人顶帽披背子，质库掌事裹巾着皂衫角带，街市买卖人各有服色头巾，各可辨认是何名目人。”文中“背子”，即今所谓的马甲。

明代，浙江丝织业更趋发达，民间服饰也趋讲究。明代张瀚《松窗梦语》卷四《百工记》载：“今天下财货聚于京师，而半产于东南，故百工技艺之人，亦多出于东南，江右为夥，浙、直次之。”又记载云：民间风俗，以为非是弗文也，四方重吴服，而吴益工于服，是吴俗之侈者愈侈。工于组者，终岁纂组，币不盈寸，而锱铢之缣，胜于寻丈，累寸之华，足以当足岁之织也。“男子服锦绮，女子饰金珠。”明代万历中期，湖州“按律令只能衣布食粗的贱役长工，也皆好穿丝细绉纱湖罗，且色染大类妇女”，温州则“富家子弟多以服饰为炫耀，逮舆隶亦穿细缎”。

清代，富家钜族以锦绣为常服，而市井温饱之家皆服之。贫者亦借此用之，不分等级。丝绸服装已成为百姓的日常服饰。清代钱泳《履园丛话》载：江浙地区“不论富贵贫贱，在乡在城，男子俱是轻裘，女人俱是锦绣”。清同治《湖州府志》卷二十九也记载：“佻达少年，以红紫为奇服，经绫纨罗绮作衣。富贵家纵容仆隶，亦僭巾履，新巧屡更。”清代中后期，先后派遣留学生到西欧留学，引进西式服饰，这对近代中国服装结构的改革产生了重要影响。

19 世纪末至 20 世纪初，湖州富家男多穿绸制大衿长衫，后改为对衿短衫、长裤；妇女大多大衿上衣、长裤，年老妇女长裤外罩长裙，男性老农，兴穿什裙。女子喜穿绣花面子鞋子，头插绸花。湖州的丝绸棉袄，成为湖州人冬季御寒的实用服装。款式有中式、中西式等，加上精美的图案、刺绣和镶嵌工艺等，颇有民族特色。湖州人在图案上喜欢选用梅、兰、竹、菊、桃等小的装饰性图案，除了在领子、袖口、下摆、鞋帽上点缀各种花卉外，还用丝绸制作烟斗袋、扇袋等，在上面绣上花卉和吉祥文字，有的绣上诗句，佩带身上，以示个人的文化修养和地位。端午节，湖州人喜欢用丝绸做成香袋、老虎鞋帽，给小孩穿戴上，以辟邪气。织里、轧村等乡镇的妇女继承湖州刺绣的传统，制作的服装、枕套和被套等各种刺绣品远销全国各地，织里小镇也成了闻名遐迩的绣花品市场。瓯绸服饰是温州民间一种服饰风俗，人们喜欢用瓯绸作被面、衣料、镜罩、手帕等。清代诗人方鼎锐《温州竹枝词》云：“素丝不类台州绢，花样难工濮院

① 《汉书》卷二十四《食货志》。
② 〔清〕丁丙、丁申编：《武林掌故丛编》第十八册。

绸。巧制回文成彩被，与欢连爱抱衾绸。”

辛亥革命后，中国的服装式样、面料等有了较大的变革。传统服式与新兴服式（中山装、西装）、传统丝绸面料与人造纤维面料并存的局面形成。由此，江浙一带的服式渐趋多样化。民国张和孚《南浔小志》载：“男者长袍短褂，短褂中有马褂与领褂。女者短袄长裙，后则短裙、旗领褂，最后有长旗袍、短旗袍，式样时变。”而在民国初年，男性通行西瓜皮帽多由绸缎制成。

中华人民共和国成立之初，城市乡镇，男以布料中山装、女以列宁装为主，颜色概为蓝色，昔时大中城市男士流行的长袍、马褂、衫、裤，女士流行的旗袍，乡镇男人喜戴的瓜皮帽，被视为封建残余而无形绝迹，仅少量丝绸西式或中式衬衫可见，农村中老年妇女夏天穿黑绸中式衫裤，冬天穿绵绸丝绵袄。小孩在过春节时穿新绸衣；青年结婚时，绸面、绵绸里丝绵被若干条，仍是不可缺少的，新娘穿着的绸衣非常华丽。这些民服当时全部由一家一户或合作的裁缝铺手工制作。

20 世纪 50 年代开始实行公私合营，个体服装户纷纷成立服装合作社，实行集体化、规模化丝绸服装生产方式。“大跃进”时期，不少合作社升格为集体所有制和全民所有制的丝绸服装工厂，标准化、规模化生产得到进一步提升。70 年代末 80 年代初，在改革开放形势下，丝绸服装外销业务迅速增加，中外合资服装企业兴起，国内丝绸服装加快进入工业化、规模化生产。嘉兴制丝针织联合厂和上海、江苏等地的丝绸厂研发了真丝针织面料和服装，丝绸针织内衣内裤、T 恤、休闲服装开辟了新的丝绸服装门类产品并迅速发展。80 年代末至 90 年代初，丝绸砂洗服装风靡一时。这类丝绸服装产品的开发与生产，对整个丝绸产品需求、对国内茧丝绸产业发展带来极大的推动。80 年代中期，嵊县领带产业起步并迅速发展，其产量占全国总产量的 90％，占全球的 40％。真丝领带产量占领带总产量的 40％左右。

丝绸服装工业化、产业化的快速发展初期，产品以外销为主。出口服装主要品种有：套装、内衣裤、睡浴衣、女裙、胸罩、腰带、头巾、领带、手帕、袜子等。1990 年，全国丝绸服装出口数量 6411 万件，出口金额 6.22 亿美元。浙江作为沿海地区，发展走在前列，丝绸服装生产销售占全国的 30％～40％。1992 年，丝绸服饰中的领带和头巾出口被列入了海关统计。是年，领带出口 1491 万条、金额 1562 万美元，头巾 4060 万条、金额 6410 万美元。1995 年，全国进行了第三次工业普查，乡级及 50 万元产值的村级以上企业被列为普查对象。除了缫丝、绢纺、丝织、丝印染比较单一专业而分别列入相应的栏目普查统计，丝绸服装服饰则分别在丝制品业、丝针织业、服装及丝绸其他等栏目普查统计。1995 年末，浙江省服装企业 6420 家，销售收入 333.13 亿元，利润 11.30 亿元，总资产 7.49 亿元，从业人员 40.52 万人。在第三次工业普查中，对丝绸服装服饰中的部分产品进行了专门统计，丝绸绣花、手绘被面 370.36 万条，丝绸头巾围巾 862.47 万条，丝绸领带 3075 万条，丝针织衫裤 3132 万件。

丝绸服装出口在 20 世纪 90 年代中期达到高峰。进入 21 世纪，欧美等国逐渐减少对中国纺织品和服装的配额限制，该限制直到 2005 年才取消。2000 年，全国丝绸服装出口金额 8.12 亿美元、9884 万件(套)；丝绸领带出口金额 0.89 亿美元、8557 万条；头巾出口金额 2.82 亿美元、1.54 亿条。据中国丝绸协会重点城市丝绸工业统计，浙江省（仅杭州、嘉兴、湖州、绍兴四地）丝绸梭织服装产量 1813 万件，丝绸针织服装产量 715 万件。2005 年，全国丝绸服装出口金额和数量分别为19.11亿美元、20487.69万件(套),其中梭织服装11.00亿美元、11218.02万件(套),针织服装8.11亿美元、9269.67万件(套)。全国丝绸领带出口2.28亿美元、1.07亿条,头巾出口8700万美元、3629.77万条。浙江省丝绸服装出口9.75亿美元、1.02亿件(套),丝绸领带出口1.75亿美元、8007.87万条,头巾出口0.27亿美元、1197.79万条。浙江省的丝绸服装服饰生产和出口占全国的40%以上。浙江达利凯地丝绸有限公司出口丝绸梭织服装609.48万件(套)、5506万美元,桐庐富春江织造有限公司出口丝绸针织服装247.80万件(套)、2651万美元,分别为全国丝绸梭织服装、丝绸针织服装出口企业第一位。

据浙江省丝绸协会统计,2010年,全国丝绸服装出口金额11.12亿美元、7811.96万件(套),其中梭织服装8.01亿美元、5112.67万件(套),针织服装3.11亿美元、2699.29万件(套)。全国丝绸领带出口金额2.61亿美元、9975.01万条,头巾出口金额9600万美元、2877.29万条。浙江省出口丝绸服装5.03亿美元、3408.43万件(套),出口丝绸领带2.32亿美元、8826.74万条,出口头巾0.34亿美元、881.52万条。2010年,全省丝绸梭织服装产量6493.19万件,丝绸针织服装产量2259.17万件,真丝领带、头巾产量共5098.27万条。

二、服装生产经营

中华人民共和国成立后,丝绸服装业开始好转,私营业主纷纷复业。1951年12月,原浙江被服厂的解雇工人和部分家庭妇女组成杭州市第一个妇女缝纫生产合作社。1954年,服装业开始社会主义改造。1958年"大跃进"运动中,不少服装生产合作社、生产小组合并,上升为合作工厂、地方国营服装厂。1958年8月开始,国家大办"人民公社",服装生产企业和手工业转为公社工业。1961年,几个个体服装户组成红云服装社。1971年1月,由利民、勤朴、新民3家专营中式服装的服装合作社组成杭州利民中式服装厂,1972年5月改名为杭州利民中式服装店。同年,勤劳服装厂与长征服装厂合并,正式定名为杭州友谊服装厂。1978年,国家实行改革开放,浙江丝绸服装进入快速发展时期。杭州时装厂从该年开始生产双面穿云花彩云衫、旗袍、睡衣、晨衣等外销丝绸服装。1979年,利民中式服装厂成为省丝绸公司外销服装生产定点厂。1978年,浙江丝绸外贸出口绸绣衣120.21万件、真丝服装600件。1979年2月,嘉丝联在真丝针织坯绸试制成功的基础上,进一步开发真丝针织服装,成立缝纫小组,经过半年多试制,9月,真丝针织内衣投入试生产,嘉丝联成为浙江省最早生产真丝针织服装的厂家。1979年,省丝绸公司为港商加工衬衫1500件,加工绸绣衣9000件。

1980年,省轻工业厅、省丝绸公司为发展深加工,满足外贸需要,增加丝绸服装生产,在全省兴办丝绸服装厂。利用旧厂房扩大、转产等形式建成丝绸服装专业厂,如德清丝绸服装厂1980年3月开始筹建,次年1月建成投产。1980年4月,绍兴丝绸服装厂开始筹建,8月投产。6月,新昌丝绸服装厂创建,当年投产。8月,利用湖州红卫耐火砖厂旧址兴建湖州丝绸服装厂。同年,杭州服装一厂改名为大华服装厂。1980—1981年,全省共建丝绸服装厂13家,其中全民企业9家:浙东丝绸服装厂、湖州丝绸服装厂、德清丝绸服装厂、安吉晓墅丝绸服装厂、绍兴华光丝绸服装厂、上虞丝绸服装厂、嵊县丝绸服装厂、新昌丝绸服装厂、台州绣衣厂;集体企业4家:绍兴丝绸服装厂、镇海华丽丝绸服装厂、奉化丝绸服装厂、杭州丝绸服装厂。1980年,全省真丝绸服装产量39万件。此后,丝绸服装业逐步形成专业化、企业化生产规模,生产设备有很大改进,产品由低档转为中高档,由内销转为外销,品种由传统服装转为丝绸时装。主要外销产品有丝棉衣、短袄、晨衣、和服、旗袍、睡衣套、男女T恤衫、连衣裙、三件套装、日常便装、电力纺滑雪衣等。1982年,各丝绸服装厂外销任务增加,形成了外销生产结构。杭州时装厂、杭州富强服装厂、杭州利民中式服装厂、新昌丝绸服装厂、湖州丝绸服装厂、安吉晓墅丝绸服装厂、绍兴丝绸服装厂等10多家丝绸服装企业接受省丝绸公司丝绸服装外销订单。

1983年10月,省丝绸公司开展真丝针织内衣外贸业务,委托嘉兴丝厂生产销往美国的1000打真丝睡衣衫裤,这是浙江省首批销往国外的真丝针织服装。是年,全省13家丝绸服装专业厂家共生产丝绸服装269万件(套),其中出口127万件(套)。1984年3月,杭州东升丝厂开始筹建服装生产车间,形成年产服装10万多件的加工规模。湖州南浔丝厂筹建真丝针织成衣车间,试织真丝针织T恤衫等真丝针织成衣。1985年1月,嘉兴丝绸服装厂正式投产,3月,接受第一批销往美国的真丝针织睡衣外销任务,11月又接受生产阿拉伯国家大袍的外销丝绸服装。同年,杭州春晓丝绸服装厂正式接受省丝绸公司外销丝绸服装订单;杭州时装厂生产的"文冠"牌织锦缎双面穿彩云衫选送参加巴黎国际时装博览会。是年,全省生产丝绸服装373万件(套),其中出口176万件(套)。

1986年,全省各丝绸服装企业先后引进先进缝纫设备,主要设备有自动高速平缝机、高速锁眼机、包缝机、拷边机等。同年,湖州南浔丝厂真丝针织成衣车间经试生产后,首批生产1200件真丝针织T恤衫并销往香港。是年,全省丝绸服装企业共19家,共生产出口丝绸服装257.8万件。1987年3月,建立合资经营富兴丝针织服装有限公司(以下简称富兴公司)。富兴公司由嘉兴市丝绸工业公司、香港富春有限公司、嘉兴制丝针织联合厂、省丝绸公司四方组建,总投资180万元,设计年产真丝针织内衣57.6万件,丝绸服装20万件。6月,由省丝绸公司委托嘉丝联起草的《桑蚕丝针织内衣技术要求》《桑蚕丝针织内衣分等规定》《桑蚕丝针织内衣试验办法》《桑蚕丝针织内衣的包装和标志》和《桑蚕丝针织内衣验收规则》发布,这为加快发展真丝针织服装生产出口制定了统一技术标准。

1987年,湖州丝绸印染厂建成分厂——天昌丝绸服装厂,有职工50名,平缝机20台,自产自销各式童装、领带、绸巾等。湖州市丝绸服装总厂生产出口各类服装18.68万件,占全厂生产总量的一半多,形成以出口产品为主的生产格局。湖州市安吉晓墅丝绸服装厂重点向批量生产出口服装转变,全年生产出口高档真丝服装6.32万件。湖州南浔丝厂外销真丝针织产品一直处于畅销态势,企业形成制丝、织造、练染、成衣"一条龙"生产线。是年,新昌丝绸服装厂"佳达"牌丝绸服装首次打入国际市场,为绍兴市丝绸服装唯一省优产品。绍兴华光、上虞、嵊县丝绸服装厂和绍兴丝绸服装厂,先后在深圳特区创办丝绸服装中外合资企业。是年底,全省丝绸服装企业26家,从业人员2359人,生产量为604.80万件,其中出口502.39万件。

1988年5月,建立嘉兴市丝绸进出口公司,7月,嘉兴制丝针织联合厂经省经贸厅批准享有丝绸服装自营出口权。杭州丝绸印染厂建立喜得宝丝绸时装表演队，先后赴新加坡和中国香港演出。与红霞丝织厂合并的永安丝织厂厂区建筑面积6800多平方米，转让给杭州时装厂和友谊服装厂作为生产场地，用于改善它们的生产条件。8月，南浔丝厂改名为湖州制丝针织总厂，当年生产真丝针织成衣31.76万件。10月，湖州永昌丝织厂、嘉兴绢纺厂、湖州绸厂等在深圳创办丝绸服装合资企业。到年底，浙江丝绸服装业自动化程度提高，全省进口先进缝纫设备占总设备的15%，机械化程度达到50%。全省丝绸服装产量520万件(套)，出口量455.39万件(套)，创汇4000多万美元。1989年，杭州市丝绸工业公司将一批规模过小、厂区又无发展余地或管理水平低、经济效益差的工厂进行合并，腾出地方发展丝绸服装生产。同年，湖州市丝绸进出口公司设立服装出口部，湖州市丝绸服装生产企业开始接受市丝绸进出口公司外销订单，年产丝绸服装98.86万件，年末从业人员1151人，平缝机634台，创汇634万美元。同年，绍兴市全市有丝绸服装专业生产企业9家，其中4家为乡镇、集体企业，5家为全民企业，从业人员1146人，年产丝绸服装121.7万件。嵊县丝厂投资270万元，创建真丝针织服装车间，形成制丝、织造、精练、染整、服装"一条龙"生产线，拥有进口缝纫机41台、国产缝纫机37台，形成年产真丝针织服装40万件的生产能力。1989年，全省丝绸服装产量703万件(套)。

20世纪90年代后，逐步形成杭州、嘉兴、湖州、绍兴地区的丝绸服装生产区域。1990年10月，北京举办第十一届亚运会期间，喜得宝丝绸时装表演队应邀赴京演出，宣传杭州美丽的丝绸和款式新颖的丝绸服装。是年，杭州第二丝绸服装厂在市中心人民路1号建成5000平方米的现代化厂房，拥有缝纫整烫设备等共604台(套)，年末从业人员385人，年产真丝绸服装42.51万件(套)，年创汇500万美元；嘉兴市丝绸工业公司与嘉善县美纶丝织厂联合创办嘉善福兴丝绸制衣厂，年生产丝绸服装10万件(套)；嘉兴市丝绸工业公司与海宁市二轻系统海宁工艺丝绸制衣厂合资联合经营丝绸制衣厂，定名为海宁市海秀丝绸制衣厂，生产规模为200台平缝机及配套设备，年产丝绸服装60万件(套)。是年，杭州市丝绸系统4家厂拥有主要生产设备1548台(套)，其中引进设备496台，年生产服装123.4万件，年出口服装109.34万件；嘉兴市拥有规模不等的丝绸服装厂和丝针织服装专业厂(车间)10家，年生产能力300多万件，拥有各类丝绸服装生产设备2300台(套)，年产量322.81万件，出口228.4万件。1991年，湖州市丝绸系统共有丝绸服装生产企业12家，其中全民5家、中外合资7家，综合性乡镇办服装厂亦与日俱增。湖州市丝绸服装企业拥有厂房建筑面积3.54万平方米，各类生产设备1800台，其中平缝机890台，年生产丝绸服装115.69万件(套)。1992年12月，浙江诸暨神鹰制衣厂建立，后发展成拥有4个服装厂的浙江神鹰集团，专业生产丝绸服装，产品主销美国市场。"亨哥尔"(Henggeer)是浙江神鹰集团旗下真丝服装品牌，享有浙江省著名商标、浙江省名牌产品、浙江省出口名牌产品等多种盛誉，蜚声海外。该品牌是最早进入美国大型商场的中国大陆丝绸服装品牌，是浙江省最大的专业丝绸服装生产企业之一。

进入21世纪，丝绸服装产业发展和城市规划、文化建设紧密结合。2000年，凯喜雅集团在德清建立了占地20公顷的工业园区，园区以生产丝绸服装为主。2001年，嘉欣丝绸股份有限公司投资3亿元，建立了占地43.3公顷的嘉欣丝绸园，该园既是以丝绸服装生产为主的丝绸工业制造基地，又是工业旅游示范点。2005年11月4日，中共杭州市委、杭州市人民政府发布《关于弘扬“丝绸之府”打造“女装之都”的若干意见》，指出立足城市特色，发挥优势互补，以丝绸与女装结合为突破口，“弘扬丝绸之府、打造女装之都”。2005年12月，以生产丝绸服装为主的浙江华鼎集团在香港联交所成功挂牌。上市后的融资款主要用于产能扩张及增设零售店，兴建家纺生产基地，建造大纺织城，发展品牌时装零售业务，使浙江华鼎集团成为国际先进的面料开发及制造商。2007年，达利（中国）有限公司投资厂房3亿元、投资设备1亿元，建成全国最大、世界一流水平的丝绸女装生产基地，生产能力为年产梭织服装1500万件（套）、针织服装1000万件。新建在达利丝绸工业园区内的“丝绸世界”，建筑面积达2万余平方米，集丝绸文化、展览场所与时尚休闲购物区于一体，是一个园林化、生态化、现代化的时尚工业旅游园区。

至2010年，凯喜雅、万事利、达利、嘉欣、华鼎、巴贝、麦地郎、神鹰、杭丝时装、梅月、金富春等丝绸服装企业和品牌各有特色，在国内外都具有较大影响。

专记：丝绸服装业合资经营纪略

20世纪70年代末，国家实行改革开放政策。引进外资发展国内工业是经济体制改革的一项重要举措，建立经济特区、引进外资办厂作为这一举措的试点逐步推开。服装业具有投入少、见效快、原料及加工成本低、产品在国外市场销路广阔等优点，成为许多外资和内地企业首选的领域。浙江丝绸业在经济特区率先兴建合资经营丝绸服装企业，以后逐步在浙江省内建立中外合资丝绸服装企业。中外合资丝绸服装业的建立带动了整个丝绸服装业的发展。

1983年10月，省计经委批准建立浙江首家合资经营丝绸服装企业——深圳华丝企业股份有限公司。1984—1990年，省丝绸公司、嘉兴市丝绸工业公司、湖州市丝绸工业公司等省内10多家丝绸企业与中国香港、澳门地区的有关公司在深圳陆续合资兴办丝绸服装企业。1990年，浙江在深圳特区开办的丝绸服装合资企业达到56家，投资总额1.87亿元，全年工业总产值6.8亿元，税后利润8700万元，税收768万元，出口总值1.36亿美元，从业职工1.2万人，其中浙江籍员工1万人。在深圳注册登记的丝绸服装企业中，浙江企业占四分之一。浙江在深圳的丝绸服装企业，其出口总值、产值利润、职工人数均占二分之一以上。浙江在深圳的丝绸服装生产规模基本稳定，实力较强的丝绸服装企业形成了印染、砂洗、服装相配套的生产加工出口体系。

1990—1993年，省丝绸系统丝绸服装合资企业进入大发展时期，省丝绸公司走实业化道路，吸引港资创办丝绸服装合资企业。杭州、嘉兴、湖州、绍兴各地丝绸工厂纷纷采取中外合资方式创办丝绸服装生产企业。合资方式大多为由丝绸工厂出资、中方控股、中方为主经营管理、产品加工出口的中外合资企业。至1993年底，全省丝绸系统拥有中外合资丝绸服装企业31家，从业人员6500人，缝纫主要设备3340台（套），年产丝绸服装1450万件，出口1355万件。据1995年第三次工业普查的数据，浙江服装业外商投资额9574万元，占服装业总资产额的12.8%。丝制品业、其他丝制品业、丝针织品业外商投资额分别为3492万元、12146万元、12714万元，分别占总资产额的23.3%、50.9%、25.0%，外商投资丝绸服装服饰业的数额和比例都比较大。进入21世纪后，由于国家税收政策变化、企业合作经营到期、股权转让或歇业等因素，中外合资丝绸服装企业逐步减少。

第二节 服装设计与技术

服装针对人体结构尺寸，通过面辅料裁剪缝纫而成。从手工缝制，到脚踏缝纫机制作，发展到计算机辅助设计（CAD）和高速平缝机生产，浙江丝绸服装开发设计和生产技术水平不断进步。浙江丝绸服装除各类丝绸面料的丝棉衣、短袄、晨衣、和服、旗袍、睡衣套等传统品种外，还有男女T恤衫、衬衫、夹克衫、连衣裙、三件套装、绣花珠片时装、真丝滑雪衣等高档丝绸服装。随着时代的发展，个性化、时尚化逐渐成为丝绸着装的主流。

一、服装设计与款式

商周以前的服饰，多用上衣下裳制，后期的胡服、褥褶、妇女的襦裙等多是这种服饰的遗制。上衣下裳式的服装，妇女穿着较多，使用时期长，很多用绸制，在全国通行。隋唐以后，男子一般多穿上下连属的袍衫。宋代以后妇女的上衣，有襦、袄、衫、背子、半臂、背心等形制。妇女下裳多穿裙，式样修长，腰间扎以绸带。清代，男子服装有袍、褂、袄、裤等，妇女服装，初期仍沿明末之旧，后期自成特色，如以披风、袄裙作为礼服，下裳多穿裙，颜色以红为贵。民国时期，中上层社会的男子多以长衫马褂为礼服，一般穿纺绸长衫、中式衫裤，青年妇女多穿窄而修长的高领衫袄，下穿黑色长裙。中国近代妇女普遍穿着旗袍。

中华人民共和国成立之初，主要服装以布料中山装、列宁装、学生装为主。进入20世纪70年代后期，服装的花色品种和款式开始向多品种、多花色、多色彩方向发展。丝绸服装主要款式有衬衫、绣袍、连衣裙、时装、童装等。1978年后，浙江丝绸服装行销国外，款式逐渐增加。浙江丝绸服装除原有各类丝绸面料的丝棉衣、短袄、晨衣、和服、旗袍、睡衣套等传统品种外，还有男女T恤衫、衬衫、夹克衫、连衣裙、三件套装、绣花珠片时装、真丝滑雪衣等高档丝绸服装。

1979年，浙江丝绸工学院（浙江理工大学前身）创办丝绸美术与品种设计专业，1982年创办服装设计专业，1985年成立服装系。20世纪80年代起，温州大学美术与设计学院、浙江科技学院服装学院/艺术设计学院、绍兴文理学院纺织服装学院、嘉兴学院设计学院等相继开设了服装设计专业。1999年，浙江理工大学设立服装与艺术设计学院。至2010年，该学院已开设服装设计与工程、服装与服饰设计（服装艺术设计、服饰品设计、服装设计与营销）、产品设计（纺织产品设计）、表演（时装表演艺术、人物形象设计）等专业及方向。中国美术学院在原有的工艺美术系中，于1996年分出染织与服装系，于2003年成立设计艺术学院。其教学目的是培养多种类型面料设计师和服装设计师，以及染织与服装专业方面的高级研究人才。该系设有染织美术设计专业和服装设计两个专业方向。并且设有设备齐全的染织与服装综合实验室，其下设电脑及数码喷绘室、缝纫工艺室、手绘印染室。

2008年7月18日，“金三塔”杯2008年全国丝绸服装设计大赛浙江赛区预选赛进行了初评，专家评委对参加浙江赛区的浙江、上海、北京、辽宁、吉林等地申报的作品进行初评。9月

20日，在浙江理工大学举行预选赛，从18组作品中选出了7组。11月25日，在苏州举行全国总决赛。2009年1月14日，达利(中国)有限公司与杭州职业技术学院联合成立达利女装学院，这是全国丝绸企业和学校联合办学的第一家。杭州职业技术学院作为高职院校，重点培养对学生的实操技能。学院设服装设计、针织技术与针织服装、纺织装饰艺术设计、时装零售与管理等4个专业。

2010年9月28日，“嵊州领带”杯2010年全国丝绸服装设计大赛浙江赛区预选赛在中国丝绸博物馆举行。总决赛和颁奖典礼于10月28日在北京举行。

表105-10-2-1　　“嵊州领带”杯2010年全国丝绸服装设计大赛结果一览表

奖　项	姓　名	单　　位	作品名称
金　奖	魏杰敏	上海丝绸集团股份有限公司	流逝
银　奖	彭莹莹	广东丝丽国际集团股份有限公司	锦绣天空 Silky Sky
	李珍妮	山西省吉利尔丝绸股份有限公司	荷谐
铜　奖	陈兆特	广州市工贸技师学院	娘子军的革命
	柴　琳	嘉欣丝绸股份有限公司	圣杯·迷雾
	马雪梅	山东省丝绸纺织职业学院	丝源
最佳工艺奖	潘　腾	西安美术学院	墨路
最佳创意奖	杨月双	四川大学	变形季
最佳面料创新奖	钱科琼	浙江巴贝设计公司	丝路花语
最具市场潜力奖	王亚丽	浙江凯喜雅服饰有限公司	夏天的故事
最佳服饰搭配奖	吴　波	四川大学	书卷多情似故人
优秀奖	唐　倩	四川大学	丝砖花砌·叶缠绵
	陈　超	西安工程大学福州服装学院	庭院深深
	王悦悦	苏州大学	醉红绸
	颜　菲	苏州经贸职业技术学院	海市蜃楼-Mirage
	黄秋榕	深圳大学	东方神韵

资料来源:《浙江丝绸信息》2010年第11期。

至2010年，丝绸服装主要款式分男装、女装两大类。

男装主要款式包括晨衣，睡衣套，衬衣，各种丝绸面料男装配西裤，真丝绸丝绵棉衣，真丝绸棉花棉衣，绣花长短袖衬衣，绣花夜衣与睡衣套，绣花背心，内裤与背心短裤，西装上衣，西装短裤，夹克衫，真丝钩针衫，真丝棒针衫，和服，各种真丝针织套装，各种真丝针织内衣，等等。

女装主要款式包括真丝绸女内衣，真丝绸提花绸女时装，真丝针织套装，真丝针织内衣，晨衣，睡衣套，夜衣，女衬衣，女单衫配套裤，真丝绸丝绵棉衣，真丝绸棉花棉衣，丝绵棉衣，双面穿丝棉衣，双面穿棉衣，和服、旗袍，连衣裙，裙裤，风衣，绣花衣，短袖衬衫，绣花夜衣与睡衣套，绣花长短袖连衣裙，绣花背心、内裤与背心短裤，绣景、绣花、绣字长短浴衣，真丝钩针衫，真丝棒针衫，等等。

二、制衣设备与技术

历史上，丝绸服装加工均赖以手工缝制。清光绪三十年（1904 年），浙江温岭工艺局开始用缝纫机加工服装。民国 4 年（1915 年）开办的义乌佛堂镇李景记裁缝店，为金华市内首家缝纫工场。同年，义乌稠城镇益新估衣店首家使用缝纫机，时称“洋车”。民国时期，浙江的服装店铺和作坊，经营来料加工，缝纫多数靠一针一线，即所谓“剪刀、尺子、烙铁、粉线袋，十个指头混饭吃，单件生产一手落”。

20 世纪 50 年代初，服装店铺开始添置脚踏缝纫机。1956 年，服装行业合作化，服装厂开始开展群众性技术革新。是年，杭州香港服装店引进的首台万能缝纫机具有拷花边、缝杨树花功能，比手工操作工效提高 10 余倍。1958 年，始有加快缝纫机转速的媒介轮，有用电风扇电机改装的电剪刀、钉扣机、拉布机。1959 年，杭州富强服装厂开始服装流水线生产，缝纫机脚踏改为电动机长轴驱动，每条线 12 车位～14 车位，工效提高 10 倍，同期省内部分服装企业开始用 44 型和 96 型电动缝纫机。

20 世纪 60 年代初期，服装行业进行较全面的设备更新，改脚踏缝纫机为地轴传动，改手裁剪为电剪刀裁剪，改火烙铁熨烫为电熨斗熨烫，初步实现缝纫电动化、缝制模具化和整烫电熨斗化。1967 年，杭州富强服装厂开始引进日本重机公司 MO-816-DD4 五线包缝机，该机具有三线包边和双线链缝呈平行独立配置的功能，两道工序一次完成，工效提高近 3 倍。70 年代初，丝绸服装有批量生产，主要是为商业流通部门来料来样加工。1978 年后，服装行业开始引进国外先进设备，改造国产设备，相继形成一批专业生产丝绸服装车间。1981 年，杭州时装厂等先后引进一批较先进的 96 型高速工业用缝纫机，车速提高 1 倍，均单机独立使用。1984 年，嘉兴制丝针织联合厂通过上海丝绸进出口公司，引进日本产 R53 型包缝机、DDL-555-5/4B 平缝机、MF 绷缝机、LZ 花针机、DFB-1406PL 宽紧带机等 15 台（套）。

1985 年以后，浙江在深圳的合资企业缝纫设备多数依靠进口。主要设备有包缝机、平缝机、绷缝机、拷边机、锁眼机、切横条机、钢带式裁剪机等。是年，浙江丝绸服装生产企业逐步淘汰家庭用缝纫机，开始从上海等厂购买国产高速平缝机。嘉兴丝绸服装厂在建厂初期采用上海产的 SJJ-111 高速平缝机、SJJ-211 高速平缝机、GN6-3 高速三线包缝机、GN6-4 高速四线包缝机。1986 年，湖州市丝绸服装总厂从日本引进缝纫设备 81 台，其中有高速单针三自动平缝机、高速带刀单针三自动平缝机、高速锁眼机、高速四线包缝机、单针拷边机。1987 年，嘉兴丝绸服装厂引进日本先进 DDL-555 高速平缝机、L32-36A 五线包缝机、MK-890 三针包缝机。1987 年以后，丝绸服装企业开始大量引进高速平缝机和辅机，以及整烫蒸汽机、烫床、黏合机、领角定型机、电脑绣花机等设备。

进入20世纪90年代，浙江各行各业大办丝绸服装生产中外合资企业，主要生产设备均依赖进口，少量辅机从国内购买。主要通过中国香港或直接从日本、德国、意大利等国采购，大大提高丝绸服装生产工效，提高科技含量，减轻工人劳动强度。1990年，纺织部服装技术开发中心研制成功三(二)维服装彩色系统，从打样放缝、推挡、排料到制版等工序全部由电子计算机完成。这既反映服装实际效果，又可由三维衣片展示成二维衣片，估料、报价仅5分钟，速度比人工提高20倍。1995年，浙江省进行了第三次工业普查，丝绸服装服饰的主要设备的普查统计数据是：平缝机国产28.20万台，进口5.20万台；丝针织圆机国产1578台，进口119台；电脑绣花机国产887台，进口385台；电脑辅助设计系统国产320套，进口309套。20世纪90年代后，“服装CAD一体化系统”得到广泛应用。该系统是集服装款式设计、样版结构设计、推挡、排料、生产工艺设计、电脑试衣及款式管理为一体的系统。

至2010年，服装设备自动化、智能化、一体化水平有了很大提高，已能满足所有丝绸服装的设计和生产制作。

三、工艺质量与标准

浙江丝绸服装手工缝制技艺精湛，古代的官营织造局规模大、分工细。如杭州为皇室、官府服务的官营手工业机构，专门设有裁造院，掌裁制服饰，有专人监管面料和缝制质量。民国以后，浙江省私营裁缝店铺盛行，店主承接丝绸服装加工时，在裁剪、划片、丝线上都十分讲究，以取信于民。

中华人民共和国成立以后，丝绸服装生产渐成规模。1954年，服装业走合作化道路，成立服装生产合作社，生产方式随之改进，开始分工序小流水生产作业，裁剪也由个人划样、单件裁剪演变为个人划样、以样制版、以版排图、按图进行多层裁剪的方法。缝制、熨烫工艺也有相应改进。20世纪70年代，服装批量生产供应国内外市场，生产方式也由小流水逐步发展为以产品工艺流程为序的半机械化、机械化生产流水线，也有裁剪、缝制、锁钉、整烫、包装集中在一个车间加工完成。

20世纪80年代，丝绸服装生产企业大量承接外销生产任务，其质量要求高，工艺复杂。各丝绸服装生产企业均建立了由厂长或分管生产的副厂长直接领导的技术工艺管理体系。根据丝绸服装来样加工、来料加工不同的销售方式，建立了一套适应国际市场小批量、多款式、高质量要求的工艺流程管理制度。在工厂试样经客户确认可投产前，必须按裁剪、排料、缝制(包括小烫)、锁眼、钉扣、大烫、包装等流程的工艺标准来执行。许多服装厂根据工艺流程来设立不同车间(班组)，如技术科(试样间)→裁剪车间→缝制车间→锁钉车间→整烫车间→检验科(检验组)→包装车间(包装组)→成品仓库。

1986年12月，省丝绸公司出口部服装科制定并实施了《丝绸服装质量鉴定细则》。内容包括外包装质量鉴定细则，男子睡衣套质量鉴定细则，男衬衣质量鉴定细则，男、女丝绸衬衫质量鉴定细则，女绣衣质量标准(暂行草案)，真丝女时装质量标准(暂行草案)，长、短浴衣质量鉴定细则，双面、单面、云花丝棉衣、夹袄质量鉴定细则。

1989年8月1日起，丝绸服装在出口前由省、市出口商品检验局进行产品检验，并统一采用国家进出口商品检验局于1989年2月11日发布的《中华人民共和国专业标准》。

2000年之前，丝绸服装没有国家或行业标准，丝绸服装均参照普通相关的服装标准执行。2000年6月16日，国家质量技术监督局发布《丝绸服装国家标准》，标准代号为GB/T 18132－2000。2008年，修订后的《丝绸服装国家标准》颁布实施，标准代号为GB/T 18132－2008。2001年12月28日，中国纺织工业协会发布《桑蚕丝针织服装行业标准》，标准代号为FZ/T 43015－2001。

第三节　丝绸饰品

丝绸饰品是用丝绸制作、用作装饰打扮的物品，一般用途是美化个人仪表、装点居室等。古代特殊制作的丝绸饰品也是区分官员职位的标志。直到民国5年(1916年)，国民政府废除官服制，在中国具有数千年历史的官饰制度终告结束。民间丝绸饰品则不断发展，品种、式样和用途越来越多。

一、官饰、民饰

(一)丝绸官饰

官饰在全国有共同性，由朝廷统一制发，古代有发辫、巾帕、冠帽、鞋履和佩绶等。

东汉永平二年(59年)，孝明皇帝诏有司博采《周官》《礼记》《尚书》等史籍，重新制订祭祀服饰及朝服制度，冠冕、衣裳、鞋履、佩绶等各有等序。汉代的冠帽是区分等级差别的基本标志之一。收进《后汉书·舆服志》的就有冕冠、长冠、委貌冠、爵弁、通天冠、高山冠、远游冠、进贤冠、法冠、武冠、建华冠、方山冠、巧士冠、却非冠、却敌冠、樊哙冠等16种之多。佩绶制度是汉代官饰的一大特点，有佩挂组绶的礼俗。“组”是一种用丝带编成的饰物，可用于系腰。“绶”是官印上的绦条，又称“印绶”，是权力的象征，由朝廷统一发放。汉代鞋履，有履、鞋、屦、屐、靴等。魏晋南北朝时期，以“纶巾”著名。苏轼《念奴娇·赤壁怀古》称：“羽扇纶巾，谈笑间，樯橹灰飞烟灭。”纶巾是幅巾的一种，以丝带织成，又名“诸葛巾”。幅巾束首，即不戴冠帽，始于后汉。《后汉书》卷三十五《郑玄列传》称，郑玄应邀见大将军何进，“玄不受朝服，而以幅巾见。”唐代，官员袍衫主要以颜色区分等级，唐代军事服装中，将帅袍绣以狮虎纹章，将士有胄甲，材料是绢布、金属等。唐代皇帝官饰大裘冕、衮冕、絺冕、通天冠、白纱帽、平巾帻、白帢等。

宋代的“笼巾”及“绶鱼”制度最为著名，然非丝绸所制。宋代为满足官府所需，官府织造中专设“内司官”——御带所，“内诸司”——腰带所。宋代上自帝皇，下至百官，都戴幞头。宋代幞头已脱离以前巾帕的形式，纯粹成了一种帽子。其色彩鲜艳，有的用金色丝线在幞头上盘制成各种花样。明代男子的巾帽，主要有乌纱帽、网巾、四方平定巾及六合一统帽。六合一统帽,俗称“瓜皮帽”,用六片罗帛拼成。明代还有区分官阶的又一标志——补子,其为朝服之制,以冠上梁数及所佩戴绶分等差。职官公服则穿袍,其制为盘领左衽,袖宽三尺;材料用纻丝(即缎),或用纱罗绢;用纹样和颜色分等级,并与展脚幞头配成一套,多用于重大朝会。

清代男子的冠帽,有礼帽、便帽之分。礼帽俗称“大帽子”,又分为暖帽和凉帽。凉帽质用藤竹等,外裹绫罗,多用白色、湖色、黄色等。便帽也称“小帽子”,俗称瓜皮帽,质料夏秋用纱,春冬用缎。清代官饰的佩饰主要是披挂制度。男子的一根腰带,前后左右几乎挂满了各种饰件,一些大中城市专有作坊生产之。清代男子鞋履,便服以鞋为主,公服才穿靴。靴子材料多用黑缎。妇女鞋面多用绸制成,上施五彩刺绣。直到民国 5 年(1916 年),国民政府颁文废除官服制,在中国具有数千年历史的官饰制度终告结束。

(二)丝绸民饰

民饰最早见《后汉书·礼仪》载,汉代妇女出嫁,穿木屐,屐上施以彩画,并以五彩丝带系之。宋代,妇女缠足之风盛行,尖足着靴不便,故多穿鞋。鞋以锦缎为之,上绣各式图案,按其材料、制法、装饰分别定为“绣鞋”“锦鞋”“缎鞋”“凤鞋”等名称。宋代民饰生产普遍,据《梦粱录》卷十三《铺席》记载,南宋时民间丝绸服饰铺较多。如陈家彩帛铺,徐官人幞头铺,钮家腰带铺,市西坊北钮家彩帛铺,徐家绒线铺,俞家冠子铺,染红王家胭脂铺,清河坊顾家彩帛铺,季家云梯丝鞋铺,朝天门大石板朱家裱褙铺,柴家绒线铺,沿桥下生帛铺,宋家领抹销金铺,沈家枕冠铺,陈家画团扇铺等。处处各有彩帛、绒线等铺。

明清以至民国时期,“瓜皮帽”是平民常饰。明代《三才图会》载:“(帽)以帛六瓣缝成之,其制类古皮弁,特缝间少玉饰耳,此为齐民之服。”陆深《豫章漫抄》载:“今人所戴小帽,以六瓣合缝,下缀以檐如篇。阎副闳谓予曰:亦(明)太祖所制,若曰六合一统云尔。杨维桢廉夫以方巾见太祖,问其制,对曰:‘四方平定巾。’上喜,令士人皆得戴之。”清代称六合一统帽,亦名疙瘩帽,以六片黑锦缎合缝、上饰红疙瘩,民国时称瓜皮帽。

民国《双林镇志》载:“包头绢妇女用作首饰,故名,唯本镇及近村乡人为之,通行天下。闽俗男子亦裹首。此地秋冬风高沙起,行者罩面护目,通称清水包头。明正嘉以前,只有南溪沙帕,隆万以后,机户巧变百出,名目甚繁,有花有素,有重至十五六两,有轻至二三两,有连为数丈,有开为十方,方自三四五尺至七八尺,其花有四季花、西湖景、百子图、万寿、双蝴蝶、十二鸳鸯、福禄寿喜、八宝龙凤、云鹤、盆景花篮等样。”可见湖州丝绸饰品在民间运用之广。在温州,花带也叫山哈带,是寓居温州畲族人民的传统手工艺品。花带分线织和丝织两种,带上编着多种或单一的花纹,图案清晰,色彩鲜艳,织工精细。其花纹有几何形、动植物形、文字形、文字等,如蝴蝶、蜻蜓、梅花、田、井、丰、中、爻等,图案中有红、黑、白、蓝、绿等色交织。花带用来束腰、捆扎衣物、男女定亲等。

此外,温州人尚有用丝织品做灯饰,进行娱乐活动的习俗:以篾做骨架,糊以透明白纱,以色纸精凿各种花样,贴在龙身上,点起灯来,内映人物、花卉、鱼兽,4 个人举起 4 角,抬着游行。景宁畲族用丝、棉交织花带,佩用或缝缀在衣帽上作为装饰。

20 世纪 80 年代,浙江丝绸饰品和丝织工艺有长足进步,产品形成特色,在国内外享有盛誉的有:都锦生丝织工艺品、西湖绸伞、杭州丝织风景画、双林绫绢、丝织工艺鞋、织锦被面、丝织人像画、丝织佛像、丝织台毯、丝织地毯、丝织台巾、丝织沙发靠垫、真丝头巾、丝绸领带、丝织腰带等达100多种。

20世纪90年代初,嵊县开始形成真丝领带产业集群。1994年,全县生产领带8000多万条,产值达4.5亿元,年产100万条以上的领带企业有20家。这一时期,个体家庭作坊式占较大比重,从全县看,嵊县已初步形成了从原料印染、花型设计、面料织造到领带的裁剪、缝制、整烫、包装以及领带附配件生产一条龙,告别单一依样、仿样加工局面,开始向中国最大的领带生产基地迈进。1999年4月7日,经国家纺织工业局批准,发布全国领带行业标准《领带》(FZ/T 81011—1999),于1999年7月1日起正式实施。1999年9月28日,中国服装协会批复在嵊州市设立全国领带服饰质量检测中心。2000年11月28日,全国领带服饰质量检测中心在世界领带精品展销中心正式挂牌。2005年12月9日,浙江巴贝服装服饰有限公司等4家公司生产的丝绸领带产品被国家质量监督检验检疫总局授予"产品质量国家免检"证书。

据2010年统计,嵊州市有丝绸领带企业1300多家,年产领带3亿多条,生产总量占全国的90%、全球的50%,产值超100亿元。针织服装企业800多家,年产各类服装1亿件以上,年产值超60亿元。丝绸领带和丝针织服装产业,每年桑蚕丝用丝量7000吨左右,占全国实际可用丝量的10%以上。2010年11月27日,中国丝绸协会授予嵊州市为"中国真丝之都"称号。

二、丝绸刺绣

(一)刺绣生产

浙江刺绣的记载最早见于三国时代。晋代王嘉《拾遗记·吴》载:"吴主赵夫人能刺绣,作列国方帛之上,写以五岳、河海、城邑行阵之形。既成,乃进于吴王,时人谓之针绝。"南宋陆游《老学庵笔记》卷二载:"祖妣楚国郑夫人有先左丞遗衣一箧。袴有绣者,白地白绣、鹅黄地鹅黄绣,裹肚则紫地皂绣。"南宋建都杭州后,设立官营织造机构,专事宫廷饰制作,300余名技艺出众的绣工为宫廷内苑绣刺各种服饰。除官办织造机构外,民间刺绣业也颇繁荣,杭州刺绣品中以金银绣(又名盘金绣)为出色。明代,浙江浦江人后嫁义乌的女诗人倪仁吉的刺绣艺术,与同时代的顾绣、苏绣、粤绣和湖绣齐名。温州历代妇女善于刺绣,其为民间的家庭传统行业,开始用于家庭日用绣品。明清时期,温州瓯绣用于庙宇中的神佛绣像、菩萨龙帐、宝盖长幡、莲座、桌围等刺绣花纹,后来逐步转为制造官衣、服饰以及戏曲服装。清代道光末年,温州开始有专业绣铺。清末,杭州刺绣业盛而不衰,后市街、天水桥、三元坊、弼教坊一带有刺绣作坊10余处,刺绣艺人有200余人。光绪三十年(1904年),温岭工艺局始用缝纫机加工服装。光绪三十二年,海门天主教堂孤儿院向女教徒传授刺绣技艺。

民国5年(1916年),海门天主教堂向教徒传授绣花技艺,从上海引入花稿,生产绸绣衣、贴珠罗纱、长裙等,后逐渐转向民间,海门渐成绣花之乡。20世纪20年代,诸暨、嘉兴、温州等地的刺绣艺人到杭州设立刺绣业。刺绣业依籍贯分诸帮,当时杭州帮的行会设在阎官儿巷。民国12年，海门开办许永利花厂，年产绣衣5000件，绣品运往上海转销国外。民国15年，台湾、香港客商多次来温州订货，瓯绣日趋发展。民国21—24年，海门有对外厂商30多家，从事刺绣者8000多人，年产绣品16万件，运销欧美。民国22年，厂商多达30多家，绣花妇女近万人，年产量达16万件。

抗日战争全面爆发后，刺绣业衰败。民国30年(1941年)，瓯绣工厂大部分关闭，花片完全断绝。抗日战争胜利后，部分绣花厂陆续复业，绣衣台布生产恢复，但大不如前。至中华人民共和国成立前夕，尚存5家绣花厂，2000多名绣女，而杭州在民国36年仅剩5家绣花店，20名从业人员。

1950年，杭州刺绣业有3户绣花店，5名职工，年产值仅1338元。1952年成立温州市瓯绣合作社，专业人员和农村加工人员发展到2500余人；同年，中国土产公司海门办事处经营绣花业务，花片运上海加工成品出口。1954年，成立海门花边社，生产绣衣、花片16.6万件；杭州紫金观巷有大江机绣工场，饮马井巷有上城区区属机绣组，每个工场近20人。据1955年杭州市工业局统计，城区有机绣业30户，从业人员71人，年产值7.79万元，产品为童帽片、婴儿围嘴袋等小商品。同年，杭州绣品厂创建。1956年，杭州绣品厂开始生产外销丝绸绣衣。同年9月底，台州海门绣衣社增至6家，绣花妇女为18514人，绣衣年产量为13万件。1958年，杭州上城区第一、第二机绣社合并成第一机绣合作社，后并入杭州服装二厂，成为该厂机绣车间；海门花边社改名为黄岩县中心绣衣厂；宁波丝绸绣服联营厂建立，厂址在宁波江东亚弄，该厂负责为上海丝绸公司加工绣服产品。1959年，杭州服装二厂机绣车间划出，单独成立地方国营虹霞机绣厂；台州建立临海绣衣厂。1959—1960年，临海、温岭、玉环、天台分别开办了县花边厂，黄岩县中心绣衣厂改名为黄岩县绣衣厂。

1960年12月，杭州虹霞机绣厂并入美艺绣品戏具社，成为该社一个车间。1961年10月，恢复虹霞机绣合作工厂，设于中山中路33—37号，有职工96人。江干区西子机绣社也于1958年发展为地方国营杭州西子机绣厂，厂址在江城路水门弄10号，1962年恢复合作社建制，更名为杭州西子机绣合作社。1962年，杭州机绣业从业人员160人，年产绣衣2.61万件，枕套2.3万对(套)，丝绸刺绣品产量7100件。同年，台州全区有刺绣企业3家，职工299人，农村从事绣花的妇女2万余人，生产绣衣22.1万件。1965年5月1日，虹霞机绣合作工厂与西子机绣社合并成杭州西子机绣厂，职工210人，缝纫机90余台，生产各类绣品27.85万件，其中外销21.88万件。1967年7月，宁波绣品厂生产合作社更名为宁波市手工业联社绣品厂。1969年，杭州西子机绣厂更名为杭州机绣厂，主要产品枕套年产量41.68万对(套)，80%的产品通过上海工艺品进出口公司外销。1972年，绣衣外销趋旺，宁波绣服厂绣衣产量4.87万件。1970年，宁波手工业联社绣品厂改名为宁波绣品厂，至1974年出口产值占总产值的60%，出口产品有床罩、绣衣等。1972年，杭州机绣厂拥有各式缝纫机236台，其他机绣专用机67台，年产机绣品61.65万件。至1973年，生产机绣品141.91万件。1976年，杭州工艺美术实验厂成立，次年生产外销刺绣台布和被面，至1979年生产被面、绣衣等5.65万条(件)。1978年，宁波绣服厂的“牡丹”牌真丝绸绣衣和“百合花”牌化纤绣衣，被上海丝绸进出口公司定为出口免检产品，全年产量68.29万件。1979年，宁波镇海华丽丝绸绣服厂建立，属集体企业。

20世纪70年代末，以雕平绣为特色的台州刺绣，年产值超亿元，与苏州、烟台、汕头并列为全国四大抽纱刺绣基地。同时，瓯绣生产得到恢复。80年代，台州绣衣形成以台州绣衣厂、临海绣衣厂、新华绣服厂、黄岩远东制衣总厂等年产值2000万元以上的骨干企业为龙头的绣衣出口基地，并建立"浙东绣服城"，同时在美国建立鼎泰公司，经营台州绣衣业务。1980年1月，宁波镇海华丽绣服厂建立服装、刺绣外发、机绣3个车间，10月，该厂更名为"镇海华丽丝绸绣服厂"。同年，杭州工艺美术实验厂划出全民办集体的部分，单独成立杭州第二绣品厂，厂址在中山中路285号。1981年，该厂出口5500件刺绣品，产值为38.89万元。此后，该厂每年有50万元产值的刺绣品出口。1981年，镇海华丽丝绸绣服厂与省丝绸公司联营，生产规模扩大，产品有针织呢绒，乔其纱，涤纶绉男女长袖衬衫、罩衫、裤和真丝绣衣。

1982年，台州绣衣厂生产的"大富贵"牌绣衣获轻工业部优质产品和国家银质奖。1984年，杭州第二绣品厂增挂杭州绣衣厂牌子。1986年，杭州第二绣品厂与杭州丝织工艺厂合并成立杭州工艺织绣厂，杭州工艺美术实验厂并入杭州王星记扇厂。同年9月，台州绣衣厂设计制作的真丝全雕叠袖旗袍，在保加利亚普罗夫迪夫国际博览会上获金奖，并由中国工艺美术馆珍藏。宁波丝绸绣服联营厂生产的"牡丹"牌、"百合花"牌真丝化纤绣衣，获得中国工艺美术品百花奖金杯奖。1986—1988年，镇海华丽丝绸绣服厂共设计绣衣产品198种，其中销售量5000件以上的有24种。1987年11月，该厂与深圳兴华公司、江南绣品制衣有限公司、香港恒励公司合办深圳江南绣品制衣公司第三分厂。1988年7月，改名为恒兴制衣有限公司。1988年，海宁中丝三厂引进日本电脑绣花机4台，除生产绣花拖鞋外，承接服装厂各类服装的绣花加工业务。1990年，嘉兴丝绸服装总厂引进日本电脑刺绣机3台，翌年建成刺绣车间。1991年，台州绣衣厂拥有固定资产1170万元，厂房面积3300平方米，职工1500人，形成设计、工针、缝纫、检验生产流水线，并拥有先进绣花设备等1000余台，年总产值8212万元，利税748万元。1993年，全省有国营、集体、民营绣衣生产企业1000多家，年产绣衣300万件，产值超过3亿元。至2010年，浙江省刺绣产品有：真丝绣花女衬衫、长裙、晚礼服、睡袍、旗袍、内衣、裙衫套，台布、被套、床罩、围巾、手帕等，产品销往美国、日本等68个国家和中国香港地区。

2010年，台州绣衣骨干企业：台州市银河制衣有限公司通过台绣全国营销网络，在北京、杭州、大连等全国20多个省市开设100多家形象统一的台绣专卖店，销售台绣产品，年销售收入达9000万元。台州市绣都服饰有限公司在香港、北京、上海、广州等城市商场、机场免税店开设45家自营专卖店，销售绣都品牌系列丝绸产品，年销售收入达7500万元。

（二）刺绣工艺

刺绣工艺主要分为手工刺绣和机器刺绣两种。

1. 手工刺绣

有关浙江刺绣的记载，最早见于三国。金银绣（又名盘金绣）源于唐代。南宋建都杭州后，有300余名技艺出众的绣工为宫廷内苑绣刺各种服饰。南宋为宫廷御绣，绣品制作以金银丝为绣线。唐宋年间，瓯绣针法比较简单，花样只有花草虫鱼之类。明末清初，瓯绣受上海顾绣影响，开始从简单的平针、套针改用多种针法，绣制服袋装饰。清道光三十年（1850年），温州开始有专业绣铺，绣品有官衣锦服、戏装、旗袍之类。民国5年（1916年），海门天主教向教徒传授绣花技艺，并改用白洋布绣白线台布，海门雕绣就是在绣好花的雕档处剪去布底，使绚丽多彩的花形衬托出来，并由雕绣台布扩展到雕绣丝绸绣衣，及贴珠罗绣夜衣、长裙。民国18年，杭州举办西湖博览会，杭州私立女子职业学校刺绣梅屏、墨梅字屏均获特等奖。民国23年，美星花厂研究发明了拉丝新工艺——用拉丝线向上下左右拉成洞眼，改进了贴珠罗绣剪后不够牢固的缺陷，形成雕绣、大拉、小拉绣衣3个品种。1956年，黄岩绣衣合作社派人赴临海、温岭、玉环、天台传授绣花技术，培养3000多名绣花社员。1960年，杭州市手工业局所属市工艺美术研究所组建刺绣室，生产刺绣的欣赏品，研制刺绣针法。1962年，黄岩绣衣联社创造了用单股线（即一根线分成两根绣）绣葡萄，用股半线（即把一根并线拧成一股）包胖等合理用线法，绣衣质量从原来的丙中级提高到乙级以上。1964年，老艺人应大玉设计了全雕绣绣衣连衣裙、万缕丝镶绣花台布大套“5801”闻名巴西。1986年，陈克设计的全雕绣叠袖旗袍，在保加利亚普罗迪夫国际博览会上获金奖。浙江手工刺绣技艺在花样图案、款式、新工针等方面形成自己的风格和特色。工针从包、绕、雕发展到抽、拉、镶、嵌、贴、订、结等100多种；雕绣增加了人字档、工字档、叠背档、金钱档、蛛网档、三角档、扶梯档、棋子档等。绣衣有各式男女衬衫1100多种，长短裙46种，晨衣、夜衣、睡衣46种，以及两件套、三件套、领带、手帕、胸罩、短裤、各式时装等。雕绣有台布、被套、床罩、琴罩等装饰及床上用品。

2. 机器刺绣

浙江机绣业最初的生产设备为民用缝纫机。20世纪50年代时，绣制针法仅有长针、拉针、包梗等。1959年以后，开始对脚踏缝纫机进行改革，采用电动机带动地轴，多台缝纫机一机牵引，1965年过渡到每台缝纫机由1台0.25千瓦的电机带动。20世纪60年代，将刺绣中的拉丝、开格、挖空等工艺融入机绣中，丰富了机绣技法，形成独特风格。以国产96型缝纫机、“蝴蝶”牌万能车为主，并有联邦德国产260型万能车和美国产“胜家”牌打洞车。20世纪70年代，除了在针法上将普通的拉针、包梗、长针绣、拉丝革新为麦穗、编织、桂花、网眼、柳条等新针法外，贴绣工艺的大量采用为当时工艺的一大特色，此后还发展到贴布、贴纱等。70年代中期，又引进了联邦德国产261型万能车以及日产391型工业绣花机，还有国产44型缝纫机和“蝴蝶”牌万能车。1975年后，为适应市场所需，浙江机绣业又研制了喷绣新工艺，即将喷色和绣花相结合。后又有了烂花、喷花、绣花相结合的工艺。进入20世纪80年代后，设备更新改造尤为明显，购置了日产391型工业绣花机和联邦德国产261型万能车，以及上海产GC1-2型、TA1-1型工业缝纫机，原先的44型国产缝纫机和“蝴蝶”牌万能车及美产“胜家”牌打洞车均被淘汰。并设置了清洗机、脱水机、烘干机处理半成品。1985年，杭州绣品厂从日本引进了“田岛”牌TMEF-912型电子绣花机。浙江机绣工艺品在制作工艺上既充分发挥了机绣的特长，又巧妙地运用各种针法以及镶、贴、喷印等多种技法，技艺精湛。

20世纪80年代后期，台州绣衣厂、宁波丝绸公司服装厂、宁波镇海华丽绣服厂、黄岩绣衣厂、温州市瓯绣厂相继引进先进缝纫、洗烫等加工设备，形成一条从服装款式、花纹图案设计、工针试制、缝纫、成品检验、包装出口的完整生产流水线。20 世纪 90 年代，丝绸服装中外合资企业不断增加，许多企业引进日本“田岛”牌各类电脑多头刺绣机和电子穿孔机。2000 年后，电脑刺绣技术日益发展，电脑刺绣工艺流程为：

(1)客户绣花片(自带花样纸带或磁带)→输入刺绣机→绣花片上机制作→下机检验→入库→出厂。

(2)客户绣花片(自带实物或图案)→微机编程序→输入刺绣机→绣花片上机制作→下机检验→入库→出厂。

至 2010 年，浙江机绣采用的工艺主要以喷绣结合为主，部分使用烂花、贴绒等。

(三)质量检验

1986 年 9 月 25 日，国家进出口商品检验局颁布《出口绣衣检验规程》的国家专业标准，并于 1986 年 12 月 1 日起正式实施。1986 年 12 月，省丝绸公司制定了《丝绸绣衣质量鉴定办法》，其间略有改进，至 2010 年仍沿用。

附录：1995—2010 年浙江省名牌产品(丝绸服装服饰)

自 1992 年起，省质量和技术监督局每年进行浙江省名牌产品的评比。1995 年，丝绸服装服饰产品首次有企业获评。

表 105-10-3-1　　1995—2010 年丝绸服装服饰浙江省名牌产品一览表

年份	品牌产品	企业名称
1995	“梅月”牌真丝针织服装	湖州梅月丝针织集团有限公司
	“富兴”(外销 Fuxing)牌丝绸服装	嘉兴市富兴服装有限公司
	“富润”牌绢细丝针织衫	浙江富润纺织集团有限责任公司
1996	“米赛”牌真丝针织服装	浙江米赛丝绸集团公司
1997	“喜得宝”牌丝绸服装	杭州喜得宝丝绸公司
	“万事利”牌丝绸服装	万事利集团公司
1998	“凯地”牌丝绸服装系列	杭州凯地丝绸股份有限公司
	“金三塔”牌真丝针织服装	浙江金三塔丝针织集团公司
	“臣臣”牌丝绸服装	浙江金达丝绸集团公司
	“永达兰”牌丝绸服装	杭州时装厂
	“俊仕”牌领带	浙江佳友领呔有限公司

续表 1

年份	品牌产品	企业名称
2000	“梅月”牌丝针织服装	湖州梅月丝针织集团有限公司
	“米赛”牌丝针织服装	浙江米赛丝绸集团公司
	“万事利”牌丝绸服装	万事利集团公司
	“喜得宝”牌丝绸服装	杭州喜得宝集团公司
2001	“臣臣”牌真丝服装	浙江金达丝绸集团公司
	“凯喜雅”牌丝绸服饰	浙江省丝绸集团公司
	“俊仕”牌领带	浙江佳友领呔有限公司
2004	“臣臣”牌真丝服装	浙江金达丝绸集团公司
	“曼江利”牌丝绸服装	杭州江宁丝绸制衣有限公司
	“金三塔”牌丝绸服装	浙江嘉欣股份有限公司
	“俊仕”牌领带	浙江佳友领呔有限公司
	“好运来”牌领带	浙江好运来集团有限公司
2005	“凯喜雅”(CATHAYA)牌真丝服装	浙江凯喜雅国际股份有限公司
	“金鹰”牌针织服装、桑蚕绢丝	浙江金鹰股份有限公司
	“梦迪”牌针织服装	嘉兴市梦迪集团有限责任公司
	“巴贝(芳丝・蒂尔)”牌领带	浙江巴贝服装服饰有限公司
	“麦地郎”牌领带	浙江麦地郎领带服饰有限公司
	“金天得”牌领带	浙江金天得领带集团有限公司
2006	“喜得宝”牌丝绸服装	杭州喜得宝集团有限公司
	“梅月”牌丝针织服装	湖州梅月针织有限公司
	“意戈”牌绢丝针织工艺衫	嵊州市宏达制衣有限公司
2007	“金三塔”牌丝绸服装	浙江嘉欣丝绸股份有限公司
	“万事利”牌丝绸服装	万事利集团有限公司
	“曼江利”牌丝绸服装	杭州江宁丝绸制衣有限公司
	“亨哥尔”牌丝绸服装	浙江神鹰集团有限公司
	“臣臣”牌丝绸服装	浙江金达创业股份有限公司
	“富润”牌丝羊绒围巾	富润控股集团有限公司

续表 2

年份	品牌产品	企业名称
2007	“俊仕”牌领带	浙江佳友领呔有限公司
	“Tian Lei”牌领带	浙江雅士林领带服饰有限公司
	“越之娇”牌嵊州领带	嵊州市场发展总公司
2008	“凯喜雅”牌丝绸服装	浙江凯喜雅国际股份有限公司
	“金富春”牌丝绸服装	杭州金富春丝绸化纤有限公司
	“台绣”牌丝绸服装	台州市银河制衣有限公司
	“ELIT”牌领带	宁波艾利特服饰有限公司
	“仟代”牌领带	嵊州市仟代领带织造有限公司
2009	“喜得宝”牌丝绸服装	杭州喜得宝集团有限公司
	“意戈”牌绢丝针织工艺衫	嵊州市宏达制衣有限公司
	“梅月”牌丝针织服装	湖州梅月针织有限公司
	“加佳”牌领带	绍兴加佳领呔服装有限公司
2010 年	丝绸家居服(传统特色文化)	湖州翔顺工贸有限公司
	“金三塔”牌丝绸服装	浙江嘉欣丝绸股份有限公司
	“万事利”牌丝绸服装	万事利集团有限公司
	“曼江利”牌丝绸服装	杭州江宁丝绸制衣有限公司
	“亨哥尔”牌丝绸服装	浙江神鹰集团有限公司
	“俊仕”牌领带	浙江佳友领呔有限公司
	“Tian Lei”牌领带	浙江雅士林领带服饰有限公司
	“好运来”牌领带	浙江好运来集团有限公司

资料来源:根据浙江省丝绸协会提供的资料整理。

第十一章　丝绸贸易

西周时期，浙江就有丝绸物物交易的记载。秦汉时期，浙江以会稽(今绍兴)、句章(今宁波)、东瓯(今温州)为始发港，开始将浙江丝绸和瓷器向国外输出。魏晋南北朝时期，浙江的丝织物销往日本、高丽和南洋一带。唐宋以后，浙江成为全国丝绸生产和贸易中心，商贾云集，丝绸内外贸易交易频繁。南宋时期，浙江的明州港(今宁波)，是“海上丝绸之路”东海起航线的重要港口，丝绸贸易十分活跃。明代，丝绸是浙江重要输出物资之一，输出的丝织物中，尤其是生丝，浙产为多。清代，浙江丝绸对外贸易管理沿袭明代体制，对丝绸出口采取税负加重政策。鸦片战争后，资本主义列强实行“引丝扼绸”政策，不仅掠夺我国的廉价生丝，而且倾销他们的丝织品。民国 27 年(1938 年)，日本在上海设“华中蚕丝股份有限公司”，垄断蚕丝业务。

中华人民共和国成立后，丝绸产销量虽有起伏，但浙江丝绸内外贸易在全国保持重要地位，浙江丝绸国外销售一直由中国丝绸进出口总公司统一对外成交，调拨上海口岸出口，国内销售则主要由商业部门负责经营。从 1981 年起，浙江丝绸商品自开口岸自营出口，是年出口创汇达到 1.08 亿美元，以后逐年增加。1988 年，国家实行外贸体制改革，浙江实行了“两轮”(前 3 年为一轮，后 1 年为一轮)丝绸外贸承包经营。此后，丝绸外贸经营体制逐步放开，浙江的丝绸重点产区和骨干企业实行自营出口。至 1994 年，全省已有 146 家生产企业(集团)取得了进出口经营权，这对丝绸企业在直接参与国际竞争、提高产品质量档次等方面，起到了积极的推动作用。2010 年，据海关统计，全国真丝绸商品出口 32.58 亿美元，浙江省真丝绸商品出口 13.17 亿美元，浙江占全国的 40%以上。丝绸历来为高档消费品，随着社会经济的发展和人民生活水平的提高，丝绸产品的国内销量不断增加，品种繁多、绚丽多彩的丝绸产品渐成寻常百姓消费的新亮点。

第一节　国内贸易

两晋南北朝时期，丝绸征收实行户调制度，以征取丝布实物为特征。唐代，绢帛具有钱币功能。唐宋以来，官营织造渐趋发达，丝绸国内贸易出现繁荣景象。明代，除官营织造局的局织制外，又出现由民间领织的局织制，成为丝绸流通的重要方式。明清时期，浙江丝绸国内贸易主要有两种形式，即互市丝绸贸易和民间丝绸贸易。民国初年，国内丝绸交易与明清时期一脉相承，贸易管理方式大致相同。

中华人民共和国成立后，丝绸国内贸易实行统购统销。20世纪60年代后，绸缎商品国内销售由商业部门按计划购销调存。20世纪80年代，丝绸计划外商品国内销售逐步放开经营，市县丝绸公司和丝绸生产企业开设门市部，实行批零兼营，开展多渠道的丝绸销售业务。20世纪90年代初至2010年，国家从实行有计划的商品经济到全面建立社会主义市场经济体制，逐步取消计划调拨和丝绸价格管控，各地丝绸企业以市场为导向，组建内销机构，开发产品、开拓商路、自行销售、自负盈亏。

一、内贸管理

两晋南北朝时期，丝绸征收实行户调制度，以征取丝布实物为特征。规定："丁男之户，岁输绢三匹，绵三斤。女及次丁男为户者，半输。"①东晋时，会稽郡治山阴，已是米、绢等物的交易中心。唐代绢帛具有钱币功能。唐宋以来，官营织造渐趋发达，官府从民间征收丝帛，通过官营织造为宫廷提供御用丝绸。宋代尤其是南宋时期，丝绸国内贸易出现繁荣景象。明代，除官营织造局的局织制外，又出现由民间领织的局织制，成为丝绸流通的重要方式。领织分两种方式进行：一种是由机户到官局领取丝料代织成匹，另一种是领取价银自织，即第一种是加工形式，第二种是订货方式。

明清时期，浙江丝绸国内贸易主要有两种形式，即互市丝绸贸易和民间丝绸贸易。互市丝绸贸易是中央王朝与周边少数民族之间开展的贸易活动，以浙江丝茶易换边陲少数民族马匹等。明代互市贸易规模完全由朝廷硬性规定，并不随贸易展开而变动。清代，新疆的丝绸贸易，完全取决于各族人民对丝绸的需要而相应提供货源，浙江盛产各类精美丝织品，官方以定织或购买方式组织货源，互市缎匹主要来自苏杭。走私丝绸贸易是民间丝绸贸易的一种。明代，严禁私运缎匹与铁、食盐等出关与各民族交易，此类贸易由官方严加控制。另一种是民间合法丝绸贸易，丝绸商人以浙江最多，清代浙江商人在湖北汉口、湖南善化、北京和营口等地都建有会馆。杭州商人以苏州为据点，乾隆二十七年(1762年)独立建成经营丝绸的钱江会馆，有屋130余间，耗银7200两。自乾隆三年至乾隆四十一年，6家杭州丝绸商号共捐银达1.1万余两。湖州商人于乾隆五十四年在苏州建有吴兴会馆，为丝绸两业集事之所。宁波商人在盛泽镇建有宁绍会馆，与安徽丝绸商人争雄。丝绸商人获得丝绸的途径有两种，一种是直接从生产者或绸缎行购买，另一种是商人订付定银给生产者，生产者按商人要求织造绸缎。清代，丝绸牙人经纪特别活跃，介于产销之间，充当交易者和生产者的中介。

民国初年，国内丝绸交易与明清时期一脉相承，贸易管理方式大致相同。民国18年(1929年)，由省政府建议、省建设厅拟具筹备议案的杭州西湖博览会，于6月6日举行揭幕典礼，博览会专设丝绸馆，弘扬并促销浙江丝绸。民国23年，省政府为改进全省蚕丝事业，并管制丝茧、平衡价格、防止偷漏资敌起见，特饬省建设厅拟具浙江省蚕丝管制规则，提经省政府委员会第1191次会议议决修正通过《蚕丝管理规则》，并印发各有关场、厂、行、商以周知。

1951年5月，中蚕浙江分公司与省厂矿联营处、省企业公司、杭州市绸商业同业公会共

---

① 《晋书》卷二十六《食货》。

同组织成立杭州市内销绸类临时联合推销处，办理内销绸联合推销事宜。9月，改中蚕浙江分公司、省企业公司、杭州市绸商业同业公会、杭州市煤油业共同投资设立公私合营浙江内销绸联营处，地址在中山中路477号。为加强土丝管理，省商业厅决定在杭州、湖州、南浔、新市、双林、硖石、崇德设立土丝市场。6月，杭州市商业局，在东街路戴家弄2号绸业市场内成立丝业市场。7月，湖州在下北街局前巷内设场交易。1952年6月，中蚕浙江分公司为解决土丝销路、稳定土丝价格，统一掌握土丝供销，委托供销社代理土丝收购业务。1953年，中蚕公司浙江分公司委托嘉兴合作社计划收购王江泾地区土绸。

1954年6月1日，江、浙两省商业部门在毗邻地区（吴江、吴兴、嘉兴、桐乡）共同成立"土丝、土绸市场管理委员会"，统一领导4个县土丝、土绸收购管理工作，对土绸机户规定进行登记，区别配售原料，对土丝、土绸私商规定集中交易，参加联购。6月，中国丝绸公司浙江分公司杭州支公司成立，原中国蚕丝公司浙江分公司湖州办事处经管的嘉兴地区丝绸贸易业务划归杭州支公司管理。同时在嘉兴王江泾成立丝绸经理组，由杭州支公司领导。10月，杭州市商业局按市财委通知成立"华东区丝绸公司浙江分公司杭州市支公司"（原杭州营业所）负责对杭州市（包括绍兴）的丝绸加工、收购、销售及仓库等全部业务，并经营嘉兴地区收购业务。12月，该支公司改组为工贸合一的"省丝绸公司杭州支公司"，承担杭州及绍兴地区丝绸生产、加工及产品的收购和销售业务。

1956年1月26日，省丝绸公司在全省现有土丝、土绸代购商（包括绫绢贩卖商）以购为主，以及转业、吸收、包销、集中交易等方式的基础上，做进一步安排与改造。1957年4月20日，省政府批准了省工业厅和外贸部驻浙特派员办事处提交的《关于厂丝试行购销关系的联合报告》，要求工商双方按市场需要和生产可能，签订包括厂丝生产的数量、品位、幅度、交货时间等内容的购销合同，双方严格执行。工厂生产的正副次品，除蚕蛹油由工业部门自销外，其余全部由商业部门包购。1958年，省政府决定实行工贸归口，撤销"省丝绸公司杭州支公司"，原承办的丝绸国外销售归省丝绸公司直接经营；厂丝由丝绸工业部门实行计划调拨；绸缎国内销售由杭州市纺织品批发站经营，除在湖滨路设"杭州绸缎商店"外，均由棉布呢绒商店统一经销。

1966年1月1日，外贸部、纺织部、商业部联合发文，规定：为更好做好国内绸缎购销工作，自1966年1月1日起，外贸部将全国内销绸缎购销业务，全部移交商业部统一经营，内销绸缎由外贸部门与商业部门按国家计划分别收购。另，中国纺织品进出口总公司通知各地：桑蚕丝类商品，仍由外贸部门负责经营，统一安排收购的分配、调拨。11月30日，省丝绸公司制定《浙江省绸缎购销关系实施方案》，从1967年1月1日起，浙江省绸缎加工关系改为购销关系，实行全省统一的出厂价格。1970年1月29日，省丝绸公司革委会发出《1970年内销绸缎调出计划》，计划生产绸缎7100万米，其中外贸收购4000万米、军工100万米、内贸3000万米；调出仍按1969年的水平3200万米，其中工业绝缘用绸400万米、市场民用绸2800万米。

1972年5月2日，省革委会生产指挥组发出《关于调整丝绸工商体制问题的通知》，厂丝、农工丝全部由轻工业局经营，丝绵、土丝、社会用丝由商业部门经营，外贸出口绸缎由外贸部门提出计划，由省轻工业局具体经营。国内市场绸缎的购、销、调、存业务(包括供应外宾及兄弟省市)由商业部门经营，工业部门按商业部门提出的品种、数量、规格、花色、质量组织生产及时供应，出口转内销绸缎也由商业部门按质论价进行收购，统一调拨。出口丝、绸由丝绸公司按国家规定标准进行验收后调拨出口，内销绸缎由商业二级站直接从工厂进货并负责验收，以减少流转环节；工厂应将直接调拨给二级站的数量及时报丝绸公司，以便公司了解全部商品出口情况。商业部门如需变更生产内销绸缎品种、数量、规格、花色，应通过丝绸公司办理。1973 年 12 月 26 日，商业部下达 1974 年商品收购和调拨计划：浙江省的桑蚕茧 5.1 万吨，柞蚕茧 100 吨，蚕丝资源 5300 吨；出口合计 3280 吨，其中厂丝 3000 吨，专项安排 92 吨，调出 250 吨。1975 年 12 月 4 日，省一轻局、二轻局、商业局联合发出《关于分配 1976 年手工业生产需用厂丝的联合通知》，下达了 1976 年丝线、匀条纱、罗底纱、绣花线、皮鞋线、榨酒用绸袋等生产所需农工丝和人造丝的原料分配。绍兴、嘉兴地区生产单位所需农工丝和厂丝，由绍兴地区丝绸公司、嘉兴地区丝绸公司直接供应，其他县、市等单位由省丝绸公司安排供应，人造丝均由省丝绸公司供应。1974—1976 年，年均生产丝线、皮鞋线等所需用丝分配浙江桑蚕丝 124.52 吨，人造丝 40 吨，皮鞋线用农工丝 14.8 吨。1978 年，榨酒用绸袋生产 10 万只，供应土丝 7.5 吨。同时，全省二轻工业生产丝线、皮鞋线用丝分配为桑蚕丝 124.52 吨，人造丝 40 吨，农工丝 21.52 吨。

1981 年，全省重点产区和一些企业开设产品展销门市部，推销丝绸产品。省丝绸公司召开 5 次订货会，还在北京、上海、广州等城市与当地商业部门建立展销、代销、经销关系。全年国内销售 2133.3 万米。1982 年 12 月，省丝绸公司与杭州市丝绸工业公司联合成立省市丝绸公司联合购销经理部，并在杭州环城北路 47 号设立批零兼营的丝绸门市部。1984 年 12 月，嘉兴市丝绸公司成立贸易部，主要任务是完成计划内丝绸商品购、销、调、存业务及计划外内外销经营，发展多渠道多形式的国内贸易业务。

1985 年 1 月 29 日，省政府发出《关于全省丝绸行业经济体制改革试行方案的通知》，规定省丝绸联合公司由省轻工业厅丝绸公司和省商业厅百货公司、省供销社特产公司中管理蚕茧、丝绸的机构和人员组成，实行经理负责制，明确省丝绸联合公司主要任务之一是组织内销丝绸、少数民族用绸、军工用绸等供应工作，并直接参与经营。对丝绸企业市场调节的自产自销产品，价格可以由供需双方议定，或实行浮动价。8 月 15 日，省丝绸联合公司联合发出《关于安排计划外增产内销真丝绸厂丝供应问题的通知》，决定安排计划外厂丝 930 吨增产内销真丝绸。经省财政厅同意计划外增产内销真丝绸一次性免税，计划外增产内销真丝绸所需厂丝，由省丝绸公司直接供应丝织企业，并按省统一织绸供应价结算。供应厂丝 70%为 20/22D，另 30%由省丝绸公司根据丝织厂生产绸缎不同品种、规格，适当供应一些特殊纤度厂丝。1986 年 8 月 15 日，国家物价局、中国丝绸公司联合发出《关于整顿内销丝绸价格的通知》，适当提高内销绸缎的产、销价格，统筹安排茧、丝、绸和商业批发、零售各环节的价格。此后，中国丝绸公司编印了《丝绸出厂价格作价办法》，简称《86 作价本》。1987 年 3 月 7 日，商业部发出《关于原中国丝绸公司内销业务移交商业部管理的通知》。11 月，在杭州市下城区西健康路建立杭州丝绸市场，其为国内大型丝绸专业市场，营业场地 1.4 万平方米，进场工商企业500多家。1988年5月，位于嘉兴市北郊王江泾镇的南方丝绸市场建立，市场占地面积8000平方米，营业用房195间，经营丝绸原料、成品、染化料、辅料等，当年营业额3916万元。

1990年6月29日，省丝绸公司发出《关于我省少数民族特需用绸生产调拨情况及存在问题的汇报》，称全省少数民族特需用绸的生产调拨计划历来约占全国的四分之一，是供应大户，但这几年执行情况一年差于一年。1988年计划530万米，实际调拨180万米；1989年计划462.4万米，实际调拨42万米。生产调拨主要根据少数民族消费习惯变化，如摹本缎专供延边朝鲜族，克利缎供内蒙古等少数民族地区，金丝绒主供新疆地区。

20世纪90年代初至2010年，国家从实行有计划的商品经济到全面建立社会主义市场经济体制，逐步取消计划调拨和丝绸价格管控，各地丝绸企业以市场为导向，组建内销机构，开发产品、开拓商路、自行销售、自负盈亏。

二、内贸业务

东晋时，会稽郡治山阴，已是米、绢等物的交易中心。唐代，绵帛已有货币的职能。太宗贞观初年，一匹绢可买米一斗。至贞观十一年(637年)，因粮食连年丰收，一匹绢可买粟十余石。北宋时，丝绸交易兴旺。《宋会要辑稿·食货》载，天圣元年(1023年)，富阳县民蒋泽等捉到的商人沈赞贩卖罗一百八十二匹，沿途偷税，而被全部没收于官。周士琪《致富奇书》载："苏州之丝织原料，皆购自于湖州。"崇祯《松江府志》卷六载："松江织造上贡吴绫等之原料，浙产为多。"浙江的丝织品因织工精致，而在国内行销甚广。顾炎武《日知录》卷一载，陕西"绸帛资于浙江"。南宋时期，杭州的丝绸交易兴盛。南宋时还产生了以承揽他人租赋为业的揽户，这是一种特殊的中间商人，他们为无绢纳税人代购或代纳绢帛。据《宋会要辑稿》记载，绍兴三十年(1160年)两浙转运司记述武康、乌程、归安、吴兴、德清等县缴纳丁绢的情况时，曾提到"揽纳之人"。元代，据杨树本《濮院琐志》卷一载，濮院的濮明之"立四大牙行，收积机产"，乘时牟利。故濮院远商云集，遂有"永乐市"之称。湖州双林镇的丝绸贸易，据《双林镇志》载："元时有绢庄十座，在普光桥东。凡收绢，黎明入市曰上庄，辰刻散市曰收庄。当其事者，有司岁，有司月。取绢者曰绢庄，售绢者曰机户。"明代的商品丝以湖州所产湖丝质量最佳，数量最多，运销范围最广。

清代，杭州、嘉兴、湖州等地丝绸商人进出频繁，并遍及全国。乾隆年间，浙江的生丝交易十分兴隆，据乾隆《湖州府志》卷四十一载，湖州一带，每值生丝上市，"各直省商客，云集谋贩，里人贾鬻他方，四时往来不绝"。五口通商以后，浙江各产丝地区开设了许多丝行。长兴一带丝行不下百余家，后因丝市移集南浔等地，减为十余家。光绪年间，余杭有丝行5家。同治、光绪年间，濮院镇上的丝行，在大有桥街、义路街、女儿桥街等均有开设。光绪年间(1875—1908年)，杭州从东街路所巷起至艮山门西，自梅登高桥至天水桥一带，领有牙帖(执照)的丝行计有76家，另外还有丝号和丝贩，总计110余家。经营肥丝的丝行多集中于杭州骆驼桥之北，通称桥北丝行。光绪年间，浙江生丝和丝织品产销比较发达的地区有杭州、嘉兴、湖州、绍兴、宁波、金华、衢州、严州(今建德)、温州、处州(今丽水)等府所属的58个县。其中湖、嘉、杭、绍四府是重点地区。

表 105-11-1-1 清光绪四年至五年(1878—1879 年)湖、嘉、杭、绍出售生丝量情况一览表

府别	1878 年		1879 年	
	数量(担)	比例(%)	数量(担)	比例(%)
湖州	29.254	62.88	33.042	64.93
嘉兴	7.742	16.64	6.537	12.85
杭州	8.211	17.65	9.352	18.38
绍兴	1.317	2.83	1.954	3.84
合计	46.524	100.00	50.885	100.00

资料来源:《浙江省丝绸志》,方志出版社 1999 年版,第 324 页。

鸦片战争后,由于外国帝国主义列强势力的侵入和“引丝扼绸”政策的实行,中国蚕丝资源被大肆掠夺。清末,杭州年销出的丝织品在 3000 担以上,光绪三十四年(1908 年)至宣统三年(1911 年),杭州共销出丝织品 1.35 万担。

民国 6—8 年(1917—1919 年),新办丝绸工厂如雨后春笋,总数竟达百余家。其中有一些厂家资力雄厚,在杭州和外埠设立经销机构,实行自产自销,使绸庄业务受到影响,一些资本较强的大绸庄如蒋广昌、袁震和、悦昌文等亦投资兼办丝织厂,有的绸庄还相继在上海、汉口、苏州、青岛、营口等地设立分庄。民国 14 年,由杭州绸业会馆(观成堂)出面对茶会进行改组,在王马巷口正式成立绸业贸易市场,日成交绸缎 200 余匹。民国 23 年,又迁至长庆街,改组为官督民办的“杭州市绸业市场”,日成交绸缎达 1000 匹左右。抗日战争胜利后,由于蚕茧售价过低,而厂丝价则较高,蚕农又回到自缫土丝的老路,织户不得不采用价格较低的土丝织绸,几经绝迹的土丝交易场所“丝号”兴起。

1950 年 5 月,中国蚕丝公司浙江分公司成立,蚕茧、生丝、绸缎实行统一计划生产和调拨。1952 年 8 月 25 日,中蚕浙江分公司为扩大城乡物资交流,将门市部迁至前公私合营浙江内销绸联营处原址(杭州市中山中路 520 号),扩充成立营业所。丝织原料部分于 9 月 8 日起照常供应,绸缎批发部于 10 日开始营业。1957 年 9 月 10 日,省特派员办事处发出《关于本省绸缎市场供应工作意见的报告》:浙江省绸缎生产全年计划为 3000 万米,产品的 50%左右供应出口的外销绸缎,内销绸缎均由中国丝绸总公司统一安排国内市场销售。1966 年 4 月 11—21 日,全国首届内销绸缎选购定产会议在杭州召开,全国 28 个省、市、自治区和 4 个中央批发站代表共 540 人到会,全部展品 3508 个花样,共 12 个馆室。

1976 年 8 月 2 日,省丝绸公司参加内销真丝绸缎调研汇报集中展销活动。浙江展出面料 10 万米,被面 1.5 万米,头巾 2000 条。分真丝提花绸、真丝平素绸、真丝交织提花绸、交织平素绸、真丝印花绸、被面、装饰用绸、织锦工艺品、丝绸复制品、少数民族特殊用绸展台等共 10 个展台,展台面积 120 平方米。1979 年,浙江丝绸工业为国内市场提供了丰富的丝绸商品,供应内销绸缎达 6000 余万米,销往国内 20 个省、市、自治区。其中绸缎被面年产销 500 万条

以上，约占全国的40%。

1983年，省丝绸公司全年组织3次大型订货会，工业自销和出口辅料调拨全年3450万米，其中辅料600万米、商业批发2670万米、转杭纺站等180万米。因此，工业自销增加，商业转销有所减少。1984—1985年，浙江省丝绸内销除完成商业计划外，开展外转内绸缎产品和工厂自销。省丝绸公司相继在北京、天津、上海、武汉、广州、长沙、福州、沈阳、哈尔滨等城市设立展销、代销、联销等网点，每年销量2000万米～3000万米，各丝绸工厂自销量每年1000万米左右。省丝绸公司和丝绸大中型丝织、印染企业都设有展销门市部，扩大销售。1986年9月11—18日，省丝绸公司组织各市丝绸公司在杭州召开1986年下半年浙江省丝绸看样订货会，参加会议的省内外代表300多人，展出样品1000多种，共成交绸缎629万米，金额2200万元，其中真丝绸95万米、合纤绸290万米、交织绸191万米、人造丝绸14万米、被面39万米。1987年，省丝绸公司组织10多次内销订货会，并通过与北京等地联销形式，扩大销售，全年国内绸缎销售1600万米，销售额8500万元，服装面料销售125.7万米，内销服装8.5万件。1988年3月11日，浙江省丝绸内销绸缎供应会在杭州召开。大会成交绸缎566.4万米，其中杭州、湖州、绍兴、嘉兴、宁波、金华市丝绸公司和省丝绸公司内销部成交366.4万米。杭州福华、天水、潮鸣、天成、春雷等丝织厂和杭州丝绸炼染厂共12家工厂参加供货会，成交200万米。会议呈现主要特点是：厂丝市价失控，内销真丝绸成本高，工厂和消费者无法承受；杭罗、杭纺、绍纺、庐山纱等紧俏；锦丝交织物价格适中，销势见好；合纤绸滞销，被面需求减少。是年，国内丝绸市场需求旺盛，内销货源不足，省丝绸公司4次举办浙江丝绸看样订货会，5次参加商业部及兄弟省订货会，全年实现销售额8200万元。1989年，国内丝绸市场疲软，销售不畅，省丝绸公司采取多种促销方式，全年销售总额5000万元。

20世纪90年代以后，国家实行有计划的商品经济和市场经济体制，丝绸国内销售渠道多，经营分散。各丝绸生产企业设立门市部或销售窗口，丝、绸、服装除完成外贸出口供货外，自行定价，自主销售。1997年6月15日，由省丝绸公司组织了有38个企业共55个展位的浙江代表团，参加了在北京举办的第二届中国丝绸博览会。浙江参展的产品，凸显企业和品牌形象，质量优、式样新，因而大受北京市民欢迎。“臣臣”“喜得宝”“凯地”等丝绸服装和富利达公司、杭州红雷丝织厂等企业的高档丝绸面料十分抢手。1998年，由于总量过剩与技术、质量等方面的原因，全省丝绸行业总体比较困难。浙江丝绸企业积极调整产品结构，发展深度加工产品，逐步向服装等最终产品转移，形成以制成品销售带动整体销售的经营格局。据杭州中国丝绸城管委会反映，丝绸城全年成交30亿元，基本上是内销。

2000年5月11日，省丝绸联合公司举行“展丝绸风采、建丝绸强省”浙江省丝绸新品名品展示会。7月8日，全省24家丝绸企业组团赴京参加中国丝绸博览会。在本届博览会上，一批新产品脱颖而出，真丝绸产品不断向高档化和功能化方向发展。防缩、抗皱、多种纤维混纺、交织、绿色保健功能在产品中得到充分体现。2002年10月31日至11月4日，中国国际丝绸博览会在杭州举行，据丝博会组委会统计，本届丝博会共成交4.7亿元，其中出口订单有2500万美元，国内贸易2.5亿元。跨国采购集团和50多家企业建立了初步的合作伙伴关系，百盛、好又多等采购集团已经开始对这些企业进行实地考察。2005年10月23日，由商务部与杭州市人民政府主办，国家茧丝绸协调办公室、中国丝绸协会、杭州市经济委员会、杭州市贸易局联合承办的2005年中国国际丝绸博览会在杭州和平会展中心圆满落幕。由省丝绸协会承办的2006年春夏中国丝绸流行趋势展示，分赋诗画、寄情愁、寻禅意、忆江南4个主题，有别于往届的潮流广场展示，新颖独特，受到客商和观众的好评。在1万多平方米的展区里，有来自浙江、江苏、四川、重庆、广东、广西等省、市、自治区的100多家丝绸企业参展，参会观众达到5万多人次，其中国内外专业客商2.2万人次，成交额超过5亿元。2007年中国国际丝绸博览会暨中国国际女装展览会于10月26—29日在杭州举行。此次博览会总成交额近10亿元，参观人数超5万人次，其中专业客商近3万人次，外商超过2000人次。丝绸家纺产品及中国女装趋势、丝绸奥运产品受到国内外消费者追捧，国内的商场、超市、零售集团、国外客户专程选购，开启了新的丝绸与女装消费领域。在汇集全国丝绸新产品的“潮流广场”上，不时有各种肤色的专业客商驻足详观、索取小样和开发厂家的联系方式。博览会期间，高潮迭起，自始至终呈现出浓厚的丝绸文化底蕴和繁荣的女装盛会局面。

2009年11月4日，嵊州中国真丝产品流行趋势新闻发布会暨中国真丝产品流行趋势发布基地授牌仪式在北京时尚设计广场(D. PARK)时尚会所举行。中国纺织工业协会副会长陈树津向“中国真丝产品流行趋势发布基地”嵊州市进行了授牌。据统计，至2010年8月，浙江嵊州已成为全球最大的真丝领带基地，有领带企业1308家，年产领带3亿多条，产量占全国的90%、全球的50%，产值超100亿元，产品份额占全球的50%。

2010年8月24日，桐乡市个私(民营)企业协会首次组团参加在上海举办的“中国国际家用纺织品及辅料博览会”。以桐乡洲泉为中心的丝绵产业集群，有蚕丝品生产企业330多家，企业职工4150人，年产丝绵被240.8万条，实现产值11.6亿元，已经成为浙江省内销丝绵的重要产地。2010年中国国际丝绸博览会暨中国女装展览会于10月20—25日在杭州休博园会展中心举行。展会面积达2万平方米，来自16个国家和地区的1500个客商参展。展会成功搭建了国内外丝绸与女装产业界展示平台、销售平台、商务平台，尤其是设立了设计师专区及动态发布区，展会成为设计师及企业品牌发布的平台，推动了丝绸女装产业的提升发展。

三、专业市场

(一)丝行

明代，浙江丝行已较发达，明正德《新市镇志》卷一《物产》载，正德年间(1506—1521年)德清县新市镇“收丝盛时呼为丝行”“市肆所收有光、肥、细、经、纬等名目”。清代康熙年间(1662—1722年)，湖州境内丝行兴起，江南江宁(今南京)、苏州、杭州三大织造局每年派胥吏来南浔、双林、新市等镇丝行采办湖丝。

清道光二十二年(1842年)五口通商后，湖丝出口增多，丝行中始有洋庄、本庄之别。洋庄代洋行收丝，每年营业额多者达百万元，少者二三十万元；本庄收丝后销往国内各地绸庄、机户，其贸易额多者有二三十万元，少者万余元。丝行中按地区销售又有京行、广行、乡丝行、经丝行及划庄(抄庄)、掇庄之分。招接江宁等地客商，将丝贩销制造上供京师丝织品的，曰京行;招接广东、福建客商及运往上海与洋商交易的,曰广行,又称客行;向农民收购的,曰乡丝行;买丝造经的称经丝行。另有买之以饲大行,曰划庄;招卖乡丝户代为出售,从中销抽微利者,曰掇庄,亦曰小领头。同治、光绪之际,湖属丝行较杭嘉二属为多。长兴、夹浦、后漾、水口、下箬、吕山、鸿桥、虹星桥等沿太湖一带产丝多,丝行不下百余家。后随丝市移集南浔等处,减少为十余家。菱湖、双林、乌青、新市、德清等地丝行,少者七八家,多至十余家,其他小村镇也都设有丝行,而以南浔首屈一指,南浔盛时设丝行50余家,其中资金雄厚,颇有影响的有邢正茂、朱宏茂、张恒和、刘正茂、庞怡泰、邱启昌、梅恒裕、邵森大、周申昌、周申泰、张源泰、沈鉴记、邱奕茂、沈天长等14家;南浔丝商在沪设丝行(丝号)的有陈裕昌、顾丰盛、张恒和、邵月记、金嘉记、谢森元及许仁昌香记、文记、岷记等9家。太平天国革命军驻南浔设官丝行4家,北栅吴晋昌、南栅卜同昌及西栅庄恒庆、李恒鼎。双林镇丝行有姚天顺、俞源元、施福隆、丁震源、陈三益、凌成记、协源等7家,后增诚昌裕、俞兴记(后改振宇)、俞广隆、广源、钮裕成、鲍成昌、同丰祥丝行和丝庄。光绪年间(1875—1908年),菱湖镇丝行有张大友、庞亨荣、朱荣盛、唐广丰、杨万丰、陆鼎茂、大集成、陆万盛、冯泰昌、乾丰盛、钱宏顺等11家。实力雄厚的丝行有唐广丰、杨万丰、陆鼎茂、钱宏顺4家。湖属乌青镇乌东、乌西、乌南、乌北四栅设有丁同和、胡同顺、荣盛、姚德泰仁记、姚德泰兴记、周恒源、杨义丰、钱天元、邱恒茂、徐天通、沈永昌、徐天源等14家丝行,以徐天源、沈永昌2家营业最盛。湖州府城丝行、丝店鳞次栉比,有120余家之多,专供四乡零机户织造所需丝料。

土丝买卖,均由土丝行居中交易。据民国22年(1933年)《中国实业志·浙江省》载:浙江省之土丝行,以海宁、吴兴、杭州、嘉兴等处为丛集之所,近已日潮衰落之势。查吴兴肥丝行,共有80家以上,辑里丝行,仅存数家。海宁丝行,在民国21年以前,亦有数十家,今仅存20余家,如斜桥、袁化、周镇等之丝行,均于民国21年全数倒闭。杭县丝行,在民国21年以前,良渚3家,三墩2家,塘栖4家,乔司1家,临平、勾庄各2家。到民国21年仅存勾庄、良渚、三墩3地各1家,其他各地,亦多不振。

民国26年(1937年)杭州沦陷后,只有少数丝行在营业。抗日战争胜利后,丝行逐渐复业。中华人民共和国成立后,丝类产品由政府统一计划、统一购销,丝行歇业。

(二)绸庄

唐代,浙江已出现绸缎商贩组成的商行。明代,杭州丝绸贸易十分兴旺,市区经营丝绸商店分布面广,清河坊、官巷口一带,有不少经营绸缎的商号。清代后期,杭城开始出现绸庄组织。道光年间(1821—1850年),先有徐茂顺弟兄等创立瑞云公绸庄,后续有蒋广昌、袁震和、悦昌文、豫昌祥等设立。光绪三十年(1904年),杭城绸庄20多家,宣统二年(1910年)为50余家,其中有几家在外省繁荣城市设有分店和代办所,以设在上海为最多,计有30多家。有许多分店的营业额,常常超过本庄。湖州的绸缎庄,一般称绉庄,主要有老惇泰、咸章信、咸章涌、锦泰等10多家。温州主要的绸缎庄有严日顺、陈恒隆等7家,浙江绍兴的华舍是丝绸产销的重点地区,各生货绸庄计有泰和裕等18家。经销丝绸的商业组织大致可分纱缎庄、绸庄和绵缎店3种。纱缎庄亦称绸缎庄,其中有些既有店铺,又有机坊,但多数是向机户放款或放料代织。纱缎庄主要是批发商品，以独资经营者居多。绸庄向纱缎庄和机户购进成品，进行零售，以合资经营为多。除经营本地产品外，还经营进口的“洋绸”。绵缎店以经营全省产的绵绸、丝绵、裱绫、宋锦、画绢等为主，资本不多。以上三者的区分并无明显的界限，有些地区统称为绸庄(分生货绸庄和熟货绸庄)。

辛亥革命后，杭州绸庄一度有所增加。蒋广昌、袁震和绸庄还相继在外埠设立分庄。民国元年至12年(1912—1923年)，濮院绸庄有40余家，放料收绸，转销全国各地。民国25年，绍兴的丝绸重地华舍和下坊桥的绸庄达60多家。其中有杭州绸庄到绍兴设绸庄的俗称杭庄，本地绸庄俗称绍庄。这些绸庄通过自销或外地商人将浙产丝绸销往全国各地。民国26年前后，杭州绸庄发展到150多家。至民国29年减少至121家。营业较大的有庆丰、锦昌永、和丰永等5家，九纶、老大纶、宏泰等6家次之。绸庄销售种类，在沦陷区各大城市以花色为主，罗、纺、大绸销路最广。抗日战争期间，绸庄经营元气大伤，绸庄业务难以正常发展，日见衰落。

中华人民共和国成立后，政府对绸庄采取支持政策，组织引导绸庄成立联营公司，中国蚕丝公司浙江分公司委托联营公司代收市场绸货。1954年后，政府逐步对私营绸庄进行社会主义改造，绸庄经营转入国营商业部门，私营绸庄至1956年结束。

表105-11-1-2　　民国37年(1948年)杭州市绸庄概况一览表

类别	数量	庄号	负责人	资本额(法币)	营业额(金圆券)	职工人数
生熟货	6	和丰泰	汤天裕	2200000	119252000	8
		锦昌永	杨志忠	2400000	77760000	20
		和丰永	何祖庆	1000000	76851000	8
		正大明	余秋山	1800000	63179800	8
		志华	俞舒玉	2000000	62208000	10
		大昌协	傅葆昌	1200000	46658000	15
门市	5	正大昌		1000000	45475000	10
		仁昌	朱子贵	2000000	36816000	14
		九纶	王悦林	2400000	27875000	25
		老大纶	王煜庆	2400000	25920000	25
		宏泰	王悦发	1800000	24096500	22
生熟货门市	164			49200000	730664990	492
共计	175			69900000	1342719200	657

资料来源:《浙江省丝绸志》，方志出版社1999年版，第337页。

说明:1.金圆券与法币的比值为1∶300万元。2.1948年12月实际绸市价估计，生货每疋6万元，熟货每疋12万元，被面每条2万元。

（三）丝绸市场

南宋建炎三年（1129年）迁都临安（今杭州）后，临安成为全国丝绸生产和贸易中心。《西湖老人繁胜录》记载：南宋时杭城诸“丝市”共28家，其中与丝绸相关的有丝绵市、生帛市、枕冠市、故衣市、衣绢市、银朱彩色行等6类。南宋淳祐年间（1241—1252年），临安有市西坊南刘家、占家、陈家彩帛铺，市西坊北钮家，清河坊顾家彩帛铺等，包括丝绸头巾、腰带、裱装铺共计28家。

明代中叶，塘栖、临平出现一些丝绸商业繁荣市镇。明清之际，湖州丝市空前繁荣，集中在菱湖、双林、南浔、练市、乌镇、新市及长兴一带，以南浔、菱湖、双林最为兴旺，蚕丝贸易，日出万金，号称湖州三大丝市。清嘉庆年间（1796—1820年），江宁丝商朱奉璋等人来菱湖买丝，一次携银800两。旺时，菱湖镇丝市每年成交湖丝1万包（每包80斤）。咸丰七年（1857年），英商《南浔丝业考察报告》载：“南浔镇这个巨大丝市，在1853—1854年输出5.8万多包生丝。光绪六年到二十四年，每年平均销丝411.93万斤。”清代中后期，绸庄所经营的丝织品大多依赖放料机取得。

民国初年，杭州不少财力雄厚的绸庄设厂自织，多数绸庄与丝织业工厂、机坊的关系，也逐渐由放料收货改为应销订货（即只订当时适销的绸缎，不再放料），这样应货的原料不再是由绸庄供应，而是由工厂、机户自办。在绸货市场疲销，工厂、机坊的成品脱手不易时，常常发生资金周转不灵的情况。于是产生了掮客这种中介人和茶会的交易场所，买卖双方习惯在白莲花寺前直街（今新华路旁）的“阿荣茶馆”进行洽谈，逐渐固化为“绸业交易茶会”。民国14年（1925年）10月28日，由杭州绸业会馆（观成堂）出面组织，将交易场所迁至王马巷口，定名为“杭州绸业公共贸易场”，设估尺部，日常工作由丝织业织造同业公会主持。民国23年，以2.6万元购进长庆街大新绸厂厂址，加以改建，更名为“杭州市绸业市场”，实行官督民办体制，场内设场长1人，主持全场对内对外的一切事务，下设总务、指导、统计三股，建立经营管理秩序，日成交丝绸产品达1000匹左右，成为杭州丝绸贸易的一个重要场所。一些与丝织业相关的行业，如丝织原料、机物料、练染坊、运输业均派员驻场，接洽业务。银行亦在该场设立办事处。民国26年12月，杭州沦陷后，绸业市场日常交易停顿，场址被日军强占为养马场。民国34年抗日战争胜利后，绸业市场复业，因当时物价飞涨，许多人囤积丝绸以求保值，绸业市场交易相当兴旺。尤其在民国36年下半年，市场通货膨胀，纸币贬值，绸货更成为一些人竞争的筹码，出现新的抢购囤积之风，长庆街绸业市场内外的街头巷尾，终日拥挤不堪，成为露天的绸货交易场所。

1952年12月15日，杭州市丝业市场与绸业市场合并，更名为杭州市丝绸市场，建立市场管理委员会。随着私营丝绸商业社会主义改造的进展，国营的市丝织工业专业公司开始建立，1956年3月23日，经杭州市人民委员会批准，正式撤销杭州市丝绸市场，其业务由市丝织工业专业公司接收，全部从业人员由市政府有关主管部门做了适当安排。20世纪70年代末实行改革开放政策以来，国家逐步实行有计划的商品经济和社会主义市场经济体制，杭州、嘉兴、湖州、绍兴等地相继建立专业丝绸市场。1987 年，政府在曾为杭州绸业市场所在地——长庆街相近的西健康路，兴建新的丝绸市场，同年 11 月，正式开张营业。当时计有营业店面 280 余间，总面积近 6000 平方米，首批进场营业的单位近 200 家，其中既有杭州丝绸印染联合厂、杭州都锦生丝织厂、杭州喜得宝丝绸公司、杭州凯地丝绸股份有限公司、杭州天成丝绸工贸公司等一批国内外享有盛誉的国有企业，还有众多的乡镇、集体企业和个体户。

1992 年，由中国丝绸进出口总公司、中国丝绸工业总公司及浙江、江苏、四川省丝绸进出口公司与嘉兴市丝绸总公司共同出资在嘉兴市组建全国性茧丝绸专业交易市场——中国茧丝交易市场。同年 12 月 8 日，嵊县中国领带城开业，占地面积 3.5 万平方米。一期工程建筑面积 2.6 万平方米，总投资 2500 余万元，拥有领带营业房 500 间，停车场 5000 平方米；二期工程"世界领带精品展销中心"投资近 3000 万元，建筑面积 1.56 万平方米，拥有 200 多个展位，是中国最大的领带专业批发市场。1993 年，杭州丝绸市场完成第二期扩建工程，新增营业场地 8000 多平方米，进场营业单位增加到 500 多家。1995 年杭州丝绸市场更名为杭州中国丝绸城。2008 年 7 月，中国丝绸城被中国商业联合会评为"全国纺织品服装交易市场 50 强"。至 2010 年，全省规模较大的专业丝绸市场有：杭州中国丝绸城、中国茧丝交易市场、南方丝绸市场、湖州丝绸城等。

第二节 对外贸易

北宋端拱二年（989 年），两浙路市舶司在杭州设立，标志着浙江对外贸易管理机构的建立。元代先后设置市舶司 7 处，其中浙江有庆元（今宁波）、澉浦、温州和杭州 4 处。明代，中日两国实行官方勘合贸易。清代，浙江丝绸对外贸易管理沿袭明代体制，对丝绸出口采取税负加重政策。鸦片战争后，资本主义列强实行"引丝扼绸"政策，不仅掠夺我廉价生丝，而且倾销他们的丝织品。民国 27 年（1938 年），日本在上海设"华中蚕丝股份有限公司"，垄断蚕丝业务。

中华人民共和国成立后，中国蚕丝公司确定了扩大与苏联社会主义国家和新民主主义国家贸易（简称苏新贸易）、发展对资本主义国家贸易（简称对资贸易）的丝绸外销思路。1956 年，国家完成对资本主义工商业的社会主义改造，全省丝绸外贸业务统一由省丝绸公司负责，外贸经营方式为省丝绸公司调拨原料，按计划统一收购，调拨上海口岸出口。1981 年，经外贸部、省政府批准，浙江省丝绸产品开始直接自营出口。1988 年，为贯彻国务院确定的"自负盈亏、放开经营、工贸结合、实行代理制"方针，浙江丝绸实行外贸承包制。进入 21 世纪，浙江丝绸外贸业务逐步放开，丝绸重点企业先后获得外贸进出口经营权。至 2010 年，国家取消了多年来一直实行的出口配额和许可证管理，浙江丝绸形成全面面向国际市场的新格局。

一、外贸管理

北宋时期，史称“国家根本，仰给东南”①。而“东南之利，舶商居其一”②。为增加财政收入和购买海外物资以满足皇室生活需要，朝廷十分重视东南的海外贸易。宋端拱二年(989年)，两浙路市舶司在杭州设立，标志着浙江对外贸易管理机构的建立。商船出海，必须向市舶司申请具保，办妥手续方可启程。明州是北宋与日本、朝鲜贸易往来的主要港口，运往日本、朝鲜的货物主要是瓷器、茶叶、丝绸和书籍等。元代先后设置市舶司7处，其中浙江有庆元、澉浦、温州和杭州4处。后加裁并，英宗至治二年(1322年)存庆元、泉州、广州三司，主要出口金银铜铁和丝绸。明代前期，中日两国实行官方勘合贸易。自明永乐十七年至嘉靖二十六年(1419—1547年)，日本派遣勘合船共17次，每次载来日本特产，带回中国浙江等地的丝绸、书籍。明代禁止私人与外国通商，出海船只数量亦有定额，并设市舶司于广州、泉州、宁波等地控制对外贸易。但走私仍屡禁不止，据王在晋《越镌》卷二十一记载，万历三十七年(1609年)，在浙江被官府查获的三宗通倭案件中，与丝绸有关的就有两件。当时私商海上贸易的规模和范围很大，有合伙经营，也有雇工经营。

清代，丝绸对外贸易管理沿袭明代体制，对丝绸出口采取税负加重政策。清代海上贸易时开时禁，据陈忠倚《清朝经世文之编》卷三十一记载：“泰西之来中国购丝也，始于康熙二十一年，其中海禁初开，番舶尝取头蚕湖丝运回外洋。”康熙二十四年(1685年)曾设置江海、浙海、闽海、粤海四关，以粤海关为外贸主要港口。清代海禁，屡开屡禁，尤对丝货输出，禁限更严，直至鸦片战争。

鸦片战争后，外国商人以上海为基地，开设茧行、丝行、丝厂，直接收购茧丝。根据中英《南京条约》和中日《马关条约》，宁波、杭州相继成为对外开放商埠，在失去海关控制权后，资本主义列强迫使清政府把洋绸等进口税和中国蚕丝出口税大幅降低。资本主义列强的“引丝扼绸”政策不仅掠夺我国的廉价生丝，且倾销他们的丝织品。光绪元年(1875年)《嘉兴物产志》载：“土丝有头蚕、二蚕之别，又有肥丝、细丝之分。吾乡所产介乎肥细之间者居多，名曰中贯。肥丝以供本地紬丝及绍客织纺紬者，中贯丝亦有由沪运销外洋者，岁值数十万金。”

民国6年(1917年)，法国驻沪商会会同江浙皖丝厂茧业总公所，联络英、美、日驻沪商会以及外国丝商团体，在上海成立中国合众蚕桑改良会。由该会将意大利、法国蚕种输入中国。民国13年，上海成立“万国生丝检所”，当时浙江各地所产生丝须经该所检验合格方可出口，使外商得以控制中国生丝出口。民国25年春，成立省蚕丝统制委员会，由民国浙江省政府直接领导，该会在沪设外销机构，管辖浙江省蚕丝外销业务。抗日战争期间，日本在华建立统制机构，掠夺中国蚕丝。民国27年，日本在上海设“华中蚕丝股份有限公司”，并在杭州、嘉兴两地设分公司(支店)；在湖州、长兴、硖石、海盐设办事处。日本三菱、三井等14家公司包揽“华

① 《宋史》卷三百三十七《列传第九十六》。

② 《宋史》卷一百八十六《食货下八》。

中蚕丝股份有限公司"全部蚕丝出口业务。民国35年1月,国民政府在上海设立中国蚕丝公司,设立杭州、嘉兴等办事处,管理茧丝的收购和销售。

中华人民共和国成立后,1949年11月17日,中央贸易部召开全国丝绸会议,确定中国蚕丝公司经营方针:家蚕丝以恢复生产为主,柞蚕丝应恢复和发展;家蚕丝以生丝输出为主,绸为副;柞蚕丝以输出绸为主,丝为副。1950年5月,中国蚕丝公司浙江分公司成立,并接替省土产公司丝绸部的丝绸出口业务,承担中国蚕丝公司下达的丝绸出口计划。外贸经营为省公司下达货源计划任务,调拨上海口岸出口。5月24日,中国蚕丝公司制定统一出口绸缎规格。1951年5月3日,中国蚕丝公司根据海关要求,制定出口丝绸统一编号。12月15日,中国蚕丝公司浙江分公司在湖州设立办事处。嘉兴地区丝绸贸易业务划归湖州办事处经营。1953年1月6日,华东贸易部发出中国蚕丝公司蚕茧霉烂、生丝品位下降和绸缎严重积压的通报(称"三大事件")。在此期间,学习苏联"商品分工为对象,业务活动为中心"的经营管理经验,全省蚕茧生产管理交农业部,丝绸生产交纺织工业部。3月,中蚕公司确定当年的经营方针:巩固对苏新出口贸易,积极开展对资业务,扩大内销,大力出清库存,力求产销平衡。全省按此方针,组织货源,完成对苏联交货任务,出清库存,绸缎恢复正常挂牌供应。1954年6月,省丝绸公司对绸缎销售的方针是"扩大外销,适当紧缩内销"。加工、调拨、收购以满足调出需要,压缩省内销售,控制社会产量,公私比重也因此出现了变化,私商比重显著下降。1956年,国家完成对资本主义工商业社会主义改造,私营外贸渠道随之消失。全省丝绸外贸业务统一由省丝绸公司负责。外贸经营方式为,省丝绸公司调拨原料,按计划统一收购,调拨上海口岸出口。1958年前,全省丝绸出口任务计划、产品收购由省丝绸公司管理,工贸之间采用加工订货办法。1958年6月起,省丝绸公司拥有48家直属厂,对外经营8个国家直接出口业务,国内供应157个地区内销绸缎。1959年5月,中国丝绸公司上海分公司提出厂丝对资本主义国家出口方案。在确保按质、按时、按量对苏新国家交货外,对资出口方面,区别对待四类国家,巩固浙江省厂丝在法国、瑞士、意大利等的传统市场,保持经常供应。1963年8月19日,省外贸局通知省丝绸公司在中国香港地区举办真丝绸展览会,浙江省44只品种参加展出。

1970年11月,丝绸内外贸实行分头管理。全省茧丝内外贸易购销调存业务由省土特产公司、省百货公司、省外贸公司分工管理。丝绸工贸之间实行有计划的购销关系。1972年7月,省革委会生产指挥组决定设省丝绸公司和嘉兴、绍兴丝绸分公司。省丝绸公司对外有两块牌子,即"省第一轻工业局丝绸公司"和"中国纺织品进出口公司浙江丝绸分公司",凡茧、丝内外贸易和购、销、调及出口绸缎等业务均由省丝绸公司接管,明确嘉兴、绍兴两地设分公司,茧、丝、绸业务由分公司按省规定范围接管。10月,中国纺织品进出口公司要求各地增加生丝出口货源。要求浙江省增出厂丝500吨支援出口,出口厂丝每吨价格1.9万美元,换汇1美元换人民币2.45元,出口1吨厂丝等于出口2400匹棉布。同年,省轻工业局经与杭州、绍兴、吴兴等地研究协商,并与上海丝绸进出口公司联系,自7月份开始实行对资出口绸缎板码交货,主要品种是19005真丝斜纹绸、11153电力纺、11207电力纺、53103人造丝织锦、53206人造丝古香。1974年底,商业部、对外贸易部、轻工业部联合发布《关于1975年桑蚕丝分配调拨的通知》，为保证绸缎内销和出口，织绸用原料，必须立足国内，多用桑柞丝(1975年安排织绸用丝7000吨~8000吨，柞丝要比1974年有所增长)。1975年，在桑蚕丝分配调拨表中，浙江省分配出口丝3100吨，织绸用丝2200吨~2300吨，特需安排100吨，调拨丝调出502吨。1976年3月17日，中国纺织品进出口总公司函发丝绸对资出口工作意见，要求浙江、四川提高调沪20/22D4A—5A厂丝、长把庄丝及100/200双宫丝比例(双宫丝双特级、特级增至80%)。浙江增加双绉、乔其纱及畅销的真丝印花、染色绸、桑绢绸、桑棉绸，适当增加小批量真丝印花绸生产。1977年初，省丝绸公司白厂丝(包括农工丝)总库存1866吨，根据浙江省织绸和打线丝生产周期，白厂丝(农工丝)合理库存应是700吨。积压的原因主要是白厂丝质量不高，真丝绸和真丝交织绸生产能力跟不上，产、供、销都没有完成计划进度。1978年，省丝绸公司公布与外贸特别密切的18家工厂是杭州缫丝厂、杭州胜利丝织厂、杭州丝绸印染厂、杭州丝绸炼染厂、杭州东风印染厂、浙丝一厂、南浔丝厂、菱湖丝厂、嘉兴绢纺厂、湖州丝绸印染厂、嵊县丝厂、绍兴丝织厂、绍兴丝绸印花厂等。

1980年12月12日，省丝绸公司函告华润纺织品有限公司浙江省丝绸复制品在香港地区基本户是维大洋行(香港)有限公司、辉懋贸易公司、中信贸易公司、海燕贸易公司、通达贸易公司。万耀有限公司拟作真丝绵衣经销户。自1981年1月1日起，省政府成立省对外贸易总公司，实行独立核算、自负盈亏，并和地方财政预算挂钩。省对外贸易总公司所属分公司设置中国纺织品进出口公司浙江省丝绸分公司等17个分公司。

1981年，经外贸部、省政府批准，浙江省丝绸产品开始直接自营出口。同年4月22日，中国纺织品进出口总公司发出《关于对香港绸缎业务统一做法的规定》。此后，实行以下规定：(1)各分公司除交易会上按统一规定直接洽谈和征得华润公司同意可以成交外，平时一般成交工作，均由华润公司统一对港商洽签合同。(2)对走访口岸的商号，有关分公司须按统一规定成交，不得擅自放松条件。(3)对中国香港转口日本的交易，一律由华润公司出面进行。(4)对绸缎折扣严格掌握。1982年10月19日，省轻工业厅《关于原则同意丝绸出口专厂一条龙专业化协作和改进绸缎经营管理两个初步方案的批复》确定的白厂丝出口专厂：嵊县丝厂、浙一丝厂等25家国营丝厂和练市丝厂等6家乡办丝厂，共31家。真丝绸出口专厂：天成丝织厂、临平丝织厂、震旦丝织厂、达昌绸厂、湖丰绸厂等10家。一条龙专业协作生产线包括，杭州地区的出口小额真丝印花、染色绸生产线，出口色织平素真丝生产线，杭丝联绣衣面料染色双绉生产线，及嘉兴地区真丝绸时装出口生产线。1985年1月29日，省政府印发《关于全省丝绸行业经济体制改革试行方案》，在外贸经营管理上实行以下几种方式：(1)工厂在完成省丝绸联合公司出口合同前提下，对多余货源可以委托省公司代理出口，或自找口岸代理出口，但应设法从兄弟口岸公司取得地方应该分成的留成外汇。(2)具备生产出口丝绸条件的企业，经对外经贸部批准，可自营出口。(3)省公司组织出口货源，由省公司负责自营出口。(4)推行客户与工厂直接见面，产地包装，工厂交货，减少环节，缩短交货期。2月7日，中国丝绸公司对1985年全国丝类商品成交出口工作实行了两项改革：一是改人民币为美元作出口成交基价；二是4月10日起实行丝类商品出口许可证制度，确保丝类商品统一成交，减少

“水货”冲击，维护丝类商品市场稳定。3月15日，中国丝绸公司《关于丝类商品出口专业会议纪要》称，1985年，重新明确了丝类商品出口管理体制：对协定国家（包括日本）的丝类商品出口，由总公司统一对外成交，对协定国家以外的国家和地区出口的厂丝、双宫丝、打线丝和土丝也由总公司统一成交，各分公司根据合同交货履约，自负盈亏。1987年7月28日，省政府发出《关于改进和加强茧丝绸收购、经营管理的通知》。通知规定：丝绸的收购、调拨、出口，实行由省丝绸进出口公司统一收购调拨、统一出口、统一经营的体制；对茧丝收购、调拨，实行确定基数、一定3年不变的办法；1988年起，全省对市、县的茧丝收购、调拨计划相对稳定，实行基数一定3年的办法，每年蚕茧收购基数7.5万吨，厂丝收购基数0.85万吨；加强茧丝绸的调拨管理，优先保证出口需要。1987年12月30日，中国丝绸进出口总公司发出《关于对宁波市要求丝绸出口计划单列及成立宁波丝绸进出口分公司等报告的批复》，同意从1988年起，宁波市丝绸出口实行计划单列，并成立宁波市丝绸进出口分公司。

1988年4月30日，省政府发出《浙江省人民政府关于对丝类产品征收调节基金的规定》。自5月1日起丝类产品征收调节基金，范围是厂丝、绢丝、双宫丝、农工丝、细丝、绵球、落绵、废丝、长吐、汰头等各类绢纺精干品。征收丝类产品调节基金的比率，为该产品省定出厂价格的100%。凡生产上述丝类产品的企业，在出售产品时（包括丝绸联合企业用自产丝类原料进一步加工生产），均需向当地税务部门缴纳调节基金，省政府授权省公司统一发放省计划基数内丝类产品“调节基金凭单”，由省公司与市县协商，按出口创汇需要，择优核发给企业。基数外的丝类产品，在按月累计进度完成国家计划，并按国家规定价格销售的前提下，由市县人民政府指定部门进行分配，统筹安排给全民、集体、乡镇企业，其“调节基金凭单”由省公司核发，自1988年5月1日起执行。9月22日，国务院发出明传电报《国务院关于茧丝收购和出口全部实行统一经营管理的紧急通知》。明确要求蚕茧由中国丝绸进出口总公司统一经营，由所属省分公司直接收购或委托供销社代理收购。供销社收购后，必须如数及时将蚕茧上缴给中国丝绸进出口总公司，不得私自出售，其他任何单位、部门或个人一律不得插手蚕茧收购经营。对违反本规定的非经营单位和商贩要坚决取缔，没收全部货物或货款。对非授权单位收购蚕茧，银行不得贷款。丝类产品和坯绸由中国丝绸进出口总公司及所属省分公司统一经营，工厂不得自行出售，任何单位、部门或个人一律不得收购经营，如有违反，一经查获，全部没收货物或货款。12月，中国丝绸进出口总公司发出《关于坯绸出口许可证申领管理办法》，规定坯绸出口许可证属经贸部发证，由中国丝绸进出口总公司统一归口申领。

1988年，为贯彻国务院深化外贸体制改革，确定了“自负盈亏、放开经营、工贸结合、实行代理制”方针，省政府将出口收汇、上交外汇额度、出口收汇基数内人民币盈亏3项指标切块承包到市县。省公司采取“利益均沾、风险共担”的联营方式，确定分地、市、县蚕茧、厂丝收购、调拨分配基数和外贸创汇承包基数，与14个重点市县签订联营出口协议，金额1.70亿美元，占全省丝绸外贸承包总额的62.19%。1989年2月2日，外经贸部转发了中国丝绸进出口总公司《全国蚕茧、丝类、坯绸收购、出口统一经营管理办法》的通知。5月11日，省政府发出《关于进一步加强茧丝绸经营管理工作的通知》，规定：坚持实行蚕茧、厂丝、坯绸和绢纺原料由丝绸公司统一经营管理。工厂生产的厂丝、坯绸，都必须按国家规定的价格解交给省、市、县丝绸公司。各级丝绸公司不得跨地区收购厂丝、坯绸。对经营茧、丝、绸和绢纺原料的单位，由工商行政管理部门进行清理整顿，核定经营范围，重新换照。要坚决取缔茧贩子，不让他们在经济上得到任何好处。对违反国家规定非法经营蚕茧、丝类、坯绸和绢纺原料者，由工商行政管理部门没收其全部货物或货款，并处以罚款。认真执行茧丝绸的收购调拨计划，努力完成和超额完成外贸出口任务。严格控制茧丝绸货源外流，不再兴办中外合资的一般性丝绸加工企业。未经省政府批准，蚕茧、厂丝、坯绸、绢纺原料和丝绵(不含群众少量携带)，不得流出省外。确需出省的，由省丝绸公司核发出运证，交通部门凭证承运。在省区域内按计划正常解交和调拨的，一律凭省丝绸公司签发的中国丝绸进出口公司浙江省分公司茧、丝、坯绸、绢纺原料省内准运证运输。工商行政管理部门，对无证出运的茧、丝、坯绸、绢纺原料(包括运出省外的丝绵)予以查扣。5 月 15 日，省丝绸公司又发出《浙江省茧、丝、坯绸、绢纺原料省内准运证管理办法》。

1989 年 6 月 21 日，省丝绸公司发布《中外合资企业所需厂丝、坯绸等原料的供应办法(试行)》。1990 年 5 月 21 日，省工商行政管理局、省丝绸公司联合发出《关于办理茧、丝、坯绸和绢纺原料“准运证”有关问题的补充通知》。1991 年 1 月 29 日，中国丝绸进出口总公司与省丝绸公司签订《丝绸一类商品联营协议》，规定一类出口商品蚕丝类、坯绸(梭、针织生练、坯绸，包括扎染绸)由总公司和总公司系统的地方外贸专业公司联合经营，统一成交。根据国务院文件以及中国蚕丝进出口联营公司和中国丝织品进出口联营公司章程有关规定，双方联合经营，共同承担国家下达的一类商品出口计划。总公司负责向经贸部申领出口许可证，核发免税证，并做好“两证”管理工作。地方外贸公司负责按时、按质、按量执行总公司与客户签订的合同，地方公司按出口销售额向总公司支付 2% 人民币的手续费。2 月 10 日，省政府发出《关于加强茧丝绸管理确保完成丝绸出口任务的通知》，指出：1988—1990 年，全省丝绸出口创汇承包任务已经完成。实际完成情况是 1988 年 3.18 亿美元，1989 年 3.76 亿美元，1990 年 3.9 亿美元。但是，市、县之间完成情况很不平衡，部分市、县超额完成了承包的各项指标，但不少市、县没有完成。3 月 12 日，省政府发布的《关于同意省财政厅、经贸厅对丝绸出口盈利调剂问题请示的通知》称：国务院已决定，从今年 1 月 1 日起国家取消对外贸出口的财政补贴，通过改革外汇分成的办法，全面推行出口企业自负盈亏。经测算，由于相当一部分省级外贸公司要完成省定出口创汇任务，难以做到盈亏自求平衡。为使全省当年的出口能保持稳定增长，以支持工农业生产，国务院发出“各地方经贸厅在贯彻国家产业政策的前提下，应对企业盈利或亏损相互调剂、综合运筹”的规定：(1)1991 年省丝绸进出口公司按计划收汇每 1 美元上缴人民币 0.4 元(总额不低于 1.3 亿元)，作为调剂利润。(2)省丝绸进出口公司上缴调剂利润，自 4 月 1 日起，在银行收汇时，采取人民币分解入户的办法，即每收汇 1 美元，由银行主动划入省财政厅账户人民币 0.4 元，在中国银行杭州分行专户存储，并由财政厅开出上缴调剂利润收据通知该公司转账。(3)第一季度已收汇的人民币，按银行收汇数乘人民币 0.4 元后，由该公司于 4 月底前主动上缴财政厅专户。(4)省财政厅收到省丝绸进出口公司上缴调剂利润后，按省政府关于贯彻国务院外贸体制的文件精神，由省经贸、财政二厅共同商量，统一运筹。同年6月11日,中国丝绸进出口总公司发出《关于加强对港澳厂丝出口的管理规定》,对中国香港、澳门地区的转口厂丝出口成交,统一由总公司进行,并只与华润、南光、粤海3家签约,各口岸不得向上述3家以外机构成交出口厂丝。1991年8月17日,省政府《转发省外经贸厅、省财政厅、省丝绸联合公司关于丝绸一轮外贸承包执行情况与盈亏兑现意见的通知》称:1988—1990年的丝绸一轮外贸承包,超额完成了承包任务。3年共出口创汇10.85亿美元,实际收汇9.99亿美元,比承包基数超额2.75亿美元,并且通过超基数留成外汇的调剂、运筹,完成了承包总利润和上交全省外贸出口综合运筹基金的任务。由于外贸出口任务完成好,带动了整个丝绸行业的发展和经济效益的提高。

1991年11月15日,深圳市人民政府办公厅发出《关于成立深圳浙江丝绸贸易有限公司的批复》,同意省丝绸进出口公司在深圳春风路锦星村53号设立深圳浙江丝绸贸易有限公司,该公司注册资本为500万元,经济上独立核算,自负盈亏。经营期限20年,经营丝绸面料批发、零售业务。同年12月,外经贸部发出《关于浙江省各类外贸企业撤并留方案的批复》,保留浙江省外贸企业名单为(丝绸系统):省丝绸公司、杭州丝绸印染联合厂、杭州丝绸印染厂。未列入保留外贸经营权企业:杭州福华丝绸厂、杭州天成丝织厂、诸暨丝织印染厂。外贸经营权待定的企业:杭州都锦生丝织厂。1992年,省丝绸公司改变以往货源计划收购模式,出口绸缎和成品收购全面推行合同制收购,以销定产,适销对路。8月25日,省经贸委发出《关于同意对香港富春丝绸公司作移库寄售的批复》,同意省丝绸进出口公司开展对香港富春丝绸公司寄售业务。1992年,寄售货物总金额为3000万美元,品种为乔其纱、电力纺、双绉、素绉缎、斜纹绸、提花绸、绢纬塔夫绸、绢宫双宫绸、绵绸绢纺类、绢绸绢绵类、丝绵绸、丝麻绸类及部分滞销的丝类商品。出运货物折扣掌握在20%～30%以内。1993年2月6日,省计经委、省工商行政管理局联合发出《关于撤销"茧、丝、坯绸和绢纺原料准运证"的通知》,决定从1993年1月1日起停止使用"茧、丝、坯绸和绢纺原料准运证"。3月13日,省经贸委"浙江省驻国外贸易机构批准证书"第93011号文批准省丝绸进出口公司在西班牙马德里设立贸易机构。企业名称为三和国际贸易有限公司,企业性质为合资,业务范围为各类商品进出口贸易。5月15日,省政府转发省经贸委《关于要求对我省出口厂丝实行统一报检报告的通知》,指出:厂丝作为国家特别重要的16种出口商品之一,实行计划加配额管理,由指定公司经营。省丝绸公司作为全省唯一指定有权经营厂丝出口业务的公司,要切实加强对厂丝出口管理,维护浙江厂丝在国际市场的信誉。全省厂丝出口,由省丝绸公司统一向省质检局报检。外省、市单位到浙江收购出口厂丝需省商检局检验出证,凭收购合同、出口合同和委托书等有关证件,统一委托省丝绸公司办理报检手续。同年5月20日,省经贸委"浙江驻国外贸易机构批准证书"第93019号批准省丝绸进出口公司在美国纽约设立贸易机构。企业名称为浙丝(美国)有限公司,企业性质为独资,业务范围为丝绸等产品进出口贸易。5月21日,省经贸委"浙江省驻国外贸易机构批准证书"第93020号批准省丝绸公司在日本东京设立贸易机构。企业名称为莱蒙丝绸株式会社,企业性质为独资,业务范围为丝绸等产品进出口贸易。8月31日,"浙江省驻国外贸易机构批准证书"第93025号批准省丝绸进出口公司在波兰华沙设立贸易机构。企业名称为浙丝东欧国际有限公司，企业性质为独资，业务范围为各类商品进出口贸易等。12 月 28 日，省丝绸进出口公司茧丝经营分公司及和服绸经营分公司成立。茧丝经营分公司由 35 家成员单位组成，系省公司非独立性法人子公司，主营和服绸、和服绸系列产品，兼营其他丝绸、轻工产品、工艺品等非配额许可证商品及外转内商品。

2000 年，商务部下达纺织品被动配额分配方案。浙江省丝绸行业 11 家企业列入分配名单，它们是浙江丝绸集团公司、万事利集团公司、浙江神鹰工贸集团公司、浙江钧华工贸（集团）公司、嘉兴丝绸集团进出口有限公司、嘉兴绢纺厂、湖州天昌集团进出口公司、湖州丝绸进出口有限公司、杭州丝绸控股集团、海宁丝绸集团有限公司、浙江花神丝绸进出口有限公司，其中湖州天昌、杭州丝绸控股集团、浙江花神首次进入分配名单。2000 年，纺织品被动配额分配坚持了量化标准，把海关统计的自营出口额作为企业是否参与配额分配和分配类别数量的主要量化依据。根据国家纺织工业局发出《关于报送 2001 年纺织自营出口生产企业纺织品被动配额分配推荐方案的函》及对外贸易经济合作部发出《关于下达 2001 年度纺织自营出口生产企业纺织品被动配额分配方案的通知》的精神，全国 482 户企业参加 2001 年纺织品被动配额分配，分配量折出口额为 19.94 亿美元。浙江省 14 户丝绸企业参与分配（新增 4 户），分配量比上年有较大提高，占全国丝绸分配量的 40%，据测算可增加出口创汇 9160.5 万美元，增加效益 7302.01 万元。

浙江丝绸重点企业先后获得外贸进出口经营权。2002 年，经外经贸部批准，全国有 92 家企业获蚕丝类商品出口经营权，其中浙江省企业 25 家，它们分别是浙江省丝绸进出口公司、浙江威莱进出口有限公司、桐乡崇德丝厂、浙江东方集团股份有限公司、浙江纺织品进出口集团公司、浙江省粮油食品进出口股份有限公司、浙江土产畜产进出口集团公司、杭州丝绸服装进出口有限公司、浙江省金属材料公司、浙江嘉欣丝绸进出口有限责任公司、嘉兴市进出口公司、浙江桐乡外贸集团股份有限公司、浙江花神丝绸进出口有限责任公司、浙江嘉欣丝绸股份有限公司、浙江米赛丝绸集团公司、浙江湖州丝绸进出口有限公司、湖州大利新丝绸有限公司、海宁中三丝业有限公司、浙江三环丝绸股份有限公司、杭州金利丝业有限公司、浙江海宁丝绸集团有限责任公司、浙江金鹰股份有限公司、富润集团有限公司、杭州商辂丝绸有限公司、海盐绢纺实业有限公司。

2004 年 2 月，商务部发文公布了新增蚕丝类商品出口经营权企业名单。这次全国共有 46 家企业获得蚕丝类商品出口经营权，浙江省有 9 家企业，分别是：桐乡绵丝厂有限责任公司、浙江金鹰绢纺有限公司、桐乡市河山伟业纺织有限责任公司、浙江龙源纺织股份有限公司、海宁华泰针纺丝业有限公司、浙江天松集团有限公司、浙江嘉欣金三塔丝针织有限公司、桐乡市华良丝绸有限责任公司、海盐三环绢纺有限责任公司。至此，全省共有 37 家企业具有蚕丝类商品出口经营权。

至 2010 年，国家取消了多年来一直实行的出口配额和许可证管理，浙江丝绸形成茧丝、绸缎和丝绸纺织服装生产经营内外贸易全面走向市场的新格局。

二、外贸业务

三国时期，吴国注重海外贸易，以丝和丝织品换取东南亚的犀角、象牙、翡翠和珠玑等物。印度商人从东南亚国家获得中国的丝和丝织品后，转手出口到西亚和罗马等地。两晋时期在日本机织业未发达以前称吴国为服地，由杭州输入的丝织物。现今日本还有吴服店的名称，其起源就在于此。宋代，朝鲜不事蚕桑而善丝织，所需原料由中国产丝地方输入，远近闻名的湖州安吉丝成为朝鲜丝织业的上等好丝。南宋输往日本、高丽等国家的商品，主要是瓷器、丝绸、茶、书籍，还有铜钱等。南宋时，浙江的明州港，是“海上丝绸之路”东海起航线的重要港口，两宋时期民间丝绸贸易十分活跃。浙江和朝鲜输出入商品在宝庆《四明志》中列有详细货单，浙江输往朝鲜的丝织品有绫、绢、锦、罗、白绢等，且数量也很大，日本仍是浙江的主要贸易国。据《日本蚕丝业史·生丝贸易》载：宋孝宗淳熙十二年（1185 年），“有唐锦十端，唐绫、绢、罗等百十端……运往日本”。除了与朝鲜、日本有频繁贸易外，从明州起航的商船还同泉州、广州的商船一起，航行于南海航线，同占城（今越南）、真里富（今柬埔寨）、三佛齐（今印度尼西亚苏门答腊）、阇婆（今爪哇）、麻逸（今菲律宾）等地都有丝绸贸易。元代一统中国后，积极发展海外贸易，据《元史》卷九十四《食货志》载，浙江推行“官自具船、给本，选人入蕃，贸易诸货，其所获之息，以十分为率，官取其七，所易人得其三”的政策，但严禁“私贩下海”。《桔窗茶话》卷上载，吴兴赵孟頫妻子管道升所制回文织锦。明代，丝绸是重要输出物资之一。据日本木宫泰彦《日中文化交流史》载，万历四十年（1612 年），明代船舶与日本商船 26 艘，将赍丝 26 万余斤等运入长崎。由于浙江已成为全国的丝绸基地，输出的丝织物，尤其是生丝，浙产为多。

清初，清政府控制对外贸易，实行海禁政策。据光绪《桐乡县志》卷四载，顺治初年，仍有不少晋、陕、皖、浙商人以绸缎换取洋货，将浙产的濮绸由粤商经苏州贩运输出。康熙初年，允许洋船驶泊澳门，与政府给予特权的商人进行有限制的贸易。据《清朝经世文编》卷三十一载：“泰西之来中国购丝也，始于康熙二十一年，其时海禁初开，番舶尝取头蚕湖丝运回外洋。”浙江所产的丝被大量地辗转运出口。鸦片战争后，资本主义列强利用其攫取到的特权，渗透到中国丝绸生产和销售等各方面。它们办工厂、开洋行，垄断市场，掠夺蚕茧和蚕丝，倾销洋货。浙江是外商竞购蚕茧、生丝、绸缎的重点地区。湖丝更成为他们掠夺的重要对象，故充当洋行丝买办者很多。外商垄断丝价，严重打击国内丝商。清同治十三年（1874 年），开设杭州胡庆余堂药铺的“红顶商人”胡雪岩（光墉），曾凑集本银大量囤丝，但终因挣脱不了外商垄断，于光绪九年（1883 年）宣布破产。民国《乌镇志》载，光绪初年，乌青镇独家经营的永昌丝行，“囤丝巨万”，结果以破产收场。

道光二十二年（1842 年）五口通商后，资本主义列强利用同清政府签订的不平等条约中的“协定关税特权”，迫使中国调整进出口货物的关税税率，把洋绸等产品的进出口税率和国内蚕丝出口税率大幅降低，如将湖丝出口税率由 9.43%降为 3.97%，把中国丝织品的出口税率由 3.11%提高到 4.17%。这种“引丝扼绸”的政策，致使洋绸倾销，抑制国内丝织业，进一步掠夺中国蚕丝货源，浙江丝织品出口受到严重影响。光绪二十五年（1899 年）为 4193 担，次年减至 2634 担，光绪二十九年减至 1784 担。而湖丝出口贸易量逐年增长，道光二十五年为6433包，道光三十年为17243包，咸丰五年(1855年)为56211包。据民国《南浔志》载，太平军占领南浔时期，南浔“丝行大开”“浔商之往来无阻”“洋商丝市甚盛，众商贪利争趋之”。浙江的生丝还从杭州、宁波、广州3个口岸输出。

表105-11-2-1　清光绪三十一年至宣统三年(1905—1911年)杭州口输出生丝统计一览表

年份	白土丝		白厂丝		合计	
	数量(担)	扯价(海关两/担)	数量(担)	扯价(海关两/担)	数量(担)	厂丝所占比例(%)
1905	719	429	386	635	1105	34.9
1906	812	419	410	651	1222	33.6
1907	1728	442	632	635	2360	26.8
1908	1731	472	663	635	2394	27.7
1909	1328	452	672	640	2000	33.6
1910	1491	340	544	592	2035	26.7
1911	2321	352	344	528	2665	12.9

资料来源:《海关华洋贸易情形略记》(杭州口)。

表105-11-2-2　清光绪六年至民国23年(1880—1934年)南浔与上海生丝出口统计一览表

年份	上海出口生丝(包)	其中南浔生丝		年份	上海出口生丝(包)	其中南浔生丝	
		数量(包)	比例(%)			数量(包)	比例(%)
1880	67890	5400	3.9	1890	37960	3700	9.7
1881	47344	3600	7.6	1891	53905	4400	8.1
1882	50136	4700	9.3	1892	63647	4600	8.7
1883	24353	3000	12.3	1893	53942	4300	7.9
1884	50162	5100	10.1	1894	49458	5300	10.7
1885	41262	5300	12.8	1895	59697	7500	12.5
1886	37231	4700	12.9	1896	34338	4500	13.1
1887	41066	4100	9.9	1897	46565	5200	11.5
1888	41141	4300	10.4	1898	46637	5900	12.6
1889	50921	5600	10.9	1899	65106	7300	11.2

续表

年份	上海出口生丝(包)	其中南浔生丝		年份	上海出口生丝(包)	其中南浔生丝	
		数量(包)	比例(%)			数量(包)	比例(%)
1900	41659	4900	11.7	1918	17675.5	6900	39.0
1901	48476	8800	18.1	1919	19462	8100	41.6
1902	29066	6300	21.6	1920	7324	3200	43.6
1903	26998	4600	17.0	1921	8370	3300	39.4
1904	31305	5300	16.9	1922	16871.5	5900	34.4
1905	22554	5100	22.6	1923	15095	6600	43.7
1906	24584	5300	21.5	1924	10694.5	4500	42.0
1907	32791	6300	19.2	1925	15075.5	6300	41.7
1908	30554	6900	22.5	1926	15000	5600	37.3
1909	31906	8900	27.9	1927	14373.5	5900	41.0
1910	27270.5	9000	25.6	1928	14348.5	5200	36.2
1911	28068	6400	22.8	1929	14494.5	4700	31.4
1912	28165	8000	27.6	1930	7720.5	2800	36.5
1913	25729.5	9400	36.5	1931	6000	2200	36.6
1914	11540	5100	44.1	1932	3584	1100	30.6
1915	22920	8700	37.9	1933	3970	1300	32.7
1916	17424	6200	35.5	1934	834.5	300	35.9
1917	17787.5	7200	40.4	55年平均	29274.5	5264	18.0

资料来源:根据《浙江省丝绸志》(方志出版社1999年版)、姚印佛《上海生丝出口数量》等资料整理。

1935年,李棕初《生丝贸易与国际市场》记载:"我国生丝出口,向分上海、广州二处,上海出口者,为江浙之白厂丝及辑里丝,川、鲁之黄丝……上海方面民国19年出口额为8.01万担,至民国23年降为2.37万担……在此期间,欧销减少1.78万担,美销2.86万担,外销之剧减,虽由于产量之不丰,要亦由价格之暴跌,虽削本销售,而犹不足与日丝及人造丝竞争也,依生丝出口公会之市价表,民国19年上海B级13/15之丝,最高为1607元,最低1239元,至民国23年最高与最低之相差,则达71.5%。江浙白厂丝,欧美销之锐减。民国23年美销仅四千余担,欧销六千余担,而内销仅输出为多。此种特殊现象,虽由民国21年政府奖励出口每担生丝补助银一百,致内销价格抬高,其最大原因,为国外价格历年步跌,业丝者舍难就易,竞制品质较次，成本较轻，易于脱售之用户丝。”①据《浙光》战时半月刊 1938 年第 18 期载：“惟近二十余年来，因受日丝倾销之影响，衰落殊甚。近年经政府极力提倡改良，丝之输出，已渐有起色。”

表 105-11-2-3　民国 23—26 年(1934—1937 年)浙江生丝输出量与价格一览表

年份	数量(公斤)	价值(万元)	年份	数量(公斤)	价值(万元)
1934	3298	23523	1936	3794	36713
1935	4616	35695	1937	4168	45882

资料来源：《浙江省丝绸志》，方志出版社 1999 年版，第 298 页。

抗日战争全面爆发后，日伪华中蚕丝股份有限公司在统制和掠夺中国的蚕种、蚕茧、蚕丝生产的同时，还垄断了生丝出口。日本的三菱、三井等 14 家公司包揽了华中蚕丝股份有限公司全部蚕丝出口业务，攫取利润，为侵略战争服务。

中华人民共和国成立之初，浙江丝绸外贸出口业务，有调拨上海口岸出口和对苏联、东欧等国家和地区由产地直接运输出口两个渠道。1962 年，丝绸对西方国家贸易迅速发展。据上海丝绸进出口公司统计，国别地区发展到 72 个。真丝品种主销中国香港和欧洲，人造丝品种主销亚洲各国。浙江丝绸产品对苏联、东欧及古巴、越南等国家和地区的贸易，一直由总公司(中国纺织品进出口公司、中国丝绸公司)对外成交签订合同，实行易货贸易，由省丝绸公司具体履行合同，直接出口运往合同交货地点。1963 年 8 月 19 日，省外贸局通知省丝绸公司，对苏新各国出口绸缎从 1964 年起实行产地直接交货。1966 年 3 月，中国纺织品进出口总公司在香港举办出口真丝绸展览会，浙江有 44 只品种参展。1970 年，绸缎和绣衣由加工关系改为购销关系。1972 年，江、浙、沪出口绸缎的货源分配安排为 1.25 亿米，其中江苏 3930 万米、上海 4300 万米、浙江 4300 万米。同年 7 月份开始，调上海出口绸缎中的 19005 真丝斜纹绸、11153 电力纺、11207 电力纺、53103 人造丝织锦缎、53206 人造丝古香缎等品种，实行板码(匹定长)交货。

中国纺织品进出口总公司下达 1975 年收购计划中，浙江绸缎出口总计 1260 万米，其中真丝绸 350 万米、人造丝绸 270 万米、交织绸 500 万米、合纤绸 140 万米。1976 年，中国纺织品进出口总公司下达当年预签供苏联绸缎品种，浙江供 11207 印花电力纺 25 万米，19005 印花斜纹绸 7.5 万米，66707 印花富春纺 68.2 万米，62501 风景古香缎 2.5 万米，62401 织锦缎 70.5 万米，62103 花软缎 10 万米。

1981 年 1 月 1 日起，浙江丝绸开始自营出口。省丝绸公司调整充实了外贸业务力量，抓住重点地区、重点客户，改进产品结构，积极发展出口。至年末，省丝绸公司与 41 个国家和地区的 455 家客户建立了贸易关系。全年签订丝绸、复制品合同 3703 份，对外成交 2.48 亿美元。年末在手合同 1.4 亿美元，出口履约率 73.5%(基本上达到外贸部提出的 70%以上的要

① 李棕初：《生丝贸易与国际市场》，《中国蚕丝》第 1 号。

求），出口总额1.08亿美元，完成年计划的105.78%。1982年11月6日，省丝绸公司《关于绸缎产销情况的报告》称：由于受国际市场经济不景气影响，全国绸缎出口下降18%，绸缎销售呆滞，生产和收购大于销售，全年库存比上年增加2700万米。1983年，省丝绸公司在国外报刊刊登了84个版面宣传广告，加强商品宣传，对外函电5万余封，派出推销小组6批27人次，春、秋季广交会成交5000多万美元，扩大了外贸成交。是年，实际出口1.74亿美元，其中绸缎出口3145万米、出口额7413万美元，比上年量增56.4%、值增64.69%。1985年，省丝绸公司首次向国外客户印发了《浙江丝绸服装》《浙江真丝针织服装》《浙江真丝绣衣》等商品宣传画册1.5万册，设计制作新面料、新款式丝绸时装200件套。在杭州小交会期间举办了首届时装表演，扩大浙江丝绸影响。全年丝绸商品出口总额达到2.06亿美元，比上年增加12.22%。1986年，省丝绸公司实际收购厂丝2950吨，绸缎8200万米，丝绸服装245.84万件。全年出口成交3.02亿美元，平均履约率73.72%。出口总额2.39亿美元，比上年增加16.02%。1987年，省丝绸公司出口成交3.47亿美元，平均成交履约率为69.49%。国家下达省丝绸公司出口计划2.36亿美元，省政府下达省丝绸公司出口计划2.62亿美元，实际出口2.67亿美元。1988年，国内外丝绸市场空前看好，虽价格上调，但客户尚能接受，成交活跃。省丝绸公司全年成交4.23亿美元，平均成交履约率为72.7%。总公司下达省丝绸公司出口计划为2.58亿美元，省政府下达为2.86亿美元，全年丝绸实际出口3.18亿美元。1989年，外贸收购总值16.31亿元，白厂丝收购计划2880吨，实际收购3304.76吨，绢丝收购616.54吨。外销绸缎收购计划为7902万米，实际收购5362.96万米，其中真丝绸收购3566.34万米。是年，丝绸成品作为三类商品放开经营。当年，省丝绸公司服装收购403.20万元，针织品收购2745.44万元，丝制品收购761.19万元。是年，丝绸市场供需矛盾突出，省丝绸公司全年成交4.16亿美元：其中，丝类商品成交1.68亿美元；绸类商品成交4083.09万米、1.79亿美元；成品类成交6937.57万美元，其中服装成交624.47万件、5225.73万美元，丝绸制品成交1076.17万美元，针织品成交635.66万美元。国家下达省丝绸公司出口创汇计划3亿美元，省政府下达计划3.4亿美元，实际完成3.77亿美元。全省出口总额3.89亿美元（不包括计划单列的宁波市）。

1990年，国际丝绸市场丝类商品销售平滞，真丝绸畅销品种少，丝绸服装空前见旺，成交活跃。全省丝绸外贸收购20.61亿元，其中丝类6.51亿元，绸类11.99亿元，服装1.87亿元，制品针织品2420万元。省政府下达全行业出口创汇计划3.8亿美元，实际出口4.23亿美元，其中省丝绸公司出口3.91亿美元。1991年，国际丝绸市场在低谷徘徊，适销品种少，出口卖价下跌，但丝绸服装畅销。全省直接出口商品收购总值19.44亿元，其中丝类收购5.89亿元，绸缎10.74亿元，成品2.81亿元。收购厂丝3015.38吨，绸缎5859.03万米，服装510.10万件。全年全省丝绸行业出口创汇4.52亿美元，其中省丝绸公司出口3.91亿美元，宁波自营出口1352万美元，其他市公司及生产企业直接出口4786万美元。出口卖价：白厂丝每吨平均4.29万美元，桑绢丝降价19.61%，桑蚕丝绸平均降价7.51%。1992年，国际丝绸市场疲软，供过于求矛盾突出，丝绸出口价格一跌再跌。省丝绸公司改革货源收购，在出口绸缎和成品收购上全面推行适销对路和按质论价。省公司出口商品收购总值18.32亿元，桑蚕丝收购 3000.35 吨，绸缎收购有所压缩。是年，全省丝绸行业出口创汇 4.39 亿美元，其中省丝绸公司 3.41 亿美元。出口卖价：桑蚕丝平均每吨 3.64 万美元，绸缎平均价格下降 0.40 美元/米。1993 年，国际丝绸市场继续疲软，供过于求十分突出。省丝绸公司出口商品收购总值 14.96 亿元，桑蚕丝全年收购 1921.18 吨，桑蚕丝绸缎收购 2752 万米。是年，省丝绸公司成交总值 3.81 亿美元，创汇 2.75 亿美元，另宁波市丝绸公司创汇 3627.41 万美元；各市丝绸进出口公司外贸业务蓬勃发展，出口合计 12412 万美元，其中杭州市 3782 万美元，嘉兴市 3433 万美元，湖州市 1570 万美元，宁波市 3627 万美元。1996 年，全省丝绸出口总额 4.68 亿美元，比上年同期减少 1.35%。其中省丝绸公司出口 3.3 亿美元，与上年同期相比增长 2.53%；杭、嘉、湖、宁地区除嘉兴、宁波地区比去年有所增长，其余均有大幅度下降。宁波市出口 5002 万美元，比上年同期增长 4.67%；嘉兴市出口 4045 万美元，比上年同期增长 16.54%；杭州市出口 3892 万美元，比上年减少 30.88%；湖州市出口 806 万美元，比上年减少 38.89%。在省丝绸公司出口中，桑蚕丝出口 1768 吨、4369 万美元，分别比上年增加 20.65%、9.82%；真丝绸出口 3113.07 万米、9247.03 万美元，分别比上年减少 4.29%、13.11%；服装出口 1.32 亿美元，比上年增长 27.30%。1998 年，全省全社会丝绸出口全年约 11 亿美元，同比下降 10%。1999 年，全省丝绸专业外贸公司完成出口 5.19 亿美元，同比增长 6.17%。从 6 月起丝绸出口形势有所回升，出口节奏也明显加快，各市丝绸进出口公司出口涨幅明显。

2000 年，全省丝绸出口 8.94 亿美元，同比增长 18.74%。其中省丝绸公司出口 3.66 亿美元，同比增长 14.22%；杭州市出口 1.39 亿美元，同比增长 33.55%；嘉兴市出口 1.44 亿美元，同比增长 34.42%；湖州市出口 8432 万美元，同比增长 39.48%；绍兴市出口 1.31 亿美元，同比下降 3.23%；宁波市出口 2992 万美元，同比下降 33.88%。

2003 年，省丝绸协会统计的 143 家丝绸企业出口交货值 39.96 亿美元，同比增长 19.2%；自营出口 10.90 亿美元，同比增长 19.98%。同年，全省丝绸商品出口总额达到 33.47 亿美元，同比增长 45.38%，占全国出口总额的 58.37%，其中真丝绸商品出口 10.70 亿美元，占全国的 42.13%。2004 年，省丝绸协会统计的 150 家丝绸企业出口交货值 65.94 亿美元，同比增长 65.02%；自营出口 12.73 亿美元，增长 16.79%。浙江省丝绸商品出口 46.42 亿美元，同比增长 38.69%，占全国出口总额的比例为 60.57%。其中真丝绸商品出口 13.88 亿美元，同比增长 29.72%，占全国出口总额的比例为 42.77%，继续位居全国第一。

据海关统计，2005 年浙江省丝绸商品出口总额 49.04 亿美元，同比增长 5.64%，占全国份额为 57.7%，继续保持半壁江山。其中全省真丝绸商品出口达到 16.11 亿美元，同比增长 16.07%，占全国份额为 42.94%，创历史最好水平；合纤绸商品出口 32.93 亿美元，同比增长 1.2%，占全国份额为 69.35%。在真丝绸商品出口排名前 10 位中，浙江企业占了 4 家，在前 50 位中，浙江企业占了 20 家。2006 年，全国丝绸商品出口 86.44 亿美元，同比增长 1.71%，其中真丝绸商品出口 37.15 亿美元，同比下降 0.99%。浙江丝绸商品出口 48.99 亿美元，同比下降 0.10%，其中真丝绸商品出口 15.99 亿美元，同比下降 0.74%。浙江丝绸商品、真丝绸商品出口占全国总额的比例分别为 56.67%和 43.07%，继续占据全国半壁江山。2007 年，全国丝绸商品出口 88.48 亿美元，同比增长 2.36%，其中真丝绸商品出口 36.11 亿美元，同比下降2.80%。浙江丝绸商品出口总额50.78亿美元,同比增长3.65%,出口占全国份额为57.39%。其中真丝绸商品出口15.60亿美元,同比下降2.44%,出口占全国份额为43.20%。2008年,全国真丝绸商品出口34.93亿美元,同比下降3.27%,浙江省真丝绸商品出口14.86亿美元,同比下降4.74%。2009年,全国真丝绸商品出口28.86亿美元,同比下降17.38%,浙江省真丝绸商品出口11.98亿美元,同比下降19.38%。由于国际金融危机的影响,丝绸出口连续下降。

2010年,国际金融危机影响开始减弱,欧美等市场有所复苏,丝绸出口商品需求好转,绸缎和制成品出口量有所增长。同时,国内茧丝价格在2009年恢复性上涨的基础上,不断上涨,连创新高。至2010年底,中国茧丝交易市场干茧现货合约平均单价达11.95万元/吨,生丝(3A级)现货合约平均单价达39.39万元/吨,同比涨幅达到50%以上。据海关统计,全国真丝绸商品出口32.58亿美元,同比增长12.89%,浙江省真丝绸商品出口13.17亿美元,同比增长9.93%,占全国的40.42%,位居全国第一。

表105-11-2-4　　1949—2010年浙江省主要丝绸产品产量和出口金额一览表

年份	丝总计(吨)		丝织品(万米)		真丝绸出口商品(亿美元)		
	合计	其中:白厂丝	合计	其中:真丝绸	浙江合计	全国合计	占全国比例(%)
1949	433	339	1212	736	-	-	-
1950	763	659	863	510	-	-	-
1951	1120	994	1252	738	-	-	-
1952	1378	1200	1406	793	-	-	-
1953	1536	1329	1727	876	-	-	-
1954	1565	1340	1829	863	-	-	-
1955	1828	1581	2015	748	-	-	-
1956	1990	1717	2440	983	-	-	-
1957	2340	2048	3181	1430	-	-	-
1958	3357	2974	5220	1468	-	-	-
1959	2258	2150	6921	1107	-	-	-
1960	2256	1784	6472	869	-	-	-
1961	1634	1244	7826	608	-	-	-
1962	1272	935	5952	318	-	-	-
1963	1480	1127	6546	450	-	-	-

续表 1

年份	丝总计(吨)		丝织品(万米)		真丝绸出口商品(亿美元)		
	合计	其中：白厂丝	合计	其中：真丝绸	浙江合计	全国合计	占全国比例(%)
1964	1714	1300	6763	-	-	-	-
1965	2292	1777	8153	1001	-	-	-
1966	3643	2648	8191	-	-	-	-
1967	3133	2324	7063	-	-	-	-
1968	3198	2297	6368	-	-	-	-
1969	4137	2977	7275	-	-	-	-
1970	4814	3550	8520	-	-	-	-
1971	5612	4198	8563	-	-	-	-
1972	5834	4369	8377	2646	-	-	-
1973	6487	5166	8623	2732	-	-	-
1974	3309	2571	6934	2404	-	-	-
1975	5705	4677	5970	1937	-	-	-
1976	5567	4454	6799	2320	-	-	-
1977	7770	6000	9535	3695	-	-	-
1978	8942	6855	12444	5019	-	-	-
1979	8247	6263	13279	5211	-	-	-
1980	10093	8099	17113	4608	0.11	7.48	-
1981	10239	8172	19446	4279	-	-	-
1982	10573	8306	21164	5277	-	-	-
1983	10454	8078	22913	3574	-	-	-
1984	10875	8181	28170	3935	1.83	8.96	18.98
1985	12156	9414	33895	5621	2.06	9.57	21.52
1986	13390.35	10575.88	36354.00	7837.43	-	-	-
1987	13942.00	10776.09	40344.00	9302.11	-	-	-
1988	14793.00	11779.56	46476.00	7561.44	-	-	-

续表 2

年份	丝总计(吨)		丝织品(万米)		真丝绸出口商品(亿美元)		
	合计	其中：白厂丝	合计	其中：真丝绸	浙江合计	全国合计	占全国比例(%)
1989	12646.07	9960.91	21608.61	7390.12	-	-	-
1990	12743.99	10484.64	24737.64	10919.85	-	-	-
1991	12585.68	10247.38	26481.35	12148.99	4.39	21.05	20.86
1992	14870.97	12439.28	27486.90	13459.31	4.12	21.00	19.62
1993	16387.44	13838.61	34512.12	17453.51	3.63	20.58	17.64
1994	16510.55	14038.57	35879.21	13502.99	3.77	26.27	14.35
1995	12112.31	9969.39	34262.83	8803.89	4.36	27.57	15.81
1996	11649.95	9560.26	32608.23	6907.41	4.18	24.14	17.32
1997	11367.48	9656.93	30269.11	5618.55	4.82	25.55	18.86
1998	14171.02	9870.35	24100.26	4756.11	4.86	22.60	21.50
1999	16135.50	11308.00	24300.37	5865.00	4.53	22.69	19.96
2000	27486.00	10916.00	23493.00	2774.00	6.76	19.71	34.30
2001	29912.00	13178.00	21394.45	3122.90	6.85	18.92	36.21
2002	26335.00	11902.00	16283.00	1554.00	9.65	23.30	41.42
2003	24674.00	10314.00	15099.00	1537.00	10.70	25.40	42.13
2004	26764.00	11115.00	14012.00	1977.00	13.88	32.45	42.77
2005	30120.00	10755.00	15822.00	3657.00	16.11	37.52	42.94
2006	25192.00	9807.00	8974.00	4272.00	15.99	37.15	43.04
2007	23087.00	9612.00	9209.00	3802.00	15.60	36.11	43.20
2008	20150.31	8137.62	10722.78	3240.98	14.86	34.93	42.53
2009	20408.72	8315.64	9726.38	2773.82	11.98	28.86	41.51
2010	17568.88	5181.48	7909.67	2296.05	13.17	32.58	40.42

资料来源：1980 年、1984 年、1985 年出口金额分别摘自《丝绸笔记》1986 年资料篇第 700 页、702 页、704 页。1991—1995 年出口金额分别摘自《丝绸笔记》1996 年资料篇第 714 页、718 页、722 页、726 页、730 页。1996—1999 年分别摘自《丝绸笔记》1999 年 10 月的第 466 页、476 页、510 页、562 页。其余年份摘自《浙江省丝绸行业统计资料汇编》。

第十二章　机构与管理

中国历史上对于丝绸生产的管理早已有之。唐宋以来，官营织造机构明确分工，丝料征收、织造成匹、产品质量、贡赋缴纳等均有专人负责。元代，设立司农司专管农业。明代的官营局织制和民间领织制，采用订货和加工两种方式生产御用丝绸。明清时期，朝廷和民间丝绸消费量很大，丝绸内外贸易大多由官方组织和控制。清光绪二十三年(1897 年)创办的浙江蚕学馆，为浙江最早的蚕业技术推广机构。民国 16 年(1927 年)，设立省建设厅农业推广委员会。民国浙江省政府对丝绸业实行教育改良和蚕丝统制，制定茧丝绸生产、收购、加工条例加以管理。抗日战争时期，汪伪政府成立华中蚕丝股份有限公司，对蚕种、蚕茧、蚕丝实行统制，垄断浙江生丝出口。

中华人民共和国成立以后，政府十分重视浙江蚕桑丝绸业的恢复和发展。省政府设立农业厅、工业厅等管理机构，负责全省蚕桑丝绸行业农工商贸的管理。1953—1957 年，浙江丝绸业全面公私合营，完成了对丝绸企业的社会主义改造。1958—1970 年，丝绸机构实行工贸合一管理。1972 年始，丝绸工贸机构再次分开管理。1980 年，省农业厅设立经济作物处，1981 年更名为省农业厅经济作物管理局，负责蚕桑业的管理和技术推广服务。1985 年 1 月 29 日，省政府决组建省丝绸联合公司，承担全省丝绸行业管理职能。1996 年 1 月，省政府决定实行茧丝绸、贸工农一体化经营管理体制改革。2001 年 8 月，省政府明确，进入一体化丝绸公司的蚕桑机构可逐步回归到农业部门。11 月，省政府决定重组设立浙江省丝绸集团有限公司，省丝绸集团公司不再承担全省丝绸行业管理职能，移交给省经济贸易委员会。

至 2010 年，全省蚕桑业的行政管理和技术推广服务职能，基本在省、市、县(市、区)农业部门；丝绸行业的管理职能在省经济和信息化委员会。全省丝绸企业全面加快转换经营机制步伐，建立起与社会主义市场经济体制相适应的现代企业制度。省、市、县丝绸公司和丝绸企业走上了自主经营、自我管理、自负盈亏、自我发展之路。

第一节　机　构

随着蚕桑丝绸业的发展，管理体制和机构不断演变。三国鼎立时期，浙江属吴国，官营织造已有一定规模。明清时期，浙江的杭州、绍兴、嘉兴、湖州、宁波等均设有官营织造机构。民国 8 年(1919 年)，成立省蚕桑改进委员会，民国 23 年，改组成立省建设厅蚕丝统制委员会，统一负责全省蚕桑丝绸行业管理。1950 年 5 月 11 日，成立中国蚕丝公司(以下简称中蚕公司)

浙江分公司。改革开放以后，随着经济体制改革的持续深化和市场经济体制的逐步确立，浙江蚕桑丝绸业所涉及的农工贸等管理机构几经更迭。至2010年，浙江蚕桑丝绸行业的省级常设管理机构有省农业厅经济作物管理局、省经济和信息化委员会轻纺行业管理办公室。同时，设有省蚕茧产业协会、省丝绸协会等社团组织。

一、官营织造机构

西周时期，西周官府设有典妇功（专管丝麻生产）、典丝（专管蚕丝验收、贮藏和分配）、幌氏（掌练丝帛）和染人（掌染丝帛）等官职，并建有“公桑、蚕室”和“百工”。三国吴时，官营织造已有一定规模。“后宫列女，及诸织络”的人数，由孙权时的“数不满百”增至孙皓时的“千数”①。西晋时期，西晋在占田制基础上，制定了赋税制度。

唐代，越州是浙江蚕织业基础最好、发展最快的地区。五代十国时期，钱镠称雄一方。吴越时期浙江丝绸业的一个特点，就是官营手工业的产生与发展。钱镠在杭州西府设立手工业作坊，技艺高超的织锦工有300余人。当时，一般绢帛由民间生产，精致的高级丝织物，主要由官办手工业织造。宋代，官营丝绸生产作坊，在京城中少府监属下设有绫锦院、染院、文思院、裁造院、文绣院等；内司中的织染所也加工丝绸，产品有锦、绫、绢等。除江东的江宁织罗坊和两浙的润州、常州织罗坊外，在浙江有湖州的织绫务和杭州的织罗务。湖州的织绫务曾在太平兴国六年（981年）停废。南宋时期，设在杭州的绫锦院有织机300张，人数达1000人。元代的官办丝织工业很多，在各地设有绫锦局、织染局、罗局、绣局等。在浙江的杭州等地也设有文锦局和织染局。据嘉靖《仁和县志》记载，杭州武林门外夹城巷的南宋官营织局，就是当时的文锦局。

明代，官办织造机构，除京师（北京）设有内局（织染局）外，全国各行省之外局，共有20多处。其中浙江设有杭州、绍兴、金华、严州、衢州、台州、温州、宁波、嘉兴、湖州等10局。浙江设置外局最多，每岁办纳色丝等各项奏销任务，分设于浙江的各局还常以低价硬派机户织造官用的丝织品。明洪武年间（1368—1398年），苏、松、杭、嘉、湖五府（局）岁造尚有定数。明王朝对浙江丝和丝织物的质量要求特别高，所谓“锦绮取于吴越，不极奇巧不止”②。

清代，官营丝织的分布地区，除北京仍设内织染局外，只在江宁、苏州、杭州3处设立织造局。杭州织造局，于顺治四年（1647年），由督理苏州等处织造的工部右侍郎陈有明经手重加修建。地址设在涌金门内红门局（明代织造大门为朱红色）内，即明代织造局旧址。康熙三年（1664年），新宫桥东温处边的宗阳宫地，改建为织造府分署；另一分署在镇海楼南。康熙四十五年，织造孙文成捐修东府，预备迎接康熙皇帝南巡驻跸的行宫。又在大门之外，购买民地，开浚城河，以达涌金门。府之外，还设有织染、总织、西府三局。乾隆十六年（1751年），朝廷改织造署为南巡行宫，移署于南关厂前之旧盐察院署，后又迁回。乾隆五十八年，专设两浙盐政兼管织造，即为盐院署。嘉庆五年（1800年），盐院归巡抚兼任，杭州专设织造。咸丰三

① 〔西晋〕陈寿：《三国志》卷六十一《陆凯传》。
② 《明史》卷二百三十二《列传第一百二十》。

年(1853年)前，上用缎主要由江宁局织造，内用缎主要由杭州局织造，户部缎主要由苏州局织造。咸丰三年太平军占领南京后，各织造局的历年产量，上用缎最多的为杭州局，户部缎最多的也是杭州局，各种制帛、诰敕、各色驾衣、彩绸和线罗等原由江宁局织造的也改由杭州局织造。咸丰十一年，杭州官营织造局在太平军攻城时遭受破坏。同治三年(1864年)，杭州织造鹤昶重新修葺内织造局(又称红门局)和西府局(染局)，将外织局并归染局，葺其残毁，重新修建。内织造局建大门、二门房屋45间，修仪之屋81间，染局建屋43间，坊架10座，修屋34间，坊架4座。保存的织机380台，新添缎机200台，共有丝织机580台，并添修各种织染器具。

清代，杭州官营织造局兴办后，就对民间丝织工业和手工业者，以内造用"民机"的办法，采取领机给帖(官机执照)的形式，把民间机户、机匠控制起来，隶属于织造局，直至清末仍行之不辍。该办法是：织机属官局所有，由织造局选择民间熟谙织务的机户机匠承领，将"姓名年岁籍贯造册存案"，给领印帖，即"官造执照""领其执守""实力当差"。杭州织造局除额设"内造官机"300张外，由民间机匠承领"官机执照"的"外造官机"和"专司织办正供"，规定以300张为限，领帖机匠人数大致相近。光绪三十二年(1906年)，杭州有14家专织蟒袍的民间机户为官局代织贡品。官营织造局的纹样，一般"十年一换"，故很多官用(赏赐用)绸缎，常因民间花样新颖而委托民机代织。光绪后期，官营织造已凋零不振。宣统三年(1911年)11月5日，清朝廷驻杭州的新军起义，杭州织造官联荣被捕，清代杭州官营织造机构亦由此终结。

二、蚕丝统制机构

辛亥革命后，浙江在孙中山倡导"养蚕制丝之改良"的鼓励下，采取一些改良蚕丝业的措施。民国7年(1918年)前后，浙江蚕丝工作人员和社会上有蚕业专门学识人士发起组织"浙江蚕丝会"。民国8年，由省议会、教育会和绸业会联合有关实业机构共15个团体，成立"浙江蚕桑改良会"。民国20年，省建设厅下设收茧委员会，制定统制收茧办法。民国21年，省政府财政、建设两厅组织成立省丝茧救济委员会，另由杭州市银行业公会、钱庄同业公会联合组建银钱业押放茧款联合委员会。

民国23年(1934年)12月，省管理改良蚕桑事业委员会扩大机构，改组为省建设厅蚕丝统制委员会，负统制全省蚕丝事业之全责。民国24年6月，成立省生丝推销委员会，在上海设办事处，经营生丝对外销售事务。民国25年2月，省建设厅蚕丝统制委员会改称为浙江省蚕丝统制委员会(以下简称"蚕统会")，直属省政府领导。蚕统会把全省蚕茧区划分为10个收茧区，其中6个区直接由蚕统会设庄收茧，另4个区为各丝厂收茧区，但事先须经蚕统会批准，并向该会订约承缫。该会设有外销机构，管理蚕丝外销业务。由此，全省从栽桑、育种、养蚕指导到收茧、缫丝、销售各个环节，都由蚕统会统制。至抗日战争全面爆发前，浙江蚕丝行政管理系统如下页图所示。

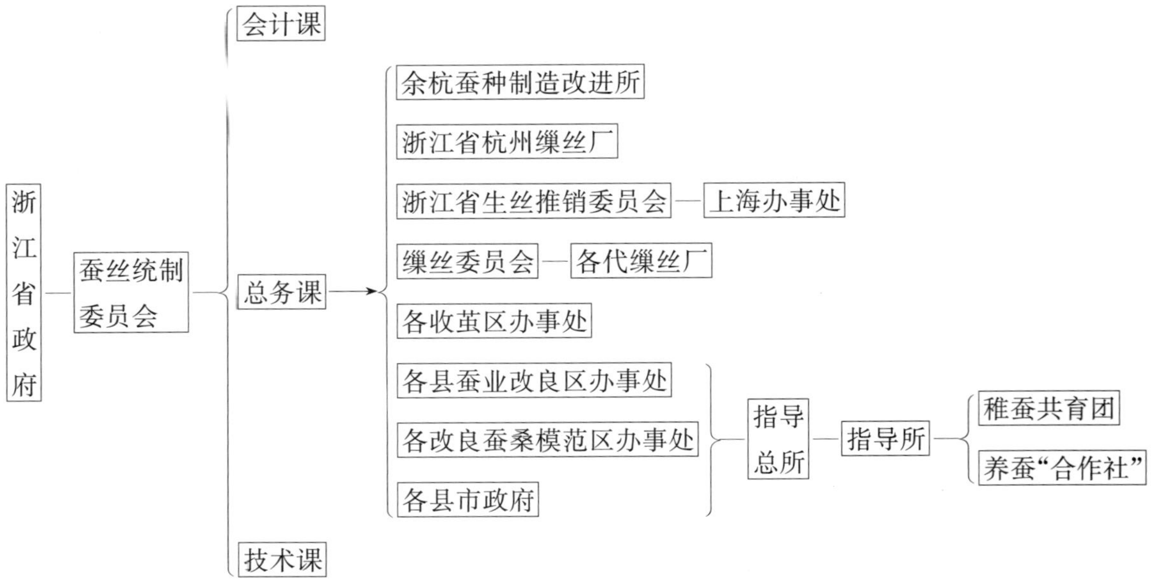

图 105-12-1-1　抗日战争全面爆发前浙江蚕丝行政管理系统

民国 26 年(1937 年)11 月,蚕统会和所属省蚕桑改良场、蚕业监管所,因抗日战争全面爆发先后撤至浙东,并设立民国 27 年春期收茧管理委员会,办理收茧和丝茧运销等事宜。省建设厅会同商人设立蚕丝经营事务所,专管收茧运销事宜。以上机构均设在嵊县茧业公所内。民国 28 年,省建设厅在永康成立油茶棉丝管理处,制定了《浙江省茧行登记规则》,在嵊县、诸暨、萧山分设 3 个管理丝茧办事处。民国 30 年,省油茶棉丝管理处撤销,改设省蚕丝管理委员会,除新昌、嵊县由省蚕丝管理委员会自行收购部分蚕茧外,其余均由中央贸易委员会及其所属富华公司、复兴公司委托代收。

民国 27 年(1938 年)4 月 21 日,由日本片仓制丝纺织公司等 6 个制丝公司、2 个生丝批发商、6 个生丝出口商等 14 家企业在上海联合成立“中支蚕丝组合”,经营制种至生丝买卖的各项事业,避免相互争夺中国市场而造成的摩擦。8 月 10 日,成立华中蚕丝股份有限公司,制定《管理丝茧事业之临时办法》,对华中沦陷区蚕丝重点地区实行蚕种、蚕茧、缫丝、销售的全部统制。以后又陆续在杭州、嘉兴设立分公司(支店),在湖州及海宁(硖石、长安)设立办事处(出张所)。从此,华中蚕丝股份有限公司成为日本操纵中国沦陷区蚕丝命脉的机构,生丝全部运往日本。汪伪政府于民国 33 年 5 月另行组成中华蚕丝公司,但其实权仍控制在日本人手里。民国 35 年,省建设厅下属机构有蚕业推广委员会和蚕丝管理委员会,内设第四科掌管蚕丝行政。同年,省合作社联合社成立,其业务之一是辅导蚕丝业的发展。

抗日战争胜利后,属第三战区长官司令部的苏浙皖蚕丝复兴委员会进入杭州,接收华中蚕丝股份有限公司杭州分公司、嘉兴分公司等全部资产。民国 35 年(1946 年)1 月,在上海成立以四大家族为主体的中蚕公司,垄断中国的蚕丝业。苏浙皖蚕丝复兴委员会所有机构和人员并入中蚕公司,于 4 月开始营业,在浙江设有杭州、嘉兴共 2 个办事处,并在杭州、吴兴、嵊县设 10 个直辖组。同时,中蚕公司会同中央、中国、交通、农民 4 家银行以及中央信托局组成苏浙皖 3 省收茧贷款联合管理处,并在浙江成立区管理处。由此,中蚕公司利用贷款低价收茧，控制茧丝资源，形成一个庞大的茧丝统制机构。

民国36年(1947年)5月1日，中央农林部成立中国蚕丝产销协导委员会，其任务是协同中蚕公司及其他有关机构，办理蚕种和制丝等产销工作。浙江在杭、嘉、湖、嵊地区设区办事处。根据行政院《蚕丝产销计划纲要》，协导会通过贷款收茧方式，对全国主要产丝区的整个产、购、销实行全面的统制。民国37年秋，物价飞涨，茧市紊乱，该会取消对蚕丝业的统制，官僚资本的所谓蚕丝产销计划，至此彻底破产。

三、蚕业管理机构

元世祖至元七年(1270年)，设立专管农业的司农司。清光绪二十三年(1897年)，杭州知府林启创办蚕学馆，这是浙江最早从事蚕业教育和技术推广的机构。民国元年(1912年)，杭州农事试验场成立，内设蚕桑科，下有桑苗圃和蚕种场。民国8年，由省议会、教育会和绸业会联合有关实业机构15个团体，成立浙江蚕桑改良会，拟订各种改良计划，在丝茧绸捐中提取4%作为改良推广费。民国16年，省政府决定设建设厅，下设农业推广委员会，指导全省农林蚕桑工作。同年，省农事试验场蚕桑科与原种场合并，成立省蚕业试验场。民国17年，成立省蚕业改良场，除内设制种、制丝、研究部外，还专设推广部。全省蚕桑改良事业，均授权由该场主持，并附设蚕业取缔部。后蚕业改良场易名为省蚕丝业改良场。民国20年，省政府改组，推广部撤销。民国21年，成立省农业改良总场，蚕丝业改良场改为蚕桑场，蚕业取缔所独立，同属农业改良总场。民国22年，省建设厅设立改良蚕桑事业委员会，主管全省蚕业改良工作，推广栽桑，统一蚕种，指导养蚕，统制收茧。民国23年4月，蚕桑场改由省建设厅领导，改名为省蚕桑场。10月，蚕业取缔所被撤销，其业务并入省蚕桑场办理，隶属改良蚕桑事业委员会领导。12月，省建设厅改良蚕桑事业委员会，改称为省建设厅蚕业统制委员会，并将建设厅第四科管理的蚕桑行政事务，划归该会办理。民国24年1月，省蚕桑场改称为省蚕业改良场。民国25年1月，增设桑园股，另设蚕种监管所；2月，省建设厅蚕业统制委员会改为省蚕丝统制委员会，直属省政府领导；3月，成立余杭蚕种制造改进所，专司改进余杭土种生产。

民国26年(1937年)8月，省政府内迁，省级各农林机构紧缩合并，统一成立省农业改进所。省蚕丝统制委员会及所属省蚕业改良场、蚕种监管所，先后并入省农业改进所为蚕丝股。民国27年，在浙东六县成立蚕业改进区。民国28年春，省建设厅成立油茶棉丝管理处，内设丝茧部，管理丝茧产销和指导管理等工作。民国30年，省农业改进所蚕丝股改为蚕丝系，成立育蚕、育桑两场；同年，省建设厅油茶棉丝管理处被撤销，改设省建设厅蚕丝管理委员会。民国31年，省农业改进所内的蚕丝机构合并为蚕丝试验室。

民国35年(1946年)，省建设厅蚕丝管理委员会迁至杭州，内设第四科掌管蚕丝行政；另设蚕业监管所及蚕桑繁殖场，负责制造原种及试验研究，后又成立蚕业推广委员会，负责农村蚕业推广工作，将全省划分为10个蚕业推广区，设立10所蚕业指导所。民国36年1月，省蚕业推广委员会、蚕业监管所及省农业改进所的蚕丝试验室合并，改组为省蚕业改进管理委员会，属省建设厅领导，负责全省蚕业推广、蚕种监管及茧行、丝厂、绸厂核准登记等管理工作。

民国38年(1949年)5月3日杭州解放后，杭州市军管会财经部实业处全面负责接收并管理全省农业部门的机构。5月26日，杭州市军管会财经部实业处派出接收小组，先后接收了省蚕业改进管理委员会、省蚕桑试验场、中国蚕桑研究所和中蚕公司所属杭州冷库、嘉兴第一蚕桑实验场、嘉兴指导所、长安桑苗培育所、杭州上泗乡桑园第一处等8个蚕业单位，以后又接收了云南蚕业公司推广部。8月，设立省政府实业厅，厅直属单位有“四局两所”(即水利、交通、航运、渔业局，农业改进所、蚕业改进所)。蚕业改进所内设“四系一室”，即研究繁殖系、蚕种监管系、推广指导系、丝茧管理系及秘书室。直属机构有杭州蚕种冷库、杭州蚕桑试验场、嘉兴蚕种场、嘉兴原蚕种场、长安桑苗培育所以及10个蚕业指导所。

1950年8月23日，省实业厅改称为省政府农林厅，内设秘书室、调研室、人事科、财务科、农业科、特产科、林牧科。1952年8月28日，撤销厅特产科，成立省政府农林厅特产局(以下简称省特产局)，并将蚕业、棉麻、茶叶、土产4个改进所改建为特产局属下的科，为全厅6个直属单位之一。1954年6月17日，经省政府批准，成立省蚕种公司，内设经理室及经营管理、监管、财务、人事4个科室，属省特产局领导。8月5日，省农林厅改名为省农业厅，特产局仍为厅直属机构。

1956年11月5日，省特产局设立省蚕桑研究所筹办组。1958年5月10日，省农业科学研究所内设蚕桑系，由省特产局蚕桑研究所筹办组及长安桑苗培育所组成。1960年1月，省农科所改组为省农业科学院，蚕桑系改为蚕桑研究所。

1957年4月7日，撤销省蚕种公司，由省特产局和省蚕种公司各建特产管理局和蚕桑管理局，人员编制特产管理局49人，蚕桑管理局56人。蚕桑管理局内设秘书、人事、蚕桑、蚕种、计财科。1958年，省农业厅机构和人员编制大幅度精简。10月20日，将特产管理局和蚕桑管理局合并为特产处，归属厅行政编制，定编12人，处内不设科组。1959年5月25日，恢复成立省特产局，内设蚕桑科、蚕种科。以后省农业厅机构、人员几经变化，但特产局建制未变，一直为厅直属机构，主管全省蚕桑、蚕种、棉麻、茶叶和果蔬的生产。为加强蚕种场的经营管理，1962年，恢复省蚕种公司。

1966年5月，“文化大革命”开始，省农业厅机构被打乱。1968年3月，省革委会成立;7月11日，省农业厅革命领导小组成立。1970年4月28日，省革委会决定，在生产指挥组下设立农林等14个局，原省人委所属厅局和革命领导小组同时撤销。省革委会生产指挥组农林局机构设置为:畜牧特产组等7个组(室)，以及蚕桑服务站等12个单位。1971年，省革委会生产指挥组对农林局做小调整，畜牧特产组改为畜牧经济作物处。7月12日，省农林局蚕桑服务站正式成立，主管桑、柞蚕生产和蚕种业务。1973年5月12日，省委决定，省农林局改称为省农业局。1976年，省农业局行政机构改为经济作物室等9个处(室)。1977年，省农业局(对外称农林局)的机构为特产处等9个处，蚕桑服务站等2个站。1980年5月10日，省农业局改称为省农业厅，行政机构为经济作物处等8个处(室)。经济作物处设蚕桑组、省农业厅蚕种公司等6个科级单位，以及编制、财务相对独立的省农业厅蚕种公司冷库。1981年10月，恢复特产局，原为“组”的科级单位改为科。

1981年11月，特产局划为事业单位，改称为经济作物管理局。1984年1月3日，省农业厅机构调整，设立10个直属事业单位。经济作物管理局明确为事业单位，称经济作物管理总站，对外保留经济作物管理局的牌子，设蚕桑科等6个科，以及省农业厅蚕种公司，领导事业编制的省农业厅蚕种公司冷库。1985年11月13日，省农业厅设置省种植业服务二站（保留省农业厅经济作物管理局牌子），原棉麻、菜糖两科划归省种植业服务一站。

1989年6月16日，省编委批复省农业厅蚕种公司冷库为经费自收自支。1991年11月9日，省农业厅批复同意将厅蚕种公司冷库更名为省农业厅经济作物管理局蚕种冷库。1993年3月23日，省农业厅批准成立省蚕种管理站，为经济作物管理局下属的全民事业单位，与蚕种公司合署办公。同时，批复省农业厅蚕种公司更名为省蚕种公司。2001年2月26日，省农业厅批复同意经济作物管理局建立省蚕种质量检验站。2002年5月，省农业厅批复同意将省农业厅经济作物管理局蚕种冷库更名为省农业厅蚕种科技服务中心。

2007年7月3日，省编委会同意省农业厅经济作物管理局增挂省蚕种管理站牌子。2010年4月9日，省编委批复，省农业厅蚕种科技服务中心更名为省蚕种质量检验检疫站，为公益类事业单位。同时，撤销省蚕种管理站。

四、蚕茧管理机构

民国38年（1949年）5月16日，杭州市军管会财经部贸易处联系蚕丝界知名人士，成立浙江省代收春茧服务社，委托该社代收春茧，由省土产公司派员监督。1950年4月20日，省财经委员会指定省商业厅、省粮食公司、省蚕业改进所和华东区蚕丝公司杭州分公司筹备处，组成1950年春期省收茧工作指导委员会。同时成立中蚕公司收茧办事处浙江分处，受省收茧工作指导委员会和中蚕公司收茧办事处双重领导，下辖杭州、嘉兴、吴兴、崇宁和德武5个支办事处、29个收茧小组和171个收茧站。1951年2月，成立省春茧工作委员会。各有关地、县相应成立当年春茧工作委员会。同时，组建省春茧联购办事处，设立杭州、嘉兴、吴兴、崇宁和德武5个分处、50个收茧小组和260个收购站。1952年4月7日，省财经委员会组织有关单位成立省1952年春茧收购工作委员会。4月24日，省春茧收购工作委员会决定，由省合作社联合社、中蚕公司浙江分公司和省蚕业改进所组成的省春茧收购办事处，具体负责全省收茧事宜。1953年2月6日，成立省蚕丝工作委员会，由省商业厅、省特产局、省纺管局、省供销合作总社、中蚕公司浙江分公司等单位组成。在省蚕丝工作委员会领导下，成立省春茧收购办事处，下设4个分处和各县办事处，以及35个收茧小组，具体负责贯彻收烘茧方针与技术指导。1954年，省蚕丝工作委员会下设省1954年收茧办事处。1955年2月，省1954年收茧办事处改称为省蚕茧收购办事处，作为全省收茧业务的常设机构。1958年，省商业厅决定逐步推行由农业社将鲜茧自行加工烘成干茧，国家定价收购的办法，不再由国家收购全部鲜茧。至6月底，全省春茧推行的干茧买卖试点扩大到11个县、119个农业社和42个茧站。省蚕茧采购工作委员会下设办事处，具体负责收茧事宜。专区和重点县成立相应组织，由专署和县委直接领导，实行分级管理，分区包干。是年，春茧收购仍以省轻工业厅为主，省商业厅配合。

1960年3月18日，根据省委关于"1960年蚕茧采购工作全部划归商业部门负责，轻工业部门积极配合"的指示，省商业厅、省轻工业厅布置所属有关部门在当月办妥交接工作。后因春茧收购在即，又指示"省里以轻工业部门为主，各地以商业部门为主进行"。至1961年，收茧业务由省商业厅特产公司统一管理。1961年，省供销合作社恢复建制后，又划归省供销社管理经营。省蚕茧采购工作委员会办事处由省供销社特产经营管理处主持。1966年7月，省轻工业厅下发《浙江省丝绸工业公司有关体制改革问题方案》，确定由省丝绸工业公司负责全省蚕茧的收购、调度和分配；各分公司负责本地区范围内的收购、保管等工作，以及对各茧库、茧站的领导。1967年2月，省蚕茧采购工作会议决定，蚕茧收购工作由省蚕茧采购工作委员会办事处负责具体领导。1970年11月，省革委会调整蚕茧收购体制，由工业部门移交商业部门，划归省土特产公司管理，工商之间实行购销关系，各地土特产公司自行组织收烘，按计划供应丝厂。1972年5月2日，省革委会发出《关于调整丝绸工商体制问题的通知》，规定蚕茧业务由省轻工业局经营，委托商业部门代收代烘。

1978年12月，省社队企业局、省农业局、省丝绸公司、省特产公司议定了就原由生产队交售鲜茧、供销社代收代烘，改为社队自办烘茧站交售干茧问题，选择在重点产茧区进行试点。省丝绸公司组织各地丝厂参与蚕茧生产和收烘工作。1979年3月，省供销社、省农业局、省一轻局、省社队企业局确定，社队烘茧试点以省供销社为主，由省一轻局、省社队企业局配合。是年，社队烘茧站发展至27个，与省丝绸公司实行干茧买卖。1980年5月27日，省丝绸公司为加强社队烘茧站试点工作，成立省蚕茧收烘领导小组，地区丝绸公司相应成立地区收烘领导小组。11月7日，省政府批转《关于改进蚕茧收烘工作的意见》，明确全省蚕茧收烘工作仍由供销社系统管理，受丝绸公司委托，进行"代收代烘代运"（以下简称"三代"）。1980—1984年，蚕茧收烘和运输均由供销社系统负责"三代"。

1985年1月29日，省政府下发《关于全省丝绸行业经济体制改革试行方案》，明确蚕茧经营从当年春茧开始下放。杭州、嘉兴、湖州、绍兴和宁波5个市，由各市计委组织有关部门划定收烘庄口，落实经营单位；其他地、县由省丝绸联合公司与当地协商衔接落实，落实不了的仍委托供销社代收代烘。1986年9月，省计经委提出进一步改革蚕茧经营体制，逐步由丝绸工业部门统一管理；加速推行由丝厂直接收烘蚕茧，如丝厂无力经营，暂由丝绸工业部门或丝厂与基层供销社组成收烘联合体，也可由供销社经营，采取干茧进仓验收，不再实行"三代"。是年，有2个县试行农工商"一条龙"，11家丝厂试行收烘缫丝"一条龙"，5家丝厂试行缫丝计价办法，试点所收蚕茧占总收购量的22%。1988年5月1日，省政府发布《关于加强蚕茧市场管理的布告》，规定蚕茧一律由市、县丝绸公司或丝绸工业主管部门统一经营，除经省政府批准的缫丝计价试点单位外，一律委托供销社统一收购。9月22日，国务院发出《关于茧丝收购和出口全部实行统一经营管理的紧急通知》，规定蚕茧由中国丝绸进出口总公司统一经营，由所属省分公司直接收购或委托供销社代理收购；供销社收购后必须如数及时交给公司。1989年5月11日，省政府发出《关于进一步加强茧丝绸经营管理工作的通知》，成立茧丝绸经营管理领导小组。同时由省政府办公厅、省计经委、省供销社、省丝绸联合公司、省工商局、省物价局、省税务局、省体制改革办公室等部门抽调人员，组成省茧丝绸经营管理领导小组办公室。9月22日，省茧丝绸经营管理领导小组、省打击走私办公室、省工商行政管理局印发《全省开展打击茧丝绸非法经营和走私活动专项斗争行动方案》。1990年9月，外经贸部、国家工商行政管理局、监察部、国家物价局发出《关于严禁收购和倒卖干茧的通知》。是年收茧时期，省政府成立了由经贸、物价、工商、监察、丝绸、供销等部门组成的7个工作组，由各厅、局长带队，分赴各地进行检查指导。1991年5月18日，省政府发出《关于进一步抓好蚕茧生产和收购工作的通知》，要求稳定蚕茧收烘体制，进一步完善经济责任制，提高收烘质量。是年，省丝绸联合公司总结上虞县丝绸公司和德清县茧丝绸联合公司的"一体化"经验，为促进丝绸行业向集团化方向发展奠定基础。1992年4月30日，省政府发出《关于做好茧丝绸生产经营工作的通知》，再次强调要稳定蚕茧收烘体制，供销社代收代烘的蚕茧如数解交丝绸工业部门。"组合售茧，缫丝计价"在湖州、桐乡、海宁和嘉兴等地扩大试点。1993年2月24日，省政府《关于做好今年蚕茧生产和经营工作的通知》指出，要因地制宜完善蚕茧收烘体制，重点产区可以继续由丝绸公司统一经营，供销社负责"三代"业务，并进一步完善经济责任制；也可以试行由丝绸公司、供销社和丝厂组成联合体，联合收烘经营，互补优势，共享利益，共担风险；对具有收烘设施、技术、人力等必备条件的少数丝厂，也可以经市（地）政府批准，划定地区，设门庄直接收购；对经省政府批准进行"组合售茧，缫丝计价"试点的5家丝厂和进行农工商一体化试点的上虞、德清和舟山应继续搞好试点，并不断加以完善。零星分散产区，收烘方式可以更灵活些，可由当地丝厂或供销社收烘经营，也可以试行农工商一体化收烘经营。经批准的收烘单位，凡茧农要求出售蚕茧，都必须收起来。除此之外的任何单位和个人，一律不得从事蚕茧的收烘经营。2001年11月，省政府下发《关于组建浙江省丝绸集团有限公司的通知》，决定将行业管理职能移交省经贸委，撤销省丝绸联合公司及所属行业管理办公室。至2010年，一直由省经信委轻纺行业管理办公室行使全省蚕茧收烘及产销管理和丝绸行业指导职能。

五、丝绸工贸管理机构

浙江丝绸行业在全省国民经济中占有重要地位。1949—2001年，行业的工贸管理体制，经历工贸归口、工贸合一、工贸再次归口以及工贸再次合一管理的4个时期。其中工贸合一的管理体制是主流，并逐步向集团化经济实体的方向发展。

（一）工贸分开管理（1949-05—1958-05）

1. 贸易

民国38年（1949年）5月杭州解放后，由杭州市军管会接管后的中国蚕丝公司杭州办事处，改组为省土产公司丝绸部，属省贸易总公司领导。地处嘉兴市的中蚕公司第一实验绢纺厂，由嘉兴市军管会于5月26日派驻联络员，6月16日由华东贸易部接管，改厂名为中蚕公司嘉兴第一绢纺厂，隶属中蚕公司领导。1950年3月1日，省土产公司撤销，所属丝绸部改组为华东区蚕丝公司杭州分公司筹备处。5月11日，华东区蚕丝公司杭州分公司筹备处撤销，成立中蚕公司浙江分公司，受中蚕公司和省商业厅双重领导。经营业务以加工和调拨为主，即收购茧丝委托厂商加工代缫代织，除部分供应内销外，均调拨上海供应出口；并掌握省内丝绸市场，兼营信托代购代销。

1951年1月1日，中蚕公司直营的第二丝厂由中蚕公司浙江分公司代管。4月9日，中蚕公司浙江分公司在杭州设立丝绸门市部，经营配售人造丝、厂丝和收购绸缎业务。4月26日，中蚕公司浙江分公司与省厂矿联营处、省企业公司、杭州市绸业商业公会等单位合营成立杭州市内销绸类联合推销处。5月，省商业厅在杭州、湖州、南浔、新市、双林、硖石和崇德等地设立土丝市场，并由专业公司、税收部门、同业公会组成土丝市场管理委员会。6月1日，中蚕公司浙江分公司、省土产公司及杭州丝织、丝商同业公会联合组成浙江土丝联营处，在硖石、湖州、新市、双林、菱湖和长安等16个主要产区，委托土产公司和合作社设站收购土丝。12月15日，中蚕公司浙江分公司在湖州设立办事处。12月，杭州市工商局批准成立杭州丝业市场管理委员会。

1952年1月11日，省财委决定将中蚕公司浙江分公司所属第二丝厂和长安丝厂移交省工业厅浙江丝织公司。4月5日，省商业厅决定将产茧区30余所仓库的业务移交给中蚕公司浙江分公司直接领导。6月4日，中蚕公司浙江分公司委托省供销合作总社在土丝产地由基层供销合作社代理收购土丝业务。7月18日，公私合营浙江内销绸类联营处撤销，由中蚕公司浙江分公司接收。8月25日，中蚕公司浙江分公司将杭州丝绸门市部并入，扩充成立杭州营业所。11月18日又在杭州另设门市部。

1953年10月27日，中蚕公司改名为中国丝绸公司，由上海迁北京，在上海设中国丝绸公司华东区公司。12月10日，中蚕公司浙江分公司改名为中国丝绸公司华东区公司浙江分公司。1954年6月30日，华东外贸局批准中国丝绸公司华东区公司浙江分公司将所属杭州营业所改组成立杭州支公司，业务、行政分别受浙江分公司和杭州市商业局领导。12月1日起，杭州支公司正式对外营业。1955年1月1日，省政府对外贸易局成立，中国丝绸公司华东区公司浙江分公司的贸易业务归属省对外贸易局领导。1月22日，外贸部批准中国丝绸公司华东区公司浙江分公司改名中国丝绸公司浙江省公司（以下简称省丝绸公司）。2月27日，中国丝绸公司华东区公司浙江分公司湖州办事处改名为中国丝绸公司浙江省公司湖州办事处，其业务、行政分别受省丝绸公司和湖州市政府工商科领导。6月21日，湖州办事处又改称湖州支公司，业务范围和领导关系不变。是年末，浙江企业公司的绸缎经营业务结束，划归省丝绸公司统一经营。1957年2月9日，省农产品采购局并入省供销合作社，省丝绸公司的地方管理隶属于省供销合作社，同时受外贸部驻浙江省特派员办事处领导。4月26日，省人委批准省工业厅和外贸部驻浙江省特派员办事处《关于厂丝试行购销关系的联合报告》，10月起，缫丝行业全部实行购销关系。1958年6月，省丝绸公司与省轻工业厅丝绸工业管理局合并。

2. 工业

民国38年（1949年）5月3日，杭州解放。7日，杭州市军管会成立，内设工业部，负责接收、管理工矿企业。5月24日，接管杭州五丰绸厂，7月27日，派军代表驻崇裕丝业股份有限公司。嘉兴市军管会于5月26日派联络员驻中蚕公司第一实验绢纺厂，6月16日该厂由华东贸易部接管，改厂名为中蚕公司嘉兴第一绢纺厂，隶属中蚕公司。8月，建立省政府工矿厅，设生产管理室，全省公营丝绸企业生产由生产管理室管理，以继续整顿公营企业为主，并订立《浙江公营企业生产计划大纲》。同时，在省委工业部领导下，扶植私营工业企业，对丝织工业企业组织产销合作委员会、缫丝工业企业组织购销合作委员会，分别给予投资和贷款，使丝绸工业生产得到迅速恢复。1950年，省工矿厅生产管理室撤销后，丝绸工业由新组建的纺织工业管理处管理。3月初，省工矿厅成立公营厂矿联营处，厅所直属的丝绸企业产品由厂矿联营处承销。7月20日，省工矿厅所属崇裕丝业股份有限公司改名为崇裕丝厂。7月下旬，省工矿厅改组成立省工业厅，下设浙江丝织公司，分管全省丝绸工业。1953年2月4日，省工业厅纺织工业管理处与浙江丝织公司合并成立省工业厅纺织工业管理局，直接领导国营和公私合营丝绸厂。1955年2月，省工业厅丝绸工业管理局正式成立，对全省丝绸工业实行专业管理。12月17日，杭州市人委决定，成立国营杭州市丝织工业专业公司，重点加强对私营丝织工业的管理。1956年1月25日，省人委批准省工业厅成立各工业专业企业公司。2月1日，省工业厅所属丝绸工业管理局改组为丝绸工业专业公司。1957年5月23日，省增产节约委员会同意撤销省工业厅所属丝绸工业专业公司，改建为丝绸工业管理局。6月7日，省工业厅丝绸工业管理局重新成立。9月，国务院批复同意撤销省工业厅，成立省轻工业厅和重工业厅。12月18日，两厅正式分开办公，丝绸工业管理局由轻工业厅领导。1958年3月，根据省委指示，省属丝厂除虎林丝厂试样部分外，其余全部下放地、市、县领导。6月1日，省轻工业厅丝绸工业管理局与省丝绸公司合并办公，改名为省轻工业厅丝绸管理局。

（二）工贸合一管理（1958-06—1970-10）

1958年6月，省轻工业厅丝绸工业管理局、省丝绸公司以及杭州支公司的部分人员和业务，合并为省轻工业厅丝绸管理局，其行政和业务分属省轻工业厅和中国丝绸公司管理；杭州支公司的另一部分人员和业务分别并入杭州市工业局、商业局。湖州支公司和绍兴、嘉兴工作组分别划归当地工业局（科）。8月17日，湖州支公司改称为湖州市工业局丝绸经理部。1959年4月，省轻工业厅鉴于丝绸管理局既属工贸合一机构，为有利于工作，决定设一个机构，两块牌子，即省轻工业厅丝绸管理局、中国丝绸公司浙江省公司。12月，杭州市纺织工业局有关丝绸经营业务划归省丝绸管理局统一经营。1962年7月17日，中国丝绸公司浙江省公司更名为中国浙江省丝绸进出口公司，管理体制不变。1963年9月1日，吴兴县工业局丝绸经理部改称为省轻工业厅丝绸管理局湖州办事处，受省丝绸管理局领导。1965年3月8日，省轻工业厅为加强对丝绸生产的领导，成立丝绸工业公司，与丝绸管理局合署办公；丝绸管理局的分支机构和直属厂，划归丝绸工业公司。8月25日，省丝绸进出口公司更名为中国纺织品进出口公司浙江省丝绸分公司。1966年5月，省轻工业厅丝绸工业公司湖州、绍兴办事处改为分公司，并成立杭州分公司，分别由当地专署（市）和省轻工业厅丝绸工业公司双重领导。6月9日，省轻工业厅丝绸工业公司更名为省丝绸工业公司，下设杭州、嘉兴、绍兴3个分公司。7月1日，省属44家丝绸企业划归有关市、县领导。1968年12月21日，省丝绸工业贸易公司革命委员会成立。1969年1月起，省轻工业厅丝绸管理局、省丝绸工业公司的公章停止使用,中国纺织品进出口公司浙江省丝绸分公司的公章对国内停止使用。

(三)工贸再次分开管理(1970-11—1972-06)

1970年11月,根据省革委会关于丝绸工贸归口管理的决定,省丝绸工业贸易公司暨所属嘉兴、绍兴分公司,丝、绸检验部门及丝绸仓库贸易方面人员移交商业部门;全省茧、丝、绸内外贸易的购、销、调、存业务,全部划归商业部门,由省土特产公司、省百货公司、省外贸公司分工管理。杭州市纺织品采购供应站为代表商业部门的接收单位,隶属于杭州市商业局。省丝绸工业贸易公司同时结束,中国纺织品进出口公司浙江省丝绸分公司继续保留。对全省丝绸工业的管理,由省轻工业局统一平衡年度生产计划,组织分配丝织原料和申请订购进口染化料。丝绸工贸之间实行购销关系。

(四)工贸再次合一管理(1972-07—2010-12)

丝绸工贸分别归口管理一年多后,重新恢复工贸合一体制。1972年7月1日,省轻工业局根据省革委会关于调整丝绸工商体制问题的通知,设立丝绸公司,对外挂两块牌子:省轻工业局丝绸公司、中国纺织品进出口公司浙江省丝绸分公司。公司既负责管理全省丝绸工业,又明确茧、丝(除土丝和社会用丝)的内外贸易和购、销、调及出口绸缎等经营业务。10月12日,成立省轻工业局丝绸公司绍兴地区分公司;1973年1月1日,成立省轻工业局丝绸公司嘉兴地区分公司,均由省丝绸公司和地区专署双重领导,在规定范围内,负责经营茧、丝、绸业务。杭州等地由省丝绸公司直接经营。7月21日,省轻工业局丝绸公司更名为省第一轻工业局丝绸公司。

1980年7月,省第一轻工业局丝绸公司更名为省轻工业厅丝绸公司。11月21日,省轻工业厅丝绸公司在宁波地区成立分公司,由省轻工业厅丝绸公司和宁波地区工业局双重领导。1981年1月1日,外销丝绸商品由省轻工业厅丝绸公司自营出口,有关业务受省外贸总公司和外贸部专业总公司双重领导,以省外贸总公司为主。1月22日,省丝绸公司在杭州设立经理部。1983年2月17日,中国纺织品进出口公司浙江省丝绸分公司更名为中国丝绸公司浙江省公司。1984年3月,省轻工业厅丝绸公司更名为省丝绸公司。原省轻工业厅丝绸公司湖州、嘉兴、绍兴、宁波分公司相应更名为省丝绸公司的分公司。8月17日,省丝绸公司在金华地区设立金华办事处,其经营范围除本地区外,包括对衢州市和丽水地区茧丝绸的业务管理。

1985年1月29日,省政府下发《关于全省丝绸行业经济体制改革试行方案》,决定成立省丝绸联合公司,与中国丝绸公司浙江省公司合署办公。省丝绸联合公司由省丝绸公司和商业厅百货公司、供销社特产公司中管理茧、丝、绸的机构和人员组成,受省计划经济委员会行政领导管理;在外贸业务上受中国丝绸公司的领导,在外贸行政管理上受省对外经济贸易厅领导。同时,通过简政放权,各地丝绸分公司划归当地领导。省属丝绸生产企业除杭州胜利丝织厂和杭州缫丝厂的设计、试样部分外,原则上全部下放。

1985年11月,金华地区丝绸公司改名为金华市丝绸工业公司。1986年2月,上虞县成立丝绸公司。嘉兴市政府批准市丝绸工业公司继续挂省丝绸联合公司嘉兴分公司牌子，一套班子、两块牌子，既是市级公司，又是省公司的分支机构。是年，省属杭州胜利丝织厂更名为杭州丝织试样厂。1987年2月，省政府同意中国丝绸公司浙江省公司更名为中国丝绸进出口公司浙江省分公司。更名后，与省丝绸联合公司仍为一套班子、两块牌子。5月，省丝绸联合公司金华办事处更名为金华分公司，为省公司的派出机构。10月，由杭州丝织试样厂代管的集体所有制杭州丝织腰带厂转为省丝绸联合公司直属厂。至年末，由省丝绸联合公司投资的联营企业达26家。

1988年，中国丝绸进出口公司对宁波市丝绸出口实行单列，相应成立宁波市丝绸进出口分公司，7月起外贸出口由分公司自营；8月，省丝绸联合公司所属宁波丝绸分公司下放宁波市管理。11月，浙江丝绸科学研究院划归省丝绸联合公司领导和管理。1989年，全省贯彻执行国务院《关于茧丝收购和出口全部实行统一经营管理的紧急通知》，并按照省政府《关于进一步加强茧丝绸经营管理工作的通知》，坚持实行蚕茧、厂丝、坯绸和绢纺原料由丝绸公司统一经营管理的规定，继续稳定蚕茧收烘的经营管理体制。同年，成立香港富春丝绸有限公司，为香港富春有限公司的二级公司。1990年6月4日，中国丝绸协会复文同意成立浙江省丝绸协会。9月24日，余杭县政府批准建立余杭县丝绸公司。10月30日，诸暨市人民政府决定建立诸暨市丝绸公司。1988—1990年，全省已有主营丝绸的“三资”企业34家，兼营丝绸产品的8家。1991年2月10日，省政府授权省丝绸公司对全省丝绸行业实行全行业归口管理。所有丝绸工业企业，在不改变所有制和隶属关系的前提下都应纳入丝绸公司的行业管理。同年10月10日，中国丝绸进出口总公司通知，中国丝绸进出口公司浙江省分公司更名为省丝绸进出口公司，原业务管理渠道与形式不变。1992年1月1日，省丝绸进出口公司正式启用公章。6月17日，根据外经贸部核准的经营范围，修订公司章程，再次明确省丝绸进出口公司又称省丝绸联合公司，系全民所有制专业化企业。公司受省计划经济委员会领导管理；在外贸业务上受中国丝绸进出口总公司领导；在外贸行政管理上受省对外经济贸易委员会领导。

1994年1月17日，经省政府批准成立浙江丝绸集团公司，为具有法人资格的全民所有制经济实体，注册资金2.58亿元。是年，全省丝绸行业继续转换机制，成立以嘉兴丝绸公司为核心的浙江嘉兴丝绸集团公司、以嘉兴绢纺厂为核心的华绢集团，以湖州丝绸印染厂为核心的浙江天昌丝绸集团等丝绸企业集团。1996年3月，省政府发出《关于茧丝绸贸工农一体化经营管理的通知》，决定以贸为龙头，以资产为纽带，实行统一经营，农业部门的蚕茧生产职能与人员统一划入一体化的丝绸公司。

2001年8月2日，省政府发出《关于深化茧丝绸贸工农一体化改革的通知》，决定将省丝绸公司的行业管理职能划归省经贸委。2001年11月12日，省政府发出《关于组建浙江省丝绸集团有限公司的通知》，决定通过改制和资产重组设立浙江省丝绸集团有限公司，将其归为省级工贸类国资营运机构。2002年1月25日，省政府企业上市工作领导小组作出《关于同意发起设立浙江凯喜雅国际股份有限公司的批复》，同意以浙江丝绸集团公司（从属名称浙江省丝绸进出口公司）作为主发起人，联合上海英纳投资发展有限公司等5家法人，共同发起设立浙江凯喜雅国际股份有限公司。2008年1月，省丝绸集团有限公司100%国有股权挂牌出让，实现国有资本全部退出。

从20世纪90年代后期到2010年，省丝绸行业加快转换经营机制步伐，全面推进计划管理体制、劳动用工制度和分配制度改革，建立符合市场经济体制的现代企业制度。国家不再下达茧丝绸生产出口的指令性计划，但对蚕茧、生产等资源类商品仍实行行业指导。省经信委轻纺行业管理办公室行使丝绸行业管理职能。

第二节　政策法规

春秋战国时期，越王勾践"省赋敛、劝农桑"，鼓励蚕织生产。两晋时期，西晋在占田制基础上，制订赋税制度。唐代，绢帛具有货币功能。明清时期，有官营局织制和领织制。中华人民共和国成立后，蚕桑丝绸成为国民经济的重要组成部分，国家和地方政府制定了从栽桑养蚕、蚕茧收烘到丝绸生产、内外贸易等方面的规范性政策法规和制度，以及鼓励生产发展的一系列政策，以此促进蚕桑丝绸产业稳定发展。

一、蚕业政策

(一)法规及规范性文件

1. 蚕桑种业产销管理

民国20年(1931年)，中央实业部核准《实验部蚕种制造取缔细则浙江省施行细则》，规定了蚕种实行原原种、原种、普通种(一代杂交种)三级繁育制度。民国21年3月，中央实业部颁布《实验部蚕种制造取缔规则浙江省施行细则》，实行新建冷库或冰库核发许可制度。民国25年，省蚕丝统制委员会的《蚕种制造条例》规定了蚕种场开办条件、设备要求、技术人员配备等。民国26年，中央实业部的《蚕种制造条例施行细则》规定了原蚕种及其杂交方式，须由实业部指定；原蚕须由中央或省有关单位生产。

民国38年(1949年)5月3日，杭州解放。7日，杭州市军管会成立。6月，杭州市军管会财经部实业处颁布了《浙江省蚕种制造管理暂行办法》。1951年10月，经省政府批准，省农林厅发布了《浙江省桑苗采购运销管理暂行办法》，决定桑苗实行统一购销；1953年9月废除暂行办法，桑苗可由群众自己组织运销或委托合作社代销，价格按市场需求协商决定，并允许私商经营正常的桑苗购销活动。1954年9月20日，《浙江省蚕种监管办法》公布实施。1962年5月16日，省人委的《浙江省蚕种产销管理试行条例》规定除省原直属场外，原来归县管理的蚕种场，实行省、县农业部门双重领导。蚕种的产销，由省政府统一领导，实行计划生产，统一分配和销售。产销计划、检验以及生产资金的核拨等由省负责管理；行政、生产、人事、财务等由县负责管理。

1993年1月7日，省政府办公厅转发省农业厅《〈关于加强我省蚕种产销管理的意见〉的通知》，规定各级农业部门是蚕种生产和经营的主管部门，蚕种的生产和经营必须领取省级主管部门颁发的蚕种生产许可证、蚕种经营许可证、蚕种检验合格证。2002年11月20日，省政府第153号令公布《浙江省蚕种管理办法》，共7章41条，自2003年1月1日起施行。规定蚕新品种实行省统一审定制度；蚕种生产经营实行资格认定制度；蚕种微粒子病的母蛾检疫，由省蚕种质量检验检疫机构统一实施；经检验检疫合格的蚕种，由省蚕种质量检验检疫机构核发蚕种质量合格证。

2006年6月28日，农业部《蚕种管理办法》发布，于2006年7月1日起施行。7月28日，《浙江省蚕种管理条例》（以下简称《条例》）发布，于2006年12月1日起施行。《条例》规定，蚕种生产经营实行许可制度、蚕品种审定制度、引进省外品种试养审批制度，建立蚕种储备制度，蚕种应当经省农业厅指定的有法定资质的蚕种质量检验检疫机构进行家蚕微粒子病母蛾检疫，并指出不遵守规定的应承担相应的法律责任。

2007年2月25日，省农业厅《关于印发〈浙江省蚕种生产经营许可证管理办法〉的通知》，对申领原种、一代杂交种、蚕种冷藏浸酸生产许可证，蚕种经营许可证，提出具体条件。6月18日，省农业厅《关于做好新建蚕种生产企业生产条件评估工作的通知》，规定了新建蚕种生产企业在首次申领生产许可证时，应有由省农业厅出具的蚕种生产条件评估报告，并规定了现场评估方法。已持证单位，如企业分设、生产类别变更、生产基地迁址与扩建，在再次申领时，也应先有由省农业厅出具的蚕种生产条件评估报告。

2. 氟污染防治

1983年3月14日，省政府办公厅转发省环保局、省农业厅《关于做好预防春蚕氟污染工作的报告》。1984年3月3日，省政府办公厅规定，在（每年）4月25日至5月25日的春蚕饲养期间实行停火，如不实行停火而污染春蚕造成的损失，由工厂赔偿。1990年5月10日，省政府下发《关于抓好蚕茧生产和收购工作的通知》，规定在成片桑园周围，养蚕期间控制使用杀虫双和菊酯类等农药。1993年4月5日，省政府批复省环保局同意《浙江省春蚕氟污染防治管理办法》，首次明确了蚕桑防氟污染范围、排氟企业，规定了防氟污染要求，以及违反处罚。2000年3月6日，省农业厅、省环保局《关于认真贯彻〈浙江省春蚕防止氟污染管理办法〉的通知》，规定了春蚕防氟污染进入常态化管理，省里不再发通知，派检查组。至2010年，在每年春蚕开始前，嘉兴、湖州市政府都发文规定，氟污染企业实行停火，控制使用杀虫双和菊酯类等农药。

3. 体制改革

1996年3月12日，省政府下发《关于茧丝绸实行贸工农一体化经营管理的通知》，决定对全省茧丝绸实行贸工农一体化经营管理。2001年8月1日，省政府下发《关于深化茧丝绸贸工农一体化改革的通知》，提出对蚕业管理站的改革要与市、县（市、区）农业事业单位的改革同步进行。

4. 其他政策

2007年3月14日，省农业厅、省财政厅《关于印发〈浙江省蚕种储备管理办法〉的通知》，提出在全国率先建立蚕种储备制度。4月17日，省政府下发《关于加快发展农业主导产业、推进现代农业建设的若干意见》，蚕桑被列为全省十大农业主导产业之一。2009年8月26日，省政府办公厅下发《关于促进蚕桑产业健康发展的若干意见》，提出“大力发展蚕桑专业合作社”等8条意见。

（二）蚕业扶持

唐武德二年（619年），颁布均田制和租庸调法，规定男丁给永业田20亩、口分田60亩，永业田种植桑枣等经济作物。租庸调法规定，调：随乡土所产，蚕乡每丁每年纳绢或绫2丈、绵3两，女丁减半缴纳；庸：凡丁岁役二旬，不役每日收庸3尺。吴越国（907—978年），吴越王钱镠“闭关而修蚕织”。发动疏浚河塘，用污泥、水草作为桑园肥料，鼓励发展蚕桑，农村“桑麻遍野”，并创官办织造。宋建隆三年（962年）多次颁发重视蚕桑诏书。农民增种桑柘，毋加赋税；地方官吏以劝农种桑多少为赏罚；民伐桑为薪者罪之，剥桑3工以上，为首者处死，从者流放充军。元世祖至元七年（1270年），设立专管农业的司农司，颁布“农桑之制十四条”。规定每丁种桑20株，皆以成活为数，愿多种者最好。明洪武元年（1368年），诏天下凡民有田四五亩至十亩者，栽桑半亩，十亩以上倍之。栽桑四年起科，不种桑出绢一匹。洪武二十七年，诏户部教民多栽桑树，并派熟练的人传授种植方法。规定每里（约百户）种桑秧2亩，每户栽桑初年200株、次年400株、三年600株，栽种数目造册回奏，违者充军。

民国24年（1935年），省建设厅规定收购蚕茧缴纳改良费办法，茧行每收购100斤改良茧，缴改良费0.6元（约占茧款2%），收购100斤土茧，缴0.3元，专充改良蚕桑事业之用。民国36年，省蚕业改进管理委员会规定，各收茧厂商均依照收茧缴纳鲜茧价2%的改进费和2%的蚕种补贴费。

民国38年（1949年）5月，杭州解放。6月，杭州市军管会财经部实业处公布《浙江省蚕种制造管理暂行办法》，向全省48个私营蚕种场贷款1亿元。8月13日，杭州市军管会财经部发布《取缔蚕种贩销办法》，实行蚕种统购统销，废除自由买卖。1950—1951年，再向私营蚕种场贷款8.83亿元及大米5950石。

1951年6月，省蚕桑改进所决定，在蚕种基本价格内提取5%，按农村实行产茧成绩和种茧检验成绩，计算各场应得的奖励金，以鼓励私营蚕种场提高蚕种品质。11月，省蚕改所从蚕桑改进费拨付18.75亿元，向海宁、桐乡和崇德3个县发放桑苗运销贷款大米513.37石。6月，华东农林部与江浙两省商定，蚕种价格每张为2万元。其中10%为蚕桑指导费，90%为蚕种场应得的蚕种基本价格。1952年11月，省财委、省人民银行向蚕农发放冬季桑园肥料贷款69亿元，以实物东北大豆饼贷放。1954年1月3日，外贸部、农业部发出通知，自1955年起恢复蚕桑改进费，由农业部统筹分配，专款专用。1955年10月24日，省供销社、省农业厅决定，重点蚕区原则上由农林部门收订蚕种，手续费为0.3%～0.5%。1958年3月4日，农业部、外贸部决定，蚕桑改进费自1958年起，仍按原收3%或低于3%的比例由各省自收自用。

1960年5月14日，省人委安排蚕桑长期低息贷款1000万元，国家分配的1.5万立方米木材、4万平方米玻璃及钢材、水泥、毛竹等蚕桑专用物资，支持各地发展蚕桑生产。1961年

1月15日，中共中央发布《关于目前农产品收购工作中几项政策问题的规定》，对蚕茧实行奖售，每50千克鲜茧奖售粮食10千克、化肥50千克、棉布3.33米和煤油2千克(均为票证)。1月17日，省人委及省有关部门安排1961年蚕桑生产物资，木材7000立方米、毛竹90万支、水泥500吨、煤500吨、玻璃6019标准箱。3月2日，外贸部分配浙江蚕桑生产化肥2100吨。6月9日，省人委规定，对交售订购合同以外的春茧，除按规定奖售粮、肥外，每出售1千克鲜茧，再给予0.66米布票的奖励。1963年2月11日，省委决定，蚕茧奖售标准，由原来"按量计奖"改为"按值计奖"，即每交售100元茧款的鲜茧，奖售化肥87.5千克、棉布8.7米。10月30日，省人委决定，安排蚕桑用粮3090万千克，其中用于退出桑园间作2710万千克，在11个重点县建立专业桑园4.67万公顷；用于桑苗生产380万千克，建立商品桑苗基地733.33公顷。1964年1月14日，外贸部规定，国营蚕种场生产的桑蚕种茧，在每50千克蚕茧奖售化肥100千克、棉布10米的基础上，再增加50%的化肥；农民生产的种茧，化肥、棉布均各增加50%。1964年2月8日，省农业厅、省财政厅下发《关于使用蚕、茶、络麻改进费的联合通知》，明确蚕桑改进费的使用原则和范围。1969年4月20日，省革委会生产指挥组决定，从1969年起，农副产品的奖售化肥全部改为分配，蚕茧奖售化肥取消。

1971年11月12日，省革委会生产指挥组同意蚕桑改进费提取比例从3%降低到2%。1973年4月，省革委会生产指挥组决定，恢复蚕茧奖售，每收购100元茧款，奖售化肥40千克，其中10%以磷肥兑现。11月27日，省农林局、省财政金融局下达《关于国营农林场建立桑苗基地的规定》，明确每培育1亩桑苗扶持资金，实生苗60元、嫁接苗150元，拨化肥30千克，每100亩桑苗面积配备1名辅导员。1974年4月11日，省农林局决定，由富阳县承担加工方格蔟每年20万只，加工单位可获得省补贴每只方格蔟0.33元。4月30日，外贸部拨给浙江进口修建稚蚕共育室、添置蚕具"打补丁"用钢材、木材等外汇指标200万美元。1975年2月3日，省农林局分配外贸进口"打补丁"蚕桑专用木材419立方米。

1978年9月15日，省计委、省农业局、省财政局联合下达给长兴蚕种场等13个蚕种场和桐乡冷库，蚕种场技术措施费130万元，及补助钢材1950吨、木材380立方米。1979年1月25日，外贸部下达给浙江支持蚕茧生产专用外汇指标800万美元，用于进口发展蚕茧生产的必需物资。2月16日，省革委会决定，从1979年开始对蚕茧生产实行"两定一奖"，即定桑园面积，定蚕茧产量，超产部分加价20%收购。2月26日，省计委从1979年物资分配计划内，拨给修建稚蚕室、贮桑室钢材1200吨、木材2000立方米。4月21日，外贸部拨给浙江生产周转金500万元，用于经济收入较低的社队发展新桑园，采购桑籽、桑苗。6月8日，省革委会决定，从省机动财力农业投资中拨出100万元，扶持发展新桑园，每亩补助10元～20元。6月13日，国家计委补助给浙江蚕种场基本建设投资80万元，技术措施费50万元。6月14日，省农业局分配各地桑园用喷灌机2000台，每台由国家补助500元。9月6日，国家计委增拨蚕种场外汇指标28.2万美元。6月29日，省一轻局丝绸公司决定，蚕桑改进费由原来按茧款的3%提取降低到2.4%，蚕茧手续费由原来2%降低到1.6%。12月1日，省农业局从外贸部分配浙江的外汇中，向省物资局串换木材2000立方米，分配各地建设蚕室。

1980年7月15日，省农业局分配各地桑园喷灌机2000台。7月21日，省政府常务会议研究决定，全省蚕茧收购基数为5万吨，5年不变，超基数蚕茧加价15%收购。超购部分蚕茧实行省、县四、六分成；基数内蚕茧分配：国营缫丝厂为3.65万吨，社队缫丝厂为1.35万吨。10月17日，省革委会同意从省机动财力中安排300万元，支持蚕桑生产。10月27日，省领导批示同意，从省丝绸公司1979年贸易利润中拨出300万元，支持蚕桑生产。1981年3月10日，省农业厅再向省木材公司串换木材3500立方米，分配各地建造小蚕室。3月24日，省农业厅、省财政厅规定，社队集体发展新桑园每亩扶持资金标准，集中产区10元、贫困山区20元、一般产区15元。5月4日，省农业厅、省财政厅从省机动财力扶持蚕桑资金中拨出89.02万元，扶持海宁袁化等地的5个公社和嵊县东郭等地的6个原蚕区蚕种场的基本建设。5月25日，省农业厅、省财政厅从省机动财力中拨出30万元，作为浙农大蚕桑系、农科院蚕桑所科教补助经费。6月10日，省农业厅、省财政厅从支援农村人民公社资金中安排20万元，扶持淳安等17个县发展蚕桑生产。1982年1月18日，省农业厅、省财政厅核定吴兴等9个重点蚕区县(市)发放蚕桑贴息贷款595万元，用于建设蚕室、改造桑园和兴修桑园水利设施等，规定时间1年～3年，不超过5年。7月15日，省农业厅分配窗式空调机70台，以改善生产条件，完成秋季蚕种生产任务。1982年底，省政府同意仍从丝绸部门利润中拨出300万元，扶持蚕桑生产。1983年3月23日，省政府决定，对蚕茧按固定比例加价收购，7个重点产茧县75%实行牌价收购，25%按议价收购；其余县65%实行牌价收购，35%按议价收购。4月4日，省农业厅特产局分配各蚕种场及蚕种催青室空调器200台。5月13日，省政府决定，从省外贸用丝结算差额中拨款300万元，用于扶持蚕桑生产。11月5日，省农业厅、省财政厅从省支持蚕桑生产资金中，安排农村75万元、蚕种场95万元、浙农大蚕桑系和农科院蚕桑所15万元。

1985年5月22日，省农业厅、省财政厅、省丝绸公司决定，蚕桑改进费由省农业厅统一收取再分配下拨的办法，改为由省、市(地)农业局按三、七比例分成使用的办法。1987年2月16日，省政府决定，蚕桑改进费从原牌价茧款的2.4%提高到3.4%。

1980—1987年，省农业厅先后拨出催青室专用资金176万元，支持各地新建催青室36座，扩建改造催青室33座。1987—1991年，舟山蚕桑基地建设共投入资金1450万元，其中省丝绸联合公司配套850万元，改造老桑园和发展新桑园各5万亩，推广小蚕炕房1036间，方格蔟116万只。

1995年5月30日，省财政厅、省农业厅、省物价局下发《关于调整蚕桑技术改进费收取办法的通知》，决定从1995年7月1日起，调整蚕改费收取方法与标准。收取方法：市、县蚕改费除在经营环节中收取外，增加在预订(发放)蚕种时向蚕农收取；省级蚕改费由蚕种生产单位向省农业厅缴纳。收取标准：市、县蚕改费在经营环节中的收费标准，由原来按牌价茧款的3.4%调整为按收购总茧款的1%；在预订(发放)蚕种时由蚕种经营单位向蚕农收取每张蚕种5元的蚕改费。省级蚕改费收取标准为每张蚕种1元(进入蚕种销售价格)。为不增加蚕农负担，每50千克鲜茧价外补还农民10元，由用茧单位负担。

2002年11月12日，省农业厅下发《关于蚕桑优化改造项目的实施意见》，决定对湖州、海宁、桐乡、淳安拨出专项经费200万元，用于省桑树新品种繁育基地建设，蚕新品种引进、示范，桑树新品种规模化种植示范基地建设。从 2003 年开始，省财政设立特色优势农产品生产基地建设专项资金。

2003 年 12 月 1 日，省财政厅、省物价局、省农民负担监督管理领导小组办公室联合发布《关于清理整顿涉农收费项目及标准的通知》，决定降低蚕桑技术改进费收取标准，市县蚕茧按收购总茧款的 1％收取，省级每张蚕种 1 元，县级每张蚕种 3 元，原向农民收取部分取消，改为向蚕种生产经营单位收取。2006 年 1 月 27 日，省财政厅、省物价局下发《关于取消部分行政事业性收费项目的通知》，决定从 2006 年 11 月 15 日起取消蚕桑技术改进费。

2003—2008 年，省级特色优势农产品蚕桑生产基地项目共立项 34 个（其中嘉湖重点产区立项 19 个，蚕桑西进实施县立项 14 个，其他产区立项 1 个），项目总投资 6665 万元，其中省财政补助资金共投入 2520 万元，带动地方财政配套及建设单位自筹投入 4145 万元，省级财政资金带动率为 164.48％。

表 105-12-2-1　　2003—2008 年浙江省蚕桑基地项目资金投入一览表

年份	项目数	总投资（万元）	省级补助资金（万元）	地方配套及自筹（万元）	省级财政资金带动率（％）
2003	5	2291	510	1781	349.22
2004	3	716	200	516	258.00
2005	7	1171	550	621	112.91
2006	6	914	490	424	86.53
2007	4	705	260	445	171.15
2008	9	868	510	358	70.20
合计	34	6665	2520	4145	164.48

资料来源：浙江省农业厅经济作物管理局：《近年来蚕桑基地项目资金投入情况统计》。

2006—2010 年，省种子种苗工程项目立项的蚕种项目 15 个，总投资 1290 万元，其中省财政投资 870 万元，财政资金占总投资的 67.4％。

表 105-12-2-2　　2006—2010 年浙江省蚕种基础设施建设项目资金投入一览表

年份	项目数	总投资（万元）	省级补助资金（万元）	地方配套及自筹（万元）	省级财政资金占比（％）
2006	2	128	100	28	78.12
2007	2	155	120	35	77.42
2008	3	225	130	95	57.78

续表

年份	项目数	总投资(万元)	省级补助资金(万元)	地方配套及自筹(万元)	省级财政资金占比(%)
2009	5	525	380	145	72.38
2010	3	257	140	117	54.47
合计	15	1290	870	420	67.44

资料来源:浙江省农业厅经济作物管理局:《近年来蚕种基础设施建设项目资金投入情况统计》。

二、丝绸计划

民国38年(1949年)5月,杭州解放。此后,省政府开始制订下达《1949年春秋茧速缫计划》,成为浙江丝绸业第一个年度生产计划。1950年,中蚕公司浙江分公司设立计划科,首次明确计划管理职能。是年,公司建立并执行年度主要商品加工及购进计划,实行计划控制下的代缫、代织合同制。

1951年,全省丝绸工业企业纳入计划经济轨道。丝类和丝织品为计划产品,丝类产品大部分由国家按计划供应原料收回生丝。1955年,缫丝厂全部由地方划归省丝绸工业局管理。财务处理仍属加工关系,计划编制已从单一产品计划发展到生产、物资、财务、劳动工资、设备维修、技术等六大计划;丝织厂常年接受省丝绸公司按计划委托加工的27家,接受订货的私营绸厂250家。1957年,缫丝工业改加工关系为购销关系,省丝绸公司只管年度生产调拨计划和主要产品的按季平衡,并开始建立季度加工及购进计划,逐步以季度计划代替加工合同。1958年3月,全部省属丝绸厂(除杭州缫丝厂)下放地市领导。丝绸工业生产计划由省轻工业厅下达地市县工业局,完全由地市县工业局或计委下达到工厂。自1958年起,茧丝绸产供销、内外贸实行全面计划管理,按计划组织生产、收购、调拨、销售。丝绸贸易计划主要为加工计划、收购计划、调拨计划。1959年7月,全部丝厂和嘉兴绢纺厂、杭州丝绸印染厂、杭州胜利丝织厂、杭州富强丝织厂划归省政府直接领导。1960年7月,除杭丝联、浙丝一厂、杭州丝绸印染厂、嘉兴绢纺厂及胜利、富强2家丝织厂外,又全部下放地市县管理。

1961年,浙江丝绸业为贯彻中央"调整、巩固、充实、提高"八字方针,由省轻工业厅颁发《浙江省轻工业计划管理暂行规定》,明确丝绸业重点对企业产品、技术组织措施、财务、物资供应、劳动工资、产品成本等计划作全面调整,形成六大企业综合计划。1964年,全省主要丝绸企业均划归省丝绸管理局统一领导,其他地县管理的企业,所需原料由省里统一安排计划供应,生产计划由省丝绸公司下达,产品统一收购。1966年,44家省属丝绸企业全部归地方领导。1970年,省丝绸公司撤销,丝绸业分别划归省百货公司、省特产公司、杭州纺织品采购供应站、杭州市丝绸工业局等领导,丝绸工业生产和出口多头管理,计划衔接困难。自1970年起,丝织、绣衣由加工关系改为购销关系。"文化大革命"期间,计划管理受冲击。"文化大革命"结束后,丝绸生产计划工作得到恢复。20世纪70年代后,主要的生产计划项目有中国丝绸总公司下达的蚕茧收购计划,省丝绸公司蚕茧原料平衡计划,纺织工业部下达的纺织工业主要产品产量计划，省计经委下达的茧丝、丝织品生产、收购计划，省丝绸公司下达丝绸工业总产值、主要产品产量计划，国家四部委下达的少数民族特需用绸缎收购、调拨计划，省丝绸公司下达的丝类、打线丝、丝织品、绢纺原料供需平衡计划等。

1981 年 1 月起，省丝绸公司自开口岸自营出口，负责全省丝绸产品进出口业务。1985 年 1 月，中国丝绸公司发出蚕茧收购不再列入指令性计划的函，明确国家计委自 1985 年起不再将蚕茧收购计划列入指令性计划，中国丝绸公司不再下达蚕茧收购计划。1985 年蚕茧收烘体制下放后，省丝绸公司对蚕茧、厂丝原料不再统一收购调拨，而是下放地方管理。省丝绸公司主要下达丝绸工业生产主要产品产量计划。省计经委根据省丝绸公司上报建议，下达各地市县蚕茧、厂丝收购、调拨计划及上缴出口厂丝计划。1986 年 8 月，省丝绸公司设计划处。是年下半年起，全省第一轮企业承包全面铺开。丝绸企业承包经营责任制合同书条款中，规定承包期内国家及主管部门定期下达的指令性计划和指导性计划。

20 世纪 80 年代后期，国家实行商品经济体制，省丝绸公司每年年初制订分地市县丝绸工业生产和蚕茧、白厂丝收购调拨计划。并在计划货源收购过程中以市场为导向，实行产销结合，以销定产，用经济手段弥补计划执行的不足。自 1988 年起，外贸财务与中央脱钩，地方实行双向承包。是年始，国家下达浙江省调拨计划基本终止。该阶段贸易计划特点是：突出承包基数，开始淡化计划概念；宁波市丝绸进出口公司出口计划实行单列；嘉兴、湖州、杭州丝绸公司及嘉兴制丝针织联合厂等一批生产企业获得自营出口权，开始按计划单独向地方政府承包；全省收汇计划、进口用汇计划管理得到强化；丝绸内销放开经营，不再下达相关计划。从自营出口开始至 1995 年，浙江丝绸贸易计划主要是生产计划、出口计划、外汇计划、原料平衡计划、商品流转计划。

1998 年后，由于国家实行社会主义市场经济体制，丝绸业大部分计划项目都已取消。继续下达的计划主要是丝绸工业生产产品产量计划及蚕茧、厂丝收购调拨计划。但计划管理权限主要在地方，计划执行主要是指导性。国家有关部门继续以文件形式下达的计划主要是每年的桑蚕茧和桑蚕丝生产指导性计划。1999 年 2 月 14 日，国家茧丝绸协调办公室、农业部种植业管理司、国家纺织工业局规划发展司联合下发《关于下达 1999 年全国桑蚕茧和桑蚕丝生产指导性计划的通知》，确定浙江省蚕茧生产指导性计划 8.6 万吨，桑蚕丝生产指导性计划 1.3 吨，该指导性计划按年制订印发。

2010 年 2 月 26 日，商务部办公厅、农业部办公厅下发《关于下达 2010 年度全国桑蚕种桑蚕茧桑蚕丝生产指导性计划的通知》，确定全国 2010 年度桑蚕种发放 1528.8 万盒，桑蚕茧产量 60 万吨，桑蚕丝产量 9.5 万吨。其中，浙江分别为 135 万盒、4.7 万吨、1.52 万吨。同时，省经济和信息化委员会印发通知，要求各地根据商务部办公厅、农业部办公厅下达的指导性计划的通知精神，加强全省茧丝绸行业宏观指导，搞好茧丝供需平衡，引导行业平稳发展，维护农工贸三方利益。

三、丝绸定价

中华人民共和国成立后，茧丝绸成本核算和作价办法由政府统一制定。20 世纪 90 年代后期，国家实行市场经济体制，茧丝绸价格不再由政府统一管理。国家对茧丝绸价格的管制，对茧丝绸成本核算和定价办法进行全面、系统的制定和发布，主要有4次。

(1)《66作价本》。1966年，纺织工业部制定《桑蚕丝绸产品出厂价格订价办法》和《人造丝绸产品出厂价格订价办法》(以下简称《66作价本》)，其主要内容是对坯绸原料成本、坯绸工费成本、坯绸出厂价、印染绸中等成本、印染绸出厂价、等级折扣率和零绸、短段绸折扣率等做出计价规定，浙江丝绸行业均照此本执行。

(2)《75修改本》。1975年2月，轻工业部制定《桑蚕丝绸产品出厂价格作价办法》(以下简称《75修改本》)对《66作价本》明显不合理的部分进行修改。浙江丝绸行业照此修订本执行。

(3)《86作价本》。1985年12月，中国丝绸总公司制定《丝绸出厂价格作价办法》(以下简称《86作价本》)，由省物价局、省商业厅、省丝绸联合公司下发执行，其主要内容涉及桑蚕丝(双宫丝)出厂价格、坯绸出厂价格、印染绸出厂价格等。

(4)《89浙江作价本》。根据国家物价局、中国丝绸公司的有关文件规定，省丝绸联合公司参照中国丝绸公司《86作价本》作价办法，结合浙江实际，考虑到外贸出口的特殊工艺要求和小批量生产等情况，经反复测算，制定《浙江省绸缎出厂价作价办法》(以下简称《89浙江作价本》)，实行如下政策：①坯绸原料成本：原料单价外销按20/22D 3A级155.04元/千克，内销按20/22D 2A级153元/千克计算。②工费成本：在《86作价本》工费单价的基础上，外销加100%，内销加50%；染化料单价内外销均加100%。③坯绸利润仍按《86作价本》实行双轨制办法计算，原料利润2%，多道色织熟货为5%，工费利润参照《86作价本》。④在《86作价本》基础上，另行制订一些价外补贴标准。

20世纪90年代以后，国家对茧丝原料实行指导价，绸缎及丝绸服装制品则按照丝价、花样、款式、工时、工艺、税负等成本测算价格。国家有关部委每年要印发文件，下达蚕茧、生丝指导价格。1996年5月22日，国家经济贸易委员会、国家计划委员会印发《关于加强蚕茧统一收购和价格管理工作的通知》，确定蚕茧、厂丝国家指导价。1997年2月5日，国家茧丝绸协调小组、国家计划委员会印发《关于1997年蚕茧价格政策和收购管理的通知》，规定桑蚕鲜茧和干茧实行国家指导下的省级政府定价，生丝出厂价实行国家指导价。1999年3月1日，国家发展计划委员会、国家经济贸易委员会下发《关于1999年茧丝价格政策及加强收购管理工作的通知》，确定桑蚕茧收购价格继续实行国家指导下的省级政府定价，中准收购价格由每50千克700元调整为670元。厂丝出厂价格继续实行中央指导价，20/22 2A级中准出厂价格为每吨18万元。2006年6月9日，省丝绸协会召开蚕茧收烘工作会议，商议确定春茧收购中准价为1100元/担。2010年4月20日，商务部、工商总局发出《关于做好2010年蚕茧生产与收购管理工作的通知》，2010年桑蚕鲜茧收购价格为每50千克1000元上下10%浮动，要求各省市主管部门加强协商衔接，合理确定本地区收购价格。

2010年9月29日，国家茧丝办发布公告，为调节厂丝市场价格，决定对2006年、2007年入库的部分国家储备厂丝以公开竞购方式进行投放，投放数量600吨。本次投放借鉴了招标的方法，由直接从事丝绸生产、加工的企业竞价购买。最终共有29家丝绸企业竞购成功，实际竞购总吨数为605.57吨，平均竞购价格为30.33万元/吨。

四、丝绸税赋

（一）丝绸税制

历史上，绫罗绸缎等丝绸制品的本身就被当作赋税品，由地方征收上缴统治者。《旧唐书》卷四十八《食货志》记载赋役之法：调则随乡土所产，绫绢绝各二丈，兼调绵三两。凡丁岁役二旬，若不役者则收其庸，每日三尺，有事而加役者旬有五日，免其调，三旬则租庸调俱免。《新唐书》卷五十二《食货志》记载："丁随乡所出，岁输绢二匹，绫或絁二丈，绵三两。用人之力，岁二十日，闰加二日，不役者日为绢三尺，谓之庸。有事而加役二十五日者免调。"浙江出产的丝绸除用于赋税之外，还大量用于进贡。唐代，江南东道共19个州，其中上贡丝绸的有13个州，而浙江就有9个州上贡。《宋史》卷一百七十四《食货志》记载，宋代赋税种类繁多，主要有"两税"："民输粟于官谓之苗（秋苗）……输帛于官谓之税（夏税）。"又载，"赋税"："岁赋之物，其类有四：曰谷、曰帛、曰金铁、曰物产是也。……帛之品十：一曰罗，二曰绫，三曰绢，四曰纱，五曰絁，六曰䌷，七曰杂折，八曰丝线，九曰绵，十曰布葛。"元代农户以养蚕、缫丝为限，所以元代的租赋由绢帛变为丝料。太宗八年（1236年），始行丝料之法，每2户出丝1斤，并随路丝线、颜色输于官（政府的收入）；五户出丝1斤，并随路丝线、颜色输于本位（封君的收入）。元贞二年（1296年）始定征江南夏税之制，输以木棉、布、绢、丝、绵等物（用钱钞为标准折纳）。中统元年（1260年）立《十路宣抚司定户籍科差条例》，如在"元管户"中对丝绸赋税上缴有详细规定，"丝银全科系官户"："每户输系官丝一斤六两四钱，包银四两，全科系官五户，丝户每户输系官丝一斤，五户丝六两四钱"；"减半科户，每户输系官丝八两，五户丝三两二钱"；"止纳系官丝户，大都以南等路十户十四斤者，每户输一斤六两四钱，止纳系官五户，丝户每户输系官丝一斤，五户丝六两四钱"，等等。

明代赋税制度，行至万历九年（1581年），推行一条鞭法，把各繁复项目总编为一条，并由现物变为货币。清代对从事栽桑、养蚕户以桑园面积并入土地面积内，一并纳钱；从事丝绸生产、贸易者，则缴纳银两。主要有：(1)茧捐。始于清光绪九年（1883年），鲜茧每担收捐4元，干茧每担12元。(2)丝捐。始于同治初年，分运丝、用丝两种，运丝每包80斤，收捐16元；用丝照百货厘捐章程，见货抽收。(3)机织税。每户织机不得超过百张，每张机年纳税银50两。清光绪初年，浙江丝织物捐税按照《百货厘金章程》抽收。另据《南洋劝业会研究会报告书》记载：光绪二十二年，杭州丝捐由官丝行商董包办，各丝行认摊，规定包额4000包（每包1000两），每包丝捐钱6000文，董其事者，更征收津贴办公费每包9文，清末官办丝捐达3.6万元。光绪三十二年左右，织机一台向机捐局每月所纳税金，约相当于平均4匹（即240两）制品的收入，计1400文，湖州的湖绉税每匹生货的落地税（厘金之一种）是384文。在绸缎运出时，还有其他厘捐的负担。

民国时期的丝绸税赋主要有茧捐、丝捐、绸捐3种。

(1)茧捐。始于清光绪九年（1883年）。据民国《中国实业志・浙江省》记载，至民国元年

(1912年)定为鲜茧每担3.6元,干茧每担11元,民国5年又减为干茧每担正捐9元、附捐1元,鲜茧定捐3元。民国20年改营业税,税率为0.2%。各县临时附捐,每年各不相同。茧行牙贴向县政府领取,不论行之大小,每贴纳税70元,年换1次。茧灶捐分单灶、双灶,单灶每座征7元,双灶14元。

(2)丝捐。丝捐始于清同治初年。民国元年(1912年)以后,改订捐率:运丝每包改收正捐17元,沪捐3.2元,经丝再加4.8元,共25元;用丝每包改收10.6元。民国3年,运丝用丝各加5元,经丝加至9.6元,计运丝每包捐34.8元,用丝每包15.6元。按民国17年所定丝捐比额,全省共计105.4万元,至民国20年裁撤厘金统捐,改行营业税,丝之税率定为0.2%。

(3)绸捐。据民国18年(1929年)《工商半月刊》载:"浙省出产绸缎,莫不以上海一律加征附税二成,浙西水利捐六厘。"民国13—17年,每匹绸捐分别为0.64元、0.65元、0.67元、0.84元、1.47元。

中华人民共和国成立后,国家统一税收,建立新税制。规定除农业税外,全国统一征收14种中央税和地方税,即货物税、工商业税等。1950年调整税收,修订公布《工商业税暂行条例》。1953年修订工商营业税,将工商业应纳的营业税、印花税及营业税附加,并入营业税征收,统一调整营业税税率。蚕茧由丝厂按茧款加费用纳税,税率3.5%。厂丝缴纳货物税,由丝厂出厂时按中蚕公司牌价缴纳,税率15%,1953年9月税率调减为10%。绸缎批发、调拨缴纳营业税,税率3.5%。绸缎加工,工厂缴纳工商税。复制品(衬衫等)批发、调拨征营业税,税率3.5%。1958年税制改革,简化纳税办法等。同年9月13日,国务院公布《工商统一税条例(草案)》,据此丝绸产品工商统一税税目税率为工业部分,丝15%、绸缎坯2%、印染绸缎6%,商业零售部分为3%。1970年5月12日,省轻工业局根据《浙江省国营企业综合税试行办法》,制定《浙江省丝绸工业贸易联合业务纳税改革的暂行规定(草案)》,从6月份起施行。规定丝绸产品按总销售额1.8%、纺机按销售收入5%综合税率计税。1973年全面试行工商税。对国营企业只征收工商税一种税,对集体企业只征收工商税和工商所得税两种。是年,浙江省提高印染绸的税率,规定从事购销业务的印染企业,生产的印染布、印染绸缎按8%税率征税;从事来料加工印染的企业,就加工收入按5%的税率征税。

据1984年9月18日国务院发布的新的税制条例,增值税按产品生产的增值部分计算纳税。印染绸缎增值税税率为10%,扣除项目为外购绸缎坯、色织绸缎及本色和色织机织丝织品的税金。9月30日,财政部税务总局发布《产品税若干具体问题的规定》,其中规定中国丝绸公司归口管理的企业生产的绸缎和其他本色机织丝织品,减按3%的税率征收。企业自产的本色或色织绸缎、本色或其他机织丝织品,用于本企业连续生产印染织品,对自产的上述本色织品或色织品不征税,只就印染织品征税。同日,财政部税务总局发布《增值税若干具体问题的规定》,其中规定:印染绸缎及其他印染机织丝织品实行增值税的范围,只限于中国丝绸公司归口管理的企业和单位。对其他企业、单位及个人生产的印染绸缎及其他印染机织丝织品,以及委托中国丝绸公司归口管理的企业加工的产品,暂不实行增值税。自10月起,执行国务院新发布的产品税、增值税、盐税、营业税、资源税、国营企业所得税等6个税收条例(草案)和国营企业调节税征收办法。1985年,财政部发出《关于对蚕丝织品暂时减征或免征产品、增值税的通知》，决定从1985年10月1日起至1987年9月30日止，在两年内对国内生产销售（包括内销和销售给外贸出口单位）的蚕丝织品减征或免征产品税、增值税。1986年，财政部下发《关于对纺织产品试行增值税的通知》，明确纺织产品从1986年6月1日起试行增值税，税率：蚕丝5%，本色丝织品12%，印染丝织品15%。1987年1月27日，财政部下发通知降低纺织品增值税税负。税率调整为：丝及丝织品14%，其他服装14%。3月20日，财政部发布《关于完善增值税征税办法的若干规定》，其中丝绸产品增值税税率为：丝及丝织品14%，服装14%。1993年1月30日，国务院又发布《关于对农业特产收入征收农业特产税的规定》，明确指出从1994年起，对蚕茧征收的农林特产税改为农业特产税，税率由8%调整为9%。12月13日，国务院发布《中华人民共和国增值税暂行条例》对茧子、蚕蛹征收的增值税为13%，对厂丝、绸缎及丝织品征收的增值税为17%。至2010年，仍执行该税制。

（二）出口退税

丝绸是中国主要外输产品，为国家创造大量外汇，支持国家建设发展，丝绸外贸长期实行出口退税政策。中国的出口退税开始于1950年，国家在颁布修改后的《货物税暂行条例》及其《实施细则》中补充规定，对出口产品实行退税政策："已税货物输出国外，经公告准许退税者，由出口商向税务机关申请退还货物税税款。"1958年，中国将商品营业税、货物税、流通税合并为工商统一税，对出口商品不再退税，出口退税制度一度中断，一直到改革开放之后才得以恢复。1983年，国务院出台《关于钟、表等17种产品实行出口退免税和进口征税的通知》，规定从1983年9月1日起对17种产品征收进口环节工商税或增值税。1985年3月，国务院正式批准财政部《关于对进出口产品征、退产品税或增值税的规定》，提出的退税原则是"征多少，退多少""未征不退""彻底退税"。退税的税种包括各种国内流转税，即营业税、产品税、增值税和特别消费税。此规定从当年4月1日开始实行，标志着中国现行出口退税制度的正式确立。1985年4月1日起，国家实行《进出口产品征、退产品税或增值税的规定》，其中规定外贸企业出口的已税产品，除原油和成品油外，在报关出口后，应将所征产品税或增值税税款退给出口企业，外贸丝绸产品享受出口退税待遇。4月17日，财政部、海关总署发布《关于对进出口产品征、退产品税或增值税的具体规定》，其中规定外贸企业出口绸缎、其他机织丝织品、丝针织面料，一律按连续生产产品的适用税率计算退税，税率为15%。1986年10月29日，财政部发布《关于对部分出口产品试行退中间生产环节产品税、增值税的通知》，各类服装划为退还中间生产环节税款的出口产品，各类服装综合退税率为12.4%。

1987—1990年，国家确定的蚕丝出口退税率为7%，丝织品为10%，服装类为14%。1991年5月1日起，国家确定的蚕丝类商品出口退税率为5.6%，蚕丝织品为10%，服装为14%。1994年税制改革以后，国家多次调整出口退税政策，以调节和支持丝绸纺织品出口。1998年2月12日，财政部、国家税务总局发布《关于提高纺织原料及制品出口退税率的通知》，决定将包括生丝、面料及服装等纺织原料及制品出口退税率提高至11%。1999年8月2日，财政部、国家税务总局发布《关于提高部分货物出口退税率的通知》，提出将服装出口退税率提高至17%；2003年12月，又决定自2004年1月1日起将纺织品服装出口退税率均下调至13%;2006年9月15日,纺织品出口退税率从13%下调至11%;2008年7月31日,中国将纺织服装出口退税率从11%上调至13%;2008年10月21日,又上调至14%。2008年,国际金融危机爆发,国际市场需求疲软,国家自2008年8月1日开始,年内连续4次调高出口退税率。

2009年2月5日,财政部与国家税务总局联合发布《关于提高纺织品服装出口退税率的通知》,对部分商品的出口退税率进行了调整,新政策自2009年2月1日起执行。

表105-12-2-3　2009年2月1日起实行的丝绸商品出口退税率目录一览表

商品名称	税则号	产品描述	原退税率(%)	调整后的退税率(%)
蚕茧	5001	适于缫丝的蚕茧	5	5
厂丝	50020011	厂丝	13	13
土丝	50020012	土丝	13	13
双宫丝	50020013	双宫丝	13	13
其他桑蚕丝	50020019	其他桑蚕丝	13	13
柞蚕丝	5002002	柞蚕丝	13	13
其他生丝	5002009	其他生丝	13	13
丝纱线	5004	非供零售用丝纱线	14	15
废丝	5003	废丝(包括不适于缫丝的蚕茧、废纱及回收纤维)	13	13
䌷丝纱线	50050010	非供零售用丝䌷丝纱线	14	15
其他绢纺纱线	50050090	非供零售用其他绢纺纱线	14	15
供零售用短纤丝	5006	零售用丝纱线、绢纺纱线,蚕胶丝	14	15
坯绸	50071010	未漂白或漂白的绸丝机织物	14	15
	50072011	未漂白或漂白的纯桑蚕丝机织物	14	15
	50072021	未漂白或漂白的纯柞蚕丝机织物	14	15
	50072031	未漂白或漂白的纯绢丝机织物	14	15
	50079010	未漂白或漂白的其他丝机织物	14	15

续表 1

商品名称	税则号	产品描述	原退税率（%）	调整后的退税率（%）
印染绸	50071090	其他绸丝机织物	14	15
	50072019	其他纯桑蚕丝机织物	14	15
	50072029	其他纯柞蚕丝机织物	14	15
	50072039	其他纯绢丝机织物	14	15
	50072090	其他纯柞蚕丝机织物	14	15
	50079090	其他丝机织物	14	15
其他机织物	58019010	丝及绢丝制起绒机织物及绳绒织物	14	15
	58022010	丝及绢丝制毛巾织物及类似的毛圈机织物	14	15
	58023010	丝及绢丝制簇绒织物	14	15
	58039010	丝及绢丝制纱罗	14	15
	58041010	丝及绢丝制网眼薄纱及其他网眼织物	14	15
	58042910	丝及绢丝制机制花边	14	15
	58063910	丝及绢丝制狭幅机织物	14	15
	58110010	丝及绢丝制用一层或几层纺织材料与胎料经绗缝或其他方法组合制成的被褥状纺织品	14	15
	60024020	宽≤30 厘米，弹性纱线≥5%丝及绢丝制针织、勾编织物	14	15
	60029020	宽≤30 厘米含橡胶线的丝及绢丝制针织、勾编织物	14	15
其他机织物	60041020	宽>30 厘米，弹性纱线≥5%丝及绢丝制针织、勾编织物	14	15
	60049020	宽>30 厘米含橡胶线的丝及绢丝制针织、勾编织物	14	15
合纤绸	5407	合成纤维长丝纱线的机织物	14	15
人造丝绸	5408	人造纤维长丝纱线的机织物	14	15
手帕	62131	丝及绢丝制手帕	14	15
头巾	62141000	丝及绢丝制头巾、围巾、披纱、面纱及类似品	14	15
领带	62151000	丝及绢丝制领带及领结	14	15

续表 2

商品名称	税则号	产品描述	原退税率（%）	调整后的退税率（%）
地毯	57019020	丝制结织栽绒地毯及纺织材料的其他结织栽绒铺地制品，不论是否制成的	14	15
针织服装	61071910	丝及绢丝制针织或勾编男内裤及三角裤	14	15
	61072910	丝及绢丝制针织或勾编男睡衣裤(包括长睡衣)	14	15
	61081920	丝及绢丝制针织或勾编的女式长衬裙及衬裙	14	15
	61082910	丝及绢丝制针织或勾编女三角裤及短衬裤	14	15
	61083910	丝及绢丝制针织或勾编女睡衣及睡衣裤	14	15
	61099010	丝及绢丝制针织或勾编的T恤衫、汗衫及其他背心	14	15
	61109010	丝及绢丝制针织或勾起绒毛衫等	14	15
梭织服装	62031910	丝及绢丝制男式西服套装	14	15
	62032910	丝及绢丝制男式便服套装	14	15
	62033910	丝及绢丝制男式上衣	14	15
	62041910	丝及绢丝制女式西服套装	14	15
	62042910	丝及绢丝制便服套装	14	15
	62043910	丝及绢丝制女式上衣	14	15
	62044910	丝及绢丝制女式连衣裙	14	15
	62045910	丝及绢丝制女式裙子及裙裤	14	15
	62059010	丝及绢丝制非针织男式衬衫	14	15
	62061000	丝及绢丝制女衬衫	14	15
	62071910	丝及绢丝制男式内裤及三角裤	14	15
	62072910	丝及绢丝制男式长睡衣及睡衣裤	14	15
	62079910	丝及绢丝制男式内衣式背心	14	15
	62081910	丝及绢丝制女式长衬裙及衬裙	14	15
	62082910	丝及绢丝制女式睡衣及睡衣裤	14	15
	62089910	丝及绢丝制女内衣式背心、三角裤等	14	15
	62113910	丝及绢丝制男运动服	14	15
	62114910	丝及绢丝制女式运动套装	14	15

续表 3

商品名称	税则号	产品描述	原退税率（%）	调整后的退税率（%）
其他制成品	63022910	丝及绢丝制印花床上用织物制品	14	15
	63023910	丝及绢丝制其他床上用织物制品	14	15
	63041910	丝及绢丝制非针织非勾编床罩	14	15
	63049910	丝制非针织非勾编的装饰制品	14	15
	67029020	丝及绢丝制人造花、叶、果实及其零件，用人造花、叶或果实制成的物品	11	11
	94049030	丝绵填充的弹簧床垫；寝具及类似用品，装有弹簧、内部用任何材料填充、衬垫或用海绵橡胶、泡沫塑料制成，不论是否包面	14	15

资料来源：财政部、国家税务总局：《关于提高纺织品服装出口退税率的通知》。

第三节　行业管理

蚕桑丝绸业的行业管理主要涉及蚕业指导、丝绸生产计划、产品定价、技术改造、教育培训和企业改革等方面。民国 17 年（1928 年）2 月，省建设厅成立省立蚕业改良场，内设推广部，负责全省蚕桑技术推广。中华人民共和国成立以后，从省到市、县各级政府内设立蚕桑、茧丝绸管理部门，或指定所属政府部门管理。

20 世纪 80 年代中后期，随着经济体制改革的持续深入，陆续成立了蚕种、蚕茧、丝绸行业协会等社团组织，协助进行行业管理，支持蚕桑丝绸业健康发展，建立现代企业制度，推进行业产业结构调整，鼓励丝绸出口扩大开放，提升浙江蚕桑丝绸业整体发展水平。

一、蚕业管理

民国 14 年（1925 年），浙江省立甲种蚕业学校（前身为浙江蚕学馆）在长安等地设立改良养蚕场 5 所，派毕业生担任技术指导，推广新法养蚕，为浙江省推广蚕桑技术的开端。民国 15 年，该校设立推广部，在杭县（今属杭州市西湖区、余杭区）等 12 个县新设立改良养蚕场，推广改良蚕种，传授科学技术。民国 17 年 2 月，省建设厅所属省立蚕业改良场成立，内设推广部，设立萧山、长安、菱湖、袁化和海盐 5 大区，共 18 个指导所。民国 19 年春，设立指导所 36 所，派出指导人员 117 人，指导蚕农 7262 户，销售蚕种 10.31 万张；秋期设立指导所 34 所，派出指导人员 116 人，指导蚕农 6469 户，销售蚕种 8.35 万张。民国 20 年，省政府改组，因经费紧缺，省蚕业改良场推广部撤销，各地（市）县蚕桑机构和指导人员减少。

20 世纪 30 年代初期，中国合众蚕桑改良会、省立杭州蚕桑学校、国立浙江大学农学院和私营西湖蚕种场等，先后在浙东、浙西蚕区，设立指导所，派出指导人员，进行技术指导。

自民国21年（1932年）秋起，先后在萧山、绍兴成立蚕桑模范区和改良区。民国22年春，扩至9个县；秋，扩至14个县；民国23年秋，扩至29个县。全省设立巡回指导区52个，养蚕合作社226个，巡回指导员40人，指导员222人，助理指导员62人，受指导蚕户8.88万户。抗日战争期间，仅于民国27年在萧山、诸暨、绍兴、嵊县、上虞和新昌等县设立蚕业改进区，而且时建时撤。民国35年，成立省蚕业推广委员会，在28县1市设立10个蚕业推广区和50个蚕业指导所。民国36年，省蚕业改进管理委员会成立，全省蚕区仍划设为10个蚕业推广区，春期设指导所53所，秋期设指导所63所，办理推广指导工作。

民国38年（1949年）5月，杭州解放。6月20日，杭州市军管会财经部实业处成立蚕丝大队，共派出60余人，组成杭州、嘉兴、诸暨等10个区队，筹建县级蚕桑指导机构。6月26日，杭州市军管会财经部实业处吸收杭州蚕校应届毕业生，并向社会招收蚕桑推广人员，共119人，经过集中学习，于7月10日分赴杭州等10个县，同仍在当地工作的队员共同建立县级蚕业指导所。10月底，又公开招用蚕桑推广人员，连同杭州蚕校、湖州蚕校和浙大应届毕业生，及在职蚕桑技术人员，共250人，经培训后调整充实了杭县等10个蚕业指导所，并新组建了长兴县蚕业指导所和杭州市郊、新昌等8个县蚕业指导组。至1953年，先后在29个县建立蚕业指导所（组），蚕区县级蚕业推广机构基本普及。各县蚕业指导所（组），为省蚕业改进所（后为省特产局）直属单位，业务、人员、经费由省蚕业改进所管理，政治思想工作由当地县政府实业（建设、农林）科负责。主要蚕区地（市）一级，一般都在专员公署、市政府实业（建设、农林）科内设蚕丝股或特产组，作为行政管理机构。

1953年4月，省编委决定撤销专署一级的特产机构，明确县（市）特产干部15人以上的设立县政府特产指导所，15人以下的设立县政府特产指导组。全省成立县政府蚕业指导所的有，嘉兴（今嘉兴市秀洲区、南湖区）等11个县；成立县政府蚕业指导组的有杭县等18个县。并改变蚕业指导所（组）与省蚕业改进所（省特产局）的隶属关系，行政领导直接隶属县政府，归口县农林（农业）科，业务工作由省蚕业改进所（特产局）指导。

1955年，蚕区县先后"撤所设股"，即撤销县蚕业指导所（组），在县农林（农业）科（局）设立蚕桑或特产股，区一级蚕业指导组也并入区农技站。地（市）一级在专员公署、市政府农林局设立特产科。20世纪50年代末60年代初，嘉兴专署和吴兴（今湖州市南浔区、吴兴区）、德清、海宁等县，先后在专署和县人民政府内设特产（蚕桑）局。1978年以后，地（市）县蚕桑机构逐渐恢复并得到加强。至1991年，全省有蚕桑生产的10个地（市）中，嘉兴、湖州市在农业局内设立蚕桑站，杭州市农业局、宁波市林业局内设立特产处，绍兴、金华、衢州、温州市和台州、丽水地区在农业局内设立特产（经作）站。在有蚕桑生产的64个县（市、区），都建立了蚕桑机构，其中设立县农业（农林）局蚕桑站的有18个县，设立县农业（农林）局特产（经作）站的有31个县，设立县林业（林特）局特产站的有13个县，县丝绸公司设立蚕桑站（科）的有2个县。

1996年1月12日，省政府第49次常务会议决定，对茧丝绸经营管理体制进行改革。3月12日，省政府发出《关于茧丝绸实行贸工农一体化经营管理的通知》，提出要以贸（即丝绸公司)为龙头，以资产为纽带，实行统一经营。为平稳过渡，省农业厅、省供销社所负职责暂不改变。农业部门的资产，按照国有资产管理办法，进入丝绸公司，对划入一体化丝绸公司的农业部门人员，保持事业性质不变，待遇不变，原来经费来源不变。至 2000 年，湖州市及淳安、桐乡、海宁、海盐、德清、长兴、安吉、诸暨、嵊州、新昌、上虞、兰溪和缙云等 13 个县(市)，蚕桑机构从农业部门进入丝绸公司，所属蚕种场也一起进入；其余地(市)和县(区)，蚕桑机构未变，仍在农业部门，人员也未进入丝绸公司。省农业厅经济作物管理局担负职责不变。

2001 年 8 月 2 日，省政府发出《关于深化茧丝绸贸工农一体化改革的通知》，提出对蚕业管理站的改革要与市、县(市、区)农业事业单位的改革同步进行，享受同一政策；对蚕业管理站机构和人员的归属，应从有利于一体化丝绸公司的发展、有利于调动农业科技人员的积极性出发，由当地政府决定；蚕种场、蚕种冷库、催青室和蚕种公司的归属，应与蚕业管理站的归属相一致；蚕业管理站归入丝绸公司的，按政企分开的原则，其蚕业行政执法、行业管理等行政职能从丝绸企业划归到政府的职能部门。其后，进入丝绸公司的蚕业管理站先后成建制回到农业局，至 2010 年仅有淳安、缙云两县仍为茧丝绸一体化体制。

二、丝绸业管理

清代，丝织业生产分工已相当精细，除机坊外，还有专业的络经作坊、牵经铺、挑花匠、拈坊、料坊、经绒染坊等辅助行业。乾隆十年(1745 年)，杭州织造局有工匠 2330 人。光绪三十二年(1906 年)，由吴恩元、高凤德等人集资白银 20 万两，创办扬华绸厂于武林门外，实行工厂式管理。大纶丝厂于光绪二十二年(1896 年)创办，拥有意大利产座缫车 208 台，后扩大到 486 台，共有职工 2000 余人。民国元年(1912 年)，杭州振新绸厂正式挂牌。民国 6 年，杭县塘栖镇的大纶缫丝厂职员 15 名，女工 450 名～500 名，男工若干人；吴兴公益丝厂女工 200 名左右；萧山合义和丝厂女工 300 名～350 名。随后相继出现一大批机器丝织、缫丝工厂。

中华人民共和国成立后，省政府对浙江蚕桑丝绸业的恢复和发展十分重视。先后派驻军代表接管中蚕公司杭州办事处，以及五丰绸厂、崇裕丝业公司、嘉兴绢纺厂、长安丝厂、嵊县锦源丝厂等官僚资本主义企业，开始建立社会主义国有经济。省政府以加工形式委托丝厂代缫生丝，当年，全省有 11 家丝厂陆续开工，私营绸厂 60％的织机为国家加工绸缎，全省丝绸生产逐步复苏。

1954 年，全省对私营丝绸工业进行社会主义改造。私营丝厂全部转为公私合营。私营绸厂和机户开始进行整顿和改造合并。为省丝绸公司进行丝织加工的工厂有 83 家，其中地方国营 2 家，公私合营 7 家，私营 74 家。练染加工厂 3 家。同年，省属丝绸厂除崇裕丝厂和虎林试样厂外，其余下放地、市领导。1957 年 3 月，列入国家“151 项重点工程”、中国第一家规模最大的丝绸企业杭州丝绸印染联合厂正式动工兴建，分两期工程，于 1961 年 5 月前先后将缫丝、丝织、印染投入生产，建厂初期全厂拥有自动缫丝机 1.04 万绪，动力丝织机 673 台，以及年产 1800 万米印染绸，成为当时全国丝绸行业中规模最大、技术最先进、配套加工能力最强的丝绸印染联合企业。1958 年 5 月起，丝、绸、印染各车间先后投入生产。1961 年，国家进入调整时期，浙江丝绸企业全面贯彻国家《国营工业企业工作条例》，整顿健全企业领导体制，恢复与建立各项规章制度，完善计划财务和劳动工资管理。1963年后，全省丝绸行业认真贯彻国家“调整、巩固、充实、提高”的八字方针和“三统一优”（统一计划、统一原料、统一检验和择优安排生产）的原则，确定全省缫丝工业保持常年生产6家（杭州丝绸印染联合厂、浙丝一厂、嵊县丝厂、顺丰丝厂、菱湖丝厂、坎山丝厂），停止生产5家，实行季节生产8家，全省缫丝工业精简职工6723人。为适应出口销售，多创外汇，国家发放专用贷款，新增与扩大印花、缫丝、织绸生产能力，对老设备进行技术改造，全省丝绸工业形势因此全面好转。1965年底，全省共有丝绸企业64家，其中国营企业50家，包括丝厂18家、绸厂26家、印染厂3家、化纤厂1家、绢纺厂1家、纺机厂1家。1966年5月，“文化大革命”开始，丝绸企业管理陷于混乱。

1978年中共十一届三中全会以后，丝绸工业认真贯彻1979年4月中央工作会议提出的“调整、改革、整顿、提高”的方针，政府对丝绸工业在原材料、贷款、技改、利用外资和引进技术等方面给予优惠，丝绸企业逐步恢复企业管理的各项规章制度，健全劳动工资、财务核算、定额管理、工艺操作规程，以及领导班子日常管理制度等，加强丝绸企业管理。杭州都锦生、天成、达昌、幸福等一大批老丝织企业和一些“弄堂棚儿厂”通过改建扩建，面貌焕然一新。1982年，丝绸企业进行全面整顿，根据省委部署，对杭州丝绸印染联合厂进行企业整顿试点，各地区分别选择丝绸重点企业开展全面整顿工作，从整顿领导班子入手，全面建立各项规章制度。1984年，中央决定对全国工业企业进行工业普查，浙江丝绸企业也进行了全面的工业普查工作。1986年10月，省丝绸公司在天台召开首次大中型丝绸企业管理工作会议，学习贯彻国务院《关于加强工业企业管理若干问题的决定》，在全省丝绸行业开展抓管理、上等级，全面提高企业素质工作。结合行业特点，组成缫丝、绢纺、丝织、印染、服装、机械等几个专业小组，从产品质量、物资消耗、经济效益3个主要方面制定企业升级标准，通过建立健全基础管理，完善计划、质量、劳动人事、设备、核算等专业管理，强化生产现场管理。1989年，经贸部在外贸出口专业公司开展企业升级活动，省丝绸公司大力加强外贸业务基础管理，企业内部建立各项规章制度，特别是实行了出口业务现代化管理。从1990年初起对出口合同按经贸系统软件规范，输入电脑登记系统，并建立终端，通过输入、查询、分析，及时掌握出口成交情况。同时加强了计划、财务、货源等专业管理。1990年10月，经全面考评，经贸部向省丝绸公司颁发了国家二级企业证书。

到1991年底，全国企业上等级工作基本结束。浙江省丝绸行业获省级以上先进企业称号的有69家。其中获国务院企业管理指导委员会颁发的国家一级企业有临平绸厂、浙江制丝一厂，共2家。获经贸部颁发的国家二级企业有省丝绸公司1家。获纺织工业部颁发的国家二级企业有嘉兴绢纺厂、湖州永昌丝织厂、杭州丝绸印染联合厂印染分厂、杭州福华丝绸厂、杭州天成丝织厂、绍兴丝织厂、丽水羽绒厂、桐乡梧桐丝厂、桐乡崇德丝厂、嘉兴制丝针织联合厂、诸暨绢纺厂、嵊县丝厂、杭州都锦生丝织厂、杭州富强丝织厂、湖州湖丰绸厂、桐乡濮院丝厂、绍兴丝绸印花厂、杭州红雷丝织厂等18家；获得省政府颁发的省级先进企业有湖州绸厂、湖州丝厂、湖州达昌绸厂、湖州双林丝厂、杭州丝织厂、杭州纺织机械制造厂、余杭双宫丝厂、海宁中丝三厂、桐乡乌镇丝厂、绍兴丝绸炼染厂、杭州红峰丝织厂、杭州新华丝厂、海盐丝厂、桐乡石门丝厂、湖州纺织机械厂、海宁丝厂、杭州云裳丝织厂、富阳丝绸总厂、杭州春光丝织厂、杭州九豫丝织厂、镇海华丽丝绸绣服联营厂、临安丝绸总厂、嘉兴丝绸服装厂、杭州丝绸炼染厂、新昌丝厂、湖州丝织联营厂、杭州时装厂、杭州春雷丝织厂、杭州幸福丝织厂、嵊县丝织厂、湖州制丝针织总厂、杭州丝织腰带厂、杭州丝绸印染厂、余杭县丝织厂、湖州丝绸印染厂、嘉兴绸厂、海盐第二丝厂、德清新市丝厂、湖州菱湖丝厂、诸暨第二丝厂、开化丝绸总厂、海宁绸厂、湖州东风丝织厂、嘉善绸厂、桐乡丝织厂、杭州东风丝绸印染厂、岱山丝织厂等 47 家。1992 年 9 月 18 日，省计经委、省统计局、省财政厅、省劳动厅、省人事厅联合发文，公布经全国划分企业类型协调小组审定批准的浙江大型工业企业名单，其中丝绸系统有崇德丝厂、杭州东风丝绸印染厂、杭州福华丝绸厂、杭州丝绸炼染厂、杭州丝绸印染联合厂、杭州新华丝厂、湖州达昌绸厂、湖州湖丰绸厂、湖州永昌丝织厂、湖州丝厂、湖州丝绸印染厂、嘉兴制丝针织联合厂、绍兴丝绸炼染厂、绍兴丝绸印花厂、绍兴丝织厂、余杭临平绸厂、嘉兴绢纺厂、浙江制丝一厂、浙江制丝二厂、诸暨绢纺织厂等 20 家工厂为大型二档企业。

随着外贸经营体制改革的深化，丝绸出口经营权逐步放开。1994 年 5 月 12 日，据《浙江丝绸内参》记载，全省丝绸行业 14 家企业获外贸经营权，其为杭州丝绸印染厂、杭州丝绸印染联合厂、杭州丝绸练染厂、杭州凯地丝绸股份有限公司、杭州第二丝绸服装厂、杭州天成丝织厂、杭州都锦生丝织厂、嘉兴制丝针织联合厂、湖州丝绸印染厂、绍兴丝绸印花厂、杭州丝绸进出口公司、嘉兴丝绸进出口公司、湖州丝绸集团公司、嘉兴丝绸集团公司。

据 1995 年底统计，全省各种所有制形式的丝绸企业(不包括丝绸服装、丝绸机械工业企业)2650 家，工业总产值 298 亿元，上缴税金 10.8 亿元，职工人数 38.64 万人，总资产 255.18 亿元。全省缫丝企业 407 家，其中国有企业 45 家、县办企业 7 家、乡村办和其他企业 355 家，拥有缫丝机 5.44 万台，白厂丝产量 1.86 万吨，占全国的 19.6%。全省丝织企业 1800 家，占全省丝绸行业企业数的 68%，大部分为乡镇企业，拥有丝织机 10.7 万台，其中有梭织机 10.1 万台、无梭织机 5818 台，全省丝织品产量 17.97 亿米，占全国的 58.82%。全省印染企业 350 家，印练染丝织品产品 25 亿米。全省丝针织企业 68 家，其中独立于缫丝企业之外的 5 家、缫丝企业兴办的 63 家，全年丝针织品出口 6992 亿美元，占全国的 35%。全省拥有丝绸服装企业 377 家，全省丝绸服装出口 6.5 亿美元，出口数量 1 亿件(套)以上，占丝绸出口总额的 62%。

1997 年 9 月 11 日，省政府批转《浙江省丝绸行业结构调整总体方案》，明确浙江丝绸产业结构调整加快，作为丝绸主产区的杭州、嘉兴、湖州被列为全国优化城市资本结构试点城市，试点城市丝绸企业列入全国企业兼并破产和职工再就业工作计划的有 24 家。杭州市把“放弃缫丝、压缩绸缎、整顿印染、壮大服装为重点的最终产品，以最终产品带动销售增长”作为结构调整重点。是年，杭州东升丝厂进入规范破产，杭州春光丝织厂并入杭州都锦生丝织厂，杭州春雷丝织厂并入西湖丝织工业公司，筹建西湖春雷有限公司。杭州幸福丝织厂、天成丝织厂合并筹建天成幸福集团，杭州震旦丝织厂、杭州绸厂并入杭丝联，杭州红峰丝织厂并入红雷丝织厂，杭州九豫丝织厂、云裳丝织厂并入杭州丝织总厂，杭州丝绸练染厂与杭州喜得宝丝绸印染厂合并筹建喜得宝集团。同时，实施“退城进郊”战略，杭州都锦生、福华丝绸厂、凯地丝绸公司生产车间迁离市中心，并在原厂址培育新经济增长点。1999年5月，为了实现中央提出的国有大中型困难企业三年脱困的目标，加强对国有大中型企业扭亏脱困工作的领导和指导，加大全省扭亏工作力度，省委、省政府决定建立常委、副省长重点脱困企业联系点，每位常委、副省长分别联系一个重点脱困企业。全省丝绸行业有2家重点脱困企业，分别是：省长柴松岳联系湖州市丝绸总公司，跟随联系部门为省计经委、省丝绸公司；省委副书记周国富联系杭州丝绸印染联合厂，跟随联系部门为省财政厅、省丝绸公司。省丝绸公司挂钩的、列入国家经贸委及省计经委重点脱困企业的有杭州富阳丝绸公司、杭州丝绸印染联合厂、杭州天成丝绸工贸公司、杭州喜得宝集团公司、杭州新华丝厂、湖州达昌绸厂、嘉兴绢纺厂、嘉兴丝绸集团公司、绍兴县红旗绸厂、金三塔丝针织集团公司、亚马丝绸集团有限公司、天昌集团公司、桐乡丝织总厂、诸暨缫丝织造总厂、安吉丝厂、岱山县丝织厂、德清县茧丝绸联合公司、杭州红雷丝织厂、杭州丝织总厂、崇德丝厂、湖州丝绸总公司、浙丝二厂、赛丽丝绸集团公司、凯地丝绸股份公司、杭州震旦丝织厂、湖州丝厂、德清丝厂、嵊州丝厂、嵊州丝织厂、都锦生丝织厂。

2002年，经外经贸部批准，全国有92家企业获蚕丝类商品出口经营权，其中浙江省企业25家，它们分别是浙江省丝绸进出口公司、浙江威莱进出口有限公司、桐乡崇德丝厂、浙江东方集团股份有限公司、浙江纺织品进出口集团公司、浙江省粮油食品进出口股份有限公司、浙江土产畜产进出口集团公司、杭州丝绸服装进出口有限公司、浙江省金属材料公司、浙江嘉欣丝绸进出口有限责任公司、嘉兴市进出口公司、浙江桐乡外贸集团股份有限公司、浙江花神丝绸进出口有限责任公司、浙江嘉欣丝绸股份有限公司、浙江米赛丝绸集团公司、浙江湖州丝绸进出口有限公司、湖州大利新丝绸有限公司、海宁中三丝业有限公司、浙江三环丝绸股份有限公司、杭州金利丝业有限公司、浙江海宁丝绸集团有限责任公司、浙江金鹰股份有限公司、富润集团有限公司、杭州商辂丝绸有限公司、海盐绢纺实业有限公司。2004年2月，商务部发文公布了新增蚕丝类商品出口经营权企业名单。这次全国共有46家企业获得蚕丝类商品出口经营权，浙江省有9家企业。它们分别是桐乡绵丝厂有限责任公司、浙江金鹰绢纺有限公司、桐乡市河山伟业纺织有限责任公司、浙江龙源纺织股份有限公司、海宁华泰针纺丝业有限公司、浙江天松集团有限公司、浙江嘉欣金三塔丝针织有限公司、桐乡市华良丝绸有限责任公司、海盐三环绢纺有限责任公司。至此，全省共有37家企业具有蚕丝类商品出口经营权。

为优化丝绸产业结构，政府按照总量控制、结构调整、淘汰落后能力、提升企业技术装备水平、与当地茧丝原料相适应的原则，在缫丝、绢纺行业调整压缩生产能力。2002年7月26日国家经贸委发布公告，公布了符合条件的63家绢纺企业获得全国绢纺企业生产准产证，其中浙江省有33家绢纺企业获得准产证，核定产能规模为24.5万锭，数量居全国14个省市(区、市)之首。2003年10月，商务部(国家茧丝办)发布2004—2005年全国缫丝企业生产准产证复审公告，全国复审合格换证的682家缫丝企业，自动缫生产能力为138.12万绪，自动化率为62%。其中浙江省175家缫丝企业复审换证，企业数位居全国第一，总生产能力44.49万绪，自动化率75.1%。此后，每两年进行一次缫丝企业生产准产证复审换证工作。2010年2月，省经信委颁布浙江省2010—2011年(注：每两年颁发一次)缫丝企业生产准产证复审合格企业名单，全省有122家缫丝企业获得浙江省缫丝企业生产准产证。本次复审核准后，浙江省获证企业的缫丝总生产能力为 30.82 万绪，其中自动缫 27.79 万绪，占总能力的 90.17%，立缫 1.03 万绪，占总能力的 3.3%。企业数量由 2007 年的 153 家减少到 122 家，减少了 31 家；总生产能力由 36.8 万绪下降到 30.8 万绪。

三、改革改制

1985 年 1 月 29 日，省政府印发《关于全省丝绸行业经济体制改革试行方案》，提出“发挥优势，搞活企业，外贸统一，内贸放开，权力下放，减少层次，补贴包干，自负盈亏”的要求。决定成立省丝绸联合公司，为独立核算、自负盈亏的经济实体，并承担全省丝绸行业管理职能，蚕茧经营下放到市、县。

1988 年，国务院为加快和深化外贸体制改革步伐，确定了“自负盈亏、放开经营、工贸结合、实行代理制”的工作方针。1988—1990 年，为期 3 年的浙江丝绸第一轮外贸承包开始实行。是年，将出口收汇、上缴外汇额度、出口收汇基数内人民币盈亏 3 项指标切块承包到市县，省丝绸联合公司与地方采取“利益均沾、风险共担”的联营方式，确定分市县蚕茧、厂丝收购、调拨分配基数和外贸创汇承包基数；与 14 个重点市县签订联营出口协议，金额 1.7 亿美元，占全省外贸承包总额的 62.19%。省主管部门为加强货源管理，促进出口创汇，相应制定留成外汇管理、茧丝绸出运证管理及丝类产品征收调节基金等办法，以确保外贸体制改革顺利进行。1991 年，实行新一轮外贸承包，改为由省丝绸公司向省政府承包出口创汇、上缴中央外汇和外贸出口运筹基金 3 项指标，由各市县政府承包上缴丝量。

1994 年 1 月 17 日，省政府决定成立浙江丝绸集团公司，为具有法人资格的全民所有制经济实体，注册资金 2.58 亿元。集团以省丝绸进出口公司为核心，深圳华丝企业股份有限公司等 33 家企业为紧密层，杭州凯地丝绸股份有限公司等 43 家企业为半紧密层，浙江金三塔丝针织集团公司等 173 家企业为松散层组成的一个跨行业、跨地区、跨所有制的经济联合体。是年，浙江省丝绸行业继续转换机制，成立以嘉兴丝绸公司为核心的浙江嘉兴丝绸集团公司，以嘉兴绢纺厂为核心的华绢集团，以湖州丝绸印染厂为核心的浙江天昌丝绸集团等丝绸企业集团。1994 年 5 月 12 日，随着外贸经营体制改革的深化，丝绸出口经营权逐步放开，全省丝绸行业 14 家企业获外贸经营权。

1996 年 3 月 12 日，省政府下发《关于茧丝绸实行贸工农一体化经营管理的通知》，赋予省丝绸联合公司行业管理职能，对全省茧丝绸实行贸工农一体化经营管理。1997 年 3 月 31 日，湖州市丝绸（控股）集团公司成立，实行茧丝绸一条龙、贸工农一体化的经营管理体制。5 月 23 日，省丝绸联合公司成立行业管理办公室。1998 年 3 月 13 日，省政府在杭召开全省整顿压缩缫丝加工能力工作会议，签订责任书落实重点地区压台拆机工作。3 月 31 日，省缫丝企业压台拆机第一锤在德清县钟管第一丝厂敲响，德清县 7 个丝厂 612 台缫丝机率先拆除，当日送往武康铸造厂销毁。截至 1998 年底，全省缫丝企业从 407 家压缩到 181 家，缫丝机台数从 5.44 万台压缩到 3.14 万台，压缩过剩的全省缫丝加工产能。

从 1994 年下半年到 1998 年底，丝绸行业连续出现全行业亏损，丝绸国有及国有控股企业累计亏损超过 12 亿元，行业发展步履维艰。1999 年 12 月 1 日，国家经济贸易委员会下发了《关于做好企业兼并破产工作确保社会稳定的紧急通知》,杭州、嘉兴、湖州等丝绸主产区被列入全国优化城市资本结构试点城市。按照国家统一部署,大力实施国有企业兼并破产和职工再就业工作,通过破产兼并、退城近郊、股权转让等方式,加快丝绸国有企业改革步伐。浙江丝绸行业先后列入《全国企业兼并破产和职工再就业工作计划》的企业有杭州云裳丝织厂等全省 50 家国有丝绸企业,通过破产、兼并、改制和再就业工作,核销银行呆坏账 20 多亿元,分流职工 6 万多人。全省丝绸国有及国有控股企业,由 1994 年的 112 家减少到 2000 年的 60 家,职工人数由 11 万多人减少到 6 万多人。

至 2000 年,原来以国有为主的浙江丝绸企业通过改制,通过市场化的企业联合、兼并、资产重组,形成了一批跨地区、跨行业的产权多元化、机制灵活的企业集团,国有资本逐步从中小企业中退出,进而形成新的企业格局。丝绸工业企业改制面达到 83%,未改制的部分企业进入破产程序。作为丝绸原料生产的 181 家缫丝企业、30 家绢纺企业改制面超过 90%。浙江丝绸集团公司对经营部门有限责任公司进行改革,设立轻纺、物资、贸发、储运、产品开发公司,成立职工持股会,建立母子公司组织架构。嘉兴丝绸公司整体转制后,成立了浙江嘉欣丝绸股份有限公司,注册资金 3200 万元,其中总经理持 30%的大股,省丝绸公司占 20%,市国资局和中国丝绸公司各占 10%,其所属控股企业有 10 家。富阳市丝绸公司改制后组建杭州金富春实业有限公司,注册资金 800 万元,经营者持股 30%。余杭县丝绸公司转为纯民营性质的余杭市茧丝绸有限公司,注册资金 66 万元,经营者持股三分之一,其余为职工参股。至 2001 年初,全省有 21 个市、县进行贸工农一体化茧丝绸经营体制改革,其中原有丝绸公司的有 14 个县、市,新成立丝绸公司的有 7 个县、市。经营组织形式有三类:以丝绸公司为龙头组建一体化贸工农公司的有 14 个市县,以股份组建一体化公司的有 4 个市县,以供销社为龙头组建一体化公司的有 3 个市县。

2001 年 8 月 2 日,省政府印发《关于深化茧丝绸贸工农一体化改革的通知》,决定将省丝绸联合公司的行业管理职能划归省经贸委。11 月 12 日,省政府发出《关于组建浙江省丝绸集团有限公司的通知》,决定通过改制和资产重组设立省丝绸集团有限公司,为省级工贸类国资营运机构,以浙江丝绸集团公司(从属名称:浙江省丝绸进出口公司)、省丝绸联合公司以及浙江丝绸科技有限公司(浙江丝绸科学研究院)的国有资产为基础组建,注册资本为 5 亿元。省政府对省丝绸集团有限公司实行国有资产授权经营,杭州缫丝试样厂、杭州富强丝织厂、杭州丝绸试样厂、杭州丝绸服装厂、杭州丝织腰带厂等 5 家企业继续由省丝绸集团公司负责管理。省丝绸联合公司不再承担全省丝绸行业管理职能,行业管理职能移交给省经贸委。2002 年 1 月 25 日,省政府企业上市工作领导小组发出《关于同意发起设立浙江凯喜雅国际股份有限公司的批复》,同意以浙江丝绸集团公司(从属名称:浙江省丝绸进出口公司)作为主发起人,联合上海英纳投资发展有限公司等 5 家法人,共同发起设立浙江凯喜雅国际股份有限公司。公司注册资本 1.28 亿元,浙江丝绸集团公司占总股本的 52%,上海英纳占 39%,浙江天元生物药业股份有限公司占 3%,浙江省出版总社、浙江物资产业集团总公司、浙江省商业集团公司各占 2%,1 月 28 日正式注册成立。2006 年 2 月 10 日,浙江省属国有企业改革领导小组发出《关于对省丝绸集团有限公司总体改制方案的批复》,同意浙江凯喜雅国际股份有限公司以资产重组的方式，按资产评估价值协商作价受让省丝绸集团公司持有的深圳华丝企业股份有限公司等共计10户企业中的国有股权。省丝绸集团整体资产在作相应剥离后，其国有净资产进行公开挂牌出让，实现国有资本全部退出。2008年1月25日，在杭州市产权交易所挂牌的省丝绸集团有限公司100%的国有股权，通过多轮竞价正式成交，成交价格为14.01亿元，高出挂牌价2.6亿元。至此，省属国有企业省丝绸集团公司国有资本正式退出，省丝绸集团产权制度改革完成。

从20世纪90年代后期至2010年，浙江省丝绸行业加快转换经营机制步伐，全面推进计划管理体制、劳动用工制度和分配制度改革，建立符合市场经济体制的现代企业制度，丝绸企业逐步走上符合市场经济竞争体制的自主经营、自我管理、自负盈亏、自我发展之路。国家不再下达茧丝绸生产出口的指令性计划，但对蚕茧、厂丝等资源类商品仍实行行业指导，国家茧丝办、农业部等主管部门每年下达关于蚕种、蚕茧、生丝的生产指导性计划，以及鲜茧收购中准价格，要求结合本地区实际，做好监督和指导工作。省经信委轻纺行业管理办公室行使丝绸行业管理职能，主要是：组织制定并实施轻纺行业产业政策、发展规划和技术规范；做好本行业经济运行分析和产业信息发布，协调行业发展中的重大问题和事项；组织实施行业准入，落实本行业淘汰落后生产能力工作；协同培育本行业大企业大集团、行业龙头和重点骨干企业；参与本行业重大工业建设项目投资的有关工作；承担传统工艺美术保护和发展工作；承担省茧丝绸协调办公室的日常工作。

四、上市公司

(1)凯地丝绸。公司前身为杭州东风丝绸印染厂。1993年4月，杭州东风丝绸印染厂与省丝绸进出口公司、浙江省建设银行信托投资公司、杭州工商信托投资股份有限公司、香港广华投资基金(杭州)有限公司、中国工商(香港)财务有限公司等单位共同发起，改组设立杭州凯地丝绸股份有限公司。1993年7月，经对外贸易经济合作部批准，成为合资股份公司，享受中外合资企业待遇。1994年4月，经省体改委批准，公司吸收合并了原杭州市龙翔股份有限公司。龙翔股份有限公司成立于1986年，是浙江省第一家地方公开发行股票的股份制试点企业，是一家以零售、批发、代购代销为主的商业企业。合并后，公司发展成为一个集技、工、贸于一体的大型企业。经中国证券监督管理委员会批准，公司于1996年6月26日利用深圳证券交易系统上网定价发行人民币普通股1056万股(另有739万股内部职工股和825万股社会个人股占本次发行额度随本次新股一起上市)，每股面值1元，发行价每股4.60元。主承销商为华夏证券有限公司。接深交所深证发〔1996〕188号《上市通知书》，公司股票于1996年7月16日在深交所挂牌交易，股票代码为000411。杭州凯地丝绸股份有限公司的"凯地丝绸"股票，通过深圳证券交易所正式上市，为"中国丝绸第一股"。2010年12月31日，收盘价格为10.36元。

(2)华鼎控股。华鼎集团控股有限公司成立于1992年，公司注册地为浙江杭州临平北沙东路56号。华鼎集团是中国大型纵向整合的成衣制造商、出口商及零售商。华鼎集团整合所属30个公司的优质资源，形成集面料织造、印染、成衣制造、品牌服装销售等大纺织业务链。2005年12月15日，在香港联交所主板成功挂牌上市，香港联合交易所编号为3398。2010年12月31日，收盘价格为港币1.28元。

(3)嘉欣丝绸。浙江嘉欣丝绸股份有限公司成立于1999年3月29日，经省政府证券委员会批准，由嘉兴市国有资产管理局、中国丝绸进出口总公司、浙江丝绸集团公司等3家单位和周国建等308名自然人共同发起设立的股份有限公司，注册资本3200万元。经中国证券监督管理委员会核准，公开发行2350万股人民币普通股。股票简称“嘉欣丝绸”，股票代码为002404，发行价格为22元。2010年5月11日，在深圳证券交易所上市交易。2010年12月31日，收盘价格为21元。

五、行业协会

(一)浙江省蚕茧产业协会

浙江省蚕茧产业协会(以下简称省蚕茧产业协会)于2002年8月5日获省民政厅核准成立，由蚕茧流通、蚕茧生产、蚕桑管理与科研教育的93个团体会员及66个个人会员组成。

2002年8月26日，省蚕茧产业协会在杭州召开第一次会员大会，省委副书记周国富到会并讲话。大会选举产生了由45名理事组成的第一届理事会，下设蚕茧生产、蚕茧流通、蚕种、科技咨询4个专业委员会。根据协会《章程》，于2006年11月16日，在湖州市召开了第二次会员大会(有单位会员99个，不再保留个人会员)，选举产生了由29名理事组成的第二届理事会，4个专业委员会不变。沈家乐、孙觉民先后担任会长一职。

省蚕茧产业协会是浙江省内从事蚕茧生产、加工、经营、科研、教育等企事业单位自愿结成的行业性、非营利性社会组织，是蚕茧产业的省级社会团体法人。协会的宗旨是遵守宪法、法律、法规和社会公德，执行党的方针、政策；协助政府搞好蚕茧产业的服务、协调和管理工作；维护行业和会员的合法权益；在政府与行业之间发挥桥梁和纽带作用，团结蚕茧生产、加工、经营、科研、教学、推广和管理等各方面的力量，推动蚕茧产业的健康发展。协会自成立以来，主要工作有4个方面：一是分析产销形势，加强信息服务，引导蚕茧产业健康发展；二是加强调查研究，提出产业发展建议，为行业健康发展建言献策；三是组织会员考察，加强行业之间交流，学习省内外先进经验；四是开展技术服务、技术培训等。

(二)浙江省蚕种产业协会

浙江省蚕种产业协会(以下简称省蚕种业协会)于1995年7月11日获省民政厅核准成立，由蚕种生产、经营、管理、科研、教育的57个团体会员组成。

1995年10月16日，省蚕种业协会在杭州召开第一次会员大会，选举产生了由12名理事组成的第一届理事会。根据协会《章程》，1999年8月11—13日，在杭州召开了第二次会员大会，选举产生了由15名理事组成的第二届理事会。由于1996年开始全省茧丝绸行业实行贸工农一体化经营管理的体制改革，从2000年起全省蚕种生产经营单位进行改革，行业生产、经营、管理单位不稳定，直到2010年理事会都未换届，仅在2003年8月4日召开理事会，对秘书长进行调整。曾任会长为王丕承等。

省蚕种业协会是浙江省内从事蚕种生产(包括蚕种生产、冷藏、浸酸)、流通、经营管理、科研、教育等企事业单位自愿结成的行业性、非营利性社会组织，是蚕种业的省级社会团体法人。协会的宗旨是遵守宪法、法律、法规和国家有关政策，遵守社会道德风尚；积极协助政府搞好蚕种业的管理、协调和服务工作，维护行业和会员的合法权益，在政府与行业之间发挥桥梁和纽带作用，团结蚕种生产、管理、流通、科研、教育等各方面的力量，推动蚕种业的健康发展。协会自成立以来，主要工作有3个方面：一是协助政府有关部门加强行业管理，提出有关政策建议，特别是自2002年起蚕种价格退出物价部门的管理目录后，省农业厅不再发布种价，协会主动承担了蚕种价格调研、调整公布参考价；二是开展技术咨询、技术培训、技术交流；三是制定行业自律公约，维护行业稳定，促进行业健康发展等。

(三)浙江省丝绸协会

浙江省丝绸协会(以下简称省丝绸协会)于1992年2月21日经省民政厅批准成立。同年2月23日，召开成立大会暨第一届会员代表大会。中国丝绸协会秘书长王庄穆、副省长柴松岳、原副省长翟翕武、省计划与经济委员会原主任马村应等领导应邀参加了大会。第一届会员代表大会通过了省丝绸协会《章程》、选举产生了第一届理事会。《章程》确定了协会是跨农业、工业、贸易、科研、教育等部门，跨所有制的经济类民间组织，是独立的社会团体法人的性质。协会的宗旨是遵守国家政策法令，促进行业内部协调，维护会员合法权益，推动行业持续、稳定发展，为振兴“丝绸之府”而努力。

省丝绸协会自成立以来，根据行业发展状况、生产经营特点和会员单位情况，开展相关的行业活动。成立初期，协会通过发挥在协会理事会任职的省级有关部门的领导和老同志的工作和影响，对全省丝绸行业的管理和发展特别是在推行茧丝绸贸工农一体化工作中起到了重要作用，为全省主产区实行茧丝绸贸工农一体化经营管理体制做出了贡献。

2000—2010年，省丝绸协会先后成立了绢纺、缫丝、蚕茧、丝织印染、捻线丝、丝绸服装、丝绸针织、蚕丝被等8个专业委员会，定期召开行业形势分析会，交流推广企业经营管理经验和方法，向有关部门提出政策建议和发展规划意见，组织省内缫丝、复摇、制丝保全工、丝绸服装设计等操作比武和比赛，协调协商每年的春茧秋茧收烘工作和收购价格，组织省内骨干蚕丝被企业签署和发布行业自律公约，宣传和推广行业新装备、新技术、新材料，推动企业创品牌工作。省丝绸协会历任会长为马材应、凌人才、李继林等。

第十三章　教育与科研

蚕丝技术，自古沿袭家庭传授和师徒传艺方式。宋代，始有蚕丝生产技术书籍的刊行和传播普及。元代，《农桑辑要》记载了缫丝等各种制丝方法。明代，有《沈氏农书》。清光绪二十三年(1897年)，浙江蚕学馆的兴办，开创了近现代蚕丝科学教育的先河。中华人民共和国成立以来，随着蚕桑、丝绸院校的普及，科研、学术团体的设立和不断完善，科研教育界攻克了一大批蚕桑丝绸生产科研技术和学术难题，有力促进了浙江蚕桑、丝绸行业的可持续发展。尤其20世纪80年代以后，国家实行改革开放政策，丝绸行业通过研发、引进、消化、吸收国内外先进设备技术，使蚕桑、缫丝、织造、印染后整理以及丝绸服装的生产设备和技术发生了翻天覆地的变化，为全省蚕桑丝绸产业全面融入国际市场竞争提供了坚强的支撑。

至2010年底，浙江高、中、初等蚕丝教育有浙江大学、浙江理工大学，绍兴市农业学校(诸暨市职业教育中心)、嘉兴职业技术学院、湖州艺术与设计学校、杭州职业技术学院等。科研机构有浙江丝绸科技有限公司、浙江省农业科学院蚕桑研究所、全国丝绸信息中心、湖州市农业科学院等。学术团体有浙江省蚕桑学会、浙江省纺织工程学会等。蚕丝刊物有《蚕桑通报》《丝绸》《浙江理工大学学报》《现代纺织技术》等。

第一节　教　育

自古以来，浙江民间蚕丝生产技术的教习，主要依靠家庭形式代代相传。至宋代，开始出现蚕丝生产技术书籍的刊行和传播普及。元代，《农桑辑要》记载了有关热釜、冷盆、轩车、打丝头、缫丝等各种制丝方法。明代，有《沈氏农书》。清初，张履祥《补农书》记述了蚕桑生产为主的内容。清乾隆三十八年(1773年)，武英殿翻印元代《农桑辑要》发行各省，浙江是重点省份。与此同时，师徒间的技术传授和交流也成为重要渠道。清光绪二十三年(1897年)创办浙江蚕学馆，以学校作为近代蚕丝教育基地。民国期间，引进国外新法养蚕、制丝技术，开办省立女子蚕业讲习所、国立浙江大学蚕桑系等。中华人民共和国成立后，蚕丝业教育事业更加蓬勃发展，大中专教育单位有浙江大学动物科学学院、浙江理工大学、浙江省绍兴市农业学校、浙江省嘉兴市农业学校等。

一、蚕学馆

清光绪二十二年(1896年)正月，林启(字迪臣)调任杭州知府，认定振兴浙江实业，应以蚕丝业为重点，遂于光绪二十三年三月禀呈浙江巡抚廖寿丰，要求创办浙江蚕学馆，六月，获准创办。七月，林启委派邵章（字伯炬）在杭州西湖金沙港原关帝庙和怡贤亲王祠址（今曲院风荷公园内）筹建校舍，占地 30 余亩。光绪二十四年二月落成，计有前考种楼饲蚕所 1 座，上下 14 间；蚕室 1 座 5 间；后考种楼办公室 1 座，上下 20 间；东西斋房（寝室）30 间；贮叶处（贮桑室）3 间；膳室、厨房、门房共 12 间；补建关帝祠屋 6 间。基建用银 1.03 万两，购置仪器设备 3000 两，开办费用银 1.33 万两。

清光绪二十四年（1898 年）蚕学馆开学，馆设总办，由林启兼任，聘浙绅樊恭煦为总董，邵章为馆正，江生金为总教习，日本蚕学家轰本长为副教习。光绪二十五年，馆正邵章辞职，改委车书。光绪二十六年，林启病逝，由接任知府朱启凤兼蚕学馆总办。同年，车书辞职，又改委杭绅沈铭为馆正，馆副为林贻珊和陈达卿。当年，第一期学生 18 名毕业，次年，分派至余杭、嘉兴、湖州、宁波和绍兴等处筹办蚕学分馆。

清光绪二十八年（1902 年），在城外昭庆寺设立试验场，招熟习蚕事的湖州农民用土法养蚕，与蚕学馆新法相比较，新法养蚕的生产成绩远远超过老法养蚕。从此，远道前来求学者日众，乃扩大招生名额，添建校舍。由于毕业生已有相当学历，具有独立工作能力，因此，亦不再聘任日籍教师。但是，制丝方面尚缺师资设备，乃派毕业生方志澄、朱显邦两人去日本，考察并研究制丝技术。光绪三十二年，办学经费出现困难，增韫通过减免学费，增加招生名额，增加课目，改学制为 3 年，使学校面目焕然一新。光绪三十四年，蚕学馆改名浙江中等蚕桑学堂。七月，改为浙江高等蚕桑学堂。八月，馆正改称监督。

清宣统二年（1910 年），因学生增加，原有校舍不够分配，借跨虹桥下崇文书院旧屋充作分校。自蚕学馆成立至宣统二年底，共毕业学生 11 期 164 名。除分配在浙江省内工作外，还分赴四川、湖北、山东、安徽、江苏、陕西、山西、云南、贵州等省，成为中国近代最早的一批蚕丝实业、科技教育的骨干。蚕学馆还在蚕病防治、养蚕制种等先进科学技术应用推广方面也取得了显著成绩。

民国元年（1912 年），浙江高等蚕桑学堂改名为浙江公立蚕业学校。4 月，监督沈铭辞职，改委朱显邦为校长。民国 2 年 12 月，学校改名为浙江省立甲种蚕业学校。为普及蚕桑教育，添设别科一班，以简要的蚕桑知识与技能为主，学制 1 年。民国 12 年，改革学制，招收高小毕业生入预科，规定预科 2 年为初中，正科 3 年为高中，毕业年限为 5 年。民国 14 年，省长夏超锐意改进蚕桑事业，在长安、湖墅上泗乡、石塔儿头、艮山等处设立改良养蚕场 5 所，分派毕业生帮助农民消毒、催青、养蚕、分送良种，劝导农民按新法养蚕，蚕茧大获丰收。民国 15 年，奉教育部令改校名为浙江省立蚕桑科职业学校。学校增设推广部，新办杭县（今属杭州市西湖区、余杭区）、余杭、临安、长兴、吴兴（今湖州市南浔区、吴兴区）、德清、桐乡、海盐、海宁、崇德（今属桐乡）、嘉兴（今嘉兴市秀洲区、南湖区）、萧山等县改良养蚕场 17 所，并派毕业生分赴各地巡回指导。民国 16 年 3 月，校长朱显邦辞职，省政务委员会派陈石民接任。6 月，陈石民辞职，改委倪绍雯为校长。聘请留日教师夏湘、蒋师琦、徐淡人、王道容等任教。同年开始，5 年级生分养蚕、制丝两系，实行男女同校。民国 17 年 4 月，迁校笕桥，学校改名为浙江省立高级蚕桑科中学。7 月，校长倪绍雯卸任，由国立浙江大学委任农学院院长谭熙鸿兼任校长，谭熙鸿聘徐淡人为校务主任。是年寒假，补习科学生毕业。为提高文化程度，经浙江大学批准将补习科改为初级训练班，定员40名，2年毕业。民国18年春，初级训练班开学。暑假后，笕桥新校舍落成，奉令迁入。把种在苏堤的原有桑树，也移到笕桥桑园，校内还设有座缫车。是年冬，校务主任徐淡人辞职，聘陈石民继任。

民国19年(1930年)，学校毕业生因受省内外各制种场、蚕丝机关、工厂欢迎，秋季招生人数扩增，学校教学经费由每年5.1万元增至5.6万元。是年寒假，第一届训练班学生毕业。民国20年，续招第二届训练班。暑假，新制高中班首届毕业。民国21年1月，谭熙鸿辞去校长，改任陈石民为代理校长。受"一·二八"淞沪战役影响，日机经常轰炸笕桥，学校只得暂迁艮山门外萃盛蚕种场授课，3个月后又迁回原校授课。7月，民国浙江省政府委陈石民为校长。由于全省教育经费紧张，学校经费拨款仅4.2万元。民国22年春季，奉令将训练班改称初级蚕桑职业科，学制2年。9月，学校改名为浙江省立高级蚕桑科职业学校。民国23年1月，因笕桥航空学校需要，蚕校奉命迁让，暂借梅登高桥大营一部分屋舍授课。同时，择定古荡老和山麓，征地130余亩，分3期建新校舍。民国24年12月，古荡新校舍第一期建筑动工，第二期工程中的丝厂提前起建。民国25年4月，省蚕丝统制会给学校贷款1.1万元，用于购买立缫机、扬返车、煮茧机。6月，奉令将当年招收的初级蚕丝职业科学生，延长至3年毕业。7月，招收高初两部新生，均为3年制。8月，古荡新校舍部分落成，当即迁入饲养秋蚕。10月，奉令改校名为浙江省立杭州蚕丝职业学校。此时，学校已具相当规模，全校43名教职员中有16名曾赴日本留学或进修，校舍充裕，设备齐全，附设有原种场、普通种场，有80台立缫车的实习工场。

民国26年(1937年)7月，抗日战争全面爆发，10月，校长陈石民带领师生130余人，经余杭到徐家坞友谊蚕种场上课20余天，又经桐庐、建德到寿昌紫竹庵上课1～2个月，然后经兰溪、汤溪，于年底到达龙游溪口。民国27年初，学校暂时停办。民国28年春，学校迁到嵊县甘霖镇寺前村显净寺复课，并招新生，还增办一个初级短训班。年底，陈石民辞职，由缪祖同接任校长。民国31年3月，学校迁到缙云壶镇黄迎祥赵氏祠堂复课。夏季，新招学生2个班。民国32年暑假，学校又迁至附近汪氏祠堂。民国33年秋，又迁至距壶镇10里的前路授课，直至抗日战争胜利。民国34年12月，学校迁回杭州。因古荡校址被炸毁，暂住黄龙洞及附近护国寺复课。

民国35年(1946年)春，省立杭州蚕丝职业学校招收新生，年底，在校生有8个班208人。民国37年1月，搬入古荡新校舍，计蚕室兼教室1幢，师生宿舍3幢，饭堂兼礼堂1幢，还有实验室、贮桑室。春期班，3年级分蚕、丝两科；秋期，分科招生。自清末蚕学馆创建至1949年，学校在50多年风风雨雨中不断发展，共培养蚕丝专业技术人员1400余名，为中国蚕丝业的发展做出贡献。

民国38年(1949年)5月杭州解放后，杭州市军管会接管浙江省立杭州蚕丝职业学校。1950年9月，杭州蚕丝职业学校制丝科迁往萧山坎山，改为制丝分部。1952年2月，湖州高级蚕丝职业学校并入，改名为浙江省蚕桑技术学校；制丝分部单独成立浙江制丝技术学校。

二、高等教育

(一)浙江大学动物科学学院

民国16年(1927年),国民政府决定,浙江试行大学区制,浙江成立了国立第三中山大学。同年8月1日,在杭州笕桥皋亭的浙江公立农业专门学校改建为国立第三中山大学劳农学院,下设蚕桑系,为浙江高等蚕业教育之始。大学本科学制3年,各系毕业生统称农学士。民国17年7月1日,国立第三中山大学劳农学院改名为"国立浙江大学劳农学院",首任系主任葛敬中,秋季正式开课,学生19人,修业期为3年。专业课皆聘请国内外知名学者担任讲授,日籍教师小见益男讲蚕体生理和解剖,松田义雄讲蚕的遗传学、蚕体病理和消毒,温敬甫讲授显微镜学和组织学,徐淡人讲养蚕学,沈九如讲蚕茧学等。民国18年1月,改名为国立浙江大学农学院。春,又聘日籍教师后藤五四郎讲栽桑及病虫害学。是年冬,又聘日本九州帝国大学农学博士田中义磨讲授蚕体生理与蚕的遗传及品种改良,为期2个月,影响较大。民国19年春,学生16人赴中国合众蚕桑改良会所属镇江和苏州两种场及镇江裕民制种场实习。是年夏,第一届3年制学生毕业。民国20年春,蚕业改良场迁往余杭留下小和山,笕桥全部房屋借给农学院经营制种和供学生实习。是年夏,4年制第一届学生毕业。"九一八"事变后,日军侵占中国东三省,日籍教师全部回国。葛敬中辞去系主任一职,由孙本忠继任。民国21年1月,蚕桑系主任孙本忠派员赴浙江各县调查蚕业概况,并采集各地当家品种,连同保育的日本种、西亚种、欧洲种共102个,开中国大量保育蚕品种之先河。民国23年8月,农学院迁至杭州市东郊华家池。蚕桑系自创办至抗日战争全面爆发前夕,共毕业学生34名,其中女学生4名。

抗日战争全面爆发后,浙江大学在校长竺可桢率领下开始内迁,蚕桑系也随学校迁移。民国26年(1937年)秋,由浙江建德迁至江西吉安;民国27年,至江西泰和;民国28年,至广西宜山;民国29年,又由贵州遵义迁至湄潭。民国34年,抗日战争胜利,浙江大学总部于民国35年迁回杭州大学路原址。抗日战争全面爆发后至抗日战争胜利,蚕桑系毕业学生13名。由于农学院原址全遭破坏,只得重新基建,先后建成教学楼、办公楼、神农馆、后稷馆和嫘祖馆,以及学生宿舍4座,蚕桑系设在嫘祖馆内。

民国35年(1946年)起,蚕桑系面向全国统一招生。民国35—37年,祝汝佐任系主任;民国38年,农学院院长蔡邦华兼系主任;1950年,吴载德任系主任;浙江大学农学院时期的蚕桑系累计培养本科毕业生53人。

1952年2月,学校院系调整,浙江大学农学院独立建成浙江农学院,蚕桑系属农学院。1953年春,江苏省立蚕丝专科学校保留中技部,专科部蚕桑专业和制丝专业并入浙江农学院蚕桑系,仍为3年制专科。蚕桑专科学生29名,制丝专科学生11名,相继于1954年7月毕业,专科部结束。蚕桑系本科生6名,也于1954年7月毕业。同年,除继续招收本科生外,开始招收研究生和接纳外国留学生。学员来自波兰、阿尔巴尼亚、越南、朝鲜、马达加斯加等国。

1960年春,浙江农学院更名为浙江农业大学,同时与省农业科学院实行统一领导,蚕桑系与蚕桑研究所对口合并。7月,蚕桑系迁往诸暨牌头镇,与诸暨蚕桑学校合并成立诸暨蚕桑学院，设栽桑、养蚕两系，仍受浙江农业大学领导，院长祝汝佐。1962 年，全国贯彻“调整、巩固、充实、提高”八字方针，诸暨蚕桑学校撤销。7 月，迁回杭州，仍为浙江农业大学蚕桑系。1965 年，校、院分离，蚕桑系、蚕桑研究所分别归属浙江农业大学和省农业科学院。

1966 年 5 月“文化大革命”开始，学校停止招生，园艺系与蚕桑系合并改名为园艺蚕桑系（以下简称园蚕系）。1974 年，园蚕系撤销，恢复蚕桑系，吴载德任系主任（1974—1984 年）。1973 年，招收 3 年制的工农兵大学生 1 个班；1974 年，招 2 个班并招收 1 个全国性的 1 年制蚕桑干部进修班。1977 年，恢复高考制度后，本科学制改为 4 年。1978 年，国务院首批批准为蚕桑学硕士学位授予单位。1984 年，批准为蚕桑学的博士学位授予点，陆星垣为博士生导师。1985 年，学校批准该系建立蚕体生理病理研究室和蚕的遗传育种研究室。1986 年，蚕桑系改名为蚕学系。1989 年，省政府批准建立浙江丝绸研究中心。

1992 年 3 月，受教育部和农业部的委托，蚕桑系主持修订全国《蚕桑学科硕士生培养方案》和《博士生培养方案》，使全国“蚕桑学”硕士生、博士生培养有了统一的规范。1994 年，省教育委员会批准蚕丝学科为浙江省重点学科。1995 年，成立蚕业经济贸易研究室。1997 年，根据国务院学位委员会颁布的学科专业目录，“蚕桑学”改名为“特种经济动物饲养（含蚕蜂等）”招收培养研究生。1997 年，“蚕丝学科”和“动物营养与饲料科学”以“动物生产学”项目列入浙江农业大学“211 工程”建设重点学科之一。浙江农业大学时期的蚕桑（学）系，累计培养本科毕业生 1202 人，大专生 241 人，硕士生 51 人，博士生 15 人。

1998 年，浙江大学、杭州大学、浙江农业大学、浙江医科大学组建成新的浙江大学。1999 年 7 月 9 日，由原浙江农业大学蚕学系、动物科学学院、饲料科学研究所 3 个单位合并建成浙江大学动物科学学院。“蚕丝学科”继续以“动物生产学科”名义列为浙江大学“211 工程”建设重点学科。1999 年 10 月，蚕学系与养蜂研究所合并建成蚕蜂科学系。2002 年，特种水产与海洋生物部分教学科研人员并入，组建成特种经济动物科学系，包含蚕学、蜂学、水产养殖 3 个专业。2006 年，改组建成蚕蜂研究所、应用生物资源研究所、水生生物资源与水产养殖研究室 3 个研究单位。2010 年，有教授 14 人，副教授 8 人，其中博士生导师 12 人，硕士生导师 10 人。

（二）浙江理工大学

浙江理工大学由浙江蚕学馆发展而来。民国 38 年（1949 年）5 月杭州解放后，杭州市军管会派军代表陈章耀（女）接管浙江省立杭州蚕丝职业学校。暑假后，成立校务委员会，由原校长缪祖同任主任委员，陈章耀任副主任委员，陈钟任教务主任，校名改为浙江杭州蚕丝职业学校。1950 年春季，共设 9 个班，学生 187 名，教工 37 人。6 月，陈章耀调离。9 月，制丝科迁往萧山坎山，设立制丝分部，陈钟任主任，设有附属缫丝厂，缪祖同兼厂长，戚隆乾、施星六为副厂长，经济上实行以厂养校。1952 年 2 月，调整和发展中等技术教育，实行单一化和专业化，坎山分部制丝科单独成立浙江制丝技术学校。同年 9 月，与杭州工业干校纺织科合并，成立浙江杭州纺织工业学校，周锡铭为校长。内设制丝、纺织两专科，地址在杭州祥符桥扬伦造纸厂内。1953 年，杭州纺织工业专科学校与浙江工人技术学校合并，成立杭州工业学校，设制丝科、纺织科、棉织科、机械科。1954 年，全国大专院系调整，杭州工业学校中的制丝专科全体师生迁并至江苏浒墅关苏州蚕丝专科学校。1956年，杭州工业学校恢复丝绸科设置，迁至苏州蚕丝专科学校的师生、图书、仪器全部迁回。1958年，以杭州工业专科学校为基础，成立浙江纺织专科学校。1959年，制丝和丝织两专科开始招收4年制本科生。1960年，浙江纺织专科学校与浙江大学冶金、土木、地质系及浙江电子专业学校、浙江机械专科学校合并，成立杭州工学院，副省长陈伟达兼任校长。原纺织专科学校改为纺织系，副院长朱新予兼任系主任。1961年，国家财政困难，杭州工学院被撤销，纺织系划出成立浙江纺织专科学校，学制4年本科，校长朱新予，其余并入浙江大学。1962年，改名为浙江丝绸专科学校。1964年，改称为浙江丝绸工学院。

1966年5月，“文化大革命”开始，学校停止招生。1970年，学校下放给杭州市主管，改名为杭州工业学校，丝绸成为4个专业中的1个。1971年，学校招收工农兵学员，学制2年。1974年，恢复丝绸机械专业和印染专业。1975年，恢复浙江丝绸工学院，划归省教委主管，学校教学秩序走向正常。

1977年，浙江丝绸工学院内设制丝、丝织、印染、丝绸机械等4个专业。12月，招收新生189名；次年3月入学，学制4年。1978年，丝绸专业分设制丝、丝织2个专科，共招生80名。是年，增设电子自动化专业。1979年，又增设丝绸美术与品种设计专业，朱新予任院长，开始招收硕士研究生。1980年，成立丝绸史研究室。1983年，成立服装设计专业，张友梅任院长。1984年2月，浙江丝绸工学院改由中国丝绸公司和省政府双重领导。1985年，学院面向全国11个省市招生434名。1987年1月，学院改由纺织工业部领导。1988年，成立科技开发部。1992年11月，成立服装分院。1993年，原染整工程系改为纺织化学工程系；机电工程系改为机械工程系、电子与自动化系。另外，还有服装分院、丝绸工程、经营管理系、基础部、马列部、体军部、成人教育中心等共15个本科专业、16个专科专业。在校学生2179人，其中本科生1578人、研究生13人、专科生588人，教职员工939人，其中正副教授108人。可授予工学、经济学、文学学士学位和工学硕士学位。1999年，学校更名为浙江工程学院，2004年更名为浙江理工大学。

至2010年，浙江理工大学是省属重点建设大学，占地面积140余公顷。大学设16个学院（教学部）、1所独立学院，有全日制在校学生2.6万余人，其中研究生2500余人。

（三）嘉兴蚕桑专科学校

嘉兴蚕桑专科学校于1958年9月创建，原址在嘉兴春波桥嘉兴蚕种场内，后迁至嘉兴南门南阳路保忠埭。1960年，嘉兴专署商定将嘉兴农业专科学校改为嘉兴农学院。同年8月，将嘉兴蚕桑专科学校、嘉兴专区农干校、杭嘉湖水利电力学校、嘉兴专区农科所和嘉兴专区农机所等单位并入嘉兴农学院，设蚕桑、农学、牧医和农机4个系，有招收初中毕业生、学制5年的大专班和高中毕业、学制4年的本科班。蚕桑系（科）招初中毕业生5年制的大专班1个，学生40人；招学制为3年的调干生专科班1个，学生40人。1961年2月，蚕桑系（科）迁至嘉兴新塍（原嘉兴专区农干校校址），为嘉兴农学院分部，有学生221名，分6个班，其中4个为中专班、2个为大专班。嘉兴农学院于1961年7月改为嘉兴农业专科学校，1962年7月，学校停办。

三、中等教育

（一）浙江省立女子蚕业讲习所

民国5年（1916年），浙江省立女子蚕业讲习所创办于杭州城内横河桥，后相继迁笕桥、艮山门和小和山。培养初级蚕业科技人才，学制2年。最初，从浙江蚕区各县选拔1名～3名初具养蚕知识的适龄女子入校进修，定员100名，膳宿杂费全部免收。以后每年招收，毕业生分别在省内外从事蚕种制造和农村蚕业指导工作。民国10年，附设于浙江省立蚕丝业改良场，有专任教师4名，其余有关蚕桑专业教学，由改良场技术人员兼任，学制改为3年。民国26年，并入浙江蚕业学校，部分人员留蚕丝业改良场工作。

（二）国立湖州高级蚕丝职业学校

民国34年（1945年）8月，国民政府教育部为在湖州办1所高级蚕桑学校，培养蚕桑人才，教育部部长朱家骅（湖州姚家坝人）委托中国蚕桑研究所所长蔡堡担任筹建工作。翌年秋，先租得朝阳巷24号花园洋房作临时校舍，并选定南门横塘原湖州女子中学废墟筹建新校舍。校长由蔡堡暂兼，教师大部分由中国蚕桑研究所人员临时兼职。民国36年春，招收新生1个班，秋季又招1个班。民国37年，横塘新校舍落成，暑假后新生在新校舍开学。次年，附属蚕种场开始制种出售。1951年，再招收高级班和初级班各1班。1952年，湖州高级蚕丝职业学校迁往杭州古荡，与杭州蚕丝职业学校合并，湖州高级蚕丝职业学校撤销。

（三）浙江省绍兴市农业学校（诸暨市职业教育中心）

浙江省绍兴市农业学校由浙江蚕学馆发展而来。民国38年（1949年）5月3日，杭州市军管会接管浙江省立杭州蚕丝职业学校。当年暑假后，校名改为浙江杭州蚕丝职业学校。1950年春季共设9个班，学生187名，教工37人。9月，制丝科迁往萧山坎山，设立制丝分部。1952年春，湖州高级蚕丝职业学校并入，改名为浙江省蚕桑技术学校，由省农林厅主管。1953年9月，学校改名为浙江省杭州蚕桑学校。1954年，扩建平房1幢，学校占地9.05公顷，桑园4.67公顷。秋季，在校生有中级蚕桑科2个班。1955年8月，校址被浙江大学征用，杭州蚕校暂时并入嘉兴农校，为蚕桑科。

1956年初，省政府决定恢复蚕校，定名为浙江省诸暨蚕桑学校，设于诸暨县牌头镇。9月，学校第一期工程完工，建成校舍5442平方米，9月10日开学。由嘉兴农校迁回2个班，新招8个班，学生320名。年底，第二期工程竣工，合计新建校舍6428平方米，洪道南任代理校长。1958年9月，招收全省各公社选送报考生250名。经省委农村工作部批准创办蚕桑专修科2个班，在校生增至752名。1959年，学校毕业生284名，新招生330名。全校有15个班，其中蚕桑专修科（5年制）2个班96人，蚕桑专业9个班404人，农作物专业4个班190人。1960年春，农作物专业4个班划回诸暨县农校。8月，浙江农业大学蚕桑系和省农科院蚕桑研究所迁入牌头镇与诸暨蚕桑学校合并，成立诸暨蚕桑学院。1962年暑假，浙江农业大学蚕桑系和省农科院蚕桑研究所迁回杭州，仅存中专部，恢复浙江省诸暨蚕桑学校，仍由省教育厅、省农业厅双重管理。1965年，学校下放给诸暨县管理。

1966年5月，“文化大革命”开始，学校正常教学受到冲击，5年未招生。1969年10月，诸暨牌头中学并入，改名为诸暨县“五七”农业学校。1971年3月，学校恢复招生，蚕桑、农学和茶叶各1个班，学生共200名。

1977年，恢复高考制度后，设蚕桑、农学、牧医、茶叶等专业，蚕桑专业除招收普通班外，又招了曾在“文化大革命”期间就读蚕桑专业后没有分配的1年制专修生1个班。1978年2月，学校改名为浙江省绍兴地区农业学校，由绍兴地区管理。1980年，由5个专业调整为蚕桑、农学2个专业。1983年，绍兴地区改市建制，9月，学校改名为浙江省绍兴市农业学校。1985年10月，增设蚕丝专业，面向全省招生。1986年，秋季招收第一批蚕丝专业学生。1987年秋，新招不包分配的丝织班学生30名。1991年，春、秋2期为甘肃省代培蚕桑专业2年制中专班2个班，学生101名。1993年，学校根据《中国教育改革发展纲要》精神，在原来统招统配、不包分配班基础上，增加了代培、自费、函授等办学形式，在原来蚕桑、农学和蚕丝3个专业基础上，1994年开始，招收电气化、村镇建设和文秘档案3个专业的学生。2006年7月，绍兴市委、市政府决定，绍兴市农校建制划归中共诸暨市委、市政府管理。2006年12月，诸暨市政府决定，绍兴市农业学校与诸暨中等专业学校合并，在保留两校校名基础上，增挂“诸暨市职业教育中心”牌子。2009年8月，绍兴市农校整体从牌头镇搬迁至市区诸暨中专校区，两校合并，同时正式成立诸暨市职业教育中心。

(四)浙江省嘉兴农业学校(嘉兴职业技术学院)

创建于1950年秋，校址在南湖边的南堰，1954年5月迁至嘉兴市大新路131号。1954年，湖州蚕业学校并入该校成立蚕桑专业。1955年8月，杭州蚕校校址被浙江大学征用，学校并入浙江省嘉兴农校，设置蚕桑专科，该专科共有5个班，145人。1956年8月，嘉兴农校蚕桑专科并入浙江省诸暨蚕桑学校。

1958年7月，浙江省嘉兴农校由省农业厅下放嘉兴地区领导，年底改名为嘉兴农业专科学校。1960年，改为嘉兴农学院。同年8月，嘉兴蚕桑专科学校并入，成为嘉兴农学院蚕桑科，招收5年制专科班40人，调干生3年制专科班40人。是年冬，浙江省嘉兴专区农业干校并入嘉兴农学院。1961年2月，蚕桑科从南门宝忠埭迁往新塍农业干校旧址，设立嘉兴农学院分部。7月，嘉兴农学院改名为嘉兴农业专科学校。1962年7月，学校停办。1964年10月恢复办学，改名为浙江嘉兴地区农业学校，由省农业厅、嘉兴专署共管。学校设蚕桑、农学和牧医3个专业，学制3年，实行“半农(工)半读，社来社去”方针。是年，招收3个班97人。1966年5月，“文化大革命”开始，教学停顿。1972年7月，被占用的学校设施归还学校，8月学校搬回原址。1977年，恢复高考制度，蚕桑专业正式招生40名。在此期间，学校共举办蚕桑短训班14期，培训3038人次。1979年秋，招收3年制初中中专学生40名。1980年，招收嘉兴、丽水、金华三地区学生40名。1981—1982年，继续招生。1983年，嘉兴撤地建市，校名恢复为浙江省嘉兴农业学校。1984年，秋季招收学生40名。1986年，招生29名。1992年秋季，招收普通班学生30名，同时招收4年制代培班学生31名。1993年秋，招4年制学生24名，2年制蚕桑农技员班38名，又为福建省泰宁、建宁2县培养2年制中专班学生19名。2002年，浙江省嘉兴农业学校撤销，与嘉兴丝绸工业学校合并组建升格为嘉兴职业技术学院。

至2010年底，学院设有园林技术、园艺技术、生物技术、环境监测与治理技术、食品药品监测管理、动物疾病与检疫和机电、信息、商贸管理类近30个专业(方向)，在校学生6500余人。

(五)浙江供销学校蚕茧收烘专业

其前身是杭州中等商业学堂，创建于清宣统三年(1911年)，曾14次易名。1973年，浙江商业学校创办蚕茧收烘专业，于1974年正式招生，学制2年，为高中中专。共培养3届，毕业生合计125名。校长宋树义。

1979年拆分为杭州商学院、浙江商业学校和浙江供销学校。蚕茧收烘专业划归浙江供销学校，当年开始招生。蚕茧收烘专业有教师5名，其中高级职称2名，中级职称2名。开设的专业课有蚕茧检验、蚕茧干燥、蚕茧经营、栽桑学、养蚕学和制丝学等。有3个实验室，配备有各种蚕茧检验仪器设备，各种烘茧机、灶模型、微波烘茧机及各种测试仪器等设施。编著有《桑蚕茧检验与干燥》(李永发、许梅珍等，中国财政经济出版社1982年版)、《蚕茧收烘技术》(李永发、许梅珍等，中国财政经济出版社1982年版)。以高级讲师李永发为主设计的浙73-1型车子风扇烘茧灶，除在本省普及外，还在全国推广。

蚕茧检验与加工专业于1994年起停止招生，自创办至1994年共13期，毕业生500人；开办供销、丝绸两系统的培训班15期，计1700名。毕业生主要分配在省、市、县及基层各级供销社和各级丝绸企业等单位工作，大多成为蚕茧收烘的骨干力量。

2002年，经省政府批准，在原浙江供销学校和省供销社职工学院的基础上，正式设立浙江经贸职业技术学院。2004年初，校区整体搬至下沙高教园区学林街280号，为全日制公办高职院校。

四、职业教育

(一)蚕业

1. 杭州蚕桑女学堂

清光绪三十三年(1907年)，楼文镳在杭州湖墅上板儿巷创办杭州蚕桑女学堂。半工半读性质，除讲授栽桑、养蚕、蚕种制造和蚕病防治等生产技术知识外，每年养蚕制种500张～700张，4年后停办。

2. 钱塘县蚕桑初级师范学堂

清光绪三十四年(1908年)，丁祖训、傅调梅、沈壁、沈鸿逵和吴锡璋等合资在杭州三墩翠村禅院创办钱塘县蚕桑初级师范学堂，除讲授栽桑、养蚕、蚕种制造和蚕病防治等技术知识外，每年养蚕制种实习，生产蚕种500～700张。2年后，学校改为蚕种制造场，每年制种1000

余张，历时5年停业。

3. **奉化私立武岭农业职业学校蚕桑科**

奉化私立武岭农业职业学校，是蒋介石创办的武岭学校的一部分，地址在奉化县溪口。在溪口原有蒋氏族众合办的武山、溪西和西河3所小学，民国12年(1923年)，将这3所小学合并为禽孝区区立完全小学。民国15年，改名为武岭学校。民国20年秋，设立武岭农业职业学校，为武岭学校的一部分，内设蚕桑科，并有农场和农职部，农职部原为4年制初级班。民国24年，改为5年制高级班，以校内农事试验场(武岭农场)为实习场所，教师由农场各部(股)主任兼，教材用自编讲义，蚕桑科编有栽桑、养蚕、蚕种、蚕体解剖生理、蚕丝业泛论等。戴礼澄编《养蚕学》和《蚕丝业泛论》，民国27年，商务印书馆出版，被列为中等职业学校统一教材。民国28年后，受省农业改进所蚕丝股委托，制造普通蚕种供应蚕农，至民国30年4月，学校停办。

(二)丝绸

1. **湖州艺术与设计学校**

1965年5月，经省计经委批准，建立湖州丝织工业学校，属全日制中等技术学校。由省轻工业厅人事处主管，省丝绸工业管理局统筹日常经费。面向全省招生，学制4年。同年9月1日开学，从湖州、宁波、杭州招收新生100名，开设丝织专业2个班。学校设有教务处、总务处，有教职工18人。1970年5月，首届丝织专业班学生98名毕业。1971年，学校因"文化大革命"干扰而被迫停办。

1978年8月，根据省革委会关于全省第一批恢复和新建21所技校的批复，吴兴县革委会于9月13日批准建立吴兴县丝绸技工学校，由县丝绸工业局主管，校址设在湖州北门通济桥墚竹行埭50号(原丝绸公司仓库)。1979年2月，招收当年参加高考和中专、技校考试落榜的下乡知识青年，城镇待分配和应届高中毕业生共200名入学，学制2年。教职员工11人，设4个班级，课程有丝织、丝织机械、丝织工和培训丝织与纹织、力织操作、企业管理、机械制图、电子学、日语、数学、政治、体育等。同年9月，又招收丝织专业新生200名，全校设2个年级8个班，共有学生402名，教职员工42名。1981年4月，学校改名为湖州市丝织技工学校。同年8月，学校迁址湖州吉山中路。1982年2月，学校在实行全日制教学同时，为新华丝织厂103名新工人进行上岗前培训。

1984年5月14日，省政府批准建立湖州丝绸职工中等专业学校，由省丝绸公司和湖州市政府合办，具体由湖州市丝绸工业公司管理，与湖州市丝绸技校实行一套班子、两块牌子。学校设置丝织与制丝2个专业，面向全省丝绸系统内招收初中毕业生并具有2年以上工龄、35岁以下的在职职工，学制3年。1985年11月，投资60万元的教学大楼落成，总建筑面积2121平方米。次年，学校企业联合办学，先后与湖州丝绸印染厂联合举办职工中专染整班，与新疆、河北、安徽、福建、湖南等省、自治区丝绸企业开办多种形式的丝织、制丝、服装培训班。1988年9月，与湖州市经委联合开办服装设计中专班，每年向全省社会招生1个班级，同时开设服装实验厂，恢复丝织实习工厂。1989年，经省教育委员会同意，开设丝织工艺中专函授2年制专修班。1993年3月22日，省教委、省计经委、省劳动厅同意撤销湖州丝绸职工中专和湖州丝绸技工学校，建立湖州丝绸工业学校。学校按普通中专建制，由市政府领导，业务上接受省丝绸公司的指导。在校中专生总规模为640人，设丝织工艺、服装设计、纺织机械3个专业，招收初中毕业生，学制为4年。该校同时附设丝绸技工班。

2001年8月，湖州工业设计学校与湖州第一职业高级中学合并，更名为湖州艺术与设计学校。2006年，国家投入近1.5亿元资金，在南太湖仁皇山开发区易地新建湖州艺术与设计学校，2007年8月，学校迁入新址。至2010年底，学校占地20.8公顷，建筑面积7.6万平方米。学校教学和实验设施完善，拥有服装实训工厂、童装品牌设计中心、服装制版打样培训中心等技能训练场所135个。

2.杭州职业技术学院

杭州职业技术学院前身为杭州市丝绸工业公司职工大学，创建于1979年2月。学校设有丝织工艺、丝绸机械和丝绸电子自动化3个专业，学制全脱产3年，大专，学生来源以省市丝绸企业职工为主。1981年，学校有教师23名，另有9名浙江大学、杭州大学、浙江丝绸工学院的教授、讲师来校兼课。1982年7月，将杭州福华丝绸厂职工大学、杭州丝绸印染联合厂职工大学、杭州市纺织机械制造厂职工大学并入杭州丝绸工业公司职工大学。

1985年，省教委批准建立杭州市丝绸中等专业学校。校址位于江干区机场路40-2号，系全日制职工中专学校，前身为杭州丝绸工艺学校。学校设有丝绸品种设计、丝织工艺、印染工艺3个专业，学制为全脱产3年，面向杭州市丝绸系统招生，招生对象均为具有初中毕业实际文化程度的在职职工，新生入学须参加全省职工中专统一招生考试。1987年，有教师10多人，同时还常年聘请从事丝绸品种设计、工艺工作几十年的老技术人员、老工人和浙江丝绸工学院的副教授、讲师为学校兼职教师、顾问。

1998年，杭州市丝绸工业公司职工大学、杭州丝绸中等专业学校和杭州市丝绸职工培训中心合并筹建为杭州职业技术学院，2002年正式建立。

至2010年底，学院占地66.7公顷。学院下设达利女装学院等8个二级学院，开设装备制造、轻工纺织、化工与生物、电子信息等11大类专业群34个专业，有在校生近1万人。2010年，学校被列为国家骨干高职院校建设单位，并荣获全国黄炎培职业教育奖“优秀学校奖”。

第二节　科　研

古代，浙江蚕丝科技在全国占有重要地位。宋元明清时期，留存的一些蚕桑丝绸技术著作，成为珍贵的历史遗产。浙江蚕丝科研机构设置起始于民国初期。民国元年(1912年)，在杭州笕桥成立农事试验场，内设蚕桑科。民国4年，在杭州艮山门外沙田里创设原种场。民国15年2月，浙江省立蚕桑科职业学校增设新法养蚕推广部。民国17年秋，国立浙江大学农学院蚕桑系创立。民国26年7月，筹建浙江蚕桑研究所。民国35年，中国蚕桑研究所迁至杭州。中华人民共和国成立后，1956年成立省轻工业厅纺织研究所，内设丝绸印染科研部门。1958年，省农科所设立蚕桑系。1961年，单独成立省轻工业厅丝绸科研所。1968年，试制成功ZD68-1型立缫机。1972年，试制成功ZK272型全铁丝织机。

20世纪80年代至2010年，各级政府对蚕桑丝绸产业发展高度重视，广大科技工作者潜心钻研蚕业、茧丝、织造和印染等领域的技术研究和应用，蚕桑丝绸科学技术进步显著，取得丰硕成果。

一、科研机构

（一）浙江省农业科学院蚕桑研究所

民国元年（1912年），在杭州笕桥成立农事试验场，内设蚕桑科，下有桑苗圃和蚕种场。民国16年，农事试验场蚕桑科与民国4年在杭州艮山门外沙田里创设的原蚕种场合并为浙江省蚕业试验场。民国17年，在笕桥兴建蚕室、办公室，成立浙江省蚕业改良场，作为总场所在地，由国立浙江大学农学院院长谭熙鸿任场长，并在杭州留下小和山培植桑园、建造蚕室，生产蚕种，在嵊县设立分场。民国18年秋，在杭州武林门外创设杭州缫丝厂，更名为浙江省立蚕丝业改良场，并附设培养初级人才的女子蚕业讲习所。民国19年，精简机构，缩小规模，总场搬至沙田里，嵊县分场停办，笕桥总场借给浙江大学农学院使用。民国21年11月，农业改良总场成立，蚕丝业改良场并入，成为农业改良总场的蚕桑场。民国23年4月，蚕桑场独立，改名为浙江省蚕桑改良场，受省建设厅领导，此后几年机构保存但所属时有变动。

抗日战争时期，省建设厅于民国27年（1938年）2月将蚕桑改良场、嘉兴蚕种场及蚕业监督所并入省农业改进所为蚕丝股，所址设在松阳县太保庙。民国30年，蚕丝股改为蚕丝系，在农改所内另行成立育蚕场、育桑场，民国31年，农改所内的蚕丝机构合并为蚕丝试验室。抗日战争胜利后，民国35年，将原有的蚕业推广委员会、省蚕业监管所、蚕桑试验场筹备处和省农改所的蚕丝系合并，于民国36年1月成立省蚕业改进管理委员会，在杭州留下小和山建造试验室、拓植桑园，筹建蚕丝试验场。民国35年秋，原中国蚕桑研究所改为隶属于省农林厅蚕业改进所的蚕桑试验场，1954年初停办。

1956年，省农业厅开始筹备重建蚕业研究机构，于1957年在蚕业改进所内成立省蚕桑研究所筹备组。1958年，全省机构缩编，省农业厅根据省委决定，将省蚕研所筹备组及其所属的长安桑苗培育所并入省农科所，成立蚕桑系和长安蚕桑试验场。1960年初，省农科所改为浙江省农业科学院，浙江农学院改为浙江农业大学，实行科教合一，统一领导，对内一套班子，对外两块牌子。原省农科所蚕桑系改为省农科院蚕桑研究所，与浙江农业大学蚕桑系对口合一。1960年8月，浙江农业大学蚕桑系与诸暨蚕桑学校合并为诸暨蚕桑学院，蚕桑研究所也随同迁往，实行更大规模的科教合一。1962年4月，大学部和研究所各迁回杭州原址，恢复原来的建制，蚕研所与蚕桑系对口设栽桑、养蚕、蚕种、蚕病和生理生化5个研究室，科研人员30人。1965年科教分开，蚕桑系归属浙江农业大学、蚕桑所归属省农科院领导。

2010年，省农业科学院蚕桑研究所为全民事业性质的科研单位，在编职工46人，其中正高级职称科研人员11人，博士与博士后13人，省特殊贡献人员2人，国务院特殊津贴4人，获国家科技进步奖2项，以及一批省部级科技进步奖项。

（二）浙江丝绸科技有限公司

浙江丝绸科技有限公司是由浙江丝绸科学研究院在2001年整体转制组建的，其前身是浙江省丝纺织研究所，于1956年创办，隶属省轻工业厅，朱新予兼负责人，所址在杭州虎林丝厂（大学路5号），人员10余人。1960年撤所分散到杭棉、杭丝联、浙麻厂；1961年成立省轻工业厅丝绸科学研究所，有人员56人，所址在杭州虎林丝厂（大学路5号）；1966年迁址到杭州胜利丝织试样厂内；1971年改组为省轻工业科学研究所，隶属省第一轻工业厅。1977年10月19日，省革委会批复建立浙江丝绸科学研究院，1978年7月完成组建，由省部双重领导，有人员68人，这是国内首家研究院建制的丝绸科研机构，也是全国纺织行业继中国纺织科学研究院、上海纺织科学研究院之后第三家行业性的研究院。1980年在省部共同支持下，新院址（莫干山路741号）开工建设，1984年整体迁入新院址。1980—1986年，陆续建设了科研、中试、检测、学术交流用房13000多平方米，增添了大量科研试验设备和设施，拥有科研、中试、标准、检测、信息等综合科技资源，成为业内规模最大、设施最齐全、实力最强的科研院所。1988年，有科技人员、管理人员共约250人，内设制丝、丝织、染整、理化、新技术、情报等专业研究室以及制丝、丝织、染整试验工场。全国丝绸科技情报研究所、全国丝绸标准化归口单位都设在该院。

1985年，浙江丝绸科学研究院列入省首批改革试点单位，事业费逐年削减，1991年全部削减到位。科研面向生产，面向行业经济建设的主战场，由纯科研型向技术开发类、技术经营型转轨；1993年列为省第一批综合改革试点单位，推行院长负责制下的技术经济责任制，拓展横向，兴办实体，增强活力。2001年6月，该院整体转制为浙江丝绸科技有限公司，成为集科技开发、生产经营于一体的科技型企业，保留开发类省属科研院所的性质，注册资本1561万元，对于公司国有股，省政府授权省丝绸集团公司经营。2007年12月，省丝绸集团公司改制，凯喜雅国际股份有限公司按评估价值协商作价受让了省丝绸集团公司所持的浙江丝绸科技有限公司国有股权。改制后，公司内设新型纺材产品、纺织印染技术、机电仪一体化、生态纺织技术、蚕业生物技术、纺织检测技术等研究室及分公司，并投资组建了浙江华科丝绸炼染有限公司、浙江华晟化学制品有限公司等科技产业型子公司和浙江生态纺织品禁用染化料检测中心有限公司。注重产品开发、研发成果转化和科技产业化，推进内部企业化运行和转型，自我生存和发展的能力及研发创新能力得到增强。2008年，公司被认定为国家重点扶持的高新技术企业。

2010年4月，经省科技厅审核同意，成为首批入驻浙江省科研机构创新基地（青山湖科技城）的省属科研院所，建立高品质、差别化丝绸产品和数字化无梭织造新技术工程化开发与产业化示范基地，高效环保、节能减排纺织印染助剂产业化开发和应用示范基地，优化结构布局，推动转型升级，打造行业一流的创新载体和科技服务平台。

截至2010年，共承担参加了500余项国家、省部、地市科技项目和横向合作开发项目，取得科技成果400余项，包括真丝绸气相整理、真丝绸防缩抗皱整理、真丝绸星型架精练染色、真丝交络复合丝、真丝包缠复合丝、生丝浸泡技术、茧丝检测仪器等在行业有影响力、应用转化好、经济社会效益显著的标志性技术成果，曾获国家和省部级科技进步奖励百余项，为行业技术进步和经济、社会发展做出了重要贡献。

（三）全国丝绸信息中心

全国丝绸信息中心前身为全国丝绸科技情报研究所。1971 年，轻工业部在全国设立 17 个行业性科技情报站，丝绸行业作为其中之一，在杭州成立全国丝绸科技情报站，机构设在轻工厅丝绸研究所（后浙江丝绸科学研究院）内。中心内设《丝绸》编辑部、情报翻译组、图书资料组，有人员 24 名，并附设中丝图片社。除出版发行《丝绸》月刊外，还先后出版过《国外图案资料》《花色品种资料》《丝绸经济信息》《国外丝绸科技动态》《全国丝绸企事业名录》《国外商标集锦》《国外丝绸技术》等刊物和书籍。

1993 年，该所仍设《丝绸》编辑部、情报组、资料组，有人员 25 人。2001 年，更名为全国丝绸信息中心，以面向市场、服务行业为宗旨，竭诚为纺织丝绸行业的广大用户服务。主要职能是利用自身强大的信息优势向业界提供信息服务，搜集、分析、研究纺织丝绸信息资料，组织技术交流、咨询服务。内设《丝绸》编辑部、《中国丝绸年鉴》编辑部、中国丝绸信息网（www.cnsilk.cn）、设计与影像工作室。2001 年，浙江丝绸科学研究院整体改制后，机构主管是省丝绸集团公司；2008 年，省丝绸集团公司改制后，机构整建制划转至浙江理工大学。

（四）湖州市农业科学研究院蚕桑科学研究所（浙江省湖州蚕桑科学研究所）

湖州蚕桑科学研究所前身为 1978 年 10 月成立的嘉兴地区蚕桑科学研究所，因撤地建市，于 1984 年更名为浙江省湖州蚕桑科学研究所。2004 年 6 月，与湖州市农业科学研究所合并成立湖州市农业科学研究院，下设蚕桑科学研究所，保留浙江省湖州蚕桑科学研究所的牌子。

该所主要从事蚕、桑新品种的选育和引进、示范、繁育、推广，蚕桑分子生物技术应用和蚕桑资源综合利用，家蚕人工饲料的开发与应用研究，高效省力化养蚕和桑、蚕病虫害防治等实用技术的研究。承担家蚕新品种的实验室鉴定，湖州市区所需一代杂交种的生产，蚕种、蚕药质量的检验及桑叶氟化物的检测任务。为国家蚕桑产业技术体系湖州综合试验站的依托单位、浙江省湖州蚕桑科技创新服务平台的牵头单位、浙江省农业新品种选育重大科技专项“蚕桑新品种选育”的协作单位和湖州市科技局首批农业种子种苗研发基地（家蚕）。

2010 年，有蚕桑专业技术人员 13 人、科辅职工 9 人，其中高级农艺师 8 人。下设家蚕育种与繁育、家蚕生物技术应用、蚕桑技术与综合利用 3 个学科和研究室以及蚕桑科研生产示范基地。有科研用房 2000 多平方米、蚕种生产用房 6000 多平方米、品种桑园 2 公顷、专业用桑面积 16.67 公顷，年生产能力一代杂交种 5 万张。

（五）全国丝绸标准化技术委员会秘书处

浙江丝绸科学研究院建院以来，承担着丝绸行业标准化归口管理工作，隶属中国丝绸工业总公司主管。1987 年，为进一步加强标准化归口单位的力量，纺织工业部将“全国丝绸标准化归口单位”调整转入纺织系统。

1996年,国家技术监督局批准成立“全国纺织品标准化技术委员会丝绸分技术委员会”,秘书处设在浙江丝绸科学研究院。2008年,国家标准化管理委员会批复成立“全国丝绸标准化技术委员会(SAC/TC401)”,秘书处承担单位为浙江丝绸科学研究院改制后的浙江丝绸科技有限公司。全国丝绸标准化技术委员会主要负责丝、绸缎、蚕丝制品等领域的国家标准制修订工作,由省质量技术监督局会同中国纺织工业协会负责日常管理,中国纺织工业协会负责其标准立项及报批等业务指导。至2010年,共有国家和行业标准53项,其中基础标准2项(国家标准),方法标准5项(国标2项,行标3项)、产品标准46项(国标17项,行标29项),形成了国标与行标相结合,通用基础和方法标准与产品标准相配套,标龄结构基本合理,覆盖范围齐全的茧丝绸产业标准体系,对推动丝绸行业发展发挥了重要的技术支撑作用。

(六)浙江生态纺织品禁用染化料检测中心有限公司

该公司是在浙江丝绸科学研究院拥有的理化分析测试资源条件基础上组建的。1995年,省丝绸集团公司为适应德国、欧盟相继推出的禁用致癌性偶氮染料法规、标准和生态纺织品标准 Oeko-Tex100 等纺织品环保要求,积极应对国际上非关税“绿色壁垒”,在浙江丝绸科学研究院建立了染化料检测中心。2000年,经省计经委和省机构编制委员会批复同意,成立“省生态纺织品禁用染化料检测中心”,拥有紫外、全自动氨基酸、电子强力、气质联谱、液相色谱、原子吸收等大型精密分析仪器和较完备的纺织纤维物理测试仪器以及工艺试验开发手段。2003年,通过省技术监督局的计量认证,成为专业从事生态纺织品检测、具备对社会出具检测报告的第三方检测机构。2004年,被中国丝绸协会授权为“高档丝绸标志”检测机构。2006年,通过国家实验室能力认可(SNAS)。

二、科研成果

(一)蚕业

1980—2010年,获国家奖,部、省二等奖以上的蚕业科技成果有30个项目。

表105-13-2-1　　1980—2010年蚕业科技成果(国家奖,部、省二等奖以上)一览表

获奖时间	项目名称	授奖单位及获奖等级	获奖者
1980	夏秋蚕浙农一号的推广应用	省人民政府,推广一等奖	省农业厅经济作物处,钱旭庭等人
1982	编写出版《家蚕育种学》	农牧渔业部,技术改进奖二等奖	浙江农业大学蚕桑系,陆星垣等
1983	春蚕杂交种饲育技术标准	省人民政府,浙江省科技进步奖二等奖	省农科院蚕桑研究所,周若梅等7人

续表1

获奖时间	项目名称	授奖单位及获奖等级	获奖者
1985	保幼和蜕皮激素在蚕业生产上的应用	国务院,国家科技进步奖二等奖	省农科院蚕桑研究所,李秀艳等4人
	DS84-10型茧丝检测机	省人民政府,浙江省科技进步奖二等奖	省农科院蚕桑研究所,吕亚平等3人
	蚕体蚕座消毒剂防病1号的研制与推广	省人民政府,浙江省科技进步奖二等奖	省农科院蚕桑研究所,丁辉等10人
1986	桑蚕茧丰产优质综合配套技术研究	省人民政府,浙江省科技进步奖二等奖	省农科院蚕桑研究所,葛惠英等5人
1988	33万亩桑园亩产茧百千克配套推广应用	农业部,科技进步奖二等奖	湖州市农业局,马秀康等15人
	蚕桑系列高产技术推广应用	省人民政府,浙江省农业丰收奖二等奖	湖州市郊区农林局,应降玉等19人
1989	我国主栽桑树配套系列品种荷叶白、团头荷叶白、桐乡青和湖桑197号的选育与推广	国务院,国家科技进步奖二等奖	省农科院蚕桑研究所,林寿康等15人
1991	10种主要桑树害虫测报技术研究	省人民政府,浙江省科技进步奖二等奖	省植物保护总站,王建新等19人
	家蚕春用品种浙蕾×春晓的育成和推广应用	省人民政府,浙江省科技进步奖二等奖	省农科院蚕桑研究所,黄子修等7人
	杭嘉湖蚕茧综合高产技术示范	农业部,全国农牧渔业丰收奖二等奖	省种植业服务二站,王丕承等9人
1992	推广配套技术提高亩桑产茧	省人民政府,浙江省农业丰收奖二等奖	淳安县农业局,朱时建等18人
1994	推广应用方格蔟技术	省人民政府,浙江省农业丰收奖二等奖	湖州市农业局蚕桑技术推广站,楼黎静等15人
	40万亩桑园高产增值综合技术开发	省人民政府,浙江省星火奖二等奖	嘉兴市蚕桑管理站,裘相超等5人
	蚕茧优质高产高效配套新技术的推广应用	省人民政府,浙江省星火奖二等奖	湖州市蚕桑站,马秀康等15人
1995	全面推广高产技术模式蚕茧连续两年上台阶	省人民政府,浙江省农业丰收奖二等奖	海盐县蚕桑技术推广站,冯培荣等5人
1996	桑粉虱防治技术研究	省人民政府,浙江省科技进步奖二等奖	嘉兴市蚕桑管理站,楼普灿等11人

续表 2

获奖时间	项目名称	授奖单位及获奖等级	获奖者
1997	浙江省省力化养蚕技术推广	农业部,全国农牧渔业丰收奖二等奖	省农业厅经作局,王丕承等30人
		省人民政府,浙江省星火奖二等奖	
1998	夏秋蚕品种芳山×星明的育成及应用	省人民政府,浙江省科技进步奖一等奖	省农科院蚕桑研究所,邵月华等8人
2001	新一代桑树配套品种农桑系列的育成与推广	省人民政府,浙江省科技进步奖一等奖	省农科院蚕桑研究所,林寿康等14人
2002		国务院,国家科技进步奖二等奖	
2003	通过生物技术用家蚕培育冬虫夏草及其医药品开发的研究	省人民政府,浙江省科学技术进步奖二等奖	浙江大学,时连根等9人
2005	性连锁平衡致死系列雄蚕新品种的选育及其应用	省人民政府,浙江省科学技术奖一等奖	省农科院蚕桑研究所,何克荣等
2007	利用EST信息资源大规模快速克隆家蚕功能基因	省人民政府,浙江省科学技术奖一等奖	省农科院蚕桑研究所,孟智启等
2008	松材线虫病RNA干涉研究及其关键防控技术研发与应用	省人民政府,浙江省科学技术奖二等奖	省农科院蚕桑研究所,孟智启等
2009	优质高效家蚕系列新品种的育成与应用	省人民政府,浙江省科学技术奖二等奖	省农科院蚕桑研究所,曹锦如等9人
2010	雄蚕新品种选育及种茧丝一体化开发	省人民政府,浙江省科学技术奖一等奖	省农科院蚕桑研究所,孟智启等13人
	人工三倍体桑品种丰田2号的育成与推广	省人民政府,浙江省科学技术奖二等奖	省农科院蚕桑研究所,杨今后等

资料来源:根据《浙江省蚕桑志》(浙江大学出版社2004年版)等有关资料整理。

(二)丝绸

1958—2010年,获国家奖,部、省级二等奖以上的丝绸科技成果有48个项目。

表 105-13-2-2　　1958—2010 年丝绸科技成果(国家奖,部、省级二等奖以上)一览表

获奖时间	项目名称	获奖等级	主要获奖者
1958—1961	混剥筛选联合机	省级重大科技成果奖	杭州庆成丝厂
	机械绞丝机	省级重大科技成果奖	杭丝联
	电动打包机	省级重大科技成果奖	杭丝联
1978	ZD 721 型自动缫丝机	全国科学大会奖	省自动缫丝机研究小组等 9 单位
	ZDJ 型 800 针电子提花丝织机	全国科学大会奖	浙江轻工业研究所
1979	小箴成筒-40/44 旦筒装生丝	省科技成果奖二等奖	嘉兴丝厂、浙丝科院
	提花丝织物纹制工艺自动化	省科技成果奖一等奖	浙江大学、杭州织锦厂、浙丝科院、胜利丝织厂
	YG 541 型织物折皱弹性测试仪	省优秀科技成果奖二等奖	宁波纺仪厂、上海纺研院、浙丝科院
1980	提花丝织物纹制工艺自动化	纺织工业部科技成果奖二等奖	杭州织锦厂、浙江大学
1983	半自动织物折皱弹性仪	国家发明奖三等奖	上海纺科院、浙江丝科院、宁波纺仪厂、上海印染公司
1985	真丝绸防皱防缩整理技术和整理剂中试	省科技进步奖二等奖	浙丝科院、杭州市化工所,叶美玲等 5 人
1986	GB 8391－83《纺织织物—回复角表示折叠试样折痕回复性的测试》	国家标准局科技进步奖二等奖	浙丝科院,协作:上海纺科院、浙丝一厂等 5 家
	缫丝生产连续化、自动化中间试验	省科技进步奖二等奖	新华丝厂,协作:杭纺机厂、浙丝科院、省机电设计院
	ZE-1 脱色菌—表曝串联处理丝绸印染废水	省科技进步奖二等奖	省环保科研所,协作:杭丝联,沈如玉等 4 人
1987	GD 603、GD 603A 新型有梭织机	省科技进步奖二等奖	杭纺机厂,协作:震旦丝织厂
	真丝绸活性染料染色新工艺及设备研究	省科技进步奖二等奖	杭丝联、浙丝科院,崔怀珠等 5 人
1988	GB 1797－1799－86《生丝》标准	国家技术监督局科技进步奖二等奖	浙丝科院
	SM-1 诱导三眠蚕生产超细纤度茧丝的研究	国家科技进步奖二等奖	浙农大蚕学系等

续表 1

获奖时间	项目名称	获奖等级	主要获奖者
1989	计算机丝绸印染花样设计、分色处理及制版自动化系统	省科技进步奖二等奖	浙江大学、杭州丝绸印染厂
	真丝绸星形架精练工艺及设备研究	省科技进步奖二等奖	浙丝科院、杭丝炼，曹月珍等9人
	涤纶仿真丝后整理新工艺	省科技进步奖二等奖	绍兴印花厂，协作：绍兴丝织厂
	丝绸印染花样计算机分色描稿系统	省政府科技进步奖二等奖	杭州丝绸印染厂、浙江大学，协作：浙丝一厂
1990	阔幅高档真丝绸印染技术的引进、消化、吸收	纺织部科技进步奖二等奖	杭州东风丝绸印染厂
1991	D301A 型自动缫丝机	省科技进步奖二等奖	杭纺机厂，协作：杭丝联、浙丝科院、浙丝工院
	真丝绸染整新技术——星形架精练工艺及设备	纺织部科技进步奖二等奖	杭炼厂、浙丝科院等
	真丝泼画绸	纺织部科技进步奖二等奖	湖州丝绸印染厂
	ZD203 不锈钢煮茧机研究与开发	省科技进步奖二等奖	浙丝科院
	真丝绸“洗可穿”系列产品的研究与开发	省科技进步奖二等奖	深圳华丝、浙丝科院，叶美玲等10人
1992	真丝绸“洗可穿”系列产品的研究与开发	纺织部科技进步奖二等奖	浙丝科院、深圳华丝，叶美玲等
1992	D301A 型自动缫丝机	省科技进步奖二等奖	浙江丝绸工学院等
		国家科技进步奖二等奖	
1993	高速织机用丝浸泡助剂 HJ-202 研究及其工艺研究	中国纺织总会部级科技进步奖二等奖	浙丝科院，钟雷等
1995	真丝绸星形架精练工艺及设备	国家科技进步奖三等奖	杭丝炼、浙丝科院，范广森等
	印花图案电子自动分色及描稿自动化系统研究	中国纺织总会部级科技进步奖二等奖	杭州喜得宝丝绸公司、浙江大学，陈纯等
1996	生丝浸泡新技术	国家科技进步奖三等奖	浙丝科院，钟雷等 5 人
	印花图案自动分色描稿处理系统(CAPSP)	国家科技进步奖三等奖	杭州喜得宝丝绸公司、浙江大学，陈纯等

续表 2

获奖时间	项目名称	获奖等级	主要获奖者
1999	高精度印花制版新技术研究	国家科技进步奖三等奖	杭州凯地丝绸股份有限公司，杨炳芳等
2000	丝胶结构、性质及湿热变性变质的研究	教育部高校科技进步二等奖	浙江工程学院，陈文兴等
2003	高密度全显像丝织技术及应用	国家技术发明二等奖	浙江工程学院，李加林等
	蚕丝蛋白质结构调控及提高生丝质量新技术研究	省科技进步奖一等奖	浙江工程学院，陈文兴等
2004	蚕丝蛋白质结构调控及提高生丝产质量新技术研究	国家科技进步奖二等奖	浙江理工大学，陈文兴等
	昆虫杆状病毒分子生物学研究	省科技进步奖二等奖	浙江理工大学
2006	蚕丝丝素的表面结构特性研究及蚕丝制品高色牢度染色印花技术开发	教育部科技进步奖二等奖	浙江理工大学，邵建中等
	纺织服装加工贸易转型升级研究	教育部高等学校科学技术二等奖	浙江理工大学
	桑蚕丝素蛋白结构基础上的功能化研究	省科技进步奖二等奖	浙江理工大学，姚菊明等 7 人
	绢纺原料生物处理技术及产业化	省科技进步奖二等奖	浙江诸暨富润宏丰纺织有限公司、东华大学，汤跃虎等 9 人
2007	基于丝素反应特性调控原理的蚕丝高色牢度染色技术开发及产业化	国家科技进步奖二等奖	浙江理工大学、浙江丝绸科技有限公司、杭州喜得宝集团公司，邵建中等
2009	抗菌肽涂层仿真丝绸面料的开发研究	省人民政府科学技术奖二等奖（第二完成单位）	万事利集团有限公司，浙江理工大学；马廷方等

资料来源：根据《浙江省蚕桑志》（浙江大学出版社 2004 年版）、《浙江省丝绸志》（方志出版社 1999 年版）等有关资料整理。

第三节　学术团体及刊物（年鉴）

蚕桑丝绸业的学术活动，大部分通过群众性学术团体进行。民国 7 年（1918 年），成立中国蚕丝学会杭州分会，1955 年成立省蚕桑学会，1957 年成立省纺织工程学会。

《蚕桑通报》《丝绸》等杂志刊物是蚕桑丝绸行业具有广泛影响力的学术刊物，向国内外公开发行。

一、学术团体

(一)浙江省蚕桑学会

前身为中国蚕丝学会杭州分会。1950年秋,中国蚕丝学会筹备会成立,希望各地筹组分会。浙江首先响应,于1951年成立了中国蚕丝学会杭州分会筹备会,1953年筹建成立,陆星垣任筹备会理事长,徐肇坤任副理事长。1954年,全省登记会员60人。1954年8月,编辑出版会刊《蚕丝通讯》(内部刊物),并积极组织学术活动。1955年1月26日,在杭州西子湖畔的林社(林启祠)召开省蚕桑学会的前身杭州蚕丝学会成立大会。会上通过了会章,选举出第一届理事,成立了编辑委员会与学术委员会,并决定将内部不定期刊物《蚕丝通讯》改名为《蚕丝通报》,由邮局正式向全国发行。学会由省科联领导,挂靠浙江农学院。

1956年3月,杭州蚕丝学会改名为浙江省蚕丝学会,并决定将《蚕丝通报》改由中国科联浙江省分会(今浙江省科学技术协会)出版。1959年,由于缫丝部分划归纺织工业系统,所有制丝工业方面的会员转到纺织工程学会,因此改名为"浙江省蚕桑学会",《蚕丝通报》改为《蚕桑通报》。1961年以后,由于3年自然灾害的影响以及开展"四清运动",学会活动很少开展;"文化大革命"期间,学会处于瘫痪状态。至1978年,学会活动恢复。根据章程,学会业务主管单位为省科学技术协会,登记管理机关为省民政厅,挂靠单位为浙江农业大学,1998年,浙江农业大学等4校合并后,改为浙江大学动物科学学院。至2010年,共有会员1003人,分设省农业厅、浙江大学、省农科院、省级在杭其他单位、杭州市、嘉兴市、湖州市、金华市、衢州市、台州市、丽水市、宁波市12个会员小组。从学会成立至2010年,共召开了12次会员代表大会,选举产生了12届理事会。

省蚕桑学会自成立以来,履行了开展学术交流,活跃学术思想,提高蚕桑科学水平;普及蚕桑科学知识,推广蚕桑先进技术;为蚕桑科技、经济发展进行决策咨询、技术咨询和技术服务;开展继续教育,帮助蚕桑科技工作者补充新的知识,进行技术培训;开展国际蚕桑科技交流活动,发展同国外蚕桑科学技术团体和蚕桑科技工作的友好交往;编辑出版会刊《蚕桑通报》和科普读物;向党和政府反映蚕桑科技工作者的意见和要求,举荐人才,促进人才交流,表彰、奖励在学术和科普活动中取得优秀成绩会员的职责。通过举办学术年会、学术报告会、专题学术研讨会,组织会员专题调查和考察、参加全国性学术会议、组织会员优秀论文评选、出国考察和合作研究,派员出席国际学术会议,联合召开国际会议等,开展组织活动。通过会刊《蚕桑通报》,建立会员交流学术平台,普及蚕桑科技;组织举办培训班、开展咨询服务等宣传推广先进科学技术,提高蚕业科技人员素质,提升蚕桑产业科技水平。

(二)浙江省纺织工程学会

1957年6月30日,中国纺织工程学会杭州分会成立。1958年6月22日,改名为浙江省科协纺织工程学会,即浙江省纺织工程学会,第一届理事会会长朱新予。1959年5月30—31

日，省轻工业厅与省科协联合在杭州召开“浙江科协纺织学会及纺织工程技术人员代表大会”，决定成立棉纺、缫丝、什纺(麻、毛、绢)、印染、棉织、丝织和针织7个专业组。1960年，学会迁址梅花碑省轻工业厅内。1962年2月20—23日，学会召开年会改选理事会，朱新予继任理事长。学会设组织、学术、宣传普及3个组。“文化大革命”期间，学会活动停止。1979年4月24日，学会在杭州召开年会，会议通过新章程，推选出第三届理事会，朱新予连任理事长。1981年起，陈钟、戴大鸣、马家秀、钱同源等先后担任学会理事长。1993年8月17日，学会召开第八届会员代表大会，选出理事41人，钱同源担任理事长。1998年10月，省纺织工程学会成立40周年之际，开展了论文征集与评奖活动，共征集论文132篇，评出一等奖15篇、二等奖27篇、三等奖39篇。2001年10月，在浙江省第二届青年学术论坛上，学会与省蚕丝学会及省丝绸协会在嘉兴联合举办“蚕丝绸业现代研究与发展”分论坛，与会人员100余人，收集编辑论文47篇。2002年省纺织工程学会和省丝绸协会、浙江理工大学在纪念朱新予先生100周年诞辰大会期间，组织了“WTO与中国丝绸”报告会，邀请了国家经贸委对外协调司副司长王北鹰作“丝绸发展趋势”的报告及省国际贸易研究中心赖存理教授作“WTO对浙江经济的影响、如何应对技术壁垒”的报告。2003年10月，省纺织工程学会联合有关行业协会举办了“氨纶纤维高新技术”交流会，该活动作为省科协创办的以“开放、合作、发展”为主题的首届“浙江学术节”的组成内容。2006年8月23日，由日本纤维机械学会纺织科学研究会和浙江理工大学、省经贸委、省纺织工程学会共同主办的“第35届纺织科学国际学术研讨会”在浙江理工大学开幕。本次研讨会是该研究会在日本之外举办的首次国际研讨会，也是省纺织工程学会首次参与主办的国际会议。2008年10月19—23日，在浙江理工大学召开了“2008亚非先进纤维材料及加工技术(第三次)国际研讨会”。

2010年10月20—23日，学会与浙江理工大学先进纺织材料与制备技术教育部重点实验室、浙江省纤维材料和加工技术研究实验室、生态染整技术教育部工程研究中心共同承办了“第二届先进纺织材料及加工技术国际会议”，共有来自国内外的43所高校和研究机构及企业的130余位专家学者参加了大会，会议共发布论文70余篇。

二、学术刊物(年鉴)

(一)《中国蚕丝》

《中国蚕丝》于民国24年(1935年)创刊，由国民政府经济委员会蚕丝改良委员会在杭州编辑出版，至民国26年共出版21期，内容为蚕丝科研报告、综述、学术论文和政论等，后停办。

(二)《蚕桑通报》

《蚕桑通报》创刊于1954年，季刊，由省蚕桑学会主办。ISSN为0258-4069，CN为33-1081/S。为农业部指定对外交流刊物、中国期刊全文数据库收录、中国学术期刊综合评价数据库刊源，由中国科学院院长郭沫若题写刊名。本刊曾由中国蚕丝学会杭州分会筹备委员会编辑出版，刊名为《蚕丝通讯》。1955年，改名《蚕丝通报》。1959年，学会定名为浙江蚕桑学会，刊物改名《蚕桑通报》。1960年，第3期后停刊，并入《浙江农业科学》。1976年《蚕桑通报》复刊，改由浙江农业大学蚕桑系、省农科院蚕桑研究所和省蚕桑学会三方负责编辑出版，季刊。自1979年起，由杭州市邮局发行。1982年，经农牧渔业部定为国外交流刊物，发行量1.1万余份。1983年，恢复由省蚕桑学会主办、省科学技术协会出版。同时，《蚕桑通报》与中国蚕学会的《蚕业科学》一起，被农牧渔业部指定为国外交流刊物。1990年，被列入中国AGRIS数据库和输入FAO的AGRINDEX数据库，参与国际情报交流。自2001年起，改为自办发行。2006年起，改版为大16开，设科技专论、试验研究、经营管理、技术推广等6个栏目。2007年起，实现电子网络收稿、审稿、返修、改稿、编排。

自创刊至2010年，共出版168期，发表论文4780余篇。从2001年自办发行以来，每年向国内外公开发行1000余份，国内读者涉及浙江、江苏、四川、广西、广东、山东、安徽、陕西、云南、江西等主要蚕茧产区。

（三）《丝绸》

《丝绸》杂志前身是省丝绸公司于1956年10月创办的《浙江丝绸工业通讯》，1959年1月更名为《浙江丝绸》。“文化大革命”期间，停刊。1972年改为《丝绸情报通讯》，1974年正式复刊，改名为《丝绸》，由全国丝绸情报研究所主办，1987年经国家科委批准为国内外公开发行。公开发行后由国家纺织局主管，中国丝绸协会、中国纺织信息中心等单位主办，浙江丝绸科技公司（原浙江丝绸科学研究院）承担行政管理职能和主管单位职能。1995年12月，由浙江丝绸科学研究院申请，报省丝绸联合公司及省计经委同意，经省机构编制委员会批准，《丝绸》杂志社为自收自支的独立法人事业单位，行政人事隶属浙江丝绸科学研究院。2003年起，根据国家新闻出版局有关期刊实行属地化管理的规定，《丝绸》杂志社划归省丝绸集团公司主管。2008年，省丝绸集团公司实施国有产权制度改革，《丝绸》杂志社划转浙江理工大学主管主办。

至2010年，《丝绸》被列入全国中文核心期刊和国家科技核心期刊。同时被科学引文数据库源期刊（SCD）、中国核心期刊（遴选）数据库（万方核心）、美国《乌利希期刊指南》（ULRICHWEB）文献源等国内外文献源收录。

（四）《浙江理工大学学报》

《浙江理工大学学报》创刊于1979年，双月刊，ISSN 1673-3851，CN 33-1338/TS。本刊曾连续2次入选中文核心期刊（纺织类），并首批进入中国科技论文统计源样本期刊。至2010年，先后被中国科技期刊全文数据库、中国学术期刊（光盘版）、万方数据资源系统数字化期刊群、维普中文科技期刊数据库、中国纺织文摘等收录，并作为长期文献源。

（五）《现代纺织技术》

《现代纺织技术》创刊于1985年，双月刊，ISSN 1009-265X，CN 33-1249/TS。初名《现代

丝绸》，内部刊物，1992 年 7 月，经国家科委批准为《丝绸技术》(季刊)公开发行。该刊物是浙江理工大学、省纺织工程学会联合主办的全国性科技期刊。入编中国学术期刊(光盘版)和万方数据资源系统数字化期刊群，是中国科技论文在线源期刊。刊物的主要内容为总结交流，传播国内丝绸业生产、科研开发等方面的先进经验，有关丝绸业当前迫切需要解决的理论问题的研究，介绍国外有关丝绸业的最新科技成果等。主要栏目有学术探讨、应用研究、综合评述、生产技术、经验介绍、国外科技、专题讨论、测试分析、技术讲座、简讯、快报等。

(六)《中国丝绸年鉴》

《中国丝绸年鉴》，ISSN 1671-2099，CN 11-4700/Z。自 2000 年创刊以来，一直受到业界人士的好评。它是经国家新闻出版署批准，由国家茧丝绸协调办公室支持、中国丝绸协会主办，浙江理工大学联办，《中国丝绸年鉴》编辑部编辑出版的行业性、资料性实用工具书刊，同时具有国家茧丝绸行业公报和茧丝绸行业编年史的性质。至 2010 年，已成功出版了 9 期。其宗旨是全面、系统、准确地反映国内茧丝绸行业的发展历程，为中国丝绸行业的改革、开放和现代化建设服务。

专记　宁波与海上丝绸之路

在交通不便、沟通不畅的历史时期，丝绸之路的开通拉近了中国与世界的距离，促进了各国经济文化交流，其文化影响力远远大于丝绸本身。“丝绸之路”的名称，最早出现在德意志帝国地理学家费迪南·冯·李希霍芬的著作《中国——我的旅行成果》(1877 年)中，用其描述中国经西域到希腊的陆上交通路线；同时，在一张地图上提到了“海上丝绸之路”的概念。最先接受这个概念的是法国著名汉学家沙畹(1860—1918 年)，他在《西突厥史料》中提出“丝路有陆、海二道，北道出康居，南道为通印度诸港之海道，以婆庐羯为要港”①。《中国大百科全书》的解释是：“丝绸之路”不仅是东西商业贸易之路，而且是中国和亚欧各国间政治往来、文化交流的通道。

一、内涵

“海上丝绸之路”是相对于陆上丝绸之路而言的，日本学者三杉隆敏在专著《探索海上丝绸之路》(1967 年)中曾提及。“海上丝绸之路”泛指东西方通过海洋进行贸易活动的通道，一般来说，主要指亚欧两洲进行贸易的海洋通道，宁波、杭州等港口通往日本、高丽等国的航道自然是其不可分割的组成部分。

海上丝绸之路，由多条航道组合而成，主要有 4 条。一是广州西洋道，所有往来西洋的贸易船只，大都以广州为起讫地。从广州经印度、西亚，直至非洲、欧洲，这一条道路包括范围之广、国家之多是各条航道中首屈一指的。二是泉州南洋道，从泉州南经澎湖、琉球、菲律宾到印度支那诸地。《岛夷志略》对此有较详细的记载。三是明州(今宁波)东洋道，从明州到日本、朝鲜。该航道交易的国家数量最少，仅有朝鲜、日本两国，但是由于两国和中国的贸易往来密切、交易量大，因此，明州东洋道并不次于其他两道。四是登州朝日道，中国北方和朝鲜、日本的一条交通道路。该航道在早期和晚期的海上贸易中占有一定地位，但是，中期因政治中心南移，北方战乱频繁，北方又非丝绸的主要产地，因此，在海上丝绸之路中所占地位略次。

值得注意的是，广东、福建的丝绸业发展远不及江苏、浙江，其对外输出的丝绸大多产于江浙。因此，广州、泉州实际上是丝绸的转运地。同时，东吴以来江南运河的修通，使宁波成为海外商品输往京师的最佳道路；南宋政治中心迁移杭州，更使明州成为大批舶来品送往京师的必经港。此外，除以上港口外，温州、扬州等港口，实际上也是明州东洋道的组成部分。

---

① ［法］沙畹：《西突厥史料》。

二、开通

西汉元鼎六年(前111年),东越王余善反叛朝廷,汉武帝派遣横海将军韩说率兵“句章浮海”征东越王余善,于次年冬攻入东越。这是从句章起航的一次大规模的海上军事行动,说明当时从句章到东越的水道已经畅通。

唐玄宗天宝十一年(752年),日本遣唐使从日本博多津出发,在明州登岸,明州往返日本值嘉岛的直航航路从此开通。

三、航线

明州在两宋时,是中国“海上丝绸之路”发展的繁荣鼎盛时期,因此航线线路主要以宋代时期为参考。根据宋宝庆《四明志》卷六《市舶》的记载,宋代明州港海上通商有4条主要航线:一是高句丽国,二是日本,三是海南、占城、西平、泉州和广州,四是外化蕃船。前两者是通往高丽和日本,后两者是明州(庆元)港南下交通航线的必经之地。

(一)宁波通往日本、高丽的海上交通线

宁波港在宋代相当长的时间内是朝廷指定通往日本、高丽的贸易港口,海船几乎都从明州港出发,横渡东海。

1.中日航线

唐玄宗天宝十一年(752年),日本遣唐使从博多津出发,经值嘉岛,横渡中国海,在明州登岸,开辟了中日南路航线的先河。日本学者藤家礼之助的《日中交流两千年》将唐宋时期中日、中朝东海航线划分为北路、南路和南岛路3条,其中与明州港关系密切是南岛路,由日本筑紫的博多(今福冈)扬帆,沿九州西岸南下,经过萨摩循种子岛、屋九岛、奄美岛等岛屿,在奄美岛附近横渡中国东海,在明州登陆。这一航线逐渐成为固定线路。宋元时期,从明州到博多的航线延伸到敦贺。

2.中朝航线

据考证,前往高丽的航线,从明州定海放洋,越东海、黄海,沿朝鲜半岛南端西海岸北上,到达礼成江口。宋徐兢《宣和奉使高丽图经》卷三十四《海道》有详细的记载:

“宣和五年五月十六日,自明州出发,十九日达定海县招宝山。二十四日,自招宝山启航,二十五日抵沈家门,二十六日入梅岑候风,二十八日过海驴礁、蓬莱山、半洋礁,二十九日过白水洋、黄水洋,横渡黑水洋,六月二日抵夹界山,三日过五屿、排岛、白山、黑山、月屿、澜山岛、白衣岛、跪苫。四日过春草苫,经槟榔礁、菩萨屿,至竹岛,五日到苦苫苫,六日到群山岛,七日到横屿。八日自横屿出发,过富用山,洪州山、鸦子苫、马岛,九日,过九头山、唐人岛、双女礁,午后过和尚岛、中心屿、聂公岛、小青屿至紫燕岛,十日,自紫燕岛起航,午后至急水门,抵蛤窟抛泊,十一日,经分岭,至龙骨再抛泊。十二日,随潮至礼成港,旋入碧澜亭。十三日,遵陆至于王城。”

行船一般在7—9月,从明州出发,乘西南季风而行;返航多在10—11月,乘东北季风

而行。

（二）宁波通往东南亚等地区海上交通线

宋代，从明州（庆元）港南下可以到达福建、广州、东南亚、南亚和西亚诸国。

1. 近海航线

北宋初，益都（今青州）人燕肃（961—1040年）在东南沿海州县任官时，用了十年时间写成一篇极有科学价值的论文——《海潮论》，为当时的渔业生产和水上交通，提供了可靠的参照资料。“大中祥符九年冬，奉召按察岭外。尝经合浦郡（廉州），沿南溟而东，过海康（雷州）。历陵水（化州），涉恩平（恩州），往南海（广州），迫由龙川（惠州），抵潮阳（潮州），洎出守会稽（越州），移莅句章（明州）。以上诸郡，皆沿海滨。”①这是从广西至浙江的一条海路。

根据《资治通鉴》卷二百六十七梁开平三年条胡三省注：从明至福，其海程是首途象山洋，经天门山，取台州洋，过温州洋，而入福州洋。

2. 远海航线

各地出土的越窑青瓷证实了唐宋时期明州（庆元）港南下航路非常繁忙，其路线是：从宁波出发经过泉州，到达广州并由广州南下经南沙群岛，可达越南、加里曼岛、菲律宾群岛、印度尼西亚等。穿过马六甲海峡沿孟加拉湾航行可达缅甸、孟加拉、印度，向南至斯里兰卡，横穿印度洋穿过阿拉伯的亚丁，由亚丁沿阿拉伯半岛南岸经阿曼进入波斯湾，或沿海航行，由马拉巴海岸出发，顺印度西海岸北上经巴基斯坦印度河河口的班布尔进入波斯湾；由亚丁穿过红海到达埃及，往东南可达东非。这在历史史料中均有印证。《宋史》卷四百八十九《外国传·阇婆》记载：“阇婆国在南海中。……先是，朝贡使泛舶船六十日至明州定海县，掌市舶监察御史张肃先驿奏其使饰服之状与尝来入贡波斯相类。”《外国五·占城传》：“占城国在中国之西南，东至海，西至云南，南至真腊国，北至欢州界……东北至两浙一月程。”宋末元初，周达观《真腊风土记·总叙》载：“自温州开洋，行丁未针，历闽、广海外诸州港口，过七洲洋，经交趾洋，到占城。又自占城顺风可半月到真蒲……”

四、贸易与文化

（一）管理机构、制度

1. 市舶司

市舶司，是中国古代管理对外贸易的机关，相当于现在的海关，它始于唐代，盛于宋代，至明末逐渐萎缩，清代设立海关废除了市舶司。

据《中国对外贸易史话》记载，朝廷在杭州、明州设立市舶司，扩大海外贸易。其中，明州市舶司设置于宋真宗咸平二年（999年）。明州成为通往南亚、中东、非洲东海岸丝绸之路的起航地，开赴日本、高丽的商船也大多在这里出发。南宋宝庆《四明志》卷一记载，明州“南通

① 〔宋〕姚宽：《西溪丛语》卷上引。

闽广，东接倭人，北距高丽，商舶往来，物货丰溢”。宋神宗熙宁九年(1076年)，明州一跃成为三司(广州、杭州、明州)之一。南宋绍熙元年(1190年)，朝廷规定：“凡中国之贾，高丽与日本诸蕃之至中国者，唯庆元得受而遣焉。”

元代，生丝作为税收而大量征收，浙江海上丝绸之路盛况依旧。元代先后在泉州、庆元、上海、澉浦、温州、广州、杭州等地设立了七处市舶司。元世祖至元十四年(1277年)，在庆元、澉浦设市舶司，管理海上贸易；元世祖至元三十年，温州市舶司并入庆元；元成宗大德二年(1298年)，澉浦、上海两处并入庆元。至此，全国港口设立市舶司的只剩下庆元、广州、泉州三处，庆元取得宋两浙路市舶司的地位。此后，庆元市舶司的置废也很频繁，大德八年(1304年)撤销，至大元年(1308年)恢复；皇庆元年(1312年)又被撤销，延祐元年(1314年)又得到恢复；延祐七年(1320年)再遭废置，至治二年(1322年)庆元市舶司的建制最终稳定直至元末。

2.海禁制度

海禁，又称“闭关锁国”，是明清政府实行的严格限制对外交通和贸易的政策。明清两朝都实行“海禁”政策，但其内涵并不相同。

明太祖洪武四年(1371年)，朝廷颁布海禁令。明代的海禁，实质上是一种官方垄断海外贸易的政策——只是禁止民间私人的海外贸易，并不禁止朝贡贸易(即勘合贸易)。朝廷放弃繁荣发展的“海上丝绸之路”的制海权，实行闭关“海禁”政策，使繁荣兴盛的明州港立即变得萧条。尔后朝廷规定：广州口岸通东南亚，泉州通琉球，宁波通日本等国。但是，到明穆宗隆庆年间(1567—1572年)，明政府面临财政危机，一度开放“海禁”，默许私人进行海外贸易。海禁的解除为中外贸易与交流打开了一个全新的局面，沿海地区的海外贸易又蓬勃发展起来。

清代，海禁制度变化很大，几立几废。最初，为办铜需要并不禁海；后来，出于防汉制夷的政治考量，同时为防止东南沿海人民通过海上活动接济反清势力，在顺治元年至康熙二十三年(1644—1684年)的四十年间，实行了更为严厉的海禁制度。如顺治十三年(1656年)规定：严禁商民下海交易，犯禁的不论官民，一律处斩，货物入官；犯人家产，全部赏给告发人；地方文武官员一律革职，从重治罪。康熙二十年(1681年)平定三藩之乱、康熙二十二年平定台湾，朝廷方开海禁。但是，仅三十多年之后，面对日益严重的“海寇”活动和西方势力在东亚海域的潜在威胁，康熙五十六年再次实行禁海制度，致使明州港对外贸易日趋衰退，空前繁荣的海上丝绸之路从此也一蹶不振走向没落。海禁给沿海人民带来重大灾难，生产、贸易受到严重破坏，因担心闽粤地区因禁海而引发海患，雍正五年(1727年)废除海禁，开放了粤、闽、江、浙四口通商口岸。乾隆二十二年(1757年)，由于英国商人捣乱，朝廷下令除广州海关外，停止一切对外贸易，这就是所谓的“一口通商”政策。这标志着清政府彻底奉行闭关锁国政策。

3.勘合贸易制度

明洪武十六年(1383年)，朝廷制定勘合贸易制度，即只允许外国与朝廷进行有时间、地点规定的朝贡贸易。勘合就是凭证贸易，开往明王朝的贡舶必须携带朝廷事先颁发的勘合。各国贡期，三年或五年，对日本则规定十年一贡。

明州港是中日勘合贸易的唯一港口，日本船舶需持勘合登陆，其上须写明使臣姓名、贸易物品、数量项目，经布政使司核实后，才准许引入明州港。其目的是防止东南沿海“倭寇”假冒日本使臣和商人进行非法贸易。

明世宗嘉靖二年(1523年),日本两贸易使团来宁波,为勘合真伪之辨而发生相互残杀。在格斗中,沿途烧杀抢掳,洗劫宁波城,夺船而归国,对当地居民造成很大损害,史称“争贡之役”。加之,东南沿海屡屡遭受倭寇侵扰,朝廷下令撤销宁波市舶司,不准外国船进出,并实行严厉的海禁政策,从此宁波港关闭。

4.海关行署

清康熙二十四年(1685年),朝廷在宁波设立浙江海关行署,是当时全国四大海关之一,关口设在江东包家道头。因国内外商舶往来均在此验税,故称税关。康熙三十七年,在宁波和定海分别设立浙海关分关。同年,在定海城外道头新建一处红毛馆,为外商及船员食宿之地。这一情况引起了清政府的极大注意,于是乾隆二十二年,朝廷规定“申禁洋船不准收泊浙海,有驶至者,乃令回粤贸易纳税”①。由此,浙江的海关又封闭起来。咸丰九年(1859年),英、法在钞关(旧关)外另立洋关,海关行政大权完全落在帝国主义手中,明目张胆攫取宁波海关关税权,征收国际贸易税。

(二)历代发展

汉代,上林湖窑址生产的大量外销瓷,标志着宁波的“海上丝绸之路”已经进入到一个以东西文明对话为核心的崭新时代。

唐代,朝廷要求,福州、台州赴日航舶,先到明州港停泊,然后由望海镇放洋,横渡东海,远航日本,明州自然而然成为中日航程的起讫地。至唐代中叶,明州港的航路已经北通辽宁安东,南至海南岛,东至高丽、日本。海外贸易区域的扩大,促进了沿海港口城市商品外销,地处长江三角洲的明州,在晚唐时期中西海外贸易活跃。宁波依托港口,扩建州城,成为中国港口和造船业最发达的地区之一,与扬州、广州并称为中国三大对外贸易港口。

宋代,朝廷指定宁波为通往日本、高丽的特定港口,其间贸易规模和文化交流发展迅猛。同时,朝廷大力推行奖励和保护海外贸易政策,外商十分踊跃。据开庆《四明志》卷八载:“倭人冒鲸波之险,舳舻相衔,以其物来售。”其繁荣程度可想而知。至南宋,明州港与之通航的国家和地区除日本、高丽外,已遍及南亚和西亚,进出口货物种类达160多种。

元代,贸易港主要有庆元、澉浦、杭州、温州四处,其中庆元港一直保持着领先地位。元代浙江的海外贸易国仍然以日本和高丽为主,此外,还与真腊和南洋诸国、西亚等国有往来,输出的商品除大宗的龙泉青瓷外,还有宁波价廉物美的草席等。元代明州进出口商品货物种类比宋代多60余种(宋160余种),足见明州(庆元)在全国贸易中的地位与作用。

明初,宁波仍然是全国三大市舶司港口之一,宁波成为中日勘合贸易的唯一港口。宁波设立市舶库、宾馆、市舶码头等外事机构,海外贡船到宁波后起运货物须入市舶库检查。明州与日本、朝鲜的官方贸易仍然延续,但是,随着东南沿海倭寇日益猖獗,明朝政府加强了海禁,同时,将岛屿居民迁往内陆,市舶司也屡建屡废,极大地影响了宁波的对外贸易。

① 《清史稿》卷一百二十五《食货六》。

清代，宁波港仍为大清对日贸易的主要港口；康熙二十二年(1683年)，英国首次派商船来往于浙江舟山、宁波，宁波海关建立后，至宁波者更多；雍正期间，宁波港已与南洋的菲律宾群岛、安南(越南)、柬埔寨、暹罗通商贸易，此外宁波港与新加坡、苏绿群岛、西利伯群岛、巴达维亚、婆罗洲、安伯那、加兰东、鹁格欧、马尼拉等通商贸易；“自乾隆二十年以来，外洋番船收泊定海，舍粤就浙，岁岁来宁”①。道光二十二年(1842年)，清政府被迫签订了不平等的《南京条约》，次年又签订《五口通商章程》，宁波港成为五大通商口岸之一。

鸦片战争后，对外贸易港口的中心转移到上海，宁波港从主要对外贸易港之一降为国内转运货物的贸易港，直到1979年6月又正式对外开放。

(三)文化交流

自古以来，宁波作为海上丝绸之路的东方主要始发港和目的港之一，在东西方交流历史上一直占有重要地位，尤其在东亚地区的海上贸易和文化交流方面，起着核心的作用，在日本列岛、朝鲜半岛、东南亚等地留下了大量珍贵的历史文化遗存。与福建泉州、广东广州、韩国清海、日本博多和长崎等港口相比，宁波港在海上丝绸之路的历史中，延续时间最长，所达范围最广，长期以输出为主，现存遗产相当丰富，且类型众多，尤其以丝绸、陶瓷、茶叶三大宗商品的出口和香料等奢侈品的进口，以及以佛教传播为主流的文化艺术交流为特色，从而更具有古代中国对外开放前沿、远东贸易大港和文化交流窗口的特征。

1.丝织技术东传

中国的丝织技术很早就随着大批移民和丝织工匠传到了日本，他们带去了中国先进的织物技法、织机、染色技术等，促进了日本纺织业的发展。隋唐时期，日本留学生和遣唐使带去大量丝织品；后来日本到江浙一带聘请了吴织、汉织、兄媛、弟媛等4名女工到日本传授丝织和缝衣技术，促进了日本丝织技术的提高。南宋绍熙三年至元元统元年(1192—1333年)，从中国传入的丝织技术在博多盛行，被称为“博多织”。而高丽本身就有很出名的丝织品“毛丝布”，但是，原料主要从中国进口，然后加工成“文罗化绫，紧丝锦罽”等。

2.佛教文化交流

东吴赤乌年间(238—251年)，印度高僧那罗延到句章(慈溪)五磊山结庐修静，创建了五磊寺，这是外来僧人在浙江地区最早创建的寺庙。

《扶桑略记》记载，南朝梁武帝普通三年(522年)，司马达赴日，在大和国高市郡坂田原建立草庵，置佛像于内，进行礼拜。这是中国关于佛教传入日本的最早文献记录。日本多次派遣使者赴中国请经、求法，其中明州天台山国清寺的天台宗佛教最受日本欢迎，最澄、圆珍、圆载等日本名僧都曾经到此顶礼。最澄从明州归国，带去一批经书文物，并在日本比叡山(今延历寺)创建天台宗，成为日本天台宗的发源地。

高丽国王派36名僧人受法于天台山高僧德韶(891—972年)，回国后创立法眼宗；高僧义通留学于天台山，后来自开宝元年(968年)起在明州城内弘扬天台宗教义20年，成为天台

① 〔清〕张廷玉：《皇朝文献通考》卷二十七《征榷考二》。

宗第十六祖；宋太宗淳化二年(991年)，高丽遣使韩彦恭来贡请求佛经，获赠《大藏经》一部，后又多次获赠书籍；宋哲宗元祐二年(1087年)，高丽僧义天到明州，除学习佛教教义外，还收集了佛经章疏千余卷，带回高丽编成《新编诸宗教教藏总录》，并于绍圣三年(1096年)创立天台宗。同时，高丽著述如《圆宗文类》《三国史记》等传入中国，一些中国散佚的古籍如《东观汉记》《黄帝针经》等也被带回中国。

3.造船技术与航海技术

海上丝绸之路的发展，与造船技术、航海技术的进步密不可分。船舶舟楫的制造与应用，促进了原始的航海活动；造船业的发达和航海技术的长足进步，使宁波港扩大了与海外诸国的贸易往来。宁波的造船技术起步早，先秦史记《逸周书》记载"成王时，于越献舟"，表明宁波当时已经拥有造船技术。河姆渡遗址出土的大量造船生产工具"有段石锛"表明，早在新石器时代宁波的舟楫制造已经兴起。由于海上丝绸之路的畅通，唐武宗会昌二年(842年)，明州商人李处人在日本肥前国松浦郡值嘉岛用楠木，费时3个月打造了一艘明州海船，把先进的造船技术带到了日本。

(1)发达的造船技术。宋元时期，明州的造船技术已居世界领先地位。宁波出土的北宋时期木船运用了"减摇龙骨"技术提高安全性能，这比国外大约早了700年。宋神宗元丰元年(1078年)，北宋朝廷派使臣安焘、陈睦两学士出使高丽，指令明州打造"万斛船"两艘；宋徽宗宣和五年(1123年)，使臣出访高丽，朝廷又在明州打造两艘神舟。宋徐兢《宣和奉使高丽图经》记载，这类船舶载重量大，内部构造十分科学——"上平如衡，下侧如刃"，呈V字形状，便于迎风破浪；运用隔仓方法，防止船体一处破漏，波及全身；采用多桅多帆，便于灵活借用风力；在船桅上设置转轴，可以自由起倒，不怕风吹浪打；若遇上狂风巨浪，使船舶停止前进。

(2)先进的航海技术。中国古代航海家充分利用季风气候，实施航海活动。北宋末年，指南针已经广泛运用在航海上——宋徽宗宣和五年(1123年)徐兢出使高丽，在其著述《宣和奉使高丽图经》中记载，行船则用指南浮针，以定南北。南宋时期，临安府钱塘人吴自牧在《梦粱录》卷十二《江海船舰》记载：海商船舶进入大洋，"风雨晦冥时，惟凭针盘而行，乃火(伙)长掌之，毫厘不敢差误"。

4.印刷技术

北宋太宗雍熙三年(986年)，中国雕版印本《大藏经》等由日本僧人奝然从明州带回日本，藏于日本京都法成寺。南宋高宗绍兴二十年(1150年)，商人刘文仲将《新唐书》《新五代史》等送给日本左大臣藤原赖长。雕版书的大批输出，对日本、高丽及其他国家的印刷业影响很大。高丽在中国的影响下，学会了雕版印刷术；后来，又在中国胶泥活字印刷的基础上，发明了金属活字印刷。

5.茶叶

茶叶是宋代对高丽、日本输出的大宗货物之一。高丽人喜欢中国的腊茶，饮茶之风盛行，茶具有"金花乌盏，翡色小瓯，银炉汤鼎"①，都是仿效中国的制度和习俗。南宋乾道四年

① 〔宋〕徐兢：《宣和奉使高丽图经》。

(1168 年)，日本荣西禅师从明州带去茶种，日本广为种植。荣西著有《吃茶养生记》，提倡吃茶养生之道，于是喝茶之风在日本盛行。日本镰仓时代末期，日本受中国影响，还出现了所谓“斗茶”的竞赛；并在此基础上发展，形成了颇具特色的“茶道”。

6. 宁波草席

元元贞元年(1295 年)，朝廷派周达观出使真腊(今柬埔寨)，带去了庆元著名的草席。翌年返回庆元，著有《真腊风土记》。

7. 越窑青瓷

明州的越窑青瓷自东汉创制，历经三国两晋南北朝、隋唐，不断发展繁盛不衰。10 世纪中叶，新罗海上贸易家张保皋来明州时，把浙东越窑窑工带回国，从此将越窑制瓷技术全盘移植到了朝鲜半岛。这是“海上丝绸之路”先进科学技术向外传播的重要标志。

海上丝绸之路，不仅是丝绸贸易的通商之道，更是文化交流的沟通桥梁。在国与国之间的交往中，科学技术、文化书籍、宗教学派，甚至人才的流动，直接推动了各国生产力的发展，促进了各国的物质文明的交流。

五、新推进

改革开放以后，特别是宁波北仑港兴建之后，宁波港的地位日益重要，吞吐量呈腾飞之势。2000 年，宁波港口的吞吐量跃至亿吨大港货物吞吐量前茅。

1987 年，联合国教科文组织决定对“丝绸之路”进行国际性的全面研究，开始实施 1987—1997 年“丝绸之路：对话之路综合考察”；并用“东西方文明对话”对“丝绸之路”的性质作精辟的概括。2001 年 12 月 8 日，首届宁波“海上丝绸之路”文化周开幕，从而开始了“海上丝绸之路”申报世界文化遗产之路。

2005 年 12 月 10 日，宁波“海上丝绸之路”学术研讨会在宁波召开，并通过《宁波倡议》。

2006 年 12 月，宁波和泉州作为海路部分，进入“丝绸之路中国段”“申遗”预备名录。同年，宁波“海上丝绸之路”申报世界文化遗产办公室、宁波市文物保护管理所、宁波市文物考古研究所联合编著，科学出版社出版发行《宁波与海上丝绸之路》。该书是“宁波与海上丝绸之路国际学术研讨会”的论文选集，共收录论文 47 篇，主要通过文物考古遗迹、历史文献记载等相关证据，从港口与贸易、多元文化等多种角度揭示“海上丝绸之路”的重要港口——宁波的历史发展轨迹和兴衰过程，探讨其在古代中外文化交流中发挥的重要作用。2009 年，国家文物局将泉州、宁波、广州、扬州、蓬莱等五城市纳入“海上丝绸之路”捆绑“申遗”计划。

2010 年，宁波市文物考古研究所首次公布了一份“海底宝藏图”：浙东沿海有 37 处海域相对明确的水下文化遗存点，出水文物 2189 件，其中 14 处属于宁波海域。

丛　录

一、蚕桑丝绸文化

（一）诗词歌赋

陌上桑①

〔南朝梁〕吴　均

袅袅陌上桑，荫陌复垂塘。
长条映白日，细叶隐鹂黄。
蚕饥妾复思，拭泪且提筐。
故人宁知此，离恨煎人肠。

越中览古②

〔唐〕李　白

越王勾践破吴归，义士还家尽锦衣。
宫女如花满春殿，只今唯有鹧鸪飞。

缭绫③

〔唐〕白居易

缭绫缭绫何所似？不似罗绡与纨绮。
应似天台山上明月前，四十五尺瀑布泉。
中有文章又奇绝，地铺白烟花簇雪。
织者何人衣者谁？越溪寒女汉宫姬。
去年中使宣口敕，天上取样人间织。

① 〔南朝陈〕徐陵编，〔清〕吴北宜注：《玉台新咏笺注》卷六，中华书局 1985 年版，第 232 页。
② 《全唐诗》卷一八一《李白》，中华书局 1960 年版，第 1846 页。
③ 《全唐诗》卷四二七《白居易》，中华书局 1960 年版，第 4704 页。

织为云外秋雁行，染作江南春水色。
广裁衫袖长制裙，金斗熨波刀剪纹。
异彩奇文相隐映，转侧看花花不定。
昭阳舞人恩正深，春衣一对值千金。
汗沾粉污不再着，曳土踏泥无惜心。
缭绫织成费功绩，莫比寻常缯与帛。
丝细缲多女手疼，扎扎千声不盈尺。
昭阳殿里歌舞人，若见织时应也惜！

杭州春望①

〔唐〕白居易

望海楼明照曙霞，护江堤白踏晴沙。
涛声夜入伍员庙，柳色春藏苏小家。
红袖织绫夸柿蒂，青旗沽酒趁梨花。
谁开湖寺西南路，草绿裙腰一道斜。

望海潮②

〔宋〕柳　永

东南形胜，三吴都会，钱塘自古繁华。烟柳画桥，风帘翠幕，参差十万人家。云树绕堤沙。怒涛卷霜雪，天堑无涯。市列珠玑，户盈罗绮，竞豪奢。

重湖叠巘清嘉。有三秋桂子，十里荷花。羌管弄晴，菱歌泛夜，嬉嬉钓叟莲娃。千骑拥高牙，乘醉听箫鼓，吟赏烟霞。异日图将好景，归去凤池夸。

缫丝行③

〔宋〕范成大

小麦青青大麦黄，原头日出天色凉。
妇姑相呼有忙事，舍后煮茧门前香。
缫车嘈嘈似风雨，茧厚丝长无断缕。
今年那暇织绢着，明日西门卖丝去。

① 《全唐诗》卷四四三《白居易》，中华书局 1960 年版，第 4959 页。
② 唐圭章编纂，孔凡礼补辑：《全宋词》，中华书局 1999 年版，第 20 页。
③ 北京大学文献研究所：《全宋诗》卷二二四四《范成大》，北京大学出版社 1999 年版，第 2576 页。

织妇叹①

〔宋〕戴复古

春蚕成丝复成绢，养得夏蚕重剥茧。
绢未脱轴拟输官，丝未落车图赎典。
一春一夏为蚕忙，织妇布衣仍布裳。
有布得穿犹自可，今年无麻愁煞我。

咏蚕②

〔元〕戴表元

物亦有仁者，蚕功不可量。将身甘鼎镬，与世作衣裳。
过栈苍云湿，登山白雪香。未知龙种似，犹与马群妨。

畦桑词③

〔明〕刘　基

编竹为篱更栽刺，高门大写畦桑字。
县官要备六事忙，村村巷巷催畦桑。
桑畦有增不可减，准备上司来计点。
新官下马旧官行，牌上却改新官名。
君不见，古人树桑在墙下，五十衣帛无冻者。
今日路傍桑满畦，茅屋苦寒中夜啼。

吴中蚕事由来备④

〔清〕爱新觉罗·弘历(乾隆)

浙江巡按常安奏，杭州诸府桑间自生蚕茧，可取以织绸，名曰天蚕，盖以为瑞也。朕谓此范成大所谓野蚕可缫，而常安未知之者，然不假人力用佐女红，则信乎授衣之助，因纪以诗。

吴中蚕事由来备，九月授衣常廑意；
照田然炬想遗俗，西湖乐府风人义。
野茧可缫换短襦，锦绣纂组犹余事；
欣闻天蚕缀野桑，以供织纴坚且致，
马头祭罢有后佑，物产菁华佐衣被；

① 北京大学文献研究所：《全宋诗》卷二八一三《戴复古》，北京大学出版社1999年版，第3347页。
② 北京大学文献研究所：《全宋诗》卷三六四三《戴表元》，北京大学出版社1999年版，第43676页。
③ 全明诗编纂委员会：《全明诗》卷五十二《刘基》，上海古籍出版社1990年版，第444页。
④ 〔清〕圣祖撰：《清高宗御制诗》(第二册)卷三十七，海南出版社1999年版，第168页。

可云人不假其力，将无地尚遗其利，
农牧之计牧臣责，底须艳诩明时瑞。

(二)传说、典故

浙江蚕区，流传着许多有关蚕桑、丝绸的古老神话和传说故事，反映了历代劳动人民对蚕神的崇拜、对蚕事活动的专心致志、对爱情的向往和对蚕茧丰收的热切企盼，也是浙江丝绸文化的积淀。志内辑录故事基本按内容时间先后排列。

丝绸起源和先蚕嫘祖娘娘①

太古时，有一农家，父女俩和一匹小白马相依为命。一天，父亲被抓从军，数年未归，女儿思父心切，对小白马说："如果你能找回父亲，我便嫁给你。"小白马高兴地去找她的父亲，经历千辛万苦，终于找到。父亲见到小白马，就乘马逃脱而归。从此一家团圆，共享天伦之乐。但女儿不敢将自己与小白马曾有联姻之约告诉父亲，小白马因此生气，每见女儿便用脚猛踢。父亲觉得奇怪，就查问女儿，女儿便实情告知，父亲听后勃然大怒，认为这是大逆不道，有辱门庭，就此杀了小白马，把马皮晒在庭园里。女儿知道小白马被杀，对着马皮大哭。突然，狂风四起，马皮包裹着女儿腾空而去，越过高山，翻过峻岭，马皮裹着的女儿渐渐变成一个马头似的白虫。白虫停落在黄帝的御花园中的树上，吃叶过日。光阴似箭般地过得飞快，虫结成了一个白色"果实"。过了很多很多年，这种白色的"果实"越结越多，御花园内的许多树上都结满了这种白净、漂亮、椭圆又发出阵阵清香的"果实"。

有一天，风和日暖，侍女们前拥后护地陪同黄帝元妃嫘祖到御花园中散步赏花。一位侍女为嫘祖端着一杯热茶，刚巧树上白色的"果实"落到茶碗里，侍女吓了一跳，赶忙将"果实"捞出，结果从"果实"中捞出一缕细长的东西。嫘祖甚觉奇怪，命侍女们把树上的"果实"全采下带回宫中，放在热水里，又从被热水浸泡的"果实"中捞出许多缕的东西来。嫘祖命侍女们把这许许多多缕的东西，纵横交错织成整块的衣料。用这种料做成的衣服，像蝉翼般轻盈，如流水般柔软，似美玉般亮丽。黄帝看见嫘祖穿着这种衣服，觉得非常美，便兴高采烈地叫来左右大臣，下令把这种白色的"果实"叫作"茧"，结茧的虫叫作"蚕"，蚕吃的树叶叫"桑叶"，从茧里抽出来的一缕缕东西叫作"丝"，用丝做成的一块块衣料叫作"绸"。于是组织一批人，由嫘祖亲自训练，教他们栽桑、养蚕、缫丝、织绸的技术。后来，嫘祖又把附近的姑嫂们召进宫来，一起养蚕，并把一整套养蚕、缫丝、织绸的知识和手艺传授到民间去。

由于嫘祖最早采桑养蚕、缫丝织绸，还把技艺传授民间，后人便尊奉她为"先蚕""蚕神""嫘祖娘娘""机神娘娘"。杭嘉湖一带的蚕区，自古便有奉祀嫘祖氏的习俗，并建有"蚕神庙""机神庙"等。

---

① 《浙江省丝绸志》，方志出版社 1999 年版，第 517 页。

含山蚕花娘娘的传说①

很久以前，观音菩萨每年都要派手下神仙到各地巡游，为百姓解救灾难。有一年，蚕花娘娘来到含山上空，见山上香火很盛，便变成村妇走进山上观音庙中。只见众人都在祈求观音保佑他们获得蚕花十二分。蚕花娘娘便上前和众人拉拉手，搭搭肩，并说今年大家能得蚕花廿四分。结果，凡被她碰过的人都是蚕花廿四分。因为是染上了蚕气，百姓都说那村妇定是观音下凡，消息传开，第二年清明方圆几十里的农民都上了含山，还都背着蚕种包，想让观音摸一摸。这一年蚕花娘娘果然来了，见山上这么多人，要都碰到不可能，于是变作一位姑娘，在山上走来走去，把寸寸土地都走到，蚕气也就留在山上了。大家没有看到村妇，很扫兴，但结果家家户户又是蚕花茂盛。从此，清明游含山便一年比一年热闹。后来这件事被观音知道了，便奏请如来要为蚕花娘娘立庙，但蚕花娘娘坚决推辞，说做好事并非为了图报，观音只得打消了建庙的主意。所以，自古以来民间没有蚕花娘娘的单独庙宇。

天下第一绸——濮绸②

濮绸是我国古代名绸之一，与杭纺、湖绉、菱缎齐名。濮绸最大的优点是经久耐用。自从南宋得名以来，历代都广泛用来制作军旗、战袍等。

明成祖朱棣原是一个外地藩王。公元1401年，他借口清君侧，带兵打入京城，抢占了皇位，称永乐皇帝。朱棣做了皇帝后，好不得意，为了壮大自己的声威，认为明朝旗帜不够鲜明，自己出巡和军队打仗时显得不够威严，便下令所有旗帜全部采用国内最好的绸缎来制作。当时苏杭一带的丝织业已十分发达，采办大臣来到苏杭采购上等好绸，路经濮院，听到机杼之声日夜不断，看到家家户户都摆机织绸，便留下来仔细察看织好的绸缎，发现濮绸制作精良，不仅手感滑润，色泽鲜明，而且绸质特别细密，牢度很强。采办大臣大喜，连忙买了几十匹星夜运回京城。明成祖看后十分满意，下令所有军旗一律用濮绸来做。军队使用濮绸制作军旗后，果然面貌焕然一新，军威大振。这时又有一大臣启奏，建议在长城山海关树立一面特大旗帜，上书“天下第一关”，以壮大明国威。明成祖准奏，用濮绸来制作天下第一关的大旗。这样，濮绸便成了天下第一绸。

清皇帝喜爱湖绉③

清道光皇帝爱穿湖绉做的衣裤，一次他的一件湖绉裤子膝盖处被钩了一个小洞，因为喜爱，决定补一补再穿，由内务府承办此事。补是补了，但竟开了三千两银子的价。道光皇帝嫌贵，内务府回禀说，皇上的湖绉裤子是有花的，剪了几百匹，花头相合的很少，所以花了这么多银子。道光皇帝只好默认了。咸丰皇帝也有过一次。一条新套裤烧了个小洞，内务府承办织补，报销了几百两银子。清廷内务府在皇帝面前报花账的事屡见不鲜，这也说明皇帝喜爱湖

①② 《浙江省丝绸志》，方志出版社1999年版，第518页。

③ 《浙江省丝绸志》，方志出版社1999年版，第519页。

绉,不惜花重金去织补那个小洞。

倪绫与梅英①

明清时,湖州府双林镇丝织珍品倪绫,专供装帧奏本的封面之用。上有二龙,龙睛突起,光彩夺目,密实异常,为倪姓独家所织。说起来,还有一段倪家女梅英的传闻呢!倪家祖居双林西栅东庄,所织倪绫颇负盛名,倪家设有一条家规:织绫秘法传媳不传女。不料倪家世祖传至同治年间只独生一女,名叫梅英。她聪明伶俐,自幼在父母的织机边问这问那,默记在心。父母十分宠爱她,因恐倪家绝技中断,便破家规,苦心传授于她。梅英勤奋好学,几年后就学得织造真传。梅英年长后,嫁给双林镇西南一里路外小村(今镇西乡)的王姓为妻。这个村赚钱靠绫织,可是因技艺差,所织的绫档次低,卖不起价钱,生活十分艰苦。梅英心想,若让大家织出像我一样好的绫,全村不就可由穷变富了吗?于是她就违背家训,将祖传倪绫工艺秘诀传授给村里人,并且传播到附近的纱机山、里庄、雉头村等地,"倪绫"的声誉更高了,还增加了纹绢、双凤绫、滕纹、喜鹊等花色品种。当地各村织绫业因之兴旺发达,小村"倪家滩"则因著名的倪氏绫绢而出名。

(三)图画

北宋版画《蚕母》图②

北宋《蚕母》图是中国已知现存最早的丝绸套色版画,发掘于温州国安寺石塔。该塔坐落在温州市龙湾区后皇岙村五峰山麓,建于北宋元祐庚午至癸酉年间(1090—1093年),历代均未修缮。1994年,温州博物馆在修整该塔时,发现该塔第三层塔心方形石室内藏有一幅套色版画《蚕母》图。该图残高约21厘米,残宽约19厘米,阳文刻版,用浓墨、淡墨、朱红及浅绿四色印在质地柔软的纸上。画面以蚕母、蚕茧和吉祥等图案为主,较完整地反映了北宋时期蚕神形象和蚕茧丰收的情景。画面左上方的长方形字框内刊有直书"蚕母"两字。左侧为蚕母立像,头梳高髻,髻上插花;面颊丰满圆润,白皙而带红晕;柳眉清秀,双目深沉,晶莹内涵,容光照人。身着短袖对襟鞠衣,肩搭浅绿色帛巾,双手平举,姿态落落大方,帛巾随风飘动,曲卷上升,间衬飘浮状蚕茧两颗,以示衣着来自蚕丝。画面右侧有蚕茧满筐,形象逼真。筐外沿设圆珠带点纹一周,筐壁围有重瓣莲花纹,筐外有一束花在朱色衬地上盛开。画面上设横向吉祥开框图案四组,一组为荷叶,另三组为宝相花。框内套色,从左至右,单数为淡绿色,双数为朱红色。"蚕母"高髻、鞠衣,形体雍容丰满,颇具晚唐五代遗风。专家认为,该图"当系现存最早的一幅彩色套色版画",它改写了我国套色版画最早始于元至元六年(1340年)的历史,并且比欧洲第一本带色印的梅因兹圣诗篇(1457年),至少要早364年。

---

① 《浙江省丝绸志》,方志出版社1999年版,第519页。

② 《浙江省丝绸志》,方志出版社1999年版,第520页。

南宋楼璹《耕织图》及其流传①

南宋绍兴二年至四年(1132—1134年),鄞县人楼璹任於潜(今属临安)县令,“笃意民事,慨念田夫蚕妇之作苦,究访始末,为耕织二图”。楼璹所绘《耕织图》,共有45幅,分两大部分,第一部分为耕,设图21幅;第二部分为织,设图24幅。每幅图系五言诗一首,“图绘以尽其状,诗歌以尽其情”。楼璹的《耕织图》有正本和副本,正本进呈宋高宗,被翰林图画院精致摹绘成彩色绢本,收于宫内,成为皇帝、皇后了解与监督农桑蚕丝的参考资料和艺术欣赏品;副本留在家中,后由楼璹的侄儿楼钥题跋,由其孙楼洪和楼深刻石保留,并在民间流传。由于《耕织图》迎合了统治者的需要和“四方习俗间有不同,其大略不外于此”,直观形象,通俗易懂,便于传诵,雅俗共赏,具有广泛的指导意义,颇受政府的青睐和农民的欢迎,因此,“一时朝野传诵几遍”,不仅各州、县府中均绘有《耕织图》,甚至连“郡县所治大门东西壁皆画《耕织图》,使民得而观之”,一时兴起中国历史上第一次《耕织图》文化热潮。可惜楼璹原画早已散佚,至今保存且具代表性的是宋高宗吴皇后题注本《宋人蚕织图》,今藏故宫博物院,长卷绢本,线描、淡彩,长513厘米,高27.5厘米,以一长廊式的连房为经,一房一图,共25段,缂丝包首。《蚕织图》描绘了养蚕丝织“浴茧”“暖种”“摘叶”“体饲”“一眠”“二眠”“三眠”“暖蚕”“大眠”“忙采叶”“眠起饲大叶”“上山”“装山”“烘茧”“下茧”“剥茧”“秤茧”“生缲”“茧蛾出种”“谢神供丝”“纺绩”“径引”“挽花”“做纬”“下机入箱”的生产过程。中国的脚踏缫车在宋代已基本定型,至明清均无大变,这在画中多有描述。

元、明、清各朝,《耕织图》摹本纷纷问世,著名的有元程棨本、杨叔谦和赵孟頫本,明宋宗鲁本、邝璠本、仇英本、唐寅本,清焦秉贞本、冷枚本、陈枚本、雍正本、乾隆本、《於潜县志》本等。元代延祐五年(1318年),画家杨叔谦作《耕织图》,元代大书画家、湖州人赵孟頫奉懿旨撰《题耕织图二十四首》诗,惜图佚诗存。程大昌,祖籍安徽休宁,宋代仕湖州,为政治家;其曾孙程棨世居湖州,为画家,程棨曾据楼璹《耕织图》摹绘《耕织图》两卷,织图现存美国弗利尔美术馆,全图颇具元代风格。明代邝璠编著《便民图纂》,以楼璹《耕织图》为根据,设第一卷为“务农之图”,绘耕图15幅;第二卷为“女红之图”,绘织图16幅,分为下蚕、喂蚕、蚕眠、采桑、大起、上蔟、炙箔、窖茧、缫丝、蚕蛾、祀谢、络丝、经纬、织机、攀花、剪制等,并将楼璹原工整典雅的五体诗,均换成民间形式的吴歌“竹枝词”,以求通俗易晓,达到“便民”的目的。明代宋应星的《天工开物》,“直接或间接地受《耕织图》的影响”,用图文并茂的形式,在第三篇“乃服”中,记载了浙江蚕桑和丝绸生产技术,文中绘有形象逼真的“山箔”“治丝”“调丝”“纺纬”“经具”“过糊”“花机”“腰机式”等图画。清代统治者尤重视《耕织图》的绘制与宣传,康熙南巡时,获得《耕织图》,便于康熙三十五年(1696年)二月,命焦秉贞仿楼璹图绘成《御制耕织图》,并亲自写序作诗,印发各地,劝谕农桑。此后,雍正、乾隆各朝也予效法,摹绘《耕织图》以示重农桑,一时摹刻《耕织图》之风再次大盛,形成中国历史上第二次《耕织图》文化热潮。嘉庆时,仁宗六十大寿,“夹路彩廊,左为耕图,右为织图,用绢为田夫红女,按农桑事次第,各录御制诗一

---

① 《浙江省丝绸志》,方志出版社1999年版,第520页。

篇，凡四十楹”。一些农书以各种形式摹刻《耕织图》，如光绪二十八年（1902年），浙江书局重印《蚕桑萃编》，就绘有丝织图15幅，其为：栽桑、采桑、获蚕子、大食、摘茧、缫丝一、缫丝二、制车、束捆、纺络一、纺络二、染色、攀花、织绸、成锦等。一些县级机构亦刻版印发《耕织图》，如光绪二十四年（1898年）《於潜县志》，收有县令何太青绘《耕织图》，其中“织图”部分有23幅，为浴蚕、二眠、三眠、大起、捉绩、分箔、采桑、上蔟、炙箔、下簇、择茧、窖茧、练丝、蚕蛾、祀谢、纬、织、络丝、经、染色、攀华、剪帛、成衣等。在一些石刻、窗户木雕、瓷器彩绘、织花纹样、文房四宝、年画、纸币等媒体上，均制有《耕织图》画面。天津和苏州也印制了大量的杨柳青和姑苏《耕织图》年画，并广为发行。当时，各种形式的《耕织图》成为十分令人注目、家喻户晓的蚕桑丝织生产技术的知识普及宣传画，在广大农村，尤其是蚕区有广泛而深入的影响。在众多《耕织图》摹本中，当以焦秉贞的画流传最广，影响最大。

及至现代和当代，《耕织图》已成为历史文化遗产而引起各方面的关注。民国22年（1933年），《故宫周刊》从总244期至289期每期刊登一幅，刊登了一套清雍正《耕织图》，在文化界引起较大反响。民国24年的《故宫月刊》第478—510期，陆续登载了清康熙《耕织图》墨宝。1985年，中国农业博物馆建立，在该馆古代农业科技史陈列馆馆首，就陈列着巨大的《耕织图》画面44幅（清焦秉贞摹本），由此引出中国男耕女织、农桑并举的发展史。坐落于杭州西子湖南侧的中国丝绸博物馆，于1992年建成，在该馆序厅围绕圆形中央展台一圈的是《耕织图》“织图”木刻摹本（宋吴皇后题注本），展示了采桑缫丝织绸的整个生产过程。在浙江丝绸工学院丝绸史研究室陈列部，也同样陈列着彩绢画《耕织图》“织图”摹本，展示出浙江光辉灿烂的蚕织文化。在浙江丝绸进出口公司对外宣传画册上，刊有湖州人傅伯星据《耕织图》改绘的《南宋蚕织图》，再现南宋时期浙江蚕丝业之盛况。浙江丝绸公司还据焦秉贞《耕织图》“织图”部分，经现代技术加工，制成具有浮雕艺术效果的《蚕织图》挂历13幅，出版发行，并流传海内外。

〔清〕费丹旭《采桑图》①

费丹旭（1805—1850年），清代画家，浙江乌程（今湖州）人。字子茗，号晓楼，别号环溪生、环渚生、三碑乡人、偶翁等。幼承家学，及长，浪迹江浙闽山水间，卖画于江浙两省，久居杭州，工诗擅画，尤以仕女画著称。《采桑图》画面为竹篱内两株大桑树，一妇女一手持桑钩，另一手挟持树干，下视小儿并凝思状；小儿一手扶装满桑叶的桑篮，另一手握住桑叶置入篮内。画面生动形象，生活气息浓郁。

现代蚕桑图8种②

《四月养蚕忙》，丰子恺画，载于《现代画家生平》，上海学林出版社出版，该图为彩色，画面为一姑娘蓬头散发，手持烛台，仔细观看蚕匾中的蚕食叶情况。

《三娘娘》，丰子恺画，画面为蚕妇打绵线图。

《夜》，木刻，浙江美术学院龚铮如作。图以浙江农村20世纪50年代的梯形蚕架、简易方

①② 《浙江省丝绸志》，方志出版社1999年版，第522页。

蚕匾为背景，画内一少妇右手持油灯，左手抽出蚕匾，仔细观察蚕的发育和食桑情况，表情愉悦。

《养蚕共育图》，写实画，郑霞秋画，刊于1953年8月21日《浙江日报》。图画以农村集体组织的养蚕共育为场面，共绘有蚕妇9人，皆听从一位男子的指导。

《四季春》，木刻，浙江美术学院赵宗藻作，画面背景为生长茂密的桑树林，有农妇就地或凭梯采桑，近处为农妇用旧式三脚蚕架、大圆匾饲蚕，中部则为已在草蔟上结成的丰硕蚕茧。整个画面还缀以荷叶、荷花和枫树等景。

《传递蚕匾转飞轮》《整夜蚕眠人不眠》《四方送茧人流动，雪海银山滚滚来》3幅均为木刻，刊于1963年7月21日的《浙江日报》，作者钱贵荪。这些木刻画展示了蚕农养蚕、售茧、缫丝等场面。

连环画册3种①

《蚕花娘子》，徐飞改编，华三川和华玲玲绘画，浙江人民出版社1981年出版，画面40幅，64开本。故事梗概：传说“丝绸之府”杭州，是养蚕的起源地。从前，有个穷苦人家的小姑娘叫阿巧，她上山割草，走着走着不知不觉来到另一个世界，遇到了白衣姑姑。阿巧便留在那里，跟白衣姑姑们一起养蚕。这天她想起家了，来不及告诉白衣姑姑，就径自走了，还带走蚕卵和桑籽。阿巧回到家里，人们都说她遇上了仙人。阿巧要回山沟沟找白衣姑姑去，可是路被隐掉了。于是，她回到家，养起蚕来。从此，人间才有了蚕。阿巧遇见的白衣姑姑，就是专门掌管养蚕的蚕花娘娘。

《高机与吴三春》，陈玮君改编，徐君陶绘画，浙江人民美术出版社1982年出版，画面102幅，64开本。故事梗概：明代时，年轻的织绸能手高机，在龙泉吴员外家织绸时，因人好艺高，引起小姐吴三春的爱慕，两人产生了爱情。但吴员外看不起织工，强迫吴三春另嫁富人，三春不从。在丫鬟和船工的帮助下，三春与高机乘船逃走。吴员外追到温州，买通官府，把高机捉拿下狱，将女儿带到亲戚家中，打算强把她嫁给湖州富商。高机出狱后，经过许多周折，找到即将被迫出嫁的三春。但高机对三春产生了误会，一气走了。三春随后出逃，去找高机。正巧在桃花岭上，碰到绝望自杀未死的高机。于是两人携手共同朝向往的生活走去。

《春蚕》，茅盾原著，吴稼改编，韩和平绘画，上海人民美术出版社1984年出版，画面100幅，64开本。

(四)信仰习俗

浙江各地种桑养蚕的经济效益远大于种田，蚕桑生产便成为广大农民赖以生存的物质基础。因此，蚕农视蚕为命根子，在蚕农的一生中时刻与蚕有着紧密的关联，蚕贯穿于蚕农生产、生活的全部过程，可谓时时有蚕，处处有蚕。然而，由于生产力落后，自古蚕农以为有神灵在掌管蚕事，主宰着蚕茧的丰歉。因此，众多的蚕丝习俗，其目的主要是迎取蚕花喜气和祛除

① 《浙江省丝绸志》，方志出版社1999年版，第522页。

蚕祟晦气，以祈蚕事吉祥顺意。

蚕乡风俗形式烦琐，历代变化又多，各地也有差异，可谓“十里不同风，百里不同俗”。志内设信仰、生产、岁时、娱乐诸习俗，辑录以杭嘉湖蚕丝之乡为主的全省传统蚕丝风俗。

蚕神崇拜①

蚕农拜神的出发点是祈求神灵保佑蚕事丰收，宗教色彩淡薄，崇拜对象不一，祭神的供品丰盛、简薄不论，唯以借助祭祀蚕神，兼事娱乐，整个崇神习俗具有浓郁的世俗意味。由此形成了蚕神崇拜的两大特点：蚕神众多、莫衷一是，讲究实际、游戏鬼神。

浙江旧时蚕乡均敬蚕神。蚕神供奉地，或设于寺庙偏殿的农神旁座，或村头巷尾民众活动场所，或蚕户房内墙壁等处。除少数寺庙有泥塑的蚕神外，蚕家供奉的大多是木刻印纸彩色蚕神图，这些彩纸蚕神图在民间俗呼“蚕神码”。蚕神码由当地和尚、尼姑、道士统一印制或购买，然后挨户分送蚕农，蚕农则酬之以米麦一二升。有些地方在南北杂货店里也有销售。蚕农将蚕神码贴在堂前，以示尊敬。1994年，温州发现北宋时期的三色套印木刻《蚕母》画纸，这说明最迟在900多年前，该地就有尊蚕神、贴蚕母图的习俗。浙江各地对蚕神的信仰不同，蚕神的形象也有区别，但蚕神大多为女性，流传最广和信仰最多的当首推马头娘。其他蚕神还有嫘祖、先蚕福主、蚕花太子、三姑、紫姑、天驷、四大明王、蚕花五圣、蚕花公公（即蚕花土地）等，形象各异，但各地蚕农多将其混淆为一神或众神交错，统称为“蚕花菩萨”。

1949年，在嘉兴三塔禅寺有蚕神殿，蚕神名唤“先蚕福王”，群众称之为“蚕花菩萨”，春天前往烧香者甚多。近年来，农村还有人祀蚕花菩萨。旧时蚕农对蚕神正式祭祀在庙中举行，有的成为地区性的庙会活动，平时则多在家中进行多次祭祀，蚕事开始后，几乎每个生产环节都进行祭祀。清末民初，蚕农在春蚕每个眠时都祭祀。随着科学养蚕知识的普及，对蚕神的崇拜渐趋淡化，祭祀蚕神仪式每年举行两次：第一次在蚕事初始，祭神祈求保佑，以企蚕事丰收；第二次是在蚕采茧后，祭祀还愿酬神，俗称谢蚕神。这些祭神活动习俗，近年来有的发展为一种旅游文化性质的活动，其神秘色彩日趋淡薄。

马头娘②

马头娘，又称马鸣王菩萨、马明王菩萨或马名王菩萨、蚕花娘娘、蚕丝仙姑、蚕皇老太等。形象为一古代女子侧骑马上，手捧蚕茧，也有图像为一女子戴马头、披马皮、手捧蚕茧。解放前，浙江各地蚕乡小庙或农家，多供有此神像，或为泥塑，或为木刻，或为图绘。

马头娘是我国关于蚕起源的最古老神话，这一“女化蚕”故事始传于晋代干宝的《搜神记》，认为蚕是马皮裹着的姑娘，在杭嘉湖一带盛行供奉，地方文献也多有记载。南宋於潜县令楼璹《耕织图》诗：“春前作蚕市，盛事传西蜀（认为浙江供奉马头娘习俗由四川传来）。此邦享先蚕，再拜丝满目。马革裹玉肌，能神不为辱。虽云事渺茫，能与民为福。”清代光绪《嘉兴府志》载：“马头娘，今佛寺中亦有塑像，妇饰而乘马，称马鸣王菩萨，乡人多祀之。”清代李兆宏

①② 《浙江省丝绸志》，方志出版社1999年版，第526页。

《蚕妇诗》云:“村南少妇理新妆,女伴相携过上方,要卜今年蚕事好,来朝先祭马头娘。”清代光绪《於潜县志》也载:“再拜陈糕果,虔谢马头娘,辛勤到此日,膏沐始明妆。”《湖州府志》引《西吴蚕略》:“下蚕后,室中即奉马头娘。遇眠,以粉茧、香花供奉,蚕毕送之。”海盐骚子歌《发苻》:“东阳、义乌县叩请蚕花马鸣王老太正神,带领缫丝、织绢、养蚕仙姑、神爹陈百万、神母施氏安人,共赴中仙台上。”安吉人张行孚《蚕事要略》:“若村庄有蚕神庙,则蚕生日及育蚕前后,便到庙祀之。按蚕神之像以女人骑马,俗名马鸣王。盖蚕为女人之事,而又传始于西陵氏,故塑为女人。蚕与马同祖,故又塑为女人骑马。盖其始,想当然而为之,而祀之既久,则神亦安之矣。”

蚕生日①

湖州、嘉兴地区的蚕乡多以农历腊月(十二月)十二日为蚕花娘娘生日。蚕农在这一日祭祀,以祈求蚕花娘娘赐予蚕花旺年。蚕妇们用红(掺入金黄色的烂熟老南瓜)青(掺入“年青头”)白三色米粉做成象形圆子,如茧圆、绞丝圆、茧篮圆、元宝圆和桑叶龙蚕圆等,用于供灶,并备酒菜,置“蚕花五圣”神码,点香烛祭拜。同时,“浴蚕”的活动即在这一日举行。

在蚕生日或二月十二日,蚕农要礼拜经忏,叫“蚕花忏”,此时僧人以五色纸花沿门施送并化缘,谓之“送蚕花”或“蚕花缘”。

在蚕生日这天还要进行请蚕花活动。该日晚饭前,用蒸簟 1 只,内置鸡蛋 2 个、猪肉 1 碗、米粉团子 4 个,以及酒盅、筷子等具,置以蚕花娘娘纸马一张、排锭一副。再将盛有上述诸物的蒸簟端至墙门外,焚香点烛后,烧掉蚕花纸马和排锭。这时,邻里孩童围上来把簟中食物一抢而光。习俗认为食物抢吃得越快,则蚕花越旺。

机神崇拜②

丝织机匠信奉的神是轩辕黄帝和嫘祖,或是某个历史上技术超群的现实人物,如晚唐的褚载。为祭拜这些丝织业的保佑神灵,各地丝织业较发达或集中的地区多建有机神庙,塑有机神像,机户和丝织业者定期祭祀。

旧时杭州有机神庄 3 处,习惯上称涌金门机神庙为上机神庙,东园巷机神庙为中机神庙,闸弄口机神庙为下机神庙。诸机神庙奉祀之神为轩辕黄帝及其大臣伯余和晚唐把北方丝织技术传来浙江的著名机工褚载,杭州丝绸业中人于每年春秋二季,均以三牲五畜进行祭祀。机匠招收学徒,也在该日以机神庙敬神拜师,晚间聚餐,演敬神戏。平日机神庙供应茶水,作为业中人交流行情、切磋技艺的场所。

湖州祭祀机神始于宋或五代吴越国时期,所祀机神即唐代褚载。五代吴越国或北宋初,湖州置织绫务,褚载被推为机神,立像奉祭。至清代已有机神庙,附于先蚕庙内,有春、秋两次祭祀活动。德清县洛舍镇则于明天启年间(1621—1627 年)立庙奉祭,清同治、光绪年间,庙内增设孔明像。洛舍机神庙在何家坝港南仙童坞,于 20 世纪 50 年代初废,1981 年重建。

①② 《浙江省丝绸志》,方志出版社 1999 年版,第 527 页。

旧时，杭州丝绸练染业中人还有祭礼葛洪的习俗。葛洪(281—341年)，东晋道教理论家、医药家、炼丹家，字稚川，自号抱朴子，晚年隐居今杭州葛岭初阳台附近炼丹。民间传说葛洪发明了染料，是练染之始祖，丝绸练染者便尊其为本业祖师，俗呼为“葛仙翁”。每年农历九月初九，业中人聚集在西湖葛岭祭祀。

(五)历史遗址

浙江丝绸文物内容丰富，影响巨大。湖州钱山漾新石器时代遗址出土的丝织品，是我国南方发现最早、最完整的丝织物；余姚河姆渡遗址的出土文物，确定了蚕在7000年前就为人们所注意的历史，由此将中国丝绸的起源界定在这一时段。漫长的丝绸发展历史，还给后世留下许多与丝绸生产相关的石刻碑文。由于浙江在中国丝绸发展史中的特殊地位，国家将全国唯一的国家级专业博物馆——中国丝绸博物馆设在杭州。

(1)河姆渡遗址。位于宁绍平原东部余姚市丈亭区罗江乡河姆渡村，东距宁波市约25千米。1973年6月底，罗江公社在河姆村西南姚江渡口建排涝站，在基础工程掘进约3米时，发现大量陶器碎片及各种动物骨骸的混合堆积物，经省文物部门初步鉴定为新石器时代文化遗址，距今约7000年，是浙江省境内最早的原始文化堆积层。后经省考古队进行两次较大规模的科学发掘，出土文物4700余件，其中有纺轮等纺织工具70件，陶质居多，也有木质；外形为圆形扁饼，也有珠形、梯形、凸字形等，中有一圆孔，可插一中心杆，用来集纤成纱。除纺轮外，还有打纬骨机刀、骨梭、梭形器、木制绞纱棒、打纬刀、经轴(残片)等，这些文物均是河姆渡人从事纺织手工业的物证。在1977年冬第二期发掘时，又出土了一件盅形雕器，上刻四条蚕纹，其头部和身上的横节纹十分清晰逼真，好像蚕在向前蜿蜒蠕动。由此可知，当时生活在原始森林中的野蚕，已被河姆渡人所认识与喜爱。

(2)钱山漾遗址。位于太湖冲积平原东部湖州市区东南6千米处的钱山漾东岸的百廿亩村。钱山漾东西宽约1千米，南北长约3千米，为东苕溪的一段。东苕溪发源于天目山，经德清北流至湖州市安定门南与驿西桥处，汇西苕溪注入太湖。由于东西苕溪水汇合，形成河水逆流，水浪冲击，使遗址遭到破坏，无数的陶片、石器遍于滩野，漾的大部分已在1969年围垦成田，仅存航道。20世纪30年代，慎微之首次发现钱山漾古文化遗址，并有著述发表。1956年和1958年，省文物部门先后两次进行科学发掘，除出土大量陶器、农作物、捕鱼工具外，还在遗址下层获得残绸片、丝带和丝线等丝绸成品，经鉴定，这些丝绸品的原料均是家蚕丝。残绸片经纬密度为每平方厘米53根和48根，先缫后织，未完全碳化，呈黄褐色，为平纹组织，表面细致、平整、光洁；丝缕平直，经纬丝均无捻度，其丝纤度偏细，通过增加经纬纱数(经纬股由20根左右单茧丝合并)以达到织物的密度。这是我国迄今发现最早的丝织品，也是世界上最早的丝织品，距今已有4700余年，属良渚文化时期。

(3)含山蚕神庙塔。位于湖州市东南32千米处的含山乡境内，西南与德清县接壤，东南和桐乡市相连。含山为低矮的丘陵，高约百米，因山顶建有蚕花殿和蚕神塔而闻名。含山塔，原为纪念笔祖蒙恬而建，故又名“笔塔”，始建于北宋元祐年间(1086—1093年)，宣和年间(1119—1125年)毁于战乱。明正统六年(1441年)重建，清光绪二十七年(1901年)重修。现存塔体为明代建筑，塔高38.5米，直径5.9米，呈八角形，共七层，塔内每层设梯板，可登临远眺。塔南有四大天王神宇，塔北有一座雅致的蚕花殿，殿门上横挂一幅匾额“先蚕圣母”，殿内塑有一尊蚕花娘娘神像。相传，蚕花娘娘曾在清明节化作村姑，踏遍含山，留下了蚕花喜气，给含山附近的蚕农带来了蚕事丰收。每到清明前后，邻近四乡的蚕农蚕妇云集含山，祭祀蚕神，并踏遍含山之径，买几朵蚕花，带回蚕花喜气，保佑蚕茧丰收。久而久之，便形成了远近闻名的“含山蚕花节”。

(4)机神庙。杭州市艮山门外和三桥址、东园巷共三所。相传唐时，杭州人褚遂良九世孙褚载居江苏广陵(今扬州)，得织绫锦法，归而教其里人，于是杭州机杼甲天下。杭州人追思其功，立庙祀之，即忠清里通圣庙。明代由两位士人发起，18人响应捐资重修，清初演变为以后的东园巷机神庙。清雍正时(1723—1735年)，丝绸织造者又于城东北隅之艮山门外，设立机神庙以祀黄帝，且以附祀褚载。自宋迄清，朝廷皆在杭州设织造机构，红门局即明清之织局，西府局即昔日之染局，一时织染工匠甚众，又于附近之三桥址别立机神庙。后，机神庙或改设小学或改设工场，近年已拆毁无存，但仍保留地名。

(5)杭州织造局旧址。位于杭州市上城区清波街道劳动路红门局内。明永乐年间(1403—1425年)，在杭州涌金门建官营织造局，建局时，以其大门为红色，故又称红门局。清咸丰十一年(1861年)，修葺内织造局和染局，其中内织造局建大门、二门房屋45间、修仪之屋81间，染局建屋43间、坊架1座，修屋34间、坊架4座。时保存有织机380台，并新添缎机200台，增修各种织染器具，现旧址因新城改造，近年被拆毁。

(6)杭州观成堂绸业会馆旧址。位于杭州市上城区小营街道银洞巷内。清嘉庆二十二年(1817年)，由丝绸从业者出资在忠清巷通圣庙侧建屋设置绸业会馆(即观成堂)，作为业绸者议事之所。清光绪三十年(1904年)，重新集资迁建于银洞桥保信巷原丁丙所有之“不如圃”，先后历时四年建成，耗银币58000元，规模宏伟。杭州绸业会馆建成后，曾刻有记事石碑《杭州重建观成堂记》一座，现旧址尚存，碑文也保存完整。

(7)湖州南浔丝业会馆(公所)。位于湖州市南浔镇，今为南浔区辅导中心校址，主体建筑端义堂保存完好。清同治四年(1865年)春，南浔镇丝商庄祖绶、李桂馨、吴铁江和华铭轩等禀请藩司蒋某批准设立丝业公所。宣统二年(1910年)，丝业公所在南栅广惠桥堍兴建房舍，作办公之用。民国元年(1912年)建成，耗银8万余两，占地5亩，名丝业公所。旧时每年4月，全镇丝业从业人员数百人在此开蚕王会，共祭蚕神，祝祷蚕事茂盛。民国5年，丝业公所改称丝业会馆，又称丝业公会。该公会是南浔镇商界中建立最早、实力最强的同业组织。民国12年，美商柯斯密率美国丝商观光团20余人，赴丝业会馆参观，受到会长庞赞臣、庄骥千及绅商各界40余人的欢迎。民国14年，又有美国史丹利丝织公司负责人赫朱史丹利、上海生丝检查所所长白克纳和万国合众蚕丝改良会总技师何尚平到南浔考察蚕桑状况，南浔丝业公会在端义堂接待他们并共商蚕丝改良等问题。抗日战争期间，会馆部分建筑被毁。

(8)嘉兴先蚕祠。清代《梅里备志》卷一《祠宇》载：“(梅里)先蚕祠，咸丰时毁于兵燹，光绪二年众商重建，为丝业议事之所，俗称蚕花堂。”《梅里先蚕祠碑记》：“浙西蚕功甲天下，上供朝庙法服之章采，下洽薄海内外织纴服物之用，比军兴，抽厘助饷，商贾云集，国课日增，士饱马腾，胥于是赖。”又据郑乡《凤山小志》（嘉兴，1938）载：丝业公所在蚕皇祠后，于清光绪二十三年（1897 年）重建。

（9）湖州绉业会馆。清光绪年间，湖绉大盛，行销海内外。光绪三十年（1904 年），湖州绸商在市内局前巷建立绉业会馆。会馆房屋为木结构建筑，由会议大厅、小客厅、办公楼、花园式天井、厨房等组成。抗日战争前，湖州北街宁长巷、新庄街、新庄弄和局前弄一带绉庄林立，时绉业兴旺，绉庄资金雄厚，生意兴隆，上海、天津和汉口等地客商常云集馆内，洽谈丝绸业务。后馆址拆建，今尚存两厅一楼和一些附属建筑。

（10）湖州丝织公会。民国 4 年（1915 年），湖州丝织行业同仁发起成立丝织公会，设于市内宋家巷丁家花园旁，规模较大，内置花园。抗日战争全面爆发后，会址被日本侵略军占作军部。抗日战争胜利后，又为省第一行政专员公署所用。20 世纪 50 年代，曾作康复医院，后改作精神病院。现旧屋已拆除，为新建筑所代替。

（11）蚕学馆旧址。位于杭州市西湖西侧金沙港。清光绪二十三年（1897 年），杭州知府林启创办蚕学馆于此。初以怡贤亲王祠为校舍，清光绪三十四年扩建校舍，并更名为浙江中等官立蚕业学堂，后经多次迁校和改制，变更为浙江丝绸工学院和绍兴农业学校。金沙港蚕学馆（蚕业学堂）旧址至 20 世纪 70 年代尚保留平房十数间，用作驻地武装警察家属宿舍，今已辟为曲院风荷公园游览区。

二、中国丝绸博物馆

位于杭州西子湖畔的中国丝绸博物馆，是国家一级博物馆和国内最大的集收藏、研究、传承、展示于一体的纺织类专题博物馆，也是世界上最大的丝绸博物馆。现为省属副厅级事业单位，占地 5 公顷，建筑面积 8000 平方米，陈列面积 5000 平方米，1992 年正式对外开放，2004 年起对公众免费开放。原国家主席江泽民为该馆题词：“弘扬古蚕绢文化，开拓新丝绸之路。”

1986 年，中国丝绸博物馆筹建工作全面启动，中国丝绸博物馆筹建处建立，由杭州市丝绸工业公司负责日常管理工作。1990 年，纺织工业部和省政府对该馆的管理体制作调整：隶属纺织工业部领导，委托省政府管理，由省丝绸公司负责日常管理工作。在中央、省、市各级领导重视、关心下，在全国文博界、丝绸界、港澳同胞及海外友人的鼎力资助下，经过近 6 年的筹建，1992 年 2 月 26 日，中国丝绸博物馆正式对外开放。

1999 年，该馆日常行政管理划归省政府属地管理，隶属于省文化厅，列为省财政预算的直属事业单位，步入了快速发展的轨道。财政经费投入每年以 50%的幅度增长，藏品数量快速增加，陈列展览影响不断扩大，纺织品文物科技保护领先全国，中国蚕桑丝织文化遗产保护取得突破，在陈列展览、收藏保护、科技保护、社会教育等方面走出了一条专业博物馆的特色之路。

一、陈列展览

2003年，该馆进行整体设施及陈列改造，整体形象得到全面提升，基本陈列被国家文物局评为“第六届(2003—2004年)全国博物馆十大陈列展览精品奖”。基本陈列“中国丝绸文化展”讲述丝绸故事和丝绸工艺；“丝绸故事陈列”分文物厅、丝绸之路连廊和服饰厅，展示从新石器时期至明清的古代织绣文物，全方位展示了丝绸的起源与发展、丝绸种类、丝绸之路及丝绸在古代社会生活中的作用；“丝绸工艺陈列”分蚕桑厅、染织厅、织造坊，分别揭示蚕与桑的生活习性、染织的来龙去脉及纬锦机等古老织机的展示和操作表演。

该馆还联合社会各方资源，配合“文化遗产日”活动、西湖博览会、北京奥运会等重大社会活动，自开馆以来至2010年，在馆内和北京等省、市推出近50个临时展览。其中在该馆举办2000年“丝绸之路沙漠王子遗宝展”、2002年“纺织品考古新发现文物精品展”、2005年“黄金·丝绸·青花瓷——马可·波罗时代的时尚艺术展”、2006年“千年夹缬传浙南”、2009年“天衣有缝——中国纺织品文物修复成果展”，在北京大学举办2009年“锦上胡风——丝绸之路魏唐纺织品上的西方影响”、2010年“金冠丝服锦绣衣——契丹人的生活和艺术”，展现最新丝绸考古发现和文物修复成果，再现非物质文化遗产，尤其是“奇迹天工——中国古代发明创造文物：锦绣华服”“蚕乡遗俗——浙江丝绸的故事”双展成功亮相北京奥运会，受到了北京奥组委和文化部嘉奖，“霞裙曳彩虹——中国古今女裙展”等专题展览多次荣获“浙江省陈列展览精品奖”。

中国丝绸博物馆利用自身藏品优势，让精美的丝绸作为中国文化的传播使者，走向世界。1992—2010年先后赴加拿大、美国、法国、捷克、俄罗斯、墨西哥、哈萨克斯坦、芬兰、意大利等国家和地区，成功承办“衣锦环绣——5000年中国丝绸文化展”“天上人间——中国浙江丝绸文化展”“丝绸之路——中国丝绸艺术展”等丝绸文化精品展览，成为代表国家和浙江对外文化交流的一张“金名片”。

二、收藏保护

馆藏文物是博物馆发展的物质基础。该馆藏品经历了从无到有的过程。建馆初期由于受经费限制，文物数量极少，与国家级博物馆的差距极大。自1999年以来，在省文物局和省财政厅的大力支持下，文物征集财政拨款逐年增长。同时通过举办专题展览向社会公众征集相关展品，如筹备“时尚百年——20世纪中国服装艺术回顾展”和“革命与浪漫——1957－1978年中国丝绸设计回顾展”，得到广大杭州市民和老丝绸设计师的广泛响应，踊跃捐赠民国服饰及20世纪50—80年代设计稿和相关资料，从而形成了一个藏品征集与展览之间的良性循环。鉴于该馆在国际上的知名度，众多海外友人无偿捐赠了他们的藏品。2010年，中国香港著名收藏家朱伟基、卢茵茵夫妇捐赠辽代服饰75件，为该馆私人捐赠文物最多的一次。

通过市场收购、捐赠奖励、拍卖购买、有偿调拨等征集途径，新征文物数量显著增加，不仅填补了收藏空白，又为基本陈列、临时展览和出国展览提供了丰富的精品展品。截至2010年底，藏品总数达21059件，其中历史文物3662件，形成了较完整的纺织服饰藏品体系，不仅有出土和传世的古代织绣珍品、近现代服饰、少数民族服饰、丝绸题材书画作品，还积极抢救蚕桑染织绣非物质文化遗产。同时作为一个致力于长远发展的博物馆，为明天而收藏当代，2006—2010年该馆通过市场征购、企业捐赠征集了近1万件各大企业于20世纪下半叶生产的各色绸样、花样设计稿和当代纺织面料、服装时尚艺术。

三、科技保护

中国丝绸博物馆作为国内最大的纺织类专业博物馆，一直致力于纺织品文物保护和丝绸之路的研究，并在国内外具有一定的影响。2000年，经国家文物局同意建立“中国纺织品鉴定保护中心”，2010年，加入“国家文化遗产保护科技区域创新联盟(浙江省)”，尤其是“纺织品文物保护国家文物局重点科研基地”落户该馆，确立了该馆在中国纺织品文物保护领域里的领先地位。2010年，在新疆维吾尔自治区博物馆内建设基地新疆工作站，为全疆纺织品文物保护修复工作提供技术支撑和人才培养。

“十一五”期间，由该馆承担或为主要参与者的科研课题包括2项科技支撑计划子课题、2项指南针计划、3项国家文物局课题、1项国家自然科学基金项目、1项国家社会科学基金项目、1项国家重点出版项目、9项浙江省文化遗产保护工程，出版《敦煌丝绸艺术全集(英藏卷)》等中英文专著15部，发表研究论文百余篇，《脆弱丝织品的蚕丝蛋白加固方法》等授权发明专利15个，制定纺织品文物保护行业标准3项。其中，以该馆为主进行的指南针计划试点项目“东周纺织织造技术价值挖掘与展示——以出土纺织品为例”荣获2009年文物保护科学和科技创新奖二等奖。

2008年，该馆被国家文物局授予认定全国首批可移动文物技术保护甲级设计资质、一级修复资质单位，该馆已为香港、浙江、江西、内蒙古、新疆、湖北、山西、青海、甘肃、陕西、山东、湖北、宁夏、江苏、广西、河北等16个省份(区、市)的近50家文博机构提供技术支撑服务，出具《辽耶律羽之墓出土丝绸鉴定报告》等鉴定报告30余份，编制《南京报恩寺遗址地宫出土纺织品保护修复方案》等文物保护修复方案10余项，实施《新疆尉犁营盘汉晋墓地M15男子服饰的保护修复》等文物保护修复项目30余个。2009年，由该馆牵头申报的“中国蚕桑丝织技艺”被联合国教科文组织列入“人类非物质文化遗产代表作名录”，进一步促进了我国蚕桑丝织技艺保护体系的建立和完善。

该馆积极开展国际学术交流，与丹麦哥本哈根大学纺织品研究中心(TRC)合作开展青铜时期欧亚毛织品比较研究，与美国波士顿大学合作开展丝绸之路出土纺织品染料研究，与韩国传统文化大学合作开展纺织品文物保护修复案例研究，与大英博物馆、维多利亚阿伯特博物馆、大英图书馆、法国吉美博物馆等联合开展敦煌纺织品研究，与乌兹别克斯坦考古科学研究院合作开展乌兹别克斯坦费尔干纳盆地蒙恰特佩墓地纺织品研究，基本建成了以丝路之绸为框架的国际合作研究体系。

四、社会教育

作为省、市爱国主义教育基地，开馆以来，利用五千年丝绸文化遗产资源，以弘扬和传播蚕桑丝织文化遗产为宗旨，积极为社会各界服务，针对不同公众开发与之配套的社会教育项目，并不断探索创新，拓展社会教育功能，特别是科普养蚕、丝绸扎染、丝绸手绘、中国丝绸文化巡回展、丝府寻遗、DIY 快乐淘宝行、丝绸文化大课堂、丝绸文化系列讲座等活动已被成功打造为博物馆的品牌项目，成为架起博物馆与学校沟通的桥梁。通过多年努力，该馆已成为浙江理工大学材纺学院等高校的社会实践基地、教学基地、中小学的雏鹰争章基地和志愿者的实践基地。与此同时，还通过报刊、电视、广播、网络等各种途径积极宣传博物馆，以提高博物馆的知名度。

大事年表

时　间	大　事　纪　要	资料来源
前 2750±100 年	在湖州钱山漾新石器时代遗迹发掘到前 2750±100 年的绸片、丝线和丝带，绸片为平纹织品。	浙江省文物管理委员会：《吴兴钱山漾遗址第一、二次发掘报告》，第 89 页
春秋战国时期（前 770—前 221 年）	越王勾践奖励发展蚕桑业，“省赋敛，劝农桑”。丝织品有纱、縠、罗等。	《越绝书》卷四《计倪内经第五》
东汉建武三年至永元九年（27—97 年）	桑树有天牛为害记载。	〔东汉〕王充：《论衡》卷十六《商虫篇》
北魏（386—534 年）	永嘉有八辈（批）蚕。三卧（眠）一生蚕、四卧（眠）一生蚕。	〔北魏〕贾思勰：《齐民要术》引《永嘉记》
北魏太和十二年（488 年）	会稽（今绍兴）成为南朝蚕丝交易的中心。	朱新予：《浙江丝绸史》，浙江人民出版社 1985 年版，第 11 页
隋代（581—618 年）	越溪进耀光绫，绫纹突起有光彩。永嘉、新安、遂安等处，一年蚕四五熟，勤于纺绩。	《隋书》卷三十一《地理志下》
唐代（618—907 年）	各州进贡丝织品和丝绵名产，湖州贡乌眼绫，杭州贡绯绫、纹绫、白编绫，睦州贡丝、交梭绫、文绫，越州贡缭绫、交梭绫、宝花罗、白编绫、十样花纹绫、轻容蓝縠、花纱、吴绢、异文吴绫、花鼓歇纱、吴绫、吴朱砂，婺州、衢州和温州贡锦，处州贡丝、绢、绵绸、小绫。	朱新予：《浙江丝绸史》，浙江人民出版社 1985 年版，第 24 页
唐开元二十六年（738 年）	设明州（今宁波），辖慈溪、奉化、镇海、定海、象山等 5 个县，州治鄞县，属浙江东道。至此，明州港正式开埠，与扬州、广州一起列为中国对外开埠的三大港口，成为“海上丝绸之路”的重要起点和通道之一。	李英魁：《宁波与海上丝绸之路》，科学出版社 2007 年版，第 48 页
唐元和八年（813 年）	浙江的 10 个州中，进贡丝织品和丝绵的有湖州、杭州、睦州、越州、婺州、衢州、处州、温州和明州等 9 个州。	《浙江省丝绸志》，方志出版社 1999 年版，第 17 页
五代十国时期（907—960 年）	吴越国，有河塘泥培壅桑树的应用。	章楷：《中国古代栽桑技术史料研究》，农业出版社 1982 年版，第 107 页

续表 1

时间	大事纪要	资料来源
北宋雍熙元年(984 年)	在杭州、明州设市舶司，丝织品直接出口。杭州丝织品名产有白编绫、柿蒂绫、樗蒲绫，罗有素罗、花罗、缬罗、熟罗、线柱罗、暗花罗、金蝉罗、博生罗，锦有青红捻金锦，缎有销金线缎，克丝有花素两种，纱有素纱、天净纱、三法纱、暗花纱、栗地纱、茸纱、织金、间道、闪褐。	《宋史》卷三百三十七《范祖禹传》
北宋嘉祐八年(1063 年)	湖州能在绫罗上印成深红、浅红、淡红色。	《湖州丝绸志》，海南出版社 1998 年版，第 12 页
南宋绍兴元年(1131 年)	楼璹绘《耕织图》并对每幅图附五言诗一首，其中织图 23 幅，描绘了栽桑至成衣全过程，为最早蚕丝的成套图像资料。	〔宋〕楼钥：《攻媿集》卷七十六
南宋绍兴十九年(1149 年)	湖州农村已广泛应用桑树嫁接技术。	〔宋〕陈旉：《农书》卷下《种桑之法篇第一》
元至元十年(1273 年)	设立司农司，颁布《农桑之制十四条》。	《元史》卷七《世祖本纪四》
元延祐二年(1315 年)	诏"江浙行省印《农桑辑要》万部"。北方蚕桑技术在浙江推广应用。	《元史》卷十四《世祖本纪第十一》
明(1368—1644 年)	地方官府设有织染局的有杭州府、绍兴府、严州府、金华府、衢州府、台州府、温州府、宁波府、湖州府、嘉兴府。	《浙江省丝绸志》，方志出版社 1999 年版，第 18 页
明洪武三年(1370 年)	杭州织染局建于斯如坊，是谓南局，永乐中因地势卑湿，分拨工料于涌金门建局织造，是谓北局，内有房屋 120 余间，分为织、罗二作。	《杭州丝绸志》，浙江科学技术出版社 1999 年版，第 8 页
明崇祯十三年(1640 年)	对嘉湖蚕桑生产经验进行了较为完整的总结。	〔明〕张履祥：《补农书》上卷引《沈氏农书》
清顺治三年(1646 年)	清廷重修杭州织造局，后陆续扩建，形成内织造局、外织造局、纺局、染局共四处。	《杭州丝绸志》，浙江科学技术出版社 1999 年版，第 9 页
清康熙三十五年(1696 年)	焦秉贞绘《耕织图》，对每幅图配诗一首，其中织图描绘了养蚕、采桑、上蔟、缫织、成衣全过程。康熙帝为其写序。	〔清〕焦秉贞绘：《康熙御制耕织诗图》，安徽人民出版社 2013 年版
清嘉庆二十二年(1817 年)	由绸商出资在杭州忠清巷建屋设绸业会馆（即"观成堂"），为业绸者议事之所。	《杭州丝绸志》，浙江科学技术出版社 1999 年版，第 10 页
清道光二十四年(1844 年)	"湖桑"记述首现。	〔清〕包世臣：《齐民四术》
清同治元年(1862 年)	英法商人在上海开设机器缫丝厂，为浙江设立茧行、向嘉湖地区收购原料茧，农民出售鲜茧之始。	《浙江省蚕桑志》，浙江大学出版社 2004 年版，第 13 页

续表 2

时间	大事纪要	资料来源
清同治元年（1862 年）	杭州岳家湾同润经绒坊开办，为市区第一家经绒坊。	《浙江省丝绸志》，方志出版社 1999 年版，第 19 页
清同治四年（1865 年）	海宁、桐乡等地苗农，开始应用“袋接法”繁殖嫁接苗。	〔清〕江毓昌：《蚕桑说》
清光绪十五年（1889 年）	浙江海关税务司派江生金赴法国蒙伯利养蚕公院（La Station Serieicolede Montpellier）学习养蚕和巴斯德显微镜检查母蛾微粒子病技术等。	蒋猷龙、钱竹亭：《浙江蚕业史》，浙江省农科院蚕桑研究所、浙江省农业厅经济作物管理局 1987 年印，第 126 页
清光绪二十一年（1895 年）	八月，宁波官方拨款支持商人在绍兴县曹娥镇白米堰创办立缫机开源永丝厂，湖州庞元济、杭州丁丙集资在拱宸桥如意里创办立缫机世经丝厂，缫丝机均为 208 台，次年 7 月投产。	《杭州丝绸志》，浙江科学技术出版社 1999 年版，第 8 页
清光绪二十二年（1896 年）	一月，在萧山转坝建成合义和丝厂，在杭县塘栖镇建立大纶丝厂。	《杭州丝绸志》，浙江科学技术出版社 1999 年版，第 9 页
清光绪二十三年（1897 年）	杭州太守林迪臣在杭州金沙港创立蚕学馆。光绪二十四年开学，招生 30 名，聘任日本蚕学教师前岛次郎、西原德太郎等。	《农学报》第二十九卷
清光绪三十二年（1906 年）	邱仲刚、丁祖训在杭州艮山门外创建浙江最早私营制种场。光绪三十二年至宣统元年间，年生产改良蚕种 500 张到 1000 张。	《浙江省蚕桑志》，浙江大学出版社 2004 年版，第 14 页
清光绪三十三年（1907 年）	楼文镳在杭州上板儿巷创办蚕桑女子学堂。	《浙江省丝绸志》，方志出版社 1999 年版，第 19 页
清宣统二年（1910 年）	王笙甫、范芹甫等合资在湖州大通桥创办的公益缫丝厂投产，有意大利式座缫丝车 200 台，日产生丝 1 担。许炳堃在杭州蒲场巷（今大学路）筹建浙江中等工业学堂，内设机械、染色、机织三科，并附设艺徒班，翌年 3 月正式开学。	《湖州丝绸志》，海南出版社 1998 年版，第 20 页
民国元年（1912 年）	3 月，省农事试验场在杭州笕桥创立，内设蚕桑科，建有桑苗圃和蚕种场，开展蚕桑试验。	《浙江蚕业史研究文集（第一集）》，浙江省农科院蚕桑研究所等 1980 年编印，第 4 页
民国 3 年（1914 年）	2 月，浙江中等工业学堂毕业生阮季候创办武林铁工厂，生产和仿制织机零件和座缫车等。	《浙江省丝绸志》，方志出版社 1999 年版，第 20 页
民国 4 年（1915 年）	中国参加巴拿马太平洋国际博览会，当时参展的物品有几十万件，而最后的评奖结果，浙江省获大奖 6 个，名誉奖 5 个，金奖 25 个，银奖 36 个，铜奖 32 个，其中来源茂的茧、湖州辑里的丝经、袁震和的绸等获得了奖项。	《浙江蚕业史研究文集（第一集）》，浙江省农科院蚕桑研究所等 1980 年编印，第 4 页

续表 3

时　间	大　事　纪　要	资料来源
民国 4 年（1915 年）	省原蚕种制造场在杭州艮山门外沙田里建立。	《浙江省蚕桑志》，浙江大学出版社 2004 年版，第 14 页
民国 5 年（1916 年）	江（苏）、浙（江）、皖（安徽）3 个省丝厂、茧行等企业负责人在上海组成江浙皖茧业总公所，协商 3 个省间的茧丝事业。	《浙江省丝绸志》，方志出版社 1999 年版，第 21 页
民国 7 年（1918 年）	浙江合众蚕桑改良会在嘉兴、诸暨分设养蚕场养蚕制种。	《浙江省蚕桑志》，浙江大学出版社 2004 年版，第 14 页
民国 8 年（1919 年）	省议会、教育会、绸业会及有关实业机关共 15 个团体，成立浙江蚕桑改良会，推动各种蚕丝业改良推广计划，其中建议于丝茧绸捐中提取 4%作为蚕丝业改良推广费。杭州纬成公司与日商合资在上海华德路 566 号创办大昌精练染色整理厂。同年在杭州创办义大精练染厂。	《浙江省丝绸志》，方志出版社 1999 年版，第 21 页
民国 11 年（1922 年）	试制一代杂交种。	《浙江蚕业史文集（第一集）》，浙江省农科院蚕桑研究所等 1980 年编印，第 4 页
民国 12 年（1923 年）	纬成公司在嘉兴南湖东岸创办裕嘉绢丝纺织厂。	《嘉绢志（1921—1988）》，《嘉绢志》编纂委员会 1990 年编印，第 368 页
	全省桑园面积 2658193 亩，为有史可查最大桑园面积。	蒋猷龙、钱竹亭：《浙江蚕业史》，浙江省农科院蚕桑研究所、浙江省农业厅经济作物管理局 1987 年印，第 161 页
民国 16 年（1927 年）	国立第三中山大学（今浙江大学）农学院创办蚕桑系。	蒋猷龙、钱竹亭：《浙江蚕业史》，浙江省农科院蚕桑研究所、浙江省农业厅经济作物管理局 1987 年印，第 151 页
民国 18 年（1929 年）	6 月 6 日，在杭州孤山举办西湖博览会，内设丝绸馆，当时著名丝绸厂纬成、虎林、震旦、都锦生和湖州辑里丝都设有陈列室。	《浙江省丝绸志》，方志出版社 1999 年版，第 22 页
民国 20 年（1931 年）	推广蚕种人工孵化、小蚕共育、蜈蚣蔟、福尔马林消毒等新技术。	《浙江蚕业史研究文集（第一集）》，浙江省农科院蚕桑研究所等 1980 年编印，第 4 页
	7 月，私人蚕种场从上年 22 个增至 75 个，生产蚕种 823949 张；公立种场生产蚕种 78897 张，合计生产蚕种 90.28 万张。全年产茧量 136.3 万担，创历史最高产量。	蒋猷龙、钱竹亭：《浙江蚕业史》，浙江省农科院蚕桑研究所、浙江省农业厅经济作物管理局 1987 年印，第 164—165 页

续表 4

时　间	大　事　纪　要	资料来源
民国 23 年（1934 年）	2 月 15 日，全国经济委员会在杭州成立蚕丝改良委员会，由省建设厅厅长曾养甫任主任，在萧山、杭县、临安 3 个县设立蚕桑改良模范区，在杭县办蚕种场，在嘉兴、杭县装置烘茧机，引进多绪立缫车和煮茧机，并编印《中国蚕丝》《蚕丝统计月刊》。	《浙江省丝绸志》，方志出版社 1999 年版，第 23 页
	12 月，省建设厅管理蚕桑事业委员会改组扩大为省建设厅蚕丝统制委员会，从栽桑到织绸各环节实施全面统制管理。民国 25 年 2 月，改名为省蚕丝统制委员会，直属省政府领导。	《浙江省丝绸志》，方志出版社 1999 年版，第 23 页
民国 27 年（1938 年）	8 月 10 日，侵华日军在上海成立华中蚕丝有限公司，在杭州、嘉兴设立分公司，在湖州、长安、硖石、海盐设立办事处。	《浙江省丝绸志》，方志出版社 1999 年版，第 23 页
	省建设厅将蚕业改良场、嘉兴蚕种场、蚕业监管所并入省农业改进所，设蚕丝股。	蒋猷龙、钱竹亭：《浙江蚕业史》，浙江省农科院蚕桑研究所、浙江省农业厅经济作物管理局 1987 年印，第 166 页
民国 30 年（1941 年）	省蚕丝管理委员会成立，负责蚕业推广、蚕种监管，在嵊县设立蚕桑繁殖场。省农业改进所专设蚕丝系，成立育蚕、育桑两场。民国 31 年合并为蚕丝试验室。	蒋猷龙、钱竹亭：《浙江蚕业史》，浙江省农科院蚕桑研究所、浙江省农业厅经济作物管理局 1987 年印，第 166 页
民国 35 年（1946 年）	1 月，中国蚕丝公司成立，在浙江设立杭州、嘉兴两个办事处。下属嘉兴实验绢纺厂、嘉兴实验蚕桑场、嘉兴实验育蚕指导所以及杭州茧库、嘉兴茧库、长安桑苗圃和杭州冷库。	蒋猷龙、钱竹亭：《浙江蚕业史》，浙江省农科院蚕桑研究所、浙江省农业厅经济作物管理局 1987 年印，第 184 页
	省蚕业推广委员会成立，在 29 县 1 市设 10 个蚕业推广区和 59 个指导所。	蒋猷龙、钱竹亭：《浙江蚕业史》，浙江省农科院蚕桑研究所、浙江省农业厅经济作物管理局 1987 年印，第 184 页
民国 35 年（1946 年）	5 月，中国蚕桑研究所由贵州遵义迁到国立浙江大学农学院（杭州华家池）。1949 年，省政府成立后改为省农林厅蚕桑试验场。	《浙江蚕业史研究文集（第一集）》，浙江省农科院蚕桑研究所等 1980 年编印，第 4 页
1949 年	5 月 26 日，杭州市军管会军代表接管中国蚕丝公司杭州办事处暨所属杭州冷库、瑞丰茧行、杭州仓库、长安仓库、杭州实验桑园、长安实验桑苗圃等所有财产。中国蚕丝公司杭州办事处改组为浙江省土产公司丝绸部，属浙江贸易总公司领导。杭州市军管会财经部实业处派出接管小组，先后接管浙江省蚕业改进管理委员会及有关单位。	钱竹亭、蒋猷龙、王丕承：《浙江现代蚕业大事记（1949—1985 年）》，浙江省农科院蚕桑研究所 1991 年印，第 1 页

续表 5

时　间	大　事　纪　要	资料来源
1949 年	6 月 6 日，上海市军管会派军代表接管中蚕公司嘉兴第一绢纺厂。	中国丝绸协会历史研究委员会等编：《新中国丝绸大事记》，纺织工业出版社 1992 年版，第 2 页
	6 月 6 日，杭州市军管会财经部实业处公布《浙江省蚕种制造管理暂行办法》。杭州市军管会派军代表接管省立杭州蚕丝职业学校，同时成立校务委员会。	《浙江省蚕桑志》，浙江大学出版社 2004 年版，第 16 页
	8 月 13 日，杭州市军管会财经部决定实行蚕种统购统销，废除自由买卖。	钱竹亭、蒋猷龙、王丕承：《浙江现代蚕业大事记（1949—1985 年）》，浙江省农科院蚕桑研究所 1991 年印，第 2 页
	8 月 19 日，省政府批准成立浙江省蚕业改进所，设研究繁殖、蚕种监管、推广指导、丝茧管理系和秘书室"四系一室"，属省实业厅领导。	钱竹亭、蒋猷龙、王丕承：《浙江现代蚕业大事记（1949—1985 年）》，浙江省农科院蚕桑研究所 1991 年印，第 2 页
	12 月 27 日，省首届蚕农代表大会在杭州召开，会议确定 1950 年的生产方针是保持现有生产水平，有重点地改进生产技术，加强养蚕的生产组织。	钱竹亭、蒋猷龙、王丕承：《浙江现代蚕业大事记（1949—1985 年）》，浙江省农科院蚕桑研究所 1991 年印，第 3 页
	全省桑园面积 124 万亩，产量在 1.05 万吨。	《浙江农业志源》（第 3 辑），浙江省农业厅农业志办公室 1996 年编印，第 6 页
1950 年	3 月 1 日，省土产公司丝绸部改组为华东区蚕丝公司杭州公司筹备处。	《浙江省丝绸志》，方志出版社 1999 年版，第 25 页
	5 月 11 日，中国蚕丝公司浙江分公司成立。	中国丝绸协会历史研究委员会等编：《新中国丝绸大事记》，纺织工业出版社 1992 年版，第 7 页
	7 月 1 日，中国蚕丝公司嘉兴第一绢纺厂划归纺织工业部华东纺织管理局，改名为国营嘉兴绢纺厂。	《浙江省丝绸志》，方志出版社 1999 年版，第 25 页
	8 月，省蚕业改进所成立小作制种调查委员会。10 月 29 日决定，在德清士林乡水北村和吴兴三长乡祝家兜村进行小作制种实验，并将小作制种更名为原蚕饲育区。	钱竹亭、蒋猷龙、王丕承：《浙江现代蚕业大事记（1949—1985 年）》，浙江省农科院蚕桑研究所 1991 年印，第 6 页
1951 年	2 月，国家副主席刘少奇视察杭州虎林丝厂和浙江第一联合丝织厂。	中国丝绸协会历史研究委员会等编：《新中国丝绸大事记》，纺织工业出版社 1992 年版，第 11 页

续表 6

时间	大事纪要	资料来源
1951 年	5 月 31 日，省商业厅为加强土丝管理，在杭州、湖州、南浔、新市、双林、硖石、崇德等地设立土丝市场，及土丝市场管理委员会。同时订立杭州市丝业市场交易规则和组织章程。	《浙江省丝绸志》，方志出版社 1999 年版，第 26 页
	6 月，华东农林部与江浙两省商定，蚕种价格每张为 2 万元。其中 10% 为蚕桑指导费，90% 为蚕种场应得的蚕种基本价格。	钱竹亭、蒋猷龙、王丕承：《浙江现代蚕业大事记（1949—1985 年）》，浙江省农科院蚕桑研究所 1991 年印，第 9 页
	8 月 31 日，华东贸易部同意中蚕浙江分公司在湖州建立办事处，以管理该区内的丝绸加工业务、蚕茧收购仓储及土丝供应与价格工作。	《湖州丝绸志》，海南出版社 1998 年版，第 33 页
	12 月，中国蚕丝学会（筹）杭州分会筹委会成立。	钱竹亭、蒋猷龙、王丕承：《浙江现代蚕业大事记（1949—1985 年）》，浙江省农科院蚕桑研究所 1991 年印，第 9 页
1952 年	1 月 11 日，中蚕浙江分公司所属中蚕二厂和长安丝厂移交省工业厅丝绸公司接管。	《浙江省丝绸志》，方志出版社 1999 年版，第 26 页
	1 月，省工业厅、农林厅和省文教厅决定，杭州蚕丝职业学校与湖州高级蚕丝职业学校合并，成立浙江省蚕桑技术学校，校址在杭州古荡。	钱竹亭、蒋猷龙、王丕承：《浙江现代蚕业大事记（1949—1985 年）》，浙江省农科院蚕桑研究所 1991 年印，第 10 页
	2 月 20 日，省政府制定《关于保护缫丝业童工暂行办法》《关于缫丝工厂温湿度管理暂行办法》。	《浙江省丝绸志》，方志出版社 1999 年版，第 26 页
	2 月，省立蚕丝学校划分为“浙江省制丝技术学校”（隶属省工业厅）和“浙江省蚕桑技术学校”（隶属省农业厅）。	中国丝绸协会历史研究委员会等编：《新中国丝绸大事记》，纺织工业出版社 1992 年版，第 13 页
	2 月，全国高等学校机构改革，原浙江大学农学院分立浙江农学院，浙江大学蚕桑系归属浙江农学院。1960 年，改称为浙江农业大学蚕桑系。	钱竹亭、蒋猷龙、王丕承：《浙江现代蚕业大事记（1949—1985 年）》，浙江省农科院蚕桑研究所 1991 年印，第 10 页
	7 月，苏联蚕桑专家古塞依诺夫和查理斯昂克考察浙江蚕业，介绍劳动英雄苏尔坦诺娃高温干燥快速养蚕法经验，逐步推广至全省。	钱竹亭、蒋猷龙、王丕承：《浙江现代蚕业大事记（1949—1985 年）》，浙江省农科院蚕桑研究所 1991 年印，第 11 页
1953 年	2 月 4 日，省工业厅纺织工业管理处与省丝绸公司合并成立省工业厅纺织工业管理局（简称省纺管局）。	《浙江省丝绸志》，方志出版社 1999 年版，第 27 页

续表 7

时 间	大 事 纪 要	资料来源
1953 年	9 月，省政府发文废除《浙江省桑苗采购运销管理办法》《浙江省桑苗运销手续》，桑苗可由自行组织运销或委托合作社代销，价格按市场需求协商决定，并允许私商经营正常的桑苗购销活动。	钱竹亭、蒋猷龙、王丕承：《浙江现代蚕业大事记（1949—1985 年）》，浙江省农科院蚕桑研究所 1991 年印，第 15 页
	11 月 19 日，省农林厅原驻县各站、所名义一律取消，统一归县农林科领导，蚕桑重点县可在农林科下设立蚕业指导所。	《浙江省蚕桑志》，浙江大学出版社 2004 年版，第 18 页
	12 月 10 日，中国蚕丝公司浙江分公司改名为中国丝绸公司华东区浙江分公司。	中国丝绸协会历史研究委员会等编：《新中国丝绸大事记》，纺织工业出版社 1992 年版，第 19 页
1954 年	6 月 16 日，江、浙两省商业部门在毗邻地区的吴江、吴兴、嘉兴、桐乡共同成立土丝土绸市场管理委员会，统一领导四县的土丝、土绸收购管理工作。规定土丝、土绸私商须集中交易，个体生产逐步纳入国家计划。	中国丝绸协会历史研究委员会等编：《新中国丝绸大事记》，纺织工业出版社 1992 年版，第 21 页
	6 月 17 日，浙江省蚕种公司成立。设经理室及经营管理、监管、财务和人事四科。	钱竹亭、蒋猷龙、王丕承：《浙江现代蚕业大事记（1949—1985 年）》，浙江省农科院蚕桑研究所 1991 年印，第 18 页
	6 月 30 日，华东外贸局批准省丝绸公司将杭州营业所改组成为杭州支公司。支公司业务、行政分别受省丝绸公司和杭州市商业局双重领导。自 12 月 1 日起杭州支公司正式对外营业。	《杭州丝绸志》，浙江科学技术出版社 1992 年版，第 16 页
	8 月，中国蚕丝学会（筹）杭州分会筹委会会刊《蚕丝通讯》创刊出版。	《蚕丝通讯》1954 年创刊号
	9 月 20 日，《浙江省蚕种监管办法》公布实施。	《浙江省蚕桑志》，浙江大学出版社 2004 年版，第 19 页
1955 年	1 月 22 日，中央外贸部批准中国丝绸公司华东区公司浙江分公司改称为中国丝绸公司浙江省公司（简称省丝绸公司）。	中国丝绸协会历史研究委员会等编：《新中国丝绸大事记》，纺织工业出版社 1992 年版，第 12 页
	2 月，省工业厅丝绸工业管理局成立。	《浙江省丝绸志》，方志出版社 1999 年版，第 29 页
	2 月 27 日，华东区丝绸公司浙江分公司湖州办事处改名为“中国丝绸公司浙江省公司湖州办事处”。业务与行政分别归省丝绸公司和湖州市人民政府工商科领导。	《湖州丝绸志》，海南出版社 1998 年版，第 36 页

续表 8

时　间	大　事　纪　要	资料来源
1955 年	10 月 13 日，杭州市工业局决定都锦生丝织厂和群利绸厂、富强绸厂、浙江丝织第三合营厂、大龙绸厂、永成源绸厂、华成绸厂实行合并，厂名为公私合营都锦生丝织厂。	《杭州丝绸志》，浙江科学技术出版社 1999 年版，第 17 页
1956 年	3 月 15 日，国务院第五办公室转发《桑蚕茧评级标准》方案，规定评茧标准以茧层率为依据，结合解舒因素进行调整，上茧和下茧分别计价。	《浙江省丝绸志》，方志出版社 1999 年版，第 29 页
	3 月 21 日，省委批转省农业厅党组《关于对本省私营蚕种场实行社会主义改造的报告》，同意对 26 个私营蚕种场实行公私合营。	钱竹亭、蒋猷龙、王丕承：《浙江现代蚕业大事记（1949—1985 年）》，浙江省农科院蚕桑研究所 1991 年印，第 27 页
	4 月 6 日，省人委决定恢复蚕校，选定诸暨牌头为校址，定名为“浙江省诸暨蚕桑学校”，于 9 月 10 日开学。	钱竹亭、蒋猷龙、王丕承：《浙江现代蚕业大事记（1949—1985 年）》，浙江省农科院蚕桑研究所 1991 年印，第 28 页
1957 年	5 月 7 日，省农业厅蚕桑管理局成立。设蚕桑、蚕种、财务、人事和秘书 5 个科。	《浙江农业志源》（第 13 辑），浙江省农业厅农业志办公室 1999 年编印，第 130 页
	5 月 23 日，省增产节约委员会同意撤销省工业厅所属丝绸工业专业公司，成立丝绸工业管理局。	《浙江省丝绸志》，方志出版社 1999 年版，第 30 页
1958 年	2 月，全国人大常委会委员长朱德视察余杭县九堡蚕桑示范场和省原蚕种场，指示要大力发展蚕桑生产。	钱竹亭、蒋猷龙、王丕承：《浙江现代蚕业大事记（1949—1985 年）》，浙江省农科院蚕桑研究所 1991 年印，第 38 页
	5 月，中国第一座丝绸印染联合工厂（杭州丝绸印染联合厂）第一期工程（缫丝部分）完成并投产。该厂占地 46 公顷，是一座新型的、大型的丝绸印染联合企业。	中国丝绸协会历史研究委员会等编：《新中国丝绸大事记》，纺织工业出版社 1992 年版，第 37 页
	6 月，湖州建立双林绫绢厂。	《浙江省丝绸志》，方志出版社 1999 年版，第 30 页
1959 年	1 月 1 日，《浙江丝绸工业通讯》更名为《浙江丝绸》，每月定期出版，向全国公开发行。1964 年，改为全国性刊物，定名《丝绸》。	中国丝绸协会历史研究委员会等编：《新中国丝绸大事记》，纺织工业出版社 1992 年版，第 19 页
	1 月，浙江省蚕丝学会改称为浙江省蚕桑学会，会刊《蚕丝通报》改名为《蚕桑通报》。	《蚕桑通报》1959 年第 1 期

续表 9

时　间	大　事　纪　要	资料来源
1959 年	8 月，省农业厅召开全省蚕种场会议。制种方针从以群众制种为主，调整为以国营场制种为主、群众制种为辅。	钱竹亭、蒋猷龙、王丕承：《浙江现代蚕业大事记（1949—1985 年）》，浙江省农科院蚕桑研究所 1991 年印，第 43 页
	8 月 27 日，全国人大常委会委员长朱德为浙江《蚕桑通报》《茶叶》《园艺通报》题词："大力发展蚕桑、茶叶、水果生产，满足国内人民生活和出口的需要。"	《蚕桑通报》1959 年第 5 期
1960 年	1 月，省农科所蚕桑系改为省农科院蚕桑研究所；浙江农学院改为浙江农业大学，实行科教合一，蚕桑所与蚕桑系对口合二为一。	钱竹亭、蒋猷龙、王丕承：《浙江现代蚕业大事记（1949—1985 年）》，浙江省农科院蚕桑研究所 1991 年印，第 47 页
	7 月，省内第一台热风烘茧灶在杭州市勾庄茧站设计和试制成功。	《浙江省丝绸志》，方志出版社 1999 年版，第 31 页
	8 月，浙江农业大学蚕桑系与诸暨蚕桑学校合并为诸暨蚕桑学院，地址在诸暨县牌头镇。	钱竹亭、蒋猷龙、王丕承：《浙江现代蚕业大事记（1949—1985 年）》，浙江省农科院蚕桑研究所 1991 年印，第 52 页
1962 年	7 月 17 日，中国丝绸公司浙江省公司更名浙江省丝绸进出口公司。	中国丝绸协会历史研究委员会等编：《新中国丝绸大事记》，纺织工业出版社 1992 年版，第 61 页
1963 年	5 月 21 日，省农业厅、省供销社发出《关于做好桑叶调剂工作的通知》。	钱竹亭、蒋猷龙、王丕承：《浙江现代蚕业大事记（1949—1985 年）》，浙江省农科院蚕桑研究所 1991 年印，第 61 页
1964 年	4 月 5 日，农业部、外贸部分配浙江幼龄桑园、桑苗化肥 1.49 万吨。此后，直至 1985 年，农业部、外贸部、全国供销总社和中国纺织品进出口公司，年均分配 2 万吨左右的幼龄桑园、桑苗化肥及蚕桑专用化肥。	浙江省农业厅、浙江省供销社：《关于下达农业部、外贸部桑园化肥的通知》
	12 月，经国务院批准，浙江丝绸专科学校更名浙江丝绸工学院。	《浙江省丝绸志》，方志出版社 1999 年版，第 32 页
1965 年	3 月 8 日，浙江省轻工业厅丝绸工业公司成立。	《浙江省丝绸志》，方志出版社 1999 年版，第 32 页
	8 月 25 日，浙江省丝绸进出口公司改名中国纺织品进出口公司浙江省丝绸分公司。	中国丝绸协会历史研究委员会等编：《新中国丝绸大事记》，纺织工业出版社 1992 年版，第 81 页

续表 10

时　间	大　事　纪　要	资料来源
	2月，中共金华地委决定大种蓖麻、大养蓖麻蚕。全地区共种蓖麻6万亩(实际存活3万亩)。饲养蓖麻蚕3000盒，平均每盒产茧仅0.5千克。	《浙江农业志源》(第3辑)，浙江省农业厅农业志办公室1996年编印，第44页
1966年	5月11日，省人委发出《关于部分省属企业归市、县人委管理的通知》，丝绸企业改变隶属关系以后，省丝绸公司原驻湖州、绍兴办事处改为省公司的分公司，杭州市亦可成立省公司的分公司，三分公司分别由嘉兴、绍兴专员公署、杭州市人委和省丝绸公司双重领导。自7月1日起，省轻工业厅将省属44家丝绸企业正式划归各有关市、县领导。	《浙江省丝绸志》，方志出版社1999年版，第33页
	11—12月，杭州东方红丝织厂(都锦生)、向阳丝织厂(福华)、杭丝联三厂分别制订了为越南培训丝绸技术干部、工人、实习生的规划，总计培训60名人员。	《浙江省丝绸志》，方志出版社1999年版，第33页
1967年	2月27日，省农业厅向省人委紧急报告，全省积压嫁接苗1300万株，广秧330吨，要求解决资金60万元，以补偿苗农损失。	钱竹亭、蒋猷龙、王丕承:《浙江现代蚕业大事记(1949—1985年)》，浙江省农科院蚕桑研究所1991年印，第72页
1968年	1月，余杭县中乔公社章岭大队在0.9亩山地上试种亩栽2000株无干密植速生高产桑园，为全省首创。	《浙江农业志源》(第3辑)，浙江省农业厅农业志办公室1996年编印，第18页
1969年	11月，省农业厅在桐庐召开室外养蚕座谈会。	钱竹亭、蒋猷龙、王丕承:《浙江现代蚕业大事记(1949—1985年)》，浙江省农科院蚕桑研究所1991年印，第76页
1970年	5月12日，省轻工业局制定《浙江省丝绸工业贸易联合业务纳税改革的暂行规定(草案)》，规定丝绸业务按总销售额的1.8%、纺机按销售收入的5%综合税率计税。	《浙江省丝绸志》，方志出版社1999年版，第34页
	11月，省丝绸公司撤销，蚕茧原料归省特产公司管理，丝绸生产归省轻工业局管理；丝绸贸易归杭州纺织品采购供应站和中国纺织品进出口公司浙江省丝绸分公司管理；丝绸内销归省百货公司管理。	中国丝绸协会历史研究委员会等编:《新中国丝绸大事记》，纺织工业出版社1992年版，第93页
1971年	4月12日，省农林局、省财政金融局发出《关于蚕种场体制下放的联合通知》。对蚕种生产实行统一分配、分级管理，地区平衡、余缺调剂，按计划调拨。	钱竹亭、蒋猷龙、王丕承:《浙江现代蚕业大事记(1949—1985年)》，浙江省农科院蚕桑研究所1991年印，第79页
	7月12日，省农林局蚕桑服务站成立，管理桑、柞蚕生产和蚕种业务，撤销省蚕种公司。	钱竹亭、蒋猷龙、王丕承:《浙江现代蚕业大事记(1949—1985年)》，浙江省农科院蚕桑研究所1991年印，第80页

续表 11

时 间	大 事 纪 要	资料来源
1972 年	2 月 10 日，省农林局发出《关于蚕种产销管理有关问题的通知》。决定嘉兴地区自 1972 年起蚕种由地区经营；绍兴地区调省部分蚕种 1972 年起由省经营，地区自用部分 1973 年全部由地区经营。经营单位的蚕种损失费，主要从蚕种管理费中开支。	钱竹亭、蒋猷龙、王丕承：《浙江现代蚕业大事记(1949—1985 年)》，浙江省农科院蚕桑研究所 1991 年印，第 81 页
	4 月 30 日，省革委会生产指挥组发出《关于实行桑蚕茧新分级标准》的通知，决定全省实行干壳量分级定价。	钱竹亭、蒋猷龙、王丕承：《浙江现代蚕业大事记(1949—1985 年)》，浙江省农科院蚕桑研究所 1991 年印，第 82 页
	5 月 2 日，省革委生产指挥组发出《关于调整丝绸工商体制问题的通知》，明确蚕茧由轻工业局经营，委托商业部门代收代烘；农工丝由轻工业局经营；丝绵、土丝、社会用丝由商业局经营；出口绸缎由外贸部门提出计划，轻工业局具体经营。轻工业局下设丝绸公司，嘉兴、绍兴在地区党委统一领导下设立丝绸公司。	《浙江省丝绸志》，方志出版社 1999 年版，第 35 页
	6 月 16 日，省轻工业局决定，自 1972 年 7 月 1 日起在省轻工业局设立丝绸公司，对外两块牌子：浙江省轻工业局丝绸公司，中国纺织品进出口公司浙江省丝绸分公司。	中国丝绸协会历史研究委员会等编：《新中国丝绸大事记》，纺织工业出版社 1992 年版，第 97 页
1973 年	1 月，19 个场 96 个批次春用蚕种有微粒子病毒，其中 6 个场的 5.81 万张蚕种毒率超过规定，被焚毁。	钱竹亭、蒋猷龙、王丕承：《浙江现代蚕业大事记(1949—1985 年)》，浙江省农科院蚕桑研究所 1991 年印，第 83 页
1974 年	3 月，省农科院蚕桑所研制的蚕体蚕座消毒剂“防病一号”，在海盐农药厂定点生产，在全省推广。	钱竹亭、蒋猷龙、王丕承：《浙江现代蚕业大事记(1949—1985 年)》，浙江省农科院蚕桑研究所 1991 年印，第 87 页
	4 月 23 日，省农林局、省一轻局、省商业局、省农科院提出《关于做好桑蚕新品种试验鉴定工作的意见》，决定开展蚕新品种生产鉴定。	钱竹亭、蒋猷龙、王丕承：《浙江现代蚕业大事记(1949—1985 年)》，浙江省农科院蚕桑研究所 1991 年印，第 88 页
	10 月 28 日，省一轻局决定发展一批集体和社办丝厂，增加立缫机 1000 台，年产厂丝 500 吨。	《浙江省丝绸志》，方志出版社 1999 年版，第 36 页
1975 年	3 月 10—15 日，轻工业部在杭州新华丝厂召开自动缫丝机改进设计和技术交流座谈会，提出试制 ZD721 型自动缫丝机改进设计方案。	《浙江省丝绸志》，方志出版社 1999 年版，第 36 页
	8 月 16 日，浙江丝绸工学院恢复，设置制丝、丝织、染整、机械、电子、丝绸美术与品种设计等专业，并筹建丝绸服装专业。	《浙江省丝绸志》，方志出版社 1999 年版，第 36 页

续表 12

时　间	大 事 纪 要	资料来源
1975 年	9 月 26 日，省农林局在嵊县召开全省桑树良种工作座谈会。会议评选确定桐乡青、荷叶白、团头荷叶白和湖桑 197 号为全省繁育推广的 4 个桑树良种。	《浙江农业志源》(第 3 辑)，浙江省农业厅农业志办公室 1996 年编印，第 14 页
1976 年	5 月 3 日，省农林局发出通知，推广吴兴东风蚕种场(今湖州市塔山蚕种制造有限公司)桑子低温冷藏解决春播桑子的经验。	钱竹亭、蒋猷龙、王丕承:《浙江现代蚕业大事记(1949—1985 年)》，浙江省农科院蚕桑研究所 1991 年印，第 92 页
	5 月 20 日，省一轻局在杭州召开"电子提花丝织机技术交流与自动打纹版机方案讨论会"，全国 40 多个单位 110 余名代表参加。	中国丝绸协会历史研究委员会等编:《新中国丝绸大事记》，纺织工业出版社 1992 年版，第 14 页
1977 年	1 月 12 日，省一轻局召开 D301 型自动缫丝机试制、安装中试座谈会，落实对该机的安装和中试任务。	《浙江省丝绸志》，方志出版社 1999 年版，第 36 页
	7 月，浙江省一轻工业厅丝绸科学研究所更名为浙江丝绸科学研究院，由纺织工业部与省计经委双重领导。	《浙江省丝绸志》，方志出版社 1999 年版，第 36 页
	12 月，浙农大蚕桑系育成夏秋用品种"浙农 1 号"。浙农 1 号×苏 12 的选育与推广，1980 年获省优秀科技成果技术推广一等奖。1981 年，获国家农委、国家科委重大成果推广奖。	《浙江省蚕业科技成果奖励项目汇编》，浙江省农业厅经济作物管理局 1999 年编印，第 3 页
1978 年	3 月 3—6 日，D301 型自动缫丝机在杭州通过省级鉴定。	中国丝绸协会历史研究委员会等编:《新中国丝绸大事记》，纺织工业出版社 1992 年版，第 123 页
	6 月，省革委会批准成立嘉兴地区蚕桑研究所。1983 年，撤地改市，更名为湖州蚕桑科学研究所。	《浙江蚕业史研究文集(第二集)》，浙江省嘉兴地区蚕桑研究所等 1981 年编印，第 123 页
	12 月 25—30 日，省社企局、省农业局、省丝绸公司、省特产公司在海宁召开社队自办烘茧站会议，确定在 12 个重点产茧县社队自办烘茧站交售干茧进行试点。会议制定了《关于公社(大队)办烘茧站和交售干茧的试行办法》。	《浙江省丝绸志》，方志出版社 1999 年版，第 37 页
	省丝绸公司、杭州红雷丝织厂与日本郡是株式会社签订和服绸补偿贸易项目合同。随后嘉兴、诸暨两绢纺厂与日本日绵公司开展补偿贸易。这是浙江丝绸行业最早进行的补偿贸易活动。	《浙江省丝绸志》，方志出版社 1999 年版，第 37 页

续表 13

时间	大事纪要	资料来源
1979 年	1 月 19 日，嵊县丝厂缫出一批国内最高品位的 6A 级白厂丝。	中国丝绸协会历史研究委员会等编：《新中国丝绸大事记》，纺织工业出版社 1992 年版，第 130 页
	4 月 23 日，浙江制丝一厂生产出口一批 11/13D3A 级高品位丝。中国纺织品进出口公司专门为此发来电报祝贺。	中国丝绸协会历史研究委员会等编：《新中国丝绸大事记》，纺织工业出版社 1992 年版，第 135 页
1980 年	3 月 24 日，全国桑蚕品种审定委员会在北京成立。	钱竹亭、蒋猷龙、王丕承：《浙江现代蚕业大事记（1949—1985 年）》，浙江省农科院蚕桑研究所 1991 年印，第 107 页
	7 月 21 日，省政府印发《关于蚕茧确定收购基数、超购分成的试行办法》。确定蚕茧收购基数一定 5 年不变，超购部分省和县四六分成安排生产，超购蚕茧实行加价办法。	钱竹亭、蒋猷龙、王丕承：《浙江现代蚕业大事记（1949—1985 年）》，浙江省农科院蚕桑研究所 1991 年印，第 110 页
	11 月 7 日，省政府转发省农业厅、省轻工业厅、省供销社、省社企局《关于改进蚕茧收烘工作的意见》，明确收烘工作仍由供销社办理，受丝绸公司委托代收代烘。	钱竹亭、蒋猷龙、王丕承：《浙江现代蚕业大事记（1949—1985 年）》，浙江省农科院蚕桑研究所 1991 年印，第 112 页
1981 年	5 月 22 日，省轻工业厅丝绸公司、省特产公司发出《关于评茧方法的联合通知》，规定在售茧旺期采用改进后的干壳量评茧方法，少数零星茧量采用肉眼评定。	《浙江省丝绸志》，方志出版社 1999 年版，第 39 页
	10 月 6 日，省农业厅在海宁召开建设稳产高产桑园座谈会，提出建设亩桑产茧 100 千克稳产高产桑园建设标准和技术措施。	钱竹亭、蒋猷龙、王丕承：《浙江现代蚕业大事记（1949—1985 年）》，浙江省农科院蚕桑研究所 1991 年印，第 119 页
1982 年	7 月 23—29 日，省轻工业厅组织对杭州新华丝厂的缫丝生产连续化自动化研究课题 4 个单项（初混输送机、自动剥茧机、选茧机、煮熟茧管道输送装置）进行技术鉴定。专家认为，4 个单机均达到国内先进水平。	中国丝绸协会历史研究委员会等编：《新中国丝绸大事记》，纺织工业出版社 1992 年版，第 183 页
	9 月 18 日，由省蚕桑学会、省纺织工程学会和省丝科院承担在湖州市下昂公社竹墩大队组织实施省重大科技项目的“桑蚕茧质评定标准与茧质检定仪器的研究”，开展“组合售茧、收购鲜茧、缫丝计价”的评茧标准与茧质检定试点。	《浙江农业志源》（第 3 辑），浙江省农业厅农业志办公室 1996 年编印，第 31 页

续表 14

时 间	大 事 纪 要	资料来源
1982 年	12 月 19—23 日，由苏联国家科委委员、轻工食品局局长夏扬诺夫率领的苏联丝绸考察组一行 6 人来浙江考察纯真丝绸缎生产工艺，参观访问了丝绸厂和省农科院蚕桑研究所。	中国丝绸协会历史研究委员会等编：《新中国丝绸大事记》，纺织工业出版社 1992 年版，第 189 页
	12 月，应联合国粮农组织之聘，由农牧渔业部中国农牧渔业国际合作公司和浙江省农业厅组织实施援助马达加斯加民主共和国高原地带蚕业发展项目，浙江专家一行 5 人工作 2 年，总顾问兼专家组组长浙江农业大学教授冯家新获该国总统颁发的骑士勋章及奖状。	《浙江省蚕桑志》，浙江大学出版社 2004 年版，第 36 页
1983 年	2 月 17 日，中国纺织品进出口公司浙江省丝绸分公司更名中国丝绸公司浙江省公司。	《浙江省丝绸志》，方志出版社 1999 年版，第 40 页
	3 月 23 日，省政府发出《关于改进蚕茧收购办法的通知》，决定从 1983 年起，湖州等 7 个重点产区投售茧量的 75%实行牌价收购，25%按议价收购，其余各市、县按 65∶35 的比例收购。	《经济作物有关政策文件汇编（1983—1985 年）》，浙江省农业厅经济作物管理局 1986 年编印，第 59 页
	7 月 25 日，省丝绸公司、杭州红雷丝织厂与日本郡是产业株式会社进行和服绸精炼后整理设备补偿贸易。由日商提供设备和助剂等总值 50 万美元。中方用和服绸贷款偿还，补偿期 3 年，项目总投资 220 万元。	《浙江省丝绸志》，方志出版社 1999 年版，第 41 页
	12 月 13—20 日，宁波市经委及绍兴、湖州市政府先后发出通知，分别设立宁波、绍兴、湖州市丝绸工业公司，并挂浙江省丝绸公司宁波、湖州分公司牌子，绍兴分公司原已挂牌。	《湖州丝绸志》，海南出版社 1998 年版，第 65 页
1984 年	2 月 18 日，省农村政策研究室印发《完善桑、茶生产责任制》的通知。要求各地做好蚕桑生产联产承包责任制完善工作，延长承包年限，合理调整承包指标，把该统的统起来。	钱竹亭、蒋猷龙、王丕承：《浙江现代蚕业大事记（1949—1985 年）》，浙江省农科院蚕桑研究所 1991 年印，第 135 页
	5 月 16 日，省农业厅经济作物管理局决定，从 1984 年起正式繁育菁松×皓月新品种。	钱竹亭、蒋猷龙、王丕承：《浙江现代蚕业大事记（1949—1985 年）》，浙江省农科院蚕桑研究所 1991 年印，第 137 页
1985 年	1 月 29 日，省政府发出《关于全省丝绸行业经济体制改革试行方案》。决定成立省丝绸联合公司，该公司为独立核算、自负盈亏的经济实体。蚕茧经营开始下放。	《浙江省丝绸志》，方志出版社 1999 年版，第 42 页
	10 月，深圳华丝企业股份有限公司正式成立，为浙江省在深圳创办的第一家中外合资丝绸服装印染企业，也是深圳特区第一家丝绸服装印染企业。	《浙江省丝绸志》，方志出版社 1999 年版，第 42 页

续表 15

时　间	大　事　纪　要	资料来源
1985 年	11 月 13 日，湖州市政府决定，撤销湖州市丝绸工业公司，建立湖州市丝绸公司，归市经委管理，代行政府管理全市丝绸行业的行政职能，同时受省丝绸公司的业务指导。	《湖州丝绸志》，海南出版社 1998 年版，第 69 页
	12 月 5 日，国务院办公厅发出《关于撤销中国丝绸公司的通知》，各省丝绸管理体制和业务经营机构由各省人民政府根据当地情况确定。	《浙江省丝绸志》，方志出版社 1999 年版，第 42 页
	12 月，《丝绸出厂价格作价办法》(《86 作价本》)正式出台下发实施。	中国丝绸协会历史研究委员会等编：《新中国丝绸大事记》，纺织工业出版社 1992 年版，第 247 页
1986 年	3 月，杭州东风丝绸印染厂与联邦德国 KBC 公司的真丝绸印染补偿贸易项目正式动工，引进了丝绸印染设备 23 台(套)及配套生产和管理技术，新建一条年产 180 万平方米阔幅真丝绸印染生产线，并于翌年 11 月正式投产。	《浙江省丝绸志》，方志出版社 1999 年版，第 42 页
1987 年	7 月 18 日，省政府发出《关于改进和加强茧丝绸收购经营管理的通知》。茧丝绸实行由省丝绸公司统一收购、统一调拨、统一出口、统一经营的体制。省和市丝绸分公司分级管理，建立经济责任制，对茧丝收购调拨实行确定基数一定 3 年的办法。	《经济作物有关政策文件汇编(1986—1989 年)》，浙江省农业厅经济作物管理局 1989 年编印，第 112 页
	11 月 2 日，国务院批转 1988 年外贸体制改革方案，包括生丝在内的丝类和坯绸列为第一类出口商品，实行指令性计划，由指定的国家外贸公司统一经营。	中国丝绸协会历史研究委员会等编：《新中国丝绸大事记》，纺织工业出版社 1992 年版，第 281 页
	11 月 15 日，杭州丝绸市场正式开业(地址：杭州西健康路)，设 71 间营业用房、100 个摊位。	中国丝绸协会历史研究委员会等编：《新中国丝绸大事记》，纺织工业出版社 1992 年版，第 282 页
1988 年	4 月 30 日，省政府发出《关于对丝类产品征收调节基金的规定》。	《浙江省丝绸志》，方志出版社 1999 年版，第 43 页
	6 月 6 日，国务院发出《关于加强蚕茧管理，防止抬价抢购的通知》，要求制止“蚕茧大战”。	中国丝绸协会历史研究委员会等编：《新中国丝绸大事记》，纺织工业出版社 1992 年版，第 292 页
	8 月 27 日，《浙江省丝绸出口商品留成外汇分配细则》开始实施。	《浙江省丝绸志》，方志出版社 1999 年版，第 44 页

续表 16

时　间	大　事　纪　要	资料来源
1988 年	9 月 22 日，国务院发出“9・22 紧急通知”，再次明确茧丝绸由丝绸公司统一经营。	中国丝绸协会历史研究委员会等编：《新中国丝绸大事记》，纺织工业出版社 1992 年版，第 297 页
1989 年	2 月 24 日，省计经委发出《关于合资经营浙丝时装有限公司可行性报告的批复》，同意省丝绸实业开发公司在深圳市沙头角保税区合资兴办浙丝时装有限公司。	《浙江省丝绸志》，方志出版社 1999 年版，第 44 页
1990 年	5 月 10 日，省政府发出通知，确定今后蚕茧生产的方针为“计划养殖，提高单产，主攻质量，增加效益”。	《浙江省蚕桑志》，浙江大学出版社 2004 年版，第 42 页
	7 月 31 日，中国台湾《自立晚报》头版以四分之一版面刊登省丝绸进出口公司一则题为“身着故乡衣，情暖故乡人”的丝绸时装彩色广告，引起了美国、日本等国家和中国香港、台湾地区新闻及广告界的广泛关注。	中国台湾《自立晚报》1990 年 7 月 31 日第 1 版
	9 月 26 日，纺织工业部、省政府联合发出《关于建立中国丝绸博物馆的通知》，决定中国丝绸博物馆由纺织工业部领导，日常工作由省丝绸联合公司负责管理。	《浙江省丝绸志》，方志出版社 1999 年版，第 45 页
1991 年	2 月 7 日，省政府办公厅转发省标准计量局《关于推广“组合售茧，缫丝计价”实施意见的通知》。	浙江省农业厅经济作物管理局：《浙江省桑茶果生产工作年报（1991 年度）》，第 4 页
	7 月 30 日，省政府办公厅转发《关于丝绸一轮外贸承包执行情况与盈亏兑现意见的通知》。1988—1990 年，共出口创汇 10.85 亿美元，实际收汇 9.99 亿美元，比承包基数超额 2.75 亿美元，并完成了承包总利润和上交全省外贸出口综合运筹基金的任务。	《浙江省丝绸志》，方志出版社 1999 年版，第 46 页
	10 月 24 日，国家主席江泽民在省委书记李泽民、杭州市市长卢文舸等陪同下，视察了杭州东风丝绸印染厂，鼓励丝绸企业通过技术改造增加效益和竞争力。	《浙江省丝绸志》，方志出版社 1999 年版，第 46 页
	12 月 23 日，嘉兴制丝针织联合厂率先实行全员劳动合同制。这标志着浙江丝绸行业劳动用工制度改革和分配制度改革的正式开始。	《浙江省丝绸志》，方志出版社 1999 年版，第 46 页
1992 年	2 月 23 日，浙江省丝绸协会在杭州成立。	《浙江省丝绸志》，方志出版社 1999 年版，第 46 页
	2 月 26 日，坐落于杭州市玉皇山下的中国丝绸博物馆落成开馆，总建筑面积 8200 多平方米。	《浙江省丝绸志》，方志出版社 1999 年版，第 46 页

续表 17

时　间	大　事　纪　要	资料来源
1992 年	全省桑园面积 147.75 万亩，全年饲养蚕种 415.68 万张，生产蚕茧 140747 吨，创产茧量历史新高。	浙江省农业厅经济作物管理局：《浙江省桑茶果生产工作年报（1992 年度）》，第 183—186 页
1993 年	1 月 7 日，省政府办公厅转发省农业厅《关于加强我省蚕种产销管理的意见》。蚕种的生产和经营必须领取省级主管部门颁发的蚕种生产许可证、蚕种经营许可证。	浙江省农业厅经济作物管理局：《浙江省桑茶果生产工作年报（1993 年度）》，第 44 页
	2 月 6 日，省计经委、省工商局发出《关于撤销“茧、丝、坯绸和绢纺原料准运证”的通知》。	《浙江省丝绸志》，方志出版社 1999 年版，第 48 页
	3 月 23 日，省农业厅批复同意建立浙江省蚕种管理站，为厅经济作物管理局下属事业单位，与省蚕种公司合署办公；同意将省农业厅蚕种公司更名为浙江省蚕种公司。	浙江省农业厅经济作物管理局：《浙江省桑茶果生产工作年报（1993 年度）》，第 137 页
	7 月 28 日，中国茧丝绸交易市场在嘉兴举行茧丝交易试开业典礼。	《浙江省丝绸志》，方志出版社 1999 年版，第 48 页
	至 8 月底，省外经贸委陆续批准省丝绸进出口公司在西班牙、美国、日本、德国、波兰设立贸易分支机构。此前，省丝绸公司已于 1989 年在中国香港设立香港富春丝绸有限公司。	《浙江省丝绸志》，方志出版社 1999 年版，第 48 页
1994 年	1 月 17 日，省政府批准成立浙江丝绸集团，核心企业浙江丝绸集团公司（从属名称：浙江省丝绸进出口公司）。公司为具有法人资格的全民所有制经济实体，注册资金 2.58 亿元。1994 年 11 月 8 日，在杭州剧院召开集团公司成立大会。	浙江凯喜雅国际股份有限公司档案室存
	5 月 9 日，省农业厅、省工商行政管理局发出《关于加强蚕种经销管理工作的通知》，强调各级农业部门为所辖区域蚕种生产和经营的主管部门，原种及以上各级蚕种由省蚕种公司统一经营。	浙江省农业厅经济作物管理局：《浙江省桑茶果生产工作年报（1994 年度）》，第 21 页
	5 月 12 日，《浙江丝绸内参》记载：全省丝绸行业 14 家企业获外贸经营权。	《浙江省丝绸志》，方志出版社 1999 年版，第 49 页
1995 年	2 月 21 日，省政府办公厅发出《关于我省今年蚕茧生产和经营工作的意见》，提出“巩固提高老蚕区，积极发展新蚕区”的蚕桑生产方针。	浙江省农业厅经济作物管理局：《浙江省桑茶果生产工作年报（1995 年度）》，第 3 页
	5 月 22 日，国家计委发出《关于整顿茧丝价格的通知》，决定蚕茧收购价由现行的中央管理政府定价改为由中央指导下的省级政府定价。	浙江省农业厅经济作物管理局：《浙江省桑茶果生产工作年报（1995 年度）》，第 12 页

续表 18

时　间	大　事　纪　要	资料来源
1995 年	5 月 30 日，省财政厅、省农业厅、省物价局决定，调整蚕桑改进费收取办法，市、县按蚕茧收购总额的 1%，在预订（发放）蚕种时每张收取 5 元，省级每张 1 元计入蚕种价格，由蚕种经营单位向省农业厅交纳。	浙江省农业厅经济作物管理局：《浙江省桑茶果生产工作年报（1995 年度）》，第 19 页
1995 年	10 月 16 日，省政府发出《关于促进丝绸行业发展的通知》，提出 3 个方面共 11 条政策和措施。	《浙江省丝绸志》，方志出版社 1999 年版，第 50 页
1995 年	10 月 16 日，由 56 家蚕种生产、经营单位和科研、教育单位团体会员组成的“浙江省蚕种业协会”在杭州成立。	浙江省蚕种业协会成立大会资料（1995 年）
1996 年	3 月 12 日，省政府发出《关于茧丝绸实行贸工农一体化经营管理的通知》。3 月 15 日，省政府召开全省茧丝绸经营管理体制改革工作会议，对茧丝绸经营管理体制改革做出具体部署。	浙江省农业厅经济作物管理局：《浙江省桑茶果生产工作年报（1996 年度）》，第 8、195 页
1996 年	7 月 16 日，杭州凯地丝绸股份有限公司的“凯地丝绸”股票，通过深圳证券交易所正式上市，为“中国丝绸第一股”。	《浙江省丝绸志》，方志出版社 1999 年版，第 50 页
1996 年	12 月 25 日，省丝绸公司与杭州丝绸控股（集团）公司签订联合开发杭州幸福丝织厂主厂区地块意向书，转让费为 4900 万元。	《浙江省丝绸志》，方志出版社 1999 年版，第 50 页
1997 年	2 月 18、28 日，省丝绸经营管理体制改革领导小组分别批复湖州市本级和嘉兴市本级的贸工农一体化经营管理体制改革方案。至此，全省共有淳安、富阳、嘉兴市区、桐乡、海宁、海盐、嘉善、湖州市区、长兴、安吉、嵊州、新昌、缙云、开化等 14 个县市区基本实施“一体化”改革。	浙江省农业厅经济作物管理局：《浙江省桑茶果生产工作年报（1997 年度）》，第 213 页
1997 年	3 月 14 日，省政府办公厅批转省计经委等单位发布的《关于全省整顿缫丝加工能力工作意见》，要求全省缫丝机总台数从现有 5.44 万台，压缩到 3.50 万台。	浙江省农业厅经济作物管理局：《浙江省桑茶果生产工作年报（1997 年度）》，第 23 页
1997 年	7 月 25 日，杭州喜得宝丝绸公司与《浙江日报》社合作印制出全国第一张真丝绸全彩印党报——《浙江日报》1997 年 7 月 1 日珍藏版。	《浙江省丝绸志》，方志出版社 1999 年版，第 51 页
1998 年	2 月 19 日，省技术监督局发布地方标准《桑蚕种质量标准》《桑蚕种质量检验规程》和《桑蚕种生产技术规程》，于 4 月 19 日起实施。为浙江省首个蚕桑行业的省级地方标准。	浙江省农业厅经济作物管理局：《浙江省桑茶果生产工作年报（1998 年度）》，第 169 页

续表 19

时　间	大　事　纪　要	资料来源
1998 年	3 月 31 日，浙江省缫丝压台拆机第一锤在德清县钟管第一丝厂敲响。德清县 7 个丝厂的 612 台缫丝机率先拆除。	浙江省丝绸联合公司编：《全省整顿压缩缫丝加工能力工作简报》1998 年第 2 期
	8 月 3 日，国家经贸委等四部门规定，凡从事缫丝、绢纺生产的企业，必须取得全国缫丝、绢纺企业生产准产证，经工商行政管理机关登记注册后，才具有生产经营资格。	《浙江丝绸信息》1998 年第 56 期
	全省检疫蚕种（毛种）583.7 万张，因微粒子病超过规定标准销毁蚕种 90.3 万张，销毁率 15.48%。1998 年为有蚕种检疫统计记录以来最高年份。	浙江省蚕种质量检验站：《1998 年全省一代杂交种母蛾微粒子病检验统计》
1999 年	7 月 9 日，浙江大学动物科学学院成立，蚕学系隶属该院。9 月 7 日，蚕学系与养蜂研究所合并组建为蚕蜂科学系，隶属浙江大学动物科学学院。	《浙江省蚕桑志》，浙江大学出版社 2004 年版，第 52 页
	8 月 13 日，全省整顿缫丝压台拆机工作总结会议在杭州召开。从 1995 年起，全省共淘汰销毁落后缫丝机 2.3 万台，缫丝加工能力压缩到 3.14 万台，缫丝企业压缩到 181 家，自动缫丝机比例提高到 38.9%，劳动生产率有了明显提高。	《浙江丝绸信息》1999 年第 15 期
2000 年	3 月 28 日，由原绍兴县蚕种场改制成的绍兴市大禹蚕种制造有限责任公司成立，为全省首家改制的蚕种企业。	浙江省农业厅经济作物管理局：《浙江省桑茶果生产工作年报（2000 年度）》，第 165 页
	9 月 4 日，省农业厅向省茧丝绸经营管理体制改革领导小组提出《关于压缩规模，加强蚕种管理的请示》，要求至 2001 年底，蚕种生产单位由 35 家调整到 25 家，蚕种生产规模压缩到 280 万张。	浙江省农业厅经济作物管理局：《浙江省桑茶果生产工作年报（2000 年度）》，第 63 页
	11 月 13 日，德清县高桥镇湖墩村“现代蚕业示范园区”，通过省农业厅组织的专家验收。	浙江省农业厅经济作物管理局：《浙江省桑茶果生产工作年报（2000 年度）》，第 168 页
2001 年	3 月 28 日，凯喜雅工业园奠基仪式在德清莫干山经济开发区举行。	《凯喜雅报》2001 年第 4 期
	4 月 23 日，建德市大同蚕茧专业合作社成立，为全省首个蚕桑合作经济组织。	浙江省农业厅经济作物管理局：《浙江省桑茶果生产工作年报（2001 年度）》，第 157 页

续表 20

时　间	大　事　纪　要	资料来源
2001 年	6 月 13 日，国务院办公厅转发国家经贸委《关于深化蚕茧流通体制改革的通知》。提出适当放宽鲜茧收购渠道，鲜茧收购实行资格认定制度；改进蚕茧价格管理方式，从 2001 年起，鲜茧收购价格和干茧供应价格实行省级政府定价或省级政府指导价。	浙江省农业厅经济作物管理局:《浙江省桑茶果生产工作年报(2001 年度)》，第 158 页
	11 月 12 日，省政府发出《关于组建浙江省丝绸集团有限公司的通知》，明确省丝绸集团公司不再承担全省丝绸行业管理职能，其职能移交给省经济贸易委员会。	浙江凯喜雅国际股份有限公司档案室存
2002 年	1 月 28 日，浙江凯喜雅国际股份有限公司正式成立，注册资本 1.28 亿元。	《凯喜雅报》2001 年第 2 期
	7 月 15 日，省质量技术监督局发布修订后的省地方标准《桑蚕种》(DB33/217－2002)，于 8 月 18 日起实施。	浙江省农业厅经济作物管理局:《浙江省桑茶果生产工作年报(2002 年度)》，第 202 页
	7 月 26 日，省蚕茧产业协会在杭州成立。省委副书记周国富到会讲话，副省长章猛进向协会授牌。	浙江省蚕茧产业协会成立大会资料(2002 年)
	10 月 14 —18 日，国际丝绸协会秘书长雷士伟(Xavier Gavyn Laveyene)对浙江的丝绸行业进行工作考察，赞赏浙江丝绸行业的基础和在国内外的影响力。	《浙江丝绸信息》2002 年第 10 期
2003 年	4 月 28 日，省政府办公厅发出通知，撤销“省茧丝绸经营管理体制改革领导小组”。	浙江省农业厅经济作物管理局:《浙江省桑茶果生产工作年报(2003 年度)》，第 162 页
	10 月 13 日，海宁市星火桑苗生产专业合作社成立，为全省首个桑苗专业合作社。	浙江省农业厅经济作物管理局:《浙江省桑茶果生产工作年报(2003 年度)》，第 163 页
	10 月 17 日，省农业厅公布《浙江省蚕桑西进发展规划(2003—2007)》《浙江省蚕桑优化改造规划(2003—2007)》。决定成立省蚕桑西进工程领导小组和实施小组。	浙江省农业厅经济作物管理局:《浙江省桑茶果生产工作年报(2003 年度)》，第 163 页
2004 年	6 月 3 日，国家发展和改革委员会办公厅复函浙江省物价局，原则同意浙江省实行放开蚕茧收购价格试点。浙江成为全国第一个鲜茧收购实行市场调节价的省份。	浙江省农业厅经济作物管理局:《浙江省桑茶果生产工作年报(2004 年度)》，第 33 页
	8 月 26 日，在中国丝绸协会举办的首批高档丝绸标志使用企业授牌仪式上，浙江凯喜雅国际股份有限公司、万事利集团有限公司、浙江达利丝绸有限公司、金富春丝绸化纤有限公司等全国 17 家企业首批被授权使用。	《浙江丝绸信息》2004 年第 9 期

续表 21

时　间	大　事　纪　要	资料来源
2004 年	11 月 10 日，浙江省丝绸集团有限公司、浙江凯喜雅国际股份有限公司与深圳艾肯形象策划有限公司、杭州艾肯管理咨询有限公司联合签订了《丝绸集团品牌战略、CI 战略合作意向书》，“新丝语工程”正式启动。	浙江凯喜雅国际股份有限公司档案室存
	12 月 25 日，商务部、海关总署公告，自 2005 年 1 月 1 日起，取消蚕丝类商品出口核定公司经营管理，同时取消坯绸和部分蚕丝类商品的出口配额许可证管理，出口企业向海关申报出口时无须出具出口配额许可证。	《浙江丝绸信息》2004 年 11 期
2005 年	1 月 1 日，根据世界贸易组织《纺织品与服装协定》，全球纺织品贸易自 2005 年 1 月 1 日起实现一体化，历时 40 年的纺织品贸易配额体制宣告结束。	《浙江丝绸信息》2007 年第 12 期
	2 月 1 日，全国首个雄蚕品种“秋华×平 30”通过省农作物品种审定委员会审定。	浙江省农业厅经济作物管理局:《浙江省桑茶果生产工作年报(2005 年度)》，第 199 页
	3 月 27 日，由万事利集团代理的法国品牌 MOSSIELLA 在中国摩登登场，全国第一家 MOSSIELLA 专卖店在杭州市凤起路 464 号正式开业。	《浙江丝绸信息》2005 年第 5 期
	6 月 30 日，浙江凯喜雅国际股份有限公司、万事利集团、达利丝绸集团的丝绸礼品正式获得 2008 年北京奥运会特许经营资格。	《浙江丝绸信息》2005 年第 8 期
	7 月 28 日，淳安县蚕种催青中心建成，为全省首个全面采用自动化、智能化的催青系统控制，设施最先进的现代化蚕种催青中心。	蚕丝在线，2008 年 7 月 28 日
2006 年	2 月 1 日，省属国有企业改革领导小组正式批复《省丝绸集团公司改制总体方案》。	浙江凯喜雅国际股份有限公司档案室存
	6 月 28 日，农业部《蚕种管理办法》公布，于 7 月 1 日起施行。	2006 年 6 月 28 日中华人民共和国农业部令(第 68 号)
	7 月 28 日，《浙江省蚕种管理条例》公布，于 12 月 1 日起施行。	浙江省第十届人民代表大会常务委员会第二十六次会议公告(第 57 号)
	10 月 27 日，省财政厅、省物价局发出《关于取消部分行政事业性收费项目的通知》，自 2006 年 11 月 15 日起取消蚕桑技术改进费。	浙江省农业厅经济作物管理局:《浙江省桑茶果生产工作年报(2006 年度)》，第 126 页

续表 22

时间	大事纪要	资料来源
2007 年	2 月 2 日，桐乡市丝源种茧合作社成立，为全省首个蚕种生产合作社。	浙江省农业厅经济作物管理局:《浙江省桑茶果生产工作年报(2007 年度)》，第 161 页
	3 月 14 日，省农业厅、省财政厅印发《浙江省蚕种储备管理办法》，在全国首创蚕种储备制度。	浙江省农业厅经济作物管理局:《浙江省桑茶果生产工作年报(2007 年度)》，第 161 页
	4 月 17 日，省政府发布《关于加快发展农业主导产业推进现代农业建设的若干意见》，蚕桑被列为全省十大农业主导产业。	浙江省农业厅经济作物管理局:《浙江省桑茶果生产工作年报(2007 年度)》，第 1 页
2008 年	1 月 25 日，在杭州市企业产权交易中心公开挂牌的省丝绸集团 100% 国有股份成功出让，受让价格为 14.01 亿元，超起拍价 2.6 亿元。	《凯喜雅报》2008 年第 2 期
	11 月 1 日，全国丝绸标准化技术委员会成立大会暨全国丝绸标准化技术委员会揭牌仪式在杭州举行。秘书处设在浙江丝绸科技公司。	《浙江丝绸信息》2008 年第 11 期
2009 年	1 月 6 日，2008 年度“风云浙商”暨改革开放 30 年功勋企业家颁奖典礼在省人民大会堂举行。富润控股集团有限公司董事局主席赵林中、丝绸之路控股集团有限公司董事长凌兰芳等被授予浙江改革开放 30 年“创业创新突出贡献功勋企业家”称号。	《浙江丝绸信息》2009 年第 1—2 期
	2 月 8 日，中共中央政治局常委、全国人大常委会委员长吴邦国在杭州视察达利丝绸工业园。	《浙江丝绸信息》2009 年第 3 期
	7 月，国家文物局将泉州、宁波、广州、扬州、蓬莱等 5 个城市纳入“海上丝绸之路”捆绑“申遗”计划。	《信息时报》2009 年 7 月 20 日
2009 年	8 月 8 日，万事利集团向中国丝绸博物馆捐赠 78 件奥运丝绸珍品，其中包括“青花瓷”系列奥运颁奖礼服，运动员奖牌挂带，国礼大方巾、奥运丝巾、领带及福娃系列产品。	万事利集团丝绸博物馆存
	8 月 26 日，省政府办公厅印发《关于促进蚕桑产业健康发展的若干意见》。	浙江省农业厅经济作物管理局:《浙江省桑茶果生产工作年报(2009 年度)》，第 223 页
	10 月 20 日，中国丝绸秋季交易会在凯喜雅大厦举行。	《凯喜雅报》2009 年第 11 期

续表 23

时　间	大　事　纪　要	资料来源
2010 年	4 月 7 日，省编制委员会批复省农业厅蚕种科技服务中心更名为省蚕种质量检验检疫站，为公益一类机构。	浙江省农业厅经济作物管理局：《浙江省桑茶果生产工作年报（2010 年度）》，第 163 页
	5 月 8 日，浙江凯喜雅集团成立 60 周年庆典暨战略、品牌与文化发布会在省人民大会堂隆重举行。	《浙江丝绸信息》2010 年第 5 期
	11 月 27 日，中国丝绸协会授予嵊州市“中国真丝之都”称号。	《浙江丝绸信息》2010 年第 12 期
	全年桑园面积 103.42 万亩，饲养蚕种 140.81 万张，生产蚕茧 63864 吨。	浙江省农业厅经济作物管理局：《浙江省桑茶果生产工作年报（2010 年度）》，第 171 页

编后记

浙江素称“丝绸之府”，是中国重要的丝绸生产和出口基地。省委、省政府将《浙江通志·蚕桑丝绸专志》（以下简称《蚕桑丝绸专志》）作为专志单独列卷，体现了省委、省政府对蚕桑丝绸产业的重视，也体现了浙江蚕桑丝绸的行业地位。

在浙江省地方志编纂委员会办公室（以下简称省方志办）领导、专家的指导下，在承编单位浙江凯喜雅集团和参编单位浙江省农业厅、浙江经济和信息化委员会的共同努力下，从2011年11月起，历经7年艰辛笔耕，其间对《蚕桑丝绸专志》志稿反复修改、调整、补充、统稿，又经过专家初审、复审、终审，《蚕桑丝绸专志》的编纂工作最终全面完成。

《蚕桑丝绸专志》全志共设13章44节，包括图版、序、凡例、目录、正文、专记、丛录、大事年表、编后记等，全志60余万字。在编纂过程中，主要遵循以下三项原则：一是志体规范原则。全面地横排门类，横不缺要项；系统地纵述史实，纵不断主线。客观记述，述而不论。二是博采众长原则。浙江丝绸产业链完整，农工商贸发达，科技文化底蕴深厚，在编纂过程中充分收集整理蚕桑丝绸史志文献资料，既注重兼收并蓄，又突出亮点特色。三是与时俱进原则。注重涵盖丝绸历史发展全貌，更突出明古详今的要求，充分体现浙江蚕桑丝绸业发展的地方特色和时代特征。

各章节主要撰稿人：《概述》，李琴生；第一章，周金钱、潘美良；第二章，周金钱、潘美良；第三章，周金钱、谷利群；第四章，董久鸣、谷利群；第五章，许德尧；第六章，傅雅琴；第七章，许德尧；第八章，傅雅琴；第九章，郭文登；第十章，王伟；第十一章，李琴生、朱松英；第十二章，李琴生、周金钱；第十三章，朱松英、朱俭勋；《专记》：曹爱娟；《丛录》：谢丽芳、许德尧、金琳；《大事年表》：李琴生、周金钱。编辑部其他人员也做了大量的资料收集整理和志稿编校等工作。

在编撰过程中，得到了省方志办领导和专家、《蚕桑丝绸专志》编委会领导和全体成员的大力支持和指导。经过篇目论证、初审、复审和终审，专家们提出了许多宝贵的意见，为《蚕桑丝绸专志》编纂工作的圆满完成做出了重要贡献。参与篇目论证和初审、复审的专家（按姓氏笔画排列）有：王良仟、王林、王丕承、王海平、白效咏、冯家新、任东毛、李志廷、李忠民、邱阳、周修宇、俞志达、曹爱光、颜越虎。同时，在本志收集资料、编纂和审改过程中，得到了钱同源、程长松等老领导、老专家的悉心指导。在此，特表示衷心的感谢！

《蚕桑丝绸专志》分管副总编为王良仟，分管副总纂为颜越虎，责任编辑为周修宇。

由于《蚕桑丝绸专志》时间跨度大、涉及范围广、资料收集难，加上编辑部人手少、时间紧、水平有限，在编写过程中难免出现纰漏和差错，恳请读者予以批评指正。

《浙江通志·蚕桑丝绸专志》编纂委员会

2018年5月